Finanças e Fiscalidade do Ambiente e da Energia

Finanças e Fiscalidade do Ambiente e da Energia

2019 • Volume I

Carlos Baptista Lobo
Professor da Faculdade de Direito da Universidade de Lisboa
Partner da EY

ALMEDINA

FINANÇAS E FISCALIDADE
DO AMBIENTE E DA ENERGIA

AUTOR
Carlos Baptista Lobo

EDITOR
EDIÇÕES ALMEDINA, S.A.
Rua Fernandes Tomás, nºs 76-80
3000-167 Coimbra
Tel.: 239 851 904 · Fax: 239 851 901
www.almedina.net · editora@almedina.net

DESIGN DE CAPA
FBA.

PRÉ-IMPRESSÃO
João Jegundo

IMPRESSÃO E ACABAMENTO
Pentaedro, Lda.

Janeiro, 2019

DEPÓSITO LEGAL
451089/19

ALMEDINA | GRUPOALMEDINA

Este texto não segue a grafia do Novo Acordo, mantendo-se, todavia, as citações no Acordo que os escreventes citados adoptaram.

BIBLIOTECA NACIONAL DE PORTUGAL – CATALOGAÇÃO NA PUBLICAÇÃO

LOBO, Carlos Batista, 1971-

Finanças e fiscalidade do ambiente e da energia
ISBN 978-972-40-7657-7

CDU 336

Para os meus Pais, por tudo o que me deram.
Para a Catarina, por tudo o que me dá.
Para o Henrique, por tudo o que me dará.

INTRODUÇÃO

1. Considerações Prévias

A razão para a opção de elaborar este manual é evidente. Sendo a secção de Ciências Jurídico-Económicas da Faculdade de Direito da Universidade de Lisboa uma área necessariamente complexa e abrangente, os conteúdos temáticos abarcam diferentes perspectivas que necessitam de uma explanação desenvolvida, englobando as diferentes aproximações temáticas visando a concretização de soluções mais justas e eficientes em matéria de organização social e de mercado.

Este volume corresponde à primeira parte de um trabalho mais amplo, que envolve, igualmente os campos do ordenamento do território e do urbanismo organizados num segundo volume.

A obrigação que pende sobre o cultor das ciências jurídico-económicas na Faculdade de Direito é exigente, quase esmagadora. A sua localização num estabelecimento com estas características obriga-o a ter um conhecimento generalizado das temáticas jurídicas integrais, já que o seu objecto de investigação engloba sistematicamente uma aplicação transversal dos diversos conteúdos das restantes áreas do Direito. Esse conhecimento não poderá ser meramente escolástico ou histórico, mas sim eminentemente especulativo e actualista tendo em consideração que se aguarda, da sua parte, o anúncio de metodologias e conteúdos diferenciados visando princípios optimizados de organização social e económica.

Por oposição, a inserção das metodologias de análise económica e financeira em permanente interacção com a ciência pura do Direito permite – ou obriga – ao desenvolvimento de uma contínua procura por soluções mais eficientes e justas, cruzando mandamentos, por vezes de ordem quase dogmática, decorrentes da mais antiga tradição jurídica, com os seus resultados, actualmente mensuráveis, atento o desenvolvimento sucessivo da tecnologia disponível.

Em termos complexos, no campo das ciências jurídico-económicas, é usual assistirmos a confrontos entre soluções jurídicas, anteriormente vistas como pacíficas e estabilizadas, mas que, com o desenvolvimento social e das tecnologias de informação, se tornam susceptíveis de disputa, acelerando-se o movimento de evolução social e económica.

Nada mais actual. Se, no século XIX, a fonte do progresso era o pioneirismo e, no século XX, o segredo e a contenção informativa, no século XXI, o progresso vem da partilha e do relacionamento alargado. Não existe nenhuma outra área científica da Faculdade de Direito da Universidade de Lisboa que assente estruturalmente neste modelo de construção em rede, não chamando para si quaisquer exclusivos de análise em sede dogmática (relembre-se, por exemplo, o conceito adoptado nesta Faculdade da característica de subsidiariedade do Direito Fiscal perante os restantes ramos do Direito), mas desenvolvendo a sua actividade em colaboração com todas as restantes áreas científicas, fornecendo-lhes de forma totalmente disponível um arsenal suplementar que naturalmente não lhes estaria disponível: a munição económica e financeira que, como sabemos, é cada vez mais relevante no mundo de hoje.

A exigência é, neste quadro, superior, uma vez que ao docente e, consequentemente, ao discente de jurídico-económicas é solicitado um triplo esforço: a excelência jurídica nos conteúdos de base «tradicional»; o conhecimento integral das mais modernas teorias económicas e de relato financeiro; e, consequentemente, o juízo especulativo de conciliação.

Esta conciliação permite resultados positivos em diversos sentidos: *i)* uma outra visão de disputa sobre conteúdos dogmáticos tradicionais que permitirá o desenvolvimento sucessivo do tecido jurídico tradicional padrão, permitindo a constatação efectiva da *Grundnorm*; *ii)* a mensuração dos resultados da aplicação da solução jurídica, concretizando campos sucessivos de testes de experimentação de opções que, até recentemente, estavam excluídos da Ciência do Direito, alargando-se substancialmente as fontes de sofisticação inerentes à Teoria Dinâmica da Lei; *iii)* a legitimação do Direito como elemento incontestável de evolução social, já que a ciência económica permite disponibilizar modelos de explanação e de justificação, aumentando a legitimação das opções legais, concretizando uma identidade acrescida da Lei com o Estado[1].

[1] *Cf.* Kelsen, Hans – *Teoria Pura do Direito*. Almedina, 2008.

Neste cenário de extrema complexidade e exigência, é natural que um conteúdo pedagógico tenha de ser necessariamente acompanhado de uma justificação científica e vice-versa.

Estando a inovação em ciências sociais assente num relacionamento substantivo de conhecimentos de fonte diversa – inovação matricial ou por combinação de conhecimentos – o campo das ciências jurídico-económicas apresenta-se extremamente fértil a esse propósito. De facto, ao relacionarmos diferentes fontes teóricas, a concretização da solução justa e eficiente torna-se sucessivamente mais alcançável. Porém, os padrões para a sua concretização também se tornam cada vez mais complexos, atenta a sofisticação tecnológica e os novos campos potenciais que sucessivamente se nos deparam.

Este texto não é mais do que um pequeno contributo na congregação dos saberes do direito do ambiente e da energia com as áreas de estudo das ciências jurídico-económicas, *maxime* o direito da economia, na vertente da regulação económica, as finanças públicas e a fiscalidade.

2. Da Adopção da Terminologia «Finanças e Fiscalidade do Ambiente e da Energia»

A dimensão económico-financeira da questão ambiental é inequívoca e incontestável. Por outro lado, verificamos sistematicamente a necessidade de um enquadramento económico às formulações substantivas e adjectivas decorrentes do direito administrativo. A dimensão económica outorga ao direito administrativo a consistência necessária à formulação das suas soluções. Por outro lado, a constituição económica constitui o pilar estrutural dos restantes direitos sociais, como o direito ao ambiente ou o direito à habitação, entre outros.

Neste quadro complexo e de interacções constantes, o ambiente assume uma dimensão inequivocamente económica. A título de mero exemplo, Carla Amado Gomes enuncia que o Direito do Ambiente «enquanto ramo do Direito estabelece os modelos de aproveitamento dos bens ambientais naturais, prevenindo lesões graves, regulando as formas de reparação de danos significativos, reprimindo os infractores e incentivando todos os cidadãos e empresas a adoptar condutas ambientalmente amigas [...]. O Direito (Administrativo) do Ambiente é direito Público: incide sobre bens públicos e colectivos [...]»[2]. Ora, do enquadramento enunciado salien-

[2] Gomes, Carla Amado – «Direito Administrativo do Ambiente». *In Tratado de Direito Administrativo Especial*, volume I, coord. de Paulo Otero e Pedro Gonçalves, 2ª reedição, Almedina, 2017, p. 159.

tam-se diversas realidades da área de estudo das ciências jurídico-económicas: direito da produção; redistribuição; regulação económica; resolução de falhas de mercado; e, produção de bens públicos.

A dimensão económico-financeira do ambiente é óbvia e inerente. Podemos até referir que o problema "ambiente" é essencialmente uma questão económica resultando de circunstâncias decorrentes de sucessivas falhas de mercado que urge corrigir e equilibrar. Aliás, Fernando Araújo é claro quando, no capítulo 15 da *Introdução à Economia* enuncia «o problema ambiental»[3] e refere que «se a sociedade como um todo se tivesse desinteressado pelas questões ambientais, provavelmente não teria sido a ciência económica a chamar a atenção para elas. Mas já que elas surgiram – em especial a partir dos anos 70 do século passado – e existem com tanta proeminência social e política, tem competido à Economia indicar soluções eficientes para os problemas ambientais»[4].

Neste quadro conceptual, concordamos com Eduardo Paz Ferreira, quando refere que «a tutela do ambiente pela via fiscal, ou mais amplamente, pela via das finanças públicas, implica a aceitação de que a decisão financeira comporta uma forte componente ética, que se coloca quer no domínio da justiça intrageracional, quer no da justiça intergeracional. Parte-se do princípio de que a decisão financeira se deve orientar no sentido de assegurar que as gerações presentes tenham condições para desfrutar do meio ambiente e de o transmitir às gerações futuras, em termos que permitam a estas um grau de gozo dos bens colectivos pelo menos idêntico àquele que actualmente é proporcionado»[5].

A posição dos dois autores é evidente. Fernando Araújo enuncia a temática global das falhas ou incapacidades de mercado e necessidade de sua resolução. Por seu lado, Paz Ferreira explana os princípios gerais do crescimento económico sustentável. Nesta perspectiva, ambos definem os padrões básicos do posicionamento da ciência jurídico-económica perante a questão ambiental, defendendo a utilização dos instrumentos ao seu dispor no sentido da resolução dessas incapacidades genéticas do mercado de forma a garantir a sustentabilidade e durabilidade do crescimento económico.

[3] ARAÚJO, Fernando – *Introdução à Economia*. 3ª edição. Almedina, 2014, pp. 541–599.

[4] ARAÚJO, Fernando – *Introdução à Economia*, cit., p. 542.

[5] FERREIRA, Eduardo Paz – *Ensinar Finanças Públicas numa Faculdade de Direito*, Almedina, 2005, p. 267.

Sendo a opção de actuação eminentemente operacional, faz-se recurso das armas mais relevantes ao dispor do direito económico, precisamente as Finanças e a Fiscalidade. Não basta uma acção meramente ordenadora ou reguladora. A problemática ambiental necessita de soluções imediatas e resultados concretos. Os instrumentos financeiros e fiscais permitem a concretização de resultados de uma forma durável e transversal. Sendo a questão ambiental uma questão essencialmente económica, serão os instrumentos económicos, *maxime* as finanças e a fiscalidade, os melhores recursos disponíveis.

E o Ordenamento do Território e Urbanismo?

De acordo com Rawls, cada pessoa tem um igual direito a um esquema totalmente adequado de liberdades básicas iguais que seja compatível com um esquema similar de liberdades para todos. No caso de existência de desigualdades sociais e económicas, a sua colmatação implicará a possibilidade de acesso a posições e cargos que estejam disponíveis a todos em condições de igualdade de acesso e oportunidades, sendo que, numa posição inicial de desigualdade, os menos avantajados deverão ser mais beneficiados[6]. Rawls utiliza o conceito de bens primários que consistem em instrumentos de carácter geral tendo em vista a prossecução de determinados fins diferenciados, mas que se traduzem num arsenal comum através do qual se podem concretizar todas as outras necessidades relevantes[7]. Ora, na perspectiva ambiental, isto apresenta um risco e um desafio. O risco é o seguinte: se considerarmos a Justiça como Equidade, isto implicará, num momento anterior ao *contrato social*, que exista uma pretensão individual a uma quota máxima de bens, o que coloca um problema de sustentabilidade no momento inicial. Conforme refere Thomas Schramme, «*Rawls's theory of justice is bad for the environment because it tends to share out the whole cake without asking if people are at all hungry* [....]»[8]. Deste risco decorre o seguinte desafio: se considerarmos os bens ambientais como bens pri-

[6] RAWLS, John – *O Liberalismo Político*. Editorial Presença, 1997.

[7] John Rawls não inclui nesta classificação qualquer posicionamento ao nível da distribuição, nomeadamente quanto à titularidade do direito de propriedade. Essa será a justificação, aliás, para que a eliminação das desigualdades possa ser efectuada por via da criação de incentivos. *Cf.* SEN, Amartya – *A Ideia de Justiça*. Almedina, 2010, p. 107

[8] SCHRAMME, Thomas – «Is Rawlsian Justice Bad for the Environment?». *In Analyse & Kritik*, 28/2006, Stuttgart: Lucius & Lucius, pp. 146–157

mários naturais de carácter geral[9], dado que são recursos comuns essenciais para a concretização das restantes necessidades humanas, então o mecanismo da contratualização social teria de os considerar em sede de dotação original. Sem ar, água, energia e território, os seres humanos não poderiam sobreviver, sendo que, para a concretização da teoria rawlsiana, estes elementos se encontram controlados por instituições sociais. Neste contexto, temos de inserir uma variável que se traduz na escassez. Caso contrário, todas as pretensões maximalistas rapidamente exauririam os recursos disponíveis. Além disso, temos de considerar a justiça intergeracional enquanto elemento crítico para a construção de situações de sustentabilidade. As futuras gerações também têm um direito actual à sua quota inicial[10].

A constatação do âmbito essencial e abrangente da dotação ambiental na concretização do Bem-Estar Social é igualmente evidente. E esse elevado alcance conceptual é unanimemente aceite no contexto da definição de políticas públicas. A Constituição Portuguesa, no seu artigo 9º, alínea *e)*, refere que são tarefas fundamentais do Estado «defender a natureza e o ambiente, preservar os recursos naturais e assegurar um correcto ordenamento do território». No seu artigo 66º referente ao ambiente e à qualidade de vida, enuncia o princípio do desenvolvimento sustentável, combinando de forma sucessiva mandamentos referentes ao ambiente, *stricto sensu*, ao ordenamento do território e ao urbanismo.

No mesmo sentido, como não poderia deixar de ser, vai a Lei de Bases do Ambiente[11]. No seu artigo 10º, quando refere os componentes ambientais naturais (quase numa perspectiva rawlsiana), integra no seu âmbito «o ar, a água e o mar, a biodiversidade, o solo e o subsolo, a paisagem [...]». Também os artigos 11º e 191º a 193º do Tratado de Funcionamento da União Europeia referem que a União Europeia tem competência para agir em todos os domínios da política ambiental, tais como a poluição atmosférica, a água, a gestão de resíduos e as questões climáticas, abrangendo o ordenamento

[9] Note-se que Rawls distingue entre bens primários sociais, como os direitos, liberdades, oportunidades, respeito próprio, rendimento e riqueza e bens primários naturais, como a saúde, o vigor, a inteligência e a imaginação. Neste quadro, o ambiente, ou os recursos naturais, seriam um bem primário natural.

[10] BARRY, Brian – *Circumstances of justice and future generations*. *In* SIKORA, R.; BARRY B. (eds.) – *Obligations to Future Generations*, Philadelphia: Temple University Press, 1978, pp. 204–248.

[11] Lei nº 19/2014, de 14 de Abril.

do território e a utilização dos solos, numa óptica de estratégia horizontal. É por esta razão que optamos por analisar a temática do ordenamento do território e do urbanismo num outro volume, integrando, no entanto, essas temáticas num quadro mais global de análise que supera a vertente de ambiente (em sentido estrito, englobando as matérias referentes aos recursos naturais, ao ecossistema, à sustentabilidade e à biodiversidade). Neste quadro, a problemática do ordenamento do território, integrando os modelos de gestão do solo e protecção da paisagem e o urbanismo, atento o modelo transversal de agregação em torno de cidades, tenderá a aumentar de importância nos anos vindouros.

Estamos precisamente no âmbito abrangente do Relatório *Brundtland*, publicado em 1987[12], que define as medidas a tomar para a promoção do desenvolvimento sustentável, nomeadamente a garantia dos recursos básicos (água, alimentos, energia) a longo prazo, a preservação da biodiversidade e dos ecossistemas, o controlo da urbanização desordenada e a integração entre as áreas rurais e as cidades, e a concretização das necessidades sociais básicas (saúde, educação, habitação).

A integração entre as temáticas em presença é evidente. As questões da sustentabilidade são cruciais para a preservação da vida humana e dos restantes seres vivos.

3. Das Razões da Escolha das Finanças e Fiscalidade do Ambiente e da Energia

a) Razões de Ordem Pessoal

Quando, em 1994, no concurso para a admissão a Assistente Estagiário na Faculdade de Direito da Universidade de Lisboa, optámos por tratar a temática dos Impostos Ambientais[13], estávamos longe de acreditar que essa temá-

[12] World Commission for Environment and Development, Our Common Future, Oxford, University Press, 1987. Tradução para português: Comissão Mundial sobre o Meio Ambiente e Desenvolvimento, Nosso Futuro Comum, 2ª edição, Rio de Janeiro: Editora Getúlio Vargas, 1991.

[13] Destacam-se, a este propósito, LOBO, Carlos Baptista – «Imposto Ambiental – Análise Jurídico-Financeira», 1ª Parte. *In Revista Jurídica do Ambiente e Urbanismo*, nº 2, Coimbra: Almedina. (Dezembro de 1994), pp. 11–50; *Idem*, «Imposto Ambiental – Análise Jurídico-Financeira», 2ª Parte. *In Revista Jurídica do Ambiente e Urbanismo*, nº 3, Coimbra: Almedina. (Junho de 1995), pp. 4–67; *Idem* – «Instrumentos Económico-Financeiros de Protecção Ambiental». *In Anuário de Direito do Ambiente*, Ambifórum, 1995, pp. 187–236; *Idem* – «Imposto Ecológico». *In Revista de Direito Público*, nº 16. (1995) Ano VIII, pp. 51-111; *Idem* – «Subvenções Ambien-

tica nos iria acompanhar ao longo da vida. O trabalho, na altura pioneiro na doutrina nacional, permitiu-nos a realização de diversas conferências e o leccionamento de várias lições sobre a temática da tributação ambiental[14].

Também nos movimentos de Reforma Fiscal em que tivemos a oportunidade de participar, as questões ambientais foram sucessivamente introduzidas de forma transversal. No Relatório *Estruturar o Sistema Fiscal do Portugal Desenvolvido*[15], elaborado em 1998, foi enunciado pela primeira vez em Portugal o conceito de Reforma Fiscal Ambiental com um alcance transversal, englobando todos os impostos do nosso sistema, superando desta forma as visões parciais anteriores que tomavam como necessárias unicamente actuações parciais ao nível de um ou outro imposto, nomeadamente ao nível da tributação do carbono.

No mesmo sentido foi o *Relatório Competitividade, Eficiência e Justiça do Sistema Fiscal*[16], de 2009, que, alargando o escopo da tributação correctiva também à vertente do ordenamento do território, tomou como transversal a adequação ambiental do nosso sistema de impostos. Mais recentemente, o *Relatório da Reforma da Fiscalidade Verde*[17], que fundamentou a alteração legislativa estrutural ocorrida em 2014[18], procedeu a um amplo aperfeiço-

tais – Análise Jurídico-Financeira», 1ª Parte. *In Revista Jurídica do Ambiente e Urbanismo*, nº 4, Coimbra: Almedina. (Dezembro de 1995), pp. 4–67; *Idem* – «Subvenções Ambientais – Análise Jurídico-Financeira», 2ª Parte. *In Revista Jurídica do Ambiente e Urbanismo*, nº 5 e 6, Coimbra: Almedina. (Junho/Dezembro de 1996), pp. 59–141; *Idem* – «Princípio Poluidor Pagador». *In Anuário de Direito do Ambiente*, Ambifórum. (1996); *Idem* – «O Novo Ambiente da Fiscalidade Ambiental». *In* Colóquio *Ambiente, Economia e Sociedade*, Série *Estudos e Documentos*, Lisboa, 1999, pp. 205–219.

[14] Salienta-se, igualmente, a preparação da Conferência realizada na Feira Mundial de Hannover em 2000. Lobo, Carlos Baptista – *Ecological Taxation: A Southern European Country Perspective. In* Conferência *The New Trends on Ecological Taxation*, Pavilhão de Portugal, Hannover, 28 de Julho de 2000, com a participação de António de Sousa Franco.

[15] Ministério das Finanças – *Estruturar o Sistema Fiscal do Portugal Desenvolvido – Textos Fundamentais da Reforma Fiscal do Século XXI*. Almedina, 1998.

[16] Ministério das Finanças – *Competitividade, Eficiência e Justiça do Sistema Fiscal, Relatório do Grupo para o Estudo da Política Fiscal*, coordenado por António Carlos dos Santos e António Martins, 2009 [disponível em http://info.portaldasfinancas.gov.pt/nr/rdonlyres/8afaa047-5ab4-4295-aa08-e09731f29b0a/0/gpfrelatorioglobal_vfinal.pdf]

[17] Ministério da Agricultura, do Mar, do Ambiente e do Ordenamento do Território – *Relatório de Reforma da Fiscalidade Verde, Relatório do Grupo de Trabalho*, 2014 [disponível em http://www.portugal.gov.pt/media/1539636/3%20-%20Projeto%20de%20Reforma.pdf]

[18] A Reforma da Fiscalidade Verde foi consagrada na Lei nº 82-D/2014, de 31 de Dezembro, que procede à alteração de um conjunto de normas fiscais ambientais nos sectores da energia

amento do sistema fiscal nacional, sendo a primeira vez que uma comissão de Reforma Fiscal teve como escopo único a protecção ambiental, em sentido amplo, ou seja, englobando, como defendemos, o ordenamento do território e o urbanismo.

Simultaneamente, e atenta a crescente importância do princípio da equivalência e do benefício, e a necessária eficiência acrescida no nosso sistema fiscal, foi-se acentuando o nosso interesse pelas questões fiscais relacionadas com o ordenamento do território e do urbanismo[19]. Em 2012, participámos em dois grupos de trabalho do Ministério do Ambiente e Ordenamento do Território, que culminam na aprovação da Lei de Bases Gerais da Política de Solos, do Ordenamento do Território e do Urbanismo[20] e na Reforma do Regime Jurídico de Instrumentos de Gestão Territorial[21]. O que se constata, porém, é que as novas opções legislativas, por muito que sejam claras e explícitas, dificilmente produzem os efeitos desejados ao nível da Administração Pública e dos administrados em geral.

No caso das medidas de fiscalidade ambiental, a esmagadora maioria concorda com a aplicação de normas de interiorização de externalidades ambientais ao nível de determinados produtos, nomeadamente nos combustíveis. No entanto, quando se anuncia – como no caso da tributação do carbono constante da proposta de Fiscalidade Verde – que tal implicará um agravamento de 2 cêntimos no preço dos combustíveis, gera-se uma onda de contestação. Por muito que se trate das questões da sustentabilidade financeira das infra-estruturas urbanísticas, da perequação de benefícios e encargos ou da erradicação das rendas monopolistas por via da alteração da classificação do solo, o facto é que nada muda na prática administrativa. Por vezes, para o técnico aplicador das normas, normalmente não jurista, mais importante do que uma Lei de Bases ou um mandamento constitucional é o despacho normativo que contém as denominações

e emissões, transportes, água, resíduos, ordenamento do território, florestas e biodiversidade, introduzindo ainda um regime de tributação dos sacos de plástico e um regime de incentivo ao abate de veículos em fim de vida.

[19] *Cf.*, *e.g.*, Lobo, Carlos Baptista; Pardal, Sidónio – *Património Imobiliário – Referências para Avaliação.* Almedina, 2011; Lobo, Carlos Baptista – *Lei do Solo, Vertente Financeira e Fiscal.* Documento Técnico DGOTDU 4/2011.

[20] Lei nº 31/2014, de 30 de Maio.

[21] Decreto-Lei nº 80/2015, de 14 de Maio.

conceptuais (um pouco à semelhança das circulares da Administração Tributária). Assim, tão ou mais importante do que a acção legislativa é a educação e a formação dos técnicos aplicadores do direito. Uma mudança de mentalidade é essencial.

b) Razões de Ordem Científica

Ao analisar-se a diversa doutrina administrativa portuguesa, de excelente qualidade, deveria decorrer um tecido legislativo, igualmente de excelente qualidade, nas áreas do ambiente, ordenamento do território e do urbanismo. E isso até acontece. Os nossos cultores do direito do ambiente, do ordenamento do território e do urbanismo construíram um sistema legislativo moderno e aparentemente apropriado aos problemas do nosso País. Contudo, nada parece melhorar e as situações patológicas tendem a eternizar-se. Tal resulta, a nosso ver, de uma ineficiente adequação da vertente económico-financeira nas diversas soluções legais adoptadas. Veja-se o caso paradigmático da Lei de Bases do Ambiente. O seu regime económico-financeiro foi claramente enxertado à pressa, atentas as diversas e pertinentes críticas elaboradas na fase de discussão pública do projecto. No caso da Lei de Bases da Política de Solos, do Ordenamento do Território e do Urbanismo, o movimento foi o oposto. A proposta de Lei continha um complexo e completo enquadramento económico-financeiro que o legislador entendeu como insusceptível de compreensão pelo aplicador médio da referida legislação.

Ora, o regime jurídico-político inerente à vertente administrativa do ambiente, do ordenamento do território e do urbanismo grita por auxílio. Cabe à ciência jurídico-económica ajudar na concretização da estrutura de mercado essencial para uma correcta definição e delimitação do tecido jus-administrativo. Este divórcio permanente resulta inequivocamente de uma dificuldade de ligação entre os diversos ramos do direito. A questão ambiental, além de ética e civilizacional, é essencialmente uma questão económica. Existem insuficiências do mercado que necessitam de ser corrigidas de forma transversal e completa. Esse é precisamente o campo do direito da economia, *lato sensu*, e dos respectivos instrumentos de correcção – as finanças e a fiscalidade. Tal congregação entre o substantivo/adjectivo «administrativo» e o substantivo/adjectivo «económico-financeiro» deveria ser de execução facilitada. Estamos a falar de políticas públicas transversais, desenvolvidas por uma entidade única – o Estado. Não obstante, e devido eventualmente a uma separação das escolas de pensamento, essa agregação não foi bem-sucedida e legislação que na vertente da teoria do direito administrativo seria perfeita resulta numa aplicação prática insuficiente. Podemos afirmar que o salto conceptual conseguido pelo Relatório Brundtland, que afirmou a inevitável dimensão económica do problema ambiental, ainda não foi alcançado no mundo do Direito, apesar das diversas tentativas de o alcançar. Mais uma vez, o campo do ensino universitário poderá constituir uma excelente ponte para o efeito.

c) Razões de Ordem Pedagógica

Uma disciplina de Finanças e Fiscalidade do Ambiente e Energia constitui uma portentosa oportunidade para testar conhecimentos apreendidos ao longo do curso. Conforme veremos, esta disciplina permite testar numa área intuitivamente atraente para os alunos toda uma panóplia de matérias relevantes para as ciências jurídico-económicas. Assim, elementos de Introdução à Economia, Finanças Públicas, Direito Económico e Direito Fiscal revelam-se em todo o seu esplendor, num conglomerado de fundamentos teóricos e de políticas de resolução de questões complexas. Por outro lado, permite demonstrar a diferente aproximação das ciências jurídico-económicas relativamente a institutos que, tradicionalmente tratados de forma diversa noutras disciplinas, adquirem nesta sede uma análise diferenciada.

Aproveitamos também a oportunidade para revisitar, sempre que possível, o ensinamento dos autores clássicos, como Adam Smith, David Ricardo, John Stuart Mill, e outros, tendo em vista a sedimentação efectiva dos seus ensinamentos num ambiente prático e aplicado.

Igualmente, em sede conceptual, um caso paradigmático será o referente ao direito de propriedade do solo e a sua relação com a capacidade edificatória. De uma forma simplista e meramente introdutória, poderemos referir que numa aproximação jus-civilística dos direitos reais, essa capacidade é inerente ao conteúdo do direito; na aproximação jus-administrativa, ao invés, essa capacidade é outorgada pelo Plano. Não obstante, numa aproximação jus-económica, essa capacidade depende de uma decisão regulatória, que se corporiza no modelo mais eficiente de extrair o máximo conteúdo económico ao solo em concreto, tomando-se em consideração uma análise custo-benefício transversal, num juízo de ponderação do interesse privado perante o interesse público.

Curiosamente, o programa permite uma não repetibilidade conceptual, bem como a simetria dogmática de institutos essenciais da ciência económica. Por exemplo, a vertente ambiental, *stricto sensu*, possibilita a demonstração da tragédia dos baldios, a questão do consumo dos bens livres e recursos comuns, a necessária compensação de práticas de conservação (perequação ambiental) e as políticas de interiorização de externalidades negativas. Simetricamente, a vertente do ordenamento do território e do urbanismo, tratada num outro volume, incorpora a tragédia dos anti-baldios, a questão dos bens públicos e semipúblicos, a sustentabilidade e financiamento dos investimentos de infra-estruturação (perequação urbanística) e as políticas de socialização de externalidades positivas.

Esta nova visão sobre o Ambiente, integrando o Ordenamento do Território e o Urbanismo, é ainda mais importante quando os tendenciais aplicadores do ordenamento administrativo não serão juristas, mas igualmente engenheiros, arquitectos, geógrafos e outros profissionais. Qual a relevância deste aspecto? O facto de não terem uma formação jurídica de base cria uma tendência inelutável para o apelo a uma regulamentação excessiva dos processos, dos procedimentos e das soluções, o que leva, muitas vezes, a que se perca a noção do objectivo primordial da norma jurídica, *maxime* o princípio em causa, dando-se especial destaque ao detalhe técnico que, de meramente instrumental, passa rapidamente a objectivo primordial da acção pública. Relembro, por exemplo, que, numa discussão sobre a proposta de Lei de Bases da Política de Solos, do Ordenamento do Território e do Urbanismo, apareceu uma crítica veemente sobre a não adopção pelo projecto das designações e conceitos constantes num decreto regulamentar da Direcção-Geral do Território. Na verdade, era precisamente esse o objectivo, porém, a hierarquia das normas nada dizia a quem, todos os dias, aplicava o regulamento concreto sem a percepção total do enquadramento jurídico integral aplicável.

Ora, a explicação da dimensão económico-financeira permite enquadrar um regime, que muitas vezes se entende burocrático e procedimental, num ambiente de racionalidade e de organização superior, tendo em vista a melhoria substantiva dos padrões de bem-estar geral, concretizando soluções eficientes e justas num modelo de sustentabilidade alargado. Essa procura da racionalidade, da justiça e da eficiência permite dar coerência e uma justificação externa a soluções que, numa primeira apreciação interessada, poderiam parecer não fazer sentido. Por exemplo, a imposição de limites de captura de peixe é de muito difícil explicação ao pescador visado sem que seja acompanhada de uma correcta e detalhada justificação de sustentabilidade ambiental acompanhada de um modelo económico que a legitime.

Neste quadro conceptual, as Finanças e Fiscalidade do Ambiente, Energia (neste volume) e do Ordenamento do Território e do Urbanismo (no segundo volume) constituirão um instrumento auxiliar na decisão, fornecendo modelos transversais de análise de impacto da decisão administrativa numa perspectiva multidisciplinar, e possibilitando o desenvolvimento de políticas de alcance alargado, antecipatórias e horizontalmente justas, o que permitirá a concretização dos objectivos de política pública de uma forma sustentada e legítima.

Gostaria de agradecer à Ana Chacim, ao Daniel Radu, ao Filipe Fernandes e à Carmen Silva todo o apoio na elaboração deste livro, que constitui um contributo no sentido "building a better working world". Finalmente, à Catarina e ao Henrique pela paciência e apoio permanente.

PARTE I
PARTE GERAL

Capítulo I
Questão Ambiental

1. Introdução
1.1. Ambiente e Economia

Hoje, mais do que nunca, a dogmática das decisões a nível económico comporta, necessariamente, a tomada em conta das variáveis ambientais. Simetricamente, não são possíveis quaisquer decisões ao nível ambiental que não integrem, na sua formulação e na sua aplicação, a dimensão económica. Mais do que perspectivas conservacionistas ou extremistas no plano da defesa intransigente do ambiente, a verdade é que têm sido os instrumentos económicos aqueles que melhores resultados têm alcançado.

Estamos, actualmente, numa situação similar aos momentos anteriores à queda do Império Romano. Poderá sempre dizer-se que as razões desse evento se deveram a invasões e outros factores externos. Todavia, tal não é totalmente verdadeiro. As razões principais para essa queda decorreram de eventos internos ao próprio sistema. E, quanto menos significativas forem as alterações sucessivas do *statu quo*, maior tendência para as ignorar, à laia da parábola do sapo cozido em fogo lento. Igualmente impressionantes foram as conclusões de Thomas Malthus, que, na sua obra *Essay on the Principle of Population*[22], de 1798, anunciou que a taxa de reprodução humana (evolução numa progressão geométrica) e o inerente crescimento do consumo seriam mais elevados do que a capacidade de aumento da produção de bens essenciais (que evoluiriam numa progressão aritmética), o que

[22] Malthus, Thomas – *Essay on the Principle of Population as It Affects the Future Improvement of Societies*. Londres: J. Johnson, 1798.

levaria a um processo de ajustamento dramático baseado na fome, guerra e aumento da taxa de mortalidade por motivos ambientais. Não sabemos quando as suas profecias se concretizarão em toda a sua plenitude, pelo menos no mundo ocidental, dado que, infelizmente, em outras áreas do planeta, e para populações muito pobres e depauperadas pela guerra, tal constitui um facto claro e notório há várias dezenas de anos[23].

Não se nega que a perspectiva catastrofista malthusiana subestimou a capacidade humana de inovação[24]. Hoje, os terrenos agrícolas têm uma produtividade bastante superior aos do passado. Aliás, é possível cultivar por via hidropónica, sem a utilização de qualquer suporte fundiário. A utilização de água é bastante mais eficiente. Ainda assim, a este respeito, Malthus acompanhar-nos-á sempre[25]. A ele devemos o sentimento de emergência ambiental.

Mais do que problemáticas assentes em relações de vizinhança (óptica dos códigos civis), de responsabilidade civil (óptica remediativa), ou de normas de comando e controlo (óptica administrativa) e de punição (óptica penalista), é essencial a transposição para todo o modelo económico dos ditames ambientais. Só assim se garantirá uma transição pacífica para um modelo de sustentabilidade de longo prazo.

1.2. Ambiente e Utilidade

Neste campo, haverá que efectuar uma ponderação no respeitante ao conceito decorrente da economia de bem-estar (*welfare economics*), que analisa o *statu quo* económico e as políticas a seguir para a sua melhoria. Sendo a sua tendência dominante a decorrente da escola utilitarista, iniciada por Jeremy Bentham, os seus fundamentos assentam no paradigma das melhorias de situação individual, *maxime* o incremento do prazer individual, subtraído o dano ou o sofrimento imposto a outrem envolvido na

[23] Trataremos adiante da denominada Curva de Kuznets Ambiental. Porém, o facto é que as alterações climáticas têm afectado diferentes partes do globo de uma forma assimétrica.

[24] Assim, a perspectiva de rendimentos decrescentes à escala inerente à inovação malthusiana não se concretizou. *Cf.* SIMON, Julian – *The Ultimate Resource.* 1981 [disponível em http://www.juliansimon.com/writings/Ultimate_Resource/]

[25] Existe uma verdadeira escola neo-malthusiana. *Cf.*, por exemplo, a escola ecologista de Stanford, *e. g.*, EHRLICH, Paul – *The Population Bomb*, New York: Sierra Club and Ballantine Books, 1968; MEADOWS, Donella; MEADOWS, Dennis; RANDERS, Jorgen; BEHRENS, William – *The Limits to Growth: A Report for the Club of Rome's Project on the Predicament of Mankind*, New York: Universe Books, 1972.

acção. Bentham parte do princípio de que a motivação dos seres humanos assenta unicamente em duas acções – a procura de prazer e o evitar do sofrimento. E, no enquadramento conceptual motivacional básico, encontrava-se o desejo por comida e por abrigo[26].

John Stuart Mill mitigou o cataclismo malthusiano com a sua teoria do estado estacionário. Na sua obra *Principles of Political Economy*[27], de 1848, Mill concordou com Malthus relativamente à impossibilidade de a humanidade e, consequentemente, de a riqueza crescerem perpetuamente. Porém, colocaria uma *nuance* no trajecto catastrofista. Assim, ocorreria um momento – o denominado Estado Estacionário – em que a evolução demográfica e o crescimento económico se estabilizariam. Nesse ponto ocorreria uma redução na produção de bens materiais e, consequentemente, no consumo de recursos ambientais, progredindo a humanidade por via da elevação moral, cultural e social.

Anteriormente, já David Ricardo, no seu *Principles of Political Economy and Taxation*[28], de 1817, havia enunciado a contestação da Malthus, avançando com o conceito de Estado Estacionário, por via monetarista. Efectivamente, se os recursos ficassem mais escassos, os seus preços aumentariam de tal forma que os consumidores derivariam para outros produtos sucedâneos, embora de menor qualidade, para a satisfação dessas necessidades em concreto.

Concordamos com esta escola de pensamento, também com uma *nuance* em relação ao modelo de evolução. A progressão evolutiva continuará a ser económica e não espiritual, unicamente será desenvolvida através de bens imateriais, e não de leis materiais. A tendência de desmaterialização económica e de desintermediação demonstra esse percurso. Por outro lado, a emergência de fontes de energia limpa e de produtos de reduzida intensidade energética permitiu, pela primeira vez na segunda década do século XXI, uma descolagem entre o trajecto do crescimento económico e o consumo de matérias-primas. Os bens imateriais não necessitam de matérias-primas materiais, ou seja, de recursos ambientais, unicamente de energia (em quantidades cada vez menores) e de intelecto.

[26] *Cf.* Kelly, Paul – *Jeremy Bentham. The New Palgrave Dictionary of Economics and the Law*, Peter Newman ed., Stockton Press, 1998, p. 157.

[27] Mill, John Stuart – *Principles of Political Economy*. Collected Works from John Stuart Mill, vols. II e III, J. Robson e V. Bladen eds., University of Toronto, 1965.

[28] Ricardo, David – *On the Principles of Political Economy and Taxation* [1817]. Cambridge University Press, 1962.

Nunca se poderá negar que foi esta escola de pensamento que contribuiu de forma mais positiva e estruturada para a consciencialização da classe económica para as questões ambientais. Assentando numa dimensão binária de «certo» (satisfação, prazer) e de «errado» (privação, sofrimento), introduziu nas temáticas económicas matérias como a biodiversidade e a protecção dos ecossistemas e da vida selvagem, que anteriormente eram totalmente ignoradas. Ainda assim, esta linha dogmática sofreu sérios ataques, uma vez que, assentando numa base hedonística, revelava uma natureza eminentemente antropocêntrica e individualista.

Tendências de teor mais filosófico («eticistas[29]») clamam por uma superação do modelo de análise utilitarista, pois o antropocentrismo[30] negaria a importância de outras formas de vida não conscientes ou, num momento posterior, não sencientes e, por outro lado, o ambiente nunca poderia ser considerado na óptica individual que era a base do binómio de avaliação utilitarista, mas sim numa visão holística e intertemporal. Estas críticas eram injustas, já que o próprio Bentham reconheceu a dignidade inequívoca dos animais[31], e os seus seguidores como, por exemplo, Peter

[29] A Ética Ambiental é a disciplina da filosofia que estuda a relação moral entre os seres humanos e o ambiente e os seus conteúdos não humanos. O seu ponto de partida é a contestação do antropocentrismo, chamando a atenção para a vertente ética de certas decisões que, parecendo correctas numa óptica utilitarista, poderão constituir pecados ambientais significativos. Assim, decisões como a exploração petrolífera na Antártica ou a extinção do vírus da varíola, podendo fazer sentido do ponto de vista económico ou da perspectiva do bem-estar do ser humano, seriam moralmente erradas, uma vez que levam a situações de não-retorno.

[30] Por vezes, a corrente eticista tende a culpar o cristianismo (*cf.* White, Lynn «*The Historical Roots of Our Ecological Crisis*». Science, 155, 1967, pp. 1203–1207) pelo ponto de partida antropocêntrico. Porém, já Aristóteles, na sua *Política* (livro 1, capítulo 8), refere que a natureza fez todas as coisas para benefício do Homem, e que o valor de todas as coisas não humanas é meramente instrumental (mas essa é a base da posição de São Tomás de Aquino, que refere que todos os animais não humanos estão ao serviço do Homem [*cf. Summa Contra Gentiles*, Livro 3, Parte 2, Capítulo 112)]. Mesmo Kant refere que a crueldade com os animais só seria errada se tal implicasse más consequências relativamente a outros seres humanos (Kant, Immanuel – *Lectures on Ethics*, traduzido para inglês e editado por Heath, P.; Schneewind, J., Cambridge University Press, 1997).

[31] A questão da diferenciação entre valor instrumental (de teor eminentemente económico) e o valor intrínseco (de base ética) das espécies pode levar a discussões interessantes, como é o caso da eliminação de elementos patogénicos. Por exemplo, Brian Wolff refere o seguinte: «*assuming insentient organisms, species, etc. are intrinsically valuable, there is still no logical way to define the nature of intrinsic value so that the concept is not eviscerated, at least as a practical matter, by the*

Singer[32], admitiram a introdução dos sentimentos dos seres sencientes na equação utilitarista. De outra parte, não se pode negar o facto de ter sido esta corrente a que forneceu as principais armas de defesa ambiental hoje disponíveis (*e. g.*, os impostos pigouvianos, os direitos negociáveis, ou o conceito de crescimento sustentável).

O que sabemos é o seguinte: a questão ambiental tornou-se a mais relevante para a nossa civilização. Independentemente da perspectiva que se adopte: utilitarista, contratualista[33], eticista *lato sensu*, conservacionista[34],

development of a hierarchical value system. Assuming all organisms have intrinsic value, the eradication of pathogenic organisms can only be condoned if certain human interests and values are placed ahead of the "interests" and intrinsic value of other species». *Cf.* WOLFF, Brian – «Environmental Studies and Utilitarian Ethics. Environmental Studies». *In Bioscene*, Dezembro de 2008, p. 9. *Cf.*, igualmente, quanto à valorização do valor intrínseco O'NEILL, J. «*The Varieties of Intrinsic Value*». Monist, 75, 1992, pp. 119–137; e JAMIESON, D. – *Morality's Progress: Essays on Humans, Other Animals, and the Rest of the Nature*, Oxford: Clarendon Press, 2002.

[32] Nestes termos, a ponderação utilitarista sobre a correcção ou incorrecção da opção deveria tomar em consideração os interesses de todos os seres sencientes, incluindo, claro está, os não humanos. Neste quadro, não existiria qualquer ponderação de valor intrínseco, já que este seria desnecessário. Todos os activos ambientais seriam assim instrumentais perante os interesses dos seres sencientes. Porém, esta corrente tem um perigo inerente. Sendo uma ponderação de custo/benefício, actividades como a caça à baleia poderiam ser justificáveis se o interesse humano fosse superior ao interesse do ser senciente baleia. SINGER, Peter – *Practical Ethics*. 2nd ed. Cambridge University Press, 1993. Obviamente, se introduzirmos um filtro ético ou deontológico assente na moral, voltamos à discussão sobre as fronteiras do mesmo («biocentrismo» ou «centro de vida teleológico»). *Cf. Environmental Ethics, Stanford Encyclopedia of Philosophy*, rev. Jul, 21, 2015 [disponível em https://plato.stanford.edu/entries/ethics-environmental/].

[33] O contratualismo baseia a sua posição no «contrato social». Na sequência de Hugo Grotius, Thomas Hobbes, John Locke, Jean-Jacques Rosseau, Immanuel Kant ou, mais recentemente, John Rawls, o contratualismo assenta na ideia de existência de um contrato moral entre agentes racionais, que acordam relativamente às regras de governo e, consequentemente, quanto ao comportamento a desenvolver. Nestes termos, a moral seria uma construção humana, decorrente de uma cadeia objectiva de acordos racionais (*cf.* SCANLON, Thomas – *Contractualism and Utilitarism. In* SEN A.; WILLIAMS, B. eds. – *Utilitarism and Beyond*. Cambridge University Press, 1982; sobre a diferença entre a perspectiva contratualista [*contractualis*] de Scaron e o modelo contratualista [*contractarian*] de Rawls, *cf.* SEN, Amartya, ob. cit., p. 188). Ora, na perspectiva ambiental, a escola contratualista depara com duas questões essenciais. Assentando no postulado de existência de acordos racionais, questiona-se como os animais, ou outros seres não conscientes, poderão ser introduzidos nessa teia contratual, já que poderão ser incapazes de exprimir a sua vontade. O segundo desafio traduz-se na concretização do primado da equidade intergeracional. Se a geração futura ainda não existe, como poderá ser parte do contrato social? Deixando a segunda questão para momento posterior, poderá

ecologista profunda (*deep ecology*)[35], eco-feminista[36], neo-animista[37] ou bior-regionalista[38], o que é relevante é a apreensão da problemática transversal.

dizer-se que alguns actores humanos, por detrás do seu véu de ignorância, poderão ter escolhido ser representantes dos animais, o que lhes permitiria a participação no contrato social. Contudo, neste momento, levantam-se novas questões: terão os animais um estatuto jurídico semelhante ao dos humanos? Concordarão todos os humanos nesse pressuposto? Se os animais adquirirem esse estatuto, então e os restantes seres vivos? E as montanhas? E os centros históricos? *Cf.* CARRUTHER, Peter – *The Animal Issue: Moral Theory in Practice.* Cambridge University Press, 1992.

[34] Os conservacionistas reagem violentamente a qualquer tentativa de quantificação económica dos activos ambientais. John Muir e Aldo Leopold, fundadores desta corrente, propunham uma conservação de todas as coisas num modelo «natural, selvagem e livre». *Cf.* MUIR, John – *A Thousand Mile Walk to the Gulf.* Boston: Houghton Mifflin, 1916; LEOPOLD, Aldo – *A Sand County Almanac.* Oxford University Press, 1949. Aldo Leopold introduziu o conceito de Ética Comunitarista da Terra, «*that land in a community is the basic concept of ecology, but that land is to be loved and respected in an extension of ethics [...]. A thing is right when it tends to preserve the integrity, stability, and beauty of the biotic community. It is wrong when it tends otherwise*», *in* ob. cit., pp. 224–225). Numa perspectiva mais pragmática, Christopher Stone propôs que as árvores, as florestas e as montanhas tivessem pelo menos uma posição legal semelhante à das empresas, ou seja, adquirindo um estatuto de pessoa jurídica, para que pudessem ser representadas em acções colectivas e compensadas. Porém, o Supremo Tribunal Federal, por uma pequena maioria, considerou que o Sierra Club não tinha legitimidade para levar a acção ao Tribunal (*cf.* STONE, Christopher – *Should Trees Have Standing?.* Southern California Law Review, 45, 1972, pp. 450–501).

[35] A Ecologia Profunda nasceu na Escandinávia, tendo como percursores Arne Naess, Sigmund Kvaloy e Nills Faarlund. Esta corrente filosófica sacraliza os elementos naturais, conferindo-lhes valor intrínseco, tomando como base a cultura sherpa dos Himalaias, e reage contra as posições da denominada «Ecologia Rasa» (*shallow ecology*), que só se preocuparia com as questões ambientais tendo em vista a manutenção da riqueza e do bem-estar humano, *maxime* dos países mais ricos. Neste quadro, assenta num pressuposto de «igualitarismo biosférico» em rede, rejeitando portanto o «individualismo atomístico» utilitarista. Assim, do antropocentrismo egocêntrico deriva para o denominado ecocentrismo ou biocentrismo. Na sua formulação mais radical, baseia-se na teoria quântica que elimina as barreiras entre o observador e o observado. Neste quadro conceptual, não se deveria dizer «eu protejo a floresta tropical», mas sim «eu sou árvore da floresta tropical», numa óptica de Eu Expandido (*expanded Self*). *Cf.* NAESS, Arne – «The Shallow and the Deep, Long Range Ecology Movement». *In Inquiry*, 16, 1973, pp. 151–155. Esta corrente foi igualmente criticada, já que a teoria do Eu Expandido poderia significar uma colonização humana relativamente aos elementos naturais, e que na prática traduziria unicamente um propósito imperialista conservacionista puro, preservando a natureza unicamente para benefício de alguns sujeitos economicamente mais favorecidos (*cf.* GUHA, Ramachandra – «Radical American Environmentalism and Wilderness Preservation: a Third World Critique». *Environmental Ethics*, 11, 1989, pp. 71–83).

Apesar dos modelos de equilíbrio geral, e das contribuições dos eminentes utilitaristas como John Stuart Mill, Alfred Marshall e A.C. Pigou, a

[36] O Eco-feminismo resulta numa intersecção entre os movimentos feministas dos anos 70 do século passado com a ecologia, descrevendo-se como uma terceira vaga do feminismo e sendo um ramo da Ecologia Profunda. A posição de partida é relativamente simples: a opressão das mulheres e os abusos ambientais são fenómenos relacionados e resultam das estruturas de poder patriarcal instaladas, das hierarquias e da relação de domínio estabelecido. Filosoficamente, esta corrente refere que o patriarcado perpetua-se a si próprio por via da sedimentação de dualismos de base hierárquica. Assim, dicotomias como homem/mulher; céu/terra; mente/corpo/; humano/animal; espírito/matéria; cultura/natureza; activo/passivo; branco/preto ou bem/mal serão sempre resolvidas por via de uma hierarquia que privilegiaria sempre o primeiro valor referido e desvalorizaria o segundo. A sua reacção é visceral, já que reivindicam um tratamento privilegiado do segundo elemento de forma a contrabalançar a desvantagem histórica. Neste quadro conceptual, a natureza seria feminina, mas o pensamento seria masculino, o que importava alterar. Esta corrente tem o mérito de introduzir as questões da psicologia e da sociologia na análise teórica ambiental. *Cf.* KING, Ynestra – *Healing the Wounds: Feminism, Ecology, and Nature/Culture Dualism. In* JAGGAR, A.; BORDO S. (eds.), *Gender/Body/Knowledge: Feminist Reconstruction of Being and Knowing.* Rutgers University Press, pp. 115–141.

[37] O neo-animismo tem como percursores Max Horkheimer e Theodore Adorno e parte do princípio segundo o qual as questões ambientais decorrem de um problema de desencantamento. Sendo uma escola neomarxista, partia da própria crítica do materialismo marxismo clássico, que tomava a natureza como um recurso para ser transformado pelo trabalho humano e utilizado para a finalidade de satisfação das necessidades humanas. Tal resultaria numa «alienação humana» perante o ambiente decorrente de um estreito conceito positivo de racionalidade (ou seja, instrumento para a prossecução de progresso, poder e controlo tecnológico) que toma os métodos quantitativos como forma de resolução de todos os problemas. As leis naturais seriam totalmente descodificadas, eliminando-se o mistério primordial, podendo ser controladas e manipuladas para a satisfação dos nossos interesses. Ora, este positivismo exacerbado causou um «desencantamento» relativamente à natureza, o que originou os problemas actuais. A sua proposta traduz-se na devolução de um «Romantismo Estético» à análise económica, e simultaneamente, um reencantamento relativamente à natureza e à vida humana, com base na sensibilidade, na espontaneidade e da autenticidade numa base de «imediatismo sensorial». Nos seus termos, «uma floresta desencantada é uma floresta morta». Numa formulação mais radical, até as rochas estariam vivas, no âmbito de um sistema complexo auto-regulado denominado «Gaia». *Cf.* HORKHEIMER, Max; ADORNO, Theodore – *Dialectic of Enlightenment.* New York: Seabury Press, 1969.

[38] O Biorregionalismo e a ecologia social partem de princípios similares aos do neo-animismo, mas entendem que a acção humana é essencial para a preservação do ambiente. Assim, o ambiente físico seria a «primeira natureza» e a cultura a «segunda natureza». O ser humano, para manter a sua capacidade evolutiva, deverá utilizar os seus dons para a subsistência da diversidade e da complexidade ambientais, diminuindo o sofrimento e reduzindo a poluição. Lewis Mumford adoptou, a este respeito, uma aproximação regionalista, referindo que a

verdade é que o conceito de incremento puro da utilidade ligada ao crescimento económico poderá não ser totalmente satisfatório na perspectiva ambiental. É um facto que a escola utilitarista nos fornece conceitos relevantes para a questão ambiental, como o conceito de crescimento sustentável. Contudo, o propósito de acumulação de riqueza individual poderá não ser a melhor medida de bondade social, nomeadamente quando tal significa o consumo de bens ambientais, ainda que de forma sustentável.

1.2.1. Economia Ecológica

Não é, portanto, de estranhar que, na década de 80 do século passado, tenha aparecido uma derivação económica denominada Economia Ecológica que, contestando a dogmática central da economia *mainstream*, mormente os seus pressupostos clássicos e monetaristas da Economia Ambiental e a sua reduzida interdisciplinaridade, propôs uma recentragem do foco inicial da análise, não no elemento humano, mas na vertente ecológica. No quadro conceptual proposto, a ecologia não seria um mero elemento da economia, mas a economia seria um dos elementos críticos do grande sistema ecológico global[39]. Esta precisão é fundamental para situar os alunos no campo concreto da economia pública e da economia ambiental.

As repercussões decorrentes deste dogma são óbvias: enquanto a economia tradicional equipara os activos de capital de base humana aos activos naturais, sendo o quadro de sustentabilidade calculado de forma agnóstica relativamente à qualidade dos bens em causa («sustentabilidade fraca»), a economia ecológica nega essa equiparação e exige um tratamento distinto a este propósito tomando os activos ambientais como insubstituíveis («sustentabilidade forte»). Por outras palavras, enquanto os modelos económicos tradicionais analisam a estrutura de mercado presente e calculam subsequentemente o modelo de sustentabilidade, a economia ecológica parte inicialmente de um estado de equilíbrio ecológico primário, e só posteriormente determina os limites da sua utilização sustentável.

criação e manutenção de centros regionais de cultura garantiriam a preservação ambiental, lutando contra a devastação capitalista industrialista (*megamachine*) que dominaria o homem, a sua liberdade e criatividade. Estas comunidades biorregionais seriam faróis de iluminação que, por via do exemplo, impediriam o domínio do totalitarismo industrial. *Cf.* MUMFORD, Lewis – *The City in History*. New York: Harcourt, 1961.

[39] *Cf.* XEPAPADEAS, Anastasios – «Ecological economics». *In The New Palgrave Dictionary of Economics*. 2nd Edition. Palgrave MacMillan, 2008

Para este efeito, a economia ecológica assume uma postura interdisciplinar, cruzando as leis da física (com especial enfâse nas leis da termodinâmica[40]) com as leis da economia, tentando, por esta via, atingir um modelo unificado. De facto, de acordo com o seu pressuposto básico, a economia é um simples ramo inerente à vida humana que deve ser integrada no âmbito da esfera ecológica global[41]. Apesar do forte apelo primário de adesão a esta corrente, a verdade é que tem sido alvo de bastantes críticas e de uma reduzida penetração dogmática.

A razão inicial é óbvia. Kenneth Boulding, o pai fundador desta corrente, não obtinha grandes favores reputacionais no seio das correntes económicas tradicionais (não ajudando o facto de, além de economista, assumir o papel de místico). Por outro lado, a definição do valor intrínseco dos sistemas ecológicos torna quase impossível a realização de modelos económicos sustentados. Não obstante, tem contribuído para uma cons-

[40] A termodinâmica é a ciência que estuda a energia enquanto parte constitutiva integrante de todas as coisas. Assenta, essencialmente, na concepção de sistema. Assim, existirão sistemas abertos, ou seja, que trocam energia e matéria com o seu ambiente (como é o caso do ser humano); ambientes fechados, em que as trocas são unicamente ao nível da energia e não de matéria (como é o caso do Planeta Terra); e os ambientes isolados, onde não se processam quaisquer trocas, quer de energia quer de matéria (modelo utópico, em que o universo poderá ser o único caso). A primeira lei da termodinâmica é bastante conhecida, a energia não pode ser criada nem destruída, poderá ser unicamente convertida entre diferentes formas. Tal parece ser uma contradição relativamente aos temores ecologistas, já que, independentemente do que façamos, o *stock* energético manter-se-á idêntico. Mas não é isso que acontece. A escola ecológica defende a diminuição destas conversões energéticas, nomeadamente a que seja susceptível de geração térmica. A segunda lei é a denominada «lei da entropia», que refere que o calor fluirá naturalmente de um corpo quente para um corpo frio, mas essa transformação nunca será eficiente. Tal poderá parecer contraditório com a primeira lei, mas não o é. Por exemplo, a energia do carvão tem uma eficiência térmica reduzida, porquanto, no processo de conversão, existirá uma perda bastante significativa de capacidade energética não utilizada no aquecimento, gerando-se os resíduos ambientalmente nocivos. A entropia será, assim, a medida dessa capacidade potencial não utilizada. Conforme referiu Nicholas Georgescu-Roegen, se a conversão de energia fosse 100% eficiente, um contentor de carvão duraria para sempre. Daí a procura desenfreada pela técnica de fusão a frio, que possibilita uma taxa de conversão energética próxima dos 100%. Se tal acontecer, os problemas energéticos da humanidade estarão resolvidos para os próximos séculos. *Cf.* GEORGESCU-ROEGEN, N. – *Comments on Stiglitz and Daly. In* SMITH, Vincent Kerry – *Scarcity and Growth Reconsidered.* John Hopkins University Press, 1979.

[41] JEROEN, V.; VAN DEN BERGH, M. – «Ecological Economics: Themes, Approaches, and Differences with Environmental Economics». *In Regional Environmental Change,* 2(1), 2001, pp. 13–23.

trução mais forte do modelo de sustentabilidade, como analisaremos *infra*, reforçando a sua dimensão física, espacial e temporal.

1.3. Ambiente e Igualdade

Usualmente tende-se a transmitir a posição que a questão ambiental assente essencialmente no primado da eficiência. Porém, é essencial revelar-lhes a vertente da igualdade. E aí o rendimento e a riqueza material são inadequados para avaliar o avantajamento[42]. Essa verdade aristotélica não é facilmente entendida. Porém, existe hoje um relativo consenso quanto ao alcance da noção, desprezando-se o elemento estático da riqueza económica e privilegiando-se a capacidade e a oportunidade[43].

John Rawls, na sua *Teoria da Justiça*, apontou a existência dos denominados «bens primários», que serão os meios de carácter geral, como a riqueza, o estatuto social, as prerrogativas que em si mesmo não são valiosas, mas que permitem prosseguir aquilo a que damos valor. Nesta perspectiva, a verdadeira riqueza não será uma finalidade em si mesma, mas sim o instrumento para aquilo que realmente se pretende.

De acordo com Amartya Sen, em *Ideia de Justiça*, existem vários tipos de contingências dos quais poderão resultar variações na conversão dos meios nos fins pretendidos: «*i)* as heterogeneidades pessoais (idade, sexo, deficiências, propensões para a doença, *etc.*); *ii)* as variações no clima social (saúde pública, educação, criminalidade, *etc.*); *iii)* diferenças nas perspectivas relacionais (os padrões de comportamento no seio de cada sociedade); e *iv)* diversidades no meio físico.»

[42] SEN, Amartya, ob. cit., p. 345.

[43] Ou a felicidade. Existe um outro facto na publicação de Malthus que por vezes passa despercebido. Na sua sexta edição de 1826, que consubstanciou a versão final do seu trabalho, em subtítulo, insere a seguinte expressão: «*A View Of Its Past and Present Effects on Human Happiness*» (MALTHUS, Thomas – *Essai sur le Principe de Population or A View Of Its Past and Present Effects on Human Happiness*. 6ª edição. Londres: John Murray, 1826). Mesmo não sendo totalmente radicais, é inequívoco o efeito do ambiente na felicidade humana. Numa perspectiva utilitarista simplista, seria da maior felicidade do maior número de pessoas que decorreria e medida do certo ou do errado. Ou seja, a ditadura do número definiria os termos do bem-estar, e consequentemente, do que é incorrecto ou correcto, atento os efeitos sociais globais resultantes do incremento ou da redução da felicidade em termos meramente quantitativos. Não obstante, os indicadores de medição de felicidade continuam a ter um alcance meramente empírico, mas não deixam de merecer atenção e pertinência. *Cf.* SEN, Amartya, ob. cit., pp. 365–383.

Não devemos esperar que as condições ambientais tenham de permanecer inalteradas – com esforços comuns, é possível melhorá-las, como também é possível piorá-las com a poluição e o esgotamento – mas para um individuo isolado, no momento de converter rendimentos e recursos pessoais em funcionalidades e qualidade de vida, as condições ambientais poderão ter de ser encaradas sobretudo como um dado adquirido.»[44]

Ora, neste enquadramento de Justiça enquanto Equidade (*Fairness*), os recursos naturais, enquanto bens primários naturais, terão um enorme papel em matéria de justiça distributiva. Assim, partindo os agentes de uma posição inicial de pretensão, o primeiro primado de Rawls assenta numa tentativa de angariação de um máximo de recursos. Só num momento subsequente se concretizará um equilíbrio. Não obstante, essa pretensão inicial afasta-se do ideal de consumo moderado e, consequentemente, da sustentabilidade. Falta, portanto, a variável de escassez. E essa escassez deverá ser considerada num alcance intertemporal. Ou seja, a pretensão inicial terá necessariamente de prever uma dotação de reserva para as gerações futuras, de forma que se mantenha o essencial para uma sociedade justa que assegure condições para uma vivência decente[45].

A igualdade será sempre uma questão crucial na vertente ambiental. A igualdade de oportunidades para uma vida decente constitui um factor crítico para o qual o ambiente e, consequentemente, o espaço vital territorial contribuem definitivamente. No limite, não havendo condições de habitabilidade nem um espaço útil – *in limine* – uma habitação para abrigo, estaremos fora dos limites mínimos de sobrevivência, abaixo dos quais toda a construção teórica se torna redundante.

Esta igualdade necessária não se coloca unicamente num plano intersubjectivo. Perante a dimensão global dos fenómenos ambientais e a assimetria dos efeitos das alterações climáticas, poderão acontecer fenómenos disruptivos em sociedade que pouco ou nada contribuíram para eles (relembre-se a questão das ilhas das Maldivas, que, com a subida do nível do mar, encontram-se numa situação crítica em termos de espaço vital).

A mesma lógica de igualdade deverá ser respeitada tendo em vista o respeito do imperativo da garantia de liberdade de escolha das gerações

[44] Sen, Amartya, ob. cit., pp. 347–348.

[45] Rawls, John – *A Theory of Justice*. Revised Edition, Cambridge, 1999, p. 257.

futuras. Citemos a este propósito Amartya Sen, quando refere que «se a importância das vidas humanas não assenta apenas no nosso padrão de vida ou na nossa necessidade de satisfação, mas também na liberdade que nos assiste, então a noção de desenvolvimento sustentável terá de ser reformulada em conformidade com isso mesmo. É imperativo que não se pense apenas na sustentação das nossas necessidades, e que, de modo mais amplo, nos dediquemos mais a pensar na sustentação – e expansão – da nossa liberdade [...]. Das liberdades e capacidades substantivas das pessoas dos dias de hoje, "sem", com isso, "comprometer a capacidade das futuras gerações" para terem uma idêntica – ou maior – liberdade»[46].

Neste quadro, não pode haver felicidade sem uma boa qualidade ambiental e, sendo intergeracional, esse legado deverá ser deixado às futuras gerações permitindo-se a estas o exercício da sua liberdade essencial. Assim, a questão ambiental não se deve limitar à apreciação do momento presente, mas terá de vislumbrar o futuro próximo englobando todas as problemáticas relevantes.

2. Os Desafios Ambientais Futuros e a Questão do Ordenamento do Território e do Urbanismo

2.1. Os Desafios Ambientais

Os desafios ambientais futuros são hoje evidentes: a exaustão de recursos e acumulação de poluentes do passado e do presente levaram a uma situação de alteração climática potenciadora da carência do recurso mais precioso: a água. Por outro lado, a manutenção imperativa da biodiversidade e dos recursos florestais são desafios críticos neste jogo multidimensional e intertemporal.

Na década de 80 do século passado, ainda se discutia a veracidade ou não do fenómeno das alterações climáticas. Parece-nos hoje, perante a evidência empírica, que a acção do Homem propiciou um aumento significativo do teor de dióxido de carbono na atmosfera, originando um fenómeno de aquecimento global. Ademais, desastres tecnológicos como o de Chernobil, Fukushima ou da plataforma Deepwater Horizon relembram-nos da falibilidade da tecnologia quando colocada em condições extremas.

Estes são os problemas mais mediáticos se tivermos em conta a intensidade ou a persistência da sua atenção por parte dos meios de comunicação social. No entanto, existem diversas outras questões susceptíveis de causar

[46] SEN, Amartya – *A Ideia de Justiça*. Coimbra: Almedina, 2010, p. 343.

efeitos nocivos para o ambiente e que não merecem um tratamento idêntico. Estamos a falar da contaminação dos solos, lençóis freáticos e mares por metais pesados e partículas de plástico, da exaustão de recursos naturais, da desflorestação maciça para desenvolvimento de actividade agrícola ou expansão de cidades e consequente perda de biodiversidade. Não se pode igualmente ignorar questões como a acidificação dos oceanos, que destruirá a base dos ecossistemas marinhos, das chuvas ácidas ou a rarefacção da camada de ozono.

Este ecossistema alterado, conjugado com a globalização integral e a densificação urbana, é um campo potencial para a expansão geométrica de novas doenças como o *Zika* ou o dengue, sendo ainda desconhecidos os riscos decorrentes na manipulação genética de plantas e animais.

Não poderemos também esquecer os exilados ambientais ou, numa versão mais aligeirada, a questão das migrações ou das guerras por recursos ou decorrentes de alterações ambientais.

O Programa das Nações Unidas para o Meio Ambiente, na sua publicação GEO 5, identificou os doze maiores problemas ambientais a nível mundial[47]. Se analisarmos cuidadosamente o elenco de desafios, verificamos

[47] Ou seja: 1. Crescimento demográfico rápido: mesmo considerando que a taxa de fecundidade se encontra em decrescimento nos países desenvolvidos, o crescimento demográfico, aliado ao desenvolvimento tecnológico, acelera a pressão sobre os sistemas e recursos naturais, devido ao aumento na produção industrial e nos padrões de consumo; 2. Urbanização acelerada: além do rápido crescimento demográfico, a aglomeração de população em áreas urbanas está a originar a criação de grandes centros urbanos. Esses centros de alta densidade populacional necessitam de maiores recursos, energia e infra-estruturas; 3. Desflorestação: a taxa anual de desflorestação das florestas, especialmente das tropicais, origina diversos problemas como erosão, diminuição da produtividade dos solos, perda de biodiversidade, assoreamento de recursos hídricos, etc.; 4. Poluição marinha: a poluição marinha agrava-se sucessivamente devido a descargas de esgotos domésticos e industriais e a desastres ecológicos de elevada dimensão; 5. Poluição do ar e do solo: ocasionada principalmente pelas indústrias, agro-indústrias e automóveis e contaminação do solo por pesticidas e herbicidas; 6. Poluição e eutrofização de águas interiores – rios, lagos e barragens: a poluição orgânica proveniente dos centros urbanos e actividades agro-pecuárias gera uma variedade de efeitos sobre os recursos hídricos continentais, fundamentais para o abastecimento público das populações. Essa pressão resulta na deterioração da qualidade da água; 7. Perda da diversidade genética: a desflorestação e os restantes problemas ambientais acarretam uma perda de biodiversidade, ou seja, extinção de espécies e perda da variabilidade da flora e da fauna. A biodiversidade e os seus recursos genéticos são fundamentais para futuros desenvolvimentos tecnológicos; 8. Efeitos de grandes obras civis: a construção de obras civis de grande porte, como barragens, portos e canais, gera impactos consideráveis e difíceis de mensurar sobre os sistemas

que o seu principal veículo, praticamente, é o crescimento demográfico e a consequente inevitável tendência para a vida em cidades. Esse movimento origina uma procura de novos recursos energéticos e alimentares, e a construção de novas infra-estruturas. É por esta razão que enquadramos as temáticas do ordenamento do território e do urbanismo no âmbito da temática do Ambiente em sentido amplo. Não só as vidas em cidade originam novas necessidades ambientais, nomeadamente ao nível da qualidade de vida, da educação e dos cuidados de saúde, como originam uma pressão ambiental adicional no plano da sustentabilidade das infra-estruturas e de consumo de energia, mormente ao nível do transporte.

2.2. O Ordenamento do Território e o Urbanismo em Especial

Em 1960, a população global era de 3 mil milhões. Em 2017 será de 7,5 mil milhões. A Divisão de População das Nações Unidas prevê que, em 2050, a população global exceda os 9,7 mil milhões e, em 2100, os 11,1 mil milhões[48].

Actualmente, 54% da população mundial vive em cidades. Em 2050, essa percentagem será de 66%. Isso significa que cerca de 7 mil milhões de pessoas habitarão em ambiente urbano daqui a 30 anos. Esse crescimento será assimétrico, fazendo-se sentir em três países em concreto: Índia, China e Nigéria. Neste enquadramento, a gestão de áreas urbanas constituirá um dos principais desafios do século XXI.

O solo constitui um elemento extremamente escasso, (salvo raras excepções e bastante onerosas – Holanda, Dubai, Macau) em que a dotação ini-

aquáticos e terrestres; 9. Alteração global do clima: o aumento da concentração dos gases estufa na troposfera terrestre (primeira camada da atmosfera) e de partículas de poluentes origina um fenómeno de aquecimento global. Estima-se que até 3,2 mil milhões de pessoas poderão sofrer com a falta de água e que a subida do nível do mar irá ameaçar a existência de cidades costeiras em todo o mundo; 10. Aumento progressivo das necessidades energéticas e suas consequências ambientais: o aumento da procura energética devido ao crescimento populacional, urbanização e crescente desenvolvimento tecnológico gera a necessidade da construção de novas centrais hidroeléctricas, termoeléctricas e nucleares; 11. Produção de alimentos e agricultura: a agricultura de alta produção é uma grande consumidora de energia, de pesticidas e de fertilizantes. A expansão das fronteiras agrícolas aumenta as taxas de desflorestação e perda de biodiversidade; 12. Falta de saneamento básico: principalmente nos países subdesenvolvidos, a falta de saneamento básico é um problema crucial devido à propagação de doenças, *maxime* em meio urbano. *Cf.* UNEP – *Global Environmental Outlook 5, Environment for the Future We Want*. 2012.

[48] *Cf.* United Nations, Department of Economic and Social Affairs, Population Division (2017). World Population Prospects: The 2017 Revision [disponível em www.esa.un.org].

cial se mantém estática ou se reduz, perante a subida do nível do mar, mas que constitui o suporte vital de cada vez mais pessoas. As tensões económicas e sociais são inevitáveis tendo em vista a concretização e salvaguarda de um espaço mínimo de sobrevivência. Neste quadro evolutivo, é essencial garantir que existam condições para uma eficiente e justa utilização do suporte fundiário possibilitando a elevação sucessiva de capacidades produtivas num ambiente cada vez mais hostil.

A concentração populacional em cidades não é negativa em si mesmo. Pelo contrário, se for efectuada de forma ordenada e planeada, o modelo urbano é o mais indicado para a vida em sociedade, atenta a sua lógica de rede de alta densidade, propiciadora de mais dinamismo económico, melhor educação e cultura e melhores cuidados de saúde. Porém, estas virtudes poderão tornar-se rapidamente em defeitos se não for garantida a correcta infra-estruturação e a ligação com as áreas rurais envolventes. Se tal não acontecer, o desordenamento originará clivagens sociais (dentro da cidade, e entre a cidade e as áreas rurais mais pobres), poluição e perdas de eficiência ao nível do consumo de recursos, mormente de energia e de água.

São, portanto, evidentes as razões para a inclusão das matérias do ordenamento do território e do urbanismo na problemática ambiental. Não se adoptando uma perspectiva malthusiana quanto ao futuro próximo, é essencial que se desenvolvam modelos de boa gestão do solo visando o incremento da eficiência da produção agrícola, da vida urbana e a concretização de uma verdadeira economia circular[49].

Conforme referimos, remetemos esta temática para o volume correspondente.

[49] Tal como é explicitamente reconhecido no World Urbanization Prospects: 2014 Revised, «*The Rio +20 Conference outcome, "The future we want", recognized that cities can lead the way towards economically, socially and environmentally sustainable societies, but that a holistic approach to urban planning and management is needed to improve living standards of urban and rural dwellers alike. Sustainable urbanization requires that cities generate better income and employment opportunities, expand the necessary infrastructure for water and sanitation, energy, transportation, information and communications; ensure equal access to services; reduce the number of people living in slums; and preserve the natural assets within the city and surrounding*». *Cf.* United Nations, Department of Economic and Social Affairs, Population Division (2017). *World Urbanization Prospects: The 2014 Revision*, p. 17, *in* https://esa.un.org/unpd/wup/Publications/Files/WUP2014-Highlights.pdf

3. O Crescimento Sustentável

3.1. Ambiente e Sistemas Económicos

O ambiente e os recursos naturais sempre foram alvo de um tratamento insuficiente por parte do Direito e da Economia. A ideia de que o mundo do Homem e o mundo do Divino (onde se integrava a natureza e os bens naturais) se encontravam separados proporcionou um nivelamento por baixo no plano das normas temporais de regulação. Porém, salvo algumas excepções geograficamente limitadas (desflorestação na ilha da Páscoa e na Islândia), a reduzida densidade da utilização humana dos recursos naturais garantia a manutenção do ciclo natural de regeneração.

A equação alterou-se radicalmente quando o Homem adquiriu o poder de controlar a Natureza. O Iluminismo legitimava o sentido de apropriação Humana relativamente à Natureza. Anteriormente sagradas, as leis naturais tinham de ser explicadas e clarificadas. Assim, a exploração dos recursos naturais e a sua transformação constituíram-se como imperativos civilizacionais. A criação de mais uma unidade económica para a satisfação das necessidades crescentes da raça humana legitimava esse sentimento de apropriação, assente na concepção desinformada de não exaustão dos recursos.

O Direito, como não poderia deixar de ser, acompanhava a sociedade e a economia. Como afirma Cláudia Soares, o direito romano classificava «os elementos que compõem o ambiente como *res communes omnium* (isto é, coisas insusceptíveis de apropriação particular, como, *e. g.*, a água e o ar) ou como *res nullius* (ou seja, coisas susceptíveis de ser objecto de direitos de propriedade mas que ainda não foram apropriadas, como, *e. g.*, a fauna e a flora) [...] e os resíduos como *res derelictae* (coisas de ninguém, porque foram abandonadas pelo proprietários natural e ninguém as quer ocupar, por serem consideradas pela generalidade dos indivíduos como inaptas para satisfazer necessidades»[50].

Esta negação regulatória devia-se claramente a uma incapacidade tecnológica de percepção da integralidade das questões ambientais. O Direito estava mais preocupado com a regulação que existia do que com a previsão de algo, no momento, supra-humano. Neste contexto, estas opções eram claramente operacionais, permitindo que, num mundo sem capacidade

[50] SOARES, Cláudia – *O Imposto Ecológico – Contributo para o Estudo dos Instrumento Económicos de Defesa do Ambiente.* Coimbra Editores, 2001, pp. 56–60.

técnica suficiente, o tráfego jurídico se mantivesse em modelos relativamente organizados. Nesse momento, o Homem encontrava-se mais preocupado em não ser domado pela Natureza do que em domar ele próprio o mundo natural.

Nos dias de hoje, é clara a distinção entre crescimento económico e desenvolvimento económico. O crescimento económico traduz-se num simples aumento estrutural da riqueza, quer em capital, quer em fluxo de rendimentos decorrente do aumento da capacidade produtiva. Nas palavras de António de Sousa Franco, «é a expansão da capacidade de produção, mediante investimentos constantes e adicionais ao capital nacional, que, conjugados com o aumento da produção, tornem possível assegurar um aumento real do rendimento, sem inflação e sem desemprego»[51]. Neste quadro, obtida uma situação de pleno emprego sem inflação, ou apenas com uma inflação produtiva marginal, decorreria a necessidade de se proceder a uma elevação da capacidade de oferta, por via do investimento produtivo, do qual resultaria o crescimento económico. Esse esforço de investimento poderia ser desenvolvido pelo Estado (perspectiva keynesiana) ou pelo sector privado (perspectiva neoclássica).

Por seu lado, o desenvolvimento económico engloba um âmbito mais amplo, consistindo num aumento de bem-estar e numa melhor satisfação das necessidades, traduzindo em geral uma melhoria das condições de vida[52]. Numa perspectiva clássica, distingue-se do mero crescimento porque exige um esforço substancialmente superior por parte dos actores económicos, *maxime* do Estado. E a razão para isso radica do défice estrutural da dotação inicial de capital que importa colmatar. Tal situação de subdesenvolvimento pode decorrer de razões económicas (reduzida taxa de poupança, inexistência de infra-estruturas, *etc.*) ou de razões sociais (reduzida taxa de escolaridade, estruturas sociais estagnadas, *etc.*).

Tanto o colectivismo marxista, que procurava desenfreadamente a acumulação material de bens, como o capitalismo liberal, que tentava a obtenção do maior lucro possível, englobavam um modelo de crescimento, e, consequentemente, de desenvolvimento unilateral e individualista, subal-

[51] *Cf.* FRANCO, António de Sousa – *Finanças Públicas e Direito Financeiro*, vol. II. 4ª edição. Almedina, 2015, p. 296.

[52] *Cf.* FRANCO, António de Sousa – «Ambiente e Desenvolvimento – Enquadramento e Fundamentos do Direito do Ambiente». *In Direito do Ambiente*, INA, Oeiras, 1994, pp. 35–81.

ternizando as questões ambientais, degradando a qualidade de vida, quebrando o equilíbrio vital Homem-Natureza.

A teoria clássica tomava, salvo algumas excepções, os recursos como inesgotáveis, esquecia a poluição, ou o desperdício de recursos naturais, se por essa prática se elevasse o lucro ou a acumulação material. Isso é visível ainda hoje no cálculo dos indicadores da actividade macroeconómica, em que os recursos naturais não são desvalorizados à medida da sua depreciação.

A situação era ainda mais grave nas economias planificadas marxistas, dada a sua visão estatística do aumento de bens materiais da colectividade, não existindo o receio da possibilidade de indemnização, pois não ocorriam conflitos de propriedade com outrem, o que impossibilitava a actuação dos travões naturais inerentes à economia de mercado[53].

3.2. A Superação do Dilema Economia/Ambiente. A Curva de Kuznets Ambiental e o Paradoxo de Jevons

Quer o modelo capitalista de mercado, quer o modelo planificado de base colectivista tendem à criação de uma situação dilemática entre Ambiente e Economia. E, de facto, até à década de 80 do século passado, essa era a corrente dominante, quase unânime na doutrina económica. Aliás, foi por

[53] Quando criticamos as economias planificadas marxistas, poderemos estar a ser injustos com os seus ideólogos. Para esse efeito, citemos Marx na sua crítica ao capitalismo, em que revela uma forte consciência ambiental: «*capitalist production [...] disturbs the metabolic interaction between man and the earth, i.e. prevents the return to the soil of its constituent elements consumed by man in the form of food and clothing; it therefore violates the conditions necessary to lasting fertility of the soil [...]. The social combination and organization of the labor processes is turned into an organized mode of crushing out the workman's individual vitality, freedom and independence [...]. Moreover, all progress in capitalist agriculture is a progress in the art, not only of robbing the worker, but of robbing the soil; all progress in increasing the fertility of the soil for a given time is a progress towards ruining the more long-lasting sources of that fertility. The more a country starts its development on the foundation of modern industry, like the United States, for example, the more rapid is this process of destruction. Capitalist production, therefore, develops technology [...] only by sapping the original sources of all wealth–the soil and the worker*» e continua, numa onda eminentemente eticista: «*nature is man's inorganic body, that is to say, nature in so far as it is not the human body. Man lives from nature, i.e. nature is his body, and he must maintain a continuing dialogue with it if he is not to die. To say man's physical and mental life is linked to nature simply means that nature is linked to itself, for man is a part of nature*». Aliás, o termo biosfera decorre directamente da doutrina ecologista marxista. *Cf.* MARX, Karl – *O Capital*, vol. 1. 1867, pp. 505–507. *Cf.*, igualmente, WILLIAMS, Chris – «Marxism and the Environment». *In International Socialist Review*, 74, November 2010.

essa razão que as correntes eticistas extremistas floresceram na década de 70, em virtude do antagonismo à altura existente. Esse dilema apresenta-se numa formulação bilateral: o crescimento económico implicaria necessariamente uma degradação ambiental; a protecção ambiental teria como consequência uma redução do crescimento económico.

Esta tensão dialéctica mantém-se hoje nos discursos menos avisados. Nas propostas políticas de base demagógica, é relativamente fácil passar esta relação intuitiva – veja-se o caso recente da retirada dos Estados Unidos da América enquanto signatário do Acordo de Paris. Do lado oposto da barricada, a legião ambiental extrema acena com o apocalipse malthusiano, com a exaustão dos recursos e com o sacrifício das gerações vindouras. Ora, esta questão deve ser recentrada, sob pena de nunca se atingir uma situação de equilíbrio.

Em primeiro lugar, a questão ambiental é uma questão económica. Conforme estudaremos adiante, a génese do problema ambiental radica em insuficiências do sistema de mercado que é necessário corrigir. Essa correcção reguladora é essencial sob pena do desajustamento perdurar no tempo, atingindo situações de irreversibilidade. Neste campo, os imperativos éticos são mero auxiliar dos mecanismos económicos de correcção. Se a questão é económica, então deverão ser os instrumentos económicos que deverão ser utilizados na sua resolução.

Em segundo lugar, é a economia a melhor aliada do ambiente, se correctamente direccionada. Conforme referem Julian Simon e Stephen Moore, «*people are net resource creators, not resource depleters*»[54]. Os problemas ambientais mais complexos fazem-se sentir nos países menos desenvolvidos. Existe uma estreita conexão entre desenvolvimento económico e protecção ambiental, sendo que o primeiro normalmente antecede a segunda.

Em terceiro lugar, o mercado de bens de mercado ambientalmente compatíveis originou vantagens competitivas significativas a favor das empresas mais eficientes. As empresas que desenvolvem estratégias de competitividade e de eficiência ambiental têm tido melhores resultados a médio e longo prazos. Neste caso, existe uma criação de mercados inovadores, em

[54] SIMON, Julian; MOORE, Stephen – *It's getting better all the time: 110 greatest trends of the last 100 years*. Cato Institute, 2001. *Cf.*, igualmente, ALIGICA, Paul – «Julian Simon and the "Limits to Growth" Neo-Malthusianism». *In The Electronic Journal of Sustainable Development*, I, 3, 2009, pp. 74–86.

que os consumidores são mais sofisticados e com maior poder de compra. Por outro lado, funcionando num modelo estrito de eficiência e de optimização dos recursos de matérias-primas, tornam-se relativamente imunes a choques de mercado[55]. Neste enquadramento, foi desenvolvida uma hipótese de relacionamento entre desenvolvimento económico e protecção ambiental.

Gene Grossman e Alan Krueger, aproveitando o legado de Kuznets, que havia demonstrado a correlação entre desenvolvimento e desigualdade, a qual aumentaria nos estádios iniciais de desenvolvimento, estabilizando num segundo momento e reduzindo-se quando se atingiu graus mais elevados de desenvolvimento, extrapolaram o mesmo comportamento para a relação entre o ambiente e a economia utilizando a denominada «Curva de Kuznets Ambiental»[56]. Esta curva teria a forma de um «U» invertido. Num momento inicial, de industrialização, os níveis de poluição e a intensidade no consumo de recursos seriam superiores ao resultado da produção. Num segundo momento de transição, a situação estabilizar-se-ia, com o aumento da eficiência e do desenvolvimento tecnológico[57]. No terceiro momento, os níveis de emissão poluente e de utilização de recursos diminuiriam drasticamente, por via da ocorrência de uma transição económica para a prestação de serviços ou bens incorpóreos. Esta seria a razão pela qual os países mais desenvolvidos teriam uma melhor qualidade ambiental, em contraste com os mais pobres, que estariam na situação diametralmente oposta.

Esta teoria não tardou em ser contestada. No momento da sua formulação, os seus fundamentos eram meramente intuitivos e a demonstração estatística precária (tal como a curva de Kuznets original[58]). Por outro lado,

[55] Conforme refere Fernando Araújo, «a possibilidade de haver alguma bidireccionalidade nas relações entre prosperidade económica e qualidade ambiental – como parece comprovar-se crescentemente nas impressionantes melhorias ambientais que se têm registado nos países mais ricos, melhorias ambientais propiciadas pela disponibilidade de meios tecnológicos sofisticados, e provocadas pela «elasticidade-rendimento» de populações que crescentemente procuram qualidade ambiental e incentivam, por essa via, uma crescente reorientação de recursos em direcção da promoção dessa qualidade ambiental». *Cf.* ARAÚJO, Fernando – *Introdução à Economia*. 3ª edição. Almedina, 2014, p. 599.

[56] GROSSMAN, Gene; KRUEGER, Alan – *Environmental Impact of a North American Free Trade Agreement*. National Bureau of Public Research Working Paper 3914, NBER, Cambridge, 1991.

[57] *Cf.* JEVONS, Willam Stanley – *The Coal Question*. London: Macmillan and Co., 1866.

[58] KUZNETS, Simon – «Economic Growth and Income Inequality». *In American Economic Review*, 45, March, 1955, pp. 1–28.

partia de um preconceito inicial, baseado no ambiente urbano dos países menos desenvolvidos, em claro contraste com o seu ambiente natural. Esta formulação de base empírica teve a virtude de tentar demonstrar a inexistência de um qualquer dilema entre a economia e o ambiente, propondo um modelo dinâmico de articulação entre as duas realidades.

Esquecia, no entanto, que as empresas poluentes são hoje multinacionais, estando os seus produtos sujeitos a uma clara monitorização ambiental. Assim, uma tecnologia inovadora de redução de emissões poluentes terá uma capacidade de difusão muito rápida, sendo aplicada em todas as unidades independentemente do país em causa. Essa rapidez será inevitavelmente superior à velocidade do produto *per capita* do país em vias de desenvolvimento. Por outro lado, os principais problemas ambientais actuais são hoje globais. Repete-se o exemplo das Maldivas. Dificilmente se poderá culpar os naturais das Maldivas pela subida do nível do mar resultante do aquecimento global que drasticamente lhes está a colocar em causa o território vital.

Não podemos esquecer, contudo, o *Paradoxo de Jevons*. Willam Stanley Jevons, em 1866, na sua obra *The Coal Question*, veio referir o seguinte: ao contrário do que parece intuitivo – e a curva de Kuznets ambiental assenta nesse pressuposto – por vezes o progresso tecnológico aumenta efectivamente a eficiência na utilização do recurso, porém, simultaneamente, a procura por esse recurso aumenta a uma intensidade superior, o que pode levar à exaustão do mesmo. Nas suas palavras: «*It's a confusion of ideas to suppose that the economical use of fuel is equivalent to diminished consumption. The very contrary is the truth.*»[59] A base da sua observação era a indústria do carvão. Independentemente do aumento da eficiência na sua utilização, a verdade é que a procura ia aumentando sempre a uma taxa superior. Ou seja, quanto melhor fosse a tecnologia, maior era o consumo, e para tal contribuíam não só a melhor qualidade do produto, como também o crescimento económico potenciado.

[59] *Cf.* Dasgupta, S.; Laplante, B.; Wang, H.; Wheeler, D. – «Confronting the Environmental Kuznets Curve». *In Journal of Economic Perspectives*, 16, 2002, pp. 147–168. David Stern, após análise estatística desenvolvida, conclui que a curva de Kuznets ambiental poderia aplicar-se unicamente a alguns poluentes tóxicos em áreas urbanas. *Cf.* Stern, David – «The Rise and Fall of the Environmental Kuznets Curve». *In World Development*, 32, 8, 2004, pp. 1419–1439; Mathis, Klaus – *Sustainable Development, Economic Growth and Environmental Regulation. In*, Mathis, Klaus; Huber, Buce (eds.) – *Environmental Law and Economics*. Springer, 2017, pp. 8–12.

A verificação da aplicação do paradoxo de Jevons no mercado da energia levou à formulação do denominado «Efeito Ressalto» (*rebound effect*, ou também por vezes denominado *backfire effect*).

Estes efeitos foram depois observados globalmente («*paradoxo de Braess*», que refere que o incremento de capacidade adicional de uma rede, quando as entidades utilizadoras assumem uma posição individual egoísta, levará a um aumento do congestionamento na mesma, pois todas tenderão a tomar a mesma opção[60]), ou sectorialmente («*postulado Khazzoom-Brookes*» no mercado da energia[61], ou «*paradoxo Pigou-Knight-Downs*» no mercado do transporte rodoviário, aqui com a agravante de a melhoria da qualidade da rede aumentar a propensão para o tráfego privado em desfavor do transporte público).

Exemplificando com o mercado da energia, o aumento na eficiência na sua utilização reduz o preço de produção dos bens e serviços decorrentes do consumo energético e, nestas condições, os agentes económicos respondem da seguinte forma: *i)* se os preços da energia se reduzem, consomem mais energia para aumentar a produção (os produtores) ou para aumentar o seu bem-estar (os consumidores); *ii)* os produtores, porquanto obtêm energia mais barata, vão desviar a sua procura de matérias-primas, aumentando a sua transformação num modo intensivo em termos de energia, pois esta está mais barata; *iii)* os consumidores, com as poupanças que obtêm, vão consumir mais bens no mercado do que consomem energia, agora mais barata; *iv)* os instrumentos que permitem a redução energética implicam igualmente o uso intensivo de energia na sua produção; *v)* a nível macroeconómico, já que a redução do preço da energia aumenta a produtividade da economia e a produtividade é um factor crucial para o crescimento económico, isso irá implicar um aumento da procura pela energia[62].

Esta realidade é também intuitiva. Análises empíricas demonstraram que os consumidores tendem a andar mais de carro à medida que este se

[60] BRAESS, Diethrich Von – *Uber ein Paradoxon aus der Verkehsplanung.* Unternehmensforschung, 12, 1968, pp. 258–268 [disponível em http://homepage.ruhr-uni-bochum.de/Dietrich.Braess/paradox.pdf].

[61] *Cf.* SAUNDERS, Harry – «The Khazzoom-Brookes postulate and neoclassical growth». *In The Energy Journal*, 13, 4, 1992, pp. 131–148.

[62] *Cf.* JENKINS, Jesse; NORDHAUS, Ted; SHELLENBERGER, Michael – *Energy Emergence. Rebound & Backfire as Emergent Phenomena*. Breakthrough Institute, February 2011 [disponível em https://thebreakthrough°rg/blog/Energy_Emergence.pdf].

torna mais eficiente[63]. Por outro lado, os consumidores de «produtos *light*» tendem a consumir mais quantidades (e consequentemente mais calorias) do que consumiriam se adquirissem produtos «normais».

Quer o paradoxo de Jevons, quer o efeito ressalto assentam num pressuposto básico da lei da procura: se o preço reduz, a procura aumenta; se a utilidade que se retira de um bem aumenta e o preço se mantém, a procura aumenta. Logo, o que está em causa é o grau de elasticidade do lado da procura: se a procura for elástica, poderá ocorrer o paradoxo de Jevons e o efeito ressalto; ao invés, se for inelástica, é pouco provável que tal ocorra.

O elemento crucial é o seguinte: o aumento da eficiência na utilização de um recurso aumenta o nível de desenvolvimento económico. Ao aumentar o consumo desse recurso, cria igualmente disponibilidades monetárias e motivação para o investimento na descoberta de novos sucedâneos. Isso é visível no mercado energético – o aumento da eficiência na utilização do carvão e da indústria a vapor levou ao aparecimento da energia eléctrica e das novas formas de electroprodução. Com o aumento da procura energética evoluiu-se das fontes fósseis para as fontes renováveis, e assim sucessivamente[64].

Estas teorias são, contudo, particularmente úteis para a realização de estudos de impacto na análise de aplicação de políticas em sectores em rede. Demonstrando a não-linearidade das opções e dos comportamentos dos agentes, contribuirão definitivamente para uma melhor qualidade das análises.

3.3. O Alvor do Crescimento Sustentável. O Estado Bem-Estar

Malthus, Ricardo e Mill invocaram a existência de limites naturais ao crescimento, resultantes do crescimento geométrico da população e do carácter limitado dos recursos do solo. No entanto, ainda eram minoritários se atentarmos ao panorama económico global. O século XIX foi uma época de elevado pendor industrialista, revestindo o factor de produção capital o fulcro da política de expansão económica. Todos os outros factores eram

[63] *Cf.* Small, Kenneth; Dender, Kurt Van – *The Effect of Improved Fuel Economy on Vehicle Miles Traveled. Estimating the Rebound Effect Using US State Data, 1966-2001.* Berkeley: Policy and Economics, 2005 [disponível em http://escholarshipºrg/uc/item/1h6141nj].

[64] Apontando os limites da relação de sucedaneidade relativamente aos recursos naturais e ambientais e o efeito do desenvolvimento tecnológico, *cf.* Stern, David – *Economic Growth and Energy.* Encyclopedia of Energy, 2, 2004, pp. 34–51.

subjugados, independentemente da sua natureza (trabalho, recursos naturais, ambiente). O Estado mínimo limitava-se a assegurar o livre funcionamento da economia, através da mão invisível de Adam Smith[65], defendendo as liberdades fundamentais de personalidade. Porém, com a exaustão de recursos de algumas economias mineiras do norte do Reino Unido[66], com a emergência da poluição londrina, e com o sucessivo aumento da importância do factor de produção trabalho, a vertente da «Economia do Bem-Estar» começou a emergir, o que constitui uma alteração radical do estado de coisas.

A partir do momento em que o mercado livre se revela insatisfatório para a superação de falhas relevantes, o Estado deve intervir visando a satisfação das necessidades dos seus cidadãos. Esta lógica de Estado Intervencionista, superador de incapacidades genéticas do mercado e protector do bem-estar dos cidadãos é relativamente recente na teorização económica. Conforme refere António de Sousa Franco, «a economia de bem-estar (com os seus pressupostos de individualismo, racionalismo e hedonismo) fornece a melhor base de análise das situações em que o mercado não é capaz de satisfazer o melhor possível os interesses de todos os membros de uma comunidade»[67].

A questão da utilização eficiente de recursos escassos torna-se vital para a economia[68]. Por exemplo, o conceito de «lixo» enquanto resíduo pode não existir se o entendermos como um recurso que não está a ser devidamente utilizado. Ou seja, «lixo» será unicamente uma matéria-prima fora

[65] Adam Smith, na sua obra *An Inquiry into the Nature and Causes of the Wealth of Nations*, de 1776, foi o primeiro autor a enunciar o argumento da importância dos mercados na distribuição eficiente dos recursos. Porém, essa eficiência decorreria do efeito dinâmico dos mercados, por via da «mão invisível». Esta ideia de utilização eficiente de recursos, e de que a dotação de recursos naturais é vital para a riqueza nacional, é central para a integralidade da doutrina subsequente, não tão optimista como Adam Smith.

[66] Conforme refere António de Sousa Franco, foram as dificuldades de mineração observadas em minas de carvão no norte de Inglaterra e da Escócia e surgidas em consequências da sobreexploração das mesmas que, nos finais do século XIX, desencadearam as primeiras críticas ao entendimento da natureza e do equilíbrio ambiental como «variáveis neutras, indiferentes à economia, que é um processo por *via do qual o homem torna a natureza, inesgotável e disponível, instrumento da sua actividade produtiva*». *Cf.* FRANCO, António Sousa – «Ambiente e Desenvolvimento – Enquadramento e Fundamento do Direito do Ambiente» *In INA, Direito do Ambiente*, Lisboa, 1994, p. 59.

[67] FRANCO, António de Sousa – *Finanças Públicas e Direito Financeiro*, vols. I e II. 4ª edição. 15º reimp., Almedina, 2015, p. 20.

[68] *Cf.* Araújo, Fernando – *Introdução à Economia*, cit., pp. 18–20.

do seu local ou de uma possibilidade de utilização[69]. Essa matéria-prima até poderia ser extraída da Natureza de uma outra forma, por exemplo, uma mina, nas mesmas condições técnicas do reaproveitamento do resíduo. Todavia, as vantagens sociais que decorrem da reutilização do resíduo são muito superiores às da sua extracção directa, uma vez que elimina os custos directos da mineração nos ecossistemas, reduz o risco de exaustão do recurso e elimina os custos de depósito ou eliminação do resíduo. Neste quadro, o reprocessamento do resíduo passa a ser a decisão óptima para a sociedade, já que, de múltiplas possibilidades, aquela será a que permite extrair o máximo de benefícios, incorrendo no mínimo de custos. Este é o fundamento da «Economia Circular»[70].

Esta introdução do conceito de eficiência na utilização dos recursos é fundamental para esta alteração conceptual. Os recursos e o ambiente em geral já não podem ser utilizados sem limitações, antes devem ser consumidos da forma mais eficiente possível tendo em vista a concretização de uma situação de óptimo social.

A aferição desta melhoria de bem-estar é complexa. Não assenta em pressupostos mecanicistas (próprios da escola liberal) nem moralistas (inerentes às perspectivas éticas), mas reflexivos (na terminologia de Rawls[71]), ou seja, uma determinada situação é melhor para a integralidade da comunidade do que uma outra.

[69] Esta observação, embora tendencialmente correcta, não é totalmente verdadeira. De acordo com a quarta lei da termodinâmica, se existir suficiente energia, todas as transformações na matéria se tornarão possíveis. Ora, neste quadro optimista, tornar-se-ia possível reciclar todos os resíduos emitidos, deixando de existir qualquer constrangimento ao nível do *stock* de minerais, que constitui o exemplo paradigmático do «recurso escasso». As extracções passadas seriam recuperadas através da reciclagem e o *stock* original duraria indefinidamente. Infelizmente, esta quarta lei parece ser inconsistente com a segunda, a lei da entropia. De facto, a energia necessária para processar esses resíduos no sentido do seu reaproveitamento seria de tal forma elevada que as perdas de conversão, *maxime* o calor gerado, teriam um efeito devastador no tecido ecológico. *Cf.* PERMAN, Roger; MA, Yue; MCGILVRAY, James; COMMON, Michael – *Natural Resources and Environmental Economics*. 3rd ed., Pearson, 2003, p. 23.

[70] A «Economia Circular» é um conceito que assenta originariamente nas leis da termodinâmica e que pressupõe a redução, reutilização, recuperação e reciclagem de materiais e energia. Substituindo o conceito de *fim de vida* da economia linear por novos fluxos circulares de reutilização, restauração e renovação, num processo integrado, a economia circular é vista como um elemento chave para promover a dissociação entre o crescimento económico e o aumento no consumo de recursos.

[71] RAWLS, John – *A Theory of Justice*, cit., capítulo 4.

Trata-se, portanto, de uma visão teleológica própria para a apreensão da questão ambiental. Sendo de base eminentemente utilitarista, por definição implica a atribuição de um valor a bens que anteriormente seriam considerados gratuitos ou livres tendo em vista a mensuração da eficiência na sua utilização, concretizando orientações potenciais para a sua utilização optimizada.

A doutrina neoclássica, iniciada na década de 70 do século XIX, produziu novos avanços na teoria económica. Preço e valor equivaleriam e resultavam das forças dinâmicas da oferta e da procura. A escassez deixou de ser absoluta para passar a ser relativa. Se um recurso fosse sobreexplorado e mantivesse uma procura elevada, o seu preço aumentaria sucessivamente, o que impediria a sua exaustão integral e levaria à procura de sucedâneos. Aparece, portanto, o conceito de utilidade marginal, formalizando a teoria das preferências dos consumidores.

Leon Walras desenvolveu a teoria neoclássica do Equilíbrio Geral, criando as bases para os conceitos de eficiência e de utilização óptima, de suma importância para o entendimento das opções e das decisões económicas ambientais, e Alfred Marshall introduziu os modelos de equilíbrio parcial entre a oferta e a procura, essenciais para a determinação dos preços a nível microeconómico, precisamente o campo em que as decisões económicas ambientais se encontram atomizadas[72]. Todavia, havia algo em comum em todas as modelações neoclássicas: a terra e os recursos naturais são integralmente desconsiderados. Somente em 1970, praticamente um século mais tarde, é que os neoclássicos, vislumbrando a evidência crescente da exaustão dos recursos, iniciaram a introdução desta variável.

Em contraste, a doutrina económica do bem-estar, tendo como um dos percursores Arthur Cecil Pigou[73], iniciou o estudo da distribuição óptima de recursos entre sectores, partindo do princípio de que se torna necessário, em todas as circunstâncias, efectuar ponderação de utilidade/desutilidade para escolher a melhor opção.

A concepção de Pigou (*old welfare economics*) tem limitações. Conforme refere António de Sousa Franco, «toma a utilidade em termos cardinais e não ordinais. Admite que as apreciações subjectivas são comparáveis. Não

[72] Com as crises económicas posteriores, a teoria neoclássica voltou a focar a sua atenção no rendimento geral e nas questões macroeconómicas próprias do crescimento económico. Foi Keynes que reintroduziu a teoria do crescimento no foco das atenções.

[73] PIGOU, Arthur Cecil – *The Economics of Welfare*. 4ª edição. Londres: MacMillan and Co., 1932.

fornece nenhum mecanismo de agregação dos óptimos individuais para determinar um óptimo social[74]». Porém, tem a virtude inata de ter «valorizado» o ambiente e os recursos naturais, avaliando-os no cômputo das decisões económicas. Estes já não seriam bens livres ou gratuitos, mas sim verdadeiros e próprios factores produtivos inseridos nas diversas equações económicas.

Não sendo possível obter uma perspectiva operacional de bem-estar social em termos absolutos, uma vez que as preferências subjectivas individuais são insusceptíveis de comparação, e sabendo que o conceito clássico de bem-estar comum enquanto mera soma das utilidades individuais era insatisfatório, visto que leva inevitavelmente a situações de desigualdade crescente (os ricos ficam mais ricos e os pobres não ficarão mais pobres, mas menos ricos, aumentando-se a clivagem social), Vilfredo Pareto alterou a forma de aproximação ao problema, desistindo de alcançar um conceito absoluto e unificado de óptimo social (bem como de qualquer apreciação moral, na sequência da herança agnóstica de Hicks, Kaldor e Robbins), e satisfazendo-se com meras apreciações positivas (não normativas) relativas.

Esta nova economia do bem-estar (*new welfare economics*) pode ser sumariada em dois teoremas fundamentais. De acordo com o Primeiro Teorema Fundamental da Economia do Bem-Estar, todos os indivíduos e empresas se constituem como agentes egoístas enquanto tomadores de preço. Neste enquadramento, com informação perfeita, o equilíbrio concorrencial no mercado é eficiente em termos paretianos.

Por sua vez, o Segundo Teorema Fundamental da Economia do Bem-Estar determina que, sendo todos os agentes egoístas, tomando-se os preços como dados, qualquer equilíbrio paretiano poderá ser mantido de forma concorrencial, desde que existam transferências financeiras ou impostos aplicados de forma apropriada e que não originem custos de transacção que onerem essas transferências financeiras.

Como é facilmente perceptível, o Segundo Teorema é particularmente útil para a análise da questão ambiental. Se um particular estado económico for considerado desejável, poderá ser concretizado através de transferências entre os agentes envolvidos (*i.e.*, impostos ou subvenções).

Conforme refere António de Sousa Franco, «uma melhoria paretiana é qualquer transformação que melhora o bem-estar de pelo menos um

[74] FRANCO, António de Sousa – *Finanças Públicas e Direito Financeiro*, cit., p. 21.

individuo sem diminuir o dos demais; e uma situação é eficiente (óptimo relativo ou óptimo de Pareto) se não for possível qualquer melhoria em termos paretianos»[75].

Ora, a perspectiva paretiana, abandonando o padrão absoluto de óptimo social, e analisando a qualidade das decisões de modo relativo, veio permitir o desenvolvimento de análises custo/benefício para aferição da qualidade de políticas. Assim, poderemos ter melhorias de primeiro óptimo, quando a posição de um agente melhora, não se prejudicando o bem-estar dos demais, ou de segundo óptimo, que ocorre quando se melhora o bem-estar de muitos e se piora o de poucos, mas, em geral, ocorre uma melhoria do bem-estar social.

O critério de Kaldor-Hicks veio introduzir alguma operacionalidade a esta medição da qualidade da política, referindo que se a magnitude dos ganhos decorrentes da mudança de um estado económico para um outro for superior à magnitude das perdas, o bem-estar social pode ser incrementado, mesmo na ausência de compensações entre os agentes[76]. Neste

[75] FRANCO, António Sousa – *Finanças Públicas e Direito Financeiro*, cit., p. 23

[76] Nicholas Kaldor afirmou que a situação seria socialmente mais desejável, não sendo necessário recorrer a comparações de utilidade entre os sujeitos em termos de bem-estar social, na ocorrência de uma situação prejudicial para uns e benéfica para outros, desde que os beneficiados pudessem indemnizar integralmente os prejudicados e mesmo assim extraíssem alguma vantagem. No entanto, baseava a sua constatação no aumento do rendimento nacional que daí adviria e, sendo este mais elevado, cada sujeito ficaria com uma parcela maior, não respondendo à questão de como se deveria efectuar a indemnização ou se ela deveria ser efectuada. *Cf.* KALDOR, Nicholas – «Welfare propositions of economics and interpersonal comparisons of utility». *In Economic Journal,* 49, Setembro, 1939, pp. 549–552. John Hicks alterou um pouco a perspectiva, afirmando que ainda seria necessário que não fosse possível aos prejudicados a realização de um «suborno» aos beneficiados no sentido de estes não fazerem a alteração de estado. *Cf.* HICKS, John – «The Rehabilitations of Consumers Surplus». *In Review of Economic Studies*, 1941, pp. 108–116. Estas posições foram criticadas por Tibor Scitovsky, que denunciou a assimetria e a unilateralidade das suas formulações, apontando depois o denominado «paradoxo de Scitovsky». De facto, uma alternativa poderá ser preferível à situação anterior, mas, após a sua adopção, a alternativa representada pela anterior situação poderá revelar-se superior em termos de bem-estar social, sendo o critério reversível. Tal como nas anteriores formulações, Tibor Scitovsky delineou um princípio de compensação, mas nos seguintes termos: uma alternativa é preferível à situação inicial se os beneficiados puderem indemnizar os prejudicados e simultaneamente estes não puderem indemnizar os beneficiados para não realizarem a mudança. *Cf.* SCITOVSKY, Tibor – *A note on welfare propositions in economics*. RES, 1941. Também esta solução não é isenta de críticas. Paul Samuelson fez notar que este critério não servirá de referencial se ocorrerem mais do

caso, estaremos perante Melhorias Paretianas Potenciais, que se revelaram extremamente úteis para a realização de análises de custo/benefício na aplicação das políticas ambientais. Este padrão de equilíbrio da aferição das posições de bem-estar assenta na maximização da eficiência da acção pública e da acção privada[77]. Esta ponderação de utilidade tem o mérito

que duas situações a hierarquizar, demonstrando a inconsistência do duplo teste. Segundo este autor, uma alternativa é preferível à outra se, através de hipotéticas transferências de soma fixa *(lump sum)*, operadas a partir da situação decorrente da modificação, fosse possível atingir todas as distribuições de utilidade que poderiam conseguir-se no primeiro estádio, e se, além disso, fosse possível alcançar alguma melhoria paretiana em relação ao primeiro estádio. Encontramos nesta formulação uma grande restrição ao princípio da compensação, dado o pequeno espaço em que ela é possível, sendo ainda necessário efectuar a indemnização sem qualquer custo, o que é muito difícil, tendo em conta os custos normais de transacção numa negociação individual ou de pequena dimensão (para não falar a nível global), ou os custos administrativos, se a transferência ocorrer por intervenção estatal, através de impostos, taxas ou subsídios. A compensação levanta dois problemas base: (1) identificação concreta dos beneficiados e dos prejudicados?; (2) como avaliar em concreto os benefícios e os prejuízos no plano da eficiência económica? Apareceram, posteriormente, outras teses viradas para a justa repartição dos rendimentos numa economia de bem-estar: *i)* os critérios utilitaristas que concebem o bem-estar social como a soma de utilidades que auferem todos os membros da sociedade, e na mira da sua maximização postulam um critério de repartição de recursos, de forma a nivelar-se as utilidades marginais entre todos os indivíduos, reformulados com o critério da utilidade média, que afirma a optimização, não da utilidade total, mas da utilidade média; *ii)* os critérios igualitaristas que, baseados na ideia radical de distribuição igualitária, ou então numa versão mais atenuada, pretendem defender uma repartição de recursos de modo a assegurar um mínimo de subsistência a todos os indivíduos. Rawls foi um dos nomes desta tendência sugerindo um critério que levasse à maximização dos mínimos, favorecendo as situações dos mais desfavorecidos. Ao compararem todos os estados sociais alternativos, torna-se possível hierarquizar as alterativas, ou seja os óptimos de Pareto, falando-se no *optimum optimorum*. Mas o problema começa então aqui. Quem e como se define essa função de bem-estar social, e qual o critério de escolha entre todas essas alternativas? Será o Estado? E as falhas administrativas? Serão os privados? E os custos de negociação? Para uma análise desta temática, *cf.* Santos, Jorge Costa – *Bem-Estar Social e Decisão Financeira.* Almedina, 1993, pp. 101–106.

[77] O referencial de eficiência utilizado é, como não poderia deixar de ser, o óptimo paretiano. Este referencial, enunciado pelo economista e sociólogo italiano Vilfredo Pareto (que, conjuntamente com F. Y. Edgeworth e Leon Walras, se constitui como elemento fundador central da teoria económica do equilíbrio geral), foi elaborado tomando como ponto de partida as teorias utilitaristas de Edgeworth, fornecendo a solução para o problema, anteriormente considerado insolúvel, de medição da utilidade – «hedonimetria». Assim, partindo das conclusões de Edgeworth, segundo as quais os aumentos de utilidade são susceptíveis de medição, tomando em consideração o tempo e a pessoa (Edgeworth, F. W. – *Mathematical Psychics.* Reimpressão, Nova Iorque: Augustus M. Kelley, 1967, pp. 6–8), e adoptando o

de pontuar a decisão económica privada e pública na óptica da optimização das opções e das escolhas.

Os recursos já não são livres e as políticas não são dogmáticas. Os custos privados podem ser diferentes dos custos sociais. A realização da escolha pública óptima implica uma ponderação permanente dos fins a atingir perante os meios utilizados (análise custo-benefício) e o seu alcance em termos de bem-estar geral dos bens da comunidade.

Contudo, a discussão mantém-se intensa e a intenção de se excluir critérios éticos ou morais da análise económica da economia do bem-estar ainda se revela, hoje, infrutífera. De facto, não existe forma de «coser por

modelo de equilíbrio geral de Walras, Pareto enuncia o seu próprio modelo de equilíbrio geral, denominado óptimo de Pareto (PARETO, V. – *Manuel D' Économie Politique,* 1906, tradução por A.S. Schwier, *Manual of Political Economy,* Nova Iorque: Augustus M. Kelley, 1971). Assim, segundo Pareto, o ponto máximo de Bem-Estar Social («ofélimo») ocorre quando não é possível aumentar o nível de bem-estar de um indivíduo sem necessariamente prejudicar um outro. Note-se que Pareto efectua uma distinção entre ofelimidade e utilidade. No seu *Manuel,* ofelimidade consistia na aptidão de um bem para satisfazer uma qualquer necessidade humana; por sua vez, a utilidade traduzia a aptidão de um bem para contribuir para o desenvolvimento de um sujeito ou de um grupo de sujeitos (*cf.* CAZENAVE, Philippe; MORRISON, Christian – *Justice et Redistribution.* Paris: Economica, 1978, p. 22; SANTOS, Jorge Costa – *Bem-Estar Social e Decisão Financeira.* Coimbra: Almedina, 1993, pp. 42–49. Nas palavras (traduzidas) de Pareto, o ponto óptimo é a situação, «*from which it is impossible to move a very small distance, in such a way that the ophelimities of the individuals, except for some which remain constant, all increase*» (*Cf. Manuel D' Économie,* 1906, tradução por A.S. Schwier, *Manual of Political Economy,* cit., p. 452). Este indexante de ofelimidade é, pois, construído numa base ordinal e não cardinal. Pareto enunciou então o que actualmente se considera ser o primeiro teorema fundamental da Economia do Bem-Estar: se todos os agentes numa economia considerarem os preços certos, o equilíbrio gera-se no ponto de ofelimidade máxima (a posição original de Pareto assenta na ofelimidade e não na utilidade, o que legitima a famosa questão enunciada por Philippe Cazenave e Christian Morrison: «*Mais Pareto était-il "parétien"? in Justice et Redistribution,* cit., p. 9). No entanto, esta concepção tem como fonte directa as concepções clássicas assentes na «mão invisível» (*cf.* SMITH, Adam – *An Inquiry Into the Nature and Causes of the Wealth of Nations* (1789). 5ª edição. Nova Iorque: Random House/The Modern Library, 1937, p. 423), cujo fundamento essencial assentava num conceito amplo de liberdade (*cf.* ARAÚJO, Fernando – *Adam Smith. O conceito Mecanicista de Liberdade.* Coimbra: Almedina, 2001). Assim, é possível traçar um tronco ideológico comum: na economia clássica, a liberdade maximiza a riqueza; na economia utilitarista, o que deve ser maximizado é o nível agregado de utilidades; na economia paretiana, pretende-se atingir um ponto óptimo em que a maximização do lucro se coaduna com a elevação ordinal da utilidade social (*cf.*, para uma análise crítica do conteúdo teórico paretiano, *cf.* SANTOS, Jorge Costa – *Decisão Financeira e Bem-Estar Social,* cit.; FELDMAN, Allan – «Pareto Optimality». *In The New Palgrave Dictionary of Economics and the Law,* 3, Londres: Macmillan, 1998, pp. 5–10).

dentro» a teoria do bem-estar. No entanto, a análise custo-benefício revelou indubitáveis vantagens em sede ambiental, por via da quantificação de estados ambientais anteriormente ausentes das formulações económicas[78].

Ainda assim, a principal virtude da economia do bem-estar consistiu na introdução da «felicidade» enquanto elemento central da avaliação do mérito das políticas a seguir. E nada se encontra mais relacionado com a felicidade geral do que o meio ambiente. De facto, nada será mais cinzento do que uma «economia sem alegria»[79]. E, mesmo nas sociedades mais ricas e industrializadas, os seus membros poderão ter ficado mais ricos, mas tal não significa uma maior felicidade[80]. Não obstante, a exclusão da possibilidade de realização de comparações intersubjectivas de felicidade decorrentes das posições da nova economia do bem-estar veio impedir desenvolvimentos teóricos agregados em termos sociais. Não se poderia comparar a utilidade/felicidade entre duas pessoas, mas unicamente a de uma pessoa relativamente a duas situações distintas (teorema da impossibilidade de Arrow ou paradoxo de Arrow[81]).

Neste caso, tendemos a concordar com Amartya Sen, quando indica que «o cálculo utilitarista, baseado na felicidade ou na satisfação de desejos (na óptica meramente individual), pode revelar-se profundamente injusto para quantos estejam em situação de permanente privação, uma vez que os nossos desejos e a nossa constituição mental tendem a ajustar-se às circunstâncias, especialmente para se conseguir desse modo que a vida se torne suportável diante condições adversas. Para os zés-ninguém de sempre, é "aceitando" ou "habituando-se à ideia" da desesperançada provação por que se está a passar que, de alguma maneira, se consegue chegar a que a vida se torne mais ou menos suportável»[82]. E tal acontece exactamente quando os indigentes mais desfavorecidos do nosso mundo (sobre) vivem em zonas desertificadas campestres ou em megalópolis subinfra-estruturadas em termos urbanos[83].

[78] *Cf.* GOWDY, John – «The Revolution in Welfare Economics and its Implications for Environmental Valuation and Policy». *In Land Economics*, 80 (2), May, 2004, pp. 239–257.

[79] SCITOVSKY, Tibor – *The Joyless Economy, Psychology of Human Satisfaction*. Rev. Ed., Oxford University Press, 1992.

[80] LAYARD, Richard – *Happiness: Lessons from a New Science*. 2nd edition. Penguin Books, 2011.

[81] ARROW, Kenneth – *Social Choice and Individual Values*. New York: John Wiley & Sons, 1951

[82] SEN, Amartya – *A Ideia de Justiça*, cit., p. 381.

[83] De acordo com Amartya Sen, existem diversos tipos de contingências que têm por resultado variações no que toca à conversão do rendimento e que condicionam a qualidade

As privações ambientais são a principal fonte de pobreza, já que impedem o ser humano de arrecadar, pelos seus próprios meios, o mínimo de subsistência para uma existência condigna. A partir do momento em que a teoria toma em consideração unicamente uma estreita visão englobando os desejos e as pretensões de um indivíduo e é particularmente restritiva na perspectiva das comparações intersubjectivas, irão gerar-se situações graves ao nível da igualdade, ante gerações actuais ou gerações futuras. Assim, «a parelha "rendimento (*income*)/aptidão" para ganhar dinheiro (*earning*), que poderemos chamar de *earning handicap*, tende a ser reforçada e ampliada nos seus efeitos por causa do *conversion handicap*: a dificuldade de converter rendimentos e os recursos numa vida boa [...]»[84]. Ora, além das deficiências pessoais e sociais, em termos físicos, será o meio ambiente em que se insere o sujeito o maior contribuidor para esse *handicap* de conversão.

Independentemente de todas as suas falhas e limitações, a escola da economia do bem-estar forneceu elementos de referência para a medição da utilidade para os seres humanos, estabelecendo os quadros conceptuais para a definição dos aumentos de utilidade e custos que implicam a redução dessa mesma utilidade. Numa perspectiva mais abrangente, o aumento da utilidade social decorrente de um qualquer projecto deve superar os custos sociais do mesmo[85]. Obviamente que, dadas as limitações conceptuais,

de vida. São estas, pelo menos, as seguintes: «(1) as heterogeneidades pessoais. As pessoas apresentam características físicas díspares no que toca à idade, sexo, deficiências ou incapacidades, propensão para a doença e outras coisas mais, o que faz com que as necessidades sejam extremamente diversas (...); (2) diversidades no ambiente físico. Até onde poderá chegar um dado rendimento é coisa que também dependerá das condições ambientais, incluindo circunstâncias climáticas como a amplitude térmica ou a ocorrência de cheias (...), no momento de converter rendimentos e recursos pessoais em funcionalidades e qualidade de vida, as condições ambientais poderão ser consideradas sobretudo como um dado adquirido; (3) variações no clima social. A conversão dos recursos pessoais em funcionalidades é também influenciada pelas condições sociais, incluindo os cuidados de saúde públicos e a epidemiologia, ou ainda as medidas tendentes a providenciar uma educação pública e a prevalência ou ausência de criminalidade e de violência num dado lugar; (4) diferenças nas perspectivas relacionais. Os padrões de comportamento que se estabelecem no seio de uma comunidade também poderão implicar uma variação substancial nos rendimentos necessários para se conseguir alcançar as mesmas funcionalidades elementares (...)» (*in* ob. cit., pp. 347–348).

[84] SEN, Amartya – *A Ideia de Justiça*, cit., p. 351.

[85] *Cf.* LITTLE, I; MIRRLEES, J. – *Project Appraisal and Planning for Developing Countries (The OECD Manual)*. Oxford University Press, 1974. FLORIO, Massimo – *Applied Welfare Economics, Cost Benefit Analysis of Projects and Policies*. New York: Routledge, 2014.

o conceito de sociedade se traduz numa simples agregação das posições individuais, sem distinções e admitindo situações de segundo óptimo, mas já é um princípio. Estas projecções baseiam-se no modelo Kaldor-Hicks, calculando a disponibilidade para pagar por benefícios[86] e a disponibilidade para aceitar compensações por prejuízos[87], independentemente das circunstâncias concretas dos beneficiados e dos prejudicados[88].

Uma outra dificuldade fundamental decorre da necessidade de determinação do *Valor Económico Total* de uma alteração num ecossistema. A razão para esta situação decorre do ainda insatisfatório conhecimento acerca do funcionamento interno dos ecossistemas e todas as suas interacções. O grau de incerteza, de irreversibilidade na decisão, do nível das taxas de desconto a aplicar, ou de não-linearidades das soluções tornam as conclusões deste tipo de análises bastante duvidosas. No limite, estaremos no campo perigoso da medição do valor da saúde e da vida, humana ou não, das gerações presentes e das gerações futuras. Contudo, tem a virtude de iniciar e permitir uma discussão concreta e realista sobre o tema crítico da sustentabilidade ambiental e do desenvolvimento sustentável.

3.4. O Conceito de Desenvolvimento Sustentável. O Relatório Brundtland

Referimos noutro local que «se o crescimento económico for obtido à custa de uma diminuição de bem-estar, que é medido pela potencialidade de consumo de bens de mercado e de bens ambientais por habitante, não poderá ser considerado como durável (sustentável). Poderemos então definir durabilidade (sustentabilidade) como a não diminuição do potencial de consumo, em sentido lato, por habitante. Este potencial de consumo está obviamente ligado ao potencial de produção futuro, logo ao *stock* de capital, que deverá ser medido tendo em conta o progresso tecnológico. Portanto, se considerarmos que os recursos ambientais fazem parte do *stock* de capital, o capital total (recursos criados pelo homem + recursos ambien-

[86] Na perspectiva do *ability to pay, cf.* LOBO, Carlos Baptista – «Impostos Ambientais, Análise Jurídico-Financeira». *In Revista Jurídica do Urbanismo e do Ambiente,* nºs 2 e 4, Almedina, Dezembro 1994 e Dezembro 1995.

[87] Na perspectiva do *ability to accept, cf.* LOBO, Carlos Baptista – «Subvenções Ambientais, Análise Jurídico-Financeira». *In Revista Jurídica do Ambiente e do Urbanismo,* nºs 5 e 6, Almedina, Junho/Dezembro 1996.

[88] *Cf.* OECD, *Cost-Benefit Analysis and the Environment, Recent Developments,* 2006.

tais) não deverá diminuir se pretendermos manter os níveis de consumo potenciais, *lato sensu* (de bens de mercado e ambientais)».[89] Esta definição tem uma base eminentemente utilitarista, porém, constitui uma reacção violenta à doutrina clássica que tomava os activos ambientais como bens livres ou insusceptíveis de avaliação ou de depreciação.

A diferença de posicionamento é evidente. O desenvolvimento económico é sustentável quando no cômputo do crescimento económico se integra e mede o custo efectivo dos recursos ambientais e se garante que o seu *stock* perdura para o futuro.

Hoje, esta realidade parece-nos evidente. Porém, ainda não é integralmente aplicada no contexto macroeconómico. Por exemplo, a nível de contas nacionais, nomeadamente para cálculo de Produto Interno Bruto, as variáveis ambientais não são ainda contempladas em toda a sua plenitude.

A ideia de sustentabilidade está directamente relacionada com a capacidade de reprodutividade dos ecossistemas e com a não exaustão dos recursos até um ponto que não permita o retorno das opções iniciais por parte das gerações futuras.

Torna-se importante a distinção entre *recurso renovável* e *recurso não renovável.* Os recursos renováveis têm uma capacidade inata de manutenção das capacidades produtivas de forma inerente (como, por exemplo, a energia solar ou a energia eólica) ou por faculdades reprodutivas naturais (combustíveis fósseis, *stocks* de peixe, florestas). Os recursos não renováveis, por sua vez, correspondem a um *stock* definitivamente determinado (como os recursos minerais ou a própria terra), não tendo uma capacidade reprodutiva ou de regeneração.

Distinguindo-se entre «*stocks*» e «fluxos», o juízo de sustentabilidade difere entre as duas realidades. No caso dos recursos não renováveis, o aproveitamento eficiente deve ser efectuado ao primeiro nível da dotação inicial dos recursos, ou seja, do *stock* historicamente determinado, garantindo-se que, com o aperfeiçoamento tecnológico não ocorra uma exaustão integral do mesmo e que se possam reprocessar sucessivamente (por exemplo, reciclagem dos minerais ou construção em altura no solo). Ainda assim, haverá que evitar cair numa armadilha comum, que se traduz na aplicação de taxas de amortização semelhantes quer a bens ambientais quer a bens não-ambientais.

[89] Lobo, Carlos Baptista – «Subvenções Ambientais, Análise Jurídico-Financeira». *In Revista Jurídica do Ambiente e do Urbanismo*, 5, Almedina, Dezembro 1995, p. 59 e ss..

No caso dos recursos renováveis, se não forem exauríveis por definição, como é o caso da energia solar ou eólica (ou dos serviços ambientais de recreio exercidos de forma moderada, como nadar nas praias ou passear nas florestas), o juízo de sustentabilidade torna-se desnecessário. Quanto muito resvalará para o outro lado da equação, ou seja, como modelo alternativo de ponderação para efeitos de mudança comportamental (por exemplo, combustíveis fósseis *vs.* energias renováveis). Se os recursos forem exauríveis, mas susceptíveis de reprodução e de manutenção, o juízo terá de ser efectuado ao nível dos «fluxos», garantindo-se a manutenção da sua capacidade reprodutiva para o futuro.

O mesmo juízo pode ser efectuado em termos de poluição. Neste caso, a poluição será um *stock* com valor negativo, na visão economicista, ou um «fluxo» negativo, na visão ecologista. Independentemente destas duas perspectivas, temos de acordar que os fluxos sucessivos irão aumentar o *stock* de valor negativo presente no ecossistema. Poderíamos ser levados a pensar que o nível óptimo de poluição para a sustentabilidade seria o valor zero de emissões. Tal não é correcto. Neste caso, o juízo de sustentabilidade terá de ter em consideração a decadência natural verificada ao nível do *stock*, ou seja, a desagregação natural do resíduo e a capacidade, também natural, de assimilação do mesmo por parte do ecossistema.

Neste entendimento, a emissão da poluição só não será sustentável se os valores de emissão forem superiores à capacidade natural de assimilação do ecossistema e à taxa natural de decadência da substância. Se tal acontecer, não existirá poluição na perspectiva económica, embora possa continuar a existir na vertente ecológica[90].

É igualmente um mandamento de eficiência e de optimização, pois obriga a que seja efectuada uma utilização económica de um recurso natural para que se retire o máximo retorno possível, sem que se degrade definitivamente um qualquer ecossistema. Neste enquadramento inter-

[90] Um outro nível de discussão relaciona-se com a possibilidade de substituição de serviços ambientais por serviços fabricados pelo homem. Por exemplo, o acto de nadar na praia ou num rio pode ser substituído pela natação em piscina. As práticas podem não ser idênticas, mas, se a finalidade for a realização de exercício físico, poderão equivaler-se. Por outro lado, num futuro próximo, a realidade virtual poderá substituir de forma credível a vertente idílica da experiência. Neste quadro, poder-se-ia pensar que o *stock* ambiental poderia ser substituído por *stock* humano, o que distorceria definitivamente os termos de cálculo da sustentabilidade. Esta versão totalitarista do *Homo Faber* não é acolhida, felizmente, pela generalidade da doutrina.

-relacional, tenta-se construir um modelo de articulação perfeita entre a economia e o ambiente.

Mais uma vez, a génese conceptual teve origem numa questão de gestão territorial. Em 1664, John Evelyn, na sua obra *Sylva*, chamou a atenção para o excessivo corte de árvores em Inglaterra, e referiu que «*sowing and planting of trees had to be regarded as a national duty of every landowner, in order to stop the destructive over-exploitation of natural resources*»[91]. Esta obra iniciou toda uma dogmática ao nível da política florestal e da gestão eficiente dos recursos florestais que se mantém até aos dias de hoje.

Na década de 60 do século passado, e conforme demonstrámos *supra*, o nível de consciencialização acerca da exaustão dos recursos passou a ser uma preocupação relevante ao nível da doutrina económica. Todavia, os maiores contribuintes para esta mudança conceptual tiveram origem na vertente da economia ecológica mais radical[92].

No final dessa década, as fotografias emblemáticas do pequeno planeta azul na vastidão do espaço enviadas pelas missões Apollo demonstraram a relativa pequenez do nosso planeta e as suas limitações. O impacto mediático dessas imagens foi significativo, tendo-se originado uma nova corrente de apelo à ponderação ambiental das decisões económicas. Kenneth Boulding (o pai da economia ecológica), em 1966, lançou a monografia *The Economics of the Coming Spaceship Earth*[93], em que apelou directamente à necessidade de tomada em consideração da utilização dos recursos escassos na análise económica.

Na sequência destes apelos, e no alvor da primeira crise petrolífera, os grupos de pressão mais organizados, em áreas mais moderadas do tecido económico, iniciaram estudos relevantes de forma a influenciar as decisões

[91] *Cf.* EVELYN, John – *Sylva, or a Discourse on Forest-Trees and the Propagation of Timber.* 1664.

[92] Rachel Carson, na sua obra *Silent Spring*, de 1962, chamou a atenção para o eventual desajustamento entre crescimento económico e desenvolvimento e degradação ambiental. Apesar de assentar em puros pressupostos ecologistas, conseguiu o abandono do DDT enquanto pesticida autorizado e lançou as fundações da *Environmental Protection Agency* dos Estados Unidos. *Cf.* CARSON, Rachel – *Silent Spring.* Hougthon Milfin, 1962.

[93] *Cf.* BOULDING, Kenneth – *The Economics of the Coming Spaceship Earth.* 1966 [disponível em http://dieoff.org/page160.htm]. Curiosamente, esta imagem é anterior ao nosso século. Henry George, na sua visionária obra *Progress and Poverty*, de 1879, utilizou a seguinte imagem: «*It is a well-provisioned ship, this on which we sail through space. If the bread and beef above decks seem to grow scarce, we but open a hatch and there is a new supply, of which before we never dreamed. And very great command over the services of others comes to those who as the hatches are opened are permitted to say, "This is mine!"*». *Cf.* GEORGE, Henry – *Progress and Poverty.* Robert Schalkenbach Foundation, 1935.

globais. Enquadra-se neste movimento a iniciativa do denominado Clube de Roma, que em 1972 mandatou os investigadores Donella H. Meadows, Dennis L. Meadows, Jørgen Randers e William W. Behrens III para a realização do estudo *Limits to Growth*[94].

Em 1980, o conceito «desenvolvimento sustentável» foi utilizado pela primeira vez pela *International Union for the Conservation of Nature* na sua Estratégia de Conservação Global[95], tendo sido referido que a sustentabilidade do desenvolvimento deveria constituir uma prioridade global.

Finalmente, em 1987, a *United Nations World Commission on Environment and Development* publicou o relatório seminal *Our Common Future*, usualmente denominado *Relatório Brundtland*, que enunciou a primeira definição globalmente aceite de desenvolvimento sustentável: «*sustainable development is development that meets the needs of the present without compromising the ability of future generations to meet their own needs. It contains within it two key concepts: The concept of "needs", in particular, the essential needs of the world's poor, to which overriding priority should be given; and the idea of limitations imposed by the state of technology and social organization on the environment's ability to meet present and future needs.*» Refere, ainda, que «*the concept of sustainable development does imply limits – not absolute limits but limitations imposed by the present state of technology and social organization on environmental resources and by the ability of the biosphere to absorb the effects of human activities. But technology and social organization can be both managed and improved to make way for a new era of economic growth*»[96].

A aprovação deste relatório corporizou um ponto de viragem quer na esfera política, quer ao nível da ciência económica. A adopção do conceito de desenvolvimento sustentável por parte de um documento oficial significou a ultrapassagem definitiva, pelo menos no plano da política internacional, do tradicional dilema crescimento/ambiente.

[94] Este estudo foi financiado pela Fundação Volkswagen e comissionado pelo Clube de Roma. Apesar de muito criticado, nomeadamente pela pouca fiabilidade das simulações, teve uma importância significativa nos movimentos económicos da década de 70 do século passado. *Cf.* MEADOWS, Donella; MEADOWS, Dennis; RANDERS, Jorgen; BEHRENS, William – *The Limits to Growth: A Report for the Club of Rome's Project on the Predicament of Mankind*, New York: Universe Books, 1972. Esta simulação tem merecido actualizações a cada 5 anos até aos dias de hoje.

[95] International Union for the Conservation of Nature, *World Conservation Strategy, Living Resource Preservation for Sustainable Development*, 1980 [disponível em http://www.a21italy.it/medias/31C2D26FD81B0D40.pdf].

[96] United Nations World Commission on Environment and Development – *Our Common Future* [disponível em http://www.un-documents.net/ocf-ov.htm#1.2].

Utilizamos, aqui, o termo crescimento de uma forma agnóstica, constituindo-se como um movimento incremental ao nível do bem-estar social. Relembre-se que parte da doutrina, que também contribuiu para este marco histórico, adopta um conceito mais eticista, ou ecológico, de desenvolvimento, que contrasta com o conceito mais restrito de crescimento económico, e que engloba uma componente moral ou de garantia intransigente de ecossistemas naturais.

Porém, o conceito adoptado pelo relatório Brundtland é, igualmente, agnóstico tentando manter uma correcta ponderação dos activos ambientais nas decisões económicos e, por essa via, corrigir as falhas genéticas do mercado da forma mais eficiente possível.

A ponderação ambiental nas decisões económicas passou a ser um imperativo de eficiência e de optimização. Pelo contrário, as decisões económicas que não incorporassem estas variáveis seriam distorcidas e violadoras dos níveis de bem-estar social. Por outro lado, os custos ambientais para a sociedade passaram a ser contabilizados directamente nas análises custo-benefício, sendo os custos sociais (que incluem os ambientais) o factor de ponderação privilegiado ante o custo privado.

3.5. Dimensão Espacial do Desenvolvimento Sustentável. De Quioto a Paris

A aprovação do Relatório Brundtland originou um movimento global no plano político. Pela primeira vez, foi alcançada uma consciência global sobre a importância da temática ambiental, o que permitiu o desenvolvimento de várias iniciativas subsequentes. Sequencialmente, de 3 a 14 de Junho de 1992, realizou-se a Conferência das Nações Unidas sobre o Ambiente e Desenvolvimento[97] (denominada «Cimeira da Terra»[98]), em

[97] A Declaração do Rio sobre o Ambiente e Desenvolvimento salientou os seguintes aspectos principais: «*1) That human beings are at the centre of concerns for sustainable development. They are entitled to a healthy and productive life in harmony with nature*» (em clara reacção às correntes ecocêntricas); 2) «*That scientific uncertainty should not delay measures to prevent environmental degradation where there are threats of serious or irreversible damage*» (adoptando claramente a lógica da não irreversibilidade das decisões tendo em consideração as gerações futuras); 3) «*That States have a sovereign right to exploit their own resources but not to cause damage to the environment of other States*» (admitindo o alcance transnacional das questões ambientais); 4) «*That eradicating poverty and reducing disparities in worldwide standards of living are "indispensable" for sustainable development*» (a luta contra a pobreza global e a melhoria da educação são essenciais para a concretização dos ditames do ambiente sustentável); 5) *That the full participation of women is*

que nasce a Agenda 21, que se traduz num acordo global abrangente sobre as diversas vertentes do desenvolvimento sustentável e são aprovadas a Convenção sobre Alterações Climáticas, Convenção sobre Diversidade Biológica (Declaração do Rio), bem como a Declaração de Princípios sobre Florestas[99/100].

A abrangência da Agenda 21 é extremamente relevante. Sendo um documento não vinculativo, encerra na sua estrutura todo um programa de desenvolvimento económico, ambiental e social, incluindo as metodologias de implementação e os modos de financiamento[101].

A vertente comum a todos estes instrumentos de direito internacional público é o facto de abrangerem inevitavelmente os três pilares enunciados pelo relatório Brundtland. Economia, Ambiente e Igualdade Social são as preocupações permanentes presentes em todos os tratados e convénios.

As razões são evidentes: desde a década de 50 do século passado que a doutrina económica avançava a solução do crescimento económico como único remédio para a diminuição das desigualdades sociais a nível global. E com sucesso. Nas três décadas seguintes, o mundo assistiu a um trajecto de crescimento económico nunca antes visto, num clima de relativa paz global. Sem crescimento económico, a redistribuição a favor dos mais pobres teria de ser efectuada necessariamente em prejuízo dos mais ricos (melhoria não paretiana), o que levaria, inevitavelmente, a obstáculos intransponíveis. Se o bolo for crescendo, todos poderão ficar com uma fatia maior, sem se prejudicar a dimensão da fatia de alguém, nomeadamente daqueles que beneficiam de fatias de elevada dimensão.

essential for achieving sustainable development (reconhecendo o papel fundamental das mulheres a nível social); e 6) «*That the developed countries acknowledge the responsibility that they bear in the international pursuit of sustainable development in view of the pressures their societies place on the global environment and of the technologies and financial resources they command*» (admitindo a necessidade de um modelo perequativo global) [disponível em http://www.unorg/geninfo/bp/envirp2.html]

98 Na realidade, foi a segunda. A Conferência de Estocolmo sobre o Ambiente Humano das Nações Unidas foi a primeira Cimeira da Terra, tendo sido realizada em 1972.

99 http://www.un.org/geninfo/bp/enviro.html

100 A União Europeia, por sua vez, inicia a aprovação dos seus Programas de Acção Ambiente, sendo o de 1994 denominado «Rumo a um desenvolvimento sustentável» incorporando integralmente os mandamentos decorrentes do Relatório Brundland e da Cimeira da Terra. Neste momento, está em vigor o VII Programa de Acção até 2020. *Cf.* http://eur-lex.europa.eu/legal-content/PT/TXT/PDF/?uri=CELEX:32013D1386&from=EN

101 https://sustainabledevelopment.un.org/content/documents/Agenda21.pdf

Foi este crescimento económico significativo que originou uma pressão considerável nos ecossistemas e que leva a uma questão dilemática pertinente: se a erradicação da pobreza for efectuada à custa do equilíbrio ambiental, como decidir? Ou então, numa versão mais actual, se a manutenção ambiental gerar desemprego, designadamente pelo encerramento de minas de carvão ou o abate de navios pesqueiros, como decidir? Neste quadro, os beneficiados potenciais do encerramento da actividade são difusos, mas os prejudicados são bastante activos (*«I agree, but not in my courtyard»*), gerando-se facilmente ondas demagógicas com grande impacto político.

Perante este panorama, era fundamental encontrar formas de erradicação da pobreza que não afectassem os recursos naturais e os ecossistemas fragilizados e daí decorre a enorme abrangência dos convénios e declarações adoptados, bem como as extremas dificuldades diplomáticas na sua aprovação.

Por outro lado, as fatias do bolo são, na maioria das vezes, comidas em zonas do globo bastante diferenciadas. A emergência e a institucionalização dos Estados-Nação tiveram uma importância fundamental no desenvolvimento económico e humano. Contudo, se interpretado de forma dogmática, poderá constituir um obstáculo importante à celebração de acordos internacionais ao nível ambiental. O aquecimento global, a rarefacção da camada de ozono, o controlo de doenças infecciosas, entre outros assuntos, têm um impacto assimétrico ao nível da alocação dos custos suportados pelos desastres ambientais, e na capacidade de angariação dos recursos necessários para o desenvolvimento de políticas de correcção. Sendo os impactos transfronteiriços, é muito difícil convencer um país a eliminar determinado tipo de práticas económicas, quando os efeitos negativos não se fazem sentir nos seus eleitores, mas nos eleitores de outros. Esta dificuldade é tanto mais verdadeira quando se pretende exigir algum esforço contributivo para a realização de compensações.

Os problemas ambientais não reconhecem, por natureza, fronteiras políticas. Porém, são precisamente essas fronteiras políticas que impedem o desenvolvimento agregado e integrado dos problemas ambientais[102].

[102] De acordo com a teoria dos jogos, existirão 14 condições para que um tratado internacional a nível ambiental possa ser concretizado: 1) a existência de um poder de autoridade institucionalizado, capaz de celebrar, administrar e aplicar o acordo colectivo; 2) o resultado do acordo incidir primariamente sobre bens privados e só secundariamente sobre bens públicos; 3) os benefícios decorrentes do tratado devem advir da acção dos Estados contraentes; 4) deve

A questão fundamental é, mais uma vez, a económica. Já não se discute o anterior dilema economia/ambiente, mas sim quem suporta os custos e se isso é justo ante os benefícios recebidos. O jogo poderá ser amplamente vantajoso na sua globalidade, e mesmo assim poderá não ser jogado se as partes entenderem que os custos e os benefícios não são repartidos de uma forma justa e equitativa. Daí a importância de uma efectiva política de eliminação dos desequilíbrios socioeconómicos a nível global, mormente de erradicação da pobreza[103]. Não se pode pedir a quem não tem nada para comer que não cace animais protegidos; não se pode negar a quem não tem casa a construção de uma barraca numa favela.

Por outro lado, os interesses em jogo tendem a organizar-se em blocos. Tal facto pode facilitar as negociações, uma vez que as variáveis a tomar em consideração reduzem-se significativamente, mas também pode originar dificuldades adicionais.

Caso paradigmático dessa dificuldade foi a aprovação do Protocolo de Quioto, em 1997, na 3ª Conferência das Nações Unidas sobre as Alterações Climáticas. Apesar de todos os avanços ocorridos na Cimeira da Terra realizada no Rio de Janeiro, as partes negociais foram incapazes de acertar no nível de emissões de gases com efeito de estufa nos anos seguintes (nomeadamente na cimeira de Berlim realizada em 1995).

O compromisso de base traduzia-se na redução das emissões para níveis anteriores aos registados em 1990. Porém, fizeram-se sentir grandes dificuldades negociais, especialmente por razões relacionadas com as assimetrias nos níveis de desenvolvimento (a questão da equidade/redistribuição global).

existir um número mínimo de nações cooperantes; 5) deve existir um grau de similitude social e cultural entre as parte negociantes; 6) deve ocorrer uma concentração bem definida de custos a suportar a cargo das partes intervenientes; 7) uma das nações mais importantes deve assumir a liderança negocial; 8) deve existir uma reduzida margem de incerteza relativamente aos custos e benefícios decorrentes do tratado; 9) o acordo deve ser auto-aplicável; 10) deve ocorrer um relacionamento contínuo entre as partes no momento posterior à celebração do mesmo; 11) devem ocorrer benefícios interrelacionados entre todos os intervenientes; 12) os custos de implementação no curto-prazo devem ser reduzidos; 13) uma elevada percentagem dos benefícios deve ser recebida no curto-prazo; e 14) os benefícios decorrentes da negociação devem ser muito superiores aos custos de negociação. Para uma aplicação da teoria dos jogos nas negociações ambientais internacionais, *cf. Natural Resources and Environmental Economics*, cit., pp. 300–311.

[103] O jogo de concertação é ainda mais difícil quando os custos foram suportados pela geração actual e os benefícios potenciais só se verificarem em benefício de uma geração futura.

O protocolo de Quioto constitui o primeiro acordo global substancial ao nível global envolvendo a matéria sensível dos gases com efeitos de estufa. Note-se que o acordo nesta matéria era extraordinariamente difícil. Os contribuidores eram essencialmente os países mais ricos, os mais prejudicados pelo aquecimento global eram os países mais pobres, e, no momento, ainda não existia a percepção generalizada relativamente aos efeitos do aquecimento global (ou, mesmo, se ele existia de facto).

Este protocolo conteve novidades interessantes ao nível ambiental. Em primeiro lugar, estabeleceu um conjunto complexo de possibilidades de aumento/redução das emissões entre os diversos países, e de forma inovadora a nível internacional, previu um mecanismo de flexibilidade que se traduzia na possibilidade de venda de créditos (direitos de emissão negociáveis), entre as diversas partes contratantes, para que quem conseguisse efectuar reduções de emissão com custos económicos mais reduzidos as pudesse transaccionar a favor dos restantes que tinham um maior custo de redução, ou um maior custo de não emissão adicional.

Este mecanismo foi bastante criticado, quer por razões puramente éticas e morais (compra e venda do direito a poluir), quer por razões de ordem económica. Estas últimas, mais sérias, traduziam-se no facto de que os países do leste da Europa, com o encerramento da sua economia industrial obsoleta, terem enormes volumes de direitos de emissão a negociar, o que beneficiaria a curto-prazo as nações mais industrializadas do ocidente. Mas, se calhar, foi esse benefício imediato directo (crucial numa negociação multilateral, de acordo com a teoria dos jogos) que constituiu a chave do sucesso das negociações e que permitiu, pela primeira vez, atingir-se um acordo sobre o nível global das emissões.

Em segundo lugar, a sua flexibilidade era igualmente verificável a nível temporal. Previu-se um sistema de armazenagem dos direitos (*banking*), que possibilitava que os objectivos de redução não tivessem de ser alcançados num calendário temporal restrito. Nestes termos, é permitida a *armazenagem* de créditos não utilizados num determinado período temporal, o que possibilita que os movimentos de transição económica decorram sem pressões adicionais.

Em terceiro lugar, estabeleceu-se um Mecanismo de Implementação Conjunta, que se traduz na possibilidade de um país negociar directamente com outra parte contratante no sentido de obter «unidades de redução de emissões» adicionais com o financiamento de projectos de optimização industrial que permitissem a redução líquida dos níveis de gases com efeito de estufa a nível global (sistema *offset*).

Finalmente, o Mecanismo de Desenvolvimento Limpo (*Clean Development Mechanism*) diversifica as políticas de ganho de eficiência, partindo do princípio de que é mais barato reduzir emissões em países em vias de desenvolvimento do que em países desenvolvidos. Nesta óptica, permite uma diversificação de políticas. Assim, se um país desenvolvido pretendesse adquirir mais unidades, poderia financiar a replantação de floresta tropical (com maior capacidade de processamento de dióxido de carbono) que compensasse as emissões adicionais adquiridas.

No momento da celebração do acordo, as dúvidas sobre os seus termos eram significativas. Parte da doutrina considerava que os objectivos de redução eram adequados, parte achava que eram demasiado audazes e outros achavam que eram pouco ambiciosos. Ainda assim, pela primeira vez, existiu um acordo sobre uma matéria fundamental ao nível da sustentabilidade ambiental. E sinal do seu sucesso foi a sua vigência num modelo relativamente estável, o que permitiu a sua institucionalização.

Contudo, teve sempre um calcanhar de Aquiles: os Estados Unidos da América, apesar de terem sido um dos motores da sua celebração (administração Clinton), e apesar de o terem assinado, nunca o ratificaram, pois consideravam que as suas obrigações de redução tinham uma natureza vinculativa para os países desenvolvidos, mas não se aplicavam a nações relevantes, como era o caso da China. Ainda assim, 192 partes contratantes ratificaram o acordo mais relevante até hoje existente no que concerne o ambiente. Tanto é assim que, em 12 de Dezembro de 2015, é alcançado o Acordo de Paris[104], um tratado no âmbito da Convenção-Quadro das Nações Unidas sobre a Mudança do Clima, que rege medidas de redução

[104] Outros eventos relevantes verificaram-se entretanto. A 8 de Setembro de 2000, após os três dias da Cimeira do Milénio de líderes mundiais na sede das Nações Unidas, a Assembleia Geral aprovou a Declaração do Milénio (http://www.unºrg/millennium/declaration/ares552e.htm), focada essencialmente nas questões sociais e na erradicação da pobreza. De 26 a 4 de Setembro de 2002 ocorreu a Conferência Mundial sobre o Desenvolvimento Sustentável (Rio + 10), em Joanesburgo, onde se reafirmou o desenvolvimento sustentável como o elemento central da agenda internacional e se deu um novo impulso à acção mundial para combater a pobreza assim como a protecção do ambiente. Em 2007, foi realizada a Cimeira de Bali, com o intuito de criar um sucessor do Protocolo de Quioto, com metas mais ambiciosas e mais exigente no que diz respeito às alterações climáticas (http://unfccc.int/documentation/documents/advanced_search/items/6911.php?priref=600004670).

de emissão de dióxido de carbono a partir de 2020 (o protocolo de Quioto tem vigência até essa data). Os seus objectivos fundamentais constam do seu artigo 2º: «(a) Assegurar que o aumento da temperatura média global fique abaixo de 2 °C acima dos níveis pré-industriais e prosseguir os esforços para limitar o aumento da temperatura a até 1,5 °C acima dos níveis pré-industriais, reconhecendo que isto vai reduzir significativamente os riscos e impactos das alterações climáticas; (b) Aumentar a capacidade de adaptação aos impactos adversos das alterações climáticas e promover a resiliência do clima e o baixo desenvolvimento de emissões de gases do efeito estufa, de maneira que não ameace a produção de alimentos; (c) Criar fluxos financeiros consistentes na direcção de promover baixas emissões de gases de efeito estufa e o desenvolvimento resistente ao clima.»

O Acordo de Paris herda todo o espólio de Quioto, mas opta por um mecanismo ainda mais flexível. Não existem metas fixadas, podendo os países apresentar planos de adaptação totalmente moldados à sua realidade, não estando, portanto, sujeitos a instruções provenientes das Nações Unidas. Ainda assim, este acordo sofreu um revés importante com a retirada anunciada pelos Estados Unidos da América do âmbito do Acordo (que não é novidade ante o já ocorrido com Quioto, mas agora já sem o argumento de a China se encontrar fora das partes outorgantes)[105]. Contudo, praticamente todos os países produtores de petróleo ficaram à margem do acordo, uma vez que, na sua perspectiva, a aplicação das metas iria acelerar a implementação de energias renováveis, o que prejudicaria as suas economias. Por aqui se vê a extrema dificuldade das negociações ambientais...

Contudo, além destes acordos internacionais mais relevantes, existem cerca de duas centenas e meia de outras convenções sobre temas igualmente relevantes, que versam temas bastante diversos – desde a Antárctida ao rio Gâmbia, passando pelo mar de Aral, biodiversidade, entre outros[106] –, o que revela que a consciência internacional para as questões ambientais e o crescimento sustentável é hoje uma realidade.

A chave central para o sucesso de uma qualquer negociação passa precisamente pela introdução de mecanismos de compensação socioeconómica para que as assimetrias sociais sentidas ao nível global se possam desva-

[105] Mesmo assim, mais de 160 países já ratificaram o acordo. http://unfccc.int/paris_agreement/items/9444.php

[106] https://iea.uoregon.edu/base-agreement-list

necer sucessivamente. Ambiente, redistribuição e equidade social devem necessariamente andar de mãos dadas de modo a concretizar o ditame da equidade intrageracional.

Vejamos, de seguida, a questão da equidade intergeracional.

3.6. A Dimensão Temporal do Crescimento Sustentável. A Equidade Intergeracional

A questão ambiental é transversal em termos temporais. Se não respeita fronteiras políticas, ainda menos respeitará classes geracionais. Neste quadro cronológico alargado, a teoria da equidade intergeracional ganha especial relevância.

Englobando as temáticas ambientais uma dimensão humana e uma dimensão física, deveremos chamar à colação a obra de Edith Brown Weiss, que, para definir equidade intergeracional, construiu a visão da Humanidade enquanto parceria entre gerações[107], sendo que a geração presente teria a obrigação de manter os recursos naturais disponíveis para as gerações seguintes. Para concretizar este princípio de equidade intergeracional, Brown Weiss propõe três princípios fundamentais: o princípio da conservação de opções, o princípio da conservação da qualidade e o princípio da conservação do acesso.

De acordo com o princípio da conservação de opções, cada geração deverá preservar a diversidade da sua herança natural e cultural, enfatizando-se que a diversidade é crucial para conservar a liberdade de opção futura para que as gerações seguintes possam lidar com os seus problemas. Tal não significa manter o *statu quo* de forma inalterada, mas sim uma base de recursos suficientes que mantenha essa possibilidade de opção no futuro (*e.g.*, criação dos bancos de sementes nas Spitsbergen, ou manutenção suficiente de um *stock* de recursos naturais não renováveis).

O princípio da conservação da qualidade é transitivo. Nenhuma geração deverá passar para a geração seguinte um estado ambiental com menor qualidade do que o que herdou. Neste contexto, o controlo populacional passa a ser uma obrigação geracional, porquanto as maiores pressões ambientais decorrerão desse factor.

[107] WEISS, Edith Brown – «Our Rights and Obligations to Future Generations for the Environment». *In The American Journal of International Law*, 198 e 199, 1990, p. 199 [disponível em http://scholarship.law.georgetown.edu/cgi/viewcontent.cgi?article=2639&context=facpub].

Finalmente, o princípio da conservação do acesso obriga a que se efectuem juízos redistributivos dentro da mesma geração e entre gerações sucessivas. Na primeira dimensão, todos os membros da mesma geração devem ter um acesso equivalente aos recursos herdados da geração anterior (equidade intrageracional); por sua vez, na segunda dimensão, cada geração deverá garantir que todos os membros da geração seguinte tenham a possibilidade de acesso a esses recursos (equidade intergeracional).

Nesta perspectiva (claramente antropocêntrica[108]), cada geração deverá assumir um papel de guardiã dos recursos naturais, da qualidade ambiental e da diversidade a favor da geração seguinte.

Não iremos discutir a força legal das defesas jurisdicionais potenciais em prol das gerações futuras[109] (acções colectivas, *group rights*, deveres fiduciários, concretização do princípio da equidade intergeracional no direito internacional público[110], *etc.*), porém, deveremos salientar uma dificuldade: se a medição dos prejuízos ambientais de uma qualquer acção já é difícil de realizar no espaço de uma geração, imagine-se o mesmo em múltiplas gerações, ainda mais quando o defensor das mesmas ainda não nasceu.

O Relatório Brundtland, ao estabelecer, em relação à definição de desenvolvimento sustentável, a existência de um princípio de garantia de manutenção de uma base de recursos entre gerações, permitiu concretizar uma base de consenso mínima, mas operacional, sobre a qual toda a dogmática económica («*mainstream*») subsequente se centrou. Esta base de recursos integra necessariamente a gestão sustentável dos «fluxos» decorrentes de recursos renováveis (garantindo-se o rejuvenescimento natural dos *stocks*), a gestão sustentável dos *stocks* de recursos não renováveis e a prevenção da eliminação da biodiversidade.

O consenso sofre aqui um revés. Relembre-se que, quando falamos de manutenção do *stock* de capital entre gerações, poderá entender-se que tal

[108] Criticando, *cf.* NORTON, B.G. – «Environmental Ethics and Weak Anthropocentrism». *In Environmental Ethics*, 6, 1984, pp. 131–141

[109] *Cf., e. g.*, SUPANICH, G.P. – «The Legal Basis of Intergenerational Responsibility: an Alternative View – The Sense of Intergenerational Identity». *In Yearbook of International Environmental Law*, 94 at 96, 1992, p. 96.

[110] MAGGIO, G. F. – «Inter/intragenerational Equity: Current Applications under International Law for Promoting the Sustainable Development of Natural Resources». *In Buffalo Environmental Law Journal*, 4, 1997, pp. 181–189; HUNTER, Tina (2011) – Equality for the Earth – «The Role of Intergenerational Equity and Customary International Law». *In The National Legal Eagle*: Vol. 17: Iss. 1, Article 6 [disponível em http://epublications.bond.edu.au/nle/vol17/iss1/6].

integra a soma agregada de recursos fabricados/recursos naturais («sustentabilidade fraca») ou unicamente dos recursos naturais («sustentabilidade forte»). No primeiro caso, admite-se a substituibilidade dos recursos naturais por parte de recursos fabricados pelo Homem; no segundo caso tal não poderá acontecer[111]. Independentemente da posição que se adopte, a questão do risco na gestão dos recursos é fundamental para a realização da ponderação de equidade intergeracional.

Relembramos que, nos termos do princípio da conservação da qualidade, cada geração deve passar para a seguinte pelo menos o mesmo estado de conservação ambiental que recebeu. Ora, sendo a actividade humana geradora de riscos e de potenciais encargos futuros, torna-se fundamental uma política de gestão efectiva dos mesmos, de acordo com o princípio da precaução.

Na perspectiva dos encargos potenciais, o exemplo é simples. Imagine-se uma mina a céu aberto. No final do ciclo de exploração, o operador não terá os recursos financeiros necessários para proceder à reconversão ambiental da sua exploração. Na óptica da contabilidade empresarial, os custos nesse momento serão de tal forma elevados que não existirão rendimentos suficientes (fase final de exploração) que os possam suportar. Aqui, o princípio da especialização de exercícios (um dos princípios basilares da contabilidade que afirma que as despesas de um exercício devem ser suportadas pelas receitas desse exercício) torna-se um inimigo do ambiente, se aplicado de forma ortodoxa. Obviamente que esse princípio da especialização de exercícios deve ser necessariamente entendido à luz de um princípio de ordem superior que é o do lucro real, e tal integra necessariamente um cômputo interexercícios. Para que tal se congregue, é essencial que se proceda em cada exercício de exploração normal a uma provisão para reconversão ambiental de forma a sustentar as despesas futuras, mas que, ainda assim, são cruciais para a definição do conceito de lucro real na perspectiva intertemporal, que é a correcta.

Neste caso, a admissão no momento presente de despesas que se gerarão no momento futuro constitui um bom exemplo de solidariedade intergeracional. A geração presente prescinde de receita pública presente para arcar com uma despesa futura, precavendo-a, e dessa forma, não prejudica a qualidade de vida da geração subsequente.

[111] Norton, B.G. – «Environmental Ethics and Weak Anthropocentrism». *In Environmental Ethics*, 131, 1984, p. 145.

O mesmo raciocínio deverá ser aplicado à gestão do risco. Nenhuma geração deverá passar para a seguinte um nível de risco potencial superior àquele que está disponível para suportar. Se o risco potencial for insustentável para a geração presente, não deverá ser transportado para a geração futura. O caso do «lixo radioactivo» é paradigmático a este propósito[112].

O exemplo da reconversão ambiental da mina a céu aberto é igualmente útil para demonstrar o princípio da adequação dos custos e dos benefícios. De acordo com a teoria dos jogos, não é plausível que os jogadores prescindam de vantagens efectivas actuais a favor de vantagens potenciais futuras (dilema do prisioneiro). Efectivamente, um indivíduo só aceitará sacrificar o consumo presente a favor de benefícios para as futuras gerações se lhe for garantido que todos os outros farão o mesmo (paradoxo do isolamento)[113]. Ora, imagine-se a situação em que o jogador tem de arcar com custos actuais efectivos em troca de benefícios potenciais futuros a favor de outrem que ainda não nasceu[114]. Por outro lado, uma vez que todos

[112] *Cf.* Wu, Tung-Chieh Jansen – *Intergenerational and Intragenerational Equity and Transboundary Movements of Radioactive Wastes.* Institute of Comparative Law, McGill University, 2002, p. 26.

[113] *Cf.* Baumol, William – *Welfare State Economics and the Theory of State.* Cambrige, Mass.: Harvard University Press, 1965.

[114] A taxa de desconto tem aqui uma importância fundamental. A análise custo/benefício tradicional tem um problema recorrente. Os projectos que têm benefícios imediatos são privilegiados e os benefícios futuros são tradicionalmente desvalorizados de acordo com os ditames da ciência económica (e, ainda mais, da gestionária que assenta essencialmente na óptica dos incentivos de curto prazo). Assim, para que os modelos de solidariedade intergeracional sejam aplicados, é essencial determinar a taxa de desconto correcta. O equilíbrio é bastante precário. Se a taxa de desconto for elevada, implicará uma maior discriminação das gerações futuras. Se a taxa de desconto for muito reduzida, poderá gerar-se uma situação de sobreinvestimento ineficiente que potencie uma maior intensidade de utilização dos recursos naturais e uma maior degradação ambiental. O problema de base está bem identificado. A análise custo-benefício tradicional desconta os impactos futuros do projecto de acordo com um quadro temporal que seria o das opções da geração presente. Infelizmente (ou felizmente), os indivíduos ainda não são imortais. Porém, ao utilizar-se os juízos actuais para a avaliação de projectos intergeracionais, estar-se-á inadvertidamente a imortalizar opções. Se a projecção for demasiado optimista, estaremos a desvalorizar os futuros impactos (paradoxo do optimismo). Nestes termos, existe quem considere que as próximas gerações serão mais pobres, logo, a taxa de desconto deverá ser negativa (*cf.* Dasgupta, S. – «Discounting Climate Change». *In Review of Environmental Economics and Policy*, 2008, pp. 141–169), ou mais ricas, aplicando-se taxas de desconto positivas (*cf.* e. g., Stern, Nicholas – *The Stern Review of the Economics of Climate Change.* Cambridge University Press, 2007 e Nordhaus, W. – *Managing the Global Commons: The Economics of Climate Change.* Cambridge: MIT Press, 1994).

beneficiam, independentemente da contribuição efectiva para suportar o custo, serão naturais as estratégias de boleia (ainda mais no caso de pagamentos intergeracionais) [115].

Para que este exercício de solidariedade tenha um mínimo de sucesso, é necessário que cada um suporte a quota de custos proporcional aos benefícios recebidos, e que a imposição de custos futuros seja acompanhada da respectiva quota de benefícios. No caso das provisões fiscais ambientais, a geração presente prescinde de parte dos impostos que poderia cobrar actualmente, para que a geração futura tenha a possibilidade de suportar os custos de reconversão ambiental futura (esta é a base do modelo que sustenta os superfundos). Assim, a geração presente terá o dever não só de manter os recursos ambientais numa base sustentável, mas igualmente de desenvolver tecnologia que aumente a eficiência económica, garantindo a manutenção dos padrões de crescimento económico, e adicionalmente terá de criar as bases de financiamento para que o jogo de ponderações entre custos e benefícios seja justo na óptica intergeracional.

Aqui se revela a importância das finanças e fiscalidade que constituem os instrumentos de charneira para a concretização destes ditames civilizacionais. Sendo os impostos a base da civilização, estes tornam-se ainda mais imprescindíveis quando os padrões civilizacionais transbordam entre gerações. E, nesta perspectiva, a previsibilidade e antecipação são fundamentais: o melhor imposto é aquele que, quando é criado, ainda não tem contribuintes.

Relembramo-nos, no entanto, que os cidadãos que ainda não nasceram não detêm ainda direitos políticos nem representantes democraticamente eleitos[116]. O princípio constitucional da legalidade fiscal, na vertente da autotributação, não garante a sua protecção efectiva, tomando em consideração o seu alcance limitado. Aqui, não estamos na presença de uma falha de mercado, mas numa situação de inexistência do próprio mercado. Para uma solução de base coaseana faltará uma das partes; para uma solução pigouviana a atribuição dos valores de compensação será arbitrária; para a ultrapassagem do teste de compensação Kaldor-Hicks, faltará a ponderação dos custos e benefícios futuros...

[115] *Cf.* SEN, Amarthya – «On optimizing the rate of saving». *In Economic Journal,* 71, 1961, pp. 479–496.

[116] Para não falar das espécies animais ou vegetais.

Mais uma vez, o princípio constitucional da igualdade fiscal, na vertente material, deverá ser reponderado em benefício das gerações futuras. Assim, na esfera macroeconómica da legitimidade fiscal, o juízo de eficiência fiscal que baseia as decisões de criação de impostos, e que toma em consideração o princípio amplo de ponderação entre utilidade pública e desutilidade privada, deverá ser desenvolvido, agregando os custos e os benefícios sociais intergeracionais. Este juízo deverá ser efectuado não só nos tributos sujeitos ao princípio da equivalência, mas igualmente nas situações em que se aplica o princípio da capacidade produtiva.

Neste quadro mais complexo de interacções, a legitimidade do tributo dependerá do resultado final decorrente do juízo de utilidade social. Todavia, esta não deverá ser medida unicamente tomando em consideração os custos e os benefícios presentes, privados e sociais, mas igualmente os custos e benefícios intergeracionais. Este é um juízo mais complexo e exigente, já que, como demonstrámos, o princípio constitucional da legalidade fiscal não nos auxiliará na prevenção de violações do princípio da equidade intergeracional[117].

Obviamente que nunca se poderá eliminar a incerteza e a ignorância. Porém, estas realidades poderão ser variáveis de um cálculo que terá de evitar necessariamente situações de irreversibilidade, ponderadas de acordo com um princípio de precaução ou de garantia de padrões mínimos de qualidade.

Ora, estes princípios estão hoje protegidos pela definição universalmente aceite de desenvolvimento sustentável. Apesar de revestir uma enunciação «fraca» de sustentabilidade, uma vez que incorpora no seu cômputo os activos naturais conjugados com os activos fabricados pelo Homem, deverá ser essa a base de ponderação de um princípio geral de compensação a favor das gerações futuras. Note-se, contudo, que se este princípio geral de compensação baseado na sustentabilidade «fraca» for

[117] Na ponderação dos custos e dos benefícios na vertente intergeracional, não poderemos deixar de tomar em consideração a necessária taxa de desconto ao nível dos efeitos financeiros da decisão. E, neste quadro, deverá adaptar-se a taxa de desconto ponderada pelas preferências de consumo de cada geração. Sendo um método não-linear, permite uma melhor conjugação entre crescimento económico e contribuição fiscal. *Cf.*, *e.g.*, PADILLA, Emilio – «Intergerational Equity and Sustainability». *In Ecological Economics*, 41, April, 2002, p. 71; GROOM, Ben; HEPBURN, Cameron – «Looking Back at Social Discounting Policy». *In Review of Environmental Economics and Policy*, vol. 11, 2, 1 July 2017, pp. 336–356.

aplicado globalmente garantindo-se o princípio da solidariedade social global, rapidamente se transformará numa sustentabilidade «forte».

Para Robert Solow, a sustentabilidade requer que à próxima geração se deixe «tudo o que seja necessário para se atingir um padrão de vida, pelo menos, tão bom como o nosso, e para que também ela se ocupe de igual maneira daquela que será a sua próxima geração»[118]. Esta formulação é particularmente brilhante, pois funde na perfeição o princípio da conservação de opções, o princípio da conservação da qualidade e o princípio da conservação do acesso.

Para chegar a esta conclusão, Solow navega por entre conceptualizações que englobam taxas de amortização dos activos ambientais e *ratios* de substituição entre activos naturais e activos fabricados. Todavia, é a norma qualitativa – padrão de vida – que merecerá particular reparo. Quem é a geração actual para impor o seu padrão de vida às gerações futuras? A resposta a esta questão pode desmontar toda a teorização sobre taxas de desconto e de amortização que tomam como aspecto estrutural subjacente a propensão para o consumo e para o investimento revelado.

Amartya Sen é, mais uma vez, bastante claro a este respeito: «deve notar-se que sustentar os padrões de vida não é o mesmo que sustentar a liberdade e a capacidade de se ter – e de se salvaguardar – tudo o que se estime ser valioso, e, portanto, tudo aquilo a que por alguma razão, se ache por bem dar alguma importância (...). Assim recaracterizada, a liberdade sustentável poderá soltar-se dos limites que lhe vêm das formulações propostas pelo Comité Brundtland e por Solow, para abraçar a preservação, e, quando possível, a expansão, das liberdades e capacidades substantivas das pessoas dos dias de hoje, «sem», com isso, «comprometer a capacidade das futuras gerações» para terem uma idêntica – ou maior – liberdade.»[119]

A sustentabilidade ambiental intergeracional terá, assim, de garantir a preservação da liberdade de escolha por parte das gerações futuras[120/122].

[118] SOLOW, Robert – *An Almost Practical Step Toward Sustainability*, 1993 [disponível em https://haskayne.ucalgary.ca/files/haskayne/RobertSolow_AnAlmostPracticalStepTowardSustainability_Sep93.pdf].

[119] SEN, Amartya – *A Ideia de Justiça*, cit., p. 343.

[120] Infelizmente, a prática das instituições internacionais na definição dos objectivos de desenvolvimento sustentável e das metodologias para os alcançar tem derivado significativamente. Por exemplo, a OCDE, no seu relatório *Better Policies for Sustainable Development 2016: A New Framework for Policy Coherence* (http://www.keepeek.com/Digital-Asset-Management/oecd/

3.7. A Agenda 2030 para o Desenvolvimento Sustentável

Todos os 193 membros das Nações Unidas, assentando no mote *People, Planet, Prosperity, Peace, Partnership* aprovaram, em 2015, a Agenda 2030 para o Desenvolvimento Sustentável[122]. Este documento constitui-se como um acordo intergovernamental abrangente, sendo o herdeiro directo dos *Millennium Development Goals* (MDG) que caducaram em 2015.

A Agenda 2030 propõe a prossecução de 17 *Sustainable Development Goals* (SDG), formatados de acordo com os princípios acordados na Resolução A/RES/66/288, conhecida pela sigla *The Future We Want.*

Os 17 SDG (que se subdividem em 169 alvos) são os seguintes:

> «*Transforming our World: The 2030 Agenda for Sustainable Development*
>
> *Goal 1. End poverty in all its forms everywhere*
>
> *Goal 2. End hunger, achieve food security and improved nutrition and promote sustainable agriculture*
>
> *Goal 3. Ensure healthy lives and promote well-being for all at all ages*
>
> *Goal 4. Ensure inclusive and equitable quality education and promote lifelong learning opportunities for all*
>
> *Goal 5. Achieve gender equality and empower all women and girls*
>
> *Goal 6. Ensure availability and sustainable management of water and sanitation for all*

development/better-policies-for-sustainable-development-2016_9789264256996-en#.WZv-1mE0kvIU) elege como primeiro objectivo a segurança alimentar, com o qual se concorda, mas em segundo lugar encontramos a luta contra os fluxos financeiros ilícitos e somente em terceiro lugar o crescimento verde. Obviamente que a luta contra os fluxos ilícitos de capital é extraordinariamente relevante. Apesar disso, é claramente instrumental perante os objectivos de crescimento sustentável *proprio sensu.*

[121] O artigo 3º da Lei de Bases da Política de Ambiente (Lei nº 19/2014, de 14 de Abril) refere que «a actuação pública em matéria de ambiente está subordinada, nomeadamente, aos seguintes princípios: *a)* Do desenvolvimento sustentável, que obriga à satisfação das necessidades do presente sem comprometer as das gerações futuras, para o que concorrem: a preservação de recursos naturais e herança cultural, a capacidade de produção dos ecossistemas a longo prazo, o ordenamento racional e equilibrado do território com vista ao combate às assimetrias regionais, a promoção da coesão territorial, a produção e o consumo sustentáveis de energia, a salvaguarda da biodiversidade, do equilíbrio biológico, do clima e da estabilidade geológica, harmonizando a vida humana e o ambiente; *b)* Da responsabilidade intra e intergeracional, que obriga à utilização e ao aproveitamento dos recursos naturais e humanos de uma forma racional e equilibrada, a fim de garantir a sua preservação para a presente e futuras gerações».

[122] https://sustainabledevelopment.un.org/content/documents/21252030%20Agenda %20 for%20Sustainable%20Development%20web.pdf

Goal 7. Ensure access to affordable, reliable, sustainable and modern energy for all

Goal 8. Promote sustained, inclusive and sustainable economic growth, full and productive employment and decent work for all

Goal 9. Build resilient infrastructure, promote inclusive and sustainable industrialization and foster innovation

Goal 10. Reduce inequality within and among countries

Goal 11. Make cities and human settlements inclusive, safe, resilient and sustainable

Goal 12. Ensure sustainable consumption and production patterns

Goal 13. Take urgent action to combat climate change and its impacts

Goal 14. Conserve and sustainably use the oceans, seas and marine resources for sustainable development

Goal 15. Protect, restore and promote sustainable use of terrestrial ecosystems, sustainably manage forests, combat desertification, and halt and reverse land degradation and halt biodiversity loss

Goal 16. Promote peaceful and inclusive societies for sustainable development, provide access to justice for all and build effective, accountable and inclusive institutions at all levels

Goal 17. Strengthen the means of implementation and revitalize the Global Partnership for Sustainable Development.»

A virtude principal deste documento assenta precisamente na base unânime da sua aprovação, consistindo num muito abrangente leque de preocupações. Existem 17 objectivos e 169 alvos, o que contrasta com os 10 objectivos previstos nos MDG.

Porém, essa elevada abrangência não é isenta de críticas. Efectivamente, parte da doutrina veio acusar a iniciativa de «desfocagem» relativamente aos assuntos verdadeiramente importantes, diluindo as questões estritamente ambientais num oceano de questões sociais globais. Efectivamente, o pilar do desenvolvimento social e da luta contra a pobreza é determinante quando tratamos do assunto da sustentabilidade ambiental intra e intergeracional. Para o exercício da liberdade de escolha é fundamental que exista algo para se escolher. Não obstante, é um tanto ou quanto sintomático que a questão da sustentabilidade do uso da água apareça como sexto objectivo, e que os restantes mais directamente relacionados com a sustentabilidade ambiental *stricto sensu* apareçam entre o décimo segundo e o décimo quinto. Por sua vez, a sustentabilidade urbana é alinhada na décima primeira posição.

Apesar de ser um documento não vinculativo, é acompanhado por uma dimensão de governo institucional relativamente sólida e fluxos financeiros relevantes para o financiamento das acções.

No entanto, a sua principal virtude reside na sua abrangência. Os SDG aplicam-se não só aos Estados enquanto entidades políticas signatárias, como também às entidades não lucrativas[123] e às empresas. Na prática, os SDG querem apresentar-se como o *gold standard* das melhores práticas de sustentabilidade. Não é por acaso que todas as maiores empresas do mundo, e que se encontram cotadas em mercados de capitais, apresentam os seus «Relatórios de Sustentabilidade» que são avaliados e valorizados pelos investidores e pelos consumidores[124].

Assim, este primeiro capítulo teve como objectivo introduzir a temática da questão ambiental e desmistificar a alegada incongruência entre crescimento económico e ambiente. Ambiente e Economia são apresentados como as duas faces de uma mesma moeda.

A – Questões para o Futuro

i. Será que a contraposição ambiente/economia se encontra completamente ultrapassada em termos de política internacional?

ii. Terá a desmaterialização económica e o advento da economia digital e do conhecimento afastado definitivamente o fantasma malthusiano de exaustão dos recursos?

iii. Existirá uma efectiva contraposição entre as escolas ditas «eticistas» e a ciência económica tradicional?

iv. Poderá a Economia Ecológica algum dia conciliar-se com a Economia Ambiental?

v. Qual o modelo ideal de sustentabilidade? A sustentabilidade forte ou a sustentabilidade fraca?

[123] *Cf.*, e. g., International Institute for Sustainable Development http://www.iisd°rg/sites/default/files/publications/sustainable-development-goals-iisd-prespectives.pdf

[124] Num estudo realizado pela EY e pelo Boston College Centre for Corporate Citizenship, as quatro razões fundamentais para a realização de estudos de sustentabilidade eram as seguintes: melhor reputação; cumprir as expectativas dos colaboradores; melhor acesso aos mercados de capitais; e melhoria da eficiência interna da empresa, nomeadamente na gestão dos resíduos. http://www.ey.com/Publication/vwLUAssets/EY_-_Value_of_sustainability_reporting/$FILE/EY-Value-of-Sustainability-Reporting.pdf

vi. Será a «questão ambiental» uma consequência ou uma causa da desigualdade?
vii. Qual a dimensão efectiva e os termos de exercício da «equidade intergeracional» a nível ambiental?
viii. Quais os desafios ambientais mais relevantes no futuro próximo? E no futuro longínquo?
ix. Será a acção das organizações internacionais, como as Nações Unidas, suficiente para a gestão dos problemas ambientais globais?
x. Quais as consequências da explosão populacional que se aguarda no curto prazo? Em sede de recursos? Em sede de espaço urbano? Em sede de liberdade?
xi. Qual a relevância dos sistemas económicos na gestão da «questão ambiental»?
xii. Qual o papel do Direito na gestão da «questão ambiental»?
xiii. Qual a relevância do conceito neoclássico de equilíbrio geral para o modelo de sustentabilidade ambiental?
xiv. É o conceito de Estado Bem-Estar consentâneo com o modelo de sustentabilidade ambiental?
xv. Será a «economia circular» a solução para a questão da exaustão de recursos?
xvi. Constitui o Acordo de Paris um progresso ou uma regressão face aos instrumentos convencionais internacionais anteriores?
xvii. Será a pretensão de redistribuição económica global uma forma de chantagem ou um alibi para a não tomada efectiva de soluções drásticas de adequação ambiental?
xviii. Qual o conceito de sustentabilidade intergeracional? Que espaço para a liberdade?
xix. Será a perspectiva antropocêntrica para a definição dos termos de sustentabilidade invariavelmente incorrecta, levando a uma fatal contradição entre o conceito de «sustentabilidade forte» e «sustentabilidade fraca»?
xx. Enfim, qual o modelo de equilíbrio entre o princípio da eficiência e o princípio da igualdade em sede ambiental?

B – Bibliografia Nacional

Araújo, Fernando – *Introdução à Economia.* 3ª edição. Almedina, 2014

Araújo, Fernando – *A Hora dos Direitos dos Animais.* Almedina, 2003,

Franco, António de Sousa – *Finanças Públicas e Direito Financeiro.* 4ª edição. Almedina, 2015

FRANCO, António de Sousa – «Ambiente e Desenvolvimento – Enquadramento e Fundamentos do Direito do Ambiente». *In Direito do Ambiente*, INA, Oeiras, 1994

GOMES, Carla Amado – «Direito Administrativo do Ambiente». *In Tratado de Direito Administrativo Especial*, volume I, coord. de Paulo Otero e Pedro Gonçalves, 2ª reedição, Almedina, 2017

LOBO, Carlos Baptista – «Impostos Ambientais, Análise Jurídico-Financeira». *In Revista Jurídica do Urbanismo e do Ambiente*, nºs 2 e 4, Almedina, Dezembro 1994 e Dezembro 1995.

LOBO, Carlos Baptista – «Subvenções Ambientais, Análise Jurídico-Financeira». *In Revista Jurídica do Ambiente e do Urbanismo*, nºs 5 e 6, Almedina, Junho/Dezembro 1996.

PEREIRA DA SILVA, Vasco – *Verde Cor de Direito – Lições de Direito do Ambiente*, Almedina, Coimbra, 2002.

SOARES, Cláudia – *O Imposto Ecológico – Contributo para o Estudo dos Instrumento Económicos de Defesa do Ambiente*. Coimbra Editora, 2001

C – Bibliografia Estrangeira

ATKINSON, G., Dietz, S. & NEUMAYER, E. – *Handbook of Sustainable Development*. Cheltenham: Edward Elgar Publishing. 2007

BAUMOL, William J. & OATES, Wallace E. – *The Theory of Environmental Policy*, 2nd ed., Cambridge, Cambridge University Press, 1988

PERMAN, Roger; MA, Yue; MCGILVRAY, James; COMMON, Michael – *Natural Resources and Environmental Economics*. 3rd ed., Pearson, 2003

RAWLS, John – *A Theory of Justice*. Revised Edition, Cambridge, 1999

SEN, Amartya – *A Ideia de Justiça*. Almedina, 2010

PARTE II
A REGULAÇÃO ECONÓMICA NA RESOLUÇÃO DA QUESTÃO AMBIENTAL

Capítulo I
Condições Estruturais do Mercado Ambiental

1. O Desenvolvimento Sustentável e as Condições de Mercado

O conceito de desenvolvimento sustentável devolveu à temática ambiental o seu cunho económico-financeiro. Após um século de discussão, a doutrina é relativamente unânime quanto ao facto de a realidade económica constituir um factor relevante na resolução dos problemas ambientais globais. Pode divergir quanto à intensidade do peso relativo e aos seus efeitos reais. Porém, hoje já ninguém contesta a sua relevância.

Conforme demonstrámos *supra*, os problemas ambientais decorrem essencialmente da incapacidade do mercado resolver três questões essenciais: *i)* o nível óptimo de apropriação dos recursos e da sua utilização; *ii)* a valorização do custo da poluição e os seus efeitos ambientais; e, *iii)* a avaliação dos activos ambientais, dos seus mercados e dos serviços prestados pelos ecossistemas. Temos, portanto, três temáticas essenciais: a apropriação, a valorização e a avaliação.

Se não existir capacidade de apropriação ou de definição de direitos de propriedade, não existirá exclusão concorrencial e o lado da oferta não funcionará por impossibilidade teórica. Se não existir uma valorização correcta dos resíduos poluentes e dos custos negativos reflexos da actividade económica, o lado da procura estará impedido de fazer o juízo correcto em matéria de eficiência, distorcendo-se os efeitos em sede de bem-estar social. E, se não existir um mercado ou partindo-se de uma posição inicial de incomensurabilidade do valor dos activos e serviços ambientais em causa, por definição, todos os elementos essenciais ao correcto funcionamento económico estarão ausentes.

A temática da apropriação é bastante complexa. Os recursos naturais são essenciais para a vida do Homem. O ar e a água são determinantes para a vida humana. Nessa óptica, poder-se-ia pensar que, pela sua importância transversal, seriam insusceptíveis de apropriação privada. Ainda hoje se discute afincadamente a questão da «privatização» da água. Estes bens seriam, portanto, de acesso universal susceptíveis de fruição por todos nós enquanto bens primários essenciais para a sobrevivência.

Essa seria, sem dúvida, a solução idílica. Teríamos bens essenciais à vida disponíveis livremente para benefício de todos. E, neste quadro, teríamos de incluir os mares, as florestas, o subsolo, a atmosfera, os ecossistemas, enfim, tudo o que se relacionasse com o elemento natural da vida humana. Seria a mãe-natureza a fornecedora benévola de todos esses recursos a favor dos humanos, como se do Paraíso se tratasse. Infelizmente, esse mundo idílico é destruído por um facto crítico: a potencial exaustão desses recursos.

Estamos, neste caso, na presença de recursos comuns. Esses bens caracterizam-se pelo facto de não serem apropriáveis em sentido clássico, dado que é impossível desenvolver uma acção de exclusão eficiente do seu consumo por parte de terceiros (a apropriação – enquanto capacidade de limitar o acesso – e a exclusão estão intimamente relacionadas). Mas, por serem limitados, manifestam as características de consumo rival ou exclusivo. Conforme refere Fernando Araújo, «não é possível abater duas vezes a mesma peça de caça nem consumir duas vezes o mesmo peixe»[125].

A questão económica é evidente: não existindo uma titularidade natural que permita moderar a propensão natural para consumos não sustentáveis desses recursos, não só ao nível dos «fluxos» mas igualmente dos «*stocks*», como é que se poderá garantir a preservação dos mesmos num panorama de planeta finito?

A questão da valorização é igualmente primordial. O sistema de mercado pressupõe que os custos de produção sejam integralmente conhecidos e integrados na cadeia de valor da transacção em mercado. Todavia, existem situações em que os custos que são integrados na ponderação de mercado não integram a totalidade dos desvalores associados a essa mesma transacção. Nestas condições, o preço resultante do livre encontro da oferta com a procura não corresponde ao valor efectivo em termos sociais. Existe,

[125] Araújo, Fernando Araújo – *Introdução à Economia*, cit., p. 583. Na expressão anglo-saxónica: «*eat the pie and have it too*».

pois, um desfasamento entre o custo privado e o custo social que impossibilita a concretização de uma transacção eficiente em termos de bem-estar.

Por exemplo, um industrial de curtumes, no momento da fixação do preço da sua produção, irá integrar os custos das matérias-primas, o trabalho dos seus colaboradores, a energia consumida, a amortização dos seus activos de capital, tudo isto incrementado por uma margem de lucro adequada à sua competitividade. Contudo, para que a sua produção seja possível, emite resíduos para o rio vizinho. Esses resíduos impossibilitam a utilização da água para a rega dos campos a jusante e a captura de peixe para alimentação. Existe, portanto, uma diferença entre o custo privado determinante para a definição do preço da produção em mercado e o custo social total dessa produção para a colectividade.

A questão económica é, também aqui, evidente. Não existindo um mecanismo que permita a integração desses custos sociais no efectivo preço definido livremente pelo mercado, como poderá a transacção ser realizada de forma eficiente para efeitos de bem-estar social?

Esta segunda questão está intrinsecamente relacionada com a primeira. O rio era tradicionalmente considerado um recurso comum. O custo social só se manifesta porque a colectividade, ao falhar no modelo de apropriação do activo, não consegue imputar o custo causado pelo industrial de curtumes ao seu causador. Neste caso, o seu custo traduz-se na incapacidade de ela própria beneficiar em termos sustentáveis do mesmo recurso comum para efeitos de rega das culturas e peixe para alimentação.

Finalmente, a terceira questão está intrinsecamente relacionada com as duas anteriores. E é bastante controversa. As correntes eticistas mais radicais recusam a ideia de colocar um preço na natureza. Porém, salvo a devida redundância, o preço é um elemento chave numa economia de mercado e, se partimos do princípio que a forma eficaz de se proceder a uma correcção ambiental dos mercados se traduz na atribuição correcta de valores para que os agentes possam ter condições para realizar as suas decisões de forma eficiente, então não podemos negar esta necessidade. E, efectivamente, existem diversos bens, como a madeira, os frutos silvestres e a caça, que têm valor económico directo. Por outro lado, a pureza da água, a velocidade do vento ou a exposição solar são factores essenciais para a aferição do valor desses recursos no momento do seu consumo como matérias-primas. Finalmente, valores como a paisagem e o «ar puro» são elementos determinantes, por exemplo, quando se opta por adquirir uma casa, ou uma viagem a algum destino, o que poderá demonstrar indirectamente o quanto as pessoas os valorizam.

A questão é simples: se não existir uma metodologia de avaliação, os bens e os serviços estarão fora do mercado, i.e., fora de um dos elementos críticos do ecossistema humano. Não se podendo ignorar este facto, constitui uma obrigação o desenvolvimento de metodologias correctas para a sua apreensão na cadeia de valor global.

Ora, como se torna evidente, estamos na presença de falhas de mercado. Em ambos os casos, existe uma incapacidade genética que impede que ocorra eficiência nas trocas, eficiência na produção e eficiência na combinação de produtos[126]. Pois bem, estas três condições são essenciais para que ocorra uma melhoria paretiana e, consequentemente, um aumento do bem-estar social.

2. O Caminho para a Identificação das Falhas de Mercado. De Mill a Sidgwick

A partir do momento em que se refere que o ambiente e economia são duas faces de uma mesma moeda, e se assume que a chave da resolução da questão ambiental passa essencialmente pelo desenvolvimento de uma estratégia económica acertada, torna-se factor decisivo que o mercado – elemento chave da estrutura económica – funcione correctamente para que os agentes do lado da oferta e do lado da procura realizem os seus juízos económicos de forma eficiente.

Se o mercado em si mesmo padece de patologias, o livre jogo da oferta e da procura, ao invés de melhorar o bem-estar social, originará soluções em sentido inverso. Estamos, portanto, no campo das falhas de mercado, que se constituem como situações em que o livre jogo da oferta e da procura não origina uma situação óptima em sede de bem-estar. Nestes casos, a mão invisível de Adam Smith não constitui a batuta acertada para a concretização de situações eficientes.

As razões para este resultado ineficiente não se encontram nos pressupostos de funcionamento do mercado (livre concorrência, informação perfeita, *etc.*), mas sim na qualidade do próprio mercado em si mesmo.

A questão ambiental é paradigmática. Se não existissem falhas de mercado a este propósito, por definição, não existiria questão ambiental, uma

[126] Araújo, Fernando – *Introdução à Economia*, cit., p. 235.

vez que do livre funcionamento do mesmo resultariam inevitavelmente situações óptimas. Porém, como é evidente, não é isso que acontece. As falhas de mercado são evidentes e bastante relevantes a este propósito.

Neste quadro conceptual, não é a mão invisível que deverá ser corrigida, mas sim o plano em que actua, ou seja, a mão do maestro mantém-se infalível e a sala tem a acústica perfeita, o que haverá a corrigir será a partitura musical.

John Stuart Mill, na sua obra *Liberty*, de 1869, revelou um claro conhecimento da existência destas situações: «*In many cases, an individual, in pursuing a legitimate object, necessarily and therefore legitimately causes pain or loss to others, or intercepts a good which they had a reasonable hope of obtaining. Such oppositions of interest between individuals often arise from bad institutions, but are unavoidable while those institutions last; and some would be unavoidable under any institutions.*»[127] Assim, este autor reconheceu claramente a existência de efeitos externos geradores de custos a terceiros, que são inevitavelmente causados no tráfego económico global.

Henry Sidgwick desenvolveu, nos seus *The Principles of Political Economy*, em 1901, esta ideia de Mill. Partindo da ideia de que as motivações egoísticas individuais constituíam a chave da eficiência dos mercados, não acolhia o princípio do *laissez faire* de forma ortodoxa. Tomando como base a questão dos recursos naturais, referiu o seguinte exemplo: «*take, for instance, the case of certain fisheries, where it is clearly for the general interest that the fish should not be caught at certain times, or in certain places, or with certain instruments, because the increase of actual supply obtained by such captures is overbalanced by the detriment it causes to the prospective supply. Here – however clear the common interest might be – it would be palpably rash to trust to voluntary association for the observance of the required rules of abstinence; since the larger the number that voluntarily abstain, the stronger becomes the inducement offered to those who remain outside the association to pursue their fishing in the objectionable times, places, and ways, so long as they are not prevented by legal coercion.*»[128]

[127] MILL, John Stuart – *On Liberty*. New York: Classics of Liberty, 1992, p. 169.

[128] SIDGWICK, Henry – *The Principles of Political Economy*. 3rd ed., London: Macmillan, 1901, p. 410. Curiosamente, Henry Sidgwick também se preocupou com os efeitos intergeracionais das decisões económicas, identificando uma falha na contabilização das consequências das mesmas. Por exemplo, os detentores actuais de capital não teriam incentivos a investir no longo prazo, pois não viveriam para receber os seus frutos (*in* ob. cit. pp. 413, 475 e 476).

As razões para esta falha genética do mercado residiam no «incentivo à batota» inerente ao raciocínio racional individual de base egoísta. Nestas condições, a tendência para a sobreutilização dos recursos disponíveis seria irresistível.

As contribuições destes autores foram fundamentais para a ultrapassagem da perspectiva dogmática clássica de perfeição do mercado. O grande cepticismo anterior relativamente à potencial intervenção pública no mercado foi ultrapassado por via da adopção de uma postura pragmática. Assim, a melhor forma de defender a economia de mercado seria corrigi-lo na sua génese, para que os agentes, consequentemente, pudessem exercer de forma eficiente as suas opções. Todavia, diga-se que nenhum destes autores defendia a intervenção do Estado na economia por via de regra, mas sempre de forma subsidiária e residual. Estas interferências públicas para a superação das falhas do modelo virtuoso de «liberdade natural» seriam necessárias «*for dealing with cartels and monopolies, as well as for the due protection of life, health, physical comfort, freedom, and reputation of individuals from harm inflicted, intentionally or otherwise, by private persons*»[129].

3. Falhas de Mercado: Conceito

A economia de mercado consegue, em determinadas condições, uma satisfação total das necessidades privadas através do fornecimento de bens privados. A concorrência tratará de optimizar a produção, satisfazendo assim os consumidores. Contudo, este enquadramento teórico idealista é perturbado pela ocorrência de falhas de mercado.

As falhas de mercado[130] revelam-se nas situações em que do exercício da liberdade inerente ao livre jogo da oferta e procura não resultam soluções eficientes em sede de bem-estar social. Nestas condições, utilizando o paradigma paretiano, poderão ocorrer resultados que sejam mais benéficos para os agentes em matéria de bem-estar, sem que ninguém seja prejudicado para esse efeito.

[129] SIDGWICK, Henry – *The Principles of Political Economy*, cit., 1901, p. 423.

[130] A terminologia «falha de mercado» foi definitivamente fixada por Francis Bator. O fenómeno, apesar de identificado anteriormente, não obtinha ainda uma designação unificada, ou que tomava um dos seus efeitos pelo todo (*e.g.*, «deseconomias», «deseconomias externas», «externalidades», «efeitos de derrame – *spillover effects*», entre outros). *Cf.* BATOR, Francis – «The Anatomy of Market Failure». *In The Quartely Journal of Economics*, vol. 72, no. 3, August 1958, pp. 351–379 [disponível em http://opim.wharton.upenn.edu/~sok/papers/b/Bator-market-failure.pdf].

Perante esta falha conceptual, há que tomar uma de duas opções. Conforme refere António de Sousa Franco, «importa, então, ou prescindir da respectiva utilidade, ou buscar outras formas de produzir os bens em causa. A primeira alternativa tornaria impossível a vida em sociedade; pois renunciaria às normas jurídicas, à defesa, à segurança, à ordem social [...]»[131].

É neste momento que se digladiam duas correntes de pensamento. Uma, que admite a necessidade correctiva das instâncias públicas tendo em vista a correcção da falha de mercado. Esta intervenção seria, no entanto, sempre subsidiária em relação ao que decorreria das normais opções de mercado e unicamente para preservar ou concretizar o seu equilíbrio. Outra, mais radical, que considera que a falha de mercado não implica a intervenção necessária das instâncias públicas, uma vez que as «falhas administrativas» ou as «falhas de governo» terão consequências mais graves do que as falhas de mercado originárias que pretenderiam precaver[132/133].

[131] FRANCO, António Sousa – *Finanças Públicas e Direito Financeiro, cit.*, p. 25.

[132] Para a Escola de Chicago, nomeadamente para Milton Friedman, poderão existir formas de chegar a situações eficientes sem a intervenção governamental. Bastará que se construam bases sólidas de negociação entre os indivíduos para que estes, por si, cheguem a situações óptimas. Veremos esse caso na célebre solução de Coase para a resolução da questão das externalidades. Diga-se, contudo, em abono da verdade, que muitas das situações suplementares preconizadas pela Escola de Chicago pressupõem uma intervenção regulatória mínima por parte das autoridades públicas (pelo menos ao nível da regulação dos direitos de apropriação e na vigilância ou *enforcement* da solução). Milton Friedman reconhecia isso de forma explícita: «*The existence of a free market does not of course eliminate the need for government. On the contrary, government is essential both as a forum for determining the "rule of the game" and as an umpire to interpret and enforce the rules decided on.*» FRIEDMAN, Milton – *The Relation Between Economic Freedom and Political Freedom*, 2002, p. 15. *Cf.*, sobre a Escola de Chicago, LOBO, Carlos Baptista – *Sectores em Rede: Regulação para a Concorrência*. Almedina, 2010, p. 257 e ss., e bibliografia aí citada.

[133] Por outro lado, existe quem considere que os mercados, por definição, não falham. Por exemplo, a escola libertária (*cf. e. g.*, SIMPSON, Brian – *Markets Don't Fail*. Lexington Books, 2005). No mesmo sentido, mas de uma forma não totalmente radical, a Escola Económica Austríaca. De acordo com esta escola de pensamento, o mercado poderia falhar, mas as forças correctoras adviriam naturalmente dessa falha e reconstruiriam uma solução eficiente sem que existisse a necessidade de intervenção pública. Por exemplo, Murray Rothbard escreve o seguinte de forma enfática: «*no act of government whatever can increase social utility*» (*cf.* ROTHBARD, Murray – «Toward a Reconstruction of Utility and Welfare Economics». *In Occasional Papers Series*, #3, New York, 1977, p. 29). *Cf.*, sobre a Escola Económica Austríaca, LOBO, Carlos Baptista – *Sectores em Rede: Regulação para a Concorrência*, cit., p. 219 e ss., e bibliografia aí citada. *Cf.* Igualmente, CORDATO, Roy – «The Austrian Theory of Efficiency and the Role of Government». *In The Journal of Libertarian Studies*, Vol. IV, no. 4, Fall, 1980, pp. 393-404. A Escola Económica Austríaca tem como precursor Carl Menger [*cf.* MENGER, C.

Seguiremos, na nossa exposição, a primeira corrente. A razão é de ordem essencialmente pragmática: se não fosse necessária correcção pública, nenhuma das questões levantadas existiria. Se existem, ou, aliás, se se agravam sucessivamente, é porque o mercado, tal como foi construído naturalmente, não conseguiu resolvê-las de forma espontânea.

Tal não significa que se confie integralmente na visão das entidades públicas. Pelo contrário, também aqui se parte de um perspectiva relativamente crítica (como veremos adiante quando analisarmos a teoria da escolha pública). Todavia, essa perspectiva crítica não é uma posição de partida de negação de necessidade da intervenção pública, mas sim um olhar construtivo que exija à decisão pública a melhor solução possível, superando as suas falhas e desvios naturais.

A doutrina não é unânime na identificação das falhas de mercado. Por exemplo, conforme analisaremos *infra*, o próprio Pigou considera que o próprio jogo concorrencial e as interacções entre os diversos agentes do lado da procura e da oferta origina efeitos reflexos ao nível do seu bem-estar que poderão ser reconduzidos para o conceito de falhas de mercado. Porém, neste caso, a própria expressão dos efeitos causados por terceiros na decisão por parte do agente de determinação do seu preço de venda ou de compra ao nível do mercado corporiza uma interiorização desse mesmo custo reflexo no mecanismo normal transaccional.

Por outro lado, poderá considerar-se que a desigualdade económica poderá também constituir uma falha de mercado[134]. Assim, poderá entender-se que o facto de alguém ter nascido num meio abastado lhe permitirá ter acesso a melhor educação, a melhores serviços de saúde e a uma melhor rede de contactos que lhe permitirá ter mais sucesso no seu futuro (*income gap*). Contudo, neste caso, e numa perspectiva meramente estática, não está em causa qualquer ineficiência paretiana ao nível da produção. Tal só se verificaria, presumivelmente, num momento em que, para que a pessoa

– *Principles of Economics*. 1871, tradução de DINGWALL, J.; HOSELITZ B., New York University Press, 1981], tendo seguidores notáveis, tais como Friedrich A. Hayek, Ludwig von Mises, Joseph Schumpeter, Israel Kirzner, Murray Rothbard entre outros. *Cf.*, *e. g.*, LITTLECHILD, Stephen (ed.) – *Austrian Economics, Schools of Thought in Economic Series*, vols. I, II e III, Aldershot, UK, 1990; ELLIG, J.; LIN D. – *A Taxonomy of Dynamic Competition Theories in* ELLIG J. (ed.) – *Dynamic Competition and Public Policy*. Cambridge University Press, 2001, pp. 16–44.

[134] *Cf.*, *e. g.*, WEEDEN, Kim; GRUSKY, David – «Inequality and Market Failure». *In American Behavioral Scientist*, 57 (11), 2013, pp. 1–19.

mais abastada do mundo pudesse progredir, teria necessariamente de ocorrer uma redução de bem-estar dos demais. Assim, e em termos correntes, o que está em causa não serão situações em que «os ricos ficarão mais ricos e os pobres mais pobres», mas quando muito «os ricos ficarão mais ricos e os pobres menos ricos», já que a sua possibilidade de progressão económica será menor. Neste quadro, os pobres poderão ficar mais abastados, garantindo a melhoria paretiana, mas a clivagem social aumenta devido ao diferencial verificado na velocidade de progressão social. Concluímos, portanto, que a desigualdade socioeconómica não é, em si mesma, uma falha de mercado.

Porém, numa perspectiva dinâmica, as conclusões poderão já não ser as mesmas, pois: *i)* as assimetrias sociais resultam de falhas de mercado históricas – por exemplo, o poder económico superior poderá resultar de monopólios instalados (*in limine*, a propriedade histórica fundiária) e das sucessivas falhas administrativas ao nível do fornecimento de bens públicos, da gestão de recursos comuns ou na regulação de mercados imperfeitos (como o mercado de trabalho); *ii)* a melhor rede de contactos e de conhecimentos adquiridos decorre dos *feedbacks* positivos oriundos das exterioridades de rede que amplificam os benefícios potenciais no seio das redes (exterioridades positivas); *iii)* as clivagens sociais podem originar exterioridades negativas, nomeadamente ao nível do risco económico acrescido (rupturas sociais) e na manutenção de informação assimétrica (alimentação incorrecta, consumo exagerado de tabaco e de álcool, – *de-merit goods*); *iv)* em termos de eficiência social agregada, a adopção de políticas de redistribuição poderá ser eficiente, por exemplo, a imposição de uma tributação redistributiva a um agente que não lhe permitirá, por exemplo, adquirir um iate de última geração, poderá ser empregada no financiamento de uma política educativa (*merit goods*) que atribua formação a centenas de crianças carenciadas, criando imediatamente uma melhoria no bem-estar agregado e um potencial de crescimento económico futuro mais significativo. Assim, e numa perspectiva dinâmica, a desigualdade socioeconómica é fruto e fonte de falhas de mercado.

Esta explanação permitiu-nos adiantar as tipologias concretas de falhas de mercado que iremos aprofundar neste trabalho. Assim, e seguindo a classificação de António de Sousa Franco, iremos analisar as exterioridades (negativas no caso da poluição; positivas, no caso de investimentos públicos em redes territoriais – exterioridades de rede); os recursos comuns (no caso da gestão de recursos naturais); os bens públicos (no caso dos activos urbanísticos); os mercados inexistentes ou incompletos (no caso dos mercados ambientais e na avaliação dos activos e serviços ambientais); o poder de mercado (criação de monopólios) nos mecanismos de decisão urbanística.

As temáticas ambientais, do ordenamento do território e do urbanismo permitem-nos, portanto, demonstrar a simetria relativa das situações exemplificativas:

Ambiente	Ordenamento do Território e Urbanismo
Recursos Comuns	Bens Públicos
Exterioridades Negativas	Exterioridades Positivas
Mercados Inexistentes	Monopólios e Oligopólios
Bens de Demérito	Bens de Mérito

O conceito de "falha de mercado" é crítico no desenvolvimento das matérias, dado seu alcance compreensivo e agregador ao nível da intervenção pública. Simultaneamente é legitimador desde que ponderamente utilizado pela acção pública. Os modelos de apropriação são introduzidos de forma a ser mais facilmente percepcionados nos capítulos seguintes.

A – Questões para o Futuro

i. Manter-se-ão a poluição, a exaustão dos recursos naturais e a avaliação dos activos ambientais como as questões essenciais no futuro?

ii. Qual o modelo de definição óptima dos níveis de apropriação, de valorização e de avaliação?

iii. Qual a relevância da distinção entre «stock» e «fluxo» na definição dos termos de sustentabilidade?

iv. Existirão verdadeiras e próprias falhas de mercado?

v. Será a resolução das falhas de mercado a solução final para a resolução da questão ambiental?

vi. Serão as «falhas de mercado» ambientais resolúveis por simples acção do mercado?

vii. É essencial a intervenção do Estado na resolução das «falhas de mercado» ambientais?

viii. Será a desigualdade económica uma causa ou uma consequência de «falhas de mercado»?

ix. Revestem as «falhas de mercado» uma dupla natureza enquanto elementos criadores de custos e benefícios sociais?

x. Quais os modelos de «falha de mercado» presentes na «questão ambiental» e na «questão territorial»?

B – Bibliografia Nacional

Araújo, Fernando – *Introdução à Economia.* 3ª edição. Almedina, 2014

Franco, António de Sousa – *Finanças Públicas e Direito Financeiro.* 4ª edição. Almedina, 2015

Lobo, Carlos Baptista – *Sectores em Rede: Regulação para a Concorrência.* Almedina, 2009

C – Bibliografia Estrangeira

Bator, Francis – «The Anatomy of Market Failure». *In The Quartely Journal of Economics,* vol. 72, no. 3, August 1958, pp. 351–379 [disponível em http://opim.wharton.upenn.edu/~sok/papers/b/Bator-market-failure.pdf]

Friedman, Milton – *The Relation Between Economic Freedom and Political Freedom,* 2002, p. 15 [disponível em http://businessethics.qwriting.qc.cuny.edu/files/2012/01/FriedmanCap]

Posner, Richard. A. – Economic Analysis of Law. Parte I. Cap. I. New York: Aspen Publishers, 2007.

Weeden, Kim; Grusky, David – «Inequality and Market Failure». *In American Behavioral Scientist,* 57 (11), 2013, pp. 1–19

Capítulo II
O Direito Económico no Ambiente e no Território

1. As Falhas de Mercado e a Redistribuição

Este é o momento para iniciar a introdução mais profunda do direito económico em sede ambiental e territorial. A acção eficiente justa implica uma ponderação permanente das condições estruturais dos mercados. E, obviamente, a análise económico-financeira torna-se crítica, até para dar razoabilidade e sustentação à acção administrativa.

A demonstração é clara: as imperfeições identificadas nos mercados ambientais e territoriais impedem, de forma clara e inequívoca, a aplicação dos paradigmas da concorrência perfeita na sua análise[135]. Conforme foi demonstrado, existem diversos factores que, indelevelmente, propiciam uma tendência para a concretização de situações ineficientes em sede paretiana.

Nestas condições, o papel do Estado é fundamental na promoção quer da eficiência produtiva quer da eficiência redistributiva[136], adoptando-se uma perspectiva económica normativa.

[135] *Cf.* FERREIRA, Eduardo Paz – *Direito da Economia.* AAFDL, 2001, p. 467; ARAÚJO Fernando – *Introdução à Economia*, Vol. I. Almedina, 2003, p. 240 e ss. Um modelo de concorrência perfeita tem necessariamente presente as seguintes características básicas: (1) elevado número de concorrentes; (2) homogeneidade de produtos; (3) liberdade de entrada e de saída; (4) mercado transparente; (5) perfeita mobilidade dos factores de produção; (6) independência entre as unidades produtivas; (7) racionalidade absoluta. *Cf.* LOBO, Carlos Baptista – *Concorrência Bancária?*. Almedina, 2001, pp. 158 e 159.

[136] Ao contrário da generalidade dos autores, entende-se que não existe qualquer relação de contradição entre a promoção da eficiência no mercado e a concretização de uma redistribuição equitativa no mesmo. Não se negando que o objectivo da acção pública em sede económica

E aqui é fundamental efectuar a distinção entre Economia Positiva e Economia Normativa. A Economia Positiva visa descrever, explicar e, se possível, prever os «fenómenos económicos», tais como os rendimentos, os preços, as quantidades, a riqueza, entre outros factores. Neste enquadramento, apelidado de «ciência pura», a sua função resumir-se-á à formulação de quadros teóricos abstractos e à análise empírica da realidade. Na primeira formulação, visa a concretização de modelos económicos coerentes, em que os resultados decorrem de modelos económicos formais visando a criação de postulados gerais. Na segunda formulação, os resultados empíricos decorrem do tratamento das regularidades das séries estatísticas e do teste dos modelos decorrentes da teoria económica geral (a análise econométrica). Esta interacção entre a modelização geral e os testes empíricos constitui o âmago da economia moderna. Neste panorama, a Economia Positiva pretende ser agnóstica e neutral.

A Economia Normativa tem como objectivo o fornecimento de instrumentos para a definição de políticas económicas tendo em vista a análise comparativa de resultados. Por esta razão, implica necessariamente a emissão de juízos de valor e de preferências dogmáticas. É, assim, pragmática e funcional, mas implica necessariamente um juízo permanente de autocrítica de forma que os resultados não sejam deturpados por preferências individuais do utilizador. E, neste juízo, não se pode minimizar as contribuições da Economia Positiva, *maxime* da sua área fundamental, a microeconomia, na explicação do comportamento humano e das suas preferências. Assim, as escolhas poderão ser organizadas de modo ordinário, numa óptica de bons ou maus «cabazes de opção», mas não através

deverá visar inequivocamente a concretização de melhorias paretianas na concretização do Bem-Estar Social, deverá ter-se em atenção que a redistribuição tem necessariamente esse efeito ao tomar-se em consideração a utilidade marginal que o bem redistribuído gera na esfera do beneficiado. O papel do decisor político será fundamental na percepção do correcto equilíbrio da acção pública, promovendo um correcto juízo entre a desutilidade privada provocada (gerando sobrecargas tributárias excessivas, [*excess burden*] ou perdas absolutas de Bem-Estar [*deadweight losses*]) e a utilidade pública fornecida. Note-se, aliás, que a redistribuição é inerente à própria concepção de óptimo paretiano. No limite, se alguém atingisse o ponto teórico do óptimo paretiano, nenhuma outra alteração poderia ser gerada, já que o aumento do bem-estar de alguém implicaria necessariamente o seu prejuízo. *Cf.*, *e.g.*, HIRSHLEIFER J.; GLAZEL A.; HIRSHLEIFER D. – *Price Theory and Applications – Decisions, Markets and Information*. Cambridge University Press, 7ª edição, 2005, pp. 497–536. ARAÚJO F. – *Introdução à Economia*, cit., pp. 55 e 56.

de um *ranking* absoluto de preferências, atenta a existência de «curvas de indiferença». É neste contexto que se explica a relutância à realização de comparações interpessoais (posição de Kaldor/Hicks).

Quando se analisa a qualidade das políticas públicas[137] ou, numa fase anterior, a necessidade de políticas públicas, a necessidade de realização de comparações interpessoais é incontornável. A análise dos resultados de uma qualquer política económica implica necessariamente a análise dos seus beneficiados e dos seus prejudicados.

Porém, a questão complica-se. Uma vez que a realização de comparações interpessoais é uma tarefa árdua, designadamente ao nível dos efeitos redistributivos das políticas, desenvolveu-se uma aproximação dual: a Economia Normativa Insensível à Redistribuição (*Distribution-Free Normative Economics*) e a Economia Normativa Sensível à Redistribuição (*Distribution-Sensitive Normative Economics*).

Os pontos de partida são diversos entre as duas aproximações. E a questão chave é a seguinte: a política pública de resolução das falhas de mer-

[137] A análise das preferências individuais em relações intersubjectivas é incontornável na análise económica das consequências das decisões. Por exemplo, o denominado «Paradoxo do Sen» ou «Paradoxo Liberal» (*cf.* SEN, Amartya – «The Impossibility of a Paretian Liberal». *In Journal of Political Economy*, 78, 1970, pp. 152–157) veio suscitar questões relevantes ao nível da determinação da eficiência paretiana. Allan Gibbard exemplificou da seguinte forma: Alice e Bob são vizinhos e vão pintar as suas casas. Alice adora o azul e odeia vermelho. Bob, por sua vez, adora o verde e odeia o amarelo. Se tivessem de decidir livremente a cor das suas casas, usariam indubitavelmente as suas cores favoritas. Mas Alice odeia visceralmente Bob, e aceitaria ter uma casa vermelha somente para garantir que Bob teria uma casa amarela. Em sentido inverso, Bob odeia visceralmente Alice, e aceitaria ter uma casa amarela, se isso significasse que Alice teria uma casa vermelha. Assim, se a decisão fosse individual e livre, Alice teria uma casa azul e Bob uma casa verde. Não obstante, esse resultado não é eficiente em termos paretianos, pois Alice e Bob prefeririam um outro resultado, que seria o seguinte: Alice com uma casa vermelha e Bob com uma casa amarela. Assim, da decisão puramente individual e livre resultou uma solução ineficiente em termos paretianos (*cf.* GIBBARD, Allan – «A Pareto Consistent Libertarian Claim». *In Journal of Economic Theory*, 7, 1970, pp. 388–410). Esta constatação tem implicações relevantes: *i)* as preferências intersubjectivas são decisivas para a concretização de melhorias paretianas; *ii)* a decisão individual pura pode levar a resultados ineficientes; *iii)* a intensidade das preferências subjectivas é um factor decisivo para a concretização de situações óptimas. Julian Blau veio referir que este paradoxo só ocorre quando os indivíduos revelam interesses intrometidos relativamente à conduta de outrem (*cf.* BLAU, Julian – «Liberal Values and Independence». *In The Review of Economic Studies*, 42, 1975, pp. 395–401). Porém, é isso mesmo que ocorre nas questões ambientais. Sempre que ocorrerem exterioridades, o paradoxo de Sen revelar-se-á.

cado implica necessariamente um desenvolvimento de uma política de redistribuição? De acordo com a primeira aproximação, não implicará. Solução inversa decorrerá da segunda aproximação.

Ora, conforme referimos *supra*, a desigualdade socioeconómica não é uma falha de mercado, mas sim o resultado e fonte de falhas de mercado. Por conseguinte, uma política pública que vise a eliminação das falhas de mercado implicará necessariamente o desenvolvimento de políticas redistributivas, uma vez que da sua concretização resultará necessariamente uma melhoria redistributiva. Por outro lado, o desenvolvimento de modelos de desenvolvimento sustentável implica impreterivelmente a aplicação de políticas de redistribuição, tendo em vista a manutenção dos padrões de liberdade de decisão intrageracional e intergeracional.

A política redistributiva será, assim, de segunda ordem (mas não de secundária importância). Em primeiro lugar, resolvendo-se a falha de mercado por via de uma política económica visando a eficiência produtiva, daí decorrerá naturalmente uma eficiência redistributiva subsequente. Ao desenvolver-se uma política pública redistributiva, sem a resolução da ineficiência produtiva (a falha de mercado), a distorção perdurará e a situação económica jamais atingirá a situação de equilíbrio[138]. De facto, muitas das falhas aparentes de mercado decorrentes da incorrecta redistribuição económica desaparecem naturalmente se as distorções produtivas de mercado forem resolvidas (fornecimento de bens públicos, regulação na utilização de recursos naturais, eliminação de privilégios monopolistas ancestrais, correcção das imperfeições dos mercados de trabalho, *etc.*). Por outro lado, e conforme veremos no caso da correcção das externalidades negativas decorrentes da poluição, as políticas de imposição de um custo ao poluidor ou de redistribuição ao prejudicado não têm resultados equivalentes[139].

[138] Conforme veremos no caso do Princípio Poluidor-Pagador.

[139] A grande crítica que se efectua às políticas de compensação dos prejudicados em sede de eficiência paretiana é que tal significará sempre, e inevitavelmente, o aumento do bolo a distribuir. Apesar disso, tal poderá não ser verdadeiro. Por exemplo, um modelo de tributação progressiva poderá potenciar, teoricamente, as melhorias de bem-estar paretianas. Assim, teoricamente, se um sujeito atingir o ponto óptimo social, não poderá ter melhorias de progressão sem prejudicar os demais. Ora, se a tributação progressiva atrasar o seu movimento ascendente, acelerando os demais, o «bolo não aumentará» e, teoricamente, num determinado momento, todos estarão na mesma situação devido às diferentes velocidades de progressão do bem-estar social (mais aceleradas nas classes mais desfavorecidas e menos aceleradas nas classes mais favorecidas). Obviamente que este raciocínio implica um modelo de decisão

Numa situação de falha de mercado estrutural resultante de uma ineficiência produtiva paretiana, a política prioritária será a de resolução estrutural dessa falha, independentemente dos efeitos redistributivos da mesma. Conforme veremos adiante, a tributação ambiental é tendencialmente regressiva, mas é fundamental para a resolução da falha de mercado.

Tal não significa que a redistribuição económica não seja relevante[140]. Pelo contrário, ela é crucial, pois, constitui, *ipso facto*, uma fonte de falhas de mercado, *maxime* situações de risco acrescido ou de outras externalidades negativas[141]. Por outro lado, constituirá também uma política aceleradora para a resolução de outras falhas de mercado. Uma política de

pública imaculado, com aferição integral da capacidade contributivas concreta de todos os sujeitos envolvidos e uma política pública de fornecimento de utilidades perfeita.

[140] Contra Jean-Marie Dufour, afirmando que a Economia Normativa deverá ser insensível à vertente redistributiva. *Cf.* DUFOUR, Jean-Marie – «Market Failure, Inequality and Redistribution». *In Éthique et Economique/Ethics and Economics*, 6 (1), 2008, pp. 1–9.

[141] Não se concordando com a existência de um dilema entre Ambiente e Economia, ou seja, entre protecção ambiental e crescimento económico (adoptando-se o conceito de desenvolvimento sustentável enquanto síntese), também não se poderá concordar com o dilema entre Crescimento e Igualdade (*Equality/Efficiency Tradeoff*). A existência deste dilema foi apontada, pela primeira vez, por Arthur Okun. Quando este autor enunciou a sua teoria, utilizou um conceito estrito de eficiência (a eficiência no mercado). Não obstante, a doutrina subsequente alargou substancialmente a teorização, abrangendo a eficiência em todo o sistema económico. (*cf.* OKUN, Arthur – *Equality and Efficiency, the big tradeoff.* Washington DC: Brookings Institution Press, 1975). Este dilema funciona em termos equivalentes ao dilema ambiental: se atingirmos um elevado nível de redistribuição (protecção ambiental), o nível de eficiência económica no mercado é reduzido, reduzindo-se o crescimento económico. No final, agregando-se a generalidade dos dilemas potenciais atingiremos inevitavelmente o dilema eficiência/justiça (*Efficiency/Equity tradeoff*). Porém, tal como no primeiro caso, em que foi demonstrado que ambiente e economia são duas faces de uma mesma moeda, também o dilema entre Igualdade e Eficiência e Justiça e Eficiência se desvanecerá se considerarmos que a Igualdade e a Justiça também devem ser *outputs* do sistema económico. De facto, a iniquidade e a desigualdade são resultado e fonte de falhas de mercado. A sua resolução (*desenvolvimento inclusivo*) é um indicador de eficiência económica ao nível primário. Por sua vez, a Igualdade e a Justiça são essenciais para a concretização da Liberdade. E essa Liberdade é primordial para o desenvolvimento agregado e a longo prazo de soluções eficientes no mercado. Aliás, tal como no caso da curva de Kuznets Ambiental, a Lei de Okun tem vindo a ser desmentida por dados empíricos, e em estudos do FMI e do Banco Mundial (*cf.*, *e. g.*, OSTRY, J.; BERG, A; TSANGARIDES, G – *Redistribution, Inequality and Growth.* IMF Staff Discussion Note no. SDN/14/02, February, 2014; DOLLAR, D.; KLEINEBERG, T.; KRAAY, A. – *Growth, Inequality and Social Welfare: Cross Country Evidence.* World Bank Policy Research Department Working Paper no. 6842, 2014). Por exemplo, Torben Andersen e Jonas Maibom, utilizando dados recentes da OCDE, demonstraram que a relação entre desigualdade e eficiência não é linear

fornecimento de educação e de saúde pública de elevada qualidade eliminará exterioridades negativas significativas e originará exterioridades positivas relevantes (maior capacidade de crescimento económico no caso da educação e redução de doenças e contágios no caso da saúde).

A coesão social é um elemento estrutural de segurança económica e também será desse factor que resultará uma maior probabilidade de boas decisões ao nível do governo público. Por exemplo, o desenvolvimento de políticas públicas redistributivas que permitam a garantia de um «mínimo de subsistência» são hoje pacificamente aceites mesmo nos enquadramentos dogmáticos mais liberais da economia do bem-estar.

Num regime democrático, a eliminação da informação assimétrica só é possível através de políticas redistributivas de formação transversal, próprias de modelos redistributivos, enquanto uma política de habitação é de extrema importância para o bom ordenamento do território e para a definição óptima das redes de infra-estruturas e eliminação de congestionamentos.

Isto significa que, numa perspectiva de política pública integrada, a vertente da redistribuição é relevante para efeitos de eficiência no mercado. Teremos, portanto, de lidar com a eficiência produtiva – a resolução da eficiência estrutural de mercado – e com a eficiência redistributiva como forma de aceleração da resolução das questões históricas decorrentes das anteriores ineficiências estruturais de mercado.

Numa perspectiva mais pragmática, as análises custo-benefício que são a base de decisão de qualquer política pública implicam necessariamente a análise dos prejudicados e dos beneficiados das medidas. Ora, mesmo que teoricamente possa existir uma aversão científica à classificação de preferências e de necessidades, a verdade é que esta terá de ser realizada para a determinação da melhor solução. Também aqui o campo dos efeitos redistributivos tem a sua relevância, conforme veremos, por exemplo, quando se trata do duplo dividendo dos impostos ambientais ou das relações perequativas nos planos urbanísticos.

2. A Função Reguladora do Estado no Ambiente e Território

O direito da economia depende da existência de uma paridade, pelo menos potencial, das condições de exercício concorrencial. A liberdade que se pre-

(*cf.* Andersen, Torben; Maibom, Jonas – *The big tradeoff between efficiency and equity – is it there?*. CEPR Discussion Paper 11189, 2016).

tende garantir depende da igualdade de oportunidades concorrenciais ao dispor dos agentes económicos. A análise é, portanto, de índole essencialmente comportamental, pressupondo que o âmbito infra-estrutural que suporta o jogo concorrencial será neutro e propiciador de oportunidades equivalentes para todos os agentes económicos. Se essas condições estruturais se encontrarem naturalmente distorcidas, o direito da economia deverá primariamente proceder à resolução dos desequilíbrios pré-existentes.

Para que as questões de eficiência, num primeiro grau, e de redistribuição, num segundo grau, sejam efectivamente consagradas, torna-se decisivo partir da análise das condições de funcionamento e estrutura do mercado relevante combinada com o comportamento dos agentes para se poder extrair conclusões em sede de orientações de correcção estrutural.

O modelo socioeconómico europeu assenta num princípio de igualdade e de liberdade, ou seja, a possibilidade, nem que seja meramente potencial, de desenvolvimento de práticas concorrenciais num paradigma de concorrência perfeita.

Infelizmente, nos condicionalismos actuais, e na esmagadora maioria dos sectores, os paradigmas da concorrência perfeita são inaplicáveis e, consequentemente, o mercado não tenderá naturalmente para uma situação de equilíbrio geral, tal como definida por Walras. Também aqui, e mais uma vez, terá de existir uma regulação para a concorrência[142].

3. Falhas de Mercado e Falhas de Governo: Princípio da Prevalência do Direito Económico na Questão Ambiental e Territorial

O Ambiente e o Território padecem de falhas de mercado significativas que, se não forem corrigidas, originarão soluções subóptimas sucessivas. Neste quadro, o modelo jurídico de intervenção deverá ser sequencial: em primeiro lugar, um regime jurídico regulador do mercado, corrigindo as suas falhas e incapacidades; em segundo lugar, um regime jurídico de base redistributiva *lato sensu*, que garanta e potencie a decisão individual em termos de liberdade; em terceiro lugar, um regime jurídico-administrativo de base procedimental e processual que garanta a fluidez e a organização dos modelos de decisão. Os primeiros dois níveis de intervenção revestem claramente uma natureza jurídico-económica. O último, uma base jurídico-administrativa.

[142] *Cf.* Lobo, Carlos Baptista – *Sectores em Rede,* cit., p. 153.

De facto, um modelo processual e procedimental perfeito terá efeitos nulos se não ocorrer primariamente a correcção das insuficiências estruturais e a concretização permanente de situações de igualdade. Ao invés, a emissão de regimes administrativos e processuais sem o desenvolvimento prévio da regularização de mercado e das suas consequências em matéria de igualdade gerará inevitavelmente situações distorcidas, adicionando falhas de governo às existentes falhas de mercado. Por exemplo, a proliferação processual de direitos de aprovação urbanística sem um quadro de eficiência económico estabilizado gerará inevitavelmente situações de *tragédia de antibaldios*. Por outro lado, a atribuição de permissões para edificar sem a sucessiva perequação de ganhos e encargos gerará inevitavelmente rendas monopolistas criadas administrativamente (vulgo, *especulação imobiliária*). Mas existirão mais exemplos, uma política de expropriações que não tome em consideração o valor justo do solo, mas unicamente o valor especulativo das expectativas, incentivará ao ócio e à especulação de ganhos não baseados em investimentos. Finalmente, pretende-se o desenvolvimento de uma política florestal para evitar as exterioridades negativas corporizadas nos incêndios, mas não existe um cadastro com a identificação dos proprietários fundiários (grau zero da regulação económica do direito de propriedade).

A situação de Portugal é emblemática. Em termos processuais e procedimentais, teoricamente o nosso país está dotado dos melhores instrumentos disponíveis. Não obstante, a sua aplicação prática é deficitária, e os resultados, no mínimo, revelam-se insatisfatórios.

4. A Função Reguladora do Estado no Ambiente e no Território

4.1. O Direito Económico e a Eficiência Produtiva

Mesmo as correntes de índole mais liberal pressupõem o desenvolvimento de mecanismos de correcção económica, nem que seja por via da criação de mercados de segundo grau que resolvam as falências do mercado original. Assim, quando se propõe a negociação em leilão de direitos de exercício em mercados naturalmente monopolistas ou de uso no caso de recursos comuns, advogando-se o afastamento da regulação administrativa do Estado na correcção das insuficiências genéticas do mercado original, não se está senão a regular o mesmo mercado por via da criação do instrumento de correcção – o mercado secundário. Não será uma regulação da concorrência, ou de actuação no mercado, mas sim uma regulação para a concorrência, ou para a criação de mercado.

Partindo-se do princípio do primado de liberdade, o direito económico assume-se como um espaço de ordenação jurídica da liberdade na actuação dos agentes económicos. Baseia-se nesse princípio de liberdade de acção e assume-se como garante dessa mesma liberdade. Essa liberdade, no entanto, não se constitui como uma finalidade em si mesma. É um elemento meramente funcional relativamente a um objectivo superior: a garantia de um enquadramento eficiente e justo para as escolhas individuais visando a elevação dos padrões de bem-estar social.

Não se pode esquecer que, após o movimento global de privatização empresarial e de mercados, a «regulação» e a «política de concorrência» correspondem às formas mais importantes de intervenção do Estado na economia. Nesta óptica, assistimos a uma deslocação para montante do papel do Estado na satisfação das necessidades económicas, visto que este já não actua como agente económico pelo lado da oferta ou da procura, antes actuando como legislador ou como aplicador do direito, tendo em vista a prossecução do desenvolvimento económico e do bem-estar social através da promoção da eficiência dos mercados e das empresas.

O direito da regulação tem em vista a construção de um mercado eficiente, equilibrado e equitativo. Neste plano, as suas finalidades extravasam o simples âmbito que normalmente se comete à regulação económica. Não se nega, porém, que a sua origem histórica e, consequentemente, a sua justificação inicial se baseavam na exploração das falências do modelo liberal de organização de mercados. O argumento era quase imbatível: se o mercado era geneticamente imperfeito, então eram necessárias medidas correctivas do mesmo. Esta justificação inicial para a heterorregulação refutava directamente as virtudes da auto-regulação dos mercados directamente decorrentes da «mão invisível» smithiana.

Partindo-se da verificação da falência das suas bases (inexistência de concorrência perfeita e, subsequentemente, de um equilíbrio geral, tendo em consideração a pré-existência de falhas de mercado) e mantendo-se os pressupostos básicos que advogam as virtudes básicas destes modelos, emerge naturalmente a necessidade de uma «*mão visível*» para a correcção das distorções.

Ora, o ambiente, o ordenamento do território e o urbanismo inserem-se claramente no âmbito desta «necessidade regulatória». As falhas de mercado, as ineficiências, os desequilíbrios e as potenciais situações de desigualdade, intra e intergeracionais, obrigam a uma efectiva função reguladora do Estado que, aliás, originou, no caso das cidades, a própria origem do termo «política». Estranho será o facto de, actualmente, o legislador económico ter secundarizado a sua acção correctiva e ordenadora nestes sectores.

4.2. O Direito Económico e a Redistribuição

Além da vertente da eficiência produtiva, a questão ambiental e territorial implica necessariamente uma acção na vertente da redistribuição.

A sua necessidade é omnipresente:

i) Numa dimensão objectiva, a desigualdade é resultado e fonte de falhas de mercado. Advoga-se, por conseguinte, a necessidade de «políticas de desenvolvimento sustentável».

ii) Numa dimensão subjectiva, a existência de clivagens sociais impede a formulação de juízos correctos ao nível da formulação de políticas correctivas. Torna-se essencial o desenvolvimento de «políticas de inclusão social».

iii) Numa dimensão espacial, existem custos e benefícios desiguais ao nível transnacional e transregional resultantes das variáveis ambientais e da variação nos custos de criação de redes territoriais. São primordiais, portanto, «políticas de coesão territorial».

iv) Numa dimensão temporal, ocorrerão, igualmente, assimetrias entre custos suportados e benefícios gerados relativamente às diversas gerações resultantes das variáveis ambientais e da variação nos custos de criação de redes territoriais. São essenciais as «políticas de solidariedade intergeracional».

Os termos «sustentabilidade», «inclusão», «coesão» e «solidariedade» têm origem no princípio da igualdade, na sua dimensão intrinsecamente económica, sendo elementos essenciais para a possibilidade de exercício da liberdade de decisão. A sua dimensão redistributiva é, assim, incontestável. E essa é, precisamente, a segunda preocupação do direito económico, enquanto ramo da ciência jurídica que visa a conformação da acção dos agentes no mercado.

Como é facilmente perceptível, até pelos exemplos utilizados, esta vertente redistributiva é inerente à questão ambiental e territorial. Relembramos que a generalidade dos instrumentos internacionais convencionais assenta nas duas vertentes basilares: a eficiência dos mercados e a redistribuição nos custos e benefícios.

Não é possível a resolução da questão ambiental, entendida como correcção das falhas de mercado ao nível do sector ambiental, sem o exercício de políticas redistributivas; não é possível gerir e regular o território e as cidades sem o desenvolvimento de políticas redistributivas.

Todavia, claro está, essa redistribuição não é um fim em si mesma, mas um instrumento para a concretização de melhorias do bem-estar social, ou seja, da eficiência geral do sistema económico. E, neste caso, estaremos a falar de uma verdadeira «eficiência redistributiva», ou de uma «redistribuição eficiente»[143]. Esta questão é facilmente entendível quando tratamos, por exemplo, as redes infra-estruturais territoriais de prestação de serviços (*utilities*).

O modelo formal através do qual esta preocupação tem vindo a ser desenvolvida reconduz ao conceito de «serviço público» nas suas diversas derivações ou complementos, mais ou menos intensos. Actualmente, e perante o estado actual do direito económico da União Europeia, os conceitos de «serviço de interesse geral», «serviço de interesse económico geral» e de «serviço universal» adquiriram uma especial proeminência.

Neste âmbito, e a título de exemplo, o CEEP[144] identificou como base comum a todas as expressões nacionais de serviços de interesse económico geral o facto de as colectividades terem acordado deliberadamente na definição de especiais condições de existência e de funcionamento de instalações ou serviços essenciais. Assenta-se, pois, numa ideia de base estrutural essencial à actividade económica e à existência da vida social, consistente na prestação de serviços básicos indispensáveis, particularmente o fornecimento de energia, transportes, telecomunicações, água e o saneamento. Estas são as redes estruturantes para a correcção dos mercados ambientais e para a eficiente organização do território e do urbanismo.

Tendo em consideração a lógica evolutiva própria aos conceitos em análise ante o movimento de privatização da economia, natural perante a sofisticação sucessiva dos mercados que têm conseguido reduzir os casos em que é incapaz de fornecer os bens e serviços necessários, o conceito de serviço público, ou de interesse económico geral, perdeu a conotação estritamente estatista que continha no século passado. Toda a conceptualização assenta em realidades estritamente objectivas e não numa questão

[143] Ao invés, se ocorrer uma redistribuição, mas não ocorrer a correcção da falha de mercado, a eficiência geral não melhorará; pelo contrário, atentos os custos de transacção inerentes aos custos da transferência, a uma falha de mercado adicionar-se-á uma falha de governo.

[144] CEEP – *Europa – Concorrência e Serviço Público*. IPE, Lisboa, 1996.

de titularidade subjectiva. Tendo em consideração as áreas tipicamente apontadas como fazendo parte do núcleo dos serviços de interesse económico geral, a sua dimensão regulatória incorpora preocupações híbridas, ou seja, de eficiência produtiva – daí os modelos de organização estritamente vinculada considerando a dimensão potencial ou até mesmo efectiva de geração de monopólios naturais (estamos a falar de redes), e de eficiência redistributiva, atenta as necessidades de garantia de sustentabilidade, inclusão, coesão e solidariedade.

Os objectivos de política económica a esse respeito são claros, embora muitas vezes as dimensões de eficiência produtiva e redistributiva sejam mal interpretadas e até mesmo confundidas, o que poderá gerar situações claramente insatisfatórias da perspectiva económica. Porém, o quadro normativo de base é claro. Os objectivos de regulação económica a prosseguir serão os seguintes:

i) conformação e transformação da ordem económica e social, concretizando a cláusula constitucional de bem-estar ou do Estado Social, garantindo a produção de bens e a prestação de serviços considerados essenciais para a colectividade ou para o interesse nacional em termos de aumento do nível de bem-estar social e da qualidade de vida, por efeito da ausência, insuficiência ou em complemento da iniciativa económica privada;

ii) parificação dos níveis de bem-estar entre cidadãos da colectividade ou entre regiões, através de acções de luta contra as disparidades regionais;

iii) defesa do próprio sistema de mercado, integrando-se no contexto de políticas económicas estruturais de desenvolvimento tecnológico e de criação de infra-estruturas, combatendo distorções do mercado e da concorrência;

iv) absorção das crises do sistema económico de mercado, incentivando ao emprego e ao investimento;

v) estabelecimento de parcerias no âmbito de alianças, processos de internacionalização e concessão e exploração de infra-estruturas essenciais;

vi) catalisação de capital de risco e de empreendedores e criação de novos mercados.

Tal como se encontra referido no *Livro Verde sobre Serviços de Interesse Geral*[145] e no *Livro Branco sobre Serviços de Interesse Geral*[146], existe um consenso doutrinário em torno da expressão no sentido de que se refere a serviços de natureza económica aos quais as entidades públicas impõem obrigações de serviço público – ou, na nova terminologia, de serviço universal – por força de um critério de interesse geral.

Neste enquadramento, as autoridades públicas dispõem de uma ampla liberdade na definição do que entendem por serviços de interesse económico geral. Hoje em dia, constitui entendimento pacífico que o conceito abrange a totalidade dos sectores em rede físicos (energia, água, telecomunicações, transportes, *etc.*), submetendo-os aos princípios da universalidade, da equidade, da continuidade, da adaptabilidade e da transparência.

Tirando o último aspecto, que é transversal a todos, os restantes têm uma génese intrinsecamente redistributiva. O seu alcance não se esgota, contudo, no âmbito dos sectores em rede físicos, abrangendo potencialmente toda uma série de realidades susceptíveis de se enquadrarem no seio das necessidades económicas mais básicas da vida em sociedade, cuja conceptualização é necessariamente evolutiva.

A definição de serviço de interesse económico geral é substantiva e assenta no âmago da decisão financeira pública. De facto, um serviço constitui-se como de interesse económico geral quando o mercado não consegue fornecer de forma totalmente satisfatória as utilidades em causa numa óptica de redistribuição de encargos, em todas as dimensões referidas (objectiva, subjectiva, espacial e temporal).

As razões para essa insatisfação são diversas das decorrentes de falhas de mercado (que obrigam à acção prestativa pública) e radicam em razões de eficiência produtiva, mas igualmente de foro compensatório ou redistributivo.

Assim, a definição de serviço de interesse geral depende da sua própria justificação intrínseca. Essa fundamentação implica a presença dos seguintes elementos:

i) a necessidade de desenvolvimento de um serviço universal (ou seja, um requisito de interesse geral que garanta que certos serviços são

[145] COM (2003) 270 final, de 21 de Maio de 2003.
[146] COM (2004) 374 final, de 12 de Maio de 2004.

disponibilizados, com uma qualidade especificada, a todos os consumidores e utentes de um espaço territorial local, independentemente da sua localização relativa e a um preço acessível);

ii) a necessidade de desenvolvimento da actividade económica numa lógica de continuidade (ou seja, a necessidade de prever a não interrupção dos serviços quando a estrita lógica de mercado o imponha ou aconselhe);

iii) a necessidade de garantir padrões elevados de qualidade de serviço (superiores aos que resultariam da óptica prestativa de mercado em matérias de segurança, facturação, cobertura territorial, protecção contra cortes de fornecimento, *etc.*);

iv) a necessidade de garantir uma acessibilidade de preços (ou seja, a prestação deverá ser norteada numa óptica redistributiva, tornando acessíveis bens ou serviços a quem tenha menores recursos);

v) a necessidade de desenvolver uma determinada acção privada (através da nivelação dos níveis de risco ou do desenvolvimento de operações de charneira, *e.g.*, a investigação de base num sector específico).

Ora, a questão territorial está intimamente relacionada com as redes. Não se poderá falar de ordenamento do território e de urbanismo sem focar o papel das redes de serviços de interesse económico geral. O território é o suporte físico das redes (naturais e artificiais, físicas ou virtuais) e a cidade (*lato sensu*) constitui-se enquanto rede em si mesma.

O direito económico preocupa-se com a eficiência no desenvolvimento dos serviços nessas redes e com o estabelecimento das mesmas. Devido às suas características económicas, existe uma tendência inelutável para a concentração económica das mesmas em modelos de monopólio natural perante as economias de escala e as exterioridades de rede presentes nos diversos mercados.

Num modelo de liberdade de prestação de serviços, as redes só seriam construídas ou, pelo menos, só teriam custos para os utilizadores suportáveis em áreas de elevada densidade. Um *quilowatt* de energia ou um *gigabyte* de informação tem um custo muito menor em Lisboa do que numa qualquer aldeia do interior. A amortização dos custos fixos da rede em áreas de elevada concentração é muito mais rápida do que em zonas de baixa densidade. Contudo, os princípios da universalidade e da continuidade do fornecimento, pela sua dimensão redistributiva, impedem essas diferenciações de custo[147].

Eficiência e redistribuição andam de mãos dadas nesta sede. As economias de densidade têm, neste tipo de redes, uma importância primordial. Nesse âmbito, e numa estrita lógica mercantilista, somente as grandes cidades e os centros urbanos seriam alvo de um fornecimento deste tipo de serviços ou, no limite, o fornecimento a estes utilizadores isolados seria efectuado a um preço muito superior. Ora, isto é intolerável numa perspectiva social. Seria imoral cobrar a um utilizador pobre de uma aldeia isolada um montante muitas vezes superior ao que se cobra a um escritório situado na capital política do país em causa. Somente a regulação poderá resolver esta disfunção natural do mercado. O mesmo acontece com o fornecimento eléctrico. Na lógica de mercado, o fornecimento nocturno não é justificável economicamente. Porém, é essencial a manutenção do fornecimento em todo o horário diário. Tal só é possível, igualmente, através da regulação e das imposições de interesse geral.

5. A Questão Ambiental e a Escolha Pública

Quando falamos da necessária intervenção do Estado na regulação das falhas de mercado e na promoção da igualdade nas matérias do ambiente, ordenamento do território e do urbanismo, não poderemos nunca esquecer a questão das falhas administrativas e das falhas de governo.

Efectivamente, não se poderá nunca entender que as entidades administrativas públicas têm um conhecimento integral e perfeito dos problemas em causa e, que, eivados numa aura de omnisciência, emitirão o melhor comando para a integralidade das questões diversificadas em questão.

As disfunções administrativas potenciais são variadas e de grau diverso:

i) num primeiro estrato, a simples existência de entidades públicas implica o necessário financiamento das mesmas; ora, a recolecção

[147] No entanto, não se poderá nunca esquecer que estes princípios revestem uma natureza proto-tributária («*taxation by regulation*»), já que, e de forma inelutável, traduzem-se na imposição (não artificial) de encargos a determinados agentes económicos a favor de outros, tendencialmente mais desfavorecidos. O grande desafio para a política pública passa pela realização da nivelação óptima da componente redistributiva, não impondo uma desutilidade privada que seja superior à utilidade social extraída, bem como pela identificação dos correctos destinatários da política de auxílio. Efectivamente, nem todos os consumidores de energia ou de água revestem uma igual natureza e, consequentemente, podem merecer um tratamento diferenciado a nível tarifário.

dessa receita, por via da aplicação de tributos, ocasiona naturais custos administrativos, essenciais para a remuneração dos funcionários e da organização fiscal;

ii) num segundo estrato, a decisão de imposição fiscal, para a realização desta actividade pública implica a criação de uma desutilidade do lado privado do contribuinte. Na prática, o tributo tem como contrapeso uma redução da capacidade de investimento produtivo por parte do contribuinte. Assim, é essencial que: *a)* numa óptica macroeconómica, o valor social das utilidades públicas prestadas seja superior ao custo privado decorrente da perda de capacidade produtiva privada; *b)* numa óptica microeconómica, o contribuinte não sofra distorção significativa na sua decisão económica normal (*excess burden*), ou que, por via da tributação não desenvolva a actividade pretendida, o que significaria uma dupla perda de bem-estar (a produção privada e a receita pública não gerada – *deadweight loss*);

iii) num terceiro estrato, a qualidade da decisão pública depende da correcta interpretação das reais necessidades públicas e de um correcto escalonamento das prioridades a colmatar. Muitas vezes, por falta de informação, por pressão externa, por inacção burocrática ou por interesses próprios, as decisões públicas sofrem distorções significativas, impedindo-se a concretização de melhorias paretianas nos diversos mercados em causa.

Não é, por conseguinte, estranho que diversa doutrina, de ordem mais liberal, considere que a intervenção reguladora do Estado no ambiente, no ordenamento do território e no urbanismo seja desnecessária e causadora de custos sociais significativos, uma vez que, no seu entender, da simples acção auto-reguladora privada se atingiriam situações mais eficientes.

Esta querela é transversal em todas as discussões dogmáticas a este respeito. O próprio conceito de exterioridade é negado pela doutrina mais liberal, que defende que, no final, se forem criadas as condições correctas, a simples interacção privada resolverá de forma satisfatória a distorção subjacente.

É verdade que, com a sofisticação tecnológica, que permite uma melhor informação e uma redução significativa dos custos de transacção individual, os mercados têm vindo a sofrer uma «privatização». Por exemplo, o conceito de *bem público* – na vertente da não rivalidade do seu consumo – tem vindo sucessivamente a restringir-se a um núcleo cada vez menor de utilidades, assentando a acção do Estado a este respeito cada vez mais na óptica da redistribuição (o que implica a sua sucessiva transformação em bem «semipúblico») e não na óptica da eficiência produtiva, visto que os mercados se tornam sucessivamente competentes para a satisfação dessas necessidades (educação, saúde, segurança, estradas, *etc.*).

No entanto, a verdade é que a acção pública reguladora, assente quer na óptica da garantia da eficiência produtiva, quer na óptica da necessidade redistributiva, constitui um elemento chave na resolução eficiente das questões ambientais, territoriais e urbanísticas.

Não obstante, pelas razões acima referidas, nomeadamente os custos de transacção inevitavelmente presentes, a acção pública hétero-reguladora será sempre subsidiária de uma acção privada correctiva auto-reguladora.

E que significa essa lógica de subsidiariedade? Significa que, quando o mercado for totalmente eficiente no fornecimento do bem ou na gestão do recurso em causa, o sector público deve abster-se de qualquer intervenção. Se, por acaso, do funcionamento normal do mercado resultarem situações iníquas, em sede de igualdade material, intra ou intergeracional, o Estado deverá intervir para garantir a necessária redistribuição eficiente. Ao invés, se as instituições de mercado não forem eficientes na gestão de um recurso, no fornecimento de um bem ou na prestação de serviço por ausência de uma qualquer estrutura essencial de mercado – *maxime* um direito de apropriação exercitável – o Estado deve intervir, criando as condições para um correcto funcionamento do mercado, num segundo grau, por exemplo, criando quotas de pesca, direitos de emissão de CO_2 negociáveis ou o cadastro territorial.

Normalmente, a actividade pública reguladora a este respeito – criação do mercado secundário – é desvalorizada, sublinhando-se as virtudes da decisão privada a este respeito. Porém, esquece-se que, se não existisse a intervenção reguladora prévia, as interacções privadas não existiriam por impossibilidade estrutural. Finalmente, no caso de inexistência integral de capacidade do sector privado no fornecimento desse bem ou serviço, a acção pública torna-se essencial e de exercício obrigatório, atenta a intensidade da necessidade pública em presença (defesa nacional, justiça, *etc.*).

É neste cenário de desconfiança recíproca entre a intervenção pública e autonomia privada que se deverá descortinar a metodologia mais correcta para a resolução das insuficiências (a existirem) em presença. E, a este respeito, não poderemos ignorar a teoria da escolha pública (*public choice*). De facto, poderá dizer-se que a investigação em escolha pública e a análise das questões ambientais andam, desde sempre, de mãos dadas. Efectivamente, nas décadas de 60 e 70 do século passado, assistiu-se a um recrudescimento da política regulatória americana em matéria ambiental, assumindo a EPA (*Environmental Protection Agency*) um papel de charneira na emissão de diversa regulamentação.

Simultaneamente, e perante a genética aversão de alguns sectores da doutrina económica norte-americana à intervenção do Estado na economia, foram publicados dois estudos fundamentais. Mancur Olson, na sua obra *The Logic of Collective Action*[148], e George Stigler, na obra *The Theory of Economic Regulation*[149], vêm discutir os termos e a necessidade da intervenção pública perante a sempre atraente ideia da auto-suficiência da iniciativa privada.

A perspectiva da escolha pública é diferenciada da teoria microeconómica. Enquanto esta última idealiza um conjunto de condições axiomáticas óptimas para o funcionamento do mercado e depois tenta identificar por que razão tal não se verifica no caso concreto (por exemplo, por virtude da ocorrência de exterioridades), a teoria da escolha pública não desenvolve qualquer ideal social de actuação de um mercado, antes questiona de forma imediata a razão pela qual não se atinge a situação óptima pretendida ainda que as medidas teóricas para a sua concretização tenham sido adoptadas. Por outras palavras, sempre que a teoria microeconómica apela a uma intervenção pública para a resolução de uma qualquer insuficiência estrutural do mercado, a teoria da escolha pública tenta analisar a causa do falhanço dessa política correctiva. Assim, enquanto a microeconomia se constitui como a ciência das falhas de mercado, a teoria da escolha pública assume-se como a teoria das falhas de governo.

Não se concorda, no entanto, com o Presidente Reagan que, no seu discurso de tomada de posse, referiu: «*government is not the solution to our problems, government is the problem*». O que está em causa não é tornar o Governo um problema de primeiro grau. O que é preciso saber é porque é que o Governo, havendo sido identificado o problema, se revela, por vezes, incapaz de o resolver, adicionando-lhe problemas adicionais, ou seja, adicionando «falhas de governo» a «falhas de mercado».

148 *Cf.* OLSON, Mancur – *The Logic of Collective Action*. Harvard University Press, 1965.

149 *Cf.* STIGLER, George – «The Theory of Economic Regulation». *In The Bell Journal of Economics and Management Science*, vol. 2, issue 1, Spring, 1971, pp. 3–21.

Relembre-se o princípio geral de partida: os indivíduos, de forma individual ou colectiva (mas não num modelo eivado de autoridade), desenvolvem o seu esquema de preferências através de decisões estratégicas. O bem-estar é representado pelo índice de satisfação das suas preferências de consumo, e é sustentado por uma livre troca de bens e serviços, da qual resulta uma eficiente distribuição decorrente de sucessivas elevações do nível de bem-estar social. Neste quadro, o mecanismo de preços seria suficiente para a concretização deste equilíbrio eficiente: os compradores são gastariam um valor até ao limite de algo que, a esse preço, ainda lhe daria mais satisfação; os vendedores só venderiam a um preço que compensasse os seus custos de produção. O ponto de equilíbrio, ou seja, o preço de venda, implicaria, portanto, um duplo ganho de bem-estar: para o vendedor e para o comprador, o que significaria uma melhoria paretiana. Assim, teoricamente, se ocorrer uma intromissão desnecessária ou ineficiente neste jogo de equilíbrios precários, não se originarão melhorias paretianas ou pelo menos não com a intensidade que se poderiam obter.

A questão ambiental adquire, aqui, uma especial proeminência, pois: *i)* corporiza problemas de eficiência produtiva (falhas de mercado), em que o custo e o benefício privado não são coincidentes com o custo e o benefício social; *ii)* implica questões redistributivas objectivas, subjectivas, espaciais e temporais.

As questões estão identificadas e as soluções formuladas. Então porque é que os problemas não se resolvem na dimensão e velocidade pretendidas pelos seus proponentes? Porque é que o Governo falha sistematicamente na resolução atempada das questões identificadas?

Veja-se o caso concreto do ambiente a nível global e da questão territorial a nível nacional. Os efeitos negativos das alterações climáticas já estão identificados desde, pelo menos, a década de 80 do século passado. Passados quase 40 anos, o modelo de decisão pública para a redução de gases de estufa ainda padece de uma estrondosa ineficiência, com o cúmulo da retirada dos Estados Unidos da América do Acordo de Paris. O que se passa?

A desorganização urbanística em Portugal e o ineficiente ordenamento do território são factores estruturais no nosso país. Porém, estamos dotados, teoricamente, dos melhores instrumentos administrativos e legislativos disponíveis. Contudo, as florestas ardem de forma violenta, e a qualidade urbanística não melhora, independentemente dos elevados investimentos em infra-estruturação realizados. O que se passa?

Existe claro fundamento para a existência de algum desapontamento relativamente à acção dos organismos públicos. Todavia, contrariamente à opinião de Reagan, a fonte do desapontamento não é a sua natureza *per se* pública, mas a insuficiência que estes revelam na resolução das insuficiências do mercado.

Tullock, Seldon e Brady explicam este desapontamento demonstrando a ingenuidade dos desapontados. De facto, essa fé na actuação pública partia do princípio «*largely assumed that political actors are mainly concerned with public interest*»[150]. Ora, nos termos da teoria da escolha pública tal raramente, ou nunca, acontece. E porquê? Porque os decisores públicos actuam racionalmente nas suas opções tendo em vista a optimização da sua posição privada, tal como se actuassem num mercado livre.

5.1. A Tragédia Revelada na Escolha Pública

A melhor metodologia para explanação da teoria da escolha pública será a sua apresentação enquanto verdadeira peça teatral do género tragédia, com cinco intervenientes[151].

Um será o protagonista, o governante, e outro o público, os cidadãos, ou, seja, o eleito e os eleitores. Por outro lado, existirão ainda dois actores secundários: a burocracia e os grupos de pressão, que, não sendo protagonistas, terão uma influência determinante na definição do enredo. Finalmente, teremos o coro, que é a comunicação social.

Senão, vejamos. O governante, enquanto decisor, é o herói trágico. Adquire o seu poder no mercado do voto, conseguindo passar a ideia de que as suas prioridades, constantes no seu programa, são as mesmas prioridades da maioria da sua população eleitora. Ele é eleito porque os eleitores acreditaram que o seu representante, quando assumisse o cargo, iria desenvolver uma governação coincidente com aquilo que eles entendem como fundamental, quer na vertente da produção de utilidades – despesa pública – quer na vertente da provocação de desutilidade – a cobrança de impostos[152].

[150] TULLOCK, Gordon; SELDON, Arthur; BRADY, Gordon – *Government Failure: A Primer in Public Choice*. Washington: CATO Institute, 2002, p. 4.

[151] Ensino é, também, representação.

[152] A teoria da escolha pública, apesar de recente, teve alguns precursores célebres. Em 1785, o Marquês de Condorcet enunciou o problema da transitividade do voto (paradoxo da preferência reversa). Assim, se A vencer B, B vencer C e C vencer A, quem será o vencedor

Numa democracia republicana, ao contrário do que ocorre na generalidade das tragédias gregas, este herói não é descendente de nobres ou dos deuses, mas sim objecto de uma eleição. Isso coloca alguns problemas adicionais em sede de bem-estar, uma vez que, vencendo a «feira do voto» e, se cumprir as suas promessas, só irá satisfazer a maioria que o elegeu. Assim, ao contrário do que ocorre teoricamente numa indicação «por direito divino» de um qualquer ditador benévolo ou rei filósofo platónico esclarecido, o jogo democrático corre o risco de criar uma «ditadura da maioria sobre as minorias», criando um problema de equidade e desigualdade[153]. Por essa razão é que, invariavelmente, o vencedor, no seu discurso de inauguração, refere sempre que ele não será o governante simplesmente dos que o elegeram, mas sim de todos os eleitores, vencedores ou vencidos.

A situação parece simples, o governante foi eleito porque melhor sintetizou no seu programa as prioridades dos seus eleitores[154]. Ora, porque é que isso não acontece?

legítimo? Em 1781, Jean-Charles de Borda discutiu a qualidade de voto. Como se resolve a questão de os votos terem o mesmo valor, independentemente da escala de preferências, do interesse e mesmo da diferente preparação dos eleitores? Passados quase 200 anos, Kenneth Arrow veio tentar resolver esta questão, sendo a sua conclusão a impossibilidade na mesma resposta – teorema da impossibilidade de Arrow. Assim, o sistema eleitoral seria incapaz de expressar as preferências relativas dos eleitores (*cf.* ARROW, Kenneth – *Social Choice and Individual Values*. New York: John Wiley & Sons, 1951).

153 Knut Wicksell enunciou pela primeira vez a situação da ditadura das maiorias sobre as minorias discutindo a forma de evitar que uma maioria visse as suas necessidades satisfeitas à custa de um aumento de impostos sobre as minorias. De acordo com as suas conclusões, só a unanimidade resolveria este problema. A questão é que a forma de alcançar a unanimidade não é eficiente perante a existência de *free riders*, ou seja, agentes que negociam de forma a alcançar as vantagens sem suportar os custos, bloqueando estrategicamente decisões financeiras óptimas até alcançarem o que pretendem, e de *hold-outs*, ou seja, agentes que têm uma convicção sólida totalmente diferenciada dos restantes elementos da colectividade e que bloqueiam naturalmente a decisão (*cf.* WICKSELL, Knut, – *Lectures on Political Economy*, Fairfield, NJ, Augustus M. Kelley Publishers, 1977). James Buchanan e Gordon Tullock, no seu *The Calculus of Consent*, analisaram a questão, separando as matérias constitucionais das infraconstitucionais. De acordo com as suas propostas, as matérias constitucionais teriam de ser aprovadas por unanimidade. Sequencialmente, consideraram que todas as falhas identificadas nos mercados também se faziam sentir no campo político, agravadas pelo facto de o vencedor político adquirir a totalidade do poder (*winner takes all* – monopólio protegido), o que não acontecia nos mercados privados.

154 O iniciador moderno da teoria da escolha pública é Duncan Black (*The Theory of Committees and Elections*, 1958). Tendo redescoberto os trabalhos de Condorcet e de Borda, tentou resolver

A falha do herói mais frequente na tragédia grega é o seu orgulho, a *Harmatia*, uma impureza e falha de carácter da personagem, característica própria do ser humano comum. Com o governante ocorre exactamente o mesmo. Após a eleição, o governante vai actuar não de acordo com o interesse público[155],

o problema do dilema do voto, enunciando a *teoria do eleitor médio*. Nos termos desta teoria, em questões relativamente simplificadas e de decisão directa, nomeadamente na decisão sobre investimentos públicos ou impostos, os partidos políticos gravitam dogmaticamente em redor do centro de opinião (ou numa perspectiva dogmática, o centro político – centrão). Esse centro traduz a mediana das opiniões, ou seja, a maior concentração de eleitores. Quem se afastar do centro perderá votos para o outro lado. Gravitando os partidos em redor do centro, deixam na prática um espaço muito reduzido de opções aos eleitores. Por sua vez, Anthony Downs veio enunciar o «princípio da ignorância racional» dos eleitores. Downs reparou que o tempo e esforço despendidos pelos eleitores para entenderem os programas dos candidatos não eram compensados pela reduzida influência do voto microscópio a que tinham direito. Ora, sendo a grande maioria dos eleitores apáticos, os grupos de pressão adquirem uma especial proeminência, influenciando os partidos políticos. *Cf.* DOWNS, Anthony – *An Economic Theory of Democracy*. New York: Harper, 1957).

155 A primeira dificuldade reside precisamente na definição do interesse público. A existência de diferentes vontades e valores dificultam a criação de uma definição absoluta. Por exemplo, num município, alguns poderão pretender a criação de uma nova piscina, outros pretendem, ao invés, uma redução dos impostos. Outros pretenderão uma nova escola e outros ainda um novo teatro. A definição em grupo do denominador comum «interesse público» é extremamente difícil, já que as diferentes facções terão interesses móveis e cadeias de preferências diferenciadas. A forma de a resolver é a eleição do governante, que deverá fazer a sua síntese do interesse público prevalente. Como referia Churchill, a democracia é um péssimo sistema, mas é o melhor de todos os péssimos. Todavia, não se poderá esquecer o velho ditado de que a democracia é um jogo em que dois lobos e uma ovelha discutem quem comerá quem ao jantar. Por exemplo, num referendo sobre a construção de uma estrada, os resultados divergem consoante o sistema eleitoral: *i)* se aplicarmos a regra da maioria, 51% votam pela construção e 49% contra (preferem menores impostos), logo, neste caso, o interesse público traduz-se na construção; *ii)* se aplicarmos a regra da unanimidade, então os 49% vetariam a construção, pelo que o interesse público seria a não construção; *iii)* se for a regra de 2/3, então os que pretendem construir tentariam um compromisso com parte dos opositores, fazendo cedências, e o interesse público teria uma outra configuração. Neste quadro, qualquer um dos sistemas demonstra as preferências dos indivíduos de forma diferenciada. Também aqui a tendência para o despesismo é quase incontrolável: os beneficiados pela nova estrada terão um enorme incentivo para a realização de uma campanha política nesse sentido, sendo que quem sofre o custo (pela opacidade do sistema de impostos) considera que não pagará mais por esse facto (essa tendência será ainda superior se houver recursos ao endividamento). Poderá então dizer-se que, enquanto as maiorias dominam a democracia directa, as minorias dominarão as democracias representativas (*cf.* BUTLER, Eamon – *Public Choice, a Primer*. Institute of Economic Affairs, 2012, p. 28).

mas sim de acordo com o seu interesse privado[156] (e do seu partido). E a razão para tal é óbvia e assenta nos modelos mais básicos da economia de mercado. Cada um actua de forma a maximizar o seu bem-estar individual. Isto não significa que se esteja a insinuar a presença inevitável de situações patológicas, tais como a corrupção ou outra. O herói mantém-se herói nesse respeito, e continua a ser um poço de virtude, mas o seu orgulho, ou seja, a sua fraqueza desvanece a sua função gloriosa – a satisfação do interesse público globalmente considerado, sem mais. E qual é a causa desse orgulho: normalmente, a necessidade sucessiva de ver a sua legitimidade elevada (incluindo no seu próprio partido), o que o impede de tomar medidas impopulares, mesmo se necessárias, e a finalidade permanente de querer ser de novo eleito nas próximas eleições. Assim, a sua motivação básica será a maximização do bem-estar directo dos cidadãos do seu círculo eleitoral (desprezando os demais), durante o seu ciclo eleitoral, ou seja, durante a duração do mandato (desprezando a vertente de médio e longo prazo).

Na perspectiva financeira, isto traduz uma apetência quase irresistível para o endividamento, ou seja, o fornecimento de utilidades imediatas (infra-estruturas urbanísticas muitas vezes desnecessárias) tendo como colateral uma desutilidade diferida temporalmente (traduzida na dívida pública). Na perspectiva ambiental, tal implica uma análise parqueada de problemas que são globais (mas que, fora da fronteira da sua circunscrição, não lhe dizem respeito) e imediatista (quando os custos são presentes e os benefícios intergeracionais).

E poderá ele tentar explicar uma qualquer outra conduta ao público, ou seja, aos cidadãos no primeiro acto? Claro que não, o herói tem capacidades sobre-humanas, e o público não lhe exigirá menos do que a perfeição imaculada, o fornecimento de utilidades sem provocação de custo. Foi para isso que ele foi eleito.

Antes dos sistemas de *social media*, até poderia ocorrer um momento inicial de mandato em que fosse possível tomar medidas impopulares, sem vaias ou protestos do público. Porém, hoje em dia, com os sistemas

[156] Foi David Hume quem, em 1742, denunciou, pela primeira vez, de forma estruturada, o interesse próprio dos governantes enquanto elemento de distorção na decisão. *Cf.* ROWLEY, Charles – *Public Choice from the Perspective of History of Thought*. The Encyclopaedia of Public Choice, vol. 1, 2004.

de *feedback* imediatos e as sondagens de popularidade permanentes, tal tornou-se impossível.

Nestes termos, desde o momento zero da eleição, o governante irá invariavelmente desviar-se dos padrões divinos de decisão, atento o interesse público, sendo que este se altera permanentemente ao sabor das tendências da moda[157]. O enquadramento isso propicia.

Muitas vezes, numa peripécia, e de forma a manter a sua legitimidade, uma minoria adquire um papel fundamental e, conseguindo as suas necessidades satisfeitas num *volte-face* inesperado, tal significa a realização de uma decisão não-óptima na perspectiva paretiana (o bem-estar de poucos é alcançado à custa de muito – ditadura da minoria sobre a maioria[158]).

Mas, note-se, o herói não tem consciência dos seus erros. E o seu *pathos* é ainda mais aprofundado, por via da intervenção das duas personagens secundárias: a burocracia e os grupos de pressão.

A burocracia é essencial numa governação institucionalizada. *In limine*, é ela própria a instituição. É a burocracia que prepara a decisão, a submete ao governante e a executa. Assim, constitui um instrumento fundamental na função da satisfação das necessidades públicas dos cidadãos-eleitores. Então, como é que esta personagem acentua a agonia do protagonista?

Precisamente pelas mesmas razões anteriormente avançadas: *i)* a pretensão de manutenção do lugar e da sua margem de poder individual; *ii)* se possível, o aumento das suas competências (mais regulamentação para aplicar, mais poder para dizer que sim ou que não), o aumento do seu pessoal e do seu orçamento[159]. E, de facto, tal como ocorre com qualquer ser

[157] Relembre-se que a teoria da escolha pública desvaloriza o grupo, ou a entidade colectiva, enquanto detentor de vontade. O que existe é um conjunto de indivíduos, com interesses próprios, e que conjunturalmente, ou estruturalmente se agregam com os demais tendo em vista a optimização da sua satisfação individual. Nas eleições, são os indivíduos que votam, não os grupos.

[158] *Cf.* Aswal, N.; Chatterji, S; Sen, A. – «Dictatorial domains». *In Economic Theory* 22 (1), 2003, pp. 45–62.

[159] Os tecnocratas tentam maximizar os seus orçamentos, regalias, conforto, *status* e segurança laboral. No limite, se alcançarem um estatuto de imobilidade (como parece acontecer no nosso país), o seu poder monopolístico é total na sua área de competência (o que impossibilita logo à partida qualquer política transversal de longa duração – para que tal ocorresse teríamos de encontrar o burocrata traidor à sua instituição, o que é uma impossibilidade, pois o interesse dele é o da instituição). William Niskanen enunciou, pela primeira vez, esta tendência inelutável. No seu livro de 1971, *Bureaucracy and Representative Government*, demonstrou que

humano normal no mercado, a principal preocupação do tecnocrata é o seu bem-estar individual à semelhança de um outro qualquer cidadão normal; só num segundo momento aparecerá a missão institucional. No limite, o cidadão será um empecilho, pois condiciona a sua relação com o decisor. Assim, a tragédia do governante adensa-se já que, além do seu *pathos* e das suas imperfeições, ainda terá o *Ágon*, ou seja, o conflito (alma da tragédia) contra aqueles que tentam manter a ordem estabelecida, ainda mais se capturados por interesses pérfidos[160]. No fundo, o conflito entre o *bem* e o *mal*.

O seu Destino é previsível e o sofrimento inevitável. Ele, além das suas imperfeições, sofrerá ainda a oposição do *statu quo*, invariável e indestrutível que o levará à *catástrofe*, ou seja, a um desenlace trágico.

Porém, o herói trágico, o governante, continua a não ter consciência dos seus erros. A burocracia tende a transmitir-lhe as suas pretensões como sendo verdadeiras e próprias pretensões dos eleitores. Como tem a capacidade propositiva, escolhe como prioridades de actuação aquelas que melhor convierem aos seus interesses. Nunca as que não lhe convêm. Por exemplo, uma decisão de extinção de um departamento governamental nunca foi proposta pelo próprio departamento governamental. Um organismo nunca propõe uma redução das suas competências, a redução do seu pessoal ou do seu orçamento. Assim, a imagem que o decisor tem do interesse público já se encontra enevoada por dois filtros: os seus interesses pessoais e os interesses da burocracia. Ora, no caso concreto do ambiente e do território, a forma mais usual de exercício do poder burocrático passa precisamente pela sucessiva emissão de legislação regulamentadora assente

os burocratas têm vantagens sobre os governantes, atento o seu conhecimento mais profundo sobre as temáticas da sua jurisdição – o governante é, na melhor das hipóteses, um generalista. Por sua vez, controlam totalmente a implementação de políticas, determinando o seu sucesso ou insucesso, o que permite uma «chantagem» permanente ao nível orçamental.

[160] Em 1971, George Stigler enunciou o problema da «captura do regulador». Esta teoria teve uma importância fundamental na construção da Escola de Chicago (*cf.* LOBO, Carlos Baptista – *Sectores em Rede*, cit., p. 255 e ss.). Construindo sobre a teorização de Mancur Olson, conclui que a regulação só se destinava a servir o interesse de alguns grupos especiais que se adaptavam à mesma e a controlavam, em total antagonismo com o interesse público. Nas suas palavras: «*as a rule, regulation is acquired by industry, and is designed and operated primarily for its benefit*» (*cf.* Stigler, George – «The Theory of Economic Regulation». *In The Bell Journal of Economics and Management Science*, vol. 2, issue 1, Spring, 1971, pp. 3–21).

em modelos de proibição. Quando tal acontece, o parecer do técnico torna-se irrefutável, mesmo que o decisor político pretenda ir noutro sentido.

Quando atingimos este estado de coisas, o cenário está montado e a Catástrofe torna-se inevitável. O *Anankê*, ou seja, o Destino, é inevitável. Mas o *Pathos* adensa-se. O sofrimento do herói ainda não terminou: existe uma outra personagem, os grupos de pressão[161], que visa tentar ainda mais o herói no caminho da Catástrofe.

Qual o seu intento? De novo, distorcer a visão do governante das reais necessidades dos cidadãos. Para o grupo de pressão, os seus interesses pessoais são os mais relevantes, tentando transmitir ao decisor que existe uma identidade entre o interesse daquele grupo organizado e os interesses inorgânicos dos cidadãos eleitores (e, inevitavelmente, a intensidade vence a atomicidade).

Enquanto nos modelos tradicionais a sua acção visava unicamente o governante, funcionando à porta fechada, hoje em dia, a sua acção é bidireccional, uma vez que também tentam convencer o cidadão de que o interesse daquele grupo de pressão é também o dele. Tal resulta das capacidades actuais de transmissão de mensagens de forma massificada, anteriormente inexistentes. Adicionalmente, estes grupos de pressão podem organizar-se entre si construindo entendimentos conjunturais traduzidos em sistema de apoio cruzado, ampliando o seu poder («*logrolling*»). O herói, corrompido, não tem qualquer hipótese.

[161] Mancur Olson, em 1965, demonstrou que existem *lobbies* com influência significativa na governação. Porém, existiam casos em que estas organizações não funcionavam de forma satisfatória, por exemplo, no caso do *lobby* dos contribuintes. O problema está na atomicidade dos benefícios potenciais – se alguém alcança um ganho, essa vantagem transmite-se automaticamente aos demais, o que origina *free-riding*, e, por conseguinte, ninguém se dá ao trabalho de alcançar o que quer que seja, já que a sua parcela de ganho será naturalmente diminuta. Obviamente que quando alguém consegue alguma mobilização em grande grupo, como é o caso da defesa dos consumidores, o certo é que a sua missão só esteja a ser compensada com uma enorme compensação individual. *Cf.* Olson, Mancur – *The Logic of Collective Action*, 1965; tradução: *A Lógica da Acção Colectiva: os Benefícios Públicos e Uma Teoria dos Grupos Sociais*, Cultura Brasil, 2015). William Riker desenvolveu esta ideia e referiu que os grupos de pressão podem formar coligações, mas o esforço para as manter é exponencial relativamente à sua dimensão. Assim, concluiu que a melhor estratégia consiste na formação de uma coligação vencedora mínima, ou seja, suficientemente forte para vencer, mas não grande de mais para manter (*cf.* Riker, William – *The Theory of Political Coalitions*. New Haven, Yale UP, 1962), *Cf.* Becker, G. – *Pressure Groups and political behaviour. In* COE, Richard; Wilber, Charles (eds.) – *Capitalism and Democracy: Schumpeter Revisited*. Notre Dame UP, 1985.

Ora, neste quadro, o *Phobos* (terror) é total, o herói encontra-se no inframundo[162]. Existe um terceiro filtro que impede qualquer vislumbre, ainda que meramente parcial, das verdadeiras preferências dos eleitores – a luz do «interesse público» é totalmente inexistente. O *Clímax* está próximo.

Por fim, a comunicação social assume o papel de coro. Ora, a função de coro na tragédia grega seria a personificação de um espectador ideal que se responsabiliza pelo equilíbrio das emoções e pela moderação dos discursos: fornece conselhos, exprime opiniões, coloca questões, ou seja, a voz da opinião pública. Todavia, a realidade é ainda mais trágica do que na tragédia grega: a comunicação social, que deveria assumir um papel de transmissário de informação, e de filtragem de *fake news*, essencial num mundo de rumores provocados pelos *social media*, tem ela própria um interesse comum. Ou seja, o filtro e veículo de transmissão é ele próprio fonte de distorção de percepções. Assim, nem o governante consegue fazer passar a sua mensagem ao cidadão, nem o cidadão consegue transmitir algo ao governante.

A tragédia é inevitável! O herói cairá prostrado perante os seus eleitores, num julgamento sumário totalmente justificado. Será punido pelos seus erros originais e pelas tentações sofridas em todo o seu caminho.

A Anagnórise, ou seja, a revelação daquilo que o governante efectivamente é, só se realiza após as eleições, e em caso de derrota. Só aí ele vê que o seu destino foi traçado por si próprio e começa, efectivamente, a conhecer-se a si próprio.

5.2. A Catarse da Escolha Pública

A *Katharsis*, ou a catarse, é o momento da purificação das emoções e das paixões. Esse é o efeito pretendido no público. Esta exposição teve precisamente essa finalidade. No desenlace da tragédia, a mensagem é positiva, e todos se sentem purificados pela experiência vivida. Ora, é exactamente a catarse a chave do que se pode retirar dos ensinamentos da teoria da esco-

[162] O panorama infernal é total. Eamon Butler descreve-o nos seguintes termos: «*people would vote strategically instead of showing their true preferences; interest groups would have undue influence; the mass of the public would have little incentive to understand the issues or even to vote; agenda-setters would ensure their own preferences prevailed; parties would converge to the centre instead of offering a real choice; lobbyists would spend vast resources on seeking favours from politicians; and bureaucrats would feather their own nests*» (*in Public Choice, a Primer*, cit., p. 37). O cenário é dantesco. No limiar, até se podem enunciar os nove círculos do inferno. Aos sete enunciados por Eamon Butler poderão acrescentar-se outros dois: um inicial, a motivação individual do governante; e um final, que se traduz nas motivações e imperfeições da comunicação social.

lha pública. Já que os elementos trágicos descritos são inevitáveis, tal como o são as falhas de mercado, teremos de os conhecer, enquadrar e resolver. Assim, a teoria da escolha pública não é uma teoria sobre as falhas de governo. É uma teoria sobre a resolução das falhas de governo que, para serem resolvidas, deverão ser identificadas em momento prévio.

Para que a intervenção pública necessária tenha resultados eficientes, é necessário que o governante, a burocracia e os grupos de pressão – e igualmente a comunicação social – tenham um comportamento iluminado ou pelo menos tenham alguma ideia do quadro conceptual de referência mais amplo. Ora, sendo inevitável a existência de distorções a este respeito, é necessário que se efectue uma monitorização permanente dos interesses em presença perante um objectivo dogmático de ordem superior que seja o farol de toda uma navegação em mar turbulento e de pouca visibilidade.

O ambiente e o ordenamento do território são campos propensos à ocorrência de falhas de governo. Na vertente administrativa, a tensão entre interesse privado e interesse público é permanente. Este é um jogo comutativo, uma vez que o bem e o mal não se baseiam em mandamentos de conduta absolutos, antes são entendidos de forma diacrónica, consoante o lado da perspectiva. Assim, para o particular impedido de uma qualquer pretensão, o mal está no poder impeditivo da Administração Pública que o impede de desenvolver a sua actividade económica; por outro lado, para o tecnocrata, a pretensão do particular é diabólica porque contrária a uma qualquer norma de interesse público que ele interpreta à sua maneira e, por isso, deverá ser impedida a todo o custo.

De facto, *in dubio contra reum*: se existirem dúvidas, que ele pode livre e artificialmente criar no seu intrincado jogo de remissões numa regulamentação prolífera e irracional, sem enquadramento em qualquer princípio geral orientador (na técnica administrativa, os princípios são para os teóricos), a decisão previsível será a negativa, já que essa não o poderá responsabilizar em qualquer potencial inspecção futura.

Um qualquer sistema jurídico-administrativo, *maxime,* no campo do ambiente, ordenamento do território e do urbanismo, necessita de uma teoria geral de foro eminentemente económico que dê fundamento, consistência e objectivo a todo o edifício jurídico subsequente.

A catarse, nesta tragédia, passa justamente por entender que a questão ambiental e territorial tem uma base essencialmente económica, implicando uma estrutural necessidade de resolução de falhas de mercado que impedem um resultado eficiente ao nível da produção e da redistribuição, pelo que todo o edifício administrativo construído deverá assentar alicerces nestas finalidades primárias, estruturais para a estabilidade presente e futura de todo o sistema jurídico aplicável a este propósito. Não descuramos, claro está, os primados éticos e as orientações ecologistas fundamentais. Apesar disso, mesmo estes primados, para alcançarem uma aceitação generalizada, e uma aplicação continuada, implicam uma correcção da matriz argumentativa. Sem um argumento sólido, não haverá estória nem história.

6. A Constituição Económica Portuguesa Enquanto Elemento Conformador Fundamental da Decisão Ambiental, Territorial e Urbanística

Uma coisa é certa: se as preocupações económicas de correcção dos mercados e de atenuação das desigualdades não estiverem presentes na legislação existente, essa legislação não contém uma definição ainda que sofrível de «interesse público». E nem se diga que as normas são claras a um qualquer respeito. Estamos a falar de uma matéria crucial para a vida humana e para a convivência em sociedade. Não são satisfatórias normas legais, aprovadas por maioria simples, propostas por uma qualquer tecnocracia esclarecida, em questões de foro opacamente técnico. Esse é o problema a resolver. Não é a forma de resolução do problema. Para tal, necessitamos de uma tutela constitucional estrutural sólida, assente em princípios votados, não numa unanimidade, mas na regra dos dois terços.

E, aqui, a nossa lei fundamental é sólida. Não será de estranhar que a Constituição da República Portuguesa integre nas incumbências prioritárias do Estado a tarefa de «assegurar o funcionamento eficiente dos mercados» (*cf.* artigo 81º, alínea *e)*, da Constituição). Esta é uma preocupação imperativa de um estado moderno: garantir uma ordenação eficiente dos mercados visando a optimização do bem-estar social. De forma categórica, reforça essa posição na alínea *d)* do artigo 9º, referindo que constitui tarefa fundamental do Estado «promover o bem-estar». Ora, é disso que estamos a tratar desde o início deste trabalho. Tal é especialmente relevante quando a alínea seguinte, a alínea *e)* do artigo 9º, refere que também constitui tarefa fundamental do Estado «[...] defender a natureza e o ambiente, preservar os recursos naturais e assegurar o correcto ordenamento do território».

Apesar de não existirem quaisquer dúvidas relativamente à caracterização do regime económico português, assente na «liberdade de iniciativa e de organização empresarial no âmbito de uma economia mista» (*cf.* artigo 80º, alínea *c*), da Constituição), a verdade é que tal não exclui – pelo contrário, implicará – uma actuação conformadora do Estado, seja na vertente dos limites de acesso, seja na vertente dos limites de exercício às actividades económicas, desde que devidamente fundamentada na prossecução de direitos ou interesses constitucionalmente protegidos (*cf.* artigos 17º, 18º, 61º, nº 1, e 86º da Constituição)[163]. Esta asserção tem múltiplas confirmações no texto constitucional (*cf.* artigos 59º, nºs 2 e 3, 60º, nºs 2 e 3, 63º, 64º, 65º e 66º, entre outros) e enquadra-se no modelo de organização económica subjacente à União Europeia (*cf.* artigos 2º, 3º e 4º do Tratado). Especial referência merece o nº 2 do artigo 66º quando enuncia a adopção do conceito de «desenvolvimento sustentável», nos termos que referimos *supra.*

Por este simples exemplo se demonstra que os princípios gerais do direito da economia são comuns, quer ao nível nacional quer ao nível comunitário. Tal resulta não só dos princípios do primado e da aplicação directa do direito comunitário a este respeito, mas principalmente da sucessiva integração das constituições económicas com os princípios gerais de orientação política do Tratado.

Partindo de um paradigma de liberdade e de uma concepção alargada de propriedade, ambas as ordens jurídicas coincidem nos seus objectivos de ordenação das actuações das condutas dos agentes tendo em vista a elevação do nível de bem-estar social.

Concluímos, portanto, que a nossa Constituição contém todo o quadro conceptual necessário para uma correcta interpretação do diverso normativo respeitante ao ambiente, ordenamento do território e do urbanismo. A elevação dos níveis de bem-estar social, o princípio da eficiência consti-

[163] Sobre a diferença entre limites de acesso e limites de exercício no direito económico da produção *cf.* FRANCO, António de Sousa – *Direito Económico – Súmulas,* Volume II. Lisboa: AAFDL, 1983, p. 11 e ss. e FRANCO, António de Sousa – *Nota sobre o princípio da liberdade económica.* BMJ, 355, 1986, pp. 17–40. Sobre o modelo de organização económica consagrado na Constituição e, em especial, sobre o problema das restrições à iniciativa privada, *cf.* FRANCO, António de Sousa; MARTINS, Guilherme D'Oliveira – *A Constituição Económica Portuguesa – Ensaio Interpretativo.* Coimbra: Almedina, 1993, pp. 191–199 e pp. 331–348.

tucional, o princípio da igualdade e a redução das assimetrias sociais constituem princípios jurídicos fundamentais que são totalmente ignorados:

i) nas decisões administrativas a este respeito (na maioria das vezes, o jurista só intervém em caso de reclamação, já que a decisão foi proposta por um qualquer outro técnico);
ii) nas decisões políticas (pobre do decisor político que decidir contra o parecer dos serviços);
iii) nas decisões legislativas gerais (as leis de enquadramento são sempre bastante genéricas dada a tecnicidade das matérias e, por isso, povoadas com um exército de conceitos vagos e indeterminados, o que constitui uma técnica legislativa correcta, se estes forem interpretados de forma sistemática, incluindo, portanto, a dimensão económica da decisão);
iv) nas decisões legislativas «de facto» (ou seja, na acérrima regulamentação administrativa, proposta pela burocracia tecnocrática estabelecida, em que a eficiência, a eficácia e a economicidade não têm qualquer influência, nem determinam a lógica autodeterminada da decisão).

Tal não pode manter-se, sob pena de uma total obliteração do conteúdo fundamental que conforma a decisão pública. Não nos podemos manter num mundo de inconstitucionalidade maciça e generalizada. A Constituição da República Portuguesa é, portanto, um porto seguro que nos pode abrigar nesta tempestade trágica. O seu farol é potente e eficiente, fornecendo luz suficiente para a clarificação da generalidade das questões interpretativas mais relevantes.

7. A Intervenção Pública como Elemento Essencial na Resolução da Questão Ambiental e Territorial

Não se pode interpretar as constatações anteriores como revestindo um princípio geral de desconfiança perante a decisão pública. Ela é fundamental. Porém, a lógica da catarse é a realização de uma introspecção autocrítica visando a melhoria da conduta para o futuro. Note-se que nenhum dos actores retratados – governante, burocracia, grupos de pressão, comunicação social e eleitores – tem más intenções ou assenta a sua decisão em modelos patológicos. Eles actuam racionalmente, tal como os restantes agentes no mercado. O sistema de incentivos que enquadram a decisão é que se encontra distorcido. Se algum dos visados estiver a ler este texto, então este é o momento para a sua introspecção catártica.

E a própria teoria da escolha pública realizou a sua catarse e conheceu alguns desenvolvimentos recentes mais optimistas. Por exemplo, Joseph Schumpeter referiu que da concorrência pelos votos poderão resultar alguns resultados virtuosos, em termos semelhantes à «mão invisível» dos mercados[164]. A sofisticação dos modelos matemáticos e o aparecimento dos modelos de inteligência artificial têm demonstrado que poderão resultar situações eficientes de votação eleitoral[165]. Mancur Olson provou, igualmente, que, em algumas condições, o *free-riding* na construção colectiva do conceito de *interesse público* é potencialmente limitado, pelo que a intervenção colectiva poderia originar situações óptimas de bem-estar[166].

Os modelos de decisão colectiva sofrem, ainda hoje, de limitações significativas. Conforme analisaremos *infra*, existem limitações estruturais significativas em diversos mercados. Analisaremos também a questão dos recursos comuns, das exterioridades, dos bens públicos, entre outros. Contudo, neste momento trataremos da questão dos modelos de votação tendo em vista a concretização de situações eficientes em campos muito alargados de intervenientes (numa cidade como Lisboa, podemos ter 2 milhões de intervenientes, mas na questão do aquecimento global serão 6 mil milhões a caminho dos 7 mil milhões).

Enquanto não existirem metodologias de votação neuronial global, assentes em modelos tecnológicos do tipo *blockchain*, que permitem uma conformação e controlo mútuo permanente sem intervenção de uma entidade autoritária intermediária, o problema das votações e, por conseguinte, da concretização do próprio conceito de interesse público continua a merecer uma análise aprofundada.

164 SCHUMPETER, Joseph – *Capitalism, Socialism and Democracy*. New York: Harpers & Brothers, 1942. Por outro lado, Vernon Smith, em experiências realizadas com os seus alunos, provou que se torna possível desencorajar os votos estratégicos nos sistemas eleitorais, o que permitirá atingir o ideal de Buchanan e Tullock de construção de uma constituição unânime. *Cf.* SMITH, Vernon – *Rationality in Economics, Constructivist and Ecological Forms*. Chapman University, 2008.

165 Os desafios estão lançados, e a investigação é fértil. *Cf.*, e. g., PETERS, Dominik – *Condorcet's Principle and the Preference Reversal Paradox*. EPTCS 251, 2017, pp. 455–469; BRANDT, F. GEIST, C. – «Finding Strategyproof Social Choice Functions via SAT Solving». *In Journal of Artificial Intelligence Research*, 55, 2016, pp. 565–602.

166 OLSON, Mancur – *The Logic of Collective Action,* cit.

Inspiremo-nos no simples exemplo enunciado por António de Sousa Franco relativamente à aldeia infestada por mosquitos portadores de paludismo[167].

As possibilidades de resolução são diversas:

a) Actuação Individual: se assentarmos num simples modelo de decisão individual pura, existirão duas alternativas: a inacção (ficando em casa, e calafetando bem as janelas e portas, nenhum dos agentes será picado, mas perderá capacidade de geração de rendimento, não podendo ir trabalhar) e a acção individual (cada um poderá comprar um mata-moscas ou insecticidas individuais para combater os mosquitos em sua casa e no seu quintal). Ora, como é fácil de adivinhar, a eficiência destas actuações individuais será manifestamente reduzida. O problema nunca será resolvido de forma permanente.

b) Actuação Colectiva: a aldeia poderá reunir-se em assembleia e decidir agir colectivamente, alugando um avião para fumigar os pântanos da região. Essa solução poderá ser eficiente em termos de resultados, mas implicará uma despesa significativa. Ora, neste cenário complexo, a unanimidade é essencial para alcançar óptimo paretiano (tendencialmente inalcançável). Não obstante, poderão existir dois cidadãos, que apresentando um comportamento racional, poderão obstaculizar a construção dessa decisão unânime:

  i) um dos habitantes, sabendo que, independentemente da sua posição, os restantes decidirão contratar o avião, beneficiando-o reflexamente, afirma que não concorda e, por conseguinte, não sustentará a sua quota-parte do custo da aeronave. Independentemente disso, ele saberá que beneficiará, uma vez que «irá à boleia» dos restantes (*free riding*). Este é um advento natural em caso de votações unânimes: um dos agentes fará valer invariavelmente a sua posição única, adquirindo uma renda monopolista pelo efeito;

  ii) outro habitante poderá ter um enquadramento de valores diferenciado – ecologista profundo – e ser legitimamente adverso à utilização de insecticidas para o extermínio de mosquitos. A sua posição é clara, e o extermínio dos mosquitos significa para ele um custo efectivo, porquanto se dedicava ao seu estudo. Nes-

[167] FRANCO, António de Sousa – *Finanças Públicas e Direito Financeiro*, cit., pp. 14 e 16.

tas circunstâncias, a posição de um agente poderá bloquear a melhoria paretiana dos demais (*hold-out*).

Ora, independentemente das situações descritas, os indivíduos poderão organizar-se em «clube», se todos tiverem a percepção de que os custos de se associarem são inferiores aos benefícios que retiram do clube. Assim, se a infestação for grave e todos (incluindo o ecologista profundo) se sentirem obrigados a actuar, é provável que a decisão em grupo seja bem-sucedida.

No entanto, a estabilidade deste grupo é vital. E os agentes só se unirão quando os benefícios forem perceptíveis imediatamente e os custos reduzidos em comparação. Ora, se no ano seguinte for necessária uma fumigação preventiva, será muito duvidoso que esse grupo se mantenha unido, dado o diferimento temporal da actuação e a inexistência prévia da percepção do dano legitimador da decisão agrupada.

c) Actuação Pública: perante as dificuldades na criação e manutenção de consensos eficientes assentes em modelos de decisão unânime – *in limine*, a constituição unânime de Buchanan e Tullock sobre questões essenciais e estruturantes –, é essencial o desenvolvimento de um modelo autoritário de decisão. Repare-se que todo o jogo de mercado assenta numa ponderação de interesse privado e de interesse colectivo, e nas sobreposições permanentes entre ambos. E, se a intensidade de um interesse privado preterido for significativa, nunca poderemos alcançar o consenso unânime eficiente. Ora, de forma que os agentes à boleia ou os bloqueadores não adquiram uma preponderância fundamental no sistema, é essencial que alguém tenha o poder para a decisão autoritária sobre uma qualquer questão controvertida em sede de interesses. Essa *potestas* autoritária servirá como um desbloqueador e um simplificador decisório. Tendo poder coactivo, pode impor essa decisão sobre os particulares, dando eficácia ao processo decisório. Sendo os recursos escassos e as necessidades infinitas, o modelo de decisão político é despoletado. Aliás, não é por acaso que o termo «política» decorre directamente da *polis*. Política é o governo da cidade, enquanto juízo de ponderação entre os interesses privados e os interesses colectivos, agora eivados de um manto especial que os transforma em «interesse público».

A acção pública é uma intervenção de intermediação. Tem como finalidade a superação das falhas da decisão individual e da decisão colectiva (cooperativa ou em clube), sendo uma premissa para o incremento da eficiência do sistema. Porém, nunca poderemos esquecer que, revestindo uma natureza intermediária, implica necessariamente algumas perdas de eficiência:

i) em primeiro lugar, o custo administrativo da sua existência: a máquina tecnocrática é onerosa e só se justifica se os resultados da sua actuação superarem em termos de utilidade os custos da sua operação;
ii) em segundo lugar, as falhas de governo identificadas pela teoria da escolha pública, que devem estar permanentemente sob escrutínio, num juízo autocrítico fundamental para a legitimidade da decisão, ou seja, para a determinação da correcção das sínteses relativamente às prioridades a prosseguir (despesa) e do nível de receita necessário (impostos);
iii) em terceiro lugar, e em particular, as falhas do modelo de votação: sendo impossível a prossecução de decisões unânimes, torna-se essencial que a regra da maioria não implique um prejuízo sucessivo das minorias existentes, ou das ainda não existentes (as gerações futuras) ou daquelas que não votam (por razões geográficas: os habitantes da aldeia remota que sofrem com o aquecimento global; ou, por razões de género, os animais ou as plantas).

É por estas razões que se poderá enunciar um princípio da subsidiariedade da acção pública relativamente à acção privada – se ambas forem igualmente eficientes na prossecução de uma qualquer finalidade, a acção privada deve ser privilegiada, pois não implica quaisquer custos administrativos transaccionais. Esta posição não é dogmática, mas assenta num simples pressuposto de natureza financeira.

De facto, em termos de equilíbrio geral, a legitimidade da acção pública e da actividade essencial que a sustenta, a cobrança de impostos (uma vez que o saque caiu em desuso com a evolução civilizacional), depende precisamente de uma constatação generalizada da existência de um jogo de soma positiva: a utilidade pública resultante do processo decisório público deve ser superior à perda de utilidade provocada pela cobrança da receita necessária para o seu financiamento. Só assim poderá ocorrer uma melhoria dos padrões do bem-estar social.

As falhas de mercado são as áreas em que a intervenção pública não merece contestação em termos generalizados. A justificação é simples: se o mercado, logo, a iniciativa privada, é incapaz de proceder a essa aferição eficiente dos termos de alocação de recursos e perante as falhas da decisão colectiva (cooperativa ou de clube), o campo da iniciativa pública parece desimpedido. Assim, no caso dos recursos comuns, das exterioridades, dos mercados inexistentes, dos bens públicos, entre outros que trataremos adiante, e salvo algumas questões atempadamente analisadas sobre metodologias alternativas, no campo do ambiente, do ordenamento do território e do urbanismo, a acção pública tem ainda hoje um papel extraordinariamente importante a desenvolver, quer na vertente da regulação incrementadora da eficiência do mercado, quer na vertente da redistribuição justa dos custos e encargos.

8. Políticas Públicas e o Advento da Economia Comportamental em Sede Ambiental

Parte substancial das críticas sobre não previsão atempada da crise financeira de 2008 radicou na incapacidade demonstrada pela economia clássica para o efeito, apesar de todo o seu lastro dogmático dos últimos 250 anos. Por outro lado, também a ineficiência da intervenção governamental reguladora foi salientada, apesar de todos os avisos feitos pela teoria da escolha pública nos últimos 50 anos.

Tornou-se difícil explicar como uma ciência madura como a economia se tinha revelado incapaz de prever um acontecimento traumático, assente na ocorrência de uma sucessão de falhas de mercado, e que o Estado tenha manifestado insuficiências grosseiras na regulação económica dos mercados, mostrando-se incapaz de impedir e, subsequentemente, de cercear a situação de forma rápida e eficaz.

A explicação desta falha é intuitiva. Durante os últimos séculos, a ciência económica, de forma a conseguir modelizar os seus resultados, procedeu a uma simplificação extrema das acções humanas. O *homo economicus*, totalmente racional, procura invariavelmente maximizar a sua utilidade enquanto consumidor e o lucro enquanto produtor. As suas escolhas seriam racionais[168], tal como as suas expectativas[169]. Porém, já na década de 50 do

[168] *Cf.*, e. g., SEN, Amartya – «Rational behaviour». *In The New Palgrave Dictionary of Economics*, 2nd ed., 2008

[169] *Cf.* MUTH, John – «Rational Expectations and the Theory of Price Movements». *In Econometrica*, 29 (3), 1961, pp. 315–335.

século passado, alguns autores, como Herbert Simon, defenderam o uso de modelos que utilizavam mecanismos cognitivos para analisar o comportamento dos indivíduos. Esses modelos foram apelidados, à altura de «racionalidade limitada» (*bounded rationality*)[170].

O problema é que essa simplificação foi instrumental para os efeitos de análise económica. Dadas as limitações na computação matemática de modelos complexos, as variáveis tinham de ser reduzidas de forma a alcançar resultados viáveis. Todavia, e também devido a fenómenos económicos no mercado da investigação teórica – nomeadamente o *bandwagon effect* – essas limitações conceptuais foram sendo esquecidas, tornando-se a parte (a simplificação teórica experimental) pelo todo (o mundo real). Efectivamente, parte da metodologia da doutrina económica passa por tomar os resultados de anteriores investigações como certos, esquecendo as limitações iniciais dos mesmos.

E essas limitações consistem em distorções naturais do modelo racional teórico de decisão humana. Neste contexto, deverão tomar-se em consideração, por exemplo: *i)* anomalias no enquadramento da decisão; *ii)* anomalias no quadro informativo de tomada de decisão; *iii)* anomalias no pressuposto egoístico da finalidade da decisão; *iv)* anomalias no quadro de incentivos psicológicos motores da decisão; *v)* anomalias decorrentes do ambiente social enquadrante da decisão; *vi)* anomalias no enquadramento temporal da decisão, *maxime* perante estratégias de longo prazo, que poderão ser escalonadas de diversas formas.

Este cenário conceptual, assente em pressupostos de base psicológica e sociológica, vem alterar os modelos de análise, tentando aproximar os pressupostos teóricos simplificados do mundo real complexo. O ser humano já não é perfeito na tomada das decisões, pelo que se torna primordial a modelização das suas imperfeições. Essas imperfeições decorrem de desvios dos padrões de racionalidade do *homo economicus* (anomalias na decisão), da adopção de rotinas de decisão que simplificam o processo deliberativo tornando-o quase automático e, finalmente, do enquadramento social em que se insere o sujeito e que vai afectar a decisão.

As anomalias na decisão podem resultar de dois fenómenos psicológicos de ordem não racional: as percepções imperfeitas e a heurística.

[170] SIMON, Herbert – «Alternative Visions of Rationality, Judgment and Decision Making». *In Interdisciplinary Reader*, 1986, pp. 97–113.

As percepções imperfeitas decorrem de uma desvalorização da importância e/ou do reduzido impacto de uma qualquer decisão. Nestas condições, o ser humano desvaloriza *ab initio* a relevância da decisão, não se preocupando em obter a informação necessária para o efeito[171]. No caso da heurística[172], tal já se traduz num processo cognitivo utilizado numa decisão não totalmente racional, sendo definidas como estratégias que ignoram parte da informação visando tornar a escolha mais fácil e rápida[173]. Além

[171] Ao nível das percepções incorrectas, poderemos enunciar os seguintes fenómenos: *i)* o «efeito de afectação» (*endowment effect*), que se traduz numa aversão psicológica natural à perda. Assim, quem vende algo que já detém tem uma dificuldade superior em realizar a transacção relativamente a quem quer comprar. Também a mesma quantidade de dinheiro tem uma diferente valoração subjectiva se se revelar uma perda potencial ou um ganho potencial. É assumido que o desvio na avaliação subjectiva dos ganhos diminui à medida que os ganhos vão aumentando e que, pelo contrário, o desvio na avaliação das perdas vai aumentando à medida que estes aumentam. Neste quadro, existirá uma aversão ao risco no campo dos ganhos e uma procura do risco no caso das perdas, tendência que será exponenciada perante o enquadramento probabilístico pré-concebido. Ora, todas estas considerações distorcem o processo de decisão – «teoria da perspectiva» (*prospect theory*); *ii)* o «efeito de enquadramento» (*framing effect*) retrata as distorções que derivam do enquadramento ou da semântica inerente à situação para a qual se exige uma decisão; *iii)* o «efeito de memória implícita» (*priming effect*), que traduz o efeito de relacionamento entre a decisão e a resposta perceptiva inconsciente a estímulos externos; *iii)* o «efeito de reversão de preferências», ou seja, quando o *ranking* das referências da decisão se altera consecutivamente; *iv)* o «efeito da representatividade das probabilidades», normalmente, a baixa probabilidade de ocorrência de um evento tende a ser sobrestimada, enquanto a elevada probabilidade tende a ser subestimada; *v)* o «efeito de excesso de confiança», que se traduz no optimismo natural quanto à evolução das opções futuras. Por outro lado, os efeitos intertemporais são também significativos: os agentes tendem a valorizar mais os ganhos de curto prazo do que os que advém a longo prazo. *Cf.* KAHNEMAN, D. – *Thinking, fast and slow*. New York: Farrar, Straus and Giroux, 2011; THALER, R.; SUNSTEIN, C. – *Nudge: improving decisions about health, wealth, and happiness*. London: Penguin, 2009; KAHNEMAN, D.; TVERSKY A. – *Choices, values and frames*. New York: Russel Sage, 2000.

[172] *Cf.* GIGERENZER, Gerd; GAISSMAIER, Wolfgang – «Heuristic Decision Making». *In Annual Review of Psychology*, vol. 62, 2011, pp. 451–482

[173] A heurística pode ser separada em dois grupos distintos: *i)* a heurística que visa a redução de alternativas a considerar; e *ii)* a heurística que auxilia a discriminar entre alternativas. No primeiro grupo, teremos a «disponibilidade» (os eventos recentes são mais facilmente relembrados do que os acontecimentos remotos), a «ancoragem» (criação de um campo de referência virtual – normalmente o primeiro a ser descortinado – para a navegação num ambiente de incerteza e de desconhecimento), a «contabilidade mental» (segregação de contextos e ponderação separada dos mesmos), a «substituição» (redução da complexidade, com a substituição de variáveis desconhecidas por outras mais familiares) e a «decomposição»

das distorções próprias decorrentes destas anomalias, estas poderão ser potenciadas pelo aproveitamento das mesmas por parte de determinados agentes, quer por experiência acrescida, quer pelos próprios mecanismos de mercado.

Por sua vez, as rotinas de decisão são relevantes, uma vez que, da simplificação heurística decorrerão processos de decisão parcialmente inconscientes ou automáticos. Quanto maior for a influência deste mecanismo sobre a vertente consciente da decisão, maior influência terão as rotinas de decisão. Tal traduz-se na utilização de «portos seguros» procedimentais, aplicando-se receitas já desenvolvidas com resultados garantidos. Esta metodologia de decisão assenta no modo de memória de longo prazo, que fornece padrões de actuação estruturais. Estas questões vêm sido tratadas nos últimos anos na teoria económica das redes, com outras denominações, mas de efeito equivalente. Por exemplo, a heurística é imprescindível na averiguação das consequências económicas da *path dependence*, ou dependência das escolhas passadas[174], que se traduz na barreira psicológica à mudança estrutural de direcção num caminho em que se está a trilhar.

Finalmente, o enquadramento social. Não se pode ignorar que o ser humano é um «animal social». Assim, as implicações sociais de uma decisão serão factores que deverão ser tomados em consideração de forma obrigatória[175]. À semelhança do que se referiu no parágrafo anterior, a sociedade

(fragmentação da complexidade para tratamento autónomo de assuntos que, no final, voltam a ser consolidados). No segundo grupo, ou seja, na heurística relacionada com a discriminação de alternativas, poderão classificar-se os seguintes comportamentos: *take the best*, que se traduz na adopção de uma decisão quando uma alternativa ressalta claramente como sendo a melhor; a «eliminação por critério», seleccionando-se as opções mais apropriadas e eliminando-se aquelas que não atingem um critério pré-definido; «quadros de referência», separando-se os critérios de avaliação de ganhos e de perdas; «satisfação», terminando-se a selecção quando se depara uma solução suficiente, mesmo que não perfeita; «incerteza nas consequências», de forma a evitar-se arrependimentos futuros tende-se a optar pelo *statu quo* inicial.

[174] *Cf.* Lobo, Carlos Baptista – *Sectores em rede*, cit., p. II, capítulo I.

[175] Neste contexto, poderão ser identificados os seguintes efeitos: *i)* «efeito de incerteza» quanto aos resultados da decisão. Perante a incerteza dos seus efeitos na esfera social, poderão decorrer efeitos inversos aos pretendidos, criando choque ou bloqueios noutros agentes que não detenham a mesma informação; «efeitos de interacção», que se podem traduzir em comportamentos de «imitação social» relativamente a pares ou grupos a que se anseia pertencer, ou de *snobismo*, fazendo-se o inverso do que é suposto ser-se efectuado para se fazer notar. Neste quadro relacional, a «ignorância pluralista» sobre a orientação da maioria e os pré-entendimentos quanto a esse aspecto podem criar dificuldades adicionais. Valores

consiste numa rede intrincada de relações, das quais o ser humano individual retira utilidade acrescida. Neste quadro conceptual, as exterioridades de rede[176] serão significativas, o que pode originar uma tendência irresistível para a adopção da norma social. Tal só não acontecerá se as vantagens de desenvolvimento da conduta desviante compensarem as não aferidas pela pertença coerente à rede.

A motivação adquire uma importância fundamental neste campo, já que se constitui como a base para as acções humanas. Essa motivação pode ter uma origem interna – motivação intrínseca –, que é fundamental e prioritária, ou externa. Porém, neste último caso, as conclusões não são ainda unânimes. A doutrina tende a entender que a motivação extrínseca só terá um papel de complemento à motivação interna, sendo que os incentivos ou desincentivos externos a desenvolver só terão efeito numa óptica complementar e nunca substitutiva aos termos da motivação interna. Caso contrário, poderão originar-se efeitos negativos (*crowding out*)[177], reduzindo-se a motivação implícita em níveis significativos. Por exemplo, se o incentivo a conceder for de importância elevada, mas o sujeito entender que não tem capacidade para alcançar a meta estabelecida, o efeito final não será motivador, mas sim o inverso.

Em contextos experimentais, observou-se que os agentes não têm motivações exclusivamente egoístas, quando inseridos em ambientes interactivos, nomeadamente quando exista um princípio comum agregador, mesmo que a compensação não seja imediata[178].

Sendo a base das questões ambientais e territoriais intrinsecamente social, as motivações interactivas adquirem uma especial relevância, mormente ao nível das análises comportamentais alternativas perante efeitos anómalos

como a reciprocidade, a aprovação social e a justiça (*fairness*) têm igualmente importância nas dinâmicas de grupo, já que diversas experiências comprovaram que os indivíduos são sensíveis a comparações relativas dentro do grupo, à sua aceitação no mesmo e ao julgamento de injustiças relativas que ocorram no seu seio.

176 *Cf.* Lobo, Carlos Baptista – *Sectores em rede,* p. II, capítulo II.

177 Frey, B. – *Inspiring Economics – Human Motivation in Political Economy.* Cheltenham: Edward Elgar, 2001.

178 E. Fehr e A. Falk distinguem, a este propósito, as reacções de reciprocidade relativamente à capacidade própria e alheia de angariação de recursos, de *aprovação social geral* e de *justiça geral*. *Cf.* Fehr, E.; Falk A. – «Psychological Foundations of Incentives». *In European Economic Review,* 46, 2002, pp. 687–724.

como o *free riding*. Por outro lado, as compensações monetárias por comportamentos altruístas podem originar efeitos inversos ao nível da motivação, destruindo-a ou distorcendo-a na prossecução de uma finalidade diversa.

Relevante será a visualização do efeito benéfico da contribuição individual no bem comum. Assim, em primeiro lugar, deverá ser quantificado um objectivo a prosseguir (por exemplo, a reciclagem de 100 toneladas de um qualquer bem, ou a reflorestação de 1 milhão de árvores numa área ardida). Esse objectivo deverá ser susceptível de visualização individual como sendo alcançável com uma notória contribuição individual. Em segundo lugar, deve ser socialmente reconhecida a acção individual dos agentes. Se estes se mantiverem no anonimato, não haverá motivação satisfatória. Em terceiro lugar, se os agentes não conseguirem sentir um qualquer grau de satisfação interna pelos objectivos alcançados, esse esforço de desenvolvimento em benefício do bem comum não será sustentável. Em quarto lugar, é essencial a criação de uma massa crítica ao nível da apreciação social da conduta, de forma que não sejam criadas reacções adversas.

Ora, os novos meios informáticos permitem uma sinalização e uma mensuração permanente de uma qualquer contribuição para o bem comum. Por exemplo, a realização do cadastro territorial em Portugal – intrinsecamente um objectivo comum – poderia ser realizado de forma massificada através de uma actividade do tipo *geocaching* (ou *"pokemon go" cadastral*), em que cada um dos participantes utilizaria o seu telefone móvel para a fixação das coordenadas *GPS* dos limites das diversas propriedades. As fronteiras reais das propriedades serão determinadas num modelo *blockchain*, em que a informação da contribuição individual é controlada mutuamente numa cadeia de redundâncias sucessivas que garantem a sua fiabilidade e manutenção no tempo.

O mesmo se diga relativamente às metas de reciclagem. Se cada um que contribuísse recebesse uma remuneração, ainda que simbólica, pela sua acção, os esforços nesse campo cresceriam exponencialmente[179].

[179] Contudo, Frey afirma que os impostos e outras medidas impositivas poderiam ter um efeito nefasto se o objectivo pudesse ser concretizado através do apelo a simples normas de conduta. *Cf.* FREY, B. – *The Relevance of Psychological Aspects for Policy Design*. *In* MOHR. E. (ed. – *The Transfer of Economic Knowledge*. Edward Elgar, 1999, pp. 165–186; *Idem*, «*Inspiring Economics – Human Motivation in Political Economy*. Cheltenham: Edward Elgar, 2001. Sobre o efeito cumulativo da tributação e da publicidade *cf.* NANNEN, V.; VAN DEN BERGH, J. – «Policy

Tal como na economia das redes, o essencial é que o sujeito possa retirar algum benefício, ainda que social, das diversas interacções com os restantes elementos da comunidade (os restantes segmentos da rede) estabelecendo-se modelos de comunicação bilateral, gerando-se exterioridades de rede positivas que potenciam incrementos geométricos de bem-estar. As novas tecnologias permitem a criação destes novos mercados, por via do estabelecimento, ainda que meramente virtual, de metas cujo cumprimento o sujeito poderá publicitar junto da sua rede social. Este pequeno aspecto assente numa estratégia de *gaming* poderá fazer toda a diferença na motivação do sujeito no campo da economia comportamental[180].

Por outro lado, a conjugação entre instrumentos financeiros de incentivo, a demonstração de opções disponíveis e o estabelecimento de normas visuais (como a eco-etiquetagem) poderá ser eficiente na determinação de comportamentos dos agentes[181]. Assim, factores psicológicos como a criação de vícios virtuosos[182], as rotinas de decisão[183], o enquadramento

Instruments for Evolution of Bounded Rationality: application to climate-energy problems». *In Technological Forecast Society Change*, 77, 2010, pp. 76–93.

180 A doutrina tem vindo a desenvolver contributos relevantes na averiguação da qualidade das políticas económicas ambientais, nomeadamente ao nível da sua aplicação eficiente. Sobre a importância das compensações financeiras e a percepção de risco nas avaliações custo-benefício ao nível ambiental, particularmente ao nível das taxas de desconto intergeracionais, *cf.* Hanley, N.; Shogren, J. – Is Cost-Benefit Analysis Anomaly Proof?». *In Environment Resource Economics*, 32, 1, 2005, pp. 13–34; Robinson, L.; Hammit, J. – «Behavioral Economics and the Conduct of Benefit-Cost Analysis: Towards Principles and Standards». *In Journal of Benefit-Cost Analysis*, 2, 2, 2010, pp. 2–48. Sobre gestão de recursos comuns e de emissões poluentes e decisões racionais não egoístas, *cf.* Venkatachalam, L. – «Behavioral Economics for Environmental Policy». *In Ecological Economy*, 67, 2008, pp. 640–645; Shogren, J.; Taylor, L. – «On Behavioral-Environmental Economics». *In Revue Environmental Economic Policy*, 2, 2008, pp. 26–44. Sobre o efeito de enquadramento na definição de políticas económicas ambientais, transformando-se as entidades reguladoras em simples entidades atribuidoras de direitos, *cf.* Nash, J. – *Framing Effects and Regulatory Choice: the Case of Environmental Regulation*. American Law & Economics Association, paper 53, 2004.

181 *Cf.* Pollit, M.; Katsikopoulos, K. – «Green Defaults, Information Presentation and Pro-Environmental Behaviour». *In Journal of Environmental Psychology*, 28, 2008, pp. 63–73.

182 *Cf.* Löfgren, A. – *The Effect of Addiction on Environment Taxation in a First and Second Best World*. Mimeo, University of Gothenburg, 2003.

183 *Cf.* Reeson, A.; Dunstall, S. – *Behavioral Economics and Complex Decision Making. Implications for the Australian tax and transfer system*. CSIRO, 2009.

específico gerador de acções voluntárias[184], a heurística[185], o altruísmo[186] e a justiça relativa[187] revelaram uma influência significativa em decisões económicas ao nível ambiental, em dissonância com o que resultaria de um modelo puramente racional[188].

8.1. Uma Ressalva: as Realidades em Mudança: o Fim da Acção Pública?

A economia comportamental devolve para a esfera eminentemente privada o primado da decisão. A mudança de perspectiva é evidente: a falha da decisão privada não é inevitável; o que existia anteriormente era uma má percepção da verdadeira e efectiva decisão privada perante os vícios comportamentais não assumidos. E isso leva-nos a uma questão. Será que estamos a assistir ao *terminus* do império da decisão pública? Ou seja, ao fim da autoridade?

Para que a acção pública seja efectivamente eficiente e eficaz, é essencial um juízo de autocrítica permanente, por exemplo, a regulamentação deve ser permanentemente escrutinada tendo em vista a indagação da sua justificação; os serviços públicos devem evoluir à mesma velocidade que a inovação tecnológica. Tal como existem novos mercados, também existem novas necessidades. O Estado deve adaptar-se ao mercado e não o inverso.

As realidades estão em mutação. A sofisticação tecnológica permite criar mercados onde antes não existiam. O conceito de bem público encon-

[184] *Cf.* ATTARI, S. [*et al.*] – «Preferences do Change: Do Individuals Prefer Voluntary Actions, Soft Regulations, or Hard Regulations to Decrease Fossil Fuel Consumption?». *In Ecological Economy*, 68, 2009, pp. 1701–1710.

[185] POLLIT, M.; SHAORSHADZE, I. – *The Role of Behavioural Economics in Energy Climate Policy*. University of Cambridge, 2011.

[186] *Cf.* JOHANSSON, O. – «Optimal Pigouvian Taxes Under Altruism». *In Land Economics*, 73, 1997, pp. 297–308.

[187] *Cf.* quanto à política de subsídios, STEG, L.; DREIJERINK, L.; ABRAHAMSE, W. – «Why are Energy Policies Acceptable and Effective?». *In Environmental Behaviour*, 38, 2006, pp. 92–111. Quanto aos direitos de emissão negociáveis *cf.* WOERDMAN E.; BOLDERDIJK, J. – *Emissions Trading for Households? A Behavioral Law and Economics Perspective*. Working Paper, University of Groningen, 2010.

[188] Rute Saraiva desenvolve exemplarmente a questão da aplicação dos mandamentos da economia comportamental em sede de sistemas *cap and trade*, salientando a importância dos sistemas de incentivos. *Cf.* SARAIVA, Rute – *Behavioural and Evolutionary Approach to the Law and Economics of Cap-and-Trade. In* MATHIS, K.; HUBER, B.R. (eds.) – *Environmental Law and Economics, Economic Analysis of Law in European Legal Scholarship*. 4, Springer, 2017, pp. 405–436.

tra-se em crise. Com técnicas de geolocalização torna-se possível identificar os beneficiários desses serviços e imputar-lhes o custo correspondente, quer estejamos a falar de estradas, de faróis ou de qualquer outro serviço público anteriormente visto como consumível por sujeitos indeterminados. A privatização destas utilidades permite que dos mecanismos normais de mercado resultem resultados eficientes em sede de bem-estar. O Estado continua a ter uma função, mas será mais do âmbito redistributivo do que de garantia de uma eficiência produtiva. Estamos, portanto, a falar da transformação de bens públicos em bens semipúblicos, ou seja, bens, agora privados, que são distribuídos com base em critérios de interesse público ou interesse geral ou em termos mais latos, de forma subvencionada (pelo Estado, através da aplicação de impostos, ou por todos os beneficiários, por via perequativa).

Por outro lado, o *feedback* imediato permitido pelos diversos dispositivos móveis permite que o consumidor efectue um controlo imediato de uma qualquer prestação de serviços. Este modelo auto-regulatório torna obsoletas opções heterorregulatórias ancestrais que partiam de um princípio estrito de protecção dos consumidores[189]. Essa regulamentação deve, nessas condições, ser revogada de forma imediata. O mesmo se diga relativamente a limitações administrativas ao nível de agentes do lado da oferta de um qualquer serviço ou bem. Hoje em dia, com a transparência de mercados e o alcance global dos mesmos, a concorrência deverá ser um motor de excelência e não um feudo de um qualquer incumbente instalado. Se estiverem em causa preocupações de redistribuição, o Estado deverá desenvolver uma política redistributiva para o efeito e não limitar o mercado causando distorções no lado da eficiência produtiva[190].

[189] Uma qualquer plataforma de venda de serviços de mobilidade urbana ou de alojamento local contém mecanismos de *feedback* que tornam obsoletos quaisquer mecanismos heterorregulatórios de controlo de qualidade. Enquanto estes últimos só funcionavam por via de uma inspecção específica, os primeiros são permanentes e chave do sucesso do empreendimento.

[190] Por exemplo, a limitação quantitativa traduzida na imposição de quotas nos mesmos serviços de mobilidade urbana ou de alojamento local irá distorcer significativamente os termos do exercício da actividade, transformando a quota numa unidade transaccionável – que se constituirá no principal mercado, que, beneficiando economicamente os incumbentes, levará a que estes desprezem o serviço de base, rentabilizando as suas unidades historicamente atribuídas. Assim, uma preocupação redistributiva erradamente executada leva à destruição da eficiência produtiva no mercado. Deste modo, se o Estado quer garantir a oferta de imóveis

Em contrapartida, os modelos computacionais estão em rápida evolução e permitem a construção cada vez mais eficiente de modelos de decisão cooperativa. Por exemplo, os modelos tecnológicos *blockchain* possibilitam o desenvolvimento efectivo de modelos de produção assentes num estrito modelo de decisão colectiva, sem intervenção de entidades públicas. Estas realidades manifestam-se em campos tão distintos como a moeda (*bitcoins* e afins) ou o cadastro territorial. De facto, relativamente a esta última realidade, a aferição computacional de todas as pretensões territoriais dos agentes numa determinada área permite a construção eficiente dos polígonos territoriais delimitativos da propriedade, tornando obsoleto o cadastro ou o registo de propriedade. Basta a definição de uma qualquer unidade de valor comummente aceite para que a rede computacional alcance um resultado eficiente. Mais uma vez, a heterorregulação, tal como a conhecemos, torna-se obsoleta.

Este é um quadro de desintermediação generalizada, em que as redes orgânicas substituem as cadeias de produção. Cada um de nós poderá relacionar-se directamente com todos os demais. As necessidades colectivas poderão ser votadas automaticamente, em modelos eficientes e que salvaguardem as falhas identificadas pela teoria da escolha pública, tomando em conta os contributos da Economia Comportamental. No limite, o Governo e o Estado, enquanto entidade de intermediação, poderá, na mesma sequência, cair em obsolescência. De facto, se todos os modelos de decisão ao nível da eficiência produtiva e redistributiva puderem ser desenvolvidos de forma eficiente e justa por modelos computacionais, minimizando erros e custos administrativos, o que resta para o representante eleito? A sua função é a realização de uma síntese entre necessidades dos cidadãos e recursos disponíveis. Se tal puder ser efectuado de forma eficiente, eficaz e económica através de uma qualquer plataforma de agregação, o que resta para a acção pública?

Esse é um desafio a resolver no futuro próximo. Também por essa razão, uma melhoria da qualidade da decisão pública é essencial. Essa melhoria implica mais eficiência e mais justiça e não o levantamento de obstáculos artificiais para a mudança. É com esta ressalva de ruptura tecnológica criativa

para arrendamento em zonas históricas, terá de promover uma transparência integral do mercado imobiliário, adquirindo unidades para arrendar a preços controlados e, por essa via, regular os preços daquela zona.

schumpeteriana que analisaremos os temas fundamentais da economia e fiscalidade do ambiente, energia, ordenamento do território e do urbanismo.

Chegamos, assim, ao final da segunda parte. O primeiro objectivo está concretizado: a recuperação das temáticas ambientais e territoriais para o campo do direito económico. Porém, essa recuperação não pode ser efectuada de forma descuidada: as falhas da acção pública estão sempre presentes.

A – Questões para o Futuro

i. Existe contraposição entre eficiência produtiva e eficiência redistributiva?

ii. É aceitável a existência de uma contraposição entre a Economia Normativa e a Economia Positiva em sede ambiental e territorial?

iii. Qual a relação de equilíbrio entre eficiência e redistribuição na questão ambiental e territorial?

iv. Qual a relação de prevalência entre eficiência e redistribuição na questão ambiental e territorial?

v. Qual o espaço do direito económico na regulação da questão ambiental e territorial?

vi. Qual a metodologia para a construção de um mercado ambiental e territorial eficiente, equilibrado e equitativo?

vii. Qual a metodologia para a garantia da inserção de paradigmas de «sustentabilidade», «inclusão», «coesão» e «solidariedade» no mercado ambiental e territorial?

viii. Qual a relação entre «interesse geral» e a questão ambiental e territorial?

ix. Como articular a vertente administrativa do ambiente, ordenamento do território e urbanismo com a sua vertente regulatória?

x. Como articular os modelos de colaboração com as metodologias impositivas na correcção do mercado ambiental e territorial?

xi. Qual a margem para a discricionariedade técnica na formulação das soluções óptimas?

xii. Qual o espaço para a decisão política e para a actividade administrativa no mercado ambiental e territorial?

xiii. Como minimizar a tragédia da escolha pública no mercado ambiental e territorial?

xiv. Qual a relevância do princípio da eficiência no modelo constitucional português?

xv. Poderão as novas arquitecturas de decisão colectiva (tipo *blockchain*) superar as falhas naturais dos modelos de concertação privada e retirar o campo de aplicação à decisão pública?

xvi. Sendo o sector público um «intermediário», como lidará com o movimento actual de «desintermediação»?

xvii. Quais os contributos da «Economia Comportamental» na superação dos dilemas relativos ao mercado ambiental e territorial?

B – Bibliografia Nacional

CORDEIRO, António Menezes – *Direito da Economia.* AAFDL, 3ª reimp., 1994

CORREIA, Fernando Alves – *O Plano Urbanístico e o Princípio da Igualdade*, Coimbra, Almedina, 1989

FERREIRA, Eduardo Paz – *Direito da Economia.* AAFDL, 2001

FRANCO, António de Sousa – *Direito Económico/Direito da Economia.* Dicionário Jurídico da Administração Pública, Vol. IV, 1991, p. 46 e ss.

FRANCO, António de Sousa – *Direito Económico – Súmulas*, Volume II. Lisboa: AAFDL, 1983, p. 11 e ss.

FRANCO, António de Sousa – *Nota sobre o princípio da liberdade económica.* BMJ, 355, 1986, pp. 17–40

FRANCO, António de Sousa; MARTINS, Guilherme D'Oliveira – *A Constituição Económica Portuguesa – Ensaio Interpretativo.* Coimbra: Almedina, 1993

OLIVEIRA, Fernanda Paula [*et al.*] – *Regime Jurídico da Urbanização e da Edificação Comentado.* 3ª edição. Almedina, 2012

SANTOS, António Carlos [et al.] – *Direito Económico.* Almedina, 2004

SARAIVA, Rute – *Behavioural and Evolutionary Approach to the Law and Economics of Cap-and-Trade. In* MATHIS, K.; HUBER, B.R. (eds.) – *Environmental Law and Economics, Economic Analysis of Law in European Legal Scholarship.* 4, Springer, 2017, pp. 405–436

C – Bibliografia Estrangeira

KAHNEMAN, D. – *Thinking, fast and slow.* New York: Farrar, Straus and Giroux, 2011

OLSON, Mancur – *The Logic of Collective Action*, 1965; tradução: *A Lógica da Acção Colectiva: os Benefícios Públicos e Uma Teoria dos Grupos Sociais*, Cultura Brasil, 2015

ROWLEY, Charles – *Public Choice from the Perspective of History of Thought.* The Encyclopaedia of Public Choice, vol. 1, 2004.

SCHUMPETER, Joseph – *Capitalism, Socialism and Democracy*. New York: Harpers & Brothers, 1942

STIGLER, George – «The Theory of Economic Regulation». *In The Bell Journal of Economics and Management Science*, vol. 2, issue 1, Spring, 1971, pp. 3–21

THALER, R.; SUNSTEIN, C. – *Nudge: improving decisions about health, wealth, and happiness*. London: Penguin, 2009

TULLOCK, Gordon; SELDON, Arthur; BRADY, Gordon – *Government Failure: A Primer in Public Choice*. Washington: CATO Institute, 2002

WICKSELL, Knut – *Lectures on Political Economy*, Fairfield, NJ, Augustus M. Kelley Publishers, 1977

PARTE III
A QUESTÃO AMBIENTAL

1. Prévio. Modelo de Exposição

Iniciamos a análise mais profunda da questão ambiental. As questões ambientais actuais são vastas. A poluição, o aquecimento global, a sobrepopulação, a exaustão dos recursos naturais, o não tratamento do lixo e de resíduos, as alterações climáticas, a perda de biodiversidade, a desflorestação, o desaparecimento da camada de ozono, ou a expansão urbana desregrada, a insustentabilidade territorial e a subinfra-estruturação constituem matérias de alcance transversal.

Contudo, se analisarmos atentamente os fenómenos económicos subjacentes, verificamos que, à parte da perda de biodiversidade que coloca questões éticas próprias, todos os restantes fenómenos se poderão reconduzir a questões essenciais que se situam no centro da teoria jurídico-económica em sede de regulação dos mercados: as exterioridades, os recursos comuns e os bens públicos.

QUESTÃO AMBIENTAL		QUESTÃO TERRITORIAL
EXTERIORIDADES	**RECURSOS COMUNS**	**BENS PÚBLICOS**
Poluição	Exaustão dos Recursos Naturais	Sobrepopulação
Aquecimento Global	Desflorestação	Expansão Urbana
Alterações Climáticas	Perda de Biodiversidade	Subinfra-estruturação
Desaparecimento da Camada de Ozono	Não Tratamento de Lixos e Resíduos	Insustentabilidade Territorial
QUESTÃO ENERGÉTICA		

Por razões de organização explicativa, deixaremos as questões territoriais e urbanísticas para a parte referente à questão territorial tratada no volume referente às finanças e fiscalidade do ordenamento do território e do urbanismo, em que analisaremos igualmente a questão dos bens públicos.

A questão energética é transversal. Optaremos, igualmente, por efectuar um tratamento especial da mesma.

Assim, no que diz respeito à questão ambiental, centraremos a análise das questões referidas direccionando a atenção para a regulação das duas falhas de mercado restantes: as exterioridades e os recursos comuns.

Esta classificação é meramente tendencial. Efectivamente, a própria separação analítica entre exterioridades, recursos comuns e bens públicos poderá ser criticada, já que a própria questão dos recursos comuns (na óptica do «especial prejuízo») e dos bens públicos (na óptica do «benefício») poderá ser reconduzida, *in limine*, para a questão genética das exterioridades conforme veremos *infra*.

Capítulo I
Exterioridades Ambientais

1. Exterioridade. Delimitação Conceptual

As exterioridades são falhas de mercado que se traduzem na incapacidade de este reflectir convenientemente as alterações de custo ou de benefício provocadas a terceiros por via dos seus mecanismos normais de funcionamento.

Nestes termos, uma exterioridade negativa (ou por especial prejuízo) traduz-se num custo reflexo na esfera patrimonial de um terceiro que não é considerado na contabilidade individual do agente causador. Por seu lado, a exterioridade positiva (ou de benefício) constitui-se como o ganho reflexo na esfera patrimonial do agente beneficiado que não é considerado na contabilidade individual do agente produtor.

A exterioridade consiste, pois, numa falha estrutural do mercado[191]. Essa falha de mercado reside, em primeira linha, no desajustamento do custo (benefício) marginal privado relativamente ao custo (benefício) mar-

[191] A ilustração dos efeitos das exterioridades poderá ser observada do seguinte modo: $U_{A=}U_A$ $(X_1,X_2,X_n,...Y_1)$. A utilidade (U) do sujeito A depende não só das suas actividades $(X_1,X_2,...,X_n)$, que estão exclusivamente sobre o seu controlo, mas igualmente de uma actividade (Y_1), que é controlada por um terceiro. Como já referimos anteriormente, «estes bens mistos, (a utilidade desse bem é partilhada com outro sujeito, determinado ou indeterminado), poderão gerar benefícios ou custos externos, em sujeitos diferentes dos agentes, que não contabilizam esses custos ou benefícios na sua contabilidade individual, procedendo de forma idêntica quem retira o benefício ou suporta o prejuízo, pois tal resulta de acções de terceiros», (*cf.* LOBO, Carlos Baptista – «Subvenções Ambientais, Análise Jurídico-Financeira». *In Revista Jurídica do Ambiente e Urbanismo*, nºs 5 e 6, Almedina, 1997).

ginal social, no caso das exterioridades negativas (positivas). Esta disfunção genética pode ocorrer mesmo em mercados plenamente concorrenciais[192].

O fundamento da exterioridade reside na incapacidade do mercado de proceder à sua interiorização, originando-se, desta forma, uma perda de bem-estar[193] economicamente ineficiente. Se nada for efectuado no sentido da sua correcção, uma situação de óptimo social[194] é insusceptível de ser atingida.

Pigou distingue três tipos de exterioridades, tendo em consideração quem, além do investidor, recebe parte do produto do investimento. O primeiro tipo denomina-se *tenant-owner externality*, o segundo *spillover externality* e o terceiro tipo *industrial organization externality*. Pigou é claro a este respeito: «*the source of the general divergences between the values of marginal social and marginal private net product that occur under simple competition is the fact that, in some occupations, a part of the product of a unit of resources consists of something, which, instead of coming in the first instance to the person who invests the nit, comes instead, in the first instance (i.e., prior to sale if sale takes place), as a positive or negative item, to other people. These other people may fall into any one of three principal groups: (1) the owners of durable instruments of production, of which the investor is a tenant; (2) persons who are not producers of the commodity in which the investor is investing; (3) persons who are producers of this commodity.*»[195]

[192] Nas palavras de Pigou, as exterioridades negativas seriam «*a number of instances in which marginal private net product falls short of marginal social net product, because incidental services are performed to third parties from whom it is technically difficult to exact payment*». Por seu lado, as exterioridades positivas identificar-se-iam com «*a number of others, in which owing to the technical difficulty of enforcing compensation for incidental disservices, marginal private net product is greater than marginal social net product*» (*cf.* PIGOU, A.C. – *The Economics of Welfare*. 4ª edição. Londres: Macmillan, 1932, pp. 183-185).

[193] Nas situações correspondentes às exterioridades negativas, o ponto correspondente ao óptimo social situa-se na intersecção da curva da procura com a curva do custo marginal social, que é distinta da curva do custo marginal privado. No entanto, o preço do bem em mercado não é determinado pelo custo marginal social, mas sim pelo custo marginal privado, ou seja, o custo do bem para os produtores é inferior ao custo que essa produção acarreta para toda a sociedade. A diferença entre o custo marginal social e o custo marginal privado corresponde à exterioridade. Se interiorizarmos a exterioridade, a curva do prejuízo marginal social será equivalente à curva do prejuízo marginal privado, eliminando-se incapacidade de mercado.

[194] A bibliografia essencial sobre o óptimo social pode ser encontrada em SANTOS, Jorge Costa – *Bem-Estar Social e Decisão Financeira*. Almedina, 1993, nota 100.

[195] PIGOU, A.C. – *The Economics of Welfare*, cit., p. 174.

Utilizando a classificação tripartida de Pigou, as exterioridades ambientais, a verificarem-se, inserem-se na tipologia *spillover externalities.* Estas exterioridades têm como elemento base os efeitos económicos de um determinado acto na esfera jurídica de «terceiros», ou seja, sujeitos que sofrem alterações na sua utilidade geral, não estando, no entanto, directamente envolvidos na relação económica concreta, quer a título de produtores quer a título de consumidores[196/197].

[196] Os exemplos enunciados por Pigou eram, já então, clássicos, mantendo-se, ainda hoje, como exemplos de escola. Relembre-se o mais famoso de todos, o do farol, primeiramente enunciado por Sidgwick: «*The above is only one of a large and varied class of cases in which private interest cannot be relied upon as a sufficient stimulus to the performance of the most socially useful services, because such services are incapable of being appropriated by those who produce them or who would otherwise be willing to purchase them. For instance, it may easily happen that the benefits of a well-placed lighthouse must be largely enjoyed by ships on which no toll could be conveniently imposed.*» (*cf.* SIDGWICK, Henry – *Principles of Political Economy.* 3rd ed. London: Macmillan, 1901, p. 413). É, aliás, inegável a influência de Sidgwick em Pigou. Conforme demonstrámos *supra,* Henry Sidgwick lançou as bases éticas do utilitarismo, seguindo de perto John Stuart Mill. A dicotomia pigouviana entre custo marginal privado e social tem inequivocamente como base a concepção utilitarista de Mill-Sidgwick. No entanto, Pigou, como marginalista que era, refuta inteiramente as conclusões utilitaristas de Sidgwick. As diferenças são suficientes para afastar qualificações redutoras como a enunciada por Margaret O'Donnel, para quem o trabalho de Pigou não seria mais do que «*Sidwickian philosophy couched in Marshallian methodology*» (O'DONNEL, Margaret – «Pigou: An Extension of Sidgwickian Thought». *In History of Political Economy,* vol. 11-4, 1979, p. 588). *Cf.,* sobre este assunto, BHARADWAJ, Krishna – «Marshall on Pigou's Wealth and Welfare». *In Economica,* Fevereiro 1972, pp. 32-46; YOSHINO, Yutaca – *An Essay on Pigouvian Externality.* University of Virginia, Janeiro de 2001.

[197] Segundo Pigou, a interiorização deste tipo de exterioridade só seria possível através da intervenção do Estado, já que a negociação bilateral seria impraticável. Seria necessária a introdução de um mecanismo de ajustamento traduzido num imposto (mais tarde denominado imposto pigouviano), pois a negociação bilateral entre os agentes e os terceiros seria impossível. Conforme ele próprio indica, «*it is plain that divergences between private and social net product of the kinds we have so far been considering cannot, like divergences due to tenancy laws, be mitigated by a modification of the contractual relation between any two contracting parties, because the divergence arises out of a service or disservice rendered to persons other than the contracting parties. It is, however, possible for the State, if it so chooses, to remove the divergence in any field by 'extraordinary encouragements' or 'extraordinary restraints' upon investments in that field. The most obvious forms which these encouragements and restraints may assume are, of course, those of bounties and taxes. Broad illustrations of the policy of intervention in both its negative and positive aspects are easily provided*» (*in The Economics of Welfare,* cit., p. 192). Esta conclusão gerou reacções violentas. Ronald Coase liderou o movimento contestatário, afirmando peremptoriamente a desnecessidade de intervenção estatal a este propósito, pois, dado o carácter marcadamente bilateral das exterioridades, seria possível (e mais eficiente) uma solução negociada, na senda inicialmente

Pigou era mais radical na sua formulação. Na sua perspectiva, todas as actividades industriais que não se baseassem numa estrutura de custos constantes necessitariam de uma acção correctiva estadual de forma a alcançar-se uma situação socialmente eficiente. Essa correcção teria como fundamento a influência reflexa da actividade concorrencial de uma empresa nas demais: qualquer influência distorceria o mercado, afastando-o do sistema de organização ideal. Tal como foi demonstrado por Frank Knight[198], essa perspectiva assenta em pressupostos errados, pois esses efeitos reflexos repercutem-se nos resultados das empresas afectadas, gerando rendimentos correspondentes e não afectando, em consequência, o custo social da actividade.

Tendo presentes estas diferentes situações, a doutrina subsequente distinguiu as exterioridades pecuniárias das exterioridades tecnológicas[199]. As exterioridades pecuniárias consistiriam em efeitos externos (indirectos e não reflexos) que se repercutiriam no sistema de preços, aumentando-os ou reduzindo-os[200].

referida por Edgeworth, na sua obra *Mathematical Psychics,* Reimpressão, Nova Iorque: Augustus M. Kelley, 1967.

[198] *Cf.* Knight, F. – «Some Fallacies in the Interpretation of Social Cost». *In Quartely Journal of Economics*, 38, Agosto, 1924, pp. 582–606; *Cf.*, igualmente, Ellis, H.; Fellner, W. – «External Economies and Diseconomies». *In American Economic Review*, 33, Setembro 1943, pp. 493-511.

[199] A «exterioridade» pecuniária corresponderá, pois, a uma transferência de rendimento que causa um custo privado, mas não um custo social, gerando unicamente um efeito de redistribuição individual da riqueza. Por seu lado, a exterioridade tecnológica causa um custo social, reduzindo, em consequência, o nível de Bem-Estar Social. Posner é extremamente feliz na sua exemplificação: «*competition is a rich source of «pecuniary» as distinct from «technological» externalities – that is, of wealth transfer's from, as distinct from cost impositions on, unconsenting parties. Suppose A opens a gas station opposite B' gas station and as result siphons revenues from B. Since B' loss is A's gain, there is no diminution in overall wealth and hence no social cost, even though B is harmed by A's competition and thus incurs a private cost*» (*cf.* Posner, Richard. – *Economic Analysis of Law.* 5ª edição. Nova Iorque: Aspen Law and Business, 1998, p. 7).

[200] A exemplificação é relativamente simplificada. Vejamos, primeiro, um exemplo de deseconomias externas negativas. Assuma-se que C1 corresponderá à curva de oferta de longo prazo de uma empresa de fabrico de sapatos. Se os preços das matérias-primas se mantiverem constantes e existir uma tendência de elevação do preço do lado da oferta da indústria agregada de sapatos (que pode acontecer por razões diversas, como locais limitados de implantação; diferente desenvolvimento tecnológico, etc.), o ponto de equilíbrio será J. Se cada empresa produzir na sua curva de custos marginais, o seu preço associado, P1, corresponderá ao custo marginal dos sapatos. Existindo uma «rede» de compradores de sapatos, em que a aquisição de um sujeito influencia a utilidade dos restantes, se alguém adquirir um par extra de sapa-

Analisemos mais profundamente esta última situação. Se uma empresa aumentar o seu nível de produção, reduzindo o preço marginal dos seus produtos, a curva de despesa da rede de compradores de sapatos mover-se-á de forma ascendente para o ponto C2 (existe aqui uma clara analogia com o movimento de uma curva da procura).

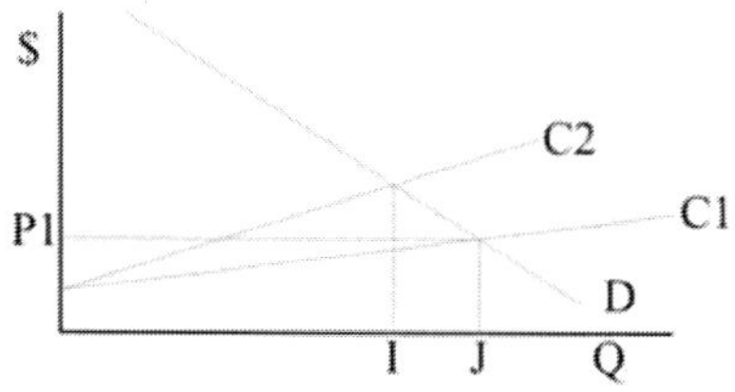

Ora, nestas condições Pigou consideraria que o ponto C2 corresponderia à curva do custo social, propondo a tributação da empresa que produz em Cl, de forma a fazer corresponder Cl (custo privado marginal) com C2 (custo social marginal), interiorizando a exterioridade. No entanto, como demonstraram os críticos de Pigou, esta solução seria incorrecta, pois C2 não corresponde ao custo social marginal. Não correspondendo ao custo social marginal, a diferença entre Cl e C2 não seria mais do que a corporização de um rendimento para o produtor que fabricasse os sapatos a um preço inframarginal. Assim, nas situações em que ocorram despesas adicionais de compradores de sapatos a valores inframarginais, tal corporizaria uma transferência de rendimento dos consumidores de sapatos a um preço inframarginal para os produtos de sapatos a preços inframarginais, sem qualquer impacto no nível de eficiência geral do mercado. Se, à semelhança do que se pretende na análise das redes virtuais, os custos de cada produtor individual de sapatos forem afectados pela expansão da indústria, torna-se essencial analisar concretamente as causas dessas variações de custos. Se existir uma verdadeira exterioridade tecnológica (por exemplo, uma situação de congestionamento), a curva C2 corresponderá efectivamente ao custo social, sendo necessária intervenção externa para a sua correcção. No entanto, o que pode muito bem ocorrer é o aumento do preço do cabedal, a matéria-prima base, para o fabrico dos sapatos, dado o aumento da procura. Neste caso, também não se gerará qualquer situação ineficiente, pois a mais-valia será transmitida para o mercado a montante, remunerando o produtor do cabedal. Assim, em C2, o pagamento adicional efectuado pelo comprador ao produtor a preços inframarginais será transmitido ao fornecedor de cabedal. Ora, neste momento deverá questionar-se a razão pela qual o cabedal subiu de preço. Se existirem discrepâncias de preço por razões locacionais, Cl corresponderá à curva do custo social marginal dos sapatos, constituindo a diferença entre Cl e C2 uma renda a favor do fornecedor de cabedal a preços inframarginais. Ao invés, se existir uma verdadeira exterioridade tecnológica (de novo o exemplo do congestionamento), a curva do custo social marginal dos sapatos corresponderá ao ponto C2. A razão para essa discrepância não estará, contudo, nos processos do fabricante, mas sim no facto de o cabedal não ser vendido ao custo social marginal. Em conclusão, os resultados dos mercados a jusante são, muitas vezes, ecos de eventos ocorridos nos mercados a montante. Se o preço das matérias-primas for correctamente determinado e não existirem exterioridades tecnológicas, o custo social marginal dutos, esse aumento de unidades produzidas terá inevitavelmente efeitos nas empresas concorrentes. Esse é o fundamento da própria concorrência.

Os efeitos negativos reflexos causados aos concorrentes (redução do preço e aumento de produção da firma concorrente) repercutem-se num aumento de satisfação dos consumidores (que poderão adquirir mais produtos a um menor custo). Nestes casos, não existiria qualquer falha ou incapacidade de mercado[201].

corresponderá ao ponto C1. Ora, nestas condições não existirão quaisquer exterioridades, dado que o mecanismo de preços encarregar-se-á de mediar as diferenças de custos das matérias-primas. Assim, as exterioridades pecuniárias não geram qualquer ineficiência nos mercados, pelo que a sua interiorização corresponderia a criar uma situação de monopsónio virtual. *Cf.* Liebowitz, S. J.; Margolis, S. – «Are Network Externalities a New Source of Market Failure». *In Research in Law and Economics*, Vol. 17, 1995, cit., pp. 1-22.

[201] No caso de exterioridades pecuniárias positivas, os efeitos indirectos reduzem os preços dos componentes da rede. O preço do sistema Windows reduz-se à medida que o número de proprietários de computadores aumenta. Numa empresa que produz bens a custos crescentes, se não ocorrer um aumento de preço das matérias-primas, um aumento no activo imobilizado fixo, ou alguma exterioridade tecnológica, o rendimento excedentário relativo ao custo marginal corresponderá a uma renda em benefício do produtor, adquirindo a natureza de transferência de liquidez. Essa renda poderá igualmente ter como causa um aumento da capacidade produtiva, com vendas a uma fracção superior ao custo marginal. No entanto, a demonstração gráfica de Liebowitz e Margolis não é feliz a este respeito. Note-se que, nestas condições, não é possível efectuar uma análise simétrica partindo do exemplo anterior, pois a venda com prejuízo é, em termos gerais, economicamente *contra natura*. O exemplo destes autores assenta na pretensa deslocação descendente da curva da oferta por redução dos preços das matérias-primas no mercado dos computadores e dos circuitos integrados. Considerando que os circuitos integrados são vendidos ao preço do seu custo marginal, na inexistência de exterioridades tecnológicas ou de economias de escala do lado da oferta, a deslocação descendente da curva da oferta implicará uma redução de preço dos circuitos integrados simultânea à expansão de vendas de computadores (por questões de simplificação, considera-se que o único elemento relevante para a determinação do preço de venda do computador é o custo do circuito integrado).

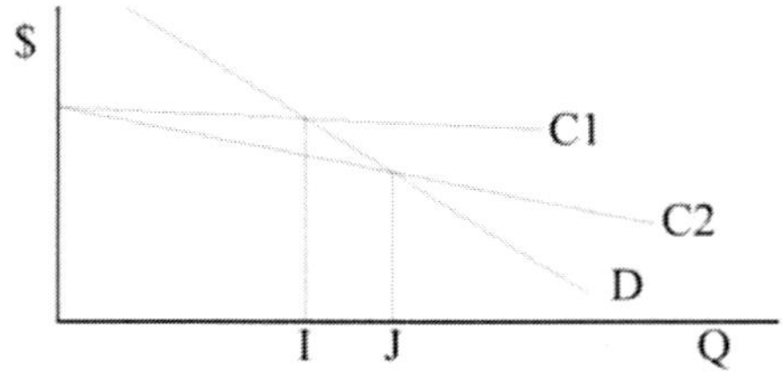

Figura 1 – S. J. Liebowitz e S. E. Margolis,
«Are Network Externalities a New Source of Market Failure», cit., p. 6.

Por seu lado, as exterioridades tecnológicas corresponderiam aos efeitos reflexos insusceptíveis de interiorização através dos mecanismos normais de mercado. Estas, sim, corresponderiam aos fenómenos que tipicamente se inserem na qualificação de falhas ou incapacidades de mercado. Nestas situações, os custos ou benefícios reflexos teriam de ser interiorizados através de mecanismos excepcionais (conforme veremos, a negociação

Se as causas da redução do preço dos circuitos integrados não forem imputadas a qualquer acção de uma empresa individual, a curva dos custos marginais agregados da indústria deslocar-se-á no sentido dos ponteiros do relógio, já que corresponderá à soma de todas as curvas de oferta dos fabricantes. Na figura 1, C1 corresponderá à oferta e C2 corresponderá à curva da despesa marginal associada a C1. Desta deslocação no sentido descendente da curva da oferta resultará uma situação em que a despesa marginal dos consumidores em computadores se situa abaixo do preço determinado pela curva da oferta. Tal resulta do facto segundo o qual o custo marginal de cada computador adicional corresponderá ao custo da última unidade produzida, subtraído do efeito (negativo) de custo sobre todas as outras unidades, que ficarão mais baratas por redução do preço dos circuitos integrados. Neste caso, e ao contrário das deseconomias externas em que ocorre uma transferência de rendimento dos consumidores para os produtores, teríamos uma transferência de rendimento dos produtores dos computadores para os consumidores correspondente à diferença de despesa inframarginal. No entanto, uma vez que estes produtores repercutem o preço efectivo dos circuitos integrados, deverá concluir-se que os benefícios para os consumidores derivam, não dos fabricantes de computadores, mas sim dos fabricantes de circuitos integrados. Considerando que a indústria de circuitos integrados adquire uma dimensão de monopólio natural, a venda destes circuitos a um preço inferior ao custo marginal gera inevitáveis prejuízos, obrigando a uma subsidiação destes produtores, que, em última instância beneficiará, os adquirentes de computadores. Por outro lado, se existir uma verdadeira exterioridade tecnológica, a empresa deverá receber um subsídio pigouviano determinado com referência ao aumento do volume de produção de computadores que beneficiará, em última instância, os consumidores de computadores. Liebowitz e Margolis concluem que, neste caso, não existirá qualquer exterioridade, pois o sistema de preços repercute fielmente todas as vicissitudes no mercado. Referem ainda que não se poderá confundir a situação de monopólio natural que identifica a indústria de circuitos integrados com uma qualquer exterioridade (*cf.* S. J. Liebowitz e S. E. Margolis, «*Are Network Externalities a New Source of Market Failure*», cit., p. 7). Com o devido respeito, pensamos que Liebowitz e Margolis não chegaram a analisar efectivamente uma situação susceptível de qualificação como rede virtual. O que analisaram foi o mecanismo de formação de preços na indústria de computadores, que, como se sabe, assenta numa produção de circuitos integrados abaixo do custo marginal, por razões de subsidiação e de excesso de oferta. O que está efectivamente em causa neste exemplo não são as variações exógenas provocadas por um aumento da procura agregada, mas sim a transferência de uma renda para os consumidores pelo simples facto de os circuitos integrados estarem a ser vendidos abaixo do custo médio. Ao avançarem com as hipóteses de ocorrência de subsidiação ou de exterioridades tecnológicas, invalidaram o exemplo.

directa de título de propriedade, na perspectiva coaseana, ou a intervenção estadual por via de impostos ou subsídios, na perspectiva pigouviana).

Nestes termos, simplesmente as exterioridades tecnológicas revestiriam a qualidade de verdadeiras e próprias exterioridades no conceito técnico do termo, pelo que será a estas que nos referiremos *infra* quando utilizarmos a denominação indiferenciada «exterioridade».

De seguida, analisaremos a questão das exterioridades ambientais de sentido negativo (ou de especial prejuízo) e deixaremos a temática das exterioridades positivas (ou de benefício) quando tratarmos da questão urbanística.

2. As Exterioridades e o Ambiente

A poluição constitui o exemplo clássico de exterioridade negativa. Todos os exemplos históricos relevantes utilizam um qualquer efeito reflexo externo em sede ambiental para a demonstração intuitiva da existência da figura.

Na Faculdade de Direito da Universidade de Lisboa, sempre que é leccionada esta matéria, invariavelmente um avião passará a baixa altitude, impedindo a prossecução da aula. Essa é a melhor demonstração empírica de uma manifestação da figura da exterioridade negativa. Neste caso, de poluição sonora, com base no ruído emitido pelos reactores, o custo da paralisação da aula (ainda que por breves segundos) não é incorporado nos custos de operação da companhia aérea. O custo de paralisação da aula não é incorporado no preço dos bilhetes que os passageiros adquiriram. O mesmo acontece no exemplo, já utilizado, da fábrica de curtumes. Neste caso, o custo da produção de peles não reflecte o custo social provocado à aldeia situada a jusante pelo facto de os seus habitantes não poderem utilizar a água do rio para a rega dos campos ou para pescar. Existe, portanto, uma diferença entre o custo privado marginal, relevante para a formação do preço da produção, e o custo social marginal, relevante para a definição do nível óptimo em matéria de bem-estar social.

Note-se que, na perspectiva racional individual do empresário, ele só actua quando os custos de não actuação superarem os custos da actuação. Por outras palavras, o empresário só investirá em soluções de tratamento da poluição quando os custos do não-investimento superarem os do investimento. Se a poluição não o afectar directamente, então ele não terá qualquer incentivo em investir num qualquer equipamento que minimize as emissões. Em tese, e num cenário clássico, o agente só actuaria quando a poluição tornasse insuportável o trabalho na fábrica, por via da insalubridade ou do cheiro, quando os trabalhadores residentes na aldeia começassem a adoecer e ele não obtivesse força laboral, ou quando um proprietário de poder equivalente se sentisse afectado pelas suas emissões. Este é o cenário tradicional que se presencia em zonas onde a acção pública de regulação ambiental não existe ou não é aplicada.

Poder-se-ia pensar, de forma fundamentalista, que a melhor forma para lidar com esta situação e proceder à optimização social deste problema passaria pelo encerramento da fábrica. Porém, existe um factor que obsta a essa solução: os habitantes da aldeia são os trabalhadores da fábrica, e dependem dela para a concretização do orçamento familiar. Se a fábrica fechasse, deixariam de ter os meios mínimos de subsistência.

Uma outra solução poderia passar pela exigência de um nível de emissão zero. Ou seja, a fábrica deveria adquirir tecnologia que lhe permitisse tratar todos os resíduos emitidos. Esta solução também terá os seus óbices. Os custos da despoluição total do rio poderiam tornar a empresa não competitiva relativamente aos seus concorrentes. Por outro lado, essa solução radical esquece a capacidade de regeneração e processamento natural do rio que permite suportar algum grau de emissões sem que isso afecte significativamente o ecossistema e o subsequente aproveitamento da água para outros fins. Torna-se necessária, portanto, uma solução de equilíbrio. E para isso é essencial identificar a exterioridade e quantificar os seus efeitos.

Os exemplos de exterioridades por poluição são inúmeros, mas traduzem-se invariavelmente na não contabilização dos custos sociais nos custos privados de produção.

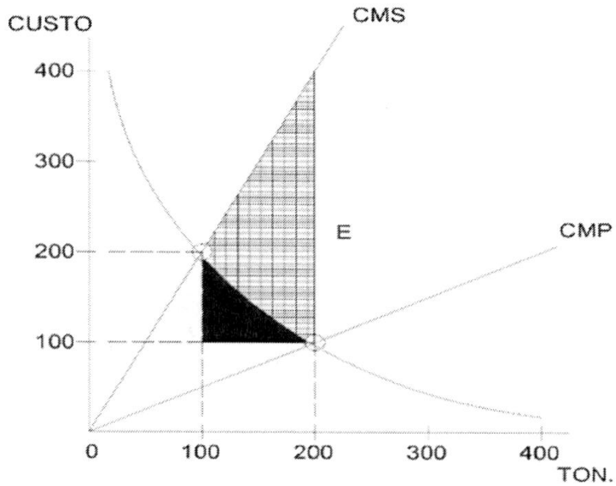

Figura 2 – Exterioridades Ambientais

No caso em análise, o ponto de equilíbrio que desencadeia a decisão privada consiste na situação que resulta do encontro do custo privado marginal com a curva de custo da despoluição. Assim, na perspectiva do empresário de curtumes, o ponto de equilíbrio que define a sua atenção traduz-se no investimento de 100 unidades monetárias em equipamentos de despoluição, que se traduz na emissão de 200 toneladas de poluição para o rio.

No entanto, na perspectiva da comunidade, o ponto de equilíbrio é diverso. Nesse caso, a situação óptima traduzir-se-ia no investimento de 200 unidades monetárias, com a emissão de 100 toneladas de poluição.

A exterioridade é, portanto, evidente. Traduz-se na margem financeira que se traduz no custo reflexo para a comunidade, e que existe no momento em que o empresário simplesmente investe 100 unidades e emite 200 toneladas. Neste quadro, a exterioridade consiste na área riscada. Simetricamente, os ganhos para o poluidor são representados pela área a negro.

Sendo geradora de custos reflexos em terceiros, que não são contabilizados na contabilidade individual do agente causador, reveste a natureza de exterioridade negativa ou por especial prejuízo.

3. Exterioridades Ambientais. Metodologias de Resolução Tradicionais

Consistindo a exterioridade na diferença de posicionamento entre a curva do custo privado marginal e a curva do custo social marginal, existem duas formas potenciais de resolução da questão:

i. O desenvolvimento de uma política pública de financiamento do custo social marginal, compensando os prejudicados pelos custos reflexos sustentados (perspectiva *ability to accept*);

ii. O desenvolvimento de uma política pública de tributação acrescida que onere o produtor privado, fazendo que o custo privado da sua acção incorpore o montante equivalente ao que se traduziria ao contabilizar-se o custo social marginal (perspectiva *ability to pay*).

Estas duas metodologias prosseguem a finalidade de optimização social. Relembre-se que na perspectiva paretiana poderão ocorrer transferências *lump sum* entre agentes tendo em vista a prossecução de alterações de bem-estar de acordo com o modelo óptimo.

No primeiro caso, da subsidiação resultaria uma descida de posicionamento da curva do custo social marginal, eliminando-se a exterioridade quando essa equivalesse à do custo privado marginal. Estaríamos, portanto, no campo das subvenções ambientais.

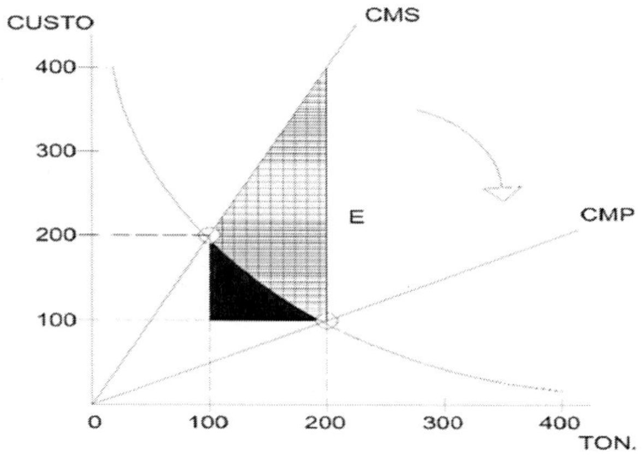

Figura 3 – Subvenções Ambientais

No segundo caso, ao invés, tributar-se-ia o agente de forma que o custo social reflexamente causado fosse integrado no custo de produção, eliminando-se a exterioridade através da interiorização da mesma na contabilidade de custos de produção, o que levaria o agente causador da exterioridade a desenvolver uma conduta de adequação da sua conduta aos mandamentos decorrentes de uma actuação conforme o ponto de eficiência tomando como referência o custo marginal social.

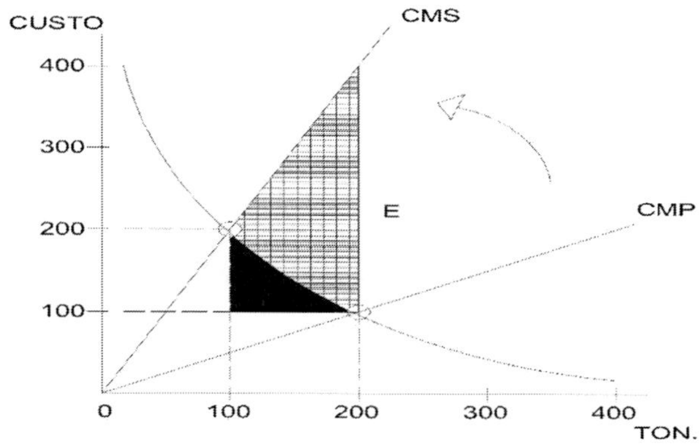

Figura 4 – Impostos Ambientais

Esta é a solução preconizada pelos impostos ambientais.

Apesar de tentadora, a conclusão pela existência de uma exterioridade sempre que as variáveis preço e quantidade se movem em direcções inversas é incorrecta, gerando inevitáveis erros ao nível da análise económica e do desenvolvimento de políticas[202].

Conforme referimos *supra*, é essencial determinar se a exterioridade em causa é uma verdadeira e própria exterioridade, no sentido próprio da falha de mercado causadora de especial prejuízo. Porém, o sentido negativo não esgota o campo das exterioridades. Existem, igualmente, as exterioridades propiciadoras de benefícios reflexos. Esta questão não se coloca unicamente na denominada Nova Economia. Também na velha economia, *maxime* nas infra-estruturas urbanísticas, à medida que se estabiliza a base produtiva, o preço unitário dos bens produzidos tendia a diminuir. Se tratarmos os efeitos externos de rede indistintamente como uma realidade unívoca, não existirá espaço para discernir outros fenómenos económicos de base (economias de escala na produção, redução do preço de produção devido ao progresso tecnológico, subvenções de monopólios naturais, escoamento de produção em excesso) que, inevitavelmente, se verificarão nestes sectores.

Os efeitos externos positivos de rede indirectos (denominados por alguma doutrina como economias de escala do lado da procura) poderão, muitas vezes, ocultar efeitos económicos sensíveis do lado da oferta de relevância quer micro quer macroeconómica. Não se poderá tratar indistintamente todos estes fenómenos, susceptíveis de manifestações diversas, numa única veste, neutra quanto à intensidade e indistinta quanto à natureza. O que os efeitos de rede indirectos propiciam é uma multiplicação dos efeitos económicos positivos, gerando-se uma tendência inelutável para a concentração.

Ao referir-se que a utilidade recebida por um utilizador aumenta consoante o aumento de dimensão da rede, o resultado inevitável seria a constituição de um monopólio natural. A rede de maior dimensão forneceria

[202] Os efeitos externos de rede já foram confundidos com efeitos do lado da oferta (nomeadamente com economias de escala e de gama), com outros efeitos do lado da procura, com monopólios naturais, com infra-estruturas essenciais, com efeitos de aprendizagem, com normalização e fixação de *standards*, só para citar alguns exemplos. Não é de admirar, portanto, que autores como Kolasky as designem como uma «*ubiquitous, pantheistic entity*» (Kolasky, W. J. – *Network Effects: a Contrarian View*». *In George Mason Law Review*, 577, 1998-1999, cit., p. 577 e ss.).

maiores níveis de utilidade aos seus participantes, atraindo inevitavelmente todos os demais. No final do ciclo, todos os utilizadores fariam parte de uma única rede ou, no caso concreto das redes virtuais, de um único sistema[203]. É isto que explica as vantagens das cidades e os efeitos das economias de densidade.

Não obstante, se analisarmos a realidade dos mercados, verificamos que estas pretensas exterioridades são insuficientes para garantir a criação de um monopólio natural, embora tal potenciem. Uma constatação meramente empírica é suficiente para chegarmos a semelhante conclusão. O nosso mundo de hoje é um mundo urbanizado. As cidades (e regiões) constituem-se como redes em si mesmo. Existem, ainda, sistemas a concorrer entre si, numa lógica de clara e sã concorrência. No entanto, uma conclusão é certa: a necessidade regulatória, pelo menos ao nível do planeamento, é ainda hoje obrigatória.

Não se pode tratar o problema das redes urbanas através de modelos de normalização de utilidades numa estrita lógica de quantidade/preço. Como foi oportunamente referido, nem todos os participantes de uma rede retiram a mesma utilidade da sua participação. Por outro lado, nem todos os participantes de uma mesma rede retiram uma utilidade aumentada na mesma medida pela entrada de um novo utilizador.

Os desafios que se colocam ao regulador são, portanto, evidentes:

i) A resolução das situações de exterioridade negativa por via da interiorização da mesma através de instrumentos de política económico-financeira correctiva;

ii) A socialização das situações de exterioridade positiva por via da socialização da mesma através de instrumentos de política económico-financeira correctiva.

No primeiro caso, tal permitirá que os agentes no mercado efectuem um correcto juízo de opção, integrando na sua contabilidade individual a margem de custo social inerente à produção daquele bem ou utilidade. No segundo caso, a recuperação da margem adicional de utilidade social capturada individualmente permitirá desenvolver uma política sustentá-

[203] Se não existirem outros pressupostos para a realização da opção económica além do preço e da quantidade, nem sequer existirá uma margem marginal de outras redes menores.

vel de manutenção e amortização de bens públicos, garantindo a sustentabilidade das infra-estruturas territoriais.

A – Questões para o Futuro

i. Serão as exterioridades ambientais verdadeiras e próprias falhas de Mercado?

ii. Terão as exterioridades positivas e negativas os mesmos efeitos nefastos em sede de eficiência dos mercados?

iii. Poderá existir uma relação de contraposição entre a interiorização de exterioridades positivas e o princípio da igualdade?

iv. Será o ponto óptimo de actuação tomando em consideração a variável custo privado marginal invariável? Qual o papel da economia comportamental a este respeito?

v. Serão as estratégias *ability to accept* e *ability to pay* neutras em sede de opção tendo em vista a eliminação das exterioridades?

B – Bibliografia Nacional

ARAÚJO, Fernando – *Introdução à Economia*. 3ª edição. Almedina, 2014, pp. 541 a 599

FRANCO, António de Sousa – *Finanças Públicas e Direito Financeiro*. 4ª edição. Almedina, 2015

LOBO, Carlos Baptista – «Subvenções Ambientais, Análise Jurídico-Financeira». *In Revista Jurídica do Ambiente e Urbanismo*, nºs 5 e 6, Almedina, 1997

LOBO, Carlos Baptista – *Sectores em Rede: Regulação para a Concorrência*. Almedina, 2009

SANTOS, Jorge Costa – *Bem-Estar Social e Decisão Financeira*. Almedina, 1993

C – Bibliografia Estrangeira

KNIGHT, F. – «Some Fallacies in the Interpretation of Social Cost». *In Quartely Journal of Economics*, 38, Agosto, 1924, pp. 582–606

PIGOU, A. C. – *The Economics of Welfare*. 4ª edição. Londres: Macmillan, 1932

POSNER, Richard. – *Economic Analysis of Law*. 5ª edição. Nova Iorque: Aspen Law and Business, 1998

WEISHAAR, Stefan E., Larry Kreiser, Janet E. Milne, Hope Ashiabor, Michael Mehling – *The Green Market Transition*, Edward Elgar Publishing, 2017.

Capítulo II
Os Recursos Comuns

1. Recursos Comuns. Delimitação Conceptual

Os recursos comuns são um verdadeiro desafio quando se analisa o modelo da economia de mercado. Poderíamos conciliar esta exposição com a referente às exterioridades. Porém, face à sua diferenciação potencial, e por razões de facilidade de exposição, optámos por dedicar-lhes um capítulo especial.

Efectivamente, para que as forças de mercado funcionem tendo em vista a concretização de situações eficientes em sede de bem-estar, é essencial que os lados da oferta e da procura efectuem os seus juízos de atribuição de recursos, sendo o padrão máximo de referência o preço de encontro entre as pretensões da oferta e a disponibilidade da procura, em ambiente de concorrência perfeita. Para isso é essencial que o bem ou serviço seja transaccionável. E para revestir essa qualidade são essenciais duas características básicas: *i)* a rivalidade no seu uso, isto é, os agentes têm de se debater pelo seu consumo; *ii)* a exclusão de acesso, ou seja, o consumo do bem ou serviço por um agente impede liminarmente o consumo do mesmo por outra pessoa.

Assim, podem ocorrer quatro situações potenciais:

i) se a exclusão de acesso ou bem for natural e a rivalidade no uso tendencialmente elevada, estaremos na presença de um bem privado, susceptível de ser transaccionado em mercado;

ii) se a exclusão de acesso ou bem for natural, e a rivalidade no uso tendencialmente reduzida, estaremos na presença de bens de clube, que podem ser fornecidos num modelo de iniciativa privada colectiva;

iii) se a exclusão de acesso ou bem for tendencialmente impossível, e a rivalidade no uso tendencialmente elevada, estaremos na presença de um recurso comum;

iv) se a exclusão de acesso ou bem for tendencialmente impossível, e a rivalidade no uso tendencialmente reduzida, estaremos na presença de um bem público.

Ora, as duas últimas classes de bens, os recursos comuns e os bens públicos, padecem de insuficiências relevantes. O recurso comum é extremamente apetecível pelos agentes, mas não detém uma característica genética que permita uma exclusão no seu consumo. Por conseguinte, colocam-se inevitavelmente problemas na definição de um modelo de consumo sustentável. Os recursos comuns são limitados, logo, escassos, mas não existe possibilidade de excluir agentes do seu consumo. Estes, aliás, combatem activamente pela sua titularidade, que se torna cada vez mais preciosa à medida que vão desaparecendo. Por conseguinte, tal origina uma tendência inelutável para a sobreexploração do mesmo, degradando-o e, no limite, exaurindo-o.

Por sua vez, o bem público, com uma exclusão de acesso impossibilitada e com uma rivalidade no consumo reduzida, padece naturalmente de um desinteresse económico na sua constituição. Se o consumo for não rival, o valor económico que a procura lhe atribui é relativamente reduzido, uma vez que a escassez não se verifica. Por sua vez, não existindo possibilidade de exclusão de agentes no seu consumo, torna-se impossível proceder a um juízo redistributivo contributivo para a realização do investimento na sua construção, porquanto os utilizadores não contribuintes não podem ser excluídos no seu acesso a esse bem ou serviço, beneficiando dele nos mesmos termos que os contribuintes. Sendo o *free riding* inevitável, nenhum agente individual decidirá racionalmente contribuir para o mesmo. Porém, se o seu consumo ou utilização der origem a situações de congestionamento, entraremos no campo dos bens de clube, visto que os efeitos negativos sentidos permitirão uma base para a identificação de um grupo beneficiário que se poderá organizar colectivamente (pelos menos teoricamente) de forma a oferecê-lo de forma mais eficiente.

Deixando o problema do bem público para o momento do tratamento da questão territorial em volume autónomo, nomeadamente quando tratarmos da questão das infra-estruturas urbanísticas, veremos de seguida o problema dos recursos comuns, cujo tratamento é primordial num enquadramento de desenvolvimento sustentável.

2. A Insustentável Leveza dos Recursos Comuns: o Planeta Finito

Sendo o motor da economia de mercado a optimização do bem-estar individual, é natural que, na presença de um recurso escasso com valor económico, em que o acesso ao mesmo seja não restringido, exista uma tendência inelutável pela apropriação individual da integralidade do valor económico disponível. E, neste quadro, o consumo abusivo de alguém constitui um inevitável custo reflexo para os demais, uma vez que ficam impossibilitados de aceder à mesma utilidade.

O problema reside, portanto, numa lacuna de titularidade. Não tendo o bem uma capacidade inata para garantir o seu consumo em termos de exclusividade, a barreira natural em que se traduz a propriedade privada é, intrinsecamente, inoponível. Tal não acontece com o bem privado ou com o bem de clube, já que estes, assentando num modelo de exclusão de acesso, permitem o exercício natural dessa titularidade (de forma individual no primeiro caso, de forma colectiva ou agrupada no segundo caso).

Conforme menciona Fernando Araújo, «o problema está em que quando existem recursos comuns todos têm incentivos para explorá-los, mas ninguém tem incentivos para cuidar deles – cada um ganha em retirar um benefício privado apoiado em externalidades negativas, mas ninguém ganha em suportar o custo de benefícios comuns geradores de externalidades positivas»[204].

Se a situação é grave num ambiente intrageracional, torna-se dramática na vertente intergeracional. O conceito de desenvolvimento sustentável nasceu precisamente para dar resposta a esta problemática.

Num modelo termodinâmico universal, a estabilidade da matéria e da energia é uma lei fundamental. No entanto, tal não ocorre a nível planetário. A terra, o ar e a água disponíveis são limitados. E nunca em outro momento histórico existiu uma consciência tão fundada dessa finitude. Infelizmente, a percepção empírica das populações ainda não atingiu a clareza das previsões científicas. Existe, portanto, um claro desfasamento entre a taxa social de desconto percepcionada e a taxa social de desconto efectiva, o que impede a formulação de políticas preventivas eficientes, ainda mais num quadro de desigualdade mundial.

[204] *Cf.*, Araújo, Fernando – *Introdução à Economia*, cit., 2014, p. 593.

Por estas razões, as discussões sobre os recursos comuns iniciaram-se em situações de nicho, ou seja, em que a exploração desregrada originou problemas graves de sustentabilidade e, no limite, a própria exaustão do recurso em causa. Mesmo o argumento do desenvolvimento tecnológico progressivo como elemento de resolução de todos os nossos males esbarra num dilema fundamental: de acordo com as leis da natureza, não se pode criar algo de nada. Tem sempre de haver um material ou energia para a constituição do novo produto. Neste quadro, o desenvolvimento sustentável não se pode basear indefinidamente no pressuposto da sucessiva substituição de recursos esgotados. Um argumento de base da economia ecologista é o seguinte: se a população humana crescer à taxa anual de 1%, a massa dos seres humanos excederá o do próprio planeta daqui a 3000 anos[205]. Obviamente que este argumento *ad terrorem* de base malthusiana pressupõe um modelo de aproveitamento estático. Contudo, mesmo com uma progressão geométrica no *ratio* de aproveitamento dos recursos, a verdade é que se chegará a um momento de exaustão. A questão será, portanto, evitá-la até um ponto em que a colonização espacial se torne possível. Só assim sairemos do ambiente terreno que baseia a construção dos modelos de sustentabilidade.

A economia ecologista distingue os «fluxos de *stocks*» dos «fundos de serviço». O ponto de partida está na crítica que efectua à economia clássica que considera todos os materiais e serviços necessários à actividade produtiva como «factores de produção». A economia ecologista parte da distinção aristotélica entre «causas materiais», que podem ser transformadas, e «causas eficientes», que possibilitam a transformação, mas que não são directamente consumidas no processo. No fabrico de um bolo, a farinha, o açúcar e os ovos serão as causas materiais, e a cozinha e o pasteleiro as causas eficientes. Assim, o consumo rival só se faria sentir relativamente aos fluxos de *stocks* e não aos fundos de serviço, já que estes se manteriam activos após o consumo individual do bem produzido, *i.e.*, do fluxo de *stock*.[206]

[205] CHAMIE, J. – *World Population to 2300.* United Nations Population Division, Department of Economic and Social Affairs, 2004.

[206] Neste sentido H. Daly e J. Farley indicam: «*note that all stock-flow resources are rival, and all nonrival goods are fund-service. However, some fund-service goods are rival. For example, my bycicle is a fund that provides the service of transportation, but it is rival; the ozone layer is a fund that provides the service of screening UV rays, but it is non rival.*» *Cf.* DALY, H.; FARLEY, J – *Ecological Economics*, cit., 2011, pp. 71 e 72. Não obstante, a diferença não será de natureza intrínseca, mas de uma dife-

E, para isso, é essencial que todos os recursos disponíveis sejam utilizados da forma mais eficientes e, consequentemente, justa, possível.

Tradicionalmente, a economia ecologista distingue dois tipos fundamentais de recursos: os recursos abióticos e os recursos bióticos. Como recursos abióticos essenciais teremos:

i) os combustíveis fósseis, que serão recursos não renováveis, mas cuja exaustão depende dos conceitos básicos de que se parte. De uma perspectiva económica tradicional, eles tenderão para a exaustão. Porém, na perspectiva da economia ecologista tal já não ocorrerá, apesar da sua natureza enquanto «fluxo de *stock*», uma vez que, de acordo com a lei da entropia, será permitido retirar cada vez mais proveito da sua utilização, pelo que nunca se poderia extrair virtualmente toda a energia potencial presente nos mesmos. Os únicos factores de depreciação serão, portanto, a sua quantidade e a qualidade relativa dos mesmos, que se reduzirão progressivamente, mas sem nunca se esgotarem. A principal questão ambiental que se colocará, nesta perspectiva, consiste nos efeitos dos seus resíduos no ambiente, sob a forma de poluição, aquecimento global, chuvas ácidas. Se nada for efectuado, os efeitos negativos destes subprodutos destruirão a vida como a conhecemos num momento muito anterior à total exaustão dos mesmos (veja-se o caso recente dos investimentos em gás de xisto). Assim, esperemos que nalgum ponto desse trajecto, o custo e o benefício económico resultante da utilização das energias renováveis (incluindo a fusão nuclear) ultrapasse as vantagens na continuação da exploração de energias baseadas no carbono num horizonte populacional de 7 mil milhões de pessoas.

ii) Os recursos minerais são finitos em termos de *stock*, existindo um limite natural para a sua utilização eficiente[207]. Uma lata de alumínio

rente taxa de amortização do activo, já que mesmo as causas eficientes e, consequentemente, os fundos de serviço serão perecíveis pelo decurso do tempo e pela intensidade de utilização.

[207] Já que as energias renováveis poderão, teoricamente, substituir facilmente as energias de base fóssil, alguns autores consideram que, não existindo a mesma relação de sucedaneidade relativamente aos minerais, a situação de exaustação potencial será mais grave neste campo, não se alcançando o ponto de estado estacionário. *Cf.* Georgescu-Roegen, N. – *The Entropy Law and the Economic Process*. Cambridge: Harvard University Press, 1971. Contra, referindo que a optimização energética permitiria uma extracção cada vez mais eficiente de todos os

poderá ficar sucessivamente mais fina, mas haverá inevitavelmente um limite físico para o estabelecimento de uma espessura funcional. Por outro lado, como acontece com os combustíveis fósseis, a quantidade e a qualidade dos mesmos irão degradar-se sucessivamente, sendo necessária cada vez mais energia para a sua extracção. Poderia argumentar-se que a reciclagem contínua dos mesmos poderia obstar à sua exaustão. Contudo, tal é impossível, porquanto a quantidade de energia necessária seria cada vez maior, e existirá sempre um grau de degradação física incontornável (por exemplo, a corrosão). Por outro lado, poderá entender-se que os bens minerais serão concorrentes entre si, o que permitiria um equilíbrio de exploração mútua entre os mesmos, passando-se sucessivamente para recursos «menos nobres». Todavia, se isso poderá ser verdadeiro num horizonte intrageracional, já o não será em termos intergeracionais. Questão premente será, portanto, a criação de novos materiais compósitos, de base não mineral, como, por exemplo, os baseados no carbono, e que permitam uma sucessiva substituição dos activos usados ao nível dos processos de fabrico.

iii) A água é a base da vida, sendo o planeta coberto em 70% do total por oceanos. Porém, a água doce é substancialmente mais rara (cerca de 3% do total), sendo que dois terços da mesma se encontram congelados nas zonas polares. A água, enquanto recurso, difere radicalmente dos combustíveis fósseis e dos minerais. Constituindo um fluxo de *stock*, tem uma capacidade natural de renovação, por via do ciclo hidrológico. A realidade não é harmoniosa a este respeito. Existem rios que são intensamente explorados e nunca chegam ao mar. Por sua vez, as reservas aquíferas fósseis são exploradas intensivamente, o que não se compadece com as suas reduzidas capacidades de renovação. Não podendo os humanos afectar, ainda, a quantidade total de água presente no planeta, a verdade é que a utilização da mesma se encontra cada vez mais limitada devido à sobreutilização regional e à desertificação decorrente do aquecimento global. Uma vez que a dessalinização implica um consumo maciço de energia, não disponível em zonas pobres, a questão que

recursos, *cf.* AYRES, U. – «The Second Law, The Fourth Law, Recycling and Limits to Growth». *In Ecological Economics*, 29, 1999, pp. 473–484.

se coloca é, hoje em dia, mais focada na vertente redistributiva. Existem áreas do planeta em que, devido à actividade humana crescente, os mecanismos naturais de renovação não alcançam o nível de serviço anterior. Ora, neste ponto, quando a água se transforma igualmente num fundo de serviço em exaustão, a sobrevivência humana é colocada em causa em termos territoriais assimétricos, gerando-se graves conflitos regionais.

iv) O solo, enquanto fundo de serviço, é a plataforma para actividade humana, e por conseguinte, constitui uma infra-estrutura essencial para a nossa existência. Sendo elemento constitutivo básico da liberdade humana, o seu consumo é intrinsecamente rival. Por outro lado, dadas as limitações próprias de apropriação natural do mesmo, a outorga da sua titularidade implica um juízo de eficiência e justiça permanente. Na vertente produtiva, é essencial para a produção alimentar, mas é igualmente suporte para todos os outros recursos, incluindo os combustíveis fósseis, os recursos minerais e a própria água utilizável. Por essa razão, e atenta a sua dimensão fundamental, trataremos do solo na parte correspondente ao ordenamento do território e urbanismo.

v) As energias renováveis constituem-se essencialmente como fundos de serviço, encontrando-se presentes em formas que nunca conseguiremos explorar em toda a sua intensidade, mas implicam enormes investimentos de capital na sua captação, processamento e armazenagem. Neste caso, estamos perante um claro caso de bem de consumo não rival (embora existam localizações mais favoráveis do que outras, por exemplo, no caso da energia eólica ou da energia solar) e cujo *stock* disponível se manterá estável nos próximos milhões de anos.

Qual a relevância destas características para a definição de uma política pública? A partir do momento em que o bem é de consumo rival, e a sua titularidade não se encontra definida, ou é atribuída em termos incorrectos, estabelecendo-se um modelo de duplo monopólio, a questão da utilização eficiente do mesmo torna-se pertinente. Torna-se essencial, nesse momento, equacionar modelos eficazes de garantia de uma correcta exploração desse activo, sem que se comprometa a liberdade das gerações futuras.

É igualmente essencial que se garantam modelos de consumo sustentável de bens escassos como a água, de forma que não ocorram situações de falha de fornecimento. De facto, e numa perspectiva mundial agregada, o fluxo de água potável é estável. Mas o mesmo já não acontece na vertente regional. Finalmente, e uma vez que os investimentos em energia renovável são, ainda, onerosos, é essencial que a política de interiorização dos custos de emissão de poluição por utilização de combustíveis fósseis seja efectivamente realizada, de forma a criar um equilíbrio concorrencial entre ambas. Caso contrário, os investimentos pesados na introdução das energias renováveis no momento óptimo não serão realizados, pois, por inacção, a sociedade estará a subsidiar reflexamente as emissões poluentes por via de um custo social não repassado ao agente causador.

Por sua vez, como os recursos bióticos incluem todas as matérias-primas de base biológica das quais os seres humanos dependem, os serviços ambientais essenciais para o suporte de vida, incluindo a natural capacidade de absorção e reciclagem de resíduos. Os recursos bióticos são, na prática, o ecossistema vital em que nos inserimos. Em termos económicos, a sua medição é extraordinariamente complexa. Sendo fonte e resultado de interacções complexas, o seu funcionamento é, ainda hoje, fortemente codificado, não existindo ainda uma percepção completa dos efeitos da acção humana, nomeadamente dos níveis da sua utilização sustentável. Além disso, geralmente não têm um conteúdo económico próprio, uma vez que se trata de bens e utilidades fora do mercado – a paisagem, a floresta madressilva, *etc.* – e, por conseguinte, não constam da contabilidade financeira própria da economia humana. Funcionam, muitas vezes, como bens públicos pré-existentes, de que todos usufruem reflexamente, mas que, por definição, se encontram fora do mercado. Finalmente, e em termos éticos, todas as regras económicas e de mercado falecem ao nível da sua insensibilidade na presença de seres sencientes.

A economia ambiental, tentando obter uma metodologia operacional para a análise da complexidade dos ecossistemas, procede à decomposição das suas partes de forma a obter respostas parciais para os problemas de sustentabilidade. Porém, infelizmente para a ciência económica, mas felizmente para a natureza, o todo é muito mais significativo do que a mera soma das partes. Ainda assim, e num esforço de extrema simplificação, são normalmente reconhecidas algumas «funções do ecossistema», que incluem a «transferência de energia, o ciclo dos nutrientes, a regulação gasosa, a regulação climática, a criação de habitats e o ciclo da água»[208].

Assim, podemos identificar as seguintes classes de recursos bióticos:

i) Os recursos renováveis biológicos constituem-se como «fluxos de *stock*» susceptíveis de consumo, tais como os recursos abióticos, mas com uma diferença fundamental: têm uma capacidade reprodutiva intrínseca. O seu consumo sustentável consiste na criação de uma relação virtuosa entre a taxa de reprodução e a intensidade do consumo, não se afectando em caso algum a massa crítica – a população base – essencial para a manutenção da capacidade reprodutiva, quer na vertente quantitativa, produção, quer na vertente qualitativa, diversidade genética. Contudo, o cálculo desta *yield de sustentabilidade* é extremamente difícil, devido à complexidade das relações nos ecossistemas, às doenças, à dificuldade censionária, entre outros factores[209]. Uma coisa é certa: se o recurso for consumido a uma escala superior ao da sua capacidade de reprodução, ele perecerá definitivamente.

ii) Os serviços do ecossistema traduzem-se em fundos de serviço e consistem nas diversas funções ambientais que têm um reflexo positivo na actividade humana. Por exemplo, as florestas presentes nas vertentes das montanhas impedem as enxurradas que devastariam a actividade agrícola desenvolvida nos vales. Simultaneamente, purificam a água, regulam o clima e permitem o desenvolvimento de actividades de lazer como o *trekking*, o *trail* ou a orientação. Por conseguinte, o valor da floresta supera significativamente o preço das árvores individualmente consideradas em mercado organizado. Enquanto o valor da madeira da árvore é susceptível de cálculo tomando como base o papel produzido ou os móveis fabricados, o

[208] *Cf.* Daly, H.; Farley, J. – *Ecological Economics*, cit., 2011, p. 94.

[209] A definição do rendimento máximo sustentável (*maximum sustainable yield*) é extremamente complexa, uma vez que as taxas de recuperação das espécies não são lineares. Por exemplo, ao pescar-se peixes mais graúdos e, consequentemente, mais idosos, estar-se-á a providenciar aos mais jovens melhores capacidades reprodutivas, aumentando exponencialmente a capacidade de recuperação natural. No entanto, se a dispersão for demasiada, essa capacidade reduzir-se-á significativamente, empobrecendo-se a diversidade genética subjacente. *Cf.* Ludwig, D.; Hilborn, R.; Walters, C. – *Uncertainty, Resource Exploitation, and Conservation: Lessons from History*. Science, 260, 1993.

efeito benéfico da sua regulação climática na produção agrícola do vale adjacente nunca será apreendido no momento da comercialização do cereal. Este problema torna-se ainda mais crítico com a disparidade regional dos fenómenos. Por exemplo, a floresta tropical fornece serviços de ecossistema à escala global, atenta a sua importância de regulação climática. Como poderão as nações que as albergam ser ressarcidas dos custos efectivos (ou de não exploração de outras actividades económicas) que incorrem pelos benefícios reflexos (*i.e.*, exterioridades positivas) que propiciam, nomeadamente, a países mais desenvolvidos economicamente? Assim, sendo elementos essenciais para o desenvolvimento, a sua manutenção qualitativa é crucial para a manutenção dos *stocks* ambientais dos restantes recursos.

iii) A capacidade para a absorção de resíduos consiste, igualmente, num fundo de serviço, e traduz-se na capacidade do ecossistema de reprocessar naturalmente os detritos emitidos, por via da sua assimilação ou da sua reciclagem. Inserindo-se potencialmente na grande classificação dos serviços do ecossistema, merece uma menção específica devido ao seu papel natural de eliminação de exterioridades negativas. O grande problema a este respeito traduz-se na limitada capacidade para essa absorção, em contraste com a quase ilimitada capacidade para a emissão. A chave, mais uma vez, traduz-se na definição do ponto de equilíbrio. Em princípio, as capacidades de absorção de resíduos biológicos são muito superiores às dos resíduos químicos artificiais. A razão reside na inexistente evolução adaptativa a esse propósito. Durante milhões de anos, os ecossistemas processaram resíduos biológicos. No entanto, substâncias como o plutónio ou o plástico são bastante recentes, não tendo sido dada nenhuma oportunidade para uma evolução no sentido do seu reprocessamento.

A conclusão é óbvia: o planeta é finito. Enquanto dependermos dele, haverá que utilizar de forma sustentável os recursos que nos disponibiliza.

3. Corolário da Não Exclusão com Rivalidade: A Tragédia dos Baldios

A incapacidade genética do mercado na regulação do acesso e utilização dos recursos comuns é clara e visível. Se não for possível excluir os agentes do consumo de um bem, mas esse consumo se revelar rival, não existirá forma de proceder a uma segregação de usos e de sujeitos beneficiários desse bem, com inevitáveis custos para o bem-estar social. No caso dos bens públicos, que implicam um investimento para a sua constituição, a não exclusão impedirá o seu financiamento, visto que todos os poderão utilizar, independentemente da contribuição para o mesmo. A questão aqui será, portanto, a definição de modelos alternativos de financiamento, tendo em vista a sua disponibilização em termos eficientes e justos.

Porém, no caso dos recursos comuns, esse investimento de capital inicial não será necessário, já que a natureza tratou de fornecer os recursos «à sua custa». Ora, se inicialmente esses recursos eram *res nullius*, e ninguém teve de investir para a sua constituição, não existirá um titular originário natural dos mesmos por inexistência de uma «posse» prévia. A definição de um modelo original de apropriação é, portanto, inexistente.

Isto não quer dizer que o conceito de investimento – central na ciência económica – não seja relevante a propósito dos recursos comuns. Por exemplo, no caso dos *stocks* de peixe no oceano, o «investimento» pode revestir, pelo menos, três formulações distintas:

i) o investimento traduzido no custo de oportunidade, ou seja, na captura do peixe graúdo e na libertação do peixe miúdo, de forma a permitir a sua reprodução. O problema é que, conceptualmente, será um diferente pescador que aproveitará dos frutos do investimento realizado;

ii) o investimento de capital traduzido na aquisição da embarcação, que, sendo essencial para a pesca, logo, para o aproveitamento do recurso, se confunde muitas vezes com a intitulação à posse do mesmo, uma vez que se confunde esse investimento de capital com o investimento que titula uma posse original;

iii) o investimento em bens públicos, designadamente a criação de barreiras artificiais para a reprodução optimizada das espécies. Ora, sendo um bem público, dificilmente se poderá materializar sem uma intervenção de base autoritária.

No entanto, esta incapacidade de não exclusão constitui uma característica anómala, pois a rivalidade dos agentes para os obter é extraordinariamente intensa. E, no limite, poderá originar uma situação de congestionamento na sua obtenção, crescente à medida que a sua raridade se intensifica, e, no limite, a sua exaustão.

Em 1968, Garrett Hardin apresentou uma nova formulação teórica sobre a questão da população (preocupação transversal a todas as gerações desde Malthus). Tomando como certo o limite tecnológico à produção infinita de recursos, concluiu que «*a finite world can support only a finite population*»[210]. Neste quadro, Hardin problematizou os termos do objectivo utilitarista de Bentham: «como é que se providencia o máximo bem para o maior número (*greatest good for the greatest number*)?» E conclui pela contradição congénita dos termos da questão. Segundo Hardin, não se poderia providenciar um máximo quantitativo (maior volume de população) simultaneamente como uma melhor qualidade de vida. Citando von Neumman e Morgenstern, referiu «*it's not mathematically possible to maximize for two (or more variables) at the same time*»[211].

Antecipando a realidade demográfica nos países desenvolvidos, concluiu que o objectivo prioritário seria o do incremento da qualidade de vida, à custa de um não crescimento populacional: a qualidade sacrificaria a quantidade («*the optimum population is, then, less than the maximum [...] Any people that has intuitively identified its optimum point will soon reach it, after which its growth rate becomes and remains zero [...] However, by any reasonable standards, the most rapidly growing populations on earth today are (in general) the most miserable*»[212]). E tal era coerente com a segunda limitação por si enunciada: os limites biofísicos de um mundo finito, *maxime* o nível de calorias e de energia, necessários para o desenvolvimento de actividades funcionais[213].

[210] *Cf.* HARDIN, Garrett – «The Tragedy of the Commons». *In Science*, 13, vol. 162, December 1968, p. 1244.

[211] *Cf.* NEWMANN, J. von; MORGENSTERN, O. – *Theory of Games and Economic Behaviour*. New Jersey: Priceton University Press, 1964, p. 11.

[212] *Cf.* HARDIN, Garrett – The Tragedy of the Commons. *Science*, 13, vol. 162, December 1968, p. 1245 e 1246.

[213] Embora, hoje em dia, e salvo situações limite de subnutrição, a população que consome mais calorias seja aquela que tem menores recursos para a aquisição de alimentação de melhor qualidade. Conforme refere Yuval Harari, «actualmente, comer em excesso é, para a maioria dos países, um problema muito mais grave do que a fome [...]. Em 2014, mais de 2,1 mil milhões de pessoas tinham excesso de peso enquanto 850 milhões estavam subnutridas. Em 2030, espera-se que metade da população venha a sofrer de excesso de peso. Enquanto, em 2010, a fome e a subnutrição foram responsáveis em conjunto pela morte de um milhão de pessoas, a obesidade matou três milhões». *Cf.* HARARI, Yuval – *Homo Deus, História Breve do Amanhã*. Elsinore, 2017, p. 16.

Assim, de acordo com este autor, este quadro assimétrico, fonte de insustentabilidade, antes por falta, agora por excesso, resultava de termos deixado a cada um dos indivíduos a liberdade de realização de escolhas individuais, na esperança de que daí resultasse a maximização do bem-estar colectivo (pressuposto do *laissez faire* da sociedade capitalista – a mão invisível de Adam Smith).

E, recuperando um pequeno artigo de William Forster Lloyd, de 1833[214], enuncia a «Tragédia da Liberdade num Baldio» («*Tragedy of Freedom in a Commons*[215]»), sintetizada normalmente como «Tragédia dos Baldios»[216]. Inicia a sua exemplificação utilizando precisamente a imagem dos campos de pasto comunais, referindo que quando um recurso é detido «em comum», com demasiadas pessoas a ter acesso ao mesmo, um agente racional tenderá a decidir aumentar a sua exploração privativa do recurso, uma vez que terá a integralidade do benefício privado desse aproveitamento, sendo que os custos seriam divididos por todos os intervenientes.

Assim, se o pasto for comunal, o agente racional adquirirá mais vacas, em termos sucessivos, já que retirará consecutivamente mais benefícios da produção de animais adicionais, sendo que os custos de sobreexploração serão fraccionados entre todos os «titulares». Neste caso, a titularidade comum resulta num vazio efectivo de titularidade, porquanto a capacidade de exclusão é inoponível. Hardin usa igualmente o exemplo da poluição para ilustrar a sua posição: um agente racional libertará os resíduos livremente para o ambiente em vez de suportar os custos do seu tratamento.

214 *Cf.* Lloyd, W. – *Two Lectures on the Checks to Population*. Oxford: Oxford University Press, 1833.

215 As metáforas são instrumentos de comunicação poderosos. Conforme refere Elinor Ostrom, «*when models are used as metaphors, an author usually points to the similarity between one or two variables in a natural setting and one or two variables of the model. If calling attention to similarities is all that in intended by the metaphor, it serves the usual purpose of rapidly conveying information in graphic model (...). By referring to natural settings as «tragedies of the commons», «collective-action problems», «prisioner's dilemmas», «open-access resources», or even «common-property resources», the observer frequently wishes to invoke an image of helpless individuals caught in an inexorable process of destroying their own resources*». *Cf.* Ostrom, Elinor – *Governing the Commons, The Political Economy of Institutions and Decisions*. Cambridge University Press, 1990, pp. 7 e 8.

216 Duas notas a respeito desta terminologia: 1) a designação de tragédia não significa infelicidade, mas sim o decurso sem remorsos para um destino, em que os eventos laterais, esses sim, poderão ser infelizes; 2) a designação de baldio já foi utilizada por um modelo de gestão colectiva, mais ou menos eficiente. O objectivo de Hardin era a designação de algo vago ou desocupado. Assim, o termo baldio deve ser interpretado no sentido de algo em estado *res nullius*.

Não existindo direitos de propriedade nos rios, atmosfera e mares, as limitações naturais para a temperança dos poluidores são inexistentes[217].

3.1. A Apropriação «Eficiente» como Elemento Crucial para o Desenvolvimento Sustentável

A obra de Hardin tem como base inspiracional dois estudos sobre a (in) sustentabilidade das pescas. Scott Gordon[218], em 1954, Anthony Scott[219], em 1955, estudaram o efeito da pressão das capturas na sustentabilidade dos *stocks*, vislumbrando um esgotamento dos mesmos num futuro próximo. O problema básico reside claramente no ditado «o que é de todos não é de ninguém»! O funcionamento do mercado depende da existência de bens transaccionáveis. Para que isso seja possível, é necessário que a oferta possa dispor efectivamente do activo em causa. Só com um modelo apropriativo adequado tal se torna possível.

Note-se que essa «apropriação» não necessita de constituir a forma de «propriedade» *ad rem*, pura e dura. Pelo contrário, a apropriação é funcionalizada a um objectivo, a prossecução de uma eficiência acrescida, e não é um objectivo em si mesma. Neste quadro regulatório, o próprio conceito de direito de propriedade é relativizado, saindo do campo do direito natural e dos direitos fundamentais, para se situar no âmbito do direito económico. As consequências deste reposicionamento do direito de propriedade são claras: todos os princípios que regulam os direitos económicos e sociais se lhe tornam aplicáveis, nomeadamente o princípio da eficiência e da igualdade.

E, de facto, para que uma gestão eficiente dos recursos comuns seja alcançada, não é necessário que exista um efectivo direito de propriedade

[217] Relembrando que o tema essencial de Hardin se traduzia no controlo da população, a sua conclusão é a seguinte: a humanidade deveria abandonar o sistema de baldio em que se baseia a reprodução (tal como já ocorreu com a legislação de limitação da poluição e da exploração de alguns recursos), restringindo-se a liberdade para criação de descendência. Os mandamentos de consciência ou de ordem moral não funcionariam. Por conseguinte, deveria ser criado um sistema coercivo, mutuamente acordado por todos. O pressuposto é o seguinte: se a humanidade acordasse em sacrificar a sua liberdade reprodutiva, poderia aceder a outras liberdades de ordem superior que, de outra forma, seriam sacrificadas. A grande questão que se mantém é o modelo eficiente e justo para atingir esse objectivo.

[218] *Cf.* GORDON, H. Scott – «The Economic Theory of a Common-Property Resource: The Fishery». *In Journal of Political Economy*, vol. 62, no. 2, April 1954, pp. 124–142.

[219] *Cf.* SCOTT, A. – «The Fishery: The objectives of sole ownership». *In Journal of Political Economy*, vol. 63, no. 2, April 1955, pp. 116–124.

relativamente aos mesmos, mas sim uma apropriação ou titularidade suficiente para que o modelo transaccional seja aplicado. Essa apropriação, ou titularidade pode ter diversos graus: direito de exploração, concessão, direito de superfície, arrendamento, trespasse, etc. Pode ainda revestir formas mais virtuais: direitos de autor, patente, direitos de uso, direitos de emissão, direitos de construção, etc. Ou até mesmo modelos abertos de formulação puramente contratual (*smart contracts*). Assim, o que se torna relevante para a gestão eficiente dos recursos não é a propriedade dos mesmos, mas sim o modelo através do qual se garante a sua titularidade.

Em todas as situações exemplificadas, não existe uma titularidade imediatamente perceptível por via da posse. O que ocorre é uma acção reguladora do Estado, de primeiro nível, tendo em vista a criação de um modelo apropriativo básico, sem o qual nenhum sistema de mercado conseguiria *in limine* ser construído.

Neste quadro complexo, em que o direito de propriedade assume a forma mais intensa, uma vez que integra um *acervo* compósito agregado completo de subdireitos (*bundle of rights*), torna-se necessário calibrar a correcta intensidade dessa titularidade para que possa ser operacional na resolução na falha de mercado, de forma que não se transforme num qualquer obstáculo adicional com a outorga regulatória de um qualquer poder monopolista publicamente tutelado propiciador de ineficiência adicional («falha regulatória»). A este respeito, o próprio direito civil prevê limitações ao direito de propriedade: as restrições de vizinhança ou as serventias são formulações regulatórias conformadoras que limitam o exercício absoluto do direito de propriedade na presença de condicionantes de interesse privado ou de interesse colectivo[220].

O direito económico, como direito de regulação, está interessado na fixação do conteúdo e da intensidade adequada dos títulos de apropriação. Se, em termos de eficiência e de justiça, a intensidade a conceder se traduzir numa necessária eficácia *erga omnes*, sem limitações, o modelo adequado será o do direito de propriedade. Neste quadro, o Estado providenciará ao agente o máximo de segurança na protecção dos investimentos necessários para a criação de valor social. Apesar disso, dessa protecção não se poderão originar condutas de «abuso de monopólio» como, por exemplo, o abandono de terrenos ou a manutenção de prédios em ruínas, que, em

[220] Esta questão será analisada *infra* em sede de propriedade fundiária

situações normais, estariam a ser explorados. Nestes casos, o direito de propriedade não está a cumprir a sua função básica, devendo os organismos públicos extrair dessa inacção as devidas consequências. Nestas situações, a expropriação terá necessariamente de contemplar os custos negativos externos que o comportamento ausente do proprietário se encontra a causar (aumento do perigo de incêndio, no caso dos terrenos, ou desvalorização da área circundante, no caso das ruínas).

Semelhante comportamento patológico pode ser observado em concessões de titularidade temporárias. Por exemplo, o titular de uma licença de mineração concedida historicamente num momento ancestral poderá retirar um benefício desproporcionado do activo em causa, além do limite da justiça intergeracional, sendo que o incentivo para a sobreexploração aumenta à medida da proximidade relativamente ao final da titularidade. Assim, o que é relevante para o mercado é que exista uma titularidade eficiente, independentemente da forma mais adequada que se revele para o efeito em causa, de maneira que as relações bilaterais e multilaterais se tornem efectivas tendo em vista a concretização de situações de mercado óptimas. Fernando Araújo refere a este propósito: «a acepção amplíssima que hoje se associa à expressão *property rights*, tomados estes agora como prerrogativas socialmente reconhecidas a indivíduos ou grupos de aceder a recursos e de explorá-los em benefício próprio, com um variável poder de exclusão de terceiros, com o qual se modulam os poderes negociais – uma acepção amplíssima a que se associam habitualmente seis características: divisibilidade, exclusividade, transferibilidade, duração, qualidade do título, flexibilidade.»[221] Ora, se as três primeiras características são estruturais para a criação do mercado, as três últimas são fulcrais para a definição dos termos do exercício eficiente da protecção regulatória atribuída. Assim, se estas últimas não se encontrarem devidamente calibradas, tal originará: *i)* por defeito, uma insuficiente protecção jurídico-económica que leva a uma manutenção de subexploração ineficiente; *ii)* por excesso, à concessão de um poder monopolista desproporcionado que obsta à exploração eficiente do recurso em sede social, permitindo-se ao titular da benesse a exploração do recurso na estrita óptica da racionalidade individual.

[221] *Cf.* Araújo, Fernando – *A Tragédia dos Baldios e dos Anti-Baldios. O Problema Económico do Nível Óptimo de Apropriação.* Almedina, 2008, p. 17.

As preocupações de base redistributiva nesta matéria deverão ser residuais. O que está em causa é a garantia de exclusão de acesso de terceiros ao recurso em causa e a possibilidade de realização de transacções eficientes. Quaisquer outras motivações só deverão aparecer num momento secundário, de forma localizada, garantindo-se a não distorção do mercado primário. Assim, não se deverá conceder o acesso ao recurso a um agente que não seja capaz de o explorar da forma mais eficiente por simples motivações redistributivas. O que se terá de fazer, ao invés, é garantir que quem explora o recurso o faz da forma mais eficiente possível, subsidiando-se o agente mais desfavorecido de forma localizada e que lhe permita aceder a um nível de qualidade de vida adequado.

3.2. A Teoria dos Jogos Não Cooperativos e a Formação da Decisão nos Baldios

Os modelos actuais de formulação das decisões económicas dependem da forma como os diversos agentes interagem entre si no mercado relevante. Quando tratamos de recursos comuns, e na inexistência de títulos de apropriação atribuídos por decisão administrativa, o seu acesso depende usualmente de um investimento de capital inicial. Assim, o aproveitamento dos recursos piscícolas depende de um investimento inicial num navio pesqueiro, a extracção de petróleo depende do investimento em plataformas, a mineração depende da construção da mina e da logística de transporte. Este quadro de investimento tende à formação de mercados oligopolistas. É, aliás, por essa razão, que autores como Elinor Ostrom[222] e outros formulam as suas propostas de optimização em matéria de teoria da decisão colectiva.

Estamos, portanto, no campo da teoria dos jogos não cooperativos. Efectivamente, o problema da exaustão dos recursos comuns resulta precisamente da incapacidade de aquele colectivo funcionar numa lógica «individual» e não numa lógica de «clube», ou seja, numa lógica de coligação perene assente num modelo articulado de acção que favorecesse, no longo prazo, a manutenção da capacidade reprodutiva do recurso (no caso de ser renovável) ou de exploração optimizada do mesmo (numa lógica intergeracional, no caso de ser não renovável).

[222] Conforme analisaremos *infra*.

Nestas condições, situações antagónicas convivem livremente. O sobreuso do bem convive com o subinvestimento inerente ao «efeito de retracção» usual no caso dos recursos comuns[223].

Os modelos iniciais da teoria de oligopólio (Cournot, Bertrand, Stackelberg) não contemplavam a possibilidade de existência de coligações perenes. A razão para esse facto residia na própria estrutura económica estática pressuposta pelos modelos que se desenvolviam de forma finita, parcelar e a uma única volta (*one-shot games*). Efectivamente, os modelos primários de oligopólio nas vestes metodológicas adoptadas pela teoria dos jogos implicam a sua qualificação como jogos não cooperativos, de jogada simultânea, a uma única volta[224].

[223] Conforme refere Fernando Araújo, «quanto ao subinvestimento, fruto da dificuldade (ou impossibilidade) de exclusão de acesso (...) aquele que investe num recurso comum provoca externalidades positivas a todos utentes do recurso comum pelo que poderá dizer-se que suporta, internaliza, a totalidade dos custos do seu investimento; mas dada a dificuldade, ou impossibilidade até, de exclusão, não pode afastar dos benefícios do seu investimento aqueles que se furtem ou recusem a pagar-lhos [...] o que equivale a dizer que apenas internalizará, fará sua, uma pequena (ou nula) proporção dos benefícios causados com o seu investimento. Dada essa deficiência de incentivos, a tendência será para o subinvestimento». *Cf.* Araújo, Fernando – *Tragédia dos Baldios e dos Anti-Baldios*, cit., p. 75.

[224] *Cf.* Martin, S. – *Advanced Industrial Economics*. 2ª edição, Oxford: John Wiley and Sons Ltd, 2001, cit., 2002, p. 41. Não obstante, existem autores que defendem que o modelo de Cournot não se constitui como um modelo estático de jogo, mas sim dinâmico. Neste sentido, Leonard, R. (*in* «Reading Cournot, Reading Nash: The Creation and Stabilisation of the Nash Equilibrium». *In Economic Journal*, 104, 1994, p. 505), tendo sido desenvolvidos modelos dinâmicos de jogos assentes no modelo de Cournot por E. Dockner (na óptica dos jogos diferenciais, *in* «A Dynamic Theory of Conjectural Variations». *In Journal of Industrial Economics*, 40, 1992, pp. 377–395) e, na óptica dos jogos repetidos, por H. Sabourian, (*in Rational conjectural equilibrium and repeated games. In* Dasgupta, S.; Gale D.; Hart O.; Maskin E. (eds.) – *Economic Analysis of Markets and Games: Essays in Honor of Frank Hahn*. MIT Press, 1992, pp. 228–257), Lapham B.; e Ware R. – «Markov puppy dogs and related animals». *In International Journal of Industrial Organization*, 12, 4, 1994, pp. 585 e 586) e Cabral, L. (*in* «Conjectural variations as a reduced form». *Economic Letters*, 49, 1995, pp. 397–402). Por outro lado, Hotteling, H. (*in* «Stability in Competition». *In The Economic Journal*, vol. 39, 1929, p. 153, cit., p. 43), Stackelberg, H. (*in* «Marktform und Gleichgewicht». *In Journal of Economic Studies*, Vol. 23, Issue 5/6, cit., pp. 58-70), Fellner W. (*in Competition Among Few*, Knopf, 1949, p. 57) e Morgenstern, O. (*in* «Demand Theory Reconsidered», *In Quartely Journal of Economics*, 1948, p. 196), rejeitam explicitamente uma interpretação que defenda que os ajustamentos efectuados pelo oligopolista no modelo de Cournot se traduzam unicamente em eventos mentalmente configurados, sem tradução física, já que o pressuposto do modelo implica que «a empresa 1 escolha a sua capacidade de produção quando a empresa 2 tenha

Nesta perspectiva mais simplificada da teoria dos jogos não cooperativos, os oligopolistas formam expectativas, considerando as reacções possíveis dos seus rivais e desenvolvendo supervenientemente acções unilaterais no sentido da maximização do lucro disponível[225].

Num jogo estático, cada jogador joga unicamente uma vez, sem ter conhecimento das jogadas dos restantes parceiros, assentando as suas possibilidades no denominado «dilema do prisioneiro»[226]. Assim, se uma frota de seis navios de pesca se desloca para um banco de pescado em que existem doze unidades de pescado, sendo que o valor de sustentabilidade consiste unicamente na extracção de seis unidades, quanto é que o primeiro navio a chegar pescará?

i) doze unidades, ou seja, a integralidade das unidades disponíveis?
ii) seis unidades, ou seja, a integralidade da quota de sustentabilidade?
iii) Ou uma unidade, que corresponde, num juízo de justiça redistributiva básico à sua quota proporcional em sede de regime de pesca sustentável?

Os resultados da resolução deste dilema são inequívocos: em jogos estáticos e a uma única volta, será sempre lucrativo para os agentes oligopolistas desenvolverem condutas desviantes perante o resultado da coligação. O «equilíbrio de Nash» situar-se-á na opção individual que conduz à ruptura unilateral da coligação enquanto o óptimo paretiano (para os seis concorrentes) implicaria a sua manutenção.

já escolhido a sua», o que, segundo estes autores, indicia uma escolha sucessiva de substrato físico. Contra, J. Friedman (*in Oligopoly Theory*, Cambridge University Press, 1983, p. 107), demonstrando que, na concepção do modelo de Cournot a uma única volta, as reacções não podem ser realizadas e muito menos antecipadas, dado que as decisões terão de ser simultâneas, numa estrutura de jogo totalmente conhecida por todos, não existindo qualquer tempo para reacções. Ora, o único comentário que se poderá efectuar a este propósito é que a discussão assenta num pressuposto de base errado, já que se tenta formatar um modelo desenvolvido no passado a uma estrutura de pensamento actual. Assim, será tão impreciso dizer que o modelo de Cournot se configura como um modelo dinâmico como o seria qualificá-lo enquanto modelo estático à luz da moderna teoria dos jogos.

225 É esta a fonte dogmática da escola teórica que estuda os «jogos não cooperativos».

226 Relativamente à demonstração geral do «dilema do prisioneiro» na concorrência oligopolista, consultar Araújo, F., ob. cit., pp. 381–385. Numa análise mais adaptada à política de definição das taxas de juro, consultar Lobo, C. – *Concorrência Bancária?*, cit., pp. 190–193.

Assim, na inexistência de um quadro regulatório e coercivo praticável, o primeiro navio a chegar tenderá a pescar as doze unidades disponíveis, pois desconfiará sempre dos concorrentes. Mesmo que ele pense, num primeiro momento, em respeitar a sua quota virtual sustentável, ou seja, a extracção de uma unidade de pescado, nunca poderá estar totalmente certo de que o segundo navio a chegar não pesque a integralidade dos recursos disponíveis (ou seja, os restantes cinco, ou até mesmo, numa perspectiva maximilista, os restantes onze). Assim, na dúvida, toma a decisão que optimiza o seu bem-estar individual, não se fiando numa decisão conservacionista dos restantes.

A situação só se poderá alterar no caso da ocorrência de interacção repetida entre os diversos agentes. A perenidade relacional deverá ser considerada como um pré-requisito para o desenvolvimento de uma decisão óptima na presença de vários agentes individualmente interessados. Ora, a realização de um jogo a uma só ronda torna insustentável qualquer esforço de actuação colectiva, na ausência de comunicação entre os agentes ou de qualquer outro procedimento de sinalização indirecta.

Assim, a insustentável leveza da coligação característica dos modelos de jogo a uma volta implica o afastamento liminar de qualquer hipótese de coligação para a utilização eficiente dos recursos comuns nos termos defendidos pela teoria dos jogos. Solução diversa poderá resultar num quadro de estabilidade relacional. Considerando as suas características intrínsecas, *maxime* a estabilidade estrutural na exploração de um recurso, as relações de compatibilidade e interoperabilidade e a metodologia de produção conjunta, a exploração colectiva de um recurso comum poderá revestir um campo fértil para o desenvolvimento dos denominados *jogos repetidos*[227].

[227] Como bem refere Fernando Araújo (*in Introdução à Economia*, cit., p. 385), os agentes que actuam num sistema de jogos repetidos não se encontram em puras situações de «dilema do prisioneiro», pelas seguintes razões: «porque não estão limitados a um único lance do qual tudo depende – e pelo contrário se integram em relações estratégicas duradouras nas quais há lugar a muita transmissão de informações, a muita aprendizagem, a muito clarificação sobre as vantagens comuns de um pacto de cooperação -; porque, mantendo-se intactas as possibilidades de comunicação, a opção de negociarem e renegociarem vantagens recíprocas permanece sempre em aberto; porque os rivais oligopolistas não se movem numa grela restrita e pré-determinada de ganhos e de perdas, não sendo por isso tão óbvia ou fácil de delinear uma estratégia dominante, um conjunto de acções possíveis que sejam ganhadoras, independentemente daquilo que faça a contraparte». No entanto, a doutrina económica desenvolveu já modelos de dilema do prisioneiro em jogos repetidos. Um exemplo pode

Num quadro de exploração estrutural perene, os agentes interagem mutuamente de forma contínua, sem que exista um horizonte temporal definido para a dissolução da «coligação» tácita. A tendência para a actuação colectiva pressupõe precisamente uma perenidade inter-relacional, com aprendizagem contínua e assente na reputação[228], de forte conteúdo evolutivo[229], em total antítese relativamente às estruturas informais que suportam jogos a uma só volta.

Porém, também aqui se podem levantar obstáculos significativos. No caso de extracção de recursos comuns, os jogos repetidos têm como limite o ciclo de vida da possibilidade de extracção do produto. Se a sua duração previsível for reduzida, ou certa, existirá uma tentação irresistível para a fraude na coligação, já que a conduta punitiva pela «batota» terá menores custos para o batoteiro do que os benefícios imediatamente recebidos fruto da conduta desviante. Assim, quanto maior for a raridade do recurso comum, mais intensa será a tendência para a fraude à coligação. Sendo esse raciocínio de antecipação ampliado por juízos de taxa de desconto individual, a retroacção sucessiva poderá criar um bloqueio inicial a qualquer movimento de coordenação potencial.

Todavia, poderá existir um movimento antagónico. Agentes que actuem colectivamente na exploração de um recurso poderão organizar os seus esforços na captura do recurso sucedâneo. Assim, imaginando que as empresas de exploração petrolífera antevêem o final do seu período de exploração rentável, poderão organizar-se no sentido de capturar os mercados de substituição. Se a estratégia for correctamente desenvolvida, o seu poder económico constituirá um excelente ponto de partida para a aquisição de uma massa crítica inicial que lhes permita obter uma *first mover advantage*. Infelizmente (ou felizmente, dependendo das perspectivas), os grandes operadores tendem a ser extremamente conservadores nas suas opções de mercado, raramente acreditando em *rupturas schumpeterianas* nos mercados.

ser encontrado em Jean Tirole (*in The Theory of Industrial Organizatio.* Cambrige: MIT Press, 1998, cit., pp. 258 e 259). Todavia, estes modelos assentam em pressupostos comportamentais subjectivos extremos, tomando a loucura ou a vingança doentia como motores da coligação e da punição, respectivamente.

[228] Sobre os jogos com aprendizagem e o papel da reputação, consultar Fernando Araújo, ob. cit., pp. 385–388 e bibliografia aí citada. *Cf.*, igualmente, TIROLE, J. – *The Theory of Industrial Organization*, cit., pp. 256–262.

[229] *Cf.* WEIBULL, J. – *Evolutionary Game Theory*. MIT, 1995.

Ainda assim, as coligações que se construírem num determinado produto tendem a manter-se no produto subsequente, dado que a necessidade que se pretende satisfazer mantém-se; o que se altera é a metodologia proposta pela oferta para essa satisfação. No limite, o jogo concorrencial nos recursos comuns não assenta na eliminação de necessidades passadas; ao invés, pretendem-se criar necessidades que só aparentemente são novas. No limite, e na esmagadora maioria das situações, estas são meramente substitutivas das originárias.

Ante a sua infinita leveza, a concorrência criativa/destrutiva é, muitas vezes, meramente aparente. Apesar da suposta criação de novos mercados, o fundamento básico é sempre idêntico.

Nestas condições, a teoria dos jogos não cooperativos repetidos aparece como uma ferramenta essencial para a modelação do comportamento dos agentes que exploram recursos comuns. Porém, a sua função não é a de fornecer respostas inequívocas relativamente ao resultado do comportamento dos agentes, mas unicamente a de criar quadros de referência de análise dos mercados, atendendo às variáveis relevantes (número de jogadores, número e duração dos períodos do jogo, ou seja, frequência de interacções – as compensações, as estratégias e informações disponíveis e as expectativas que cada jogador tem relativamente ao comportamento dos restantes).

Os problemas metodológicos resultam essencialmente da dificuldade de identificação e de avaliação dos factores condicionantes dos comportamentos coligados e da sua estabilidade, na presença de jogos susceptíveis de repetição.

Questão basilar será a do equilíbrio essencial para a formulação dos mercados. A criação de direitos de apropriação e a sua gestão por parte das autoridades públicas deverão ser permanentemente escrutinadas. Assim, deverá possibilitar a criação de estratégias colectivas eficientes por via de um *ring fencing* eficiente, mas não suficientemente intenso que possibilite o desenvolvimento de práticas ineficientes, no presente ou em momentos futuros. Assim, a intervenção do Estado, ainda que meramente reguladora, será essencial para a construção de um *modelo* oligopolista virtuoso.

Todavia, o oligopólio prejudicial encontra-se permanentemente à espreita. A dinâmica de exploração de recursos comuns, nomeadamente naqueles que pressupõem a realização de investimentos duradouros, pode criar incentivos à perenização da interacção entre os diversos agentes e ao estabelecimento de relações virtuosas entre os mesmos. Não obstante, quanto maior for o investimento de capital inicial, maiores serão as economias de escala e mais provável será a existência de oligopólios de potenciais agentes exploradores.

Nesta lógica dinâmica e de estabilização das interacções entre os diversos agentes a nível global, os agentes produtores deixam de ter como único objectivo a ampliação das suas margens de lucro no curto prazo (intuito único nos jogos a uma volta ou, por outras palavras, dos modelos estáticos de oligopólio), mas sim a manutenção de um determinado proveito, potenciado no longo prazo, que não seja afectado por uma guerra de preços fratricida.

Perante os mercados dinâmicos do mundo real, as formulações iniciais da teoria dos jogos evoluíram nos denominados superjogos («*supergames*»), ou seja, jogos infinitamente repetidos num ambiente de informação perfeita. Nestas condições, os jogadores jogam o mesmo jogo vezes sem conta, sendo a história do jogo incorporada nas suas estratégias. Esta informação perfeita pode ser obtida com a publicação das cotações mundiais de *commodities*, como os minerais ou o petróleo.

O resultado desta modelação dinâmica é o conhecido teorema de *Folk*[230]. Nos termos deste teorema, se os jogadores forem suficientemente pacientes, qualquer equilíbrio alcançado será pelo menos tão satisfatório quanto o que decorreria de um jogo a uma volta, no seu resultado paretiano. Ora, esta constatação não é mais do que a revalidação dinâmica dos resultados dos modelos clássicos estáticos, na ausência do dilema refractário do prisioneiro.

A estabilidade deste jogo, mais aproximado à exploração global de recursos comuns, assenta na ameaça permanente de retaliação susceptível de imposição se existir uma qualquer estratégia batoteira desenvolvida por um dos jogadores. Assim, de acordo com este teorema, se alguém desenvolver uma qualquer conduta desviante, tal causará uma ruptura definitiva do equilíbrio coordenado, sendo que, para o futuro, todo o relacionamento interinstitucional se baseará num modelo de equilíbrio não-coordenado. Ora, não existindo qualquer possibilidade de recuperação

[230] A denominação de «teorema de *Folk*» reporta-se a um mito da comunidade científica da teoria dos jogos. Efectivamente, apesar de nunca escrito de forma positivada, a doutrina sistematicamente refere este resultado como decorrente de uma larga tradição escolástica oral.

da confiança entre os diversos oligopolistas, as perdas de médio e longo prazo ocasionadas por essa conduta desviante nunca serão compensadas pelos ganhos de curto-prazo; por definição, num jogo infinitamente repetido, os ganhos de longo prazo resultantes de um equilíbrio cooperativo serão sempre superiores aos ganhos de curto-prazo advenientes de uma «acção batoteira» ou de fraude à coligação[231].

Pelo contrário, se o jogo for repetido, mas tiver um momento final definido, a coligação não será possível, uma vez que todos os jogadores saberão o momento da volta final[232]. Essa pode ser a explicação para a turbulência nos preços do petróleo, perante a inevitável alteração do padrão energético global.

Esta conclusão é claramente demonstrada atendendo aos resultados dos jogos a uma volta. Nesses jogos, a coligação é insustentável dada a incontrolável propensão para a fraude individual. Ora, num jogo repetido, se todos os jogadores souberem qual é a volta final, todos estarão dispostos a fazer batota nessa última ronda. Por sua vez, se todos souberem que os restantes estão dispostos a defraudar a coligação no momento seguinte, também a coligação será insustentável na penúltima ronda, visto que não existirá qualquer rendimento adicional no momento posterior, e assim sucessivamente (raciocínio indutivo inverso)[233].

Pelo exposto, a percepção da possibilidade de realização de fraude a uma coligação num jogo repetido finito implica a insustentabilidade retroactiva da mesma, dado que esse horizonte é sucessivamente repristinado pelos agentes no momento da formação da decisão de actuação para o momento posterior.

No entanto, ao assumir-se que os jogos são infinitamente repetidos, de forma a evitar esse raciocínio indutivo inverso, depara-se-nos a questão oposta: não se sabendo o momento final do encontro, não se poderá

[231] *Cf.* FRIEDMAN, J. – «A Non-Cooperative Equilibrium for Supergames». *In Review of Economic Studies*, vol. 38, 1971, pp. 1–12; AUMANN, R.; SHAPELY L. – *Long Term Competition: A Game Theoretic Analysis*. Mimeo, 1976; FEDENBERG, D.; TIROLE J.– *Game Theory*. MIT Press, 1991; RUBINSTEIN, A. – «Equilibrium in Supergames with Overtaking Criterion». *In Journal of Economic Theory*, vol. 21, 1979, pp. 1–9.

[232] *Cf.* LOBO, Carlos Baptista, ob. cit., 2008, pp. 195–196.

[233] Na definição utilizada por D. Kreps, (*in A Course in Microeconomic Theory*. Cambridge University Press, 1990) e Sigrid Stroux (*in US and EC Oligopoly Control*, Kluwer, 2004, p. 15). Por sua vez, Selten denomina este fenómeno de «*chain-store paradox*». *Cf.* SELTEN, R. – «The Chain Store Paradox». *In Theory and Decision*, vol. 9, 1973, pp. 127–159.

prever uma taxa de desconto do capital investido na formação do lucro do período, dado que o jogo se processa até ao infinito e, nestas condições, todos os períodos serão réplicas perfeitas do período anterior. De facto, se o jogo for infinito, não se poderá construir qualquer previsão racional que fundamente o estabelecimento da taxa de retorno anual do investimento realizado, já que o período de vida útil da actividade desenvolvida não pode ser definido.

Por outras palavras, numa situação de *superjogos* infinitamente repetidos, o ciclo de vida empresarial não apresenta qualquer variação de exercício para exercício, uma vez que cada um é semelhante ao anterior.

Nestas circunstâncias, que têm obviamente enormes repercussões na teoria económica inerente à exploração de recursos comuns, a taxa de desconto do investimento realizado reflectida no preço da produção aproximar-se-á do zero em cada exercício. E, nestas condições, poderá questionar-se a praticabilidade do exercício de uma coligação tácita, visto que o oligopolista sentir-se-á naturalmente desprotegido no desenvolvimento de uma política que pressupõe margens de retorno extremamente reduzidas[234].

[234] Esta é a questão de ouro para os teóricos da teoria oligopolista dos superjogos. *Cf.* SHAPIRO, C. – «Theories of Oligopoly Behaviour». *In Handbook of Industrial Organization*, 1989, Vol. 1, cit., pp. 329-414. Nestas condições, J. W. Friedman demonstrou que a coligação tácita pode alcançar um resultado paretiano óptimo se o factor de desconto em cada período se aproximar da unidade ou se os participantes no jogo se puderem adaptar rapidamente às estratégias dos restantes. Em caso de batota, e subsequente colapso da coligação tácita, cada jogador adopta uma estratégia de Cournot, ou seja, reverte para a situação de equilíbrio estático não cooperativo. Este tipo de punição denomina-se reversão de Cournot. (*cf.* FRIEDMAN, J. W. – «A Noncooperative Equilibrium for Supergames». *In Review of Economic Studies*, 38, 1971, pp. 1–12. Para um maior desenvolvimento desta questão, nomeadamente, quanto à necessidade de punição do jogador que não proceda a uma reacção contra o agente batoteiro, *cf.* ABREU, D. – «External Equilibra of Oligopolistis Supergames». *In Journal of Economic Theory*, 39, 1986, pp. 191–225. Neste trabalho, Abreu demonstra que estratégias óptimas de punição (a dois tempos: a vara e a cenoura) poderão ser mais severas do que a simples regressão de Cournot e necessárias para a manutenção de coligações tácitas quando está em causa uma concorrência pelas quantidades. Ao invés, numa situação de concorrência pelos preços – mais fluida e transparente – , a regressão de Bertrand é mais do que suficiente para a constituição de um mecanismo de punição eficaz, já que, nestas condições, na presença de bens homogéneos e custos marginais constantes, este tipo de regressão origina uma margem de lucro nula. No entanto, relativamente a situações em que os custos marginais não são constantes ou na ocorrência de alterações na estrutura da procura dos sectores, *cf.*, respectivamente BROCK, W. A.; SCHEIKMAN, J. A. – «Price-setting Supergames with Capacity Constraints». *In Review*

Por outro lado, ao contrário do que é exteriorizado pelas diversas decisões administrativas e jurisdicionais relativas à regulação concorrencial nos sectores em rede, as estratégias de retaliação são múltiplas e variadas[235], sendo que o sucesso da coligação depende da forma como forem exercidas.

Infelizmente, e em prejuízo da certeza jurídica, os argumentos que se esgrimem levam, quase sempre, a conclusões paradoxais. De facto, quanto mais favoráveis forem as condições quantitativas e qualitativas para a exploração de um recurso comum (*e. g.*, capacidade de produção não utilizada), mais probabilidades tem a acção colectiva de obter um resultado eficiente, já que as bases de retaliação são, naquelas condições, extremamente credíveis[236]. Ao invés, se o recurso comum for escasso, a probabilidade de ocorrência de práticas batoteiras aumenta exponencialmente.

A estabilidade do jogo depende, portanto, e em primeiro lugar, da sua duração psicologicamente indefinida, pois, nessas condições, os benefícios a longo prazo serão invariavelmente superiores ao benefício a curto prazo resultante do desenvolvimento de uma conduta fraudulenta.

E, mesmo que o sistema jurídico resolva o problema da titularidade, da forma que veremos de seguida, poderá continuar a ocorrer uma situação de insustentabilidade resultante da disparidade entre a taxa individual de desconto do titular do direito de apropriação dos recursos comuns e a correspondente taxa social de desconto. Um titular de um recurso não renovável pode suspeitar (porque nunca se tem total certeza do facto) que o momento óptimo em termos de preço de venda do seu recurso seria daqui a 40 anos, uma vez que, perante o ritmo do consumo actual, torna-se cada vez mais escasso e, por conseguinte, mais pretendido. Neste quadro, em que a taxa social de desconto é baixa e, por isso, valerá socialmente esperar os 40 anos para proceder à sua utilização, iniciar-se-á uma disputa perante o seu interesse privado individual. Será que ele estará vivo nessa altura? Haverá progresso tecnológico que tornará o seu recurso obsoleto? Irá a desvalorização da moeda ou a taxa de inflação corroer o seu ganho?

of Economic Studies, 52, 1985, pp. 146–152; e ROTEMBERG, J.; SALONER, G. – «A Supergame-Theoretic Model of Business Cycles and Price Wars During Booms». *In American Economic Review*, 76, 1986, pp. 390–407.

[235] *Cf.*, quanto à tipologia das metodologias de retaliação, ARAÚJO, Fernando, ob. cit., pp. 375 e 376; LOBO, Carlos, ob. cit., pp. 193–198 e bibliografia aí citada.

[236] Carl Shapiro qualifica esta situação de «*topsy-turvy principle of tacit collusion*» (*in* «*Theories Of Oligopoly Behaviour*», cit., p. 357.

Estas são potenciais razões que poderão levar a taxa de desconto individual a superar a taxa de desconto social. Ora, todo este ambiente de incerteza tende a uma decisão: mais vale um pássaro na mão do que dois a voar, pelo que, na esmagadora maioria das vezes, a decisão será a da venda imediata, ou no mais curto prazo.

Por sua vez, se o recurso for renovável, e a sua sustentabilidade depender da manutenção de um *stock* mínimo, a conjugação das forças decorrentes da «tragédia dos baldios», do «dilema do prisioneiro», ampliadas pela diferença entre as taxas de desconto, confluem para uma situação de insustentabilidade, dado que os agentes em presença concorrerão vorazmente tendo em vista a depleção imediata do activo em causa.

Ora, a titularidade funcionalizada à utilização eficiente do recurso funcionará aqui como uma dupla falha. Relembre-se que a sua outorga foi efectuada no pressuposto de que o «direito de propriedade», precário (por via da concessão ou direito de utilização), ou definitivo, iria proporcionar um limite à utilização desregrada do recurso. Ao invés, nestas circunstâncias, essa titularidade originou uma tentação imediatista para a maximização do rendimento, o que mina *ab initio* a própria legitimidade da sua atribuição. E, note-se, essa irresistível tentação para a sobreexploração do recurso é ainda mais ampliada se o título de exploração for precário ou temporário.

Em segundo lugar, é também necessário que uma conduta batoteira seja imediatamente detectada e punida. Somente nestas condições é que os eventuais benefícios de curto prazo resultantes de uma qualquer prática desviante serão eficientemente anulados através da imposição de sanções de conteúdo económico suficiente[237].

A função reguladora do Estado adquire, nestas condições, uma importância primordial. Além da atribuição histórica dos direitos de apropriação,

[237] A doutrina tem estudado estratégias susceptíveis de manter o equilíbrio de coligações em que a informação transmitida entre os parceiros é imperfeita. Relembre-se que Stigler havia enunciado a «instabilidade fundamental dos cartéis» que liminarmente impediria o desenvolvimento de coligações neste tipo de condições. No entanto, Green e Porter demonstraram que a simples definição de um preço alvo será suficiente para a coordenação tácita entre os agentes. Nos termos desta estratégia, os parceiros definiam um preço mínimo para a manutenção da coligação tácita. Se o preço do bem no mercado se reduzir, ultrapassando esse limite, os parceiros desencadeariam imediatamente uma guerra de preços (reversão de Cournot), mesmo desconhecendo a identidade do agente causador. Estamos, nestas condições, na presença de uma *trigger price strategy*. *Cf.* Green, E.; Porter R. – «Noncooperative Collusion under Imperfect Price Information». *In Econometrica*, 52, 1984, pp. 87–100.

torna-se essencial a construção de um quadro de fiscalização permanente, uma redução de incentivos à fraude e à batota, nomeadamente através de bolsas ou reservas reguladoras, e uma avaliação permanente dos modelos dinâmicos do mercado, visando a calibração automática dos termos de aproveitamento dos recursos. Só assim o modelo de eficiência básico que fundamenta a exploração privada dos recursos será respeitado.

Assim, mesmo a definição de uma titularidade *in rem* implicará uma acção reguladora do Estado. Será menos intensa do que na configuração de titularidade *in personam*, pois a artilharia protectora da posição inicial é bem mais pesada, impedindo-se custos de transacção relativamente a matérias mundanas. Assim, poder-se-á evitar os custos da definição da adjudicação directa do direito, ou a construção complexa de modelos de oposição a pretensões de terceiros recorrendo-se à definição de titularidade *erga omnes*. Todavia, isso não absolve o substrato legal de criação do mercado primário. Por exemplo, a propriedade fundiária só é oponível a terceiros no caso de existência de uma escritura, ou seja, o título habilitativo, um cadastro (matriz) que define a geometria da titularidade e um registo que lhe atribui eficácia *erga omnes*. Ora, em todos estes três elementos existe uma intervenção reguladora das entidades públicas (o notário, os serviços de finanças enquanto guardiões da matriz e o registo predial enquanto registo de direitos, respectivamente).

3.3. A Tensão Liberdade/Realidade na Definição dos Modelos de Apropriação Óptima

Sendo a intensidade da utilização eficiente do título habilitativo condicionada ao modelo óptimo de utilização da mesma[238], poderá entender-se que a definição precisa desses poderes dependerá da concretização de uma posição suficiente que permita a oposição eficaz em relações bilate-

[238] O modelo neoinstitucionalista atende aos termos da titularidade como meros pontos focais de negociação. Tal não significa uma degradação dos poderes inerentes ao direito de propriedade; pelo contrário, advoga-se o seu fortalecimento quando esse facto for crucial para a promoção da eficiência do mercado. Por outro lado, não se poderá esquecer as falhas de Governo e, nesse quadro problemático, o direito de propriedade será uma fonte de liberdade essencial contra os impulsos ineficientes (e injustos) do Estado. Só num ambiente utópico de perfeição absoluta de mercado, o direito de propriedade poderia ser decomposto numa multiplicidade de graduações visando a concretização sucessiva e abrangente de situações óptimas. Porém, como se referiu, essa é uma solução para uma situação utópica.

rais ou, nos termos de Yoram Barzel, a «propriedade» deverá ser definida como «mera baliza de trocas»[239]. Porém, no nosso entender, não se poderá levar esse «relativismo de conteúdos» dos títulos de apropriação, *maxime* do direito de propriedade, a uma integral liberdade contratual. Por outras palavras, não poderá, pelo menos por agora, ocorrer uma inteira subalternização da formalização dos títulos de apropriação à liberdade contratual.

Note-se que não nos estamos a referir a conceitos como o da propriedade clássica. Essa é só uma das formulações possíveis. Existirão outras, numa geometria variável que só será finita por limitações da ordem jurídica ou das plataformas transaccionais económicas. A chave, claro está, será a normalização do modelo habilitativo, de forma que o modelo eficiente numa relação bilateral possa ser escalado para relações multilaterais. Assim, existem dois modelos potenciais para a compreensão dos termos da apropriação na vertente contratual/relacional: *i)* o modelo *bottom-up*, de Yoram Barzel, em que as relações contratuais definem o essencial do regime de apropriação do recurso, cabendo à «propriedade» institucional a instância integradora de resolução de lacunas contratuais[240]; *ii)* o modelo *top-down*, de Ronald Coase, em que as entidades públicas definem regulatoriamente os termos da apropriação, devendo as relações contratuais compor residualmente os termos necessários.

A complexidade adensa-se quando se inserem na equação preocupações do foro social em sede de disputa de recursos. De facto, as duas perspectivas anteriores acreditam que a utilização eficiente dos recursos comuns pode ser obtida com a prossecução de uma posição óptima em termos bilaterais e, sequencialmente, em termos multilaterais. Para superar este «alcance limitado», Robert Cooter e Thomas Ulen propõem que o adjudicante enuncie medidas de interiorização dos custos sociais, que, numa lógica cumulativa, iria permitir uma densificação sucessiva de um tecido contratual eficiente. Assim, conjuga o Teorema Normativo de Coase, segundo o qual «a estrutura da lei serve para remover impedimentos aos acordos privados», com o Teorema Normativo de Hobbes, segundo o qual «a estrutura da lei serve para minimizar os prejuízos causados pelas falhas dos acordos privados», referindo que quando as partes falhem na concre-

[239] YORAM, Barzel – *Economic Analysis of Property Rights*. 2nd ed. Cambridge University Press, 1997.

[240] E, neste caso, a vertente *ad rem* da propriedade é, conforme refere Fernando Araújo, «totalmente eclipsada». *Cf.* ARAÚJO, Fernando – *Tragédia dos Baldios e dos Anti-Baldios*, cit., 2008, p. 22.

tização de um acordo sobre a utilização eficiente de um recurso, «*the law should allocate property rights to the party who values them the most*»[241].

Este «jogo a dois tempos» para a formatação eficiente da titularidade é igualmente visível na posição de Guido Calabresi e Douglas Melamed[242]. Partindo do princípio de que a titularidade (quer assuma uma forma privada ou comunal) é essencial para a eficiência económica, uma vez que reduz os custos administrativos no *enforcement* de uma solução óptima, delimitam um jogo bilateral traduzido na disponibilidade para a realização de um pagamento prévio, no caso da ocorrência de uma transferência de recursos (*ability to pay*), ou no pagamento posterior de uma indemnização (*ability to accept*), no caso de a transferência dos recursos ter sido involuntária. No primeiro caso encontramo-nos «normas de titularidade (*property rules*)»; no segundo caso estaremos na presença de «normas de responsabilidade (*liability rules*)»[243]. Uma vez mais, esta construção dispensa totalmente a concepção *ad rem* intrínseca à propriedade, acentuando as interacções *in personam*.

Assim, a questão da definição dos termos da «titularidade» dos recursos está longe de se encontrar estabelecida. A dialéctica entre a concepção realista *ad rem*, com eficácia *erga omnes* e conteúdo tipificado, e a concepção contratualista *in personam*, com eficácia interpartes e conteúdo aberto, só pode ser resolvida atendendo aos efeitos no mercado. A concepção *ad rem* tem a vantagem da simplicidade (*crystal rules*)[244]. O seu conteúdo típico permite uma total clareza quanto ao âmbito do «acervo de direitos» incluídos no seu âmbito. Por outro lado, a eficácia integral da contraposição da posição do seu titular «contra o resto do mundo», facilita indubitavelmente o tráfego jurídico na ausência de mercados fluidos e de informação perfeita. Porém, as suas forças são igualmente as suas fraquezas. Tendo um conteúdo rígido e intemporal, não se adequa à sucessiva desmaterialização económica. Por outro lado, o seu conteúdo absoluto e *erga omnes* é meramente aparente. Relembre-se, a propriedade fundiária para ser reconhecida implica pelo

[241] *Cf.* Cooter, Robert; Ulen, Thomas – *Law and Economics.* 6th Edition. Berkeley Law Books, 2016, pp. 91 e 92.

[242] *Cf.* Araújo, Fernando – *Teoria Económica do Contrato.* Almedina, 2007, pp. 262–277.

[243] *Cf.* Calabresi, Guido; Melamed, A. Douglas – *Property Rules, Liability Rules, and Inalienability: One View of the Cathedral*. Faculty Scholarship Series, Paper 1983, (1972) [disponível em http://digitalcommons.law.yale.edu/fss_papers/1983].

[244] *Cf.* Araújo, Fernando – *A Tragédia dos Baldios e dos Anti-Baldios,* cit., 2008, pp. 46–48.

menos três intervenções regulatórias das entidades públicas: *i)* a fé pública da escritura de transmissão; *ii)* a definição geométrica cadastral essencial para a delimitação do polígono, actualmente na posse da Administração Tributária; *iii)* a eficácia contra terceiros, por via do registo predial.

A sofisticação dos mercados e a exigência de soluções personalizadas permitem o afastamento da utilização de modelos conceptuais rígidos e a construção de soluções complexas – assentes num padrão misto de titularidade e responsabilidade – susceptíveis de oposição multilateral através de cadeias organizadas de contratos (as *mud rules*[245] tornam-se, portanto, férteis utilizando a tecnologia adequada). Os *smart contracts* e a tecnologia *blockchain* permitem a construção de situações sólidas ao nível da definição de titularidade, num modelo intrinsecamente contratual, e sem qualquer intervenção de entidades públicas, quer ao nível da criação do mercado, quer ao nível do *enforcement*. Estes são simples exemplos de modelos de base cooperativa, assentes em normas contratuais, que, radicando em modelos interligados *peer to peer*, formam interligações redundantes sucessivas. Tal permite o *enforcement* da solução óptima através de uma vigilância conjunta desenvolvida pela integralidade da comunidade abrangida. Se todos tiverem a informação qualitativa e quantitativa sobre a forma como se encontram a utilizar o recurso, situações como a do dilema do prisioneiro não serão susceptíveis de desenvolvimento.

A – Questões para o Futuro

i. Qual o modelo conceptual que propicia uma tragédia na apropriação dos recursos comuns?

ii. Qual a diferença entre a situação dos recursos comuns e a situação dos bens públicos?

iii. Qual a metodologia para a definição de uma apropriação óptima em sede de recursos comuns?

iv. Qual o modelo de equidade intergeracional em sede de utilização de recursos comuns?

v. Qual a diferença entre fluxos de *stocks* e fundos de serviço ao nível da utilização dos recursos comuns?

vi. Qual a relevância da renovabilidade em sede de utilização óptima de recursos comuns?

[245] *Cf. Idem, Ibidem.*

vii. Existirá diferença entre recursos bióticos e abióticos quando nos referimos à exploração sustentável de recursos comuns?
viii. É possível conciliar aumento populacional com melhor qualidade de vida?
ix. Qual o papel do direito económico na definição da melhor estratégia de aproveitamento de recursos comuns? Utilização de uma via regulatória? Utilização de uma via tributária? Utilização de uma via de criação de mercados secundários?
x. Qual a relação entre a teoria dos jogos não cooperativos e a utilização eficiente de recursos comuns?
xi. Existirá uma relação de complementaridade entre a situação de estabilidade em sede de teoria de jogos e a estabilidade necessária para a concretização de uma «comédia dos baldios»?

B – Bibliografia Nacional

ARAÚJO, Fernando – A Tragédia dos Baldios e dos Anti-Baldios. O Problema Económico do Nível Óptimo de Apropriação. Almedina, 2008

ARAÚJO, Fernando – Teoria Económica do Contrato. Almedina, 2007, pp. 262–277

C – Bibliografia Estrangeira

CALABRESI, Guido; MELAMED, A. Douglas – *Property Rules, Liability Rules, and Inalienability: One View of the Cathedra*l. Faculty Scholarship Series, Paper 1983

COOTER, Robert; ULEN, Thomas – *Law and Economics.* 6th Edition. Berkeley Law Books, 2016

HARDIN, Garrett – «The Tragedy of the Commons». *In Science,* 13, vol. 162, December 1968, p. 1244

NEWMANN, J. von; MORGENSTERN, O. – *Theory of Games and Economic Behaviour.* New Jersey: Priceton University Press, 1964, p. 11

OSTROM, Elinor – *Governing the Commons, The Political Economy of Institutions and Decisions.* Cambridge University Press, 1990

TIROLE, Jean Tirole – *The Theory of Industrial Organizatio.* Cambrige: MIT Press, 1998

YORAM, Barzel – *Economic Analysis of Property Rights.* 2nd ed. Cambridge University Press, 1997

PARTE IV

INSTRUMENTOS FINANCEIROS E FISCAIS NA RESOLUÇÃO DA QUESTÃO AMBIENTAL

Capítulo I
Enquadramento Instrumental

1. Autonomia Privada, Direito de Propriedade e Responsabilidade Civil

Inicia-se, neste momento, a viagem pelos instrumentos regulatórios. Não basta a identificação dos problemas, é essencial problematizar as formas de resolução. A ideia é a seguinte: todos os instrumentos são úteis para a resolução das problemáticas em análise; porém, quando a questão assume uma dimensão económica, então não existirá outra alternativa à utilização de instrumentos económico-financeiros.

O desenvolvimento de uma política ambiental eficiente e justa implica necessariamente o desenvolvimento de um pacote compósito de medidas.

Sendo as questões transversais, não poderemos confiar num único modelo de actuação. Pelo contrário, dada a complexidade conceptual, o *policy mix* (e não o *politics mix*) deverá ser desenvolvido tomando em consideração as diversas dimensões presentes. O modelo da actuação pública deverá assentar, portanto, num modelo de cooperação disciplinar, e não num qualquer enredo concorrencial ineficiente.

Os pontos de partida são claros. Existem falhas nos modelos de decisão, individual e colectiva, que, por si, não conseguem resolver as diversas incapacidades de mercado em presença. Os efeitos externos, positivos e negativos, terão de ser anulados, tendo em vista a prioridade económica de equiparação dos custos e benefícios privados com os custos e benefícios sociais.

O desafio é complexo. O ser humano não é racional, reagindo desproporcionadamente a incentivos e desincentivos (no bom e no mau sentido), a decisão pública é falível em si mesma, e as distorções no mercado são cada vez maiores devido à pressão demográfica.

Opções que anteriormente eram afastadas pela generalidade da doutrina, como a dissuasão social, a publicidade, a propaganda e pressão pública, passaram a ser medidas viáveis na resolução dos problemas em presença, atenta a evolução nos modelos de difusão de informação.

Também aqui vigora o princípio da subsidiariedade: se os agentes em disputa puderem compor os seus interesses por negociação directa, bilateral ou multilateral, no exercício da sua autonomia privada, essa será, sem dúvida, a forma preferível de composição dos problemas. No entanto, dada a abrangência interpessoal, intergeracional, e intergenérica das questões, raramente tal ocorrerá. São os próprios agentes que poderão fazer valer as suas preferências de forma mais eficiente numa negociação bilateral, impedindo-se sínteses imperfeitas de interesses alheios. O principal obstáculo para a aplicação universal deste procedimento é a emergência inevitável dos elevados custos de negociação (*transaction costs*) daí decorrentes. Se, como *trade off*, se admitisse a composição de acordos de orientação comportamental (acordos voluntários, códigos de conduta, ou quaisquer outras situações de *soft law*), tendo em vista a minimização dos custos da conclusão de um acordo vinculativo, de novo apareceria o reverso da medalha, ou seja, o jogo de incentivo à batota (*cheating*) tendo em vista a concretização imediata de benefícios pessoais, ante um não inevitável sancionamento punitivo colectivo subsequente, que, a existir, poderá ainda ser menos gravoso do que o suficiente para compensar os ganhos recebidos no momento anterior[246].

Os instrumentos de direito civil foram, historicamente, os primeiros a ser implementados na resolução das questões ambientais e territoriais. O seu ponto de apoio era o direito de propriedade fundiária. A liberdade (propriedade) de alguém só seria limitada pela liberdade (propriedade)

[246] Nos Estados Unidos, foram desenvolvidas várias tentativas de desenvolvimento de processos de negociação aberta e directa entre as entidades oficiais intermediárias e os poluidores, que se denominava *bargaining process*. No entanto, chegou-se à conclusão de que tal procedimento não seria eficaz, uma vez que os interesses privados em jogo eram muito intensos, e o interesse público difuso, mal organizado e mal representado, não havendo representação directa das verdadeiras vítimas da poluição. Para uma análise mais detalhada de fórmulas contratuais ambientais *cf.* Godard, O.; Beaumais, O. – «Économie, Croissance et Environnement. De Nouvelles Stratégies pour de Nouvelles Relations». *In Revue Économique*, Numéro Hors Série: «Perspectives et Réflexions Stratégiques à Moyen Terme», 1993.

de outrem. Temos, assim, como primeira referência regulatória de actividades poluentes a decorrente das disposições que regulam a emissão de fumos, produção de ruídos, ou instalações prejudiciais, mas sempre limitadas às relações de vizinhança, referidas normalmente nos códigos civis[36].

O direito de propriedade, em especial o direito de propriedade fundiária, e a sua função na composição dos diferendos intersubjectivos, será sempre o ponto de partida para qualquer análise a respeito das temáticas ambientas e territoriais.

É o ponto de partida, mas não será o ponto de chegada. De facto, quando tratamos da questão da propriedade fundiária teremos necessariamente de a enquadrar na sua inevitável dimensão económica. Intrinsecamente, o direito de propriedade fundiária não reveste qualquer natureza de direito natural ou similar. O direito de propriedade existe para que o agente que o detém possa retirar o melhor proveito possível do seu investimento e, por essa via, contribuir para a elevação dos níveis de bem-estar social[247].

A sua dimensão económica é evidente. No limite, poderá dizer-se que o direito de propriedade fundiária, corporizado na função organizacional matricial (compondo a falha de mercado de delimitação territorial física generalizada) e na função de publicidade registral (compondo a falha de mercado de demonstração generalizada da posse) consiste numa medida de política regulatória pública – titularização de um polígono geométrico transposto numa escritura documental – e que se corporiza na criação de um mercado secundário em que, pela própria natureza do bem imóvel, ele não existiria, impossibilitando o desenvolvimento de qualquer opção de mercado. Com o polígono delimitado e a garantia da publicidade da posse, o mercado transaccional, antes impossibilitado pela falta de fluidez do bem, torna-se praticável por acção regulatória constitutiva de um título transaccionável.

Ora, se atendermos a esta natureza económica e regulatória do direito de propriedade fundiária, chegamos inevitavelmente à conclusão de que este revestirá um remédio relevante em termos civis para a composição inicial da questão ambiental e territorial, desde que, claro está, este seja entendido na sua dimensão de incremento da eficiência geral do sistema e não como barreira para o mesmo. E esse exercício ineficiente do direito de propriedade é facilmente verificável quando este é visto como direito

[247] Desenvolveremos este aspecto na parte referente ao tratamento da questão territorial.

absoluto. Nessa configuração, possibilita o exercício indiscriminado de pretensões de *rent seeking* desproporcionadas, exercidas no pressuposto da atribuição jurídica de um poder monopolista ao seu detentor, num modelo autoritariamente tutelado.

Esse (duplo) poder monopolista é o extremo ineficiente daquilo que pretende a construção legal infra estrutural, a concretização de uma situação de mercado eficiente, e tem o seu esplendor máximo em algumas decisões em sede expropriatória, quando o titular é compensado não pelos seus investimentos efectivos e reais, mas pela expectativa de um qualquer ganho virtual futuro decorrente de uma qualquer benesse administrativa futura (também ela ineficiente, já que da decisão administrativa não deveria decorrer qualquer ganho exorbitante para qualquer proprietário).

Nestes termos, o direito de propriedade é essencial à composição eficiente dos interesses em disputa nas questões ambientais e territoriais, desde que seja entendido na sua vertente económica reguladora, ou seja, como instrumento essencial para o exercício das decisões em mercado livre e aberto.

Outro instituto de direito civil de referência obrigatória é obviamente o da responsabilidade civil, através da qual se arbitram indemnizações por danos provocados à esfera de um sujeito por outrem, que irão compensar o sacrifício causado por uma conduta desconforme com o direito. A grande falha do modelo tradicional traduz-se no seu âmbito temporal de aplicação: normalmente só se processa num momento ulterior à ocorrência do dano.

Contudo, independentemente do facto de a sua natureza ser compositiva e não preventiva, tal não significa que seja irrelevante na dogmática em presença. A composição de danos é essencial para a concretização de situações eficientes em matéria de bem-estar. Se tal não ocorresse, a desorganização social impossibilitaria qualquer actividade gregária, impedindo-se o progresso, a eficiência e a justiça. Por outro lado, a presença dessa eventualidade obriga o agente a desenvolver medidas preventivas que, se outra forma, não desenvolveria[248]. A chave para tal traduz-se, unicamente,

[248] Sobre a composição monetária dos danos decorrentes de responsabilidade extracontratual, deveremos referir a posição de Posner, que aponta a possibilidade de utilização de uma ficção contratual, através da formulação da seguinte questão: qual seria o acordo que as pessoas envolvidas num acidente antecipadamente efectuariam relativamente às medidas de cautela, se os custos de negociação não fossem proibitivos? *Cf.* POSNER, Richard – *Economic Analysis of Law*. 5ª edição. Nova Iorque: Aspen Law and Business, 1998.

no exercício efectivo de uma acção de recomposição de danos que corresponda efectivamente ao dano incorrido, o que, infelizmente, raramente ocorre. Este instituto terá, portanto, uma importância fulcral em sede de responsabilidade extracontratual, e, dentro dela, na valorização das condutas negligentes[249].

Sem descurar o papel fundamental deste instituto na composição das querelas subjectivas, o desenvolvimento da tecnologia contratual e a sucessiva maior capacidade de geração e manutenção de grupos permitem uma recuperação sucessiva da importância do mecanismo da responsabilidade civil em relações plurissubjetivas[250/251].

[249] Dado que a nossa preocupação assenta essencialmente na vertente da prevenção ou precaução, não podemos ignorar a fórmula do juiz norte-americano Hand, que formulou a seguinte equação: alguém só será julgado negligente, logo, responsável pelo dano, se pudesse ter evitado o acidente por meio de precauções que teriam custado menos do que o custo esperado (probabilidade x prejuízo) do acidente. Logo, nunca se punirá ninguém se tiver tornado uma decisão economicamente eficiente (cit.).

[250] Os problemas inerentes aos seguros colocam-se inevitavelmente quando se discute temas da responsabilidade civil. A arbitragem efectuada por uma seguradora do risco de uma empresa terá certamente um efeito informativo (transmitindo melhores práticas) e um efeito dissuasor, fomentando a adopção de meios de protecção ambiental, com a finalidade de baixar o risco da actividade e, consequentemente, o prémio a pagar. No entanto, as diversas incertezas que grassam neste território, agravadas com a falta de bases para a realização de juízos probabilísticos, constituem obstáculos de difícil transposição para a concretização de um efectivo mercado de seguros ambientais. Um sistema de seguro obrigatório tomaria as seguradoras em entidades supervisoras e censoras das empresas industriais, pois poderiam autorizar ou recusar a actividade da empresa, mediante a concessão ou negação da apólice. Ao invés, constituindo as situações de risco acrescido uma das formulações potenciais de incapacidade de mercado, a intervenção estatal poderá ser justificada quando as seguradoras não garantam uma cobertura adequada do risco, ou quando os prémios de cobertura forem demasiado elevados. Neste campo, deverão ser aplicados os mandamentos subjacentes ao Princípio Poluidor Pagador.

[251] Os sistemas de indemnização conjunta, de base mutualista, constituem uma variável relativamente aos modelos de seguros tradicionais. Sendo a origem destes, divergem na natureza eminentemente cooperativa subjacente. Tal natureza é extraordinariamente importante na resolução de questões no seio de grupos de risco. Estes sistemas consistem em estruturas financeiras baseadas em encargos ou contribuições tendo em vista colmatar problemas ambientais específicos desse «clube». O princípio da imputação da responsabilidade por actos individuais é assim alargado ao princípio da responsabilidade solidária devido ao impacto cumulativo das acções dos diversos agentes, sendo o custo do dano potencial partilhado pelos diferentes causadores e, por conseguinte, interiorizado. De forma a suprir eventuais falhas decorrentes de estratégias *free riding*, a acção pública tende a inserir uma lógica coerciva nas contribuições, constituindo-se o modelo dos «superfundos».

Porém, vários desafios se mantêm:

i) *Imputação*: este tipo de responsabilidade exige a prova de que a pessoa responsável praticou um acto negligente ou outro acto ilícito causador de um dano. Este juízo de culpabilidade depende da existência de uma norma comportamental ou de um determinado dever de cuidado, que, nas matérias ambientais, é de difícil prova, não sendo possível uma indemnização quando a culpa não puder ser provada. Tal é notório nos casos de poluição cumulativa, difusa ou diferida no tempo. A responsabilidade objectiva facilita a prova de imputação de responsabilidade. Invertendo-se o ónus da prova, deverá o «suspeito» fazer prova de que o dano foi causado por acção de outrem[252]. Esta técnica adoptada em diversos instrumentos legais e convencionais constitui um forte incentivo para a tomada de medidas por parte dos operadores[253] destinadas a impedir a ocorrência de quaisquer danos em situações de perigo acrescido (instalações nucleares, plataformas petrolíferas, gestão de resíduos perigosos, organismos geneticamente modificados, microorganismos patogénicos, *etc.*). Todavia, facilitando-se o juízo de imputabilidade, não se resolve a questão da:

ii) *Mensuração do dano*: a identificação e a subsequente mensuração do quantitativo do dano ambiental é, ainda hoje, questão de enorme controvérsia. O mesmo se pode dizer no respeitante aos custos e benefícios decorrentes da acção urbanística. Limitando a nossa análise à questão ambiental, a definição jurídica de dano ambiental é essencial para a delimitação da proporcionalidade, logo, da eficiência e da justiça, das acções de reparação necessárias. Os problemas iniciam-se logo na concepção dogmática subjacente. Em

[252] Os primeiros instrumentos convencionais internacionais em matéria de ambiente incluíam já cláusulas de responsabilidade objectiva. A Convenção sobre a Responsabilidade Civil de Terceiros no domínio da energia nuclear (Paris 1960), a Convenção sobre a Responsabilidade Civil pelos prejuízos devidos à poluição por hidrocarbonetos (Bruxelas 1969) e a Convenção do Conselho da Europa sobre a Responsabilidade Civil por danos resultantes de actividades perigosas para o ambiente estabelecem, todas elas, um regime de responsabilidade objectiva.

[253] As diversas convenções internacionais imputam a responsabilidade objectiva ao operador (*e.g.*, artigo 3º da Convenção de Paris, artigo 3º da Convenção de Bruxelas) definindo-o como «a pessoa que exerce o controlo de uma actividade perigosa». Acerca do regime comunitário, consultar *Livro Verde sobre Reparação de Danos no Ambiente*, Com CE COM (93) 47 final, pp. 17-20.

primeiro lugar, não existe consenso quanto ao alcance do conceito de ambiente. Neste estudo, optámos pela concepção abrangente, envolvendo os bens ambientais naturais e os bens que têm origem em trabalho humano (como as paisagens e os bens culturais essenciais para a herança de um povo). Sequencialmente, inicia-se um novo ciclo de discussão relacionado com a própria possibilidade ética de atribuição de valor a um bem ambiental. Superando-se a querela utilitarista subsequente, nomeadamente a decorrente das variáveis percepções subjectivas quanto às utilidades e custos, desagua-se na vertente temporal (taxa de desconto na utilização de recursos) e na fluidez dinâmica dos ecossistemas, em que as variáveis monetárias só podem ser consideradas em grandes unidades de valor. Ora, todo este tortuoso discurso (aqui simplificado para efeitos expositivos) dificulta a realização efectiva de um juízo indemnizatório minimamente aceitável aquando da presença de interesses bilaterais ou multilaterais.

Os instrumentos de direito privado são eficientes na prossecução das finalidades de prevenção e reparação ambiental na estrita medida da eficiência da acção privada e colectiva subjacente. Têm a vantagem de não estar sujeitos à aleatoriedade da decisão pública tal como nos ensina a teoria da escolha pública, mas sofrem das limitações inerentes. Os seus conceitos como, por exemplo, o direito de propriedade, são elementos elementares na formulação eficiente de políticas ambientais e territoriais, pois constituem-se como elementos centrais na atribuição de direito de apropriação essenciais para a utilização eficiente de recursos.

Por outro lado, assentando a questão ambiental numa permanente ponderação entre o interesse privado, colectivo e, inerentemente, o interesse público, a robustez conceptual do direito privado constitui um elemento indispensável para uma ponderação efectiva e concretização de uma solução eficiente.

A solução eficiente não se traduz numa sobreposição intransigente do «interesse público» – mesmo que correctamente sintetizado – sobre o interesse privado. Pelo contrário, o incremento do bem-estar social depende da concretização de situações de equilíbrio. E, para que esse balanceamento ocorra, torna-se fundamental uma ancoragem sólida em termos conceptuais, o que nos é fornecido pelos institutos de direito privado, se interpretados na sua dimensão correcta.

2. Os Instrumentos Administrativos

Os instrumentos administrativos, por vezes designados de regulamentação de comando e controlo, são uma primeira resposta à supressão das falhas genéticas dos instrumentos de direito privado. Beneficiando da autoridade pública e da força coerciva inerente, superam os enormes custos de negociação inerentes à negociação bilateral, impondo a solução considerada como revestindo o «interesse público» da comunidade.

Assentando em comandos administrativos vinculativos, podem ser especialmente importantes quando estejam em causa ameaças imediatas, falências nos modelos de informação ou o estabelecimento preliminar de metas de eficiência na utilização de um recurso ou de emissão de um determinado poluente.

As suas virtudes, no entanto, revelam-se essencialmente no campo adjectivo ou procedimental. A existência de um tecido jurídico sólido é essencial para uma composição eficaz dos diversos interesses em presença. A garantia da legalidade, igualdade e imparcialidade da acção administrativa tendo em consideração os interesses materiais em presença constitui um factor indispensável para a legitimação da acção pública neste campo.

Não obstante, essas virtudes podem transformar-se facilmente em elementos de distorção no caso dos objectivos materiais previstos pela regulamentação administrativa se cristalizarem no tempo, não se adaptando às mudanças de circunstâncias do mundo real. O instrumento virtuoso pode facilmente transformar-se num objecto prejudicial. Um exemplo desta realidade é a inexplicável incapacidade de adaptação dos planos territoriais às mudanças de circunstâncias.

Sendo basicamente instrumentos de planeamento, visam a concretização de modelos eficientes de ocupação de solo, garantindo a igualdade de custos e benefícios entre todos os intervenientes. Infelizmente, por razões de qualidade da decisão pública e da insuficiente participação na formulação das pretensões iniciais, a generalidade dos planos traduz-se numa legitimação de escolhas passadas e não num exercício de um juízo de prognose de desenvolvimento.

Muitas vezes, estes instrumentos são construídos pela tecnocracia interna, sem orientação política de qualquer espécie, ou, pior, externalizados em prestadores de serviços internos que, na inexistência de enquadramento político e administrativo, limitam-se a realizar opções sem qualquer ligação com o «interesse público» que não conseguem sintetizar por desadequação funcional.

A situação é ainda mais grave quando estes planos, no decurso da sua vigência, se revelam impeditivos para a realização de opções eficientes, ou para o aproveitamento de oportunidades casuísticas. A carga burocrática – custo de transacção – inerente à mudança é incompatível com a velocidade exigida para uma decisão eficiente[254]. O processo torna-se o fim em si mesmo. O objectivo – a utilização eficiente do solo – já não interessa. A garantia da igualdade perequativa é uma obrigação legal que se tenta contornar numa óptica de garantia de um mínimo olímpico. Note-se que na grande maioria das ocasiões em que existe uma opção política de avançar com algo não previsto no plano, procede-se à suspensão do mesmo. Ou seja, o instrumento de planeamento que deveria ser um instrumento de desenvolvimento, por uma impossibilidade plástica incompreensível, torna-se um obstáculo ao desenvolvimento e a única solução viável não é a modificação – algo natural num instrumento de longo prazo –, mas sim a sua suspensão *tout court*. Em todo este jogo administrativo em que os interesses sectoriais da administração se contorcem numa orgia descontrolada tendo em vista uma definição parcial e burocraticamente intensa de interesse público, onde ficam os interesses dos particulares?

Em todo o processo de construção administrativa de um plano territorial, a audição pública corresponde a menos de 5% do tempo despendido. Na prática, discute-se com mais premência a conjugação dos interesses nacionais, sectoriais e regionais das entidades públicas, obnubilando-se quase totalmente os interesses privados em presença e, por decorrência, o verdadeiro e próprio interesse público materialmente considerado. No final, onde está o objectivo de eficiência e de igualdade no planeamento, que é, *ipso facto*, a única e verdadeira finalidade material legítima? Este

[254] Porém, também do ponto de vista ambiental, as normas de comando e controlo, mesmo que bem-intencionadas, poderão gerar situações ineficientes, se não correctamente modeladas. Por exemplo, e numa perspectiva estática, quanto maior for a diversidade de situações materiais, se as tratarmos por uma *norma* administrativa formal uniforme (*design standard*), maiores serão os custos sociais potenciais decorrentes daquela regulamentação, pois torna-se impossível ter em conta as curvas de custo individuais, não se explorando as vantagens das tecnologias individuais. Por outro lado, se analisarmos a questão através de uma perspectiva dinâmica de eficiência (*performance standards*), poderemos concluir que a principal desvantagem da fixação, por exemplo, de limites máximos de emissão, ou mínimos, de eficiência energética, será o não fornecimento ao agente económico de um incentivo permanente, no sentido de este procurar tecnologias alternativas para reduzir as suas emissões ou melhorar a sua eficiência energética além dos níveis legais exigidos.

exemplo descreve as falências e os riscos dos instrumentos administrativos em ambientes de elevada exigência conceptual. Revestindo a questão ambiental e territorial uma natureza intrinsecamente material, a sua contenção formal implica uma compressão intolerável da sua diversidade e complexidade. As realidades materiais são diversas e compósitas. A ordem jurídica conforma estas situações por via dos princípios. Estes conformam as normas jurídicas formais, e não o inverso.

Neste quadro, o direito administrativo tem um papel fundamental para a regulação da questão ambiental. A sua finalidade é o fornecimento de soluções eficientes para a agregação dos interesses e a garantia da imparcialidade do processo decisório, garantindo a estrita igualdade dos efeitos das decisões e o acesso dos particulares ao processo decisório. Visa, portanto, a superação das metodologias de formulação de consensos por via privada, eliminando todos os custos desnecessários, concretizando metas e padrões de orientação comportamental dos agentes, tendo em vista a concretização de soluções eficientes e justas.

Quando se afasta deste modelo ou quando não se adapta de forma rápida e eficiente aos desafios da mudança, torna-se uma fonte de ineficiência e de desigualdade, o que é intolerável em termos constitucionais.

3. Conclusão: da Fundamental Importância dos Instrumentos Económico-Financeiros

Atenta a dimensão económica das questões em presença, os instrumentos mais adequados para lidar com as mesmas serão, naturalmente, os instrumentos económico-financeiros. O incremento da eficiência no mercado e a gestão das desigualdades só podem ser geridas por mecanismos que, em si mesmos, acomodem uma mesma linguagem técnica. Se a base da problemática assenta numa diferença entre custos (benefícios) privados marginais e custos (benefícios) sociais marginais, então o que haverá a fazer será a equiparação das duas curvas, eliminando os efeitos externos em presença. Só após essas incapacidades do mercado estarem resolvidas é que se poderá alcançar níveis óptimos de produção e desenvolver políticas redistributivas adequadas.

A única forma transversal, permanente e eficiente na resolução destas disfunções é a utilização de mecanismos económicos tendo em vista a resolução estrutural da incapacidade. Assim, o que haverá a fazer será a introdução de penalizações, incentivos ou estímulos para que as condutas dos agentes coincidam com o modelo óptimo teórico de equilíbrio tendo em vista a concretização de um desenvolvimento sustentável.

Porém, os equilíbrios são precários. Como refere Cláudia Soares, «[...] quanto mais inclinada (menos elástica) for a curva do benefício marginal de eliminação da poluição e menos inclinada (mais elástica) for a curva do custo marginal dessa eliminação, maior será a probabilidade de se obter o nível de qualidade ambiental considerado óptimo através de uma intervenção baseada na quantidade». Mas ressalva logo de seguida: «será, então, mais intensa a perda de bem-estar social, que pode resultar de um controlo excessivo ou de um controlo deficiente, quando se fixe incorrectamente, v.g., o nível de tributação das emissões.»[255]

O nível de exigência é bastante elevado. A fundamentação da intervenção pública correctora reside precisamente na sua necessidade. Se a regulação desenvolvida é, no entanto, ineficiente, a acção pública torna-se naturalmente ilegítima. A arquitectura do regime é, por conseguinte, extremamente exigente.

Essa exigência obriga à utilização de instrumentos eficazes, sofisticados, localizados, ágeis e plásticos. Na vertente da eficácia, devem adaptar-se ao mercado, impondo um mínimo de custos de administração, actuando no cerne dos problemas.

Devem, ainda, ser sofisticados e evoluir consoante as tecnologias disponíveis e consoante as curvas de possibilidade de acção dos agentes. Relembre-se que, em sede de bem-estar geral, é irrelevante a localização da origem do incremento de eficiência. O que é relevante é que ela aconteça, sem que alguém seja prejudicado. Assim, num exercício de optimização geral, o que é importante é que os agentes que adoptem as medidas de melhoria sejam aqueles que o conseguem fazer ao custo mais reduzido, localizando-se a política de incentivo e desincentivo naqueles que melhor propensão têm para a prossecução da finalidade. Finalmente, têm de se adaptar rapidamente à alteração permanente de circunstâncias no mercado, moldando-se às inevitáveis diferenças em presença.

Poderemos, então, enunciar dois tipos de instrumentos económico-financeiros com finalidades intrinsecamente regulatórias: *i)* os instrumentos para a correcção do mercado; *ii)* os instrumentos de criação do mercado.

[255] SOARES, Cláudia – *O Imposto Ecológico*, cit., p. 105.

Capítulo II
Os Instrumentos Económico-Financeiros para a Correcção do Mercado

1. Introdução

Havendo uma incapacidade de mercado, será necessária a sua correcção. Se a questão é económica, deverão utilizar-se remédios de igual natureza tendo em vista a concretização de situações óptimas.

Assim, se o problema radica no mecanismo de formação de preços (por geração de custos sociais acrescidos ou por recebimento de benefícios reflexos não interiorizados), deverão ser desenvolvidos mecanismos que permitam essa interiorização nivelando o mercado de forma que deste resultem contribuições positivas em matéria de bem-estar.

Os instrumentos económicos baseados no mercado caracterizam-se, precisamente, por utilizarem o mecanismo de formação de preços tendo em vista a prossecução dos objectivos ambientais e territoriais propostos.

Tendo um maior raio de alcance na acção de correcção do mercado, superam as barreiras interrelacionais dos mecanismos de direito privado. Sendo mais plásticos e adaptáveis, não incorrem nas desvantagens ocasionadas pelo uso dos instrumentos administrativos mais rígidos. Por outras palavras, os instrumentos económicos podem fornecer um incentivo permanente para a eliminação da incapacidade de mercado, não impondo qualquer tecnologia especial ou outra indicação comportamental rígida. A grande virtude deste sistema consiste, portanto, na sua simplicidade. A sua aplicação não implica uma análise preliminar detalhada das condições particulares de todas as entidades envolvidas.

Relembre-se que o conceito de desenvolvimento sustentável obriga a um balanceamento permanente entre a eficiência económica, o crescimento económico e a protecção ambiental. Ora, o pressuposto dogmático dos instrumentos económicos é justamente esse: a conciliação entre o crescimento económico *(stricto sensu)* e a protecção do ambiente (*lato sensu*), tendo em vista a criação das condições óptimas de desenvolvimento (*proprio sensu*)[256].

Conforme referimos *supra*, a teorização consistente destas questões coube inicialmente a Arthur C. Pigou. Este autor efectuou as suas considerações iniciais na sua obra *Wealth and Welfare*, publicada em 1912. Após várias críticas, efectuou uma revisão do texto, publicando em 1920 a obra *The Economics of Welfare*. Nestas obras, formulou as seguintes conclusões essenciais: (1) ocorrem divergências entre o custo social e o custo privado em mercados concorrenciais; (2) estas divergências provocam situações ineficientes no funcionamento dos mercados, distorcendo os termos de distribuição dos recursos; (3) existe um agente responsável por estas divergências; (4) de forma a alcançar-se uma situação económica eficiente, é necessária a tributação do agente causador, interiorizando-se os custos reflexos causados[257].

Assim, segundo este autor, a incapacidade de mercado deveria ser resolvida mediante a aplicação de um tributo especial a cargo daquele cuja actuação económica provocasse danos a terceiros, que eram alheios àquela actividade. O montante desse tributo deveria ser calculado de forma a fazer coincidir o custo de produção do produto que originou a poluição com a globalidade do custo social a ele imputável, aumentando assim o seu preço no mercado e fazendo diminuir a sua procura. O resultado deste processo de interiorização dos custos sociais seria a redução da poluição e uma melhor gestão dos recursos, alcançando-se assim um nível óptimo de emissão de poluição e uma eficiência acrescida na gestão dos recursos.

[256] Enquanto os instrumentos administrativos de comando e controlo assentam em estratégias do tipo *top-down*, partindo de um objectivo agregado, normalmente definido ao nível das quantidades, que é subsequentemente redistribuído em cascata por todos os intervenientes, de forma cega e rígida, os instrumentos económicos adoptam uma perspectiva de base microeconómica, do tipo *bottom-up* tentando chegar aos mesmos objectivos, mas partindo das diferentes fronteiras de possibilidade dos actores individuais, permitindo uma maior maleabilidade nas estratégicas disponíveis.

[257] PIGOU, Arthur – *Wealth and Welfare*. Londres: Macmillan, 1912; *Idem*, *The Economics of Welfare*», cit.

A tese de Pigou relativa ao problema das exterioridades assenta na premissa de que o rendimento nacional é maximizado quando o sistema económico optimiza o resultado social líquido.[258] Nesta matéria, Pigou não é inovador quanto ao modelo finalístico económico, seguindo de perto o seu mestre Alfred Marshall[259]. Inovador é, sem dúvida, quanto à forma de alcançar esse resultado, pois Alfred Marshall, adoptando um modelo de longo prazo, interiorizava naturalmente o resultado das exterioridades na curva da oferta do sector produtivo, nunca problematizando realmente os seus efeitos.

Pigou, pelo contrário, concluiu que as economias externas ou deseconomias (denominação de Alfred Marshall) não podiam ser absorvidas de forma natural, quer a curto quer a longo prazo. Para esta conclusão, contribuiu igualmente a abertura que Pigou efectuou ao modelo anterior. Marshall baseava os seus estudos unicamente no sector industrial; Pigou alargou esse modelo integrando a sociedade em geral no ambiente das variáveis de custo e benefício.

Apesar das críticas ferozes dos cultores da Escola de Chicago (Frank Knight e Ronald Coase), o conceito pigouviano é, no nosso entender, extremamente útil para o direito económico, servindo de enquadramento instrumental essencial para a definição de políticas financeiras e fiscais a nível ambiental e, em geral, em sede de política pública.

A poluição é, efectivamente, um custo externo reflexamente causado a terceiros por um agente económico que não contabiliza esse dano na sua

[258] Segundo Pigou, «*marginal social net product is the total net product of physical things or objective services due to the marginal increment of resources in any given use or place, no matter to whom any part of this product may accrue. It might happen, for example, that costs are thrown upon people not directly concerned, through, say, uncompensated damage done to surrounding woods by sparks from railway engines. All such effects must be included -- some of them will be positive, others negative elements -- in reckoning up the social net product of the marginal increment of any volume of resources turned into any use or place [...]. Marginal private net product is that part of the total net product of physical things or objective services due to the marginal increment of resources in any given use or place which accrues in the first instance, i.e., prior to sale -- to the person responsible for investing resources there [...]. Whenever, therefore, the value of the marginal social net product of resources is less in any one use than it is in any other, the money measure of satisfaction in the aggregate can be increased by transferring resources from the use where the value of the marginal social net product is smaller to the use where it is larger. It follows that, since, ex hypothesi, there is only one arrangement of resources that will make the values of the social net products equal in all uses, this arrangement is necessarily the one that makes the national dividend, as here defined, a maximum*». *Cf.* PIGOU, Arthur – *The Economics of Welfare*, cit., pp. 134–136.

[259] *Cf.* MARSHALL, Alfred – *Principle of Economics*. 8ª edição. Londres: Macmillan, 1949, p. 18.

contabilidade individual. Neste quadro, existe uma diferença significativa entre o custo marginal privado e o custo marginal social. Os mecanismos de mercado só atendem ao primeiro; a sociedade padece com o segundo. Assim, a correcção pode ser efectuada por via de uma compensação: a subvenção ambiental, ou de uma imposição: o tributo ambiental[260].

2. As Subvenções Ambientais

As subvenções ambientais são instrumentos de política financeira corporizados em transferências financeiras que visam a compensação do custo social marginal tendo em vista a socialização da exterioridade negativa ambiental. Essas transferências podem ser atribuídas aos prejudicados, que, por essa via, revelam uma capacidade de aceitar uma compensação pelos custos reflexos sofridos ou aos produtores para que estes, voluntariamente, invistam em soluções que reduzam as exterioridades causadas pela sua actividade económica.

Nestas duas situações, o mecanismo de eliminação da exterioridade é semelhante. A metodologia assenta na criação de um movimento descendente da curva do custo social marginal de forma que ela se equipare com a do custo privado marginal. No primeiro caso, de compensação dos lesados, esse movimento seria directo; no segundo caso, por via da subsidiação do produtor, seria indirecto.

Porém, existem alguns desafios a este propósito. A política de compensação a lesados é usual em finanças públicas. A perspectiva assistencialista do Estado Social é extremamente sensível à existência de lesões ambientais: incêndios, cheias, *etc.* O mesmo acontece na presença de instalações potencialmente prejudiciais. As cidades que albergam centrais nucleares tendencialmente têm os melhores equipamentos e apoios sociais.

Todavia, a teoria da escolha pública alerta-nos para um risco potencial: no caso de uma política de subsidiação localizada a determinados habitantes para uma compensação ambiental, existirá o risco credível de mais habitantes se mudarem para essa zona tendo unicamente por fito o recebimento desse subsídio. E, nesse caso de «votação com os pés», o número de subsidiados poderia aumentar exponencialmente, bem como os inerentes custos sociais.

[260] Por uma questão de simplificação expositiva, trataremos de seguida dos instrumentos económico-financeiros ambientais, deixando a vertente territorial e urbanística para a parte respectiva.

No segundo caso, os subsídios, que não são mais do que impostos gerais distribuídos por via de despesa pública, beneficiariam os poluidores que são os agentes causadores dos custos. E, neste caso, estes agentes poderiam usufruir de um duplo benefício: em primeiro lugar, a não interiorização dos custos sociais reflexamente causados; em segundo lugar, um prémio público para os compensar pelo desenvolvimento de uma acção que, em primeira instância, lhes é total e unicamente imputável.

A enunciação do denominado Princípio Poluidor Pagador poderá ser a resposta a estes desafios.

2.1. O Princípio Poluidor Pagador

O Princípio Poluidor Pagador (PPP) foi enunciado pela OCDE na sua Recomendação de 26 de Maio de 1972[261]. Originariamente, revestia uma natureza puramente económica, mas, com o decurso do tempo, transformou-se num princípio político estruturante[262].

De acordo com a OCDE, o PPP determina que «o poluidor deverá sustentar todas as despesas que as autoridades públicas efectuarem para assegurar um nível aceitável de ambiente. Por outras palavras, o custo destas medidas deverá ser reflectido no preço dos bens e produtos que provoquem poluição, na produção ou no consumo. Essas medidas não deverão ser acompanhadas de subvenções que causem distorções no comércio e investimento internacional»[263].

As vantagens da integração dos custos de protecção ambiental no mecanismo de preços são evidentes, já que se irão aperfeiçoar os modelos de formação de preços inerentes aos mecanismos de mercado estabilizando o equilíbrio concorrencial.

Num modelo dinâmico, e perante a permanente luta no sentido de alcançar uma melhoria de produtividade, um aumento da qualidade e uma diminuição dos custos, os agentes económicos, por iniciativa própria,

[261] OCDE (1972), *Recommandation du Conseil sur les principes directeurs relatifs aux aspects économiques des politiques de l'environnement sur le plan international*, Document n.° C(72)128, Paris.

[262] *Cf.* ARAGÃO, Alexandra – *O Princípio do Poluidor Pagador. Pedra Angular da Política Comunitária do Ambiente.* Série Direito Ambiental para o Século XXI, vol. I, coordenadores [da série] Antonio Herman Benjamin, José Rubens Morato Leite. – São Paulo: Inst. O Direito por um Planeta Verde, 2014.

[263] *Cf.* OECD, *Polluters Pays Principle*, 1975 [disponível em https://play.google.com/books/reader?id=_OzVAgAAQBAJ&printsec=frontcover&output=reader&hl=en&pg=GBS.PA11].

irão descortinar qual o melhor método, quer em termos de qualidade quer em termos de custos, que prossiga os objectivos de preservação ambiental tendo em vista a concretização de um crescimento sustentável.

Gomes Canotilho[264] analisa as variantes deste princípio em três formulações possíveis:

i) os ónus ambientais devem ser prevenidos e eliminados pelo causador e, no caso de actos ilícitos, ele deve suportar os danos provocados pela sua actividade;
ii) o sujeito que lesa o ambiente deve não apenas suportar os danos de que é responsável, mas também compensar financeiramente a colectividade pelas cargas ambientais admitidas pela ordem jurídica;
iii) deve ser fixado um preço pela utilização de um bem ambiental, em vez de se exigir o ressarcimento de danos e as compensações financeiras dos ónus ambientais.

Esta formulação de Gomes Canotilho permite visualizar a forma como um princípio de base económica, construído para evitar a consolidação de falhas administrativas em cima de falhas de mercado, se transforma num princípio político, com aspirações a assumir uma dimensão jurídica exequível em si mesma.

Na sua vertente financeira, demonstra que o modelo óptimo de interiorização da exterioridade se concretiza pela oneração do agente causador e não pela subsidiação a esse agente, ou à comunidade em geral. Assim, e para responder à questão que colocámos no ponto anterior, o movimento de sincronização das curvas de custo deverá ser realizado no sentido do desenvolvimento de políticas públicas que corporizem um agravamento do custo privado marginal, equiparando-o ao custo social marginal.

Por outras palavras, a situação de óptimo paretiano deverá realizar-se através da via da disponibilidade para pagar (*ability to pay*) e não da disponibilidade para aceitar uma compensação (*ability to accept*). Esta conclusão modifica radicalmente as regras do jogo económico. Os sentidos das transferências *lump sum* deixam de ser indiferentes, optando a ordem jurídica por privilegiar a óptica da oneração. De facto, a solução não é neutra.

[264] *Cf.* Canotilho, J. J. Gomes – *A Responsabilidade por Danos Ambientais – Aproximação Juspublicística*. Direito do Ambiente, Instituto Nacional da Administração, 1994.

Se a questão se baseia em custos externos indesejados, a melhor forma de resolver sustentadamente o problema passará pela sua eliminação.

E a melhor forma de o fazer passa por corrigir o mercado no sentido preventivo, ou seja, criando as condições para esses custos não voltarem a verificar-se.

Ao invés, ao subsidiar-se os prejudicados no sentido da sua compensação pelos prejuízos sofridos, a lógica subjacente seria meramente reconstitutiva, num modelo não sustentado, já que, não se resolvendo o problema na fonte, a compensação seria tendencialmente permanente.

Esta fundamentação intuitiva permitiu a recepção deste princípio no direito positivado. Várias ordens jurídicas introduziram o PPP na sua legislação de protecção ambiental. Ainda assim, haverá que efectuar algumas ressalvas: nunca se poderá esquecer que a *ratio* subjacente à formulação inicial do PPP se mantém e que, na sua génese, a sua dimensão é intrinsecamente económica.

Constitui-se como método de definição do custo de interiorização da exterioridade e evita que a sociedade, no seu todo, sustente o financiamento das medidas antipoluentes através do erário público, financiado prioritariamente pelos impostos. Por conseguinte, o PPP não poderá ser aferido como legitimador de pretensões indemnizatórias *ipso facto*, uma vez que a lógica da sua fundamentação se situa num momento anterior.

Adicionalmente, o PPP não poderá ser considerado um princípio puro de compensação que exprimiria um postulado de justiça ambiental, dado que tal não obrigaria a uma total interiorização dos custos reflexos por conta do seu causador, uma vez que obrigaria a um cálculo dos benefícios que este outorga à comunidade em geral. Estas serão realidades bastante mais complexas, em que a avaliação monetária deverá ser efectuada numa formulação mais fina, por via da metodologia de análise custo-benefício ou similar.

Estatui-se, no artigo 5º da Recomendação da OCDE, que, além dos custos decorrentes da actividade poluente, os custos suportados pelo poluidor deverão incluir toda a despesa necessária para atingir um nível ambiental «de qualidade», devendo incluir-se os custos administrativos directamente conexos com a implementação de medidas antipoluição. Por sua vez, os custos de aquisição, construção e funcionamento de instalações de acompanhamento e supervisão gerais poderão ser sustentados pelas entidades públicas, numa lógica de bem público.

Além da dificuldade, ainda hoje existente, de avaliação dos danos ambientais para efeitos de responsabilidade civil ou contratual, a concretização jurídica do PPP apresenta alguns desafios. Um problema inicial traduz-se precisamente na sua área limitada de aplicação. Por razões administrativas, só seria possível aplicar prontamente o PPP como mecanismo jurídico de imputação de responsabilidade às situações decorrentes de poluição causada por processos industriais pois o agente causador é facilmente identificável. Quando o consumidor é o poluidor – cerca de 60% da poluição aérea e 33% da poluição por resíduos sólidos e aquáticos têm as famílias como agente causador – torna-se praticamente impossível a aplicação coerente deste princípio tendo em consideração a atomicidade das fontes geradoras.

Um segundo desafio se levanta quando tentamos definir o conceito de poluidor. O artigo 3º da Recomendação do Conselho 75/436, de 3 de Março, definiu-o como «alguém que directa ou indirectamente causa danos ou cria condições que poderão levar a um dano». No entanto, esta definição peca por excessiva simplicidade, pois ignora por completo não somente a poluição cumulativa, em que a junção de várias causas simultâneas provoca a poluição, mas também as cadeias de poluição em que se comungam inúmeras causas consecutivas. Uma outra possibilidade de definição seria considerar poluidor o agente económico que tem um papel determinante na poluição, e não o agente que está na sua origem directa.

Desta forma, o produtor do combustível ou do automóvel poderá ser considerado poluidor e não quem o utiliza (e isso basta-nos para a desenvolvimento da política económico-financeira de correcção da externalidade à cabeça). Todavia, se pretendermos concretizar a dimensão jurídica de responsabilização, esta definição coloca-nos alguns problemas. Por exemplo, no caso da poluição sonora produzida por automóveis, quem será considerado poluidor? Poderão ser as pessoas que utilizam os veículos, os construtores do veículo, as autoridades de trânsito que autorizaram a estrada e o trânsito naquele local, ou até mesmo o construtor da via.

Este simples exemplo permite-nos demonstrar que a concretização da definição de poluidor, em casos de cadeias de poluição ou poluição cumulativa, é dúbia, sujeita a falhas administrativas na investigação e a elevados custos transaccionais.

Neste quadro complexo, deveremos ter em conta que a melhor solução teórica do ponto de vista da imputação localizada de responsabilidade, poderá não ser a melhor solução na perspectiva económica que anseia por soluções transversais e de reduzido custo administrativo.

Ainda assim, em 1987, o Acto Único consagrou explicitamente o PPP no Tratado da Comunidade Europeia, concedendo-lhe uma natureza jurídico-política. Dispõe-se, hoje, na primeira alínea do nº 2 do artigo 191º do Tratado de Funcionamento da União Europeia que «a política da União no domínio do ambiente terá por objectivo atingir um nível de protecção elevado, tendo em conta a diversidade das situações existentes nas diferentes regiões da União. Basear-se-á nos princípios da precaução e da acção preventiva, da correcção, prioritariamente na fonte, dos danos causados ao ambiente e do poluidor-pagador».

O PPP conforma assim as instituições europeias bem como os Estados nacionais. Esta formulação também nos auxilia na definição do conceito de poluidor. De acordo com o acórdão do Tribunal da Justiça *Commune de Mesqueur*, o poluidor será a pessoa que «por via da sua actividade [...] contribuiu para o risco de geração de poluição»[265]. Este princípio de imputação não resolve a integralidade das questões: sabemos que quem não é responsável pelo risco de poluição não deverá pagar o que quer que seja; porém, nos casos de poluição cumulativa ou em cadeia, não saberemos qual a quota-parte de responsabilidade a atribuir a cada agente.

O que sabemos é que, de futuro, o poluidor irá provavelmente suportar a quase totalidade dos custos, sendo necessária a utilização coerente e eficiente dos instrumentos económicos, civis e penais, de forma a aplicar o PPP em toda a sua extensão. A formulação comunitária alarga o âmbito de potencial responsabilidade às franjas discricionárias da prudência e da prevenção. Neste caso, estamos já no campo da responsabilidade pelo risco. A Directiva 2004/35/CE, de 21 de Abril de 2004, relativa à responsabilidade ambiental em termos de prevenção e reparação de danos ambientais vem consolidar esta interpretação[266]. Em princípio, o poluidor irá suportar

[265] Acórdão do Tribunal de Justiça, processo C-188/07, de 24 de Junho de 2008, *Commune de Mesqueur*, ponto 82.

[266] O considerando 18 da Directiva é cristalino: «segundo o princípio do «poluidor-pagador», o operador que cause danos ambientais ou crie a ameaça iminente desses danos deve, em princípio, custear as medidas de prevenção ou reparação necessárias. Se a autoridade competente actuar, por si própria ou por intermédio de terceiros, em lugar do operador, deve assegurar que o custo em causa seja cobrado ao operador. Também se justifica que os operadores custeiem a avaliação dos danos ambientais ou, consoante o caso, da avaliação da

a totalidade dos custos de prevenção e reparação, bem como os custos das entidades públicas na eliminação da poluição por eles ocasionada.[267/268]

O PPP terá, portanto, uma dimensão económica e uma dimensão de justiça. Segundo Petra Lindhout e Berthy den Boerck, «*in the literature two fundamental interpretations of the polluter pays principle are identified: the efficiency interpretation and the equity interpretation. The efficiency interpretation is essentially economic in nature, pertaining to an internalization of environmental costs. The equity interpretation is considered to be an extension of the basic form of the principle. This equity interpretation pertains to a fair distribution of costs, between the polluter and the victim (or the victimized society)*»[269].

Assim, numa primeira perspectiva, poderá referir-se que a enunciação do princípio poluidor pagador tem origem na concepção de equidade (*equity*), própria dos modelos de justiça anglo-saxónicos. Na lógica da justiça (*fairness*), a sua formulação genética, o seu objectivo traduzia-se na tentativa de estabelecimento de uma atribuição de responsabilidade por

sua ameaça iminente» https://apambiente.pt/_zdata/Instrumentos/Responsabilidade%20 Ambiental/2004-04-21_Diretiva_2004_35_CE.pdf

[267] *Cf.* De Sadeleer, N. – *Les Principes du pollueur-payeur, de prévention et de précaution: essai sur la genèse et la portée juridique de quelques príncipes du droit de l'environnment*. Bruxelles: Bruylant, 1999, pp. 55–57.

[268] O artigo 3º da Lei de Bases da Política de Ambiente (Lei nº 19/2014, de 14 de Abril) refere que se constituem como princípios materiais de ambiente os seguintes: «c) Da prevenção e da precaução, que obrigam à adopção de medidas antecipatórias com o objectivo de obviar ou minorar, prioritariamente na fonte, os impactes adversos no ambiente, com origem natural ou humana, tanto em face de perigos imediatos e concretos como em face de riscos futuros e incertos, da mesma maneira como podem estabelecer, em caso de incerteza científica, que o ónus da prova recaia sobre a parte que alegue a ausência de perigos ou riscos; *d)* Do poluidor-pagador, que obriga o responsável pela poluição a assumir os custos tanto da actividade poluente como da introdução de medidas internas de prevenção e controle necessárias para combater as ameaças e agressões ao ambiente; *e)* Do utilizador-pagador, que obriga o utente de serviços públicos a suportar os custos da utilização dos recursos, assim como da recuperação proporcional dos custos associados à sua disponibilização, visando a respectiva utilização racional; *f)* Da responsabilidade, que obriga à responsabilização de todos os que directa ou indirectamente, com dolo ou negligência, provoquem ameaças ou danos ao ambiente, cabendo ao Estado a aplicação das sanções devidas, não estando excluída a possibilidade de indemnização nos termos da lei; *g)* Da recuperação, que obriga o causador do dano ambiental à restauração do estado do ambiente tal como se encontrava anteriormente à ocorrência do facto danoso».

[269] Lindhout, Petra; Boerck, Berthy Den – «The Polluter Pays Principle: Guidelines for Cost Recovery and Burden Sharing in the Case Law of the European Court of Justice». *In Utrecht Law Review*, Volume 10, Issue 2 (May), 2014, pp. 46–59.

um evento poluente, de forma que terceiros não tivessem de ficar onerados com os respectivos custos.

Na prática, traduzia-se numa extensão natural da defesa natural decorrente do «direito de propriedade» relativamente a activos cuja propriedade seria comum. Sequencialmente, e após múltiplas discussões sobre a metodologia de ponderação de distribuição dos custos entre o poluidor e o público em geral (na prática, o modelo de recomposição patrimonial tipicamente privado)[270], o conceito evoluiu para um modelo assente no princípio da eficiência, visando a correcção da falha de mercado e a interiorização da exterioridade. Tal só se torna possível após a institucionalização do *acquis* adveniente da adopção do conceito de desenvolvimento sustentável. Nesta formulação, o PPP adquire uma dimensão global, mas perde claramente o seu foco operacional e de imputação de responsabilidade. Nesse quadro, e uma vez que se torna necessário «reoperacionalizar» o conceito, tornando-o aplicável em querelas judiciais, é crucial conhecer a jurisprudência mais relevante a este propósito.

2.2. A Posição do Tribunal de Justiça da União Europeia

O Tribunal de Justiça veio, consequentemente, introduzir algumas clarificações no conteúdo e alcance do PPP. Questões como o nexo de causalidade, a identificação do poluidor e a possibilidade de repartição de encargos foram tratadas de forma cuidada, sendo possível enunciar alguns «portos seguros» a este propósito.

No acórdão *Standley*, o Tribunal decidiu sobre uma situação de fontes cumulativas de poluição. No caso em análise, determinou que a imposição de um ónus de redução da emissão de nitratos numa determinada localização unicamente aos agricultores constituiria uma infracção ao PPP, já que existiam outras fontes de poluição por nitratos que não eram da sua responsabilidade. A instância jurisdicional comunitária chamou, portanto, à colação, o princípio da proporcionalidade, referindo claramente, e na sequência do parecer do Advogado Geral, que «os poluidores só são responsáveis pela poluição para a qual contribuíram»[271].

[270] *Cf.*, HILSON, C. – *Regulating Polution: an UK and EC Perspective*. Oxford: Hart Publishing, 2000, p. 120.

[271] Acórdão C-293/97, *Standley*, 1999, ECR I-2603, paras. 51–53. Parecer do Advogado Geral, nº 61997C0293.

Esta discussão teve desenvolvimentos nos acórdãos *Erika*[272] e *Van de Walle*[273]. De facto, o que está em causa é o princípio da proporcionalidade e a sua aplicação a agentes que tenham tido um qualquer papel no processo produtivo e que tenham de sustentar algum encargo por poluição emitida. No acórdão *Erika*, um petroleiro que se afundou no golfo da Biscaia, o Tribunal referiu que os produtores (neste caso, de petróleo) só poderiam ser considerados poluidores na medida da sua contribuição para o «risco» de poluição. Este entendimento constitui um desenvolvimento significativo perante a jurisprudência do acórdão *Van de Walle* que obrigava ao estabelecimento de um nexo de causalidade directo entre o dolo ou o comportamento negligente do produtor com o acidente poluente[274].

O acórdão *Pontina Ambiente* veio tratar de uma questão bastante sensível em matéria de tributos ambientais e que se traduz na possibilidade de repercussão económica do encargo do tributo para outra entidade que não o poluidor directo. Estava em causa, neste processo, a possibilidade do operador do aterro poder repassar os custos tarifários para as entidades públicas depositantes dos resíduos. O Tribunal veio dizer que o princípio da cobertura de custos de construção e de operação do aterro teria de ser respeitado em termos tarifários, devendo o tributo acomodar a integralidade do custo da poluição, não podendo o operador ser onerado por atrasos ou pagamentos insuficientes por parte dos clientes utilizadores do aterro. Assim, o operador do serviço ambiental não pode ser onerado por custos que devem ser necessariamente suportados pelos emissores dos resíduos (*in casu*, os municípios e, em última linha, os seus habitantes). Pelo exposto, e neste processo, o Tribunal de Justiça emitiu uma orientação geral sobre a política tarifária ao nível dos resíduos, impedindo qualquer forma de subsidiação pública das operações[275]. Numa formulação negativa, um não poluidor ou um não contribuidor para o risco de poluição não pode ser onerado pelo custo de processamento da mesma. Porém, isso não significa

[272] Acórdão C-188/07, *Commune de Mesquer v. Total France SA and Total International Ltd*, 2008, ECR I-4501.

[273] Acórdão C-1/03, *Criminal proceedings against Paul Van de Walle, Daniel Laurent, Thierry Mersch and Texaco Belgium SA*, 2004, ECR I-7613.

[274] *Cf.* BLEEKER, Arne – «Does the Polluter Pay? The Polluters-Pays Principle in the Case Law of the European Court of Justice». *In European Energy and Environmental Law Review*, December, 2009, pp. 289 e ss..

[275] Acórdão C-172/08, *Pontina Ambiente*, 2010, ECR I-1175, paras. 35–38.

que os Estados-Membros estejam impedidos de estabelecer presunções ao nível do estabelecimento de nexos causais entre certas actividades de risco e subsequentes danos ambientais, desde que, obviamente, existam bases plausíveis para o efeito[276].

O mesmo se diga sobre a definição da base de incidência do tributo. No processo, o princípio da cobertura de custos não impede que os tributos sejam calculados de forma indirecta ou indiciária. Assim, não sendo possível tributar os emissores de resíduos urbanos pelo peso e tipo efectivo de lixo emitido, poderão ser utilizadas outras bases de incidência indirectas para o efeito (como o consumo de água ou de electricidade). O que é relevante é que os custos sejam impostos àquele grupo de emissores, independentemente do método concreto de repartição entre os mesmos, desde que, obviamente, não se gerem situações de desproporcionalidade evidente[277].

Estes simples exemplos demonstram a aplicabilidade do PPP. De princípio de ordem meramente económica, adquiriu uma relevância política e, com a jurisprudência do Tribunal de Justiça, tem adquirido uma verdadeira dimensão jurídica na vertente financeira. A jurisprudência referida tem uma enorme aplicabilidade nos modelos de recuperação de custos inerentes às tarifas, eliminando políticas desregradas de subsidiação. Nesta óptica, vem institucionalizar a sua aplicação na óptica do utilizador-pagador. Esta dimensão é muito mais abrangente do que a do poluidor pagador, visto que actua directamente em ambos os campos de sustentabilidade económica: a racionalidade na utilização dos recursos e a eliminação da poluição.

2.3. O Enquadramento Comunitário dos Auxílios Estatais a Favor do Ambiente

Apesar das limitações decorrentes do PPP e que poderiam levar a pensar que o modelo de subsidiação ambiental se encontrava liminarmente afastado, a verdade é que os países mantiveram práticas de financiamento, embora em modelos díspares.

A Alemanha, por exemplo, emitiu uma declaração geral, logo em 1984, a favor da aplicação geral do PPP. No entanto, não foi considerada eliminadora do recurso a subvenções, quando a responsabilidade fundamental do poluidor não estivesse em causa.

[276] Acórdão C-378/08, *ERG e outros*, 2010, ECR I-01919.

[277] Acórdão C-293/97, *Futura Immobilare* 2009, ECR I-02603, paras. 52–56.

Estes instrumentos financeiros poderiam ser concedidos a industriais para fazer face a critérios de controlo cada vez mais restritos, no caso de eles não poderem reduzir de outra forma a sua actividade poluente. No direito alemão, as subvenções tomam a forma de ajudas financeiras a investimentos e, depois da ajuda inicial, o poluidor irá suportar os custos de aplicação das medidas antipoluição. Na sequência da aplicação generalizada do princípio da equivalência ou do benefício, é frequente entender-se que as receitas obtidas pela Administração Pública, excepto as provenientes dos impostos que incidem sobre a capacidade contributiva, deverão servir para financiar projectos na área em que foram cobradas. Nesta perspectiva de «equivalência de grupo», ao obter-se uma receita decorrente da tributação da emissão de águas residuais, esta deverá ser utilizada para financiar a construção, por exemplo, de uma estação de tratamento de água que beneficie reflexamente os contribuintes desse tributo.

Em França, o PPP foi introduzido formalmente pela lei Barnier de 1995, encontra-se previsto no artigo L-110º do *Code de l'Environnement* e é considerado um dos princípios estruturantes do direito ambiental francês, conjuntamente com os princípios da prevenção, da precaução e da participação. Na vertente financeira, tem funções de redistribuição e de incentivo. Encontra-se formulado numa óptica abrangente e actua essencialmente através da reciclagem de fundos, ou seja, da reafectação do produto da tributação à actividade geradora da receita.

Sequencialmente, todos os países integraram, de uma forma mais ou menos intensa, o PPP na ordem jurídica interna[278]. Da mesma forma procedeu a União Europeia[279]. Não obstante, mantiveram-se os esquemas

[278] *Cf.* LOBO, Carlos Baptista – «Subvenções Ambientais. Análise Jurídico-Financeira», cit.

[279] A actual política ambiental da União Europeia baseia-se nos princípios da precaução, da prevenção e da correcção da poluição na fonte, e no princípio do «poluidor-pagador». Em sede comunitária, o princípio da precaução é um instrumento de gestão de riscos que pode ser invocado quando existe incerteza científica quanto à suspeita de risco para a saúde humana ou para o ambiente, decorrente de uma determinada acção ou política. Por sua vez, o PPP é executado pela Directiva 2004/35/CE, de 12 de Abril de 2004, relativa à responsabilidade ambiental em termos de prevenção e reparação de danos ambientais, que visa a prevenção ou, de algum modo, a reparação dos danos ambientais causados a espécies e *habitats* naturais protegidos, à água e ao solo. Como ponto de partida, assume-se que os operadores de determinadas actividades profissionais, como o transporte de substâncias perigosas, ou de actividades que implicam descargas nas águas, devem tomar medidas preventivas em caso de ameaça iminente para o ambiente – princípio da prevenção. Se os danos ocorrerem, os

nacionais de auxílio de estado em matéria ambiental, o que implicou, naturalmente, uma reacção comunitária.

Os artigos 11º e 191º a 193º do Tratado sobre o Funcionamento da União Europeia (TFUE) constituem a base habilitante da acção comunitária. A UE tem competência para agir em todos os domínios da política ambiental, tais como a poluição atmosférica e da água, a gestão dos resíduos e as alterações climáticas. Porém, o seu campo de actuação é limitado. Naturalmente, pelo princípio de subsidiariedade, atenta a dimensão espacial da decisão. Excepcionalmente, pela exigência de unanimidade no Conselho nas matérias fiscais, do ordenamento do território, da utilização dos solos, da gestão quantitativa dos recursos hídricos, das opções ao nível das fontes de energia e da estrutura do aprovisionamento energético. Ainda assim, a Comissão tem revelado um esforço significativo na aprovação dos *Planos Plurianuais de Acção Ambiental*[280] e na inclusão da vertente ambiental, de uma forma transversal, em todas as políticas comunitárias[281].

operadores são obrigados a tomar as medidas adequadas para reparar esses danos, devendo suportar os respectivos custos – *princípio da reparação*. O âmbito de aplicação da directiva foi alargado três vezes, com o intuito de incluir, respectivamente, a gestão dos resíduos das indústrias extractivas, a operação de locais de armazenamento geológico e a protecção de operações *offshore* de petróleo e gás. Além disso, a integração das preocupações ambientais noutros domínios de acção da UE tornou-se um conceito importante da política europeia, desde que surgiu, pela primeira vez, de uma iniciativa do Conselho Europeu, realizado em 1998, em Cardiff (o «Processo de Cardiff»).

[280] Desde 1973, a Comissão tem criado programas plurianuais de acção em matéria de ambiente, que apresentam propostas legislativas e objectivos futuros para a política ambiental da EU. Em 2013, o Conselho e o Parlamento aprovaram o 7º Plano Plurianual para o período até 2020, intitulado *Viver bem, dentro dos limites do nosso planeta*, que define nove objectivos prioritários, entre os quais se destacam: a protecção da natureza; uma maior resiliência ecológica; um crescimento sustentável, eficiente em termos de recursos e hipocarbónico; e a luta contra as ameaças ambientais à saúde.

[281] Em 2001, a União Europeia apresentou a sua *Estratégia para o Desenvolvimento Sustentável* (EDS), complementando dessa forma a Estratégia de Lisboa para a promoção do crescimento e a criação de emprego introduzindo-lhe a dimensão ambiental. Em 2006, de forma a combinar as dimensões internas e internacionais do desenvolvimento sustentável, a Estratégia revista da UE para o Desenvolvimento Sustentável foi reforçada, visando uma melhoria constante da qualidade de vida, promovendo a prosperidade, a protecção ambiental e a coesão social. Em sintonia com estes objectivos, a Estratégia Europa 2020 para o crescimento visou concretizar um «crescimento inteligente, abrangente e sustentável». Relembre-se que os projectos de investimento (privados ou públicos), com potenciais efeitos significativos no ambiente como, por exemplo, a construção de uma ponte ou de um porto, estão sujeitos a uma «avaliação do impacto ambiental» (AIA). De igual modo, diversos planos e programas públicos (por exem-

A construção jurídica é complexa. Nos termos das regras gerais, a fim de impedir que os auxílios estatais falseiem a concorrência no mercado interno e afectem as trocas comerciais entre Estados-Membros de forma contrária ao interesse comum, o artigo 107º, nº 1, do TFUE estabelece o princípio de que os auxílios estatais são proibidos. Contudo, em certos casos, os auxílios estatais podem ser compatíveis com o mercado interno, ao abrigo do artigo 107º, nºs 2 e 3, do Tratado. Relembre-se, igualmente, que o PPP contém, igualmente, e pela própria denominação, um princípio de proibição de subsidiação.

Todavia, há que atender ao quadro geral. A Estratégia Europa 2020[282] tem como objectivo a promoção de um crescimento inteligente, sustentável e inclusivo. Para o efeito, estabeleceu-se um certo número de grandes objectivos, incluindo para as alterações climáticas e a sustentabilidade energética: *i)* uma redução de 20 % nas emissões de gases com efeito de estufa relativamente aos níveis de 1990; *ii)* um aumento para 20 % da quota de energias renováveis no consumo de energia da União; e *iii)* um aumento de 20 % da eficiência energética da União relativamente aos níveis de 1990.

Os dois primeiros destes objectivos vinculativos a nível nacional foram implementados pelo pacote aprovado em 2009 relativo ao clima e à energia[283]. Mas os objectivos da União Europeia não se limitam a estes valores. Em 22 de Janeiro de 2014, a Comissão propôs que os objectivos em termos de energia e clima fossem alcançados até 2030 na Comunicação intitulada «Um quadro político para o clima e a energia no período de 2020 a 2030 («Quadro 2030»)[284].

Os pilares do Quadro 2030 são, portanto: *i)* uma redução de 40 % nas emissões de gases com efeitos de estufa relativamente ao nível de 1990; *ii)* um objectivo vinculativo a nível da União de pelo menos 27 % de ener-

plo, referentes à utilização dos solos, aos transportes, à energia, aos resíduos ou à agricultura) estão sujeitos a um processo semelhante, denominado «avaliação ambiental estratégica» (AAE). Aqui, as questões ambientais são incluídas na fase de planeamento e as eventuais consequências são tidas em conta antes da aprovação ou autorização de um qualquer apoio comunitário, de molde a garantir um elevado nível de protecção ambiental.

282 COM(2010) 2020 final de 3.3.2010.

283 Decisão nº 406/2009/CE de 23 de Abril de 2009, (JO L 140 de 5.6.2009, p. 136), e Directiva 2009/28/CE de 23 de Abril de 2009, (JO L 140 de 5.6.2009, p. 16).

284 Comunicação da Comissão ao Parlamento Europeu, ao Conselho, ao Comité Económico e Social Europeu e ao Comité das Regiões, *Um quadro político para o clima e a energia no período de 2020 a 2030*, COM(2014) 15 final de 22/01/2014.

gias renováveis; *iii)* o estabelecimento de ambições renovadas para as políticas de eficiência energética; e *iv)* um novo sistema de governação e um novo conjunto de indicadores a fim de assegurar um sistema energético competitivo e seguro.

Com o intuito de apoiar a concretização desses objectivos, a estratégia Europa 2020 propôs a iniciativa *Uma Europa eficiente em termos de recursos* como uma das sete iniciativas emblemáticas[285]. Essa iniciativa emblemática visa criar um quadro estratégico para permitir que as diferentes políticas apoiem a transição para uma economia de baixo carbono e eficiente em termos de recursos a fim de ajudar a: *i)* impulsionar o desempenho económico, ao mesmo tempo que se reduz a utilização dos recursos; *ii)* identificar e criar novas oportunidades de crescimento económico e de promover uma maior inovação, impulsionando a competitividade da União; *iii)* garantir a segurança do abastecimento em recursos essenciais; *iv)* lutar contra as alterações climáticas e limitar o impacto ambiental da utilização dos recursos.

Neste novo enquadramento, os auxílios ao ambiente têm como objectivo geral aumentar o nível de protecção ambiental em comparação com o nível que seria atingido sem os auxílios.

A estratégia Europa 2020, em especial, estabelece metas e objectivos de crescimento sustentável para apoiar a transição para uma economia eficiente em termos de recursos, competitiva e de baixo carbono. Uma economia de baixo carbono que utilize uma percentagem significativa de energia intermitente proveniente de fontes renováveis exige um ajustamento do sistema energético e, em especial, investimentos consideráveis nas redes de energia. O objectivo principal dos auxílios no sector da energia consiste em garantir um sistema energético competitivo, sustentável e seguro num mercado da energia da União a funcionar correctamente.

Os Estados-Membros que pretenderem conceder auxílios ao ambiente e à energia terão de definir com precisão o objectivo perseguido e explicar qual a contribuição esperada da medida para este objectivo. Ao introduzir medidas co-financiadas pelos fundos estruturais e de investimento europeus, os Estados-Membros podem basear-se na fundamentação dos programas operacionais relevantes, indicando os objectivos perseguidos em matéria de ambiente e energia.

[285] COM(2011) 21 de 26.1.2011.

Para demonstrar que a contribuição de um auxílio sujeito a notificação individual aumenta o nível de protecção ambiental, o Estado-Membro pode recorrer, tanto quanto possível em termos quantificáveis, a vários indicadores, em especial aos mencionados a seguir:

- Tecnologias de redução: a quantidade de gases com efeito de estufa ou poluentes que deixam permanentemente de ser emitidos para a atmosfera (originando um menor consumo de combustíveis fósseis);
- Normas da União existentes: o valor absoluto e o nível relativo de superação da norma da protecção ambiental, ou seja, uma redução da poluição que não seria alcançada pela norma na ausência de auxílios estatais;
- Futuras normas da União: o aumento do ritmo a que são implementadas futuras normas, ou seja, iniciar a redução da poluição numa data anterior.

Esta técnica foi já utilizada no regime anterior. Ao nível dos subsídios, a política comunitária foi sintetizada na Comunicação de *Enquadramento Comunitário dos Auxílios Estatais a Favor do Ambiente,* de 2008[286]. Revestindo as questões ambientais um alcance transnacional, e atentas as competências comunitárias ao nível da política ambiental, a União Europeia desenvolveu várias iniciativas de regulação das iniciativas nacionais nesta temática[287]. A Comunicação de 2008 inseriu-se nesse movimento normalizador, tendo como objectivos suplementares:

[286] 2008/C82/01 [disponível em http://eur-lex.europa.eu/LexUriServ/LexUriServ.do?uri=OJ:C:2008:082:0001:0033:PT:PDF].

[287] A política europeia do ambiente tem origem no Conselho Europeu realizado em 1972, em Paris, no qual os Chefes de Estado e de Governo europeus (na sequência da primeira conferência das Nações Unidas sobre o ambiente) declararam a necessidade de uma política ambiental comunitária que acompanhasse a expansão económica. Nos anos seguintes, foi-se fortalecendo gradualmente. O Acto Único Europeu de 1987 introduziu um novo título, «Ambiente», que constituiu a primeira base jurídica da política ambiental comum, com vista a preservar a qualidade do ambiente, proteger a saúde humana e assegurar uma utilização racional dos recursos naturais. As revisões posteriores do Tratado reforçaram o compromisso assumido pela Europa em matéria de protecção ambiental e o papel do Parlamento Europeu no respectivo desenvolvimento. O Tratado de Maastricht, celebrado em 1993, tornou o ambiente um domínio de acção oficial da UE, introduziu o procedimento de co-decisão e instituiu como regra geral a votação por maioria qualificada no Conselho. O Tratado de Amesterdão, de 1999, instituiu o dever de integrar a protecção do ambiente em todas as políticas sectoriais

- O desenvolvimento integrado da política europeia em matéria de clima e energia, na óptica da garantia da sua viabilidade no longo prazo. Na sequência do Conselho Europeu da Primavera de 2007, foram definidos os três pilares da Política Energética para a Europa: *i)* a segurança no aprovisionamento; *ii)* assegurar a competitividade das economias europeias e a oferta energética a preços acessíveis; e *iii)* promover a sustentabilidade ambiental e fazer frente às alterações climáticas.
- O reforço da competitividade e da inovação, na sequência do *Plano de Acção no Domínio dos Auxílios Estatais*[288], através da criação de novos mercados e reforço da competitividade graças à utilização eficaz dos recursos e de novas oportunidades de investimento, contribuindo para a concretização dos objectivos fundamentais da Estratégia de Lisboa, ou seja, uma aceleração sustentável do crescimento e da criação de emprego.

Nas *Orientações relativas a auxílios estatais à protecção ambiental e à energia 2014-2020*[289], a Comissão identificou um conjunto de medidas no domínio do ambiente e da energia relativamente às quais os auxílios estatais podem, em certas condições, ser compatíveis com o mercado interno, ao abrigo do artigo 107º, nº 3, alínea *c)*, do Tratado. Os auxílios admissíveis são os seguintes: *i)* para a superação de normas da União ou por aumento do nível de protecção ambiental na ausência de normas da União (incluindo auxílios à aquisição de veículos de transporte novos); *ii)* para a adaptação antecipada a futuras normas da União; *iii)* para a realização de estudos ambientais; *iv)* para a reabilitação de sítios contaminados; *v)* para a produção de energia a partir de fontes renováveis; *vi)* para a implementação de medidas de eficiência energética, incluindo cogeração e aquecimento

da UE, tendo em vista promover o desenvolvimento sustentável. Com o Tratado de Lisboa, celebrado em 2009, a «luta contra as alterações climáticas» tornou-se um objectivo específico, bem como o desenvolvimento sustentável nas relações com países terceiros, sendo que, a partir deste momento, com a aquisição de personalidade jurídica, passou a poder celebrar tratados internacionais em nome próprio.

[288] *Plano de Acção no Domínio dos Auxílios Estatais – menos auxílios estatais e mais orientados: um roteiro para a reforma dos auxílios estatais 2005-2009. COM (2005) 107 final.*

[289] Comunicação da Comissão 2014/C 200/01 [disponível em http://eur-lex.europa.eu/legal-content/PT/TXT/HTML/?uri=CELEX:52014XC0628(01)&from=PT].

e arrefecimento urbano; *vii)* para o aumento da eficiência dos recursos e, em especial, para a gestão de resíduos; *viii)* para a captura, transporte e armazenamento de CO_2, incluindo elementos individuais da cadeia de captura e armazenamento de carbono (CAC); *ix)* reduções ou isenções dos impostos ambientais; *x)* reduções das contribuições destinadas a financiar o apoio à electricidade proveniente de fontes renováveis; *xi)* criação de infra-estruturas energéticas; *xii)* medidas de adequação da produção; *xiii)* autorizações negociáveis; e *xiv)* relocalização de empresas.

Para apreciar se uma medida de auxílio notificada pode ser considerada compatível com o mercado interno, regra geral a Comissão analisa se a concepção da medida de auxílio garante que o seu impacto positivo para alcançar um determinado objectivo de interesse comum ultrapassa os seus efeitos potencialmente negativos sobre as trocas comerciais e a concorrência[290]. Assim, a União Europeia interpreta o PPP de uma forma adaptativa. Em primeiro lugar elege uma prioridade fundamental, actualmente, a redução de emissões de gases com efeito de estufa, e, sequencialmente, admite a outorga de auxílios para a superação das metas estabelecidas.

Neste enquadramento, o objectivo fundamental do controlo dos auxílios estatais no domínio da protecção do ambiente consistia em assegurar que estes instrumentos conduzam a um nível de protecção superior ao que ocorreria sem a sua aplicação e que os efeitos positivos dos auxílios sejam superiores aos seus efeitos negativos, em termos de concorrência e tendo em conta o PPP, estabelecido nos artigos 11º e 191º a 193º do TFUE.

Assim, e em termos gerais, podem existir:

- Incentivos individuais positivos para reduzir a poluição e outros efeitos negativos sobre o ambiente: em primeiro lugar, os Estados-Membros podem criar incentivos positivos a nível individual (nível da empresa) para estabelecer normas mais exigentes do que as normas comunitárias. Neste caso, o beneficiário dos auxílios

[290] Na Comunicação sobre a modernização dos auxílios estatais, de 8 de Maio de 2012, defendeu-se a identificação e a definição de princípios comuns aplicáveis à apreciação da compatibilidade de todas as medidas de auxílio realizadas pela Comissão. Para o efeito, a Comissão só considerará uma medida de auxílio estatal compatível com o mercado interno se cumprir cada um dos seguintes critérios: *i)* contribuição para o interesse comum; *ii)* princípio da necessidade de intervenção; *iii)* princípio da adequação; *iv)* medição do efeito incentivo; *v)* princípio da proporcionalidade; *vi)* princípio da prevenção de efeitos negativos; *vii)* princípio da transparência; *viii)* avaliação *ex post*.

reduz a poluição porque recebe auxílios que alteram o seu comportamento e não porque tem de pagar o custo dessa poluição. O objectivo dos auxílios estatais consiste, neste caso, em corrigir directamente a deficiência do mercado associada aos efeitos negativos da poluição.

- Incentivos positivos para introduzir regulamentação ambiental nacional mais exigente do que as normas comunitárias: em segundo lugar, os Estados-Membros podem impor uma regulamentação nacional mais exigente do que os requisitos comunitários de acordo com o enquadramento temático referido. Dado que tal pode levar a custos adicionais para certas empresas, afectando a sua competitividade, são admitidos auxílios estatais para reduzir o ónus sobre as empresas mais afectadas, permitindo assim aos Estados-Membros adoptar uma regulamentação nacional de protecção do ambiente mais estrita do que as normas comunitárias.

3. Os Tributos Ambientais

Os tributos são o principal instrumento económico-financeiro da acção pública reguladora do ambiente. A sua importância decorre da sua adequação intrínseca aos padrões básicos da acção pública. Aliás, a política, enquanto actividade humana, nasce precisamente do exercício essencial de governo da cidade, ou seja, na adequação dos escassos recursos disponíveis às múltiplas necessidades em presença.

Sendo de aplicação geral e abstracta, os tributos permitem uma abrangência significativa ao nível dos alvos a atingir, permitindo uma dispersão rápida dos elementos de política pública ambiental. Todavia, a sua eficácia depende da configuração material dos mesmos. Por exemplo, a riqueza e o património em nada interferem com a capacidade poluente do sujeito passivo. Efectivamente, se o Estado pretender reduzir o consumo de água, é totalmente irrelevante para efeitos de política pública, visando o consumo eficiente desse recurso, que os seus alvos sejam indivíduos de elevada ou reduzida capacidade económica. O que é relevante é que o consumo de água seja reduzido. Porém, e exactamente por essa razão, os seus efeitos podem ser regressivos, uma vez que o incremento de preço num bem essencial tem efeitos mais negativos nos sujeitos de menores rendimentos. E, neste momento, torna-se necessária uma política redistributiva de segundo nível que, não eliminando os efeitos da política ambiental de primeiro nível – a eficiência na utilização do recurso escasso – permita uma recomposição justa do nível de redistribuição do sacrifício.

De um modo geral, os tributos ambientais visam representar o conjunto de figuras tributárias cujo respectivo âmbito de incidência revela uma particular afinidade com a ocorrência de eventos relevantes de uma perspectiva ambiental.

A tributação ambiental surge como resposta ao problema económico pertencente ao reduto da Economia Pública, que denominamos enquanto «questão ambiental»[291]. Este problema económico encontra-se directamente associado à ocorrência de efeitos secundários resultantes da emissão de poluição ou do consumo desregrado de determinados bens ou serviços (geralmente, bens públicos ou recursos comuns) que, pelas suas características individuais, se apresentam particularmente expostos à inexistência de limites ao autoconsumo, assim como à ausência de barreiras relativas ao acesso de terceiros.

A inexistência dos referidos limites acaba por gerar efeitos negativos sobre determinados agentes económicos ou até mesmo sobre interesses comuns. Como especial particularidade, refira-se que aquele tipo de efeitos negativos tem correspondência com custos dificilmente calculáveis e ressarcíveis junto dos referidos agentes económicos ou interesses comuns, já que não é plausível que venha a existir um mercado no qual esses efeitos negativos possam ser objecto de transacção[292]. Ora, ao caracterizarmos inicialmente a tributação ambiental como uma metodologia da resposta à questão ambiental, referimo-la na medida em que o recurso à tributação há muito que se assumiu como meio preferencial e idóneo para a resolução de um conjunto bastante vasto de falhas de mercado, especialmente próximas aos problemas ambientais. É um exemplo paradigmático das referidas falhas de mercado a ocorrência de externalidades[293/294], que têm como particularidade o facto de «a acção de um agente económico se repercu-

[291] Apelidamos de «questão» e não de «problema», pois, em termos agregados, o ambiente não representa nenhum problema específico. O que existe são questões, cuja resposta acertada nos permite resolver diversos problemas de ordem geral, que também se fazem sentir no campo ambiental. *Cf.* ARAÚJO, Fernando – *Introdução à Economia*. cit., p. 541.

[292] *Cf.* ARAÚJO, Fernando (2014), ob. cit., p. 541 e ss..

[293] *Cf.* SAMUELSON, Paul; NORDHAUS, William D. – *Economics*. 19th Edition. McGraw-Hill, 2010, p. 271 e ss..

[294] *Cf.* ARAÚJO, Fernando, ob. cit., p. 541.

tir no bem-estar de outros sem que tal incidência seja considerada pelo sistema de preços»[295].

No contexto de determinação das referidas externalidades negativas, a tributação poderá exercer um papel de significativa relevância em matéria ambiental. Apenas com a respectiva interiorização (ou seja, a restauração de um dano económico, e com este o próprio bem-estar social, por parte daquele a quem a externalidade negativa é imputável) se restabelece o normal funcionamento do equilíbrio de mercado, o que permite antever que, na génese da resolução das questões ambientais, envolvendo a ocorrência de externalidades negativas com impacto ambiental, se encontra o já tratado PPP. Dito isto, importa transpor o conjunto de problemas em análise para o universo jurídico e fiscal em que igualmente se expressam.

Por força da sua inequívoca expressão no domínio económico, que rapidamente se estende a várias implicações sociais, a denominada «questão ambiental» rapidamente se converteu numa questão jurídica, o que em muito se deve à constitucionalização do Direito do Ambiente[296] e à existência de uma vasta legislação no domínio ambiental, particularmente próxima do Direito Constitucional e do Direito Administrativo. Tal facto permite vislumbrar que esta tenha sido uma via bastante profícua para a aproximação das matérias ambientais ao próprio interesse público.

É este cenário que se encontra subjacente à produção legislativa fiscal no domínio ambiental, de que são exemplos o Imposto sobre os Produtos Petrolíferos e Energéticos (ISPE), ao que se soma o surgimento consecutivo de novas figuras tributárias híbridas aplicáveis a cada sector de actividade, e cuja estrutura passa a depender de uma lógica de responsabilização ambiental, tal como se verifica com várias Taxas e Contribuições, como a Taxa de Gestão de Resíduos ou a Taxa de Recursos Hídricos (TRH).

Depara-se-nos, portanto, um jogo complexo de objectivos e de instrumentos. O sucesso da política pública depende precisamente da utilização adequada dos instrumentos correctos para as finalidades certas, garantindo-se sempre uma efectiva redistribuição dos custos e dos benefícios inerentes. E, para tal, torna-se necessário conhecer com algum detalhe as capacidades e virtualidades dos instrumentos tributários disponíveis.

[295] *Cf.* SANTOS, J. Albano – *Economia Pública*. 2ª edição. ISCSP, 2012, p. 121.

[296] *Cf.* MEDEIROS, Rui – «O Ambiente na Constituição». *In Revista de Direito e Estudos Sociais.* Ano XXXV, Números 1-4, Janeiro/Dezembro, 1993, p. 377 e ss..

3.1. Prévio: dos Tributos em Geral. Capacidade Contributiva *vs.* Equivalência ou Benefício

Esta é uma matéria fundamental para a temática em exposição uma vez que se funda na relação intrínseca entre eficiência e igualdade. Tradicionalmente, a doutrina portuguesa tende a seguir a classificação tributária constante na Constituição, distinguindo, por um lado, impostos e, por outro, taxas e demais contribuições financeiras a favor de entidades públicas (artigo 165º, nº 1, *i)* da Constituição). Nos termos do artigo 3º, nº 2, da Lei Geral Tributária, «os tributos compreendem os impostos, incluindo os aduaneiros e especiais, e outras espécies tributárias criadas por lei, designadamente as taxas e demais contribuições financeiras a favor de entidades públicas».

Segundo o artigo 4º da LGT, os impostos assentam essencialmente na capacidade contributiva, revelada, nos termos da lei, através do rendimento ou da sua utilização e do património; as taxas assentam na prestação concreta de um serviço público, na utilização de um bem do domínio público ou na remoção de um obstáculo jurídico ao comportamento dos particulares; enquanto as contribuições especiais assentam na obtenção pelo sujeito passivo de benefícios ou aumentos de valor dos seus bens em resultado de obras públicas ou da criação ou ampliação de serviços públicos ou no especial desgaste de bens públicos ocasionados pelo exercício de uma actividade e são consideradas impostos. Perante este cenário, torna-se fundamental efectuar algumas precisões adicionais.

O princípio fundamental encontra-se consagrado na Constituição da República Portuguesa. No seu artigo 13º, encontra-se previsto o princípio geral da igualdade. As repercussões deste princípio fazem sentir-se no sistema fiscal, como denotam os artigos 103º e 104º da Constituição. O princípio da igualdade tributária exige que o legislador fiscal procure um critério adequado para a repartição dos tributos públicos. Esse critério varia consoante o tributo, como já se referiu. Em termos materiais, o princípio da igualdade fiscal pode ser entendido como revestindo a veste de princípio da capacidade contributiva (*ability to pay*), utilizando como medida dos impostos a capacidade que cada contribuinte revela e que o intitula a ser um contribuinte do Estado ou como princípio do benefício ou da equivalência, em que cada um contribui na medida dos custos que provoca ou dos benefícios que recebe. Apesar de ambos revestirem um fundamento inequívoco de legitimidade tributária, os seus pontos de partida e de chegada são distintos.

O princípio da capacidade produtiva parte do princípio de que os impostos possuem uma estrutura unilateral e que são alheios ao aproveitamento de qualquer prestação pública (directa ou reflexa em termos microeconómicos). Este princípio constitui o critério material de aplicação do princípio da igualdade aos impostos, exigindo que estes se adeqúem à força económica de cada membro da comunidade. O princípio da capacidade contributiva exige, portanto, que os impostos incidam sobre realidades com valor económico, nomeadamente o rendimento, ou seja, na óptica do ganho patrimonial líquido recebido (*critério Shanz-Haig-Simons*), o património (enquanto revelador de riqueza, ou seja, activos detidos, mobiliários ou imobiliários) ou consumo (enquanto revelador indirecto da sua capacidade contributiva, *i.e.*, da sua riqueza manifestada em poder aquisitivo, e não por razão de consumos específicos).

Ademais, ao princípio da capacidade contributiva subjaz uma exigência de personalização dos impostos, ou seja, de rigorosa adequação destes tributos às particulares condições económicas do contribuinte e da sua família.

Nas sociedades contemporâneas, os impostos que melhor satisfazem a capacidade contributiva enquanto critério material de igualdade são os impostos sobre o rendimento, por ser esta a realidade económica que melhor reflecte a força económica dos membros da comunidade. No entanto, também os impostos gerais sobre a despesa se submetem ao princípio da capacidade contributiva. Este manifesta-se, contudo, de uma forma indirecta, ou seja, pela manifestação de capacidade aquisitiva de um determinado bem ou serviço.

Se tivermos de classificar em termos de prioridades – justiça ou eficiência –, o princípio da capacidade contributiva parte de um ponto de partida de justiça: cada um paga na medida em que pode pagar, subalternizando a eficiência da tributação, pelo menos num primeiro momento. A sua lógica é eminentemente redistributiva, não visando, *a priori*, qualquer preocupação de eficiência produtiva. Porém, não se poderá considerar que os impostos sujeitos ao princípio da capacidade contributiva são alheios a qualquer preocupação de eficiência. Pelo contrário, tendo necessariamente um efeito de distorção económica na sua aplicação, deverão tentar minimizá-lo de todas as formas possíveis, reduzindo custos administrativos de cobrança, ou cargas tributárias excessivas causadoras de fardo excessivo (*excess burden*), ou de perdas absolutas de bem-estar (*deadweight losses*).

Por outro lado, e numa perspectiva macroeconómica, a sua legitimidade depende do efeito positivo adicional que a acção pública providencie em matéria de bem-estar social por via da despesa pública.

Ora, atenta a sua dimensão eminentemente redistributiva, a aplicação dos tributos aos quais se aplica o princípio da capacidade contributiva em sede de instrumentos de política económica ambiental tem um alcance naturalmente limitado e de segundo grau. De facto, estes tributos – os verdadeiros e próprios impostos – não tendo uma preocupação prioritária de correcção das incapacidades de mercado em sentido próprio, têm um papel secundário enquanto instrumentos económico-financeiros de regulação correctiva de mercados. Tal não significa que sejam inúteis. Os impostos são essenciais para a arrecadação de receita que financia o subvencionamento positivo de certas utilidades, designadamente o fornecimento de bens e serviços públicos e podem ser formatados de maneira a introduzir sistemas de incentivo ou desincentivo a comportamentos, tendo em conta a sua dimensão psicológica (perspectiva da economia comportamental).

Por sua vez, o princípio da equivalência ou do benefício constitui o critério material de aplicação do princípio da igualdade às taxas e contribuições. Neste quadro, o rendimento já não será o elemento económico eleito para a tributação, mas sim o património imobiliário (não como elemento revelador de riqueza[297], mas como estrutura beneficiária de uma acção pública prestativa, *maxime* da actividade infra-estrutural) ou consumos específicos (também estes já não reveladores de uma especial capacidade contributiva mesmo que de forma meramente indirecta, mas devido aos efeitos externos em sede social decorrentes desses consumos).

Conforme analisaremos adiante, estas duas categorias de tributos têm, respectivamente, natureza comutativa e paracomutativa: as primeiras são devidas como contrapartida de prestações *efectivamente* provocadas ou aproveitadas pelo sujeito passivo – equivalência directa; as segundas como contrapartida de prestações *presumivelmente* provocadas ou aproveitadas pelo sujeito passivo – equivalência reflexa.

No caso dos tributos relacionados com o ambiente, a referência teórica segundo a qual o contribuinte deve compensar o custo gerado e/ou

[297] Contra, José Maria Pires que considera que quer o IMI quer o IMT são «impostos sobre a riqueza». *Cf.* PIRES, José Maria – *Lições de Impostos sobre o Património e do Selo.* Almedina, 2010, pp. 233 e ss..

repor o benefício concedido pela comunidade baseia-se justamente na teoria pigouviana da interiorização das externalidades, numa lógica de contribuição por especial prejuízo no caso dos tributos ambientais, ou por socialização do benefício social recebido no caso dos tributos urbanísticos.

De facto, esta categoria de tributos também se legitima em casos de prestação pública activa de utilidades a agentes individualmente indeterminados, mas determináveis na óptica de um grupo, ou seja, na contribuição por especial benefício (socialização de externalidades positivas). Estas últimas contribuições têm também uma importância fundamental na actividade urbanística, enquanto instrumentos essenciais para a interiorização das exterioridades positivas decorrentes da acção de investimento em bens públicos ou na interiorização das exterioridades negativas decorrentes de custos acrescidos causados à comunidade (por exemplo, no caso dos prédios em ruínas).

Nesta perspectiva, este modelo tributário encontra-se submetido a uma observância de um princípio de equivalência económica (*Äquivalenzprinzip*), traduzido na averiguação média do benefício gerado para o sujeito passivo (*Vorteilsausgleichs*)[298].

Esta orientação corresponde na íntegra aos últimos desenvolvimentos doutrinários respeitantes à matéria e preenche inequivocamente todos os mandamentos constitucionais essenciais: o princípio da igualdade e o princípio da eficiência na decisão pública.

No entanto, e tendo em consideração os elementos de ponderação avançados, numa lógica de igualdade material, atendem-se a outros valores que imperativamente devem ser salvaguardados por um órgão regulador de um mercado específico.

Como já se referiu oportunamente, a jurisprudência mais recente do *Bundesverfassungsgericht* tem vindo a reconhecer a admissibilidade constitucional de taxas orientadoras de comportamentos (*Lenkungsgebühren*). Nada mais correcto no nosso entendimento, pois uma política de mercado num sector em rede pressupõe uma função orientadora no sentido da constru-

[298] Adopta-se assim uma posição que toma o princípio do benefício como elemento doutrinário básico numa base estrita, implicando uma necessária correspondência entre a tributação e a utilidade derivada do gasto público. De acordo com Fuentes Quintana: «*es la pretensión de ser un trâmite o copia, en el campo público, de la formación de los precios que, en la economia privada, se realiza a través del mercado*» (*in* QUINTANA, F. – *Hacienda Pública. Principios y estructura de la imposición*. Madrid, 1986, p. 55).

ção de uma estrutura que o regulador considere mais eficiente. E, para tal, é legítimo ao regulador apressar essas mutações através de uma política tributária adaptada à prossecução do objectivo de política[299].

Estes tributos – na veste de contribuições ou taxas – são, portanto, fundamentais para a resolução das questões ambientais e territoriais. Ao contrário dos impostos, privilegiam a eficiência em detrimento da justiça. A legitimidade inicial da sua aplicação é o incremento de eficiência no sistema. Todavia, e por causa disso, podem ter efeitos de distorção ao nível da redistribuição social. É por essa razão que as medidas de subsidiação localizada financiadas pelos impostos são cada vez mais importantes à medida que se intensifica a aplicação de tributos assentes no princípio da equivalência ou do benefício. Este *policy mix* ao nível da aplicação dos instrumentos económico-financeiros replica na perfeição o jogo de equilíbrio dogmático entre justiça e eficiência. Para que uma das vertentes possa evoluir, a outra tem de a acompanhar necessariamente.

Por esta razão – a lógica prioritária de aumento dos padrões de eficiência no mercado – os tributos assentes no princípio da equivalência ou do benefício adquirem uma especial relevância no campo ambiental, territorial e urbanístico. Porém, e repete-se, quanto maior for a sua intensidade, mais será necessária a posterior correcção dos desequilíbrios através de políticas positivas de redistribuição de segundo grau, financiada, claro está, pelos impostos assentes no princípio da capacidade contributiva.

Neste ponto importa recordar alguns conceitos básicos de direito fiscal.

3.2. Os Impostos

O imposto consiste, respectivamente, (i) numa prestação pecuniária, (ii) coactiva (iii) e unilateral, (iv) exigida com o propósito de angariação de receita ou de ordenação social, repousando essencialmente no princípio da capacidade contributiva, «revelad[o], nos termos da lei, através do rendimento ou da sua utilização e do património» (artigo 4º, nº 1, da LGT).

[299] A utilização do instrumento tributário para este efeito, porque baseado no mercado, é inequivocamente mais eficiente do que a utilização de medidas administrativas regulamentares insensíveis à dinâmica própria do mercado em análise. *Cf.* LOBO, Carlos Baptista – «Impostos Ambientais, Análise Jurídico-Financeira». *In Revista Jurídica do Urbanismo e do Ambiente,* nº 2 e 4, Almedina, Dezembro 1994 e Dezembro 1995, pp. 5 e ss..

Neste quadro, o que caracteriza geneticamente o imposto é a sua unilateralidade, na óptica da relação jurídica tributária, e que impossibilita que o sujeito passivo tenha a possibilidade de exercer um qualquer meio de reacção individual à aplicação do tributo de uma forma directa e imediata daí a necessidade da autorização parlamentar por aplicação do princípio da legalidade fiscal – e a medida da sua proporcionalidade, a capacidade contributiva, unicamente aferível numa perspectiva política de equilíbrio geral (justa repartição dos encargos públicos medida na óptica da justiça comutativa e distributiva[300]), aferida de forma directa, no caso da tributação do rendimento e do património, ou de forma indirecta no caso da tributação da despesa.

Ora, na base do sistema fiscal nacional, e tal como estabelece o nº 1 do artigo 103º da CRP, «o sistema fiscal visa a satisfação das necessidades financeiras do Estado e outras entidades públicas e uma repartição justa dos rendimentos e da riqueza». Em conformidade, os «fins da tributação», conforme elencados no artigo 5º da LGT, dirigem-se à satisfação das necessidades financeiras do Estado e de outras entidades públicas e à promoção da justiça social, da igualdade de oportunidades e das necessárias correcções das desigualdades na distribuição da riqueza e do rendimento.

Nas palavras de Teixeira Ribeiro «encontramos impostos que o Estado cobra apenas para obter receitas: são os impostos fiscais; e encontramos impostos que o Estado cobra para simultaneamente obter receitas e atingir outras finalidades, ou só para atingir essas outras finalidades: são os impostos extrafiscais»[301].

Nesse sentido, esclarece novamente Teixeira Ribeiro que «se se trata de impostos fiscais, a sua repartição obedece ao princípio da igualdade tributária, que se concretiza na generalidade e na uniformidade dos impostos. Generalidade significa que todos os cidadãos estão adstritos ao pagamento de impostos, não havendo entre eles, portanto, qualquer distinção de classe ou de outra ordem, como seja de índole meramente política. Por seu turno, uniformidade quer dizer que a repartição dos impostos pelos cidadãos obedece ao mesmo critério, o critério idêntico para todos.

[300] LOBO, Carlos Baptista – «Reflexões sobre a (necessária) Equivalência Económica das Taxas». *In Estudos Jurídicos e Económicos em Homenagem ao Prof. Doutor António de Sousa Franco*, vol. 1, 2006, p. 423.

[301] *Cf.* RIBEIRO, José Teixeira – *Lições de Finanças Públicas*. 5ª edição, Coimbra: Coimbra Editora, 2010, pp. 258-259.

[...] A uniformidade traduz-se na igualdade horizontal (os indivíduos nas mesmas condições devem pagar o mesmo imposto) e na igualdade vertical (os indivíduos em condições diferentes devem pagar diferentes impostos, na medida da diferença)»[302].

Dito isto, importará realçar que, sendo os fins da tributação um dos elementos caracterizadores dos impostos, enquanto tributo, não deixa de ser pertinente destacar o entendimento que o Tribunal Constitucional teve no Acórdão nº 616/2003, nos termos do qual «[...] as regras constitucionais sobre a definição dos elementos caracterizadores dos impostos não podem deixar de aplicar-se por existir uma consignação legal das receitas a favor de uma entidade diversa do Estado ou de uma pessoa colectiva de direito público, e que – como será porventura o caso – tenha natureza híbrida, desde que para a prossecução de finalidades públicas»[303].

Por seu turno, Saldanha Sanches referiu-se à figura do imposto como «uma prestação pecuniária, singular ou reiterada, que não apresenta conexão com qualquer contraprestação retributiva específica, exigida por uma entidade pública a uma outra entidade (sujeito passivo), utilizada exclusiva ou principalmente para a cobertura de despesas públicas»[304].

O facto de possuírem uma estrutura unilateral e serem alheios ao aproveitamento de qualquer prestação pública e, consequentemente, não poderem ser sujeitos a nenhuma operação de controlo da prestação pública, fundamentou a criação do princípio da capacidade contributiva como instrumento constitucional de legitimação dos Impostos sobre o Rendimento.

O referido princípio encontra o seu expresso acolhimento na CRP através dos nº**s** 1 e 2 do artigo 104º, o qual impõe que a tributação incida sobre o rendimento (fundamentalmente, rendimento real). O princípio da tributação pelo rendimento real constitui, assim, o critério material de aplicação do princípio da igualdade aplicado aos impostos sobre o rendimento. Demanda, deste modo, a Constituição, que «a tributação das empresas incida fundamentalmente sobre o seu rendimento real».

Recorde-se que, sendo um dos princípios estruturantes do sistema fiscal português, assente na CRP, o princípio da tributação pelo rendimento real

[302] *Cf. Idem, ibidem.*

[303] Acórdão disponível em: http://www.tribunalconstitucional.pt/tc/acordaos/20030616.html

[304] *Cf.* SANCHES, José Saldanha – Manual de Direito Fiscal, Coimbra, Coimbra Editora, 2007, p. 22.

traduz, desde logo, uma exigência fundamental de proporcionalidade[305], segundo a qual as obrigações tributárias imputáveis a cada contribuinte deveriam ser determinadas de acordo com a respectiva capacidade contributiva. Com efeito, e atento o inerente substrato de justiça fiscal, tal significa que todos aqueles que se encontrem nas mesmas condições devem pagar o mesmo montante de imposto (igualdade horizontal), devendo aqueles que se encontrem em diferentes condições pagar montantes diversos de imposto, para que a carga tributária recaia mais intensamente sobre aqueles que estejam em melhores condições (igualdade vertical).[306]

É neste âmbito que surge o princípio da capacidade contributiva, assumindo-se como o pilar do princípio constitucional da tributação pelo rendimento real. Nesta fase, importa então assentar o facto de, actualmente, expressa ou tacitamente, autonomizado ou não de outros princípios, tais como o princípio da igualdade[307], o princípio da capacidade contributiva ser acolhido como um limite material de tributação, consubstanciando uma exigência de personalização económica do imposto, encontrando-se como tal consagrado de forma directa ou indirecta, na maioria dos textos constitucionais[308]. Pedro Herrela Molina[309] entendia assim que «o princípio da capacidade económica é uma consequência adicional do direito à igualdade, pois este não esgota o seu conteúdo na proibição da arbitrariedade».

Casalta Nabais[310] refere, a respeito do artigo 104º nº 2 da CRP, «[...] que o mesmo mais não é do que uma concretização, uma explicitação dos

[305] Recorde-se a este respeito os dezoito princípios identificados pelo Professor FRITZ NEUMARK que deverão ser acolhidos por um sistema fiscal moderno, tal como: generalidade, igualdade, proporcionalidade, redistribuição, antidirigismo, intervenção mínima, neutralidade, suficiência, adaptabilidade, flexibilidade activa, flexibilidade passiva, fomento do desenvolvimento, congruência e sistematização, transparência, praticabilidade, continuidade, economicidade e comodidade. *Cf.* MOHR, J. C. B. (Paul Siebeck) – *Grundsatz Gerechter und Okonomisch Rationaler Steuerpolitik.* Tübirgen, 1970 (edição espanhola pelo Instituto de Estudios Fiscales, Madrid, 1994).

[306] *Cf.* PALMA, Clotilde Celorico – «Da Evolução do Conceito de Capacidade Contributiva». *In Revista Ciência Técnica e Fiscal*, nº 402, 2001, pp. 111-145.

[307] *Cf.* GARCIA, Maria da Glória – *Estudos sobre o Princípio da Igualdade.* Almedina, 2005.

[308] A respeito do princípio da capacidade contributiva, *vide* ainda XAVIER, Alberto – *Manual de Direito Fiscal*, I. Lisboa, 1974, p. 107 e ss.; MARTINEZ, Soares Pedro – *Direito Fiscal.* 10ª edição. Coimbra, 2003, p. 105 e ss.; FRANCO, António de Sousa (1992), ob. cit., p. 185 e ss..

[309] *Cf.* MOLINA, Pedro Herrera – *Capacidad económica y sistema fiscal: análisis del* ordenamiento *español a la luz del Derecho alemán.* Madrid-Barcelona: Marcial Pons, 1998, p. 29.

[310] *Cf.* NABAIS, José Casalta – *Direito Fiscal.* 2ª edição. Almedina, 2003, pp. 172–174.

princípios da capacidade contributiva e da igualdade fiscal, os quais, como é fácil de ver, serão observados ao seu nível mais elevado se a tributação do rendimento empresarial incidir sobre o rendimento real». Já Nuno Sá Gomes, por seu turno, escreve que o princípio da capacidade contributiva assume duas funções: «uma função garantística no sentido de que só devem ficar sujeitos a tributação os que podem pagar (*ability to pay*), e uma função solidarista no sentido de que desde que haja capacidade de pagar todos devem contribuir para as despesas públicas na medida da sua capacidade»[311].

Debruçando-se sobre a «Capacidade Contributiva na Doutrina Financeira do Final-de-Século», Sérgio Vasques[312] escreve que «a afirmação da capacidade contributiva como critério de igualdade tributária está directamente ligada às transformações políticas, sociais e doutrinárias que se produzem no final do século dezanove. Trata-se de uma época marcada pela revisão do pensamento económico clássico, pela afirmação de correntes políticas e movimentos sociais contrários à sua forma de conceber o poder político e a economia, bem como por uma prática política defensiva, que por recuos sucessivos se vai afastando dos cânones e estruturas da fiscalidade liberal.» Assim, «[s]e a ideia de que o imposto deve corresponder às forças económicas do contribuinte é conhecida desde tempos imemoriais, é só no último quartel do século dezanove que se procede à sua densificação como critério material de igualdade tributária, surgindo então a noção da capacidade contributiva tal como a conhecemos ainda hoje. Com efeito, no contexto da doutrina e da prática constitucional liberal, a ideia de que o imposto deve corresponder à riqueza, faculdades ou capacidade do contribuinte, sempre apresentada como concretização do princípio do benefício, possui um conteúdo em larga medida indeterminado, e do qual pouco mais se extrai do que a exigência de que o imposto tome por referência a riqueza objectiva manifestada pelo contribuinte em vez das suas qualidades e estatuto pessoal».[313]

[311] *Cf.* Gomes, Nuno Sá – *Manual de Direito Fiscal*, Vol. II. Reis dos Livros, 2003, p. 200.

[312] *Cf.* Vasques, Sérgio – *O Princípio da Equivalência como critério de Igualdade Tributária*. Dissertação de Doutoramento em Ciências Jurídico-Económicas na Faculdade de Direito da Universidade de Lisboa, Almedina, 2008, pp. 277-305.

[313] Na Carta Constitucional de 1826 e na Constituição de 1838, pode ler-se que «ninguém será isento de contribuir para as despesas do Estado, em proporção dos seus haveres». *Cf.*

A figura dos «Impostos Extrafiscais» encontra eco em alguma doutrina nacional, de entre a qual avulta Casalta Nabais[314]. Não obstante admitir a raridade da figura em causa, o autor caracteriza-a como um tributo totalmente assente na «Constituição Económica», ou seja, em preceitos constitucionais que apenas vinculariam determinado tributo a prosseguir funções distintas da mera arrecadação de receita. No nosso entender, o que se pretende referir a este propósito é a localização do tributo no campo híbrido da equivalência e da capacidade contributiva, em termos que desenvolveremos *infra*. Nestes casos, o princípio da capacidade contributiva é subalternizado em prol da prossecução de finalidades de política económica, social ou financeira. Contudo, essa subalternização depende de uma justificação: o aumento de eficiência do sistema económico.

Assim, os impostos são os tributos assentes no princípio da capacidade contributiva. Não tendo uma relação imediata com uma qualquer contraprestação estadual, têm unicamente como finalidade a angariação de receita pública. Ora, a partir do momento em que, nos tributos ambientais e territoriais, o propósito primário não se traduz na angariação de receita, mas sim na correcção da incapacidade de mercado, sendo a receita uma mera consequência financeira, verificamos o campo limitado de aplicação destas figuras em sede de política regulatória de optimização de eficiência do mercado.

Ao invés, a sua função será eminentemente redistributiva, ou seja, a operacionalização do mandamento de salvaguarda de uma igualdade de tratamento transversal à sociedade. Assim, se os tributos assentes no princípio da equivalência ou do benefício visam, de forma prioritária, a inserção de padrões de eficiência no mercado, os impostos, assentes no princípio da capacidade contributiva, visam a salvaguarda da necessária igualdade, na óptica da garantia de sustentabilidade, inclusão, coesão e solidariedade.

Neste enquadramento, desfasado da eficiência e mais próximo da salvaguarda da igualdade, os impostos terão uma apetência reduzida no desenvolvimento de uma política de regulação económica activa, quer no campo ambiental quer no campo urbanístico. Por outro lado, a tributação energética, com a sua invariável tendência regressiva, situar-se-á no pólo oposto da fundamentação dogmática subjacente.

MIRANDA, Jorge – *As Constituições Portuguesas – De 1822 ao Texto Actual da Constituição.* 4ª edição. Livraria Petrony, Lda., 1997.

[314] *Cf.* NABAIS, José Casalta – *Direito Fiscal.* 10ª edição, Almedina, 2017.

No entanto, são precisamente estas falências conceptuais que tornam os impostos importantes tendo em vista a garantia do equilíbrio geral. Efectivamente, os tributos assentes no princípio da equivalência e do benefício prosseguem (e bem) o primado da eficiência. Porém, o resultado de uma política cega a este propósito geraria um aumento das clivagens perante os efeitos regressivos normalmente presentes nestes modelos tributários. Para que ocorra uma atenuação desses efeitos regressivos, garantindo-se a essencial sustentabilidade, inclusão, coesão e solidariedade, é essencial que exista uma política efectiva de impostos, assentes no princípio da capacidade contributiva, que prossiga efectivamente um primado de garantia de igualdade, também ela, como referimos anteriormente, eficiente.

3.3. As Taxas

A taxa é uma: *i)* prestação pecuniária *ii)* e coactiva, *iii)* exigida por uma entidade pública *iv)* em contrapartida de uma prestação administrativa *efectivamente* provocada ou aproveitada pelo sujeito passivo. Significa isto que a bilateralidade que caracteriza as quantias pagas a título de taxa somente existirá quando se verificar uma contrapartida resultante da relação concreta entre o particular e um ente público.

As taxas, pela sua configuração jurídica remuneratória da prestação de serviços, da utilização de bens públicos ou do levantamento de proibições, são excelentes meios para a angariação de recursos públicos, dado que a sua legitimidade depende de uma relação de proporcionalidade com os custos efectivamente incorridos na prestação pública ou com a utilidade recebida aquando da utilização do bem público.

A este propósito, caberá desde logo notar que o núcleo fundamental do conceito jurídico de taxa foi construído fundamentalmente pela doutrina italiana na primeira metade do século XX. Já então o intuito fundamental da doutrina financeira era o da diferenciação desta figura tributária relativamente ao imposto e igualmente ao preço[315].

[315] Para GIANNINI, a taxa consistia na «prestação pecuniária devida a um ente público, em virtude de uma norma legal, e na medida em que esta o estabeleça, para a realização de uma actividade do próprio ente que afecte de modo particular o obrigado» (GIANNINI, A.D. – *Istituzioni di Diritto Tributario*. 5ª edição. Milão, 1951, pp. 50 e ss. Esta noção foi contestada por BERLIRI, para quem a taxa deveria enquadrar-se num âmbito conceptual mais amplo e geral baseado na carga impositiva, contestando a validade da caracterização assente na natureza obrigatório do tributo (BERLIRI, Antonio – *Principi di Diritto Tributario* I. Milão: Giuffré, 1952.)

Teixeira Ribeiro salienta bastante a vertente da bilateralidade, referindo que «a sinalagmaticidade que caracteriza as quantias pagas a título de taxa somente existirá quando se verifique uma contrapartida resultante da relação concreta com um bem semipúblico, que, por seu turno, se pode definir como um bem público que satisfaz, além de necessidades colectivas, necessidades individuais»[316].

Por outras palavras, a taxa constitui, qualitativamente, uma prestação tributária que pressupõe, ou dá origem a uma contraprestação específica, constituída por uma relação concreta (que pode ser ou não de benefício) entre o contribuinte e um sujeito tributário activo tendo por objecto a utilização privativa um bem do domínio público (taxa de utilização), a prestação de um serviço público (taxa por prestação de serviços públicos, ou a outorga de um título habilitador por motivos de eficiente regulação de um mercado (taxa por emissão de licenças ou autorizações).

Apesar das especialidades do regime constitucionalmente consagrado em matéria de impostos [*cf.* artigos 103º, nº 2, 104º e 165º, alínea *i)* da CRP, a verdade é que as taxas comungam, no nosso direito, como noutros[317], dos

Deste modo, define a taxa como sendo «a prestação espontânea de dar ou fazer que tem por objecto uma soma em dinheiro, [...], e que constitui uma condição necessária para conseguir um determinado benefício, a qual não poderá ser restituída após a obtenção desse benefício». Para este autor, aquilo que separa o imposto da taxa é a circunstância de o primeiro ser uma obrigação legal, enquanto a segunda resulta de um mero acto de vontade do particular, que se coloca voluntariamente na situação de lhe ser exigida uma taxa. Adoptando-se esta posição, aceitava-se a partir daí que a taxa resultava de um acordo de vontades entre o sujeito público e o sujeito privado, assimilando-se, em termos de regime, aos preços. A esta tomada de posição, GIANNINI reagiu imediatamente, sustentando que «o imposto e a taxa têm [...] a mesma natureza jurídica. Ambos estão na origem de uma obrigação *ex lege*, a qual surge logo que se verifica o pressuposto de facto ao qual a lei liga e têm por objecto a prestação de uma soma de dinheiro na quantia inderrogavelmente fixada pela própria lei». Passados alguns anos, BERLIRI reconsiderou a sua posição, moderando-a, e passou a definir a taxa como «uma obrigação jurídica de direito público de conteúdo obrigatório que nasce da lei (acto normativo) em relação com a prestação de um serviço público ou ao desfrute de um bem pertencente ao domínio ou ao património indisponível de um ente público». *Cf.* BERLIRI, Antonio – *Corso Instituzionale di Diritto Tributario*, I. Milão: Giuffré, 1965, p. 84. Também na edição de 1972 dos *Principi di Diritto Tributario* II, Giuffré, Milão, p. 160).

316 *Cf.* RIBEIRO, José Teixeira – «Noção Jurídica de Taxa». *In Revista de Legislação e Jurisprudência*, Ano 117º, 1985, p. 291.

317 *Cf.* FANTOZZI, Augusto – *Diritto Tributario*. Torino: UTET, 1994, pp. 53-56; FERNANDEZ, F. Javier Martin – *Tasas Y Precios Publicos en el Decrecho Español*. Madrid: Marcial Pons, 1995; TROTABAS Louis; COTTERET, Jean-Marie – *Droit Fiscal*. 7e éd. Paris: Dalloz, 1992, pp. 17 e

fundamentos e pressupostos legitimadores da tributação. No essencial, as taxas decorrem de um acto de autoridade fundado na CRP e na Lei, sendo receitas coactivas e obrigatórias e não receitas sujeitas ao princípio da liberdade contratual, com uma função essencialmente financeira, isto é, de obtenção de receita para cobrir os encargos públicos, desde que outros imperativos de eficiência não sejam colocados.

Sem prejuízo do referido, poderá encontrar-se-lhes associada uma função não financeira, embora dentro dos limites decorrentes do princípio da proporcionalidade ou da proibição do excesso, atendendo à estrutura bilateral da taxa e à sua relação com a criação de utilidades concretas, determinadas ou determináveis a favor do sujeito passivo.

A validação constitucional de um tributo não depende apenas dos requisitos de forma do princípio da legalidade. O princípio da igualdade, enquanto manifestação de justiça fiscal, presente no artigo 13º da CRP, constitui o mais importante tópico para tal validação. Ora, ao nível das taxas, o princípio da igualdade projecta-se necessariamente como o da equivalência. As taxas são, assim, tributos que não possuem o fundo solidarístico do imposto e que, em vez disso, se inserem numa lógica de troca entre o contribuinte e a administração, sendo essa natureza comutativa que repele o princípio da capacidade contributiva e convoca como critério de repartição o Princípio da Equivalência, seja na vertente do custo, seja na vertente do benefício.

Neste quadro, existem padrões de medição da proporcionalidade das taxas tendo em vista a concretização da equivalência directa, numa óptica de eficiência social geral[318]. Embora analisemos esta questão de forma mais desenvolvida em momento ulterior, vejamos alguns aspectos essenciais quanto à tipologia da equivalência e, consequentemente, quanto à concretização da relação de proporcionalidade:

i) Se a taxa tiver como primordial fundamento a prossecução de um objectivo extrafinanceiro constitucionalmente tutelado, o sujeito activo da taxa tem ampla esfera de liberdade na definição da pres-

18; Tipke,, K.; Lang, J. – *Steuerrecht.* 15 Aufl., Köln: O. Schmidt, 1996, pp. 48 e 49; Kruse, Heinrich Wilhelm – *Lehrbuch des Steuerrechts,* I, München: Beck, 1991, pp. 40 e 41.

[318] Lobo, Carlos Baptista – *Reflexões sobre a (necessária) Equivalência Económica das Taxas.* Estudos Jurídico-Económicos em Homenagem ao Prof. Doutor António de Sousa Franco, vol. 1, FDL, Coimbra Editora, 2006, pp. 445–451.

tação exigida, condicionada pela garantia de manutenção de uma relação bilateral directa na perspectiva qualitativa (o que implica que o sujeito passivo seja o utilizador concreto e identificável da prestação pública), sendo que o montante do tributo deverá ser proporcional (numa óptica de proibição do excesso). Este é o campo da equivalência funcional agravada das taxas, e é igualmente o mais problemático na sua distinção com as contribuições, já que estas só são distinguíveis destas taxas pelo facto de a sua equivalência ser reflexa, e por conseguinte, o sujeito passivo não se constitui como o utilizador individual e concretamente identificável, só o sendo o grupo em que este se insere. Inserem-se, nesta categoria, as licenças ambientais, a licença de caça, a licença de porte de arma, entre outras.

ii) Se a taxa for condicionada pela prossecução de um objectivo extrafinanceiro constitucionalmente tutelado que obrigue à subsidiação da prestação pública concretamente desenvolvida a sujeitos com carências aquisitivas ou beneficiários de uma acção pública favoravelmente tratada pela Constituição, estaremos no campo da equivalência funcional subsidiada, e neste quadro, os valores a pagar poderão ser fixados em montantes inferiores ao custo administrativo da prestação, e, no limite, não serem cobrados (por exemplo, as taxas moderadoras da saúde ou as propinas do ensino superior).

iii) Se a taxa tiver unicamente como fundamento a repartição de custos de uma actividade prestacional pública, o montante a fixar não se poderá afastar dos custos efectivamente incorridos na prestação da utilidade, numa óptica de estrita cobertura de custos. Estamos, neste caso, no campo da equivalência estrita. As taxas devidas às entidades reguladoras pela gestão dos respectivos sectores enquadram-se tipicamente nesta categoria.

iv) Finalmente, se a taxa tiver como fundamento a correcção de falhas de mercado, na óptica do princípio da eficiência e da tutela do Estado Bem-Estar, previsto na alínea *d)* do artigo 9º e na alínea *e)* do artigo 81º da Constituição, o montante a fixar corresponderá à reconstituição da situação eficiente em sede de mercado, ou seja, o referencial do custo marginal (*in limine*, as tarifas), ou na existência de custos, o referencial da utilidade média. Estamos, aqui, no campo da equivalência neutra ou correctora. Enquadram-se nesta

> categoria as taxas por utilização de bens do domínio público como as taxas por utilização do espectro radioeléctrico, as taxas por utilização da infra-estrutura ferroviária, entre outras. Serão taxas se o serviço ou bem alvo de prestação pública não puder, por questões técnicas, ser fornecido numa lógica de mercado. Se o for, então estaremos no campo das tarifas, ou seja, dos preços regulados.

As taxas, que incorporam em si mesmas a manifestação mais intensa do princípio da equivalência e do benefício, constituem-se como o tributo por excelência para o desenvolvimento de uma política de interiorização (socialização) de exterioridades negativas (positivas), sempre que o agente causador (beneficiário) for individualmente identificável, tornando possível a realização de um juízo de imputação directa.

Quando a jurisprudência sentencia uma taxa como «manifestamente desproporcional», tem necessariamente de enunciar o referencial da proporcionalidade. Assim, não será manifestamente desproporcional um aumento de 3000% no quantitativo per se. Se esse aumento corresponder ao custo efectivo adicionado de uma qualquer ponderação de incentivo/desincentivo, o quantitativo exigido não será desproporcional. Só o será se não contiver qualquer relação com os termos da equivalência acima referidos.

Neste quadro, o licenciamento ambiental e urbanístico, assente numa lógica prestacional directa, encontra uma base de legitimação para o desenvolvimento subjacente deste modelo tributário. Sempre que exista uma prestação de um serviço ambiental ou urbanístico, a utilização de um bem do domínio público ou um qualquer acto regulatório (traduzido tributariamente, de forma simplista, enquanto levantamento de proibição), estaremos no campo privilegiado das taxas ambientais.

Porém, da sua força dogmática também decorrem obrigações de arquitectura. A legitimidade da taxa depende do seu efeito positivo em sede de correcção do mercado. Assim, ela terá de ser perfeitamente concebida, justificada e fundamentada. Se tal não ocorrer, poderá implicar a inserção de um elemento de ineficiência adicional no mercado, o que é totalmente intolerável.

Por vezes, a doutrina tende a qualificar as taxas imperfeitas (*maxime* por violação do princípio da proporcionalidade) como «impostos». Nada mais errado: uma taxa imperfeita padece de nulidade, não podendo ser convalidada em «imposto» ou numa outra qualquer figura tributária mais reflexa.

3.4. As Contribuições

A contribuição consiste numa *i)* prestação pecuniária *ii)* e coactiva, *iii)* exigida por uma entidade pública *iv)* em contrapartida de uma prestação administrativa *reflexamente* provocada ou aproveitada pelo sujeito passivo. Assim, ao passo que as taxas são tributos comutativos – uma vez que são devidas como contrapartida de prestações «*directa e efectivamente*» provocadas ou aproveitadas pelo sujeito passivo – as contribuições constituem tributos ditos paracomutativos – porque devidos como contrapartida de prestações «*reflexa e presumivelmente*» provocadas ou aproveitadas pelos sujeitos passivos.

Neste quadro, as contribuições distinguem-se dos impostos e das taxas. Nos impostos, as utilidades prestadas são indivisíveis e os beneficiários indeterminados, pelo que, juridicamente, a relação jurídica tributária estabelecida assenta num princípio de unilateralidade. Nas taxas, por sua vez, as utilidades são divisíveis e os beneficiários determinados numa óptica individualizada, pelo que a relação entre ambos permite a concretização de um nexo bilateral.

Nas contribuições, ao invés, as utilidades são indivisíveis, dado que os beneficiários são insusceptíveis de identificação concreta, mas são identificáveis numa óptica de grupo, que permite uma afinação contributiva mais fina do que acontece no caso dos impostos, mas menos estrita do que no caso das taxas[319]. Por conseguinte, e perante a sua formulação genética, as contribuições são os verdadeiros tributos ambientais quando está em causa a interiorização de exterioridades negativas[320].

Entre as contribuições, poderão distinguir-se a contribuição especial e a contribuição financeira. As contribuições especiais, dada a sua equivalência reflexa bastante alargada na óptica quantitativa – internalização de externalidades negativas; socialização de exterioridades positivas –, encontram-se submetidas ao regime dos impostos (i.e., ao princípio da legalidade fiscal [artigo 4º, nº 3 da LGT]). As contribuições financeiras, tendo um objectivo de modelação de comportamentos, com fundamento no princípio do interesse geral ou bem comum, são sujeitas a um princípio

[319] LOBO, Carlos Baptista – *Reflexões sobre a (necessária) Equivalência Económica das Taxas*, cit., p. 435.

[320] No mesmo sentido *cf.*, por exemplo, VASQUES, Sérgio – *Manual de Direito Fiscal*. Coimbra: Almedina, 2011, p. 229.

de proporcionalidade mais amplo do que o aplicável às taxas[321], e neste quadro, merecem um regime mais desanuviado de legalidade fiscal do que os impostos (nos termos do artigo 165º da Constituição, a Assembleia da República deverá aprovar unicamente o seu regime geral), mas mais exigente do que o das taxas.

Vejamos melhor esta distinção.

3.4.1. Contribuições Especiais

Nos termos da Lei Geral Tributária, as contribuições especiais «assentam na obtenção pelo sujeito passivo de benefícios ou aumentos de valor dos seus bens em resultado de obras públicas ou da criação ou ampliação de serviços públicos» – as denominadas «Contribuições de Maior Despesa» ou «por Especial Prejuízo».

As contribuições especiais constituem, assim, prestações pecuniárias e coactivas exigidas por uma entidade pública em contrapartida de uma prestação administrativa presumivelmente provocada ou aproveitada pelo sujeito passivo, apresentando-se como o tributo especialmente vocacionado a dar resposta perante um tipo muito específico de falha de mercado – as externalidades. Estas últimas definem-se como todo e qualquer evento ou actividade que envolva a imposição involuntária de custos ou de benefícios, isto é, de efeitos positivos ou negativos sobre terceiros sem que estes tenham oportunidade de o impedir e sem que tenham a obrigação de os reparar ou o direito de ser indemnizados, caso se adopte uma solução plenamente assente nas regras de mercado. Dito de outro modo, este tipo de contribuição procede à internalização/compensação de externalidades negativas e/ou socialização de exterioridades positivas.

Uma actividade externalizadora reclama tanto um causador como uma vítima, sendo que, sem a presença e a proximidade de ambos, aquela actividade simplesmente não pode ocorrer. As externalidades correspondem, em termos sucintos, a efeitos positivos ou negativos (entenda-se, em termos de custos ou de benefícios) gerados pelas actividades de produção ou consumo exercidas por um agente económico e que atingem os demais agentes, sem que estes tenham oportunidade de impedi-los ou a obrigação de pagá-los[322].

[321] *Cf.* FRANCO, António de Sousa; CABO, Sérgio Gonçalves – «O Financiamento da Regulação e Supervisão do Mercado de Valores Mobiliários», *In Estudos de Homenagem ao Professor Doutor Inocêncio Galvão Telles*, vol. V, Almedina, 2003, pp. 425 e ss..

[322] *Cf.* VATN, Arild; BROMLEY, W. Daniel – «Externalities – A Market Model Failure». *In Environmental and Resource Economics* 9, Kluwer Academic Publishers, 1997, pp. 135–151.

As consequências da actividade de um determinado agente sobre outro podem, contudo, ser positivas ou negativas para o segundo, pelo que a externalidade é positiva ou negativa quando o efeito provocado pelo causador da externalidade aumenta ou diminui o bem-estar da pessoa que sofre a externalidade.

Por outro lado, note-se que o «princípio da equivalência» acima referido também tem plena aplicação no âmbito das contribuições especiais, na medida em que estas acabam por assentar em prestações apenas presumidas, e presumidas com um grau de certeza sempre muito variável. Em função da sua apetência para a colmatação de um problema económico de externalidades, exige-se mesmo (sob pena de violação do *princípio da igualdade tributária*, na sua expressão por intermédio do princípio da equivalência) que este tipo de contribuições especiais internalizem uma externalidade negativa (p. ex., danos ambientais, em que vigora a noção comum de «utilizador-pagador» ou de «poluidor-pagador») ou pela socialização de uma externalidade positiva (p. ex., valorização de imóveis em zona circundante pela construção da Expo 98 e rede de infra-estruturas adjacente).

Sobre a referida figura, explica Sérgio Vasques que «[...] que as contribuições constituem uma categoria intermédia de tributos públicos, a meio caminho entre a taxa e o imposto, distinguindo-se, quer pelo seu pressuposto, quer pela sua finalidade».[323] Complementa o autor, defendendo que as contribuições, diferentemente das taxas, dirigem-se à compensação de prestações que apenas presumivelmente são provocadas ou aproveitadas pelo sujeito passivo, constituindo, nessa medida, tributos simplesmente paracomutativos[324]. Veremos melhor este aspecto adiante. É, assim, comum

[323] *Cf.* VASQUES, Sérgio (2011), ob. cit., p. 221 e ss.

[324] Conforme referia a Comissão Constitucional, «a mesma norma constitucional também menciona, inovadoramente, a par dos impostos e das taxas, outras «contribuições financeiras a favor das entidades públicas». Com esta referência – que claramente aponta para uma terceira categoria tributária, ao lado dos impostos e das taxas *stricto sensu* – a Constituição parece ter dado guarida ao controverso conceito de parafiscalidade, que comporta certas figuras híbridas, que compartilham em parte da natureza dos impostos (porque não têm necessariamente uma contrapartida individualizada para cada contribuinte) e em parte da natureza das taxas (porque visam retribuir o serviço prestado por certa instituição pública, ou dotada de poderes públicos, a um certo círculo ou categoria de pessoas ou entidades, que beneficiem colectivamente daquela). É nesta categoria que entram tradicionalmente as contribuições para a segurança social, as quotas de organismos profissionais e outros organismos de autodisciplina profissional, as «taxas» dos organismos reguladores, etc. Em certo sentido

afirmar-se que as contribuições se encontram associadas a prestações com uma componente colectiva mais acentuada comparativamente às taxas, assentando em utilidades que se podem facilmente imputar ao nível individual, mas que podem ser imputadas com segurança a grupos determinados, funcionando com uma espécie de «taxas por estimativa». O recurso a contribuições resulta muitas vezes de dificuldades técnicas, económicas ou administrativas em exigir o pagamento de uma taxa aos efectivos causadores ou beneficiários de certas prestações públicas[325].

A contribuição especial é um tributo corrector, intrinsecamente associado à supressão de falhas de mercado, *maxime* à internalização das externalidades. Esta pode ter como finalidade:

i) a sujeição de um determinado sujeito a uma compensação por danos sociais infringidos a determinada parcela de outros sujeitos, de que é exemplo paradigmático o caso do imposto sugerido por Pigou em sentido estrito – correspondendo este a um caso em que ocorre a internalização de uma externalidade negativa («contribuição por especial prejuízo»); ou

ii) a sujeição de um determinado grupo que usufrui de uma determinada prestação pública, relativamente à qual a sua vontade pode ter sido alheia, mas que tão-pouco impede que retirem utilidades daí resultantes, encontrando-se a incidência delimitada de acordo com a necessidade de socializar externalidades positivas, *i. e.*, promovendo que um determinado ente público (*e. g.*, o Estado) seja compensado pelo benefício geral propiciado (contribuição por especial benefício).

Perante a actual insuficiência tecnológica na medição dos custos e proveitos das externalidades negativas e positivas, não existe ainda a possi-

trata-se de «taxas colectivas», na medida em que visam retribuir os serviços prestados por uma entidade pública a um certo conjunto ou categoria de pessoas. A diferença essencial entre os impostos e estas contribuições «bilaterais» é que aqueles visam financiar as despesas públicas em geral, não podendo em princípio a certos serviços públicos ou a certas despesas, enquanto as segundas tal como as taxas em sentido estrito, visam financiar certos serviços públicos e certas despesas (responsáveis pelas prestações públicas de que as contribuições são contrapartidas), aos quais ficam consignadas, não podendo, portanto, ser desviadas para outros serviços e despesas. *Cf.* Parecer da Comissão Constitucional nº 30/81, *in Pareceres da Comissão Constitucional* e, entre outros, os Acórdãos nºs 77/86, 348/86, 205/87, 76/88, 412/89, 363/92, 236/94, 379/94 e 183/96.

[325] *Cf.* Vasques, Sérgio – *Manual de Direito Fiscal*, 2011, ob. cit., p. 221.

bilidade de estabelecimento de uma relação de proporcionalidade estrita que permita a exclusão deste tributo da aplicação do princípio da legalidade fiscal (o que as distingue, por exemplo, das taxas sujeitas à equivalência funcional agravada, em que o beneficiário concreto da prestação pública é concretamente identificável). Neste quadro, as contribuições especiais seguem, geralmente, o mesmo regime jurídico dos impostos – o que sucede precisamente no caso português, tal como prescreve o nº 3 do artigo 4º da LGT.

Conforme veremos *infra*, estas contribuições terão um papel fundamental no campo da acção pública ambiental e territorial, dado que os seus mecanismos de actuação coincidem intrinsecamente com o escopo das políticas reguladoras públicas.

3.4.2. Contribuições Financeiras

As contribuições financeiras constituem um tributo assente na obtenção de uma prestação de um ente público (ou que prossegue finalidades equiparadas às de um ente público), cujos destinatários apenas são determináveis pela sua homogeneidade e pela consequente pertença a um grupo identificável.

A inserção de determinados indivíduos num grupo dotado de interesses jurídico-tributários homogéneos é, relativamente a esta categoria de tributo, um elemento suficiente para que se possa presumir que existe uma determinada medida (mínima) de acordo com a qual ocorre um benefício destes advindo de uma certa prestação por parte desse mesmo ente.

A figura tributária das «Contribuições Financeiras», que encontram hoje uma expressa menção na CRP, mormente na alínea *i)* do nº 1 do Artigo 165º, na sequência da Revisão Constitucional de 1997. Note-se, desde logo, que a constitucionalização deste *tertium genius* veio dar guarida a uma figura que, por falta de reconhecimento constitucional, era anteriormente equiparada pela doutrina e pela jurisprudência aos impostos.

Referindo-se a este tipo de figuras tributárias, refere Saldanha Sanches que apresentam como particular distinção o facto de se encontrarem «afectas ao financiamento de certas entidades públicas que comparticipam no preenchimento de objectivos políticos»[326]. Acrescenta ainda o referido autor que «enquanto os impostos comuns integram o «sistema fiscal [...]

[326] *Cf.* SANCHES, José Saldanha (2007), ob.cit., p. 58.

que visa a satisfação das necessidades financeiras do Estado», estas contribuições, que podemos considerar tributos especiais, por serem tributos com finalidades financeiras específicas (*Sonderagbage*), são receitas consignadas à satisfação de fins concretos»[327]. O que as caracteriza é o estarem voltadas «[...] à compensação de prestações de que só presumivelmente se pode dizer causador ou beneficiário o sujeito passivo, sendo o seu pressuposto constituído por factos que apenas com segurança relativa permitem concluir pela provocação ou aproveitamento das prestações administrativas. Em suma, o que as define é o visarem uma troca entre a administração e grupos que se presume provocarem os mesmos custos ou aproveitarem os mesmos benefícios».[328]

As contribuições financeiras são, nessa medida, muito utilizadas em contexto regulatório, sendo bastante usual a sua presença em vários sectores da actividade económica em que se manifesta a intervenção do Estado no estabelecimento de regras de conduta aplicáveis a determinados sectores da actividade económica. De igual modo, cabe também sujeitar a figura em análise ao teste do princípio da equivalência, embora, neste caso, relativamente a uma equivalência de grupo. A este respeito rapidamente se depreende pela sua desconformidade em face daquele último. Com efeito, quando aqui se questiona os termos de acordo com os quais se opera o princípio da equivalência, na modalidade de equivalência de grupo, tal corresponde a indagar se, e de que forma, se encontra subjacente à mesma prestação relativamente à qual não se possa configurar um único destinatário, mas sim um grupo homogéneo de destinatários que se presume serem destinatários ou beneficiários de determinada actividade.

Quando se aplica o princípio da equivalência a uma contribuição financeira, o mesmo impõe a existência de uma genuína finalidade compensatória, ainda que fidelizada à mera utilização potencial de um bem ou serviço público apto a gerar um benefício imputável a um grupo homogéneo (Equivalência de Grupo). Nessa medida, são tributos particularmente representativos do advento da parafiscalidade, um fenómeno caracterizado pela atribuição de prerrogativas tributárias a alguns entes territoriais, dotados de autonomia administrativa e financeira.

[327] *Idem, ibidem,* ob.cit., p. 59.

[328] *Cf.* Vasques, Sérgio (2011), ob. cit., pp. 222-223.

Nesse domínio, refira-se que a generalidade da doutrina alemã actual reconhece que as contribuições financeiras, como tributos parafiscais[329], não obstante terem sido inicialmente compreendidos como figuras unilaterais, têm hoje associado um fundamento comutativo, visando a compensação de vantagens que a Administração proporciona aos particulares e empresas, com a particular diferença (relativamente às contribuições especiais, ditas «tradicionais») de o fazerem numa dimensão exclusivamente grupal.

Assim, e em jeito de conclusão preliminar, as contribuições financeiras estão associadas ao exercício de funções regulatórias sectorialmente delimitadas, acabando por corresponder a uma função fiscal que se vincula ao exercício de funções igualmente dotadas de interesse público. Distinguem-se das contribuições especiais uma vez que estas assentam num fundamento de simples correcção de falhas de mercado, *in casu*, a internalização de externalidades, enquanto as contribuições financeiras têm um fundamento económico menos saliente, visando essencialmente nivelar os deveres contributivos de um certo grupo de sujeitos passivos que são especialmente beneficiários ou originadores de uma prestação pública concreta como, por exemplo, a garantia da pluralidade de meios de comunicação social, da segurança alimentar, entre outros.

Neste quadro, as contribuições financeiras visam uma correspondência financeira entre situações de risco acrescido decorrentes da actividade de um determinado grupo e o necessário financiamento público correspondente (*e. g.*, risco de falha sistémica no sistema bancário, segurança de medicamentos e alimentar, *etc.*). Também neste caso, a relação de proporcionalidade é essencial, sendo esta medida de forma mais ampla do que nos casos das taxas sujeitas à equivalência neutra ou correctora, ou das próprias contribuições especiais, que se encontram enquadradas nos montantes correspondentes à eficiente medida de interiorização da exterioridade correspondente.

329 *Cf.* SELMER, Peter – *Steuerinterventionismus und Verfassungsrecht.* Frankfurt a.M., 1971, p. 200 e ss.; RICHTER, Wolfgang – *Zur Verfassungsmässigkeit von Sonderabgaben.* Baden-Baden, 1977, p. 45 e ss.; HENSELER, Peter – *Begriffsmerkmale und Legitimation von Sonderabgaben.* Baden-Baden, 1984, p. 80 e ss..

3.5. Tarifas

A tarifa consiste numa *i)* prestação pecuniária *ii)* determinada ou regulada por uma entidade pública *iv)* em contrapartida de uma prestação de mercado prestada em favor do sujeito.

O fundamento da tarifa reside no problema de determinação do preço de acesso a determinadas infra-estruturas e a sua dogmática reside na tradicional regulação de preços na presença de monopólios naturais. E a este respeito é permitido efectuar um juízo de presunção assente em dois princípios fundamentais. Em primeiro lugar, o preço eficiente de uma unidade adicional de serviços ou de bens será o preço que recupera o valor exacto dos custos económicos incorridos para a prestação dessa unidade adicional. Em segundo lugar, num mercado concorrencial perfeito, o preço de uma unidade adicional de bens ou serviços coincidirá com o custo económico integral desse incremento de produção.

Sendo escopo da tarifa a emulação do preço eficiente, em condições de insuficiência estrutural de mercado, a doutrina tem discutido qual o melhor referencial para a determinação do modelo de custo que simule esse preço óptimo. Assim, o primeiro referencial que se nos depara é o do custo marginal. Efectivamente, este será o preço eficiente num mercado de concorrência perfeita. Apesar disso, nas infra-estruturas urbanísticas, o modelo de eficiência poderá afastar-se desse paradigma, quer nos fundamentos, quer nos próprios resultados ao nível do aumento dos níveis de bem-estar social. Neste âmbito, e em termos práticos, visto que os custos marginais não aparecem demonstrados na contabilidade das empresas, Areeda e Turner propõem a utilização sucedânea do referencial traduzido nos custos variáveis médios[330].

Sem prejuízo do necessário desenvolvimento desta questão em sede própria (acesso a bens públicos), a tarifa consistirá assim no tributo que, na presença de elementos estruturais do mercado que impeçam a formulação de um preço de mercado eficiente, é fixado pelas entidades públicas, administrativas ou reguladoras, estando estas obrigadas ao respeito intrínseco do princípio da eficiência, já que este é a base de legitimação para a sua actuação. É por essa razão que, em alguns países, como é o caso de Espanha, se denominam as tarifas como «preços públicos» ou «preços

[330] AREEDA, P.; TURNER, D. – «Predatory Pricing and Related Practices under Section 2 of the Sherman Act». *In Harvard Law Review*, 88, 1975, pp. 697–733.

políticos». Em termos de intensidade, o princípio da equivalência ou de benefício tem aqui uma importância primordial, dado que, em tese, a tarifa visa a aproximação ideal ao custo que decorreria da concorrência perfeita.

Não obstante, e dadas as pressões naturais para a redistribuição, a tarifa poderá também contemplar um modelo perequativo, de forma a nivelar desvios no custo no campo temporal, espacial ou social. Por exemplo, o kW de electricidade em Lisboa é mais barato do que numa qualquer aldeia situada num território de baixa densidade. No entanto, a necessária perequação evita esta diferenciação assimétrica de valores. Assim, também aqui, o princípio da igualdade, nas suas vestes redistributivas, tem uma importância primordial.

4. O Conceito de Tributo Ambiental

Importa, nesta sede, fazer uma referência ao EUROSTAT, entidade que adopta uma metodologia de análise muito específica, no que concerne a figura dos Impostos Ambientais[331]. Para o EUROSTAT, o imposto ambiental define-se pela sua base tributável, isto é, tem por base uma unidade física que causa comprovadamente um impacto negativo no ambiente[332]. Com efeito, o EUROSTAT começa por delimitar a conexão dos tributos ambientais com a figura do «Imposto *Pigouviano*», por força da especial conexão das matérias ambientais com a ocorrência de externalidades negativas[333], concluindo que a adopção de modelos semelhantes encontra algumas dificuldades de determinação da carga fiscal compatível com o custo social marginal que resulta da ocorrência das referidas externalidades. Refere ainda que as taxas nominais dos tributos ambientais de base pigouviana acabam por ser sempre superiores aos custos sociais marginais que visariam compensar[334].

[331] *Cf.* EUROSTAT (2013), *Environmental taxes – a statistical guide.* Eurostat Manuals and Guidelines – European Commission, p. 13 e ss..

[332] «*An environmental tax is a tax whose base is a physical unit (or a proxy of a physical unit) of something that has a proven, specific negative impact on the environment*», disponível em: http://ec.europa.eu/eurostat/web/environment/environmental-taxes

[333] *Cf.* EUROSTAT (2013), *Environmental taxes – a statistical guide,* Eurostat Manuals and Guidelines – European Commission, p. 10.

[334] *Cf.* EUROSTAT (2013), *Environmental taxes – a statistical guide,* Eurostat Manuals and Guidelines – European Commission, p. 11.

Em face do referido problema, o EUROSTAT, seguindo alguns contributos da moderna Economia Pública, atende ainda à necessidade da carga fiscal resultante dos «Impostos Ambientais» estar associada à elasticidade da procura, para tal seguindo a denominada Regra de Ramsey, de acordo com a qual, quanto menos elevada for a elasticidade-preço da procura, mais elevadas deverão ser as correspondentes taxas do tributo[335].

Assim, a conjugação destes dois contributos teóricos permitirá determinar, de forma mais completa e abrangente, não só os próprios custos marginais envolvidos no recurso a fundos públicos, como os níveis de distorção económica causados pela tributação ambiental. Em termos sistemáticos, de acordo com as considerações da mesma entidade, na figura dos «Impostos Ambientais» incluem-se essencialmente quatro realidades, devidamente classificadas:

i) Em primeiro lugar, os Impostos Energéticos, em que se inclui, a título de exemplo, a tributação da Gasolina com Chumbo, da Gasolina sem Chumbo, do Gasóleo ou ainda dos Biocombustíveis[336];
ii) Em segundo lugar, os Impostos sobre Transportes, em que se inclui, a título de exemplo, a tributação dos Veículos a Motor Importados, a tributação da Utilização de Vias Públicas (Estradas) ou ainda a tributação dos Voos e Bilhetes de Avião;
iii) Em terceiro lugar, os Impostos sobre a Poluição, em que se inclui, a título de exemplo, a tributação das Emissões de Carbono, das Emissões de Enxofre ou ainda da emissão de quaisquer outras substâncias directamente associadas ao denominado Efeito de Estufa;
iv) E, por último, os Impostos sobre Operações de Utilização ou Extracção de Recursos, em que se inclui, a título de exemplo, a tributação da Captação de Água, a tributação da Exploração de Recursos Biológicos ou ainda a tributação das Operações de Extracção de Matérias-Primas – Minerais, Petróleo ou Gás.

Por fim, e ainda a propósito da noção de Impostos Ambientais, importa referir que a OCDE adopta uma visão muito ampla de impostos ambientais,

[335] *Cf.* EUROSTAT (2013), *Environmental taxes – a statistical guide*, Eurostat Manuals and Guidelines – European Commission, p. 11.

[336] *Cf.* EUROSTAT (2013), *Environmental taxes – a statistical guide*, Eurostat Manuals and Guidelines – European Commission, p. 12.

considerando, para o efeito, todos aqueles que produzam efeitos benéficos sobre o ambiente, independentemente das suas motivações. Esta amplitude levou aliás a que, no âmbito das Estatísticas da OCDE, Portugal fosse considerado, mesmo antes dos anos 90, um país com elevadas receitas fiscais geradas por impostos ambientais[337].

5. Política Tributária Ambiental e Territorial. Disfunções Dogmáticas

Sendo a política tributária o braço armado da acção pública reguladora em sede ambiental e territorial, não será estranha a profusão de iniciativas a este propósito. Infelizmente, nem todas essas iniciativas têm um correcto enquadramento dogmático.

A liberdade do Estado na definição de uma política tributária eficiente nestas matérias é muito reduzida. Ao contrário do que acontece com a restante política fiscal assente em impostos, em que os termos de proporcionalidade são averiguados de uma forma bastante ampla, uma vez que não existe, até agora, uma metodologia fina de averiguação concreta da capacidade contributiva individual de cada sujeito, tendo em consideração o seu perfil económico integral, pelo que a averiguação da igualdade do imposto é efectuada de forma ampla e difusa, no campo da tributação ambiental e territorial, ao invés, a acção pública assenta intrinsecamente no princípio da eficiência, pelo que está limitada pelo próprio fundamento da sua existência. Assim, se os impostos gerais podem ser relativamente ineficientes, atento o seu fim último de inserção de justiça no sistema, os tributos ambientais e territoriais devem ser imediatamente eficientes, sob pena de criarem ineficiência adicional no sistema social, o que é totalmente contraditório com a sua base de legitimação adicional.

Por conseguinte, a sua arquitectura é bastante exigente. Os mandamentos são suficientemente claros. O princípio poluidor pagador revela a obrigação de o poluidor sustentar os encargos da sua poluição; por sua vez, o princípio utilizador pagador obriga o utilizador da infra-estrutura pública a sustentar os encargos da sua utilização. Porém, no lado simétrico, estes mandamentos de eficiência também limitam a acção pública, uma vez que a lógica de equivalência construída limita igualmente esses

[337] *Cf.* VASQUES, Sérgio; MARTINS, Guilherme Waldemar d'Oliveira – «A Evolução da Tributação Ambiental em Portugal». *In Revista Fórum de Direito Tributário*, Ano 5, nº 28, Jul./Ago. de 2007, p. 251 e ss..

deveres contributivos ao limite do custo externo provocado ou do benefício reflexo aproveitado. Qualquer lógica de inserção de um padrão de justiça redistributiva a este propósito deve ser justificada separadamente, sob pena de uma introdução desregulada de entropia no sistema.

O principal risco na tributação ambiental e territorial consiste na má percepção dos seus objectivos.

A tributação ambiental tem sido usada, na prática, com propósitos de angariação de receita, desprezando-se o efeito regulador que a legitima. Note-se que nada existe de errado quanto à angariação de receita, mas não nos poderemos esquecer que essa será uma mera consequência da política de correcção da curva do custo privado marginal no seu trajecto ascendente de equiparação ao custo social marginal. Quando tal ocorrer, e de acordo com o modelo pigouviano clássico, não haverá mais nenhum tributo a cobrar, dado que os objectivos de correcção do mercado foram alcançados. Os tributos ambientais, salvo no caso de aplicação de uma política de incentivo ou desincentivo de base comportamental, são intrinsecamente suicidas ou autofágicos. Existem para deixar de existir.

Atendendo ao referido quadro legal, não existe um conceito autónomo de «Imposto Ambiental»[338]. O que se justifica, desde logo, pelo facto de qualquer uma daquelas categorias de tributo se revelar apta a desempenhar uma função extrafiscal vocacionada para a resolução de problemas ambientais concretos. Sem prejuízo, adiante-se que a evolução da tributação ambiental em Portugal tem recorrido, sobretudo, à criação de taxas e contribuições sectoriais, o que se explica pela circunstância de estes tributos se encontrarem alicerçados no denominado princípio da equivalência, ao contrário do que sucede com os Impostos, tipicamente reconduzidos ao princípio da capacidade contributiva.

O propósito fiscal do princípio da equivalência não se reveste de um carácter indiscriminado ou «não-consignado», vinculando-se antes à cobertura de custos bastante específicos e directamente imputáveis a um agente com o qual foi possível estabelecer uma relação prestacional. Mais do que isso, o princípio da equivalência exige que os tributos que obedeçam à sua estrutura, nomeadamente taxas e contribuições, «devam adequar-se ao custo das prestações públicas e por isso o seu alcance mais elementar

[338] *Cf.* Vasques, Sérgio – *O Princípio da Equivalência como Critério de Igualdade Tributária*. Almedina, Coimbra, 2018, p. 233.

está na exigência de que estes tributos comutativos se dirijam a custos ou benefícios reais e não apenas imaginários, ficando excluído o lançamento de taxas e contribuições aí onde eles não se possam identificar com um mínimo de objectividade».[339]

O referido princípio encontra-se geralmente dividido em duas vertentes essenciais: por um lado, um princípio de equivalência de custo (princípio de cobertura de custo[340]), do qual decorre que o montante exigido a título de certo tributo corresponde à compensação dos custos de determinadas prestações; por outro lado, um princípio de equivalência de benefício (princípio do benefício[341]), ou seja, sempre que se verifique a impossibilidade de determinação dos custos de prestações públicas ocorridas, verifica-se uma compensação baseada no benefício imputado a cada utilizador (seguindo parâmetros como a utilidade marginal ou a utilidade média).

Exemplo paradigmático da especial conexão da tributação ambiental com o princípio da equivalência surge no Código dos IEC em que, no respectivo artigo 2º, se refere expressamente que «Os impostos especiais de consumo obedecem ao princípio da equivalência, procurando onerar os contribuintes na medida dos custos que estes provocam nos domínios do ambiente e da saúde pública, em concretização de uma regra geral de igualdade tributária». Encontra-se consagrada desta forma a vertente de Equivalência de Benefício, o que igualmente decorre do Preâmbulo do Código dos IEC, aprovado em 1999, na medida em que aí se afirma assentarem estes Impostos num princípio legitimador distinto da capacidade contributiva, «um princípio de equivalência ou benefício»[342].

Trata-se, por isso, de um substrato de princípio totalmente oposto àquele que se apresenta subjacente aos impostos, na medida em que estes últimos, pela sua natureza enquanto receita não-consignada a despesas específicas, não são geralmente aptos a satisfazer directamente um débito criado pela obtenção de um bem ou serviço específico ou ainda em virtude da necessidade de compensar a ocorrência de um dano económico causado por um seu consumo.

Significa, por isso, que a generalidade dos tributos ambientais da actualidade, inclusivamente aqueles que formalmente são designados por

[339] *Cf.* VASQUES, Sérgio – *Manual de Direito Fiscal*. Coimbra: Almedina, 2012, p. 227.

[340] *Cf.* VASQUES, Sérgio (2008), ob. cit., p. 340.

[341] *Idem, ibidem.*

[342] *Cf.* VASQUES, Sérgio (2008), ob. cit., p. 342.

«impostos», acaba por se reconduzir a uma estrutura típica de taxa ou de contribuição.

6. (Des)Evolução Teórica da Tributação Ambiental

O enquadramento teórico da tributação ambiental tem evoluído nos últimos anos. Tendo nascido nos anos 20 do século passado, pela pena de Pigou, a sua função passava intrinsecamente pela necessária correcção do mercado, ou seja, pela interiorização das exterioridades negativas. Porém, com a evolução política verificada na década de 70 do século passado, essa tributação passou a ser alargada a outras realidades além das emissões poluentes, passando a ter uma palavra a dizer na questão da gestão dos recursos naturais.

O modelo de actuação era comum: a iniciativa pública substituía-se à acção privada e colectiva, procedendo a uma gestão reguladora do mercado tendo em vista a concretização de situações óptimas em matéria de bem-estar social.

Finalmente, com o estabelecimento do princípio da prevenção, do princípio poluidor pagador, ainda que meramente potencial ou pelo risco, a tributação ambiental adquiriu uma dimensão de seguro público, corporizando uma tributação acrescida de um grupo de risco a favor de um superfundo (modelo fechado) ou de fundos gerais geridos pelo Estado (modelo aberto).

Estamos claramente no campo das contribuições: contribuição especial, no modelo puro de tributo ambiental pigouviano; contribuição financeira, no caso de prémio de seguro público baseado em situações de risco acrescido provocado pela actividade do sujeito passivo.

Perante a surpreendente boa aceitação pública da marca «ambiente» em sede tributária, os decisores políticos passaram a abusar da denominação utilizando-a de forma superlativa, muitas vezes em tributos com estrita finalidade de angariação de receita pública, mas de efeitos benéficos ambientais meramente reflexos ou secundários.

Nos anos 90 do século passado, superou-se a dinâmica assente na criação do denominado imposto ambiental, muitas vezes identificado como o imposto sobre o dióxido de carbono, passando-se a entender a reforma fiscal ambiental como sendo abrangente e abarcando a integralidade do sistema fiscal.

Neste quadro alargado, ocorreria um duplo benefício, já que os efeitos positivos em sede ambiental eram agregados à redução dos efeitos de distorção decorrente do sistema fiscal. O princípio da eficiência, nas vestes de equivalência ou benefício, passou a fazer parte integrante dos sistemas tributários gerais, suplantando os modelos assentes na simples capacidade contributiva, mais desadequados em determinadas situações concretas (por exemplo, as viaturas automóveis devem ser mais tributadas não por serem mais dispendiosas, mas por serem menos eficientes).

Actualmente, poderão identificar-se cinco orientações distintas em termos ambientais.

1. A corrente pigouviana ortodoxa

   A corrente pigouviana, em que nos incluímos, continua a propor o modelo de tributação ambiental de forma ortodoxa, assentando no princípio da interiorização das exterioridades negativas. Este é o modelo clássico de equilíbrio geral, alinhando o modelo de eficiência macroeconómico com os comportamentos individuais a nível microeconómico. Note-se que, se este desiderato não for alcançado, o mercado continuará distorcido, não se atingindo um equilíbrio estrutural sustentável a este propósito.

   Não negamos as dificuldades ocorridas no passado na definição da taxa do imposto. Com efeito, a medição efectiva do nível da exterioridade era bastante exigente e morosa. Não obstante, a dificuldade na fixação do valor eficiente não justifica o abandono do propósito, mas sim uma investigação suplementar na melhoria da qualidade da decisão pública.

   A melhoria dos sistemas computacionais e a concretização de modelos de equilíbrio económico geral permitiram uma melhoria sucessiva das aproximações, aumentando a legitimidade da actuação pública. Note-se que, a este respeito, existe uma saudável concorrência entre a acção pública e a acção privada. Conforme veremos adiante, os impostos pigouvianos concorrem com os modelos coaseanos e com metodologias *blockchain* de controlo mútuo tendo em vista a concretização de um modelo de equilíbrio optimizado quer na utilização de recursos naturais, quer no controlo de emissões.

   Por conseguinte, o afastamento de um modelo norteado pelo princípio da eficiência não será uma opção[343]. A legitimidade da actu-

[343] Conforme refere Cláudia Soares, «a teoria de Pigou propõe que se cobre de imposto um montante igual ao custo marginal externo causado pela actividade. No entanto, tal modelo

ação pública dependerá da eficiência acrescida que introduzir no mercado. Se o farol de orientação reguladora do Estado deixar de ser a eficiência, rapidamente a acção pública será suplantada por modelos intrinsecamente privados de actuação, a custo das necessárias preocupações redistributivas.

2. A corrente do duplo benefício
A corrente do duplo benefício é, essencialmente, uma orientação oportunista. Na década de 80 do século passado, verificou-se uma outra evolução. Os governos, sentindo a necessidade de justificar socialmente a aplicação de novos impostos – algo nunca apreciado pela comunidade de contribuintes – avançaram com a tese do «duplo dividendo». Da aplicação dos impostos ambientais não só decorreriam vantagens em sede ecológica, como também uma redução da tributação sobre o trabalho ou das contribuições para a segurança social. O modelo financeiro era, portanto, de neutralidade. Na prática, não existiria mais receita pública, ocorrendo uma mera transferência de encargos entre diferentes classes de impostos. Duas palavras sobre este assunto. Em primeiro lugar, e se quisermos ser precisos, não existiria um duplo, mas sim um triplo dividendo. As vantagens seriam teoricamente três: a redução das emissões, o aumento da eficiência no mercado e a redução da tributação distorcida (os impostos sobre o rendimento). Em segundo lugar, infelizmente, esse argumento não é válido. Enquanto a tributação sobre o trabalho é estrutural, resultando num rendimento público constante e estável, a tributação ambiental, se aplicada correctamente, implicará uma receita meramente conjuntural, com uma tendên-

teórico é difícil de implementar na prática devido a problemas na quantificação do valor económico correcto para o custo externo. Para superar esses problemas, alguns têm sugerido um processo iterativo ('abordagem tentativa e erro') que atenda às elasticidades-preço, sendo o imposto fixado num nível e depois, progressivamente, ajustado de acordo com os efeitos obtidos até ser alcançado o nível de poluição desejado» (*in Princípios Orientadores da Reforma da Fiscalidade Verde. Relatório Preliminar*, cit., pág. 57). Refere, de seguida, que a fixação do custo pigouviano é extremamente difícil e que, por essa razão, não tem sido aplicado de forma generalizada. Ora, dificuldade não significa impossibilidade. Mesmo que os montantes sejam difíceis de estabelecer com precisão, a sofisticação tecnológica ao nível dos sistemas de medição tem permitido a aproximação da tributação a níveis óptimos. Por outro lado, o óptimo é inimigo do bom. Mesmo que não seja perfeito, o modelo conceptual deverá ser esse, sob pena de total desvirtuamento da legitimidade tributária.

cia decrescente, sucessivamente mais acentuada acompanhando os termos do sucesso da aplicação da medida.

3. A corrente punitiva assente no princípio pecador-pagador
Perante a necessária expansão da abrangência da matéria colectável geral (*broad the base*), as entidades públicas notaram que os estigmas sociais seriam uma boa fonte de legitimação para a tributação. Assim, expandindo os termos propostos pelo princípio poluidor-pagador, e indo além do mandamento utilitarista fundamental da equivalência ou do benefício que baseia o princípio «utilizador pagador», foi sendo construída toda uma nova série de impostos sobre consumos específicos socialmente nocivos. Neste quadro de *sin taxes*, apareceram os impostos sobre o jogo, sobre as bebidas alcoólicas, sobre o tabaco, entre outros, e que só incidentalmente se encontravam relacionados com a regulação ambiental. Porém, distinguem-se inexoravelmente dos impostos ambientais e territoriais: enquanto estes últimos têm uma finalidade reguladora, os primeiros têm uma finalidade intrinsecamente financeira, ou seja, só existem para a angariação adicional de receita, devendo desenvolver as entidades públicas todo um esforço de maximização da mesma, sem qualquer preocupação especial de redução de consumos (esse esforço compete às entidades responsáveis pela inserção de responsabilidade nos consumos em causa). Por conseguinte, estes impostos sobre o pecado afastam-se significativamente do modelo regulatório legitimador dos modelos pigouvianos de tributação.
4. A corrente da modernização ecológica
A corrente da modernização ecológica tem subjacente uma lógica de interdisciplinaridade. Conforme referimos, a economia ecológica pressupõe uma integração de conhecimentos que vão da termodinâmica à economia. Ora, as finanças e a fiscalidade não poderiam estar alheias a este esforço de parceria. Neste enquadramento, a acção pública já não se deveria focar unicamente nas questões relacionadas com a poluição, mas igualmente com a redução do consumo de recursos e na menor produção de resíduos, e, simultaneamente, proporcionar a criação de emprego e a melhoria do bem-estar económico. Actuando numa lógica de parceria alargada, o sistema fiscal poderia ser utilizado como veículo de promoção de tecnologias limpas, das energias renováveis e da economia circular. Já não esta-

mos no campo estrito da tributação pigouviana, mas num modelo mais alargado de «Reforma Fiscal Ambiental», ou, numa perspectiva mais eticista, de «Reforma Fiscal Verde», ou seja, de inserção de preocupações ecológicas na integralidade do sistema fiscal, no primeiro caso, conjugado com um modelo económico verde, no segundo caso.

Esta orientação é aceitável, uma vez que utiliza de forma pragmática o sistema fiscal existente, adaptando-o a modelos ambientais e territoriais mais amigáveis. O que nunca se poderá esquecer é o princípio basilar que fundamenta a actuação e esse traduz-se na inserção de um padrão de eficiência mais elevado nos mercados. Assim, este modelo de actuação só fará sentido em cumulação com a tributação pigouviana inicialmente enumerada.

5. A corrente da economia comportamental

A influência da economia comportamental na definição dos instrumentos económico-financeiros é indirecta. Tirando alguma doutrina mais optimista que considera que os seres humanos actuarão de forma condicente com os critérios do desenvolvimento sustentável por via de estímulos indirectos, a verdade é que a economia comportamental actua na margem da eficiência dos instrumentos tradicionais. Os seus contributos são valiosos para a formatação eficiente das medidas financeiras e fiscais a aplicar que, assentando num modelo teórico intrinsecamente racional, poderão naturalmente sofrer das falhas perceptivas dos seus destinatários.

Assim, e a título de exemplo, o efeito de enquadramento (*framing effect*) poderá subverter os efeitos pretendidos das seguintes formas: *i)* numa política de subsídios, por via da habituação ao mesmo («subsidiodependência»), obnubilando-se a natural excepcionalidade deste tipo de políticas; *ii)* numa política de tributação, pela não percepção relativamente à aplicação do produto dos impostos que resulta do princípio geral da não consignação, e que afecta a legitimidade de um tributo assente no princípio da equivalência ou do benefício por via da «quebra da reflexividade»; *iii)* numa política assente em direitos negociáveis, quando a gestão dos mesmos se transforma numa actividade em si mesma, desligada do objecto principal do agente («efeito de desenquadramento»). Por sua vez, o efeito de afectação (*endowment effect*) pode, igualmente, favorecer o aparecimento de outras distorções: *i)* numa política de subsídios, por uma «aversão ao risco» relativamente à solução proposta pela entidade pública; *ii)* numa política de tributação, pela tendência natural para a redução da carga tributária através de estratégias de planeamento mais agressivas, que, em determinado momento se transformam num objectivo em si mesmo; *iii)* numa política assente em direitos negociáveis, quando a preocupação na obtenção dos mesmos – e das vantagens económicas por estes titulados – superam as preocupações de gestão eficiente das emissões ou da exploração das quotas subjacentes. Esta situação é tanto mais evidente quanto se utilizarem sistemas baseados no *statu quo* incumbente (*grandfathering*) em desfavor de sistemas de leilão na sua atribuição. O agente actuará assim como especulador tentando, por todas as vias, maximizar os seus ganhos.

Não se poderá igualmente ignorar o efeito de *lock in* e de *path dependence*[344]. Os agentes são naturalmente, avessos à mudança. Assim, para que se dê um primeiro passo numa outra direcção, terá de se conceder um incentivo relativamente desproporcionado no momento inicial, reduzindo-se quando se alcançar uma situação potencial de rotina comportamental. Este incentivo adicional servirá para compensar o natural conservadorismo do agente económico. Finalmente, conforme refere Franz Beckenbach, o ambiente de grupo é igualmente determinante na definição do comportamento do agente. Um modelo de incentivo a realizar algo é superior em termos de efeitos à aplicação de desincentivos punitivos. A razão

[344] Assim, o *tipping*, que assenta num modelo de adivinhação no momento presente (numa lógica previsional da situação futura), poderá originar situações efémeras de incerteza estrutural. Mais preocupantes serão os eventuais efeitos decorrentes de situações de «bloqueio à saída» (*lock-in*) de utilizadores por dependência das «escolhas passadas» (*path-dependence*). Conforme referimos sobre análise concorrencial nos sectores em rede «esta é uma situação que, a existir, colocará enormes problemas ao nível do bem-estar social. Os agentes, quando efectuaram as suas escolhas no passado, efectuaram-nas na pressuposição de que no momento futuro essa seria a rede mais eficiente. No entanto, numa realidade dinâmica, as expectativas são, muitas vezes, goradas. Atendendo aos elevados níveis de investigação e desenvolvimento, é relativamente simplificada a emergência de novas tecnologias mais eficientes. Se existirem barreiras significativas à saída de consumidores que já efectuaram a sua escolha – revelada menos eficiente, então o novo sistema – realmente mais eficiente – não poderá vingar». *Cf.* LOBO, Carlos Baptista – *Sectores em Rede,* cit., pp. 130-142.

para tal decorre da necessária percepção prévia de justiça nos fins a alcançar, o que é dificilmente concatenável com a aplicação de penas. Esta mudança comportamental é potenciada se for fornecida informação credível acerca dos comportamentos dos restantes agentes. Neste enquadramento, o desenvolvimento voluntário de condutas conformes transforma-se num «mandamento moral», o que é bastante eficaz[345].

7. A Reforma da Fiscalidade Verde

A Reforma da Fiscalidade Verde[346] foi consagrada na Lei nº 82-D/2014, de 31 de Dezembro, que procede à alteração de um conjunto de normas fiscais ambientais nos sectores da energia e emissões, transportes, água, resíduos, ordenamento do território, florestas e biodiversidade, introduzindo ainda um regime de tributação dos sacos de plástico e um regime de incentivo ao abate de veículos em fim de vida, e tem como objectivo operar uma mudança de paradigma ao nível da política fiscal, abraçando os seguintes fins extrafiscais:

i) Penalizar mais o que se polui e degrada, para desagravar o trabalho e as famílias;
ii) Reduzir a dependência energética do exterior;
iii) Induzir padrões de produção e de consumo mais sustentáveis, reforçando a liberdade e responsabilidade dos cidadãos e das empresas;
iv) Promover a eficiência na utilização de recursos, nomeadamente água, energia e materiais.

Salientam-se as seguintes medidas emblemáticas:

i) Regime de incentivo ao abate de veículos em fim de vida na aquisição de um veículo eléctrico ou de um quadriciclo pesado eléctrico;
ii) Taxa sobre os sacos de plástico leves;
iii) Revisão da Taxa de Gestão de Resíduos (TGR);
iv) Revisão da Taxa de Gestão de Recursos Hídricos (TGRH);

345 *Cf.* BECKENBACH, F. – *Innovative Behavioral Approaches to Analyze the Incentives of Environmental Instruments. In* BECKENBACH, F.; KAHLENBORN, W. – *New Perspectives for Environmental Policies Through Behavioral Economics.* Springer, 2016, pp. 47 e 48.

346 https://www.portugal.gov.pt/media/1539636/3%20-%20projeto%20de%20reforma.pdf

v) Taxa de carbono – promove uma economia de baixo carbono, de combate às alterações climáticas e redução da dependência energética do exterior, através de uma taxa de carbono, que passa a incidir sobre os sectores não incluídos no regime do Comércio Europeu de Licenças de Emissão. Esta taxa é indexada ao preço do carbono no sector CELE;

vi) Medidas de incentivo aos veículos de melhor desempenho ambiental, como o incentivo aos veículos eléctricos, a dedução do IVA em veículos de turismo eléctricos, híbridos *plug-in*, GPL e GNV;

vii) Medidas que promovem os transportes públicos;

viii) Imposto sobre Veículos (ISV) – agrava as taxas de ISV nos veículos a gasolina e gasóleo em função das emissões de CO2;

ix) Incentivo ao *bike-sharing* e *car-sharing*;

x) Introdução de um regime fiscal mais favorável aos prédios destinados à produção de energias renováveis, aos prédios rústicos integrados em áreas classificadas, que proporcionem serviços de ecossistema, aos prédios afectos ao abastecimento público de água, de saneamento e de gestão de resíduos urbanos detidos pelos municípios, aos prédios rústicos que correspondam a áreas florestais aderentes a Zonas de Intervenção Florestal ou que estejam submetidas a planos de gestão florestal e aos prédios rústicos integrados na bolsa de terras.

8. Conclusão: uma Política Tributária Ambiental Eficiente e Justa

A OCDE contém uma base de dados abrangente dos impostos ambientais existentes a nível global[347]. Os instrumentos tributários, na sua diversidade, são essenciais para a eliminação das exterioridades. Atendendo à sua plasticidade estrutural e ao seu alcance abrangente, constituem mecanismos que não podem ser ignorados pelo governante. Porém, existem desafios a vencer:

i) Em primeiro lugar, a infra-estrutura tributária deverá ser construída de uma forma sólida. Os tributos ambientais, atenta a sua dimensão de eficiência, deverão respeitar o princípio da equivalência ou do benefício. Revestirão a forma de contribuições, quando a contrapartida se revelar reflexa, de taxas, quando a contrapartida for directa, ou de tarifas, quando o objectivo for a definição regulatória

[347] http://wwwoecdorg/env/tools-evaluation/environmentaltaxation.htm

de preços de mercado. Os impostos assentes na capacidade contributiva servirão para a angariação de receita essencial para a colmatação das situações de desigualdade social decorrentes da aplicação dos modelos tributários assentes no princípio da equivalência ou do benefício. Pela sua relevância, as contribuições especiais assumem uma especial relevância. Tomando em consideração o tipo de exterioridades a interiorizar – positivas ou negativas – funcionam adequadamente, colmatando a incapacidade de mercado e aumentando a sua eficiência.

ii) Em segundo lugar, haverá que construir modelos tributários que sejam simples, eficazes e económicos. Os custos administrativos devem ser reduzidos, e a sua legitimidade elevada, a fim de se evitar movimentos de fraude ou evasão generalizados. Para isso é necessário:

a. Uma boa arquitectura da base de incidência determinada segundo modelos de avaliação directa: tributação do *output*. A sofisticação tecnológica permite o desenvolvimento de sistemas de medição bastante aperfeiçoados, facilitando técnicas tributárias assentes nesse modelo, ao contrário do que ocorria no passado. Se essa medição directa for impossível ou onerosa, deverão ser desenvolvidos sistemas indirectos por via da intensidade poluente do bem: tributação do *input*. Por exemplo, a intensidade de emissões de CO2 pode ser tributada em matéria de combustível para a combustão e não pela mensuração directa da emissão.

b. A definição de um nexo de imputação eficiente em metodologias de avaliação indirecta. Muitas vezes torna-se impossível proceder a uma tributação directa de uma determinada actividade ambientalmente nociva. Nesse quadro, poderão construir-se contribuições baseadas em nexos causais indirectos. Por exemplo, a tributação referente à emissão de resíduos sólidos, não podendo ser efectuada de forma directa, já que isso levaria inevitavelmente a uma propensão para a «evasão», corporizada em emissões em locais não adequados, poderá ser realizada tomando em consideração os consumos de água ou de electricidade.

c. A fixação de uma taxa tributária eficiente, ou seja, que corresponda à efectiva interiorização da exterioridade negativa, ou socialização da exterioridade positiva no caso de equivalência reflexa, ao benefício retirado ou ao custo causado, no caso da equivalência restrita. Se, ao invés, a sua importância assentar na concessão de incentivos ou na sinalização de desincentivos, as taxas deverão ser fixadas nos termos psicologicamente adequados, de acordo com os contributos da economia comportamental relacionando-se com outros sistemas de *soft regulation*;

d. Os modelos de tarifários devem assentar num modelo estrito de equivalência eficiente assentando num modelo de preço, visando a emulação de condições óptimas de mercado, em situações em que as condições infra-estruturais tendem para o monopólio ou oligopólio natural.

iii) Em terceiro lugar, as consequências regressivas da tributação ambiental obrigam a uma política redistributiva compensadora, numa lógica de perequação alargada. Essa perequação redistributiva pode ser realizada:

a. Internamente, estabelecendo-se um tributo uniforme que nivele as diferenças nos custos de fornecimento da utilidade a nível territorial: uma única tarifa para a integralidade do território, estabelecida por uma uniformização tarifária (o que, muitas vezes, é denominado de imposto regulatório), e que elimina as assimetrias de custos decorrentes das diferentes economias de densidade.

b. Externamente, por via da compensação de estratos sociais ou territórios desfavorecidos, decorrentes de políticas públicas de nivelação financeira, financiadas através da transferência do produto dos impostos assentes na capacidade contributiva e que constituem receita directa do Estado central.

iv) Em quarto lugar, mesmo em sede de impostos assentes no princípio da capacidade contributiva, poderão ser desenvolvidas iniciativas que poderão constituir uma fonte de incentivo a práticas ambientais favoráveis, e de desincentivo relativamente a maus comportamentos. Numa perspectiva de economia ambiental, poderão ser construídos sistemas de estímulo, que, não assentando directamente no modelo pigouviano, poderão, ainda assim, ser recompensadores ou punitivos tendo em vista o desenvolvimento de comportamentos no mercado virtuosos. A título de exemplo, poderão ser desenvolvidas as seguintes metodologias:

a. Criação de deduções em IRS relativamente à dedução de determinadas despesas que indiciem comportamentos favoráveis (*e. g.*, dedução em IRS de passes sociais ou do custo de aquisição de equipamentos de aproveitamento de industrias renováveis).

b. Criação de regimes de amortização acelerada em IRC relativamente a determinado tipo de equipamentos ambientalmente amigáveis, ou de majorações de custo.

c. Aplicação de taxas reduzidas em matéria de IVA para determinadas despesas ou aquisições de bens amigos do ambiente.

v) Em quinto lugar, os tributos ambientais devem ser aplicados quando os modelos coaseanos são insusceptíveis de aplicação directa. Assim, se os potenciais sujeitos passivos forem dispersos, com carga poluente potencial reduzida ou heterogénea, em áreas territoriais dispersas, o modelo tributário pigouviano ou fomentador de incentivos é o mais aconselhado. Por outro lado, se a questão ambiental assentar unicamente na formação de um preço de extracção ou de venda de um bem em moldes eficientes, será a função tarifária regulada a mais adequada.

vi) Em sexto lugar, a fixação das taxas quantitativas de tributação e dos mecanismos de imposição deve ser feita em moldes extraordinariamente exigentes. Sendo o princípio da eficiência a fundamentação directa para o desenvolvimento de uma política fiscal activa a este respeito, também constitui o fundamento de uma exigência constitucional reforçada quanto à definição da política. Neste quadro:

a. Deverá ser exigida uma justificação económico-financeira reforçada, para que o tributo seja totalmente eficiente em sede social, acentuando-se o modelo de equivalência económica (vulgo, proporcionalidade, mas que deve ser entendida de forma muito mais abrangente, podendo ir da equivalência ampla internalizadora – vertente ampla – à simples cobertura de custos – vertente restrita) e de equivalência jurídica (vulgo, bilateralidade, mas que deve ser entendida de forma muito mais abrangente, podendo ir dos meros efeito reflexos – vertente ampla – à relação sinalagmática directa de mercado – vertente restrita);

b. Deverá ser evitada a conjugação da aplicação dos tributos ambientais com quaisquer outros instrumentos de política pública atendendo ao risco de desvirtuamento dos efeitos pretendidos. Os tributos ambientais são globalmente aceites tendo em consideração a linearidade da sua justificação política. Por vezes, essa legitimidade facilitada pode ser capturada para a justificação de instrumentos tributários mais diversificados e que, por essa via, poderão contaminar a exemplar «pureza» dos tributos ambientais.

c. Os tributos ambientais não deverão ser aplicados com base numa simples intenção recaudatória. Esse é o campo dos restantes impostos assentes no princípio da capacidade contributiva. Por outro lado, deverão ser evitados argumentos de justificação política assentes no duplo ou triplo dividendo, uma vez que essa justificação, se for séria, transformará inevitavelmente o tributo ambiental numa fonte permanente de receita desligada dos efeitos ambientais pretendidos.

vii) Finalmente, nunca se poderá esquecer que o verdadeiro tributo ambiental pigouviano reveste a natureza de *tributo suicida*, ou seja, existe para não ser cobrado por via da alteração do comportamento dos agentes económicos.

A – Questões para o Futuro (referentes aos capítulos I e II da Parte IV)

i. Qual o papel dos instrumentos civis na resolução da questão ambiental e territorial?

ii. Existirão modelos suficientemente aperfeiçoados para a imputação e a mensuração do dano na perspectiva do direito privado?

iii. Qual o papel dos instrumentos administrativos na resolução da questão ambiental e territorial?

iv. Poderão algum dia os instrumentos administrativos ser suficientemente dinâmicos tendo em vista a resolução eficiente da questão ambiental e territorial?

v. Qual o posicionamento dos instrumentos económico-financeiros na concretização de soluções óptimas em sede ambiental e territorial?

vi. Qual a relação de conformidade entre as subvenções ambientais e o Princípio Poluidor Pagador?

vii. Quais as formulações potenciais do Princípio Poluidor Pagador?

viii. Tem o Tribunal de Justiça delimitado de forma eficiente o Princípio Poluidor Pagador?

ix. Será satisfatório o enquadramento dos auxílios de Estado em matéria ambiental?

x. A Estratégia Europa 2020 tem como objectivo a promoção de um crescimento inteligente, sustentável e inclusivo. Quais os seus efeitos concretos?

xi. Qual a relação entre capacidade contributiva e tributação ambiental? Existirão verdadeiros «impostos» ambientais?

xii. Não revestirão os tributos ambientais invariavelmente uma qualificação de contribuição ou de taxa?

xiii. Qual a relação entre «extrafiscalidade» e os tributos ambientais?

xiv. Poderão os tributos ambientais não ser regressivos?

xv. Poderão as taxas ambientais ter uma geometria variável, indo além do princípio da cobertura de custos?

xvi. Qual o campo das contribuições na concretização dos mandamentos de política ambiental? Será o terceiro género ao invés o primeiro género?

xvii. Será a tarifa um preço ambientalmente eficiente?

xviii. Estará a tributação ambiental num movimento de (des)evolução?

xix. O que é uma Reforma Fiscal Verde?

xx. Qual a metodologia óptima para a fundamentação económico-financeira de um tributo ambiental?

B – Bibliografia Nacional

Aragão, Alexandra – *O Princípio do Poluidor Pagador. Pedra Angular da Política Comunitária do Ambiente*. Série Direito Ambiental para o Século XXI, vol. I, coordenadores [da série] Antonio Herman Benjamin, José Rubens Morato Leite. – São Paulo: Inst. O Direito por um Planeta Verde, 2014

Canotilho, J. J. Gomes – *A Responsabilidade por Danos Ambientais – Aproximação Juspublicística*. Direito do Ambiente, Instituto Nacional da Administração, 1994

Gomes, Carla Amado – Introdução ao Direito do Ambiente, Lisboa: AAFDL, 2013

Lobo, Carlos Baptista – «Impostos Ambientais, Análise Jurídico-Financeira». *In Revista Jurídica do Urbanismo e do Ambiente*, nº 2 e 4, Almedina, Dezembro 1994 e Dezembro 1995

Lobo, Carlos Baptista – «Subvenções Ambientais. Análise Jurídico-Financeira»

Lobo, Carlos Baptista – «Reflexões sobre a (necessária) Equivalência Económica das Taxas». *In Estudos Jurídicos e Económicos em Homenagem ao Prof. Doutor António de Sousa Franco*, vol. 1, 2006, p. 423

NABAIS, José Casalta – *Direito Fiscal.* 10ª edição, Almedina, 2017

RIBEIRO, José Teixeira – *Lições de Finanças Públicas.* 5ª edição, Coimbra: Coimbra Editora, 2010

SANCHES, José Saldanha – Manual de Direito Fiscal, Coimbra: Coimbra Editora, 2007

SILVA, Vasco Pereira da – *Verde Cor do Direito – Lições de Direito do Ambiente.* Almedina, 2004

SOARES, Cláudia – *O Imposto Ecológico.* Coimbra, 2001

VASQUES, Sérgio – *O Princípio da Equivalência como critério de Igualdade Tributária.* Almedina, 2008

C – Bibliografia Estrangeira

BLEEKER, Arne – «Does the Polluter Pay? The Polluters-Pays Principle in the Case Law of the European Court of Justice». *In European Energy and Environmental Law Review,* December, 2009, p. 289 e ss.

LINDHOUT, Petra; BOERCK, Berthy Den – «The Polluter Pays Principle: Guidelines for Cost Recovery and Burden Sharing in the Case Law of the European Court of Justice». *In Utrecht Law Review,* Volume 10, Issue 2 (May), 2014

MARSHALL, Alfred – *Principle of Economics.* 8ª edição. Londres: Macmillan, 1949

SAMUELSON, Paul; NORDHAUS, William D. – *Economics.* 19th Edition. McGraw-Hill, 2010

STOIANOFF, Natalie P., Larry Kreiser, Bill Butcher, Janet E. Milne, Hope Ashiabor (eds.) – *Market Instruments and the Protection of Natural Resoureces,* Edward Elgar Publishing, 2016

STOIANOFF , Natalie P., Larry Kreiser, Bill Butcher, Janet E. Milne, Hope Ashiabor (eds.) – *Green Fiscal Reform for a Sustainable Future,* Edward Elgar Publishing, 2016

Capítulo III
Os Instrumentos Económico-Financeiros para a Criação do Mercado

1. Prévio. A Perspectiva de Coase

Uma qualquer análise de política de regulação económica estaria inevitavelmente incompleta sem a demonstração de um modelo de criação de mercados secundários. A tensão entre as tendências é permanente e tal deve ser exteriorizado aos alunos.

Assim, quer os subsídios quer os tributos assumem o problema económico de base, *in casu*, a falha de mercado, que tem como ponto de partida uma determinada conduta de agentes económicos.

Contudo, a perspectiva pigouviana baseia-se num pressuposto de base: o agente causador tem necessariamente de compensar o agente sofredor. Esse preconceito assenta num modelo causal fatalista. Quem actua de forma inovadora altera o equilíbrio natural anterior, sendo, por essa forma, acusado liminarmente de ter provocado o prejuízo reflexo que deve interiorizar. Assim, no exemplo dos comboios a vapor, a companhia de caminhos-de-ferro, ao introduzir as locomotivas que incendiavam os campos em redor, deveria compensar os agricultores pelos incêndios que se geravam nos seus campos. A justificação pigouviana é simples: a companhia ferroviária, ao não cobrar aos seus passageiros no preço do bilhete os custos causados aos agricultores, impedia a coincidência do custo social da actividade ferroviária com os custos privados repercutidos nos bilhetes. Assim, na perspectiva pigouviana, deveria ser cobrado um imposto adicional à companhia ferroviária correspondente à margem da exterioridade provocada, de forma que esta investisse numa nova tecnologia que impedisse a emissão dos elementos incendiários.

Esta perspectiva unilateral não respeita a visão multilateral decorrente do utilitarismo. Relembre-se o princípio: a melhoria da eficiência no mercado pode implicar uma transferência através da via da disponibilidade do agente causador para pagar (*ability to pay*) ou da disponibilidade do prejudicado para aceitar uma compensação (*ability to accept*).

Ora, Ronald Coase vem denunciar a visão preconceituosa unilateral inerente à posição de Pigou. Assim, no caso das locomotivas a vapor, teria de se analisar a situação numa perspectiva totalmente independente e desprovida de preconceitos. E, para isso, é essencial relembrar o objectivo principal: este não se traduz na punição do alegado culpado pela mudança de enquadramento do mercado, mas sim na resolução do problema, *in casu*, a exterioridade decorrente dos incêndios ao menor custo possível tendo em vista a optimização dos níveis de bem-estar social.

Para Coase, haveria que analisar-se os termos dos prejuízos causados de uma forma bilateral, ou seja, teria de se resolver os custos dos incêndios nas colheitas, já que estas se traduziam em custos sociais não incorporados nos preços de mercado, porém, ao menor custo. E para esse cálculo haveria que avaliar: *i)* o custo da mudança tecnológica das locomotivas ou, caso não fosse possível, a sua paralisação; ou *ii)* o custo da mudança da tipologia das plantações, transformando colheitas potencialmente inflamáveis noutras não inflamáveis, ou o custo de criação de uma faixa de protecção das linhas férreas, que impedisse a inflamação dos campos em redor ou mesmo, e no limite, a venda dos terrenos à própria companhia de caminhos-de-ferro.

Se chegássemos à conclusão de que o custo de qualquer uma das hipóteses enunciadas em *ii)* seria inferior ao custo decorrente das hipóteses referidas em *i)*, o modelo de análise alterar-se-ia radicalmente, podendo mesmo referir-se que seriam os agricultores a lesar a companhia de caminhos-de-ferro pela não criação de faixas de protecção ou pelo cultivo de culturas inflamáveis.

Ronald Coase é claro a este propósito: «*the traditional approach has tended to obscure the nature of the choice that has to be made. The question is commonly thought of as one in which A inflicts harm on B and what is decided is: how should we restrain A? But this is wrong. We are dealing with a problem of a reciprocal nature. To avoid the harm to B would inflict harm to A. The real question that has to be decided is: should A be allowed to harm B or should B be allowed to harm A? The problem is to avoid the more serious harm.*»[348]

[348] COASE, Ronald – «The Problem of Social Cost». *In The Journal of Law and Economics*, vol. III, 1960, p. 2.

Nascendo o problema de uma aparente incompatibilidade bilateral de posições económicas, a melhor forma de o resolver radicará na realização de negociações bilaterais que permitam a resolução eficiente da querela. E essa resolução eficiente traduzir-se-á inevitavelmente na composição dos interesses em conflito por via da adopção da solução de menor custo privado.

Criticando o modelo de imposição pública pigouviana, Coase propõe um modelo assente na negociação privada bilateral tendo em vista a concretização mais eficiente de soluções óptimas.

2. O Teorema de Coase e a Formação de Mercados Secundários

Partindo da perspectiva de Coase, George Stigler, em 1966, elevou-a à categoria de teorema[349]. Conforme refere Fernando Araújo, esse teorema traduz-se no seguinte: «afectações iniciais de recursos – a atribuição de um irrestrito «direito a poluir», ou de um irrestrito «direito à pureza ambiental», ou de combinação de formas intermédias – tornar-se-iam irrelevantes num contexto hipotético em que não houvesse «custos de transacção.»[350]. Neste contexto, o recurso seria atribuído a quem o valorizasse mais, permitindo-se a concretização da situação eficiente. Esta constatação é consequente com as conclusões de Adam Smith, Edgeworth, Arrow, Debreu e muitos outros autores, relativamente aos resultados decorrentes da teoria das trocas.

Ora, neste contexto, George Stigler enuncia o pressuposto básico da perspectiva coaseana: a inexistência de custos de transacção tendo em vista a atribuição do direito ao recurso permitia a criação de uma dinâmica interactiva que supria a falha eventual da atribuição inicial de direitos. A perspectiva pigouviana, ao invés, era fundamentalmente estática, já que, só por mero acaso, da atribuição inicial dos direitos decorreria a situação mais eficiente. Por outro lado, se tomarmos em consideração a teoria da escolha pública, e as inevitáveis falhas do modelo de decisão pública, um modelo unicamente baseado no mercado permitiria um resguardo relativamente ao leviatão estatal.

Assim, na ausência de custos de transacção, a solução eficiente decorreria de ciclos negociais contínuos, que se realizariam independentemente

[349] STIGLER, George – *The Theory of Price*. 3rd ed. New York: Macmillan, 1966.*Cf.*, *e. g.*, MCCLOSKEY, Deidre – «Other Things Equal, The So-Called Coase Theorem». *In Eastern Economic Journal*, vol. 24, no. 3, Summer, 1998, pp. 367–373.

[350] ARAÚJO, Fernando – *Introdução à Economia* (2014), cit., p. 557.

do número de partes envolvidas, que culminariam em decisões de pura racionalidade individual eficiente traduzidas no seguinte juízo: cada um estaria disposto a pagar enquanto o prejuízo ou vantagem privado(a) que decorresse da exterioridade fosse superior ao custo privado da acção criadora da exterioridade (*ability to pay*), ou estaria disposto a ser compensado (*ability to accept*) pelo valor da exterioridade, sendo que o resultado eficiente seria sempre alcançado: a interiorização da exterioridade ao menor custo (privado e social)[351].

Três questões adicionais a este respeito:

i) O Papel do Estado na Formação dos Mercados Secundários

A primeira questão radica precisamente no papel do Estado. Ao contrário da posição liberal mais radical que utiliza o teorema do Coase como uma bandeira da defesa do liberalismo de mercado, a verdade é que pode consistir exactamente no oposto. Note-se que a composição eficiente dos custos e dos prejuízos por via transaccional não foi efectuada originariamente, tendo-se gerado a exterioridade. Se tal não foi suprido naturalmente, a razão dessa falha traduz-se na existência da falha de mercado. Essa falha existe porque do funcionamento normal do mercado não resultou a solução óptima por uma qualquer razão. Ora, nestas condições, terá de ocorrer uma qualquer acção externa (leia-se pública) no sentido da eliminação dos custos de transacção. E, no limite, esses custos de transacção podem resultar de falhas negociais e de contacto entre os agentes, de uma fluidez insuficiente do mercado, de uma heterogeneidade dos elementos transaccionáveis ou então podem consistir na verdadeira e própria inexistência de um mercado. Ora, estas falhas são genéticas e por isso o mercado não conseguiu supri-las com a «mão invisível».

Competirá, portanto, às entidades públicas o exercício de uma «regulação eficiente» que supra estas incapacidades, eliminando o elemento patológico que impede o seu funcionamento. Assim, poderá criar canais de comunicação e plataformas de negociação de forma a permitir interacções mais eficientes entre os agentes em presença, poderá compor títulos correspondentes a unidades transaccionáveis que fluam facilmente no mercado atenta a sua com-

[351] ARAÚJO, Fernando – *Introdução à Economia* (2014), cit., p. 558.

posição homogénea ou, no limite, poderá estabelecer um limite quantitativo ou qualitativo que, por via de uma titularização de direitos, permita a criação de um mercado através de uma acção de exclusão de terceiros não detentores desses títulos.

Assim, não existindo a possibilidade de criação de um mercado primário por uma incapacidade de exclusão originária de acesso aos recursos em causa (por exemplo, a incapacidade de limitar transversalmente as emissões de CO_2 para a atmosfera por imposição geral, directa e individual de uma redução de emissão à integralidade das fontes emissoras), poderá criar-se um mercado secundário de títulos de emissão corporizados numa redistribuição de um limite máximo fixado para o grupo dos poluidores, que, atenta a sua escassez, poderão ser convertíveis em dinheiro por via de um juízo económico de formação de valor comum a todos a agentes e, por conseguinte, comercializados de forma que quem os valorize mais os possa adquirir aos que os valorizem menos.

ii) O Modelo de Atribuição Originária dos Títulos

A segunda questão é a seguinte: sendo a resolução dinâmica mais eficiente, a verdade é que, na perspectiva redistributiva, os efeitos não são equivalentes, já que a solução justa depende da metodologia de atribuição originária dos direitos em conflito (e de novo voltamos à questão fatalista pigouviana). De facto, o modelo coaseano pode sofrer de um pecado original, embora inverso, do pecado original pigouviano. Relembre-se, a crítica fundamental a este modelo residia na atribuição gratuita de uma imputação culposa (logo, de uma obrigação de imputação de um custo) a um «causador» original. Ora, no modelo coaseano, o pecado original pode consistir numa atribuição gratuita de um «direito a uma indemnização» (logo, da atribuição de um benefício traduzido no título habilitativo convertível em dinheiro) a um «prejudicado» original. Por outras palavras, os títulos transaccionáveis poderão ser atribuídos a alguém cujo direito de o receber não esteja suficientemente estabilizado, ou seja, poderão ser atribuídos originalmente num modelo «não justo», porque no momento anterior até gerou mais custos do que os restantes (por exemplo, aumentou desproporcionadamente as emissões no momento anterior, ou não fez nada historicamente para as reduzir em contraste com os restantes concorrentes no mercado (*free rider*), ou num modelo «não eficiente» (por exemplo, é atribuído um direito a alguém que não tem qualquer hipótese de reduzir as suas emissões [*hold-out*], reduzindo-se a fluidez integral do mercado, ou a alguém que já deveria ter cessado as suas operações de forma eficiente e que só as manteve para receber o montante correspondente ao valor do título em mercado secundário [*rent-seeking*]). No limite, uma atribuição inicial desregrada de títulos a agentes incumbentes (*grand-fathering principle*) poderá atribuir-lhes um poder monopolista no mercado, uma vez que poderão evitar a entrada de novos concorrentes por via da não cedência dos direitos de emissão necessários à actividade, fazendo com que o juízo económico de definição do preço eficiente do título seja não o do custo da emissão em si mesmo, mas também o da renda monopolista que podem obter com os ganhos decorrentes do encerramento do mercado. Assim, e de uma forma bastante simplificada, os modelos de atribuição por leilão são aqueles que se aparentam mais eficientes, uma vez que quem licita em maior valor será aquele que retirará mais eficiência do recurso ou aquele que tem mais custo na redução da emissão. Por outro lado, a moldura temporal relativamente à possibilidade de fruição dos mesmos também deverá ser ponderada, de forma a evitar-se a cristalização de soluções ineficientes. Neste âmbito, e claro está, deverão ser ponderados os investimentos de longo prazo que os operadores realizaram para o desenvolvimento da sua actividade de forma a evitar-se custos sociais excessivos decorrentes de investimentos não amortizados em tempo útil.

iii) Óptimo Social e Exterioridades não Interiorizadas
Neste jogo compromissório entre disponibilidade para pagar e disponibilidade para ser ressarcido, os diferentes produtores poderão chegar a um acordo, do qual decorrerá um custo adicional – a margem da interiorização da exterioridade – a sustentar pela sociedade, por via do mecanismo de repercussão de preços. Não haverá qualquer problema a este respeito. De facto, o que é relevante é que a margem do custo social seja reflectida no preço do custo do bem de forma que os consumidores possam efectuar as suas escolhas num mercado não distorcido. Porém, este jogo compromissório poderá originar uma situação em que se atinge uma produção, logo, preço socialmente eficiente, mantendo-se parcialmente a exteriori-

dade. Tal significa que a sociedade, na sua globalidade, não pretendeu interiorizar a integralidade do custo social que sofre. Isto pode parecer óbvio, mas, no nosso entender, resulta de uma disfunção: *i)* negocial, pois algum dos agentes em negociação pode ter informação privilegiada ou poder de mercado; *ii)* estatal, por má definição dos limites globais de emissão que corporizam a emissão dos títulos de exclusão; *iii)* temporal, uma vez que a distorção comportamental na presença de taxas de desconto elevadas, nomeadamente quando estão em causa recursos intergeracionais, poderá originar decisões não óptimas na perspectiva social.

Esta questão é relevante dado que Ronald Coase evolui na formulação do seu teorema. Na sua formulação inicial – «modelo de mercado perfeito» – referia que «com concorrência perfeita, direitos de apropriação bem definidos e sem custos de transacção, os mercados são eficientes». Na formulação redefinida – «modelo de mercado livre» – retirou a obrigação de existência de concorrência perfeita, mantendo unicamente os requisitos de «direitos de apropriação bem definidos e de inexistência de custos de transacção para que os mercados sejam eficientes»[352]. Ora, esta redefinição, que poderá parecer potenciadora de um modelo de expansão ilimitada da solução coaseana, poderá também ser a sua perdição.

Efectivamente, um mercado em que inexistem custos de transacção é, ainda hoje e apesar dos avanços tecnológicos, uma utopia. Assim, haverá que analisar a situação simétrica decorrente do teorema de Coase, ou seja, a existência de custos de transacção. Neste pressuposto, o teorema teria a seguinte formulação: «na presença de custos de transacção, a eficiência do mercado resultará do modelo inicial de atribuição dos direitos». E porquê? Porque o sujeito alienante já não pretenderá unicamente recuperar os custos da exterioridade, mas igualmente os custos administrativos da gestão do mercado secundário. Assim, e no caso de emissões poluentes, o agente calculará não só o custo da despoluição, como também o custo que suporta

[352] COASE, Ronald – «The Nature of the Firm, 1. Origin, 2. Meaning, 3. Influence, 4». *In Journal of Law, Economics, and Organization*, 3-47 (1988). Reprinted in *The Nature of the Firm: Origins, Evolution, and Development* (Oliver E.Williamson and Sidney G.Winter, eds, Oxford University Press, 1991).

para o funcionamento do sistema. Teremos, assim, um «modelo de mercado justo».

Mas poderemos ainda obter mais dois efeitos perniciosos. Se o agente vende títulos de emissão de CO_2, adquire liquidez que poderá investir, fomentando a sua procura futura por CO_2, valorizando-se o título num processo de *feedback* contínuo. Neste «modelo de distribuição de riqueza», o resultado final dependerá da metodologia de atribuição inicial dos direitos.

Desvalorizando o quadro jurídico institucional, que passa a ser igualmente transaccionável entre as partes, permite a cristalização de distorções no mercado secundário, cuja legitimidade única reside na inserção de um padrão de eficiência superior no mercado. No limite, se o mercado secundário for manipulável, o jogo de benefícios será realizado unicamente de forma a extrair os máximos rendimentos decorrentes da manipulação das suas imperfeições, esquecendo-se totalmente o enquadramento primário que se visava corrigir. No limite, e como referimos, os incumbentes poderão manipular o mercado de forma a impedir o livre acesso ao mesmo por parte de concorrentes terceiros. E, neste caso, assistimos a um modelo de «encerramento de entrada» no mercado.

Assim, na presença de exterioridades ambientais, torna-se essencial definir com precisão os termos iniciais de criação do mercado, a forma da sua operação, bem como a metodologia de atribuição dos direitos – no momento inicial (vertente estática) e nas fases concomitantes (vertente dinâmica). Porém, a preocupação essencial da política pública consistirá na eliminação dos custos de transacção, pois a sua presença significará inevitavelmente um desvirtuamento do sistema, que, não sendo eficiente, violará o princípio fundamental que o sustenta.

3. Os Direitos de Emissão Negociáveis (Sistemas «*Cap and Trade*»)

Os direitos de emissão negociáveis decorrem da criação de um limite global para as emissões ou, em sentido lato, para o aproveitamento de um recurso (*cap*) que permite a titularização de direitos de emissão ou de aproveitamento do recurso susceptíveis de serem negociados (*trade*).

A formulação é simples. A partir do momento em que se criam títulos de apropriação, significa que quem não os detém fica excluído desse jogo.

Havendo um limite máximo de emissão, ou de apropriação, encontram-se criadas as condições para o estabelecimento do mercado secundário.

Se o limite máximo for fixado de forma eficiente – e essa é a pré-condição para a própria legitimidade de todo o sistema – corresponderá ao ponto óptimo de eliminação da exterioridade. Permitindo-se a negociação entre os agentes, resolver-se-ão algumas das insuficiências dos impostos pigouvianos. De facto, os modelos pigouvianos padecem de duas insuficiências fundamentais. Em primeiro lugar, sendo de aplicação geral e abstracta, são incapazes de tratar de forma diferenciada situações que não são equivalentes. Assim, o perfil económico dos agentes não é semelhante. Existem agentes que podem efectuar os ajustamentos necessários à interiorização da exterioridade a um custo inferior aos demais. Ora, sendo a norma de tributação transversal, não se aproveitarão as oportunidades decorrentes dessa possibilidade de arbitragem individual resultantes das diferenças nos esforços de ajustamento. Por outro lado, e no limite, o agente até poderá eliminar a conduta poluente de forma integral. No entanto, e uma vez que o nível de exigência que lhe impõe corresponde à média do esforço, este não terá qualquer incentivo para a realização do esforço adicional, já que não terá qualquer compensação. Chegamos à mesma conclusão no caso de aproveitamento de recursos comuns, uma vez que um sistema tributário não dará qualquer incentivo para um aproveitamento do recurso a um nível superior ao benefício médio decorrente da racionalidade de grupo.

Ora, ao realizar-se uma titularização por via da emissão de direitos secundários e ao permitir-se a sua negociação num mercado organizado, estará a resolver-se a falha genética que originou a incapacidade de mercado. Assim, e conforme se referiu anteriormente, não sendo possível corrigir estruturalmente o mercado primário, irá criar-se um mercado secundário sobre a estrutura original, de forma que do seu modelo transaccional resultem as soluções óptimas que não poderiam ser alcançadas atentas as situações patológicas que enfermam o mercado original.

Assim, quem for mais eficiente na redução da carga poluente irá vender os direitos a quem for menos eficiente. Quem conseguir retirar mais utilidade económica de um recurso irá adquirir o título a quem não conseguir retirar a mesma utilidade. No primeiro caso, o emissor eficiente só venderá a um custo superior ao que incorre na redução da emissão, e o adquirente ineficiente só adquirirá a um preço inferior ao seu custo de redução da sua emissão. No mesmo sentido, quem retirar mais eficiência na utilização de um recurso só pagará um preço inferior à utilidade adicional susceptível de arrecadação, e quem for menos eficiente só venderá a um preço superior ao benefício que retira da exploração do recurso.

Os valores que se alcançam neste mercado permitem a concretização das adaptações comportamentais dos agentes face ao limite (*cap*) estabelecido, num modelo dinâmico que permite a distribuição eficiente dos custos e benefícios entre todos os agentes envolvidos. No final do comércio (*trade*): *i)* quem for mais eficiente a reduzir as emissões alienou a integralidade dos direitos aos menos eficientes, mantendo-se o limite sustentável de emissões ao menor custo privado de adaptação; *ii)* quem for mais eficiente na utilização do recurso comum adquiriu a integralidade dos direitos aos menos eficientes, que arrecadaram um máximo de benefício privado decorrente da alienação.

A principal virtude do instrumento é precisamente o facto de permitir a cada um dos agentes o desenvolvimento da melhor estratégia individual sem se prejudicar o objectivo social fundamental.

Um exemplo simplificado: num sistema fechado do tipo bolha (*bubble*)[353], duas empresas emissoras emitem 100 toneladas de CO_2 cada uma, correspondente a 100 unidades económicas produzidas, tendo o Estado fixado o limite das emissões em 200 toneladas. A empresa A pretende aumentar a sua produção em mais 50 unidades produtivas, o que implicaria uma emissão adicional de 50 toneladas de CO_2, mas da qual resultaria um ganho económico de 100 unidades monetárias adicionais. Ora, se não fosse permi-

[353] Existem diversas configurações possíveis para os sistemas de *cap and trade*. Os quatro principais são os seguintes: *i)* o sistema NETTING consiste num mecanismo de troca interna entre empresas que lhes permite evitar a submissão a normas muito rigorosas de controlo dos níveis máximos de emissão desse novo poluente, desde que com a nova emissão as outras se reduzam, mantendo o nível médio constante; *ii)* o sistema BUBBLE, através do qual diversas fontes de emissão, agrupadas espacialmente, são enclausuradas numa bolha imaginária, cujo limite máximo de emissão é estabelecido autoritariamente. As diversas fontes são livres de escolher as suas medidas de controlo de emissão, transmitindo os direitos entre si, desde que o objectivo fixado não seja ultrapassado; *iii)* o sistema OFFSET consiste na compensação que uma nova fonte de emissão tem de conseguir concretizar de forma que, quando entre em funcionamento, o ambiente se encontre menos poluído. Neste contexto, o agente poderá reflorestar uma certa parcela de terreno da floresta amazónica que sirva para absorver a quantidade adicional de dióxido de carbono por ele emitida; *iv)* nos termos do sistema BANKING, os poluidores poderão «depositar» direitos de emissão que não usem no presente para utilização futura.

tida a negociação de quotas de emissão, a empresa A não poderia aumentar a sua produção, o que implicaria um custo de oportunidade de 100 unidades monetárias em matéria de bem-estar social correspondente ao não incremento produtivo.

Não obstante, se a transmissão das quotas de emissão for permitida, e a empresa B conseguir reduzir as suas emissões em 50 toneladas investindo 50 unidades monetárias, mantendo a sua capacidade produtiva em 100 unidades económicas, haverá espaço para a realização de uma transmissão entre os dois agentes. Neste quadro, A está disponível para adquirir a um preço até 99 unidades monetárias (porquanto ganhará 100), e B estará disponível para alienar a um preço superior a 51 unidades monetárias (uma vez que gastou 50). Ora, num quadro de equilíbrio negocial e de transparência de informação, o negócio seria realizado num valor correspondente à partilha do ganho, ou seja, 75 unidades monetárias.

Neste quadro, A produziria 200 unidades económicas e emitiria 150 toneladas de CO_2 e B produziria 100 unidades económicas e emitiria 50 toneladas de CO_2. Os limiares totais de emissão manter-se-iam nas 200 toneladas de CO_2, porém, tal corresponde a uma capacidade produtiva adicional de mais 100 unidades do que no momento original. A empresa A ganhou 25 unidades monetárias correspondentes à diferença da sua margem de lucro e aquilo que pagou a B. E a empresa B ganhou 25 unidades monetárias correspondentes à diferença entre os custos de despoluição e o valor da venda da sua quota de 50 toneladas. Assim, em termos sociais, o ganho da empresa A de 100 unidades monetárias adicionais compensou o custo adicional de B de 50 unidades monetárias em equipamentos de redução de emissões, o que corresponde a um ganho social de 50 unidades monetárias, mantendo-se o nível global das emissões[354].

[354] Num exemplo unicamente assente nos custos de despoluição, *cf.* Araújo, Fernando – *Introdução à Economia* (2014), cit., p. 576. O exemplo é o seguinte: existindo 2 fábricas, Alfa e Beta, que emitem 100 toneladas cada de unidades poluentes, e estipulando-se uma obrigatoriedade de redução das emissões para 140 toneladas, caberá a cada uma instalar unidades de depuração de forma a diminuir as emissões para 70 toneladas cada, ou seja, uma redução de 30 toneladas por fábrica. Atentas as diferentes possibilidades de adaptação, tal implicará um custo de 9000 euros (e um custo marginal de 600 euros para a eliminação da 30ª unidade de emissão), no caso da fábrica Alfa, e um custo fixo de 4500 euros (e um custo marginal de 300 euros para a eliminação da 30ª unidade de emissão), no caso da fábrica Beta. Neste caso, o custo total ascenderia a 13 500 euros (9000 euros a cargo de Alfa e 4500 a cargo de Beta. Ora, atenta a assimetria dos custos de despoluição, Beta poderá decidir ir além da

Assim se demonstram as virtudes do sistema de direitos negociáveis. Esta eficiência acrescida mais do que compensa as alegações eticistas que muitas vezes se levantam sobre a razoabilidade da transacção de «direitos a poluir». Ora, o que está em causa não são «direitos» no sentido personalístico do termo, mas sim títulos habilitativos de uma certa conduta que se encontra *ab initio* delimitada em sede de exclusão geral. Nessa ordem de argumentos, então o tributo pigouviano seria um preço associado à atribuição generalizada de um direito a poluir.

As vantagens deste sistema em comparação com o imposto pigouviano são claras. A sua flexibilidade e adaptabilidade permitem ir além do que a generalidade abstracta dos tributos possibilita.

Porém, a sua eficácia e também a sua eficiência dependem da pureza de ambiente do mercado secundário. O seu funcionamento deve ser fluido, neutral, inexistindo custos de transacção significativos.

4. Os Sistemas Internacionais de Direitos de Emissão Negociáveis. O CELE em Especial

Apesar de existirem anteriormente em zonas e matérias muito localizadas[355], foi com o Protocolo de Quioto, em 1997, que os sistemas de direitos

sua margem de obrigação natural, investindo adicionalmente numa redução superior, o que permitirá a Alfa, menos eficiente, emitir algumas toneladas adicionais à sua quota virtual de 70 toneladas. Assim, se Beta reduzir para 60 toneladas, incorrendo num custo adicional de 8000 euros (e num custo marginal de 400 euros correspondente à eliminação da 40ª unidade de emissão) e Alfa expandir as suas emissões para 80 toneladas a um custo de 4000 euros (e num custo marginal de 400 euros correspondente à eliminação da 20ª unidade de emissão), será compensador que Alfa adquira 10 toneladas de emissão ao preço de 400 euros cada, que, ainda assim, são inferiores aos custos em que incorreria se tivesse de reduzir as suas emissões no quantitativo correspondente. Por sua vez, para Beta, esses 400 euros serão mais do que compensadores, pois conseguiu reduzir as emissões a um custo marginal inferior. Ora, desta negociação resultam custos totais de 12 000 euros (inferiores aos 13 500 euros anteriores), correspondentes a 8000 euros a cargo de Alfa (menos eficiente), decorrentes de 4000 euros pela aplicação dos filtros e 4000 euros pela aquisição das 10 toneladas adicionais, e 4000 euros a cargo de Beta (mais eficiente) correspondente a um custo de 8000 euros pela aplicação dos filtros, mas compensados por 4000 euros decorrentes da venda dos títulos. No final, o custo de adaptação à despoluição reduziu-se em 11 %, mantendo-se o nível de 140 toneladas de emissão máxima.

[355] De acordo com a experiência norte-americana, os direitos de emissão negociáveis eram utilizados no controlo das emissões de óxido de azoto e de óxido nítrico *(EPA's 502 Trading Program e Southern California Air Quality Management District's RECLAIM program)*, de poluentes fluviais *(Fox/Wisconsin River BOD Program)*, de fósforo *(Lake Dillon, Colorado)* e de resíduos

de emissão negociáveis adquiriram uma importância global. Nos termos desse acordo internacional foram fixadas metas máximas de emissão entre os países signatários, tendo em vista a concretização do objectivo global de redução das emissões de CO_2. Não obstante, um determinado país poderia exceder a sua quota originariamente atribuída se a adquirisse a um país mais eficiente que a disponibilizasse para venda. Estas unidades, denominadas de forma diversa («créditos de carbono», «unidades de Quioto», «unidades certificadas de redução de emissão») são negociadas nos mercados internacionais. Qualquer transferência internacional deve ser validada pelas Nações Unidas e, se ocorrer em sede intercomunitária, deverá merecer igualmente aprovação da Comissão Europeia.

O CELE configura-se como o estandarte da política ambiental da União Europeia, assentando o seu funcionamento através da designada estrutura de *cap and trade,* na qual se procede ao estabelecimento de um limite máximo (*cap*) de licenças de emissão de GEE[356] (doravante «licenças») para limitar as emissões de gases pelas entidades abrangidas pelo CELE.

Dentro do *cap* previamente estabelecido as entidades participantes no comércio adquirem a título gratuito ou oneroso (*trade*) as licenças para que as suas emissões sejam cobertas por aquelas. Importa realçar que as licenças são transaccionáveis, sendo que, nos casos em que uma empresa possua emissões acima das licenças que detém, terá de adquirir as licenças necessárias para cobrir o excedente a outras empresas sob pena de ficar sujeita ao pagamento de multas.

Com a criação deste sistema de base fundamentalmente coaseana[357], pretendeu-se alcançar o nível social de eficiência no que às emissões de gases com efeito de estufa diz respeito, conforme veremos com mais detalhe adiante.

sólidos *(Minnesota Solid Waste Management Proposal). Cf.* LOBO, Carlos Baptista – «Instrumentos Económico-Financeiros da Política Ambiental». *In Anuário do Direito do Ambiente,* Ambifórum, 1995, p. 203.

356 Segundo o artigo 3º, da Directiva 2003/87/CE, de 13 de Outubro, entende-se por Licença de emissão «a licença de emitir uma tonelada de equivalente dióxido de carbono durante um determinado período, que só é válido para efeitos do cumprimento da presente directiva e que é transferível em conformidade com as suas disposições».

357 COASE, Ronald – «The Problem of Social Cost». *In The Journal of Law and Economics,* Volume III, 1960.

Aquando da sua introdução, o CELE definiu como principal objectivo a implementação de «um mercado europeu de licenças de emissão de gases com efeito de estufa que seja eficiente e apresente a menor redução possível do desenvolvimento económico e do emprego»[358]. As origens da criação da CELE remontam a 1992 com a realização da conferência das Nações Unidas para o Meio Ambiente e o Desenvolvimento e a subsequente assinatura da Convenção-Quadro das Nações Unidas sobre a Mudança do Clima (UNFCCC)[359]. Em virtude do surgimento das primeiras evidências científicas relacionadas com as emissões de GEE provenientes das actividades humanas e o impacto nas alterações climáticas sentidas a nível global, foi estabelecido como objectivo último «estabilizar as concentrações de gases com efeito de estufa na atmosfera a um nível que evite uma interferência antropogénica perigosa no sistema climático»[360].

Posteriormente, no âmbito das prioridades estabelecidas pela UNFCCC, procedeu-se à assinatura, em 1997, do Protocolo de Quioto, sendo até àquela data o único acordo com a natureza jurídica internacional a estabelecer limites às emissões dos GEE, sendo também definidos os países industrializados que deveriam reduzir as suas emissões de GEE pelo menos 5% em relação aos níveis de 1990, durante o período entre 2008 e 2012[361]. Desta forma, com a assinatura daqueles tratados procedeu-se à mobilização da comunidade internacional no sentido de inverter a tendência poluidora da grande maioria dos países até então verificada.

Um dos maiores contributos do Protocolo de Quioto foi a formalização definitiva de um compromisso conjunto por parte da comunidade internacional na redução das emissões de GEE. Para tal, foram necessárias várias rondas de negociação[362] acabando por se alcançar um consenso no sentido de estabelecer várias medidas de combate à emissão excessiva de

[358] Retirado do considerando 5 da Directiva 2003/87/CE, do Parlamento Europeu e do Conselho, de 13 de Outubro de 2003.

[359] Aprovada pela Decisão 94/69/CE do Conselho, de 15 de Dezembro 1993.

[360] *Cf.* Considerando 3 da Directiva 2003/87/CE, do Parlamento Europeu e do Conselho, de 13 de Outubro de 2003, relativa à criação de um regime de comércio de licenças de emissão de gases com efeito de estufa na Comunidade e que altera a Directiva 96/61/CE do Conselho.

[361] *Cf.* Artigo 3º do Protocolo de Quioto. Disponível para consulta *online* em: http://unfccc.int/resource/docs/convkp/kpeng.pdf

[362] Iniciadas em 1995 com a primeira sessão das conferências das partes (COP-1), culminaram na apresentação, em Dezembro de 1997, na cidade japonesa que lhe deu o nome, do Protocolo de Quioto.

GEE, entre as quais se destaca o estabelecimento, numa primeira fase, de metas de redução de 5%[363] para os países cujas economias fossem consideradas «desenvolvidas». Além deste consenso, o acordo caracterizou-se por privilegiar a flexibilidade no que diz respeito à forma de cumprimento das metas estabelecidas. Assim, a título de exemplo, os países da convenção podiam optar por uma política ambiental mais focada na gestão e desenvolvimento florestal, tanto nos seus territórios como no de outros estados aderentes, ou pelo financiamento de projectos de cariz ambiental cujo efeito imediato passasse pela redução das respectivas emissões dos GEE.

Outro aspecto inovador do Protocolo, e que se pode considerar a figura embrionária do CELE, relaciona-se com a possibilidade de implementação de mecanismos de mercado como instrumentos para ajudar à concretização das metas acordadas. Desta forma, as partes aderentes da convenção poderiam adquirir direitos de emissão adicionais, permitindo às mesmas gerir, de forma potencialmente mais eficiente, o seu objectivo global.

Neste âmbito, importa fazer menção ao mecanismo do Comércio Internacional de Emissões[364]. Esta previsão reveste-se de uma grande importância no sentido de reflectir a mudança de paradigma, dado ser esta a primeira vez que se aplica um instrumento económico de política ambiental à escala global. Desta forma, a previsão desta figura no acordo representa uma abertura futura por parte da comunidade internacional à adopção deste tipo de mecanismo como instrumento de política ambiental.

Foi no contexto da adesão dos países membros da União Europeia ao Protocolo de Quioto e, por conseguinte, da aceitação dos limites impostos por este nas emissões de GEE, que se levantaram questões no sentido de, por um lado, os Estados-Membros definirem, de forma autónoma e individual, as suas políticas, ou se, por outro lado, deveria ser a União Europeia, a responsável pela elaboração de um plano de actuação conjunta, que envolvesse a totalidade dos países europeus e que permitisse uma actuação integrada e coordenada dos seus Estados-Membros.

Neste sentido, a Comissão Europeia iniciou a elaboração de uma proposta de criação de um mercado de emissões para os sectores económicos mais importantes, em particular, os da energia e da indústria. Em resultado

[363] A este respeito, a União Europeia procedeu à celebração de um acordo interno no qual foram estabelecidas metas próprias para cada um dos Estados-Membros de forma a atingir a meta exigida pelo Protocolo.

[364] *Cf.* Artigo 17º do Protocolo de Quioto.

deste conjunto de deliberações, foi implementado o CELE, assumindo-se como um instrumento decisivo na prossecução das metas estabelecidas no Protocolo de Quioto.

A primeira fase da vigência do Protocolo de Quioto vigorou ao longo do período compreendido entre os anos de 2008 e 2012. Nesta primeira fase, os países aderentes assumiram o compromisso de atingir uma redução conjunta de pelo menos 5% da totalidade das suas emissões, tendo por referência as emissões registadas no ano de 1990. A este respeito, a União Europeia estabeleceu metas ainda mais ambiciosas ao elevar esta marca para os 8%.

A segunda fase de compromisso (2013-2020) foi acordada, em 2012, por via da designada emenda de Doha, em que foram consolidados os esforços a nível ambiental alcançados nos anos anteriores, permitindo, desta forma o reforço das metas estabelecidas no que diz respeito à redução de emissões de GEE. Neste sentido, a União Europeia reforçou o seu compromisso global de redução de GEE, ao estabelecer como novo objectivo de redução dos GEE os 20% em relação aos valores registados em 1990.

4.1. Fases de Implementação do CELE

1. Primeira Fase (2005–2007)

A Directiva 2003/87/CE[365], do Parlamento Europeu e do Conselho, de 13 de Outubro e, mais tarde, a Directiva 2004/101/CE[366], do Parlamento Europeu e do Conselho, de 27 de Outubro, também designada por Directiva *linking*[367], estabeleceram aquela que viria a ser a primeira fase do CELE (2005-2007).

O principal objectivo desta fase era a medição do limite e da eficácia dos governos e do tecido empresarial dos Estados-Membros na concretização dos mecanismos previstos no CELE, uma vez que estas medidas iriam representar um custo acrescido às suas transacções internas. Desta forma,

[365] Em Portugal a Directiva 2003/87/CE, do Parlamento Europeu e do Conselho, de 13 de Outubro, é transposta pelo Decreto-Lei nº 233/2004, de 14 de Dezembro.

[366] No mesmo âmbito, a Directiva 2004/101/CE do Parlamento Europeu e do Conselho, de 27 de Outubro é transposta pelo Decreto-Lei nº 72/2006, de 24 de Março.

[367] A designação de Directiva *Linking* deriva do fim que serviu de fundamento à sua elaboração, uma vez que teve como principal propósito ligar (*linking*) os mecanismos previstos no Protocolo de Quioto aos estipulados a nível comunitário. *Cf.* Considerando 3 da Directiva 2004/101/EC, de 27 de Outubro.

este primeiro período, cuja duração fora previamente assumida, foi realizado sob uma perspectiva meramente experimental e essencialmente de aprendizagem para o período subsequente (2008-2012).

Nesta primeira fase, o CELE caracterizava-se por privilegiar a atribuição gratuita de licenças, cabendo aos próprios Estados a definição do número de licenças a atribuir e, simultaneamente, a quantidade de licenças a alocar a cada uma das entidades inseridas no âmbito de aplicação do CELE. Este último procedimento seria realizado através da elaboração dos chamados Planos Nacionais de Atribuição de Licenças de Emissão (PNALE). Em Portugal, este mecanismo ficou conhecido como PNALE I[368].

Em virtude do carácter meramente experimental, no decorrer desta primeira fase, a quase totalidade das licenças de emissão foi atribuída a título gratuito, tendo sido repartida principalmente com base no histórico das emissões de GEE de cada uma das empresas[369]. Nesta mesma fase, optou-se por circunscrever a aplicação do CELE a empresas produtoras de electricidade e calor, bem como a empresas cuja actividade carecesse de um grande consumo eléctrico, como é o caso da actividade de produção e transformação de ferro, aço, cimento e refinarias de petróleo[370].

Os resultados obtidos no final desta primeira fase permitiram concluir no sentido da necessidade de redução do número de licenças atribuídas. Em virtude da fórmula estabelecida para a atribuição de licenças, os resultados apurados a partir da mesma originaram um excesso na atribuição de licenças, tendo como efeitos uma mera diminuição das emissões de carbono e, simultaneamente, a queda do preço das licenças a um valor próximo de zero[371].

[368] A elaboração do PNALE I foi efectuada de acordo o artigo 9º da Directiva 2003/87/CE, de 13 de Outubro, com respeito aos critérios enumerados no anexo III da mesma. Em Portugal, a primeira versão do PNALE (PNALE I) foi aprovada pela Resolução do Conselho de Ministros nº 53/2005, de 3 de Março.

[369] *Cf.* Anexo III da Directiva 2003/87/CE, do Parlamento Europeu e do Conselho, de 13 de Outubro de 2003. Neste considerando, encontram-se vertidos os restantes critérios de atribuição de licenças.

[370] *Cf.* Anexo I da Directiva 2003/87/CE, do Parlamento Europeu e do Conselho, de 13 de Outubro de 2003.

[371] Informação retirada do *website* oficial da Comissão Europeia. Disponível para consulta *online* em: https://ec.europa.eu/clima/policies/ets/pre2013_en

2. Segunda Fase (2008-2012)

A segunda fase do CELE coincidiu com o início da vigência da primeira fase de redução de emissões estabelecidas pelo protocolo de Quioto. Esta união de realidades de política ambiental foi determinante para instauração de uma política de redução do número de licenças de emissão disponíveis em relação àquelas que foram disponibilizadas na fase anterior. Desta forma, o número de licenças de emissão foi reduzido em cerca de 6,5% em relação às disponibilizadas para o ano 2005[372].

Adicionalmente, o sistema de atribuição de licenças às entidades participantes do mercado sofreu uma ligeira, contudo importante, alteração: 10%[373] do total das licenças passaram a poder ser obtidas por via de licitação em leilão realizada entre os vários Estados-Membros partes do CELE.

Deu-se também início à possibilidade de as entidades passarem a usar créditos previstos nos mecanismos de desenvolvimento limpo. Em consequência da junção destas duas realidades e da abertura da possibilidade das mesmas se complementarem, o CELE passou a ser considerado como o mercado de referência global no que diz respeito à transacção de licenças de emissão.

Apesar da tentativa de correcção dos problemas evidenciados na estruturação da primeira fase do CELE, os resultados alcançados na segunda fase reflectiram conclusões similares às experienciadas no passado. Também desta vez, e por motivos derivados essencialmente pela crise financeira vivida em 2008, verificou-se uma excessiva existência de licenças de emissão, determinando a respectiva queda do seu preço no mercado[374].

3. Terceira Fase (2013-2020)

Tendo em conta os resultados verificados nas duas anteriores fases, nas quais se observou uma queda abrupta dos preços das licenças devido à emissão excessiva das mesmas, e dada a ausência de alterações verificadas no que diz respeito às políticas ambientais das empresas, decidiu-se avançar no sentido de se proceder à reforma estrutural do CELE.

[372] *Cf.* European Comission, (2016), *The EU Emission Trading System (EU ETS)*, p. 2.

[373] Informação disponibilizada pela Comissão Europeia em: https://ec.europa.eu/clima/policies/ets/pre2013_en

[374] Informação disponibilizada pela Comissão Europeia em: https://ec.europa.eu/clima/policies/ets/pre2013_en#tab-0-0

Desta forma, a Directiva 2009/29/EC[375], de 23 de Abril de 2009, veio estabelecer uma mudança de paradigma relativamente à estrutura do anterior CELE. Importa, em particular, fazer menção às repercussões causadas no que diz respeito à definição do *Cap* europeu.

A necessidade de implementação de mecanismos de limitação do número de licenças liberadas de forma a evitar desequilíbrios entre a oferta e a procura e, por conseguinte, apresentar preços desenquadrados com as realidades de mercado, obrigou à fixação de metas rígidas no tocante à liberação de licenças de emissão.

No período a partir de 2013, as regras mudaram consideravelmente, verificando-se um alargamento do âmbito com a introdução de novos gases e sectores, sendo a quantidade total de licenças de emissão determinada a nível comunitário e a atribuição de licenças de emissão efectuada por leilão, mantendo-se marginalmente a atribuição gratuita, mediante recurso a *benchmarks* definidos a nível comunitário. A partir de 2013, a venda exclusivamente através de leilão constitui a regra no sector da electricidade, tendo em conta a sua capacidade para repercutir o aumento do custo do CO2, não devendo, por conseguinte, ser atribuídas licenças de emissão a título gratuito para a captura e o armazenamento de CO2, visto que o incentivo para tal decorre do facto de não ser exigida a devolução das licenças de emissão respeitantes a emissões armazenadas.

Com base na experiência dos períodos de aplicação anteriores e ante os diferentes níveis detectados de atribuição gratuita de licenças a instalações semelhantes nos diversos Estados- Membros, tornou-se evidente a inexistência de regras idênticas para as instalações abrangidas, o que conduziu a distorções da concorrência e à geração de sentimentos de injustiça entre os operadores. A análise mostrou também que o método de atribuição mais comum, baseado nas emissões históricas – o denominado *grandfathering* – teve o efeito perverso de beneficiar principalmente as instalações que produzem mais emissões. Esta situação já tinha sido identificada nos sistemas norte-americanos, mas, ainda assim, foi mal aplicada em sede comunitária.

[375] Em Portugal, a Directiva 2009/29/CE, do Parlamento Europeu e do Conselho, de 23 de Abril de 2009, é transposta pelo Decreto-Lei nº 233/2004, de 14 de Dezembro (posteriormente alterado pelo Decreto-Lei nº 252/2012, de 26 de Novembro), e pelo Decreto-Lei nº 38/ 2013 de 15 de Março. Directiva 2009/29/EC disponível para consulta *online* em: http://eur-lex.europa.eu/legal-content/PT/NIM/?uri=CELEX:32009L0029

Foi desenvolvida uma nova abordagem, harmonizada a nível da União Europeia, para a atribuição de licenças, estabelecendo um regime transitório de atribuição de licenças a título gratuito, baseado em *benchmarks*. A atribuição gratuita correspondeu inicialmente a 80% da quantidade determinada através da aplicação da metodologia harmonizada e diminuiu anualmente em quantidades iguais, resultando em 30% da atribuição gratuita em 2020, tendo em vista chegar a 0% – e, portanto, nenhuma atribuição gratuita – em 2027. A metodologia de atribuição foi estipulada pela Decisão da Comissão nº 2011/278/UE, de 27 de Abril de 2011, sobre a determinação das regras transitórias da União relativas à atribuição harmonizada de licenças de emissão a título gratuito nos termos do artigo 10º- A da Directiva nº 2003/87/CE, do Parlamento Europeu e do Conselho, de 13 de Outubro de 2003.

Desta forma, foi estabelecido inicialmente, para o ano de 2013, um número limite total de 2040 milhões de licenças[376] dos Estados-Membros da União Europeia, sendo este número posteriormente reduzido de «[...] forma linear, calculada a partir do ponto médio do período de 2008 a 2012, assegurando que o regime de comércio de licenças de emissão permita obter reduções de emissões graduais e previsíveis ao longo do tempo. A diminuição anual de licenças de emissão deverá ser igual a 1,74 % das licenças de emissão concedidas pelos Estados-Membros nos termos das decisões da Comissão relativas aos planos nacionais de atribuição dos Estados-Membros referentes ao período de 2008 a 2012, de modo a que o regime comunitário contribua, com uma boa relação custo-eficácia, para o cumprimento do compromisso da Comunidade de uma redução geral das emissões de, pelo menos, 20 % até 2020»[377].

Com o estabelecimento destas metas pretendeu-se, de forma manifesta, alcançar o equilíbrio ideal entre o objectivo ambiental de redução das emissões de GEE e o respeito pela autonomia e liberdade na gestão dos recursos por parte das empresas abrangidas pelo CELE através de imposição de metas capazes de cumprir os objectivos aos quais a União Europeia estaria vinculada por assunção dos compromissos internacionais nesta matéria. Assim, permite-se às empresas adaptar as suas mecânicas de gestão da forma menos lesiva para os seus interesses.

[376] Anteriormente, o limite era estabelecido de forma individualizada para cada país.

[377] Retirado do considerando 13 da Directiva 2009/29/CE, do Parlamento Europeu e do Conselho, de 23 de Abril de 2009.

Neste mesmo âmbito, cumpre mencionar a passagem da competência de atribuição de licenças directamente ao nível da União Europeia deixando de ter uma dimensão nacional, como outrora ocorrera. Esta alteração do centro de decisão da alocação das licenças teve como principal justificação a verificação de disparidades existentes ao nível dos critérios usados, o que, em determinadas situações, criou as condições ideais para a ocorrência de distorções nos mercados e no tratamento diferenciado injustificado de concorrentes.

4.2. O Mecanismo de Leilão do CELE

Um dos traços mais patentes das primeiras duas fases do CELE era a atribuição de licenças de forma gratuita[378]. A Directiva 2009/29/CE, do Parlamento Europeu e do Conselho, de 23 de Abril de 2009, incorpora uma inversão deste paradigma ao determinar que «[...] a venda exclusivamente através de leilão deverá constituir a regra no sector da electricidade[379], tendo em conta a sua capacidade para repercutir o aumento do custo do CO2, não devendo ser atribuídas licenças de emissão a título gratuito para a captura e o armazenamento de CO2, visto que o incentivo para tal decorre do facto de não ser exigida a devolução das licenças de emissão no que diz respeito a emissões armazenadas»[380].

Note-se que o objectivo desta nova forma de atribuição de licenças passou por constituir um sistema aberto, transparente, harmonizado e não-discriminatório[381], estando, desta forma, o mercado de emissão de licenças aberto a qualquer potencial comprador de forma não discriminatória[382].

[378] Uma das características essenciais das anteriores fases do CELE encontrava-se na gratuitidade das licenças de emissão. Esta opção parece compreender-se sob várias dimensões. A imposição onerosa de compra de licenças *ab initio* poderia tornar-se demasiado onerosa e constituir um factor de resistência por parte das entidades poluidoras à adopção deste novo mecanismo. Além disso, são também evitadas, com adopção do mecanismo da gratuitidade das licenças, eventuais distorções na concorrência entre Estados-Membros, que poderiam resultar numa fuga de carbono *a la Tiebout*. Porém, a médio prazo, tal poderá corporizar um encerramento de mercado a novos concorrentes.

[379] Para as indústrias de produção do calor, as licenças de emissão serão alocadas de forma gratuita.

[380] Retirado do considerando 19 da Directiva 2009/29/CE, do Parlamento Europeu e do Conselho, de 23 de Abril de 2009.

[381] Neste domínio, a regulação de mercado de leilões de licenças de carbono é feita pelo Regulamento da União Europeia nº 1031/2010, de 12 de Novembro.

[382] *Cf. Comissão Europeia*, (2015), *EU ETS Handbook*,p. 28. Disponível para consulta *online* em https://ec.europa.eu/clima/sites/clima/files/docs/ets_handbook_en.pdf

O método do leilão assume-se como o método referencial para a atribuição de licenças de emissão no âmbito do CELE. Em termos práticos, as entidades terão de comprar licenças em conformidade com o volume de emissões que produzem sob pena de serem penalizadas. A metodologia de leilão associada à atribuição de licenças resulta do princípio de poluidor pagador e visa salvaguardar a ideia de um comércio justo[383/384].

O leilão inicia-se com a apresentação de proposta por parte dos interessados, a qual deverá incluir o número de licenças pretendidas, bem como uma proposta de preço para aquisição das mesmas, não existindo um limite máximo para o número de licenças que cada uma das partes pode licitar, sem prejuízo da previsão de um limite mínimo de licitação de 500 licenças[385]. Importa ainda referir que cada janela de licitação se encontra aberta no mínimo por duas horas.

Após o fecho das janelas de licitação, a plataforma de leilões encerra, procedendo-se à determinação do preço de equilíbrio no qual a procura iguala o número de licenças oferecidas no leilão em questão. Definido o preço, procede-se posteriormente à atribuição das licenças respeitando a ordem dos preços de oferta aquando da licitação, sendo primeiro atribuídas licenças à parte que propôs um preço de oferta superior e, gradualmente, aos restantes em função do respectivo preço de oferta. Não obstante, e de acordo com as regras do leilão[386], todos os licitadores-vencedores pagam o mesmo preço, independentemente do preço especificado nas suas propostas. Deste modo, o preço do leilão é unitário e uniforme.

A metodologia de leilão supramencionada pretende que o preço de equilíbrio entre a oferta e a procura (*clearing price*) esteja em linha com o preço assinalado no mercado secundário. Assim sendo, o *clearing price* é determinado a partir do seguinte esquema:

i) As propostas válidas recebidas por parte dos licitadores são ordenadas por ordem decrescente do preço de oferta;

[383] Realizado com base no conjunto de regras estabelecidas pelo Regulamento Europeu nº 1031/2010, regulamento que estabelece o calendário, administração e outros aspectos dos leilões de licenças de emissão de gases com efeito de estufa nos termos da Directiva 2003/87/CE, de 13 de Outubro.

[384] *Cf.* Tratado de Funcionamento da União Europeia («TFUE»), nº 2, artigo 191º.

[385] Informação disponibilizada pela Comissão Europeia *online* em: https://ec.europa.eu/clima/consultations/articles/0028_en

[386] *Cf.* EEX – *Integrating Carbon and Energy Markets – Guidance for bidders – Auctioning of Emission Allowances in EU ETS Phase III*, 2015, p. 8.

ii) Os volumes das propostas são adicionados, iniciando-se pelo mais alto;

iii) O preço sob o qual a soma dos volumes das licitações iguala ou excede o volume de licitações leiloadas é considerado o *clearing price*;

iv) Todas as licitações cujo preço de oferta seja superior ao *clearing price* são bem-sucedidas, sendo dada ordem à execução da licitação por ordem decrescente do preço e volumes de oferta, começando pela oferta mais elevada; e,

v) Quando existam licitações realizadas sob os mesmos termos e, dado o limite total de licenças a atribuir, a escolha da licitação vencedora será feita a partir de uma selecção aleatória de acordo com um algoritmo.

Importa mencionar que, em termos gerais, não existem restrições no que diz respeito ao número de licenças passíveis de serem adquiridas por cada parte interessada nem em relação à duração da detenção da sua titularidade.

O racional que serve de fundamento à elaboração do CELE tem necessariamente como consequência a recondução das receitas geradas as partir das vendas das licenças de emissão para fins, *lato sensu*, de protecção ambiental e de promoção de utilização eficiente das energias[387]. Desta forma, na estrutura que materializa o CELE encontra-se previsto que pelo menos 50% das receitas geradas a partir dos leilões deverão ser alocadas a estes fins.

Neste sentido, os números verificados no período correspondente ao triénio 2013–2015 superaram o mínimo estabelecido, uma vez que, ao longo deste período, 82 % das receitas recolhidas foram alocadas a fins de protecção ambiental e utilização eficiente das energias.

Assim, ao longo do período 2013–2015, foi gerada uma receita correspondente a 11,8 mil milhões de euros a partir das vendas das licenças de emissão, dos quais 9,7 mil milhões de euros foram consignados (ou planeia-se que sejam consignados) pelos Estados-Membros para fins de protecção ambiental e de promoção de utilização eficiente de energias. Dentro deste último montante, 7,9 mil milhões de euros serão alocados para projectos

[387] Os fins individuais para os quais devem ser dirigidas as receitas encontram-se especificados no nº 3 do artigo 10º da Directiva 2003/87/EC, de 13 de Outubro.

desta índole, mas com restrição territorial nacional, no desenvolvimento dos respectivos projectos[388].

Em Portugal, as receitas provenientes da venda de licenças de carbono são reconduzidas e administradas pelo Fundo Português de Carbono[389]. Tal como referido anteriormente, a constituição deste Fundo teve como fim último garantir o cumprimento dos compromissos estabelecidos tanto no Protocolo de Quioto como em outros instrumentos internacionais, aos quais o Estado Português se encontra vinculado no que diz respeito à limitação de emissões de GEE[390]. Assim sendo, as receitas provenientes da venda das licenças são na sua totalidade receita deste Fundo[391], constituindo, em média, 70% a 85% do seu orçamento anual.

4.3. O Futuro do CELE: 4ª Fase

Sem prejuízo do impacto positivo decorrente da implementação da 3ª fase do CELE, o agravamento das alterações climáticas e, por conseguinte, a compreensível priorização das questões ambientais fizeram que a Comissão Europeia apresentasse, em Julho de 2015, uma proposta legislativa de alteração do sistema CELE para o período posterior a 2020[392/393].

Um dos principais objectivos estabelecidos nesta nova proposta prende-se com a necessidade de a União Europeia reforçar as suas metas no que diz respeito à velocidade de redução das emissões de GEE, de forma a cumprir os seus compromissos internacionais assumidos. Pelo que se pre-

[388] *Cf.* Comissão Europeia, (2017), *Analysis of the use of Auction Revenues by the Member States – Final Report*, p. 34 e ss. Disponível para consulta *online* em: https://ec.europa.eu/clima/sites/clima/files/ets/auctioning/docs/auction_revenues_report_2017_en.pdf

[389] *Cf.* Portaria nº 3-A/2014, de 7 de Janeiro.

[390] *Cf.* Agência Portuguesa do Ambiente – *Relatório de aplicação da Portaria nº 3-A/2014, de 7 de Janeiro, e do Decreto-Lei nº 195/2015, de 14 de Setembro, relativo a receitas de leilões no âmbito do regime de Comércio Europeu de Licenças de Emissão*, 2015.

[391] *Cf.* Comissão Europeia – *Analysis of the use of Auction Revenues by the Member States – Final Report*, 2017, p. 55. Disponível para consulta *online* em: https://ec.europa.eu/clima/sites/clima/files/ets/auctioning/docs/auction_revenues_report_2017_en.pdf

[392] *Cf.* Proposta de Directiva do Parlamento Europeu e do Conselho com a designação COM (2015) 337 final, 2015/148 (COD), que pretende alterar a Directiva 2003/87/CE, de 13 de Outubro. Disponível para consulta *online* em: http://eur-lex.europa.eu/legal-content/PT/TXT/HTML/?uri=CELEX:52015PC0337&from=EN

[393] Actualmente, a proposta encontra-se sob aprovação no âmbito do processo legislativo ordinário, mais concretamente na fase de apreciação por parte do Parlamento Europeu, do Conselho e do Comité Económico e Social.

tende estabelecer como meta um decréscimo, a partir de 2021, de um percentual de 2,2 % do total de emissões, o que representa uma aceleração significativa desta medida quando confrontada com a taxa de 1,74 % anteriormente prevista.

Outro ponto a ser abordado por esta proposta de alteração encontra-se relacionado com a entrada em vigor de um conjunto de regras cujo propósito passa por melhorar a capacidade de previsão de potenciais situações de fuga do carbono. Pretende-se assim proceder à análise dos sectores mais susceptíveis à ocorrência deste fenómeno. Além disso, as propostas de alteração atribuem particular relevância à aposta por políticas de incentivo à adopção de boas práticas ambientais por parte das entidades abrangidas pelo CELE. Deste modo, pretende-se criar um conjunto de mecanismos de suporte aos desafios de inovação e investimento nos sectores da energia na transição para uma economia hipocarbónica.

5. Conclusão: uma Política de Direitos Negociáveis Eficiente e Justa

O desenvolvimento de uma política de criação de mercados secundários, corporizados na criação de títulos constitutivos de direitos negociáveis, constitui um instrumento extraordinariamente eficiente para a eliminação das exterioridades e para a utilização sustentável de recursos comuns. A sua aplicação é hoje global[394]. Porém, tal como no caso dos instrumentos tributários, existem desafios a vencer:

i) Em primeiro lugar, a infra-estrutura do mercado secundário deverá ser construída de uma forma sólida e precisa. A definição do valor limite de emissão/utilização deverá ser fixada em estrita conformidade com os limiares da sustentabilidade e a capacidade natural de regeneração dos *stocks*. A definição eficiente destes valores constitui um elemento crucial, pois a legitimidade que fundamenta a existência destes instrumentos depende da definição efectiva de uma simulação mercantilística que visa superar a falha genética do mercado primário. Se essa delimitação inicial do mercado não for correctamente efectuada, poderemos assistir a uma dupla tragédia: a do mercado primário (originária) e a do mercado secundário (superveniente).

[394] *Cf.* base de dados da OCDE em https://pinedatabaseºecdºrg/Query_3.aspx

ii) Em segundo lugar, haverá que construir mercados que sejam simples, eficazes e económicos. Os custos administrativos devem ser reduzidos, tendendo para a inexistência para que seja alcançado um ambiente transaccional óptimo. Para isso é necessário:

a. Uma boa arquitectura da base do mercado secundário determinada segundo modelos de avaliação directa: ponderação de níveis de *output* máximos (quer de emissões quer de exploração de recursos), com a fixação de um limite que respeite o princípio da precaução.

b. O sistema deve ser flexível, o que implica a possibilidade de realização permanente de ajustes no mercado, permitindo que a sofisticação tecnológica facilite a monitorização das práticas no mercado.

c. O nexo de imputação entre o direito secundário e o mercado primário deve ser directo. O agente tem de ter a percepção imediata da lógica subjacente ao mercado de forma a alterar o seu comportamento da forma mais eficiente possível, adoptando o processo menos oneroso, mas que permita um melhor benefício social.

d. O mercado deve ser atomizado, existindo uma multiplicidade de agentes do lado da oferta e da procura, tendo em vista impedir manipulações ineficientes dos termos das transacções.

e. A área quantitativa, espacial e temporal que delimita o mercado deverá ser suficientemente uniforme de forma a permitir a construção de um modelo harmonizado de titularização.

f. Os modelos de titularização devem assentar num modelo estrito de equivalência, eficiente assentando num modelo de preço, visando a emulação de condições óptimas de mercado.

iii) Em terceiro lugar, não poderão ser introduzidos factores de distorção na formulação das decisões individuais dos agentes económicos. O ambiente fiscal deve ser neutro, não se devendo criar qualquer fardo inevitavelmente excessivo que origine decisões subóptimas. A sobreposição entre instrumentos coaseanos e instrumentos pigouvianos é totalmente contraditória, já que, por efeito da cumulação, gerará uma dupla imposição de cargas, que, sendo pretensamente óptima – já que essa é a base da sua legitimação –, em cumulação será inevitavelmente excessiva, gerando-se uma dupla imposição económica.

iv) Em quarto lugar, os modelos de transmissão de direitos poderão ser construídos de uma forma variada, concedendo incentivos a determinados comportamentos virtuosos. A título de exemplo, poderão ser desenvolvidas as seguintes metodologias:
   a. Criação de uma esfera virtual – sistema *Bubble* – que integra todos os participantes num espaço delimitado em que as transacções se processam;
   b. Modelos inteligentes de atribuição de direitos em consequência de acções virtuosas, que ultrapassam as ineficiências do *grandfathering principle*, por via de *smart auctions*, e fiscalização por *blockchain*.
   c. Modelos de compensação (*offset*) alargados, em que o sujeito participante poderá compensar a sua pegada adicional com o financiamento de uma actividade virtuosa como, por exemplo, a reflorestação florestal na Amazónia.

v) Em quinto lugar, os mecanismos coaseanos são indicados em situações típicas de tragédia de baldios. Assim, se os potenciais sujeitos passivos forem concentrados, com carga poluente potencial homogénea em áreas delimitadas, o modelo coaseano é o mais aconselhado. Este quadro conceptual é especialmente adequado nas situações em que o preço óptimo é variável em função de variações de mercado, ou flutuações de *stock*.

vi) Em sexto lugar, a fixação dos preços dos títulos deverá ser deixada à livre flutuação do mercado. Esse é o modelo mais eficiente para o ajustamento correlativo das diferentes estratégias concorrenciais. Sendo o princípio da eficiência a fundamentação directa para o desenvolvimento de uma política de direito negociável, também constitui o fundamento de uma exigência constitucional reforçada quanto à definição da política. Neste quadro:

vii) Deverá ser exigida uma construção económico-financeira reforçada, para que o preço do direito seja totalmente eficiente em sede social, acentuando-se o modelo de equivalência económica perfeita, ou seja, a efectiva integração da exterioridade em presença e de equivalência jurídica (por via da construção de um princípio de apropriação eficaz, flexível e proporcional, e que seja adaptável a eventuais alterações de circunstâncias sem custos adicionais);
   a. Deverá ser evitada a conjugação da aplicação de direitos negociáveis com quaisquer outros instrumentos de política pública,

nomeadamente de natureza tributária, atendendo ao risco de desvirtuamento dos efeitos pretendidos. Os direitos negociáveis são globalmente aceites tendo em consideração a eficiência acrescida que outorgam às estratégias de adaptação ambiental. Essa legitimidade pode ser atacada por via da imposição abusiva de instrumentos tributários mais diversificados e que, por essa via, poderão contaminar a exemplar «pureza» e «simplicidade» dos direitos negociáveis.

b. Os direitos negociáveis não deverão ser emitidos com base numa simples intenção recaudatória. Esse é o campo dos impostos assentes no princípio da capacidade contributiva. A sua única função é o aumento dos padrões de eficiência no mercado.

viii) Finalmente, o direito negociável é um direito secundário que não poderá subsistir na ausência de uma efectiva ligação com o mercado primário. Se tal ocorrer, transformar-se-ão em títulos legitimadores de rendas monopolistas, com efeitos devastadores na eficiência dos mercados primários (como, por exemplo, no caso do mercado dos táxis).

Capítulo IV
Em Especial: como Evitar a Tragédia nos Recursos Comuns

1. Os Protagonistas Possíveis na Resolução da Tragédia dos Baldios

A análise realizada nos capítulos anteriores centrou a sua atenção no *mainstream* da teoria económico-financeira ambiental. De facto, a generalidade da doutrina concede uma atenção alargada à matéria da poluição, focando os instrumentos de acção regulatória pública na neutralização das exterioridades subjacentes.

A gestão efectiva dos recursos comuns é, muitas vezes, subalternizada perdendo-se a oportunidade para o desenvolvimento de políticas regulatórias públicas a este respeito.

É verdade que a questão da poluição se cruza de forma indissociável com a matéria dos recursos comuns: a atmosfera, os oceanos e os rios são recursos comuns; por outro lado, a génese das incapacidades de mercado em termos de recursos comuns traduz-se efectivamente na presença de exterioridades não interiorizadas de forma natural pelo sistema de preços do mercado. No limite, estaremos sempre a tratar a matéria da apropriação eficiente.

Todavia, essa recondução sistemática da política fiscal à questão do controlo da poluição tem consequências graves ao nível da consciência política, logo, da legitimação, propiciando a apropriação indevida de determinados recursos sem a efectiva remuneração social. Este é o caso particular da extracção de recursos minerais ou de exploração de bens do domínio público como, por exemplo, o espectro radioeléctrico.

Tal torna-se particularmente grave numa perspectiva intergeracional, já que na grande maioria das situações, as taxas de desconto social, essenciais para determinar o equilíbrio ao nível da equidade geracional, não são incorporadas na remuneração social pela extracção dos recursos comuns em causa. Nestas situações, o cálculo do quantitativo definidor do ponto óptimo social adquire uma especial dificuldade. Vejamos, então, as soluções possíveis, aproveitando para efectuar uma síntese das políticas públicas disponíveis.

1.1. O Leviatão Redentor

Considerando que a decisão colectiva é ineficiente para a concretização de situações óptimas na gestão de recursos comuns, originando situações catastróficas ao nível da sua sobreutilização, a alternativa de resolução mais simplificada, imediata, e claro está, popular, passará pela «nacionalização» do recurso, atribuindo-o à gestão pública.

Por essa razão, autores como Ophuls referem que de uma situação de *oblivion* rapidamente se passará para o *leviathan*, ou seja, a imagem hobbesiana, que retrata a irresistível força totalitária do Estado no controlo restrito de todos os recursos[395]. As terminologias usadas são fortes. Por exemplo, Heilbroner defendeu a construção de «governos de ferro», de pendor militar, como a única forma de resolver os problemas ecológicos[396]. Porém, não é necessário chegar a situações extremadas. A dinâmica da decisão pública, envolvida no seu manto coercivo, é relevante para a superação das falhas da decisão colectiva. A regulação económica e as normas de comando e controlo são importantes quando estão em causa recursos comuns desprotegidos. Sendo a acção pública a síntese de um interesse colectivo intra e intergeracional estimado, dela poderão resultar alguns mandamentos de ordenação que superem a inevitável tendência de «corrida para o fundo» inerente à decisão individual.

A denominação algo temerosa inerente ao «leviatão» assenta unicamente no ponto de partida dogmático. Os autores que analisaram originariamente estas temáticas assentam num modelo de pensamento ultraliberal que, baseando-se na pendente negativa da teoria da escolha

[395] *Cf.* OPHULS, W. – *Leviathan or Oblivion, in Towards a Steady State Economy*. Ed. H. E. Daly, San Francisco: Freeman, 1973, pp. 215–230.

[396] *Cf.* HEILBRONER, R. – *An Inquiry Into Human Prospect*. New York: Norton, 1974.

pública, desconfiam *ab initio* das motivações dos governantes e da burocracia, atenta as suas motivações intrínsecas. Por essa via, procuram por todos os meios formas de superação das falhas de mercado inerentes à exploração dos recursos comuns, tentando construir um modelo imune à intervenção pública. No seu modelo conceptual, o Leviatão estatal não só não resolveria os problemas inerentes à sobreexploração dos recursos comuns, como aumentaria os níveis das distorções, adicionando-se as falhas governativas às falhas de mercado. No mínimo, transformaria uma «tragédia dos baldios» numa «tragédia dos antibaldios[397]», por via da imposição ineficiente e inelástica de modelos de apropriação e gestão. Em tese, os modelos de gestão pública dos recursos só seriam eficientes se a entidade reguladora tivesse acesso a informação perfeita, capacidades óptimas de monitorização, possibilidade de exercício rápido e efectivo de sanções, e custos administrativos eficientes[398], algo que raramente ou mesmo nunca acontece.

Mais grave seria o caso da gestão num modelo de actuação pública. Neste caso, seria o próprio Estado, por via das suas instituições de direito público, a gerir o recurso comum. Ora, nestes casos, os gestores públicos podem ficar sujeitos a orientações contraditórias: com os mandamentos de gestão eficiente conjugam-se orientações de pendor redistributivo. No final, esta situação esquizofrénica gera inevitavelmente modelos de subsidiação social sustentada pela entidade pública prestadora, com degradação sucessiva dos modelos de gestão eficiente. As decisões gestionárias deixam de ser desenvolvidas tendo em consideração o princípio da máxima eficiência, para se preocuparem com questões inerentes à subsidiação dos mais desfavorecidos.

Ora, conforme referimos, a gestão eficiente dos recursos, tendo em consideração os seus imperativos de sustentabilidade, deverá ser efectuada de acordo com o primado da eficiência. Simultaneamente, irão colocar-se situações de desigualdade, que deverão ser resolvidas de forma localizada e transversal. Ou seja, não se deve subsidiar o preço de venda do recurso, por via da aplicação de taxas ou tarifas reduzidas que manterão a tendência de sobreutilização do fluxo, ou de subinvestimento nas metodologias de gestão do *stock* de capital, mas sim os adquirentes necessitados desse recurso. Essa subsidiação deverá ser realizada através de subsídios loca-

[397] Que será analisada *infra*.

[398] *Cf.* Ostrom, Elinor – *Governing the Commons*, cit., p. 11.

lizados financiados pelos impostos assentes na capacidade contributiva e moldada tendo em consideração a situação concreta e identificada de cada um dos beneficiários.

Se tal não for efectuado, custos excessivos resultantes de gestões ineficientes poderão ser justificados pelos défices necessários decorrentes de práticas de subvencionamento maciço e, neste caso, existirão diversos prejuízos sociais: *i)* a sobreutilização do recurso, por imposição de preços subsidiados; *ii)* o subinvestimento de capital de exploração, por inexistente dotação financeira do prestador público; *iii)* o deficiente desenvolvimento da conduta prestativa, pela degradação do produto; *iv)* a manutenção da desigualdade social, nas ópticas intra e intergeracional.

No final, e nesta penumbra de ineficiência, dificilmente se poderá vislumbrar o objectivo inicial do empreendimento público, já que a degradação das condições de exploração fará perigar os empregos públicos, cuja manutenção passará a ser o objectivo primordial, gerindo-se prioritariamente a dívida acumulada, por via da subsidiação prestativa efectuada à custa do próprio operador, desprezando-se a qualidade do serviço. E, neste quadro de desequilíbrio estrutural, a manutenção da operação dependerá da subsidiação cega efectuada por transferências orçamentais (óptica de caixa) desprezando-se totalmente qualquer objectivo de criação de valor através da utilização eficiente do recurso – que era, relembre-se, o fundamento inicial para o desenvolvimento da acção pública.

Para que o leviatão se torne redentor, ou seja, para que a acção pública se torne eficiente, terá de se tomar consciência das insuficiências potenciais resultantes da divergência genética de processos. O Estado tende, a privilegiar o imperativo da igualdade perante o imperativo da eficiência. Tal resulta da necessária síntese social redistributiva que só uma entidade dotada de poder de autoridade poderá realizar. Mas isso não significa que, nos casos em que uma gestão eficiente seja prioritária, esta se deva sacrificar ao objectivo equitativo. Nesses casos, inevitavelmente, o leviatão deixará de ser redentor para se tornar esmagador, ou seja, no verdadeiro e próprio monstro, tal como enunciado por Thomas Hobbes.

1.2. O Privatizador Implacável

A solução traduzida na privatização dos baldios situa-se no extremo inverso à solução anterior. Perante a notória ineficiência dos modelos de titularidade nula, e a consequente ineficácia decorrente da aplicação de modelos estatais na gestão de recursos comuns, a solução inversa, traduzida na privatização dos mesmos, poderá parecer o remédio para todos os males. O álibi é relativamente simples. Se a má utilização do recurso se deve unicamente à gestão pública, o melhor remédio é a privatização. Neste jogo argumentativo, facilmente se esquece que o problema de base não se traduzia na gestão pública em si mesmo, mas nas incapacidades de mercado que contaminam geneticamente o mercado do recurso em causa.

Assim, em reacção aos modelos de gestão pública, diversos autores propuseram o desenvolvimento de uma política de privatização indiscriminada. Por exemplo, Robert Smith refere de forma clara: «*the only way to avoid the tragedy of the commons in natural resources and wildlife is to end the common-property system by creating a system of property rights*»[399]. O modelo de apropriação proposto era absoluto. Nas palavras de Welch, «*the establishment of full property rights is necessary to avoid the inefficiency of overgrazing*»[400]. O obstáculo que se levantava para a concretização da situação eficiente assentava unicamente na forma de convencer os compartes relativamente à metodologia de fraccionamento do baldio. Obviamente que esta metodologia assenta, logo à partida, numa falácia. Se o recurso é explorado de forma comunal, é porque os efeitos económicos, tais como as economias de escala, que se alcançam em modelos de gestão conjunta são significativos. O fraccionamento elimina essas vantagens, reduzindo a eficiência económica. Assim, num pasto comunal, o seu fraccionamento conduziria necessariamente a custos administrativos adicionais. Por exemplo, as vedações entre as diversas parcelas necessitavam de ser construídas e mantidas. Por outro lado, a necessária rotação na utilização do solo deixaria de ser possível. Aliás, o excessivo fraccionamento de um recurso, como o solo, gera inevitáveis ineficiências, traduzidas em antibaldios sucessivamente mais fortes.

Assentando o modelo de privatização na construção de modelos de exclusão, os proponentes originais deste modelo assentaram inevitavelmente na construção de barreiras físicas de forma a garantir esse consumo exclusivo. Contudo, recursos comuns móveis, como os piscatórios

[399] SMITH, Robert – «Resolving the Tragedy of the Commons by Creating Private Property Rights in Wildlife». *In CATO Journal* 1, 1981, pp. 39–68.

[400] WELCH, W. – «The Political Feasibility of Full Ownership Property Rights: The cases of Pollution and Fisheries». *In Policy Sciences*, 16, 1983, pp. 165–180.

ou a água, são insusceptíveis de contenção (a não ser em reduzido volume, por via de viveiros e de barragens).

Obviamente que foram desenvolvidas iniciativas neste sentido. Porém, e de forma inevitável, os resultados foram devastadores. A configuração económica dos recursos comuns é insusceptível de ser reconduzida a um modelo de propriedade pura. É precisamente por essa razão que eles não se encontram apropriados originariamente. Se ocorrer um fraccionamento excessivo dos mesmos, a sua utilização deixa de ser eficiente. Por outro lado, a privatização dos mesmos exclui a possibilidade de exercício de um poder regulatório que calibre ao longo do tempo o modelo de aproveitamento socialmente desejável. Finalmente, sendo o recurso comum um bem essencial para a comunidade, o preço da sua atribuição original pecará inevitavelmente por defeito, uma vez que muito dificilmente as entidades públicas poderão antecipar as variações futuras dos preços de mercado. Aliás, a este respeito, se o recurso comum no momento anterior à opção de privatização estiver a ser explorado comunalmente, o subinvestimento histórico traduzir-se-á num valor de licitação mais reduzido; ao invés, se o recurso comum estiver a ser explorado pelo Estado no âmbito da sua actuação económica, o seu «valor de mercado» inicial estará inevitavelmente depreciado devido às ineficiências inerentes à gestão pública referidas no ponto anterior. Assim, qualquer reflexão quanto à eficiência e à justiça do preço da atribuição inicial estará inevitavelmente distorcida. Mais neutras são as correntes ordoliberais, através do qual o Estado permite uma privatização parcial dos recursos comuns. Trataremos desta possibilidade já de seguida.

1.3. O Coordenador Benévolo

Um primeiro modelo possível para a superação da tragédia seria a concretização de um modelo de coordenação espontânea, que superasse as dificuldades enunciadas pela teoria dos jogos. Porém, o problema básico mantém-se inamovível: soluções colectivas dependem de decisões unânimes e estas, por definição, são ineficientes. No entanto, poderão existir casos em que essa coordenação é possível. O primeiro caso ocorre quando o recurso comum, originariamente numa situação de *res nullius*, se transformar num «bem de clube», ou seja, em que um grupo restrito de agentes se arrogar da sua titularidade. Neste caso, os níveis de rivalidade são reduzidos, o que poderá permitir uma gestão no seio do grupo que detém a sua titularidade.

A chave para a concretização de um equilíbrio reside, portanto, no grau de rivalidade no seu consumo. Uma forma de contornar essa questão, baixando os níveis de rivalidade no mercado em causa, passará, quando tal for possível, por efectuar uma distinção entre a fruição do *stock* de capital e o fluxo de rendimentos decorrentes do recurso comum. Assim, numa floresta, poderá conceder-se o acesso a todos os interessados relativamente a actividades de lazer, que não afectam o *stock* de capital do recurso, sendo que os recursos decorrentes da exploração madeireira poderão ser alocados a um grupo restrito de compartes (ou seja, um baldio no sentido jurídico do termo). Neste caso, existiriam prerrogativas generalizadas de acesso ao recurso, sem que, contudo, lhes fosse permitido qualquer poder de extracção, gestão, de fruição de fluxos de rendimento, ou de alienação. Conforme refere Fernando Araújo, «um «baldio» não tem necessariamente que constituir uma situação em que a liberdade de acesso implica a liberdade de exercício indiscriminado (e cumulativo) de todos os poderes concebíveis [...]. Uma administração hábil e criteriosa dos recursos comuns, ao proceder a demarcações entre os "acervos de direitos" que correspondem a cada um dos envolvidos que tem acesso a esses recursos, é bem capaz de minimizar, senão mesmo de eliminar, as principais tensões e ineficiências, para não falarmos já de colapsos trágicos»[401].

Note-se que a chave da estabilidade deste equilíbrio radica unicamente numa premissa: os ganhos decorrentes da cooperação, agregados e na perspectiva individual, devem ser superiores aos ganhos, na perspectiva individual, decorrentes de uma situação de descoordenação. Mancur Olson é extremamente claro a este respeito: «*the idea that groups tend to at in support of their interests is supposed to follow logically from this widely accepted premise of rational, self-interested behaviour. In other words, if the members of some group have a common interest or object, and if they would all be better off if that objective were achieved, it has been thought to folow logically that the individuals in that group would, if they were rational and self-interested, act to achieve that objective.*»[402/403]

[401] *Cf.* Araújo, Fernando -- *A Tragédia dos Baldios e dos Anti-Baldios*, cit., 2008, pp. 72 e 73.

[402] Porém, colocava grandes restrições quanto à ocorrência dessa possibilidade: *i)* o número de agentes teria de ser muito reduzido; *ii)* teria de existir um poder coercivo autoritário. *Cf.* Olson, Mancur – *The Logic of Collective Action: Public Goods and the Theory of Groups*. Harvard University Press, 1965, p. 1.

[403] Questões relacionadas com a igualdade redistributiva do acesso ao bem terão de ser analisadas em sede própria.

Elinor Ostrom identificou empiricamente diversos casos em que a exploração colectiva de recursos comuns era efectuada em condições eficientes. Um dos casos localizava-se na Suíça, onde os agricultores cultivavam as suas produções agrícolas em propriedades individuais, utilizando colectivamente um vale para a criação de gado. A chave para o equilíbrio da exploração consistia no facto de os agricultores não poderem aumentar indiscriminadamente os seus activos bovinos devido aos constrangimentos invernais. Assim, como não tinham condições para acolher mais vacas no Inverno, nunca ocorria uma sobreexploração do recurso comum nas restantes estações. Assim, enunciou oito princípios essenciais para a gestão eficiente dos baldios:

i) definição clara das fronteiras do grupo;
ii) adaptação das normas de gestão do baldio às condições e necessidades locais;
iii) garantia de que todos os membros afectados pelas regras têm o poder de as modificar;
iv) garantia de um respeito exterior institucional relativamente às regras internas do grupo;
v) desenvolvimento de um sistema de controlo permanente do comportamento dos agentes;
vi) possibilidade de exercício de sanções efectivas a quem violar as regras;
vii) existência de um sistema leve e eficaz para a resolução de conflitos;
viii) criação de um vínculo mútuo de responsabilização pela gestão do baldio[404].

Esta terceira via supera a tensão contraditória decorrente da contraposição permanente entre as posições estatizantes (o Leviatão Redentor) e os advogados da privatização (o Privatizador Implacável) e baseia-se na análise empírica de casos concretos de sucesso na exploração comunal. Assim, Elinor Ostrom prova que existem situações em que a exploração comunal (o Coordenador Benévolo) é bem-sucedida, superando as falências que alegadamente levariam inevitavelmente à solicitação de uma outra solução. Porém, as oito condições necessárias, e que são semelhantes às

[404] *Cf.* Ostrom, Elinor – *Governing the Commons, The Political Economy of Institutions and Decisions*. Cambridge University Press, 1990.

que permitem a coordenação em jogos não cooperativos, só muito raramente se encontram reunidas. Relembre-se que, no caso dos pastos suíços, o sucesso da exploração comunal dependia unicamente de uma fronteira natural ao aumento indiscriminado de bovinos: as condições de abrigo no Inverno[405]. Essas limitações estruturais permitem a construção de uma «fronteira de exploração» que não é mais do que uma «fronteira de exclusão» interna, que impede a sobreutilização do recurso e a manutenção do grupo num modelo coeso.

1.4. O Jogador Insaciável

Os modelos de racionalidade individual na exploração de recursos comuns não são óbvios. Tradicionalmente, o principal custo social excessivo resulta das situações de sobreexploração do activo. Apesar disso, poderão emergir outros custos adicionais ineficientes. Por exemplo, no caso das pescas, a irresistível tentação para a captura maximizada poderá originar investimentos exorbitantes em frotas pesqueiras de maior dimensão e com maior capacidade tecnológica. Ora, perante estes elevados investimentos de capital, o lucro privado (e, consequentemente, social) da exploração tende a ser menor. No limite, poderão ocorrer investimentos em equipamentos que impeçam os outros concorrentes de aceder aos recursos (*property-preempting investments*)[406], sem que ocorra qualquer ganho social associado ao mesmo. Neste quadro concorrencial extremo, gera-se um baldio de segundo grau, que se corporiza no próprio ambiente de exploração.

[405] Harold Demsetz enunciou uma teoria funcional para o direito de propriedade, tomando como base a necessidade de um instituto que permitisse uma fluidez relacional entre os agentes relativamente às trocas. Nestes termos, o direito de propriedade existe para que as exterioridades possam ser interiorizadas, emergindo quando os ganhos da interiorização são superiores aos custos dessa interiorização. Deu como exemplo duas comunidades distintas de indígenas norte-americanos. Os índios do Quebeque desenvolveram uma metodologia de propriedade relativamente aos castores que caçavam. Essa «propriedade» era praticável, pois a localização dos mesmos e a sua falta de mobilidade permitiam o exercício do direito distributivo, sendo que os ganhos dessa «posse» eram superiores aos custos do controlo de mobilidade dos castores. Essa «propriedade» permitiu o desenvolvimento de uma exploração sustentável relativamente às peles dos castores. Ao invés, no Sudoeste norte-americano, os indígenas não desenvolveram um modelo equivalente. E as razões eram claras: a caça disponível tinha um menor valor acrescentado e era itinerante, impedindo a criação de fronteiras de exclusão. *Cf.* DEMSETZ, Harold – «Toward a Theory of Property Rights». *In American Economic Review*, 57, May, 1967, pp. 347–359.

[406] *Cf.* ARAÚJO, Fernando – *Tragédia dos Baldios e dos Anti-Baldios*, 2008, cit., p. 78.

Neste baldio, os mais agressivos, por vezes batoteiros e sobreexploradores, vão expulsando os não batoteiros e os moderados, que se encontram numa situação claramente desvantajosa.

As soluções anteriormente descritas permitem uma gestão centralizada dos recursos. Assim, o Estado, o privado ou o grupo, enquanto entidade organizada pelas fronteiras e pela metodologia unificada de exploração, evita estes problemas de coordenação e, consequentemente, a aceleração de uma «corrida para o fundo».

A nacionalização e a privatização de recursos comuns padecem de problemas estruturais, tendo em conta a sua formulação excessivamente rígida na atribuição dos poderes de gestão. Por sua vez, a gestão comunitária só alcança resultados eficientes em ambientes bastante controlados e, por conseguinte, tem um alcance limitado.

Não sendo possível determinar à partida qual o agente que melhor explorará o recurso em causa, poderá desenvolver-se um mercado secundário que permita a concretização de resultados economicamente eficientes. Assim, as entidades públicas não explorarão directamente o recurso, nem atribuirão a propriedade do mesmo a qualquer agente económico. Sendo impossível o desenvolvimento sustentável a nível comunitário, torna-se essencial atribuir a quem retire mais eficiência do recurso comum o respectivo direito da sua exploração.

Este modelo, de base coaseana, permite obstar a um dos principais problemas dos modelos de privatização integral. Assim, ao titularizar-se o direito de acesso ao recurso, mas não se atribuindo o direito de exclusão, poderá obter-se o lado virtuoso da privatização, eliminando-se a possibilidade de exercícios de poderes monopolistas exorbitantes (protegidos pelo Estado) nos momentos posteriores.

Os títulos constituem-se enquanto «acervos de direitos» atribuindo uma titularidade fraca, uma vez que é temporária e dependente de um pré-pagamento efectivo correspondente à socialização da exterioridade positiva correspondente à permissão de acesso ao recurso. O jogo está, portanto, lançado:

i) é dinâmico, visto que permite um acesso aos fluxos, mas atribui qualquer titularidade relativamente aos *stocks*;

ii) é fluido, uma vez que os jogadores poderão transaccionar os seus direitos de forma que quem tiver a capacidade de retirar o máximo proveito do recurso esteja na disponibilidade de adquirir os direitos a quem não conseguir retirar um benefício correspondente;

iii) é limitado, pois as fronteiras de sustentabilidade não poderão ser ultrapassadas, impedindo-se sobreexplorações do recurso;

iv) é justo, uma vez que, no momento inicial, todos estarão na mesma posição de partida, licitando em pé de igualdade (salvo as falhas do sistema decorrentes de «eventuais» direitos históricos);

v) é de duração limitada, já que a titularidade fraca, corporizada nas quotas, permite uma renovação sistemática das regras do jogo, tomando em consideração as alterações tecnológicas e a evolução dos mercados, eliminando o «efeito dotação», ou seja, o sentimento de direito adquirido.

Esta opção, de privatização parcial, assenta num quadro regulatório prévio, que estabelece as «fronteiras de exploração» e, por conseguinte, os limites do mercado secundário, e num exercício de supervisão e controlo permanente, de forma a evitar condutas batoteiras fraudulentas. A sua metodologia assenta na criação de um mercado de segundo grau – *in casu*, o ambiente de exploração – que, pelo seu funcionamento intrínseco, permitirá ao agente retirar o máximo benefício do recurso:

i) no momento inicial de leilão das quotas, por um poder económico superior baseado na estratégia de aproveitamento maximizada (um pescador que se proponha pescar atum para sushi terá mais poder económico do que aquele que o vai utilizar para alimentação animal);

ii) nos momentos posteriores, uma vez que estará disponível para compensar os demais por via dos pagamentos associados à aquisição de quotas, atenta a eficiência acrescida que ele conseguir alcançar pela exploração maximizada do recurso.

No final do jogo, as quotas estarão na titularidade daqueles que conseguiram extrair uma melhor eficiência na exploração dos recursos, mantendo-se o nível de sustentabilidade dos *stocks*. E, atento o prazo temporário das mesmas, haverá um momento em que todos estes juízos se renovam, garantindo-se a não detenção ineficiente ou especulativa dos títulos.

Este sistema tem tido bastante sucesso no caso da gestão de zonas económicas exclusivas ao nível das pescas. Efectivamente, a atribuição aos Estados da gestão das áreas marítimas, em contraste com a concepção ancestral de *Mare Liberum*[407], permitiu o desenvolvimento destes mercados secundários, em que a exploração compete aos privados e a exclusão (e supervisão) ao Estado administrante.

O sucesso deste sistema depende de três factores essenciais:

i) uma estrita identidade entre a quota e o activo «titularizado», não podendo ocorrer qualquer situação imperfeita a esse respeito, sob pena de queda de todo o mercado secundário;

ii) custos administrativos reduzidos, devendo as transacções ser claras, num ambiente de informação perfeita, de forma que os direitos sejam transmitidos para os agentes que efectivamente têm maior capacidade de explorar o recurso da forma mais eficiente;

iii) uma efectiva gestão da exclusão de agentes não detentores de quotas, e o exercício de uma supervisão permanente na verificação do respeito das regras, tendo em vista a criação da «fronteira» que permite a concretização do modelo gestionário do recurso comum.

Ora, o sucesso deste mecanismo passa, tal como nos casos anteriores, por transformar um recurso anteriormente numa situação de *res nullius* numa situação de «titularidade comum», partilhada pelos diversos detentores dos títulos.

Quer no caso de propriedade pública, de propriedade privada, de propriedade comunal, ou, no modelo mais sofisticado, de titularização da titularidade, a chave para a utilização eficiente do recurso comum passa precisamente pela criação de uma «fronteira de exclusão», limitando-se o livre acesso ao mesmo. Assim, a rivalidade no consumo poderá ser mais ou menos bem gerida no seio da sociedade, no entanto, para que não ocorra uma verdadeira tragédia, o acesso tem de ser limitado (*enclosure*). A eficiência inerente à outorga de uma titularidade forte – como o título de propriedade ou uma concessão de longo prazo – ou de uma titularidade fraca – por via de um título ou licença de exploração – depende da criação e manutenção dessa fronteira de exclusão, caso contrário, a tendência para a sobreexploração manter-se-á em níveis insustentáveis.

Neste quadro conceptual, depara-se-nos um modelo de semibaldio invertido. Assim, enquanto os modelos tradicionais de semibaldios são configurados como sistemas de propriedade privada nos quais, de uma forma

[407] *Cf.* ARAÚJO, Fernando – *Tragédia dos Baldios e dos Anti-Baldios,* 2008, cit., p. 87.

transitória, se permite um livre acesso aos recursos em causa, retirando-se a «fronteira de exclusão», como acontece no caso de os proprietários de campos privados serem obrigados a permitir sazonalmente a prática de uma pastorícia de terceiros (*open field system*)[408], neste caso, acontece exactamente o inverso, uma vez que o estado do recurso comum se mantém na forma original – note-se que o conceito de zona económica exclusiva não concede prerrogativas de «propriedade» ou de «titularidade», mas unicamente de gestão – construindo-se unicamente uma fronteira de exclusão, que permite a concretização de um modelo de exploração eficiente.

Poderá alegar-se que esta privatização, mesmo que parcial, traduzida na criação de barreiras de exclusão, afecta significativamente o princípio da igualdade. O argumento é fácil. Usando o caso da água, enquanto elemento essencial à vida humana, poder-se-ia pensar que este recurso seria insusceptível de ser alvo da criação de uma «fronteira de exclusão», já que tal constituiria um «pecado ético» de dimensões desmensuradas. Ou, numa vertente mais *soft*, tendo em consideração a sua importância para o ser humano, o fornecimento de água deveria ser gratuito.

De novo repete-se: questões como a da igualdade de acesso aos recursos deverão ser tratadas num momento posterior, tomando em consideração que tal não poderá entrar em conflito com o princípio da utilização eficiente dos recursos. Assim, quem precisar efectivamente da água para sobreviver deverá ser alvo de uma subsidiação directa personalizada. Uma situação de água gratuita só iria beneficiar quem a utiliza de forma desregrada (piscinas, rega de jardins, ou efeitos cénicos).

Não nos cansamos de relembrar este aspecto: a igualdade e a redistribuição são claramente prioridades e preocupações fundamentais, porém, deverão ser tratadas no local próprio, ou seja, em sede de redistribuição de rendimentos. Se as colocarmos num momento inicial, ou seja, no momento da correcção das ineficiências produtivas, gerar-se-ão inevitavelmente situações ainda mais ineficientes. O argumento ético-populista é simples: porque é que uns têm acesso ao recurso e outros não?

Neste quadro, é bastante feliz a contraposição efectuada por Fernando Araújo entre as Economias de Hardin e as Economias de Ostrom. Assim, no primeiro caso, as Economias de Hardin constituem-se como «situações nacionais em que a população tem baixa expectativa de vida, recursos

[408] *Cf.* ARAÚJO, Fernando – *Tragédia dos Baldios e dos Anti-Baldios*, 2008, cit., p. 97.

com taxas intrínsecas de crescimento muito baixas e governos com fraco poder para controlar o acesso aos recursos – situações em que há, portanto um acesso livre "de facto" aos recursos, situações nas quais a dissipação de rendas que isso provoca acarreta por sua vez a aceleração do congestionamento e o esgotamento dos recursos»[409]. Esta seria a situação em que as barreiras de exclusão não seriam erigidas por imperativos iniciais de redistribuição. Por sua vez, as economias de Ostrom serão «situações em que uma combinação de factores permite temperar os efeitos do livre acesso com a subida de preços e a inerente intensificação de incentivos à protecção, por exemplo, porque um recurso privatizado, mesmo que parcialmente, começa a gerar rendas "capturáveis" pelo respectivo titular»[410], gerando-se um modelo virtuoso em sede social.

Mais graves, por impossibilidade actual de articulação, são os baldios globais como, por exemplo, o clima do nosso planeta.

1.5. O Tributário Eficiente

O modelo coaseano assente na criação de mercados secundários tem as suas virtudes, mas infelizmente, o seu alcance de aplicação é ainda limitado. A sofisticação tecnológica permite uma sucessiva praticabilidade na criação de modelos de exclusão, mas ainda não existe a possibilidade de criação de um modelo geral de títulos universal, abrangendo a integralidade dos recursos comuns.

Não sendo possível o exercício de práticas de exclusão praticáveis ou o desenvolvimento de mercados secundários sem custos administrativos relevantes, ainda assim existirá um modelo eficiente para a concretização de utilizações eficientes de recursos comuns.

Estamos, mais uma vez, no campo da tributação enquanto instrumento de inserção de eficiência no mercado. Se estivermos na presença de um tributo regulado pelo princípio da equivalência, mesmo no primeiro momento de incidência, e ao contrário do que acontece com os impostos assentes no princípio da capacidade contributiva, gerar-se-á uma situação virtuosa de correcção da incapacidade de mercado originária, como verificámos aquando do tratamento das exterioridades. Analisemos, portanto, qual o papel dos instrumentos tributários na regulação dos recursos comuns.

[409] *Cf.* ARAÚJO, Fernando – *Tragédia dos Baldios e dos Anti-Baldios,* 2008, cit., p. 108.
[410] *Cf. Idem, ibidem.*

Com efeito, a adopção do PPP sintetizou uma ideia que já vinha sendo demonstrada pela experiência: sob a acção exclusiva das forças de mercado, cada agente económico tende a consumir uma quantidade marginal superior à que seria socialmente desejável de determinado bem, o que se justifica pelo facto de aquele apenas balizar o seu consumo de acordo com custos privados, sem atentar os custos externos (exterioridades) provocados pelo seu próprio acto de consumo. Evolui-se, neste campo, para o conceito de Utilizador-Pagador.

Nestes casos, o lançamento de um tributo terá como função primordial fazer que os consumidores passassem a considerar, não só os custos marginais privados dos seus actos de consumo, como igualmente os seus custos externos ou socias. Uma parte muito substancial dos actuais modelos de tributação ambiental tem assim subjacente um conflito efectivo entre interesses individuais e o bem comum, no que diz respeito à utilização de recursos finitos.

Competirá às entidades públicas a garantia da gestão eficiente do recurso comum, na perspectiva quer da concessão de direitos de utilização, quer da gestão dessa utilização e do controlo e fiscalização de eventuais abusos aí cometidos.

Na perspectiva jurídico-económica, torna-se essencial proceder à interiorização dos diversos efeitos económicos em presença: *i)* a concessão de acesso ao recurso permite ao beneficiário a fruição de um fluxo que, em tese, é da titularidade da comunidade, pelo que é essencial que esse direito de exploração seja remunerado de forma justa e eficiente; *ii)* a garantia da exclusão de terceiros na fruição do recurso concede um poder monopolista ao beneficiário que importará regular em termos de eficiência dinâmica; *iii)* é essencial garantir que as mudanças tecnológicas e das condições estruturais do mercado correspondam a uma efectiva calibração da contraprestação pelo beneficiário ao concedente.

O modelo coaseano descrito no ponto anterior, se desenvolvido de forma eficiente, permite a concretização de todos esses desafios. No entanto, conforme referimos, poderão não existir condições para a criação do mercado secundário, já que o sucesso desse empreendimento depende da conjugação de situações estruturais raramente conciliadas.

Todavia, da utilização do recurso comum resultam para o titular da licença inequívocas vantagens económicas. Por outro lado, a actividade pública de gestão do mercado do recurso, garantindo as exclusões de terceiros e supervisionando os termos do exercício da actividade concessionada implica igualmente a geração de custos relativamente aos quais deve ser ressarcida.

Existem, portanto, dois elementos que se podem considerar como detonadores de uma pretensão tributária do Estado: utilidade recebida e custo gerado.

Estas funções de gestão eficiente, garantia de exclusão de terceiros e de supervisão permanente estão cometidas normalmente a uma entidade reguladora. Nestas circunstâncias, as entidades reguladoras deverão promover a mais eficiente exploração do recurso comum, atribuindo as quotas aos operadores que delas retirem a maior utilidade social. Essa ponderação de utilidade no caso de impossibilidade de aplicação do modelo coaseano poderá ser realizada através da utilização de instrumentos tributários.

Efectivamente, os operadores retiram uma utilidade económica da utilização do recurso comum. Na impossibilidade de construção de um sistema de licitação eficiente, competirá, ainda assim, às entidades reguladoras fomentar a correcta utilização nos mesmos, atribuindo os «direitos de apropriação» aos operadores que mais bem os conseguirem utilizar atendendo aos objectivos de política pública que subjazem ao mercado do recurso comum em causa.

Por razões assentes no princípio da igualdade, na vertente do benefício ou da equivalência, se os operadores retiram vantagens económicas da utilização de um recurso comum que é de todos, a apropriação individual do bem público implicará a exigência de uma contribuição a favor do Estado. Essa contribuição não serve mais do que para compensar o Estado pela permissão de utilização privativa do recurso comum.

Esse pagamento em nada contraria as suas obrigações no sistema fiscal geral, fundada no princípio da capacidade contributiva, devida no âmbito da sua actividade económica normal, nem as obrigações de coesão económica social e territorial, de intenção perequativa, nem as obrigações de pagamento da taxa por prestação de serviços prestados pelas entidades reguladoras, de finalidade compensatória. Todas estas assentam numa teleologia distinta, não comparável ao fundamento tributário subjacente à utilização privativa de um recurso comum que se traduz numa fruição de utilidade por utilização de uma vantagem, que originariamente, é de todos. Porém, atenta a imprescindibilidade da prestação de serviços regulatórios para a conformação eficiente da infra-estrutura tributária inerente à utilização dos recursos comuns, optaremos por efectuar um tratamento conjugado de ambos os fundamentos, ainda mais quando os mesmos são manifestações distintas do princípio da equivalência ou do benefício.

Assim, as suas actividades, na matéria que se toma aqui como relevante poderão ser cindidas em duas subfunções básicas: *i)* prestação de serviços de gestão do recurso comum; e, *ii)* exploração, por conta do Estado, do recurso comum.

Verifica-se, pois, a existência de duas funções de diferente natureza normalmente cometidas às entidades reguladoras a que deverão corresponder dois tipos diferenciados de contraprestação a suportar pelos operadores: *i)* uma taxa por serviços prestados por parte do regulador enquanto entidade organizadora e fiscalizadora do mercado; e *ii)* uma taxa de utilização do bem do domínio público, terminologia tributária tradicional na presença de recursos comuns, destinada a remunerar a utilização privativa desse recurso, nomeadamente como contrapartida da utilidade obtida pela sua utilização por parte dos operadores.

As lógicas tributárias são distintas. As taxas que sustentam os serviços prestados pela entidade reguladora assentarão numa estrita óptica de cobertura de custos de regulação, devendo ser tomadas enquanto contribuições para os custos associados com o controlo e supervisão deste mercado. Além das taxas por prestação de serviços, e na ausência de leilões competitivos para a atribuição dos direitos de exploração, as entidades reguladoras deverão cobrar taxas de utilização do recurso comum. Estas taxas, ao contrário das primeiras, não assentam numa lógica de contrapartida por actividade pública realizada, fundamentando-se, ao invés, na sinalagmaticidade inerente à utilização económica de um recurso de onde se retiram vantagens económicas.

As taxas por utilização do recurso comum são, portanto, distintas das taxas por prestação de serviços de gestão, devendo ser cobradas pelas entidades reguladoras, não a título próprio, mas sim por conta do Estado.

Não existindo um jogo coaseano para a definição do «preço» socialmente eficiente, a taxa de utilização do recurso comum deverá ser calculada em função da utilização efectiva do activo em causa. Conforme foi referido, a determinação do valor da unidade de mercado de um recurso comum é sempre dificultada pela inexistência de valores comparativos de mercado sucedâneos. E, note-se, mesmo que eventualmente existissem, os preços praticados não seriam óptimos perante as genéticas incapacidades de mercado. Por outro lado, inexistindo preços comparáveis de mercado, e não sendo possível uma simples computação de custos majorados por inexistência de uma cadeia produtiva de base no lado da oferta, será necessário construir uma aproximação baseada na determinação de um preço pela utilização de uma unidade.

Nesta forma, será necessário, numa primeira fase, proceder à construção do termo de referência básico em que assentará toda a construção superveniente: esse termo básico consiste precisamente na determinação da unidade de Utilização Eficiente do Recurso (UER).

Note-se que nos encontramos no domínio das taxas de utilização por bens do domínio público. Nestes termos, a definição da UER deverá ser o mais objectiva possível de forma a comportar na sua construção todos os elementos relevantes do mercado em causa. É essa determinação objectiva que permitirá criar, na esfera jurídica, o mercado relevante constituído pela soma agregada de todas as UER (fluxo transaccionável) e seus operadores.

A determinação jurídica deste mercado é de fundamental importância para a concretização da relação de sinalagmaticidade essencial para a qualificação do tributo como taxa em sentido próprio, tanto mais que, no caso das taxas de utilização, por imperativos de eficiência na tributação, o seu valor deverá coincidir o mais possível com o seu real valor de mercado (óptica do preço em contraste com a óptica do imposto) numa acepção restrita do princípio da equivalência[411]. Neste quadro, este tributo aproxima-se substancialmente da tarifa, ou seja, um preço óptimo politicamente regulado.

Assim, uma determinação distorcida do mercado base levará inequivocamente a uma construção modelar errónea com inevitáveis custos de eficiência, pelo que se deverá tomar o máximo cuidado na construção da UER.

Tendo em consideração o tipo de mercado em causa, e atendendo à experiência comparada, não será possível, de um ponto de vista objectivo proceder à construção de unidades uniformes de UER, que os utilizadores poderiam utilizar, em termos puramente numéricos, conforme as suas necessidades. Tal resulta de uma quase impossível normalização dos termos

[411] No caso concreto, e tendo em consideração o normativo constitucional de eficiência na tributação, poderá, a nosso ver, desenvolver-se um pouco mais o que se pode entender como equivalência económica na tributação da utilização do recurso comum. De facto, sendo o único suporte para a determinação do valor da UER a utilidade causada ao operador, será de aplicar um princípio de equivalência restrito (*Äquivalenz*).

de referência do mercado. Desta forma, a melhor aproximação consistirá na determinação individual e subjectiva da UER utilizada, calculando-se essa UER com base em critérios indexantes de base objectiva.

Por sua vez, a construção dessa UER deverá ser efectuada através de elementos de que a entidade reguladora já disponha, de forma a evitar custos suplementares de construção do novo modelo tarifário.

Por outro lado, num sistema desta índole não existirá qualquer susceptibilidade de violação do princípio da igualdade entre os operadores num mesmo sistema de mercado (concorrência intrassistemática) e entre sistemas de mercado concorrentes (concorrência intersistemática).

Nesta óptica, e somente a título de exemplo, a formatação da UER poderá assentar nos seguintes elementos:

i) Elementos de ordem quantitativa (volume do recurso comum utilizado). Este elemento deverá ser aferido pela quantidade relativa do recurso, aferida em matéria de sustentabilidade dos fluxos e de perenidade do *stock*.

ii) Elementos de ordem qualitativa (caracterização do recurso comum utilizado). Este elemento deverá ser constituído: *i)* pela qualidade relativa do recurso; *ii)* pela raridade relativa do mesmo; *iii)* pelo número de alternativas existentes;

iii) Elementos de ordem espacial (extensão do recurso comum utilizado) – a superfície da área utilizada, em quilómetros quadrados de cobertura de utilização dos recursos, determinada tendo em consideração a tecnologia de extracção, a sua potência, entre outros aspectos[412];

iv) Elementos de ordem temporal (inserção da taxa de desconto intergeracional) – o montante a cobrar pelo uso do recurso, no caso de ele revestir uma natureza não renovável, deverá integrar enquanto elemento componente o valor previsional da actualização monetária futura, bem como do prémio de opção que deverá ser outorgado às gerações futuras.

Este modelo, que absorve alguns dos elementos essenciais que compõem o mercado do recurso em causa poderá ser suficiente, na nossa óptica,

[412] Ou até mesmo pela densidade populacional da área em causa, se estiverem em causa serviços de comunicação mediáticos.

para a criação de uma UER objectiva que será susceptível de servir de base para uma ponderação superveniente tendo em vista a determinação do preço administrativo nos termos da mais pura metodologia assente num princípio da equivalência em sentido estrito.

Após a determinação objectiva da UER é essencial proceder-se à determinação do seu valor intrínseco. Ora, como se referiu, não existe actualmente um mercado que permita *per se* a determinação do valor da unidade numa lógica assente na oferta e na procura.

Pelo exposto, a única forma de se proceder a uma fixação eficiente do valor da UER deverá ter em consideração a utilidade que da fruição da mesma resulta para o agente que a utiliza. São irrefutáveis os ganhos económicos para um sujeito com a utilização do recurso comum. Essa utilidade é susceptível de medição tendo em consideração a análise do balanço de exploração dos utilizadores da UER.

Não obstante, é inegável que da utilização de determinados sistemas resulta uma maior utilidade económica do que de outros. Daí a necessidade de tomar em consideração na determinação deste valor uma média das vantagens patrimoniais resultantes de todos os sistemas que exploram o recurso comum enquanto fluxo criador de riqueza económica. Através deste sistema conseguirá privilegiar-se quem retira maiores vantagens económicas em desfavor de utilidades menos eficientes.

Pelo exposto, e tendo em consideração a formulação típica de uma estrutura de tributação conformadora de uma taxa de uso, parecem não existir muitas dúvidas no sentido da adopção de um princípio de remuneração baseado na utilidade marginal, pois esse é o único sistema que corresponde a uma utilização efectiva do recurso. É igualmente concebível a construção de uma taxa de reserva tendo em consideração a inegável vantagem patrimonial resultante da reserva de utilização daquela UER.

Este modelo tributário, funcionalizado à determinação de um preço eficiente na utilização do recurso, é de construção exigente. A sua legitimidade depende da eficiência acrescentada ao mercado. O próprio regime constitucional isso obriga. Neste quadro, o legislador tem uma tarefa árdua, pois terá de definir um tributo que simule o preço social do recurso, e se adapte permanentemente às condições efectivas do mercado e às peripécias permanentes que alteram os modelos base de uma forma quase sucessiva. Por outro lado, deverá incentivar a adopção de opções tecnológicas que permitam uma extracção superior de vantagens económicas decorrentes do recurso, o que implica uma sondagem permanente das opções disponíveis.

1.5.1. Um Exemplo: o Espectro Radioeléctrico como Recurso Comum

Esta arquitectura é complexa. O recurso comum poderá constituir-se como um bem do domínio público do Estado e, por isso, se encontrar submetido a um regime legal e constitucional especial. Por outro lado, haverá que ter em consideração as suas implicações em todos os sectores económicos, uma vez que poderá constituir um elemento crucial para o determinado segmento de mercado.

Invertendo o exemplo de Coase, que utilizou o espectro radioeléctrico enquanto modelo de explicitação do seu sistema de transmissão de direitos, analisemo-lo na perspectiva do tributário eficiente.

A ideia central na organização de todo o sistema de regulação do espectro radioeléctrico é a seguinte: a tributação segundo as regras de mercado (na medida do possível) será a mais eficiente. Porém, existirão características próprias do bem que fundamentam a ponderação de outros factores tendo em consideração a sua natureza específica[413].

Quais serão, então, os elementos técnicos, económicos e sociais a ponderar e que extravasam uma aproximação assente numa pura lógica de mercado?

[413] Apesar de este postulado aparecer como quase unânime na doutrina económica liberal, a doutrina jurídica, mais preocupada com as questões relativas à redistribuição (base utilitarista) não foca com tanta relevância o referencial de mercado como método de fixação do preço óptimo. Teixeira Ribeiro desenvolve uma posição de estabelecimento do valor da taxa na óptica do custo económico – elemento essencial para a determinação de um valor de mercado – referindo que se «se cobrarem taxas, será, pois, com o fim de repartir o respectivo custo», deixando, no entanto, em aberto, a questão da determinação do valor da taxa no caso em que inexiste um custo económico de a sustentar pela utilização do bem, mas de cuja fruição os agentes retiram utilidades de manifesto valor económico, como acontece no caso em análise. Refere o autor: «tem-se entendido que a eficiência impõe o fornecimento gratuito dos bens semipúblicos sempre que seja nulo o custo marginal desses bens. E o custo marginal é nulo, como logo, se vê, quando o consumo é irrival». A esta enunciação terá de se ligar a problemática da utilidade perceptada, em bens sem custo de manutenção, mas em que o consumo é rival, como é o caso do espectro radioeléctrico. Teixeira Ribeiro, apesar de não ter ponderado esta hipótese, vem referir que: «não é desrazoável, pois, que o Estado, às vezes exija taxas pela utilização de bens semipúblicos cujo custo marginal é nulo». Obviamente que esta afirmação, sob pena de violação de um princípio básico de sinalagmaticidade, só poderá ser entendida se a taxa a cobrar tiver como referencial a utilidade perceptada. Ribeiro, José Teixeira – *Lições de Finanças Públicas.* 5ª edição. Coimbra, 2010, pp. 254 e 255.

Seguindo este exemplo, existem diversos tipos de utilização possível do espectro radioeléctrico. Um factor de ponderação deveria assentar precisamente da finalidade da utilização, distinguindo-se entre utilizações públicas e utilizações privadas.

Não se defende, pois isso seria nefasto em sede de eficiência, a tendencial gratuitidade das transmissões de natureza pública. Essas utilizações deverão estar submetidas, em termos gerais, às mesmas regras de tributação das utilizações de base puramente privada. Contudo, é inegável que, assentando a tributação na utilidade retirada pelo agente económico da utilização da plataforma de transmissão, é nesse ponto que deverá ser efectuada uma ponderação que desonere as transmissões de natureza pública, de inegável utilidade social.

Ao efectuar-se esta ponderação irá eliminar-se a distorção – consciente – que foi operada no cálculo do valor da Unidade de Espectro Radioeléctrico (outra UER!) quando se tomou em consideração a média das vantagens patrimoniais resultantes de todos os sistemas que exploram o espectro radioeléctrico como plataforma de distribuição.

A utilidade social subjacente às utilizações públicas permitirá que se proceda a uma compensação na fonte na tributação deste tipo de transmissões, pois a sua finalidade é inequivocamente não mercantilística, mas sim de utilidade pública.

Nestes termos, a receita desta taxa, que é inequivocamente uma taxa por utilização de um bem do domínio público, reverterá para o Estado ou para a entidade reguladora enquanto titular do direito de exploração deste bem do domínio público, mas, quando for cobrada por utilizações de utilidade pública, deverá ser manifestamente reduzida, já que o espectro está a cumprir a sua missão primordial: promover a utilidade pública e melhoria do bem-estar social – missão inequivocamente prosseguida (pelo menos em tese) pela iniciativa pública.

Por outro lado, ao efectuar-se esta ponderação *a posteriori* e não no momento do cálculo objectivo da UER, não se distorce a base de cálculo desta – baseado, relembre-se, na utilidade marginal média das utilizações – pois os diversos montantes provenientes de vantagens patrimoniais diferenciadas serão tomados em consideração no cálculo da UER (de grande volume no caso de utilidades privadas, em pequeno volume no caso de utilidades públicas). Assim, o valor da UER a tomar em consideração não resultará unicamente da utilidade estritamente privada – geradora de grandes vantagens patrimoniais –, mas é ponderada pelas menores vantagens patrimoniais decorrentes da utilização pública.

O valor simples desta ponderação será aplicado às utilizações privadas (evitando-se a sua excessiva oneração). Utilizando este ponderador, as utilizações públicas serão desoneradas, permitindo um real discernimento do serviço público prosseguido e uma efectiva medição do benefício concedido (valor realmente cobrado em contraste com o que seria cobrado no caso de uma utilização privada).

Desta forma, consegue-se uma efectiva tributação pela utilidade marginal média (baseada no valor da UER), uma desoneração por serviço público (efectivamente medida pelo montante não tributado resultante da aplicação do ponderador) e uma não oneração excessiva das transmissões privadas, garantindo-se a sinalagmaticidade quantitativa, ou seja, não se tributando excessivamente as utilizações privadas para subsidiar, indirectamente, as utilizações públicas.

Poderá, ainda, existir outro factor de ponderação decorrente de uma decisão pública de subsidiar determinado tipo de utilizações privadas que se considere de relevante interesse público. Neste caso, já não está em causa uma utilização pública da UER, mas sim uma utilização privada, mas que o Estado entende promover de forma que os utilizadores da mesma a possam receber de uma forma menos onerosa.

Note-se que, nesta situação, o Estado não estará a subsidiar directamente os destinatários das transmissões, mas a reduzir os custos do agente económico que utiliza a UER, de forma que os seus custos de produção sejam reduzidos e possa prestar o serviço a um preço mais reduzido para o utilizador final[414].

Este sistema, por permitir uma medição objectiva do benefício recebido (correspondente à despesa fiscal resultante da aplicação do elemento

[414] Por outro lado, existe na utilização do espectro radioeléctrico um fundamento político assente no princípio do interesse geral ou bem comum (*Gemeinwohlprinzip*), por oposição a uma aplicação pura do princípio de equivalência económica. Tal é inequivocamente prosseguido no sistema proposto pelas ponderações que tomam em consideração o desenvolvimento económico-social da região ou a sua acessibilidade relativa ou a promoção do desenvolvimento tecnológico. Apesar disso, e conforme ressalvado anteriormente, deverão evitar-se situações de «impostos regulatórios», que atendendo à sua natureza compensada, constituem-se como instrumentos pouco transparentes. Neste enquadramento, a tributação pela utilidade, ao emular o exercício eficiente de uma remuneração decorrente do exercício de um direito de exploração de um recurso comum, permite a interiorização da exterioridade.

de ponderação), possibilita uma fiscalização efectiva dos preços praticados pelo agente beneficiário da redução, que poderá ser penalizado se não repercutir a vantagem ao nível dos preços oferecidos aos utilizadores dos seus serviços.

Esta ponderação poderá ter uma base qualitativa, tomando em consideração uma gama de serviços considerados essenciais como, por exemplo, comunicações de emergência ou de pessoas com dificuldade de locomoção, difusão de programas de interesse público, *etc.*, ou territorial, como comunicações com áreas remotas ou com fraca densidade populacional, logo, não apetecíveis numa lógica pura e simplesmente assente no mercado.

É inegável a importância das telecomunicações na redução dos problemas resultantes da interioridade. Os problemas económicos e sociais dessas zonas decorrem precisamente das dificuldades de comunicação. Ora, sendo os meios de comunicação que assentam no segmento radioeléctrico os mais indicados para ultrapassar esta dificuldade, deverão estes ser promovidos através de uma ponderação progressiva de incentivo às regiões mais desfavorecidas.

Nestes termos, os critérios de ponderação a utilizar poderão basear-se no Índice de Desenvolvimento Económico e Social, pois os factores aí considerados (taxa de alfabetização; esperança de vida, nível de vida [PIB *per capita*] e o índice de conforto e saneamento) transpõem, quase na íntegra, as desigualdades existentes ao nível das condições de acesso[415].

Tendo-se optado por uma construção assente na utilidade média da UER relativamente a todos os agentes económicos envolvidos de forma a construir objectivamente um preço de utilização importará, nesta fase, proceder a uma ponderação que tome em consideração o potencial de geração de resultados associado à presença de diferentes tecnologias de exploração.

De facto, tendo-se optado por uma quantificação da UER atendendo à utilidade gerada, não se poderia, sob pena de violação do princípio da igualdade na sua acepção material, tributar situações que geram retornos financeiros diferenciados de uma forma igualitária. O princípio da proporcionalidade, na sua acepção quantitativa, isso proíbe. Assim, a taxa a pagar deverá estar indissociavelmente ligada à utilidade recebida. No entanto,

[415] Poderá igualmente assentar-se num critério baseado nas NUTS, harmonizado a nível europeu. Outra solução passará pela construção de um novo critério tendo em consideração os custos de transmissão e de instalação acrescidos ou a densidade populacional em sede de área.

uma consideração estrita desta sinalagmaticidade levaria a um sistema de medição individualizada das utilidades alcançadas por cada operador individualmente considerado. Tal seria manifestamente ineficiente tendo em consideração os custos de negociação, de liquidação e de controlo.

A via possível para ultrapassar esta questão complexa, sem que nos afastemos dos princípios essenciais assentes na proporcionalidade qualitativa será a do potencial económico médio de cada meio de difusão. Este método possibilitaria diferenciar o montante a pagar por cada operador atendendo ao valor económico subjacente ao meio de difusão, salvaguardando-se um princípio de equivalência entre a utilidade recebida e o montante a pagar, pois, em princípio, e atendendo ao sistema de ponderação proposto, nunca nenhum operador pagaria mais do que aquilo que recebe pela prestação do seu serviço, sendo beneficiado se conseguir uma rentabilidade superior à média do seu meio de difusão, ou penalizado no caso inverso[416].

Este sistema, se aplicado sem distorções de qualquer espécie, iria promover, *per se*, um ajustamento progressivo da eficiência na utilização do espectro no sentido do seu aumento, com correspondente aumento de receita pública (já que o valor médio base da ponderação seria progressivamente ajustado em alta).

Por outro lado, tendo em consideração a tipologia própria do segmento em presença – o espectro radioeléctrico – a interdependência entre os agentes no mercado poderá gerar efeitos reflexos relevantes. Nestes termos, as decisões de um operador poderão reflectir-se, por vezes, – positiva ou negativamente – sobre outras pessoas (outros operadores ou consumidores) que com ele nada têm a ver, ora proporcionando-lhes utilidades externas (benefícios resultantes de comportamento alheio), ora impondo-lhes desutilidades externas (custos resultantes de comportamento alheio).

Poderão, pois, gerar-se exterioridades significativas no mercado em análise cuja não tomada em consideração atentará o princípio de tributação eficiente que se propõe. Tendo em consideração a estrutura do mercado, existem enormes probabilidades de congestionamento em determinadas faixas utilizadas do espectro radioeléctrico, geradoras de exterioridades negativas para outros operadores e utilizadores não ponderadas na contabilidade individual do agente causador. Esta situação é nefasta para o

[416] Pelo exposto, este sistema iria, de forma indirecta, libertar UER utilizadas por operadores ineficientes a favor de operadores mais eficientes.

bem-estar social, uma vez que os custos causados resultantes do diferencial entre o prejuízo privado marginal do agente causador e o prejuízo social marginal não são interiorizados no custo do serviço prestado, gerando-se a inevitável falha de mercado. É, pois, indispensável que o regulador corrija esta incapacidade genética do mercado, tanto mais que as faixas do espectro radioeléctrico são cada vez mais estreitas, utilizando o instrumento mais eficiente que tiver ao seu dispor (obrigação constitucional de eficiência).

Ora, esta situação de congestionamento poderia ser resolvida, em tese, através de regulamentação administrativa restringindo-se o acesso a determinados operadores de telecomunicações ou impondo-se restrições quantitativas relativamente à utilização da UER. Não obstante, esta situação pecará por excessiva rigidez pois, não se adaptando ao mercado, gerará em momentos posteriores graus de ineficiência superiores, violando-se, assim, o dever de eficiência na decisão.

Não entrando, agora, nas problemáticas relativas à possibilidade de construção de um mercado de direitos de utilização negociável, anteriormente referidas, poderá referir-se que a única forma de suprimir falhas de mercado consiste na utilização de mecanismos de mercado que corrijam a disfunção genética. Neste caso, a melhor forma de ultrapassar esta ineficiência consiste no desenvolvimento de um mecanismo que inclua o custo económico da exterioridade negativa no custo do serviço. Ora, não existirá melhor instrumento tributário para proceder a essa correcção do que o valor a cobrar pela utilização da UER conter uma ponderação desfavorável no caso de sobreutilizações da mesma, geradoras de efeitos reflexos negativos nas demais (interferências ou quebras de comunicação).

Pelo exposto, uma tributação eficiente do espectro radioeléctrico deverá tomar em consideração este tipo de ocorrências, podendo o ponderador a aplicar ser construído de uma forma progressiva, tendo em consideração a capacidade das faixas e as frequências e canais utilizados pelo operador, ou então, de uma forma mais simples, consistir num único valor percentual a aplicar a faixas sobreutilizadas.

Finalmente, a construção de um sistema de tributação eficiente deverá tomar necessariamente em consideração as denominadas exterioridades tecnológicas presentes no mercado em análise. Estas exterioridades verificam-se quando a produção ou o consumo de um agente tecnológico se reflecte na produção ou no consumo de outro agente económico.

Ora, este ponderador será essencial para a delimitação por parte do órgão regulador de uma política de incentivo à melhoria tecnológica subjacente ao mercado das telecomunicações. Tecnologias mais eficientes deverão ser promovidas em desfavor de tecnologias menos eficientes. A inovação verificada num sector deverá ser promovida de forma que os outros sectores possam aproveitar naturalmente os proveitos desse novo impulso tecnológico. Esta realidade é tanto mais importante no mercado em causa devido à estrita relação de interoperabilidade com os restantes meios de comunicação.

A – Questões para o Futuro (referentes aos capítulos III e IV da Parte IV)

i. Será a perspectiva de Coase efectivamente diferenciada da perspectiva de Pigou?
ii. Será a perspectiva agnóstica de Coase conciliável com os princípios éticos em sede ambiental e com o princípio poluidor pagador?
iii. Existirá alguma situação em que a transacção coaseana se efectue sem custos de transacção?
iv. Não será sempre necessário o Estado, numa função de regulação para a eficiência, para a formação efectiva de mercados secundários?
v. Qual a melhor metodologia para a atribuição dos direitos?
vi. Qual a metodologia para impedir jogos especulativos na transacção dos direitos?
vii. Poderão existir outros impostos (tais como o IVA) a onerar as transmissões de direitos?
viii. O que fazer quando a opção social se traduzir na não interiorização integral da exterioridade?
ix. Poderão as novas tecnologias da informação aumentar significativamente as fronteiras dos grupos abrangidos pelo mercado secundário?
x. Como se articulam, em termos de justiça global, modelos coaseanos de transmissão de direitos com o princípio da livre entrada nos mercados? Não será a necessária aquisição preliminar de direitos uma barreira à entrada?
xi. Como se estabelece uma estratégia de determinação do preço à escala global quando os diversos agentes situados em diferentes países se encontram em estádios de desenvolvimento assimétricos?
xii. Será o CELE um sistema eficiente de negociação de direitos de emissão?

xiii. Será suportável um modelo que combine de forma cumulativa elementos tributários pigouvianos com direitos negociáveis coaseanos?
xiv. Qual a melhor metodologia para lidar com a tragédia dos baldios nos recursos comuns?
xv. Poderão as metodologias ser aplicadas de uma forma combinada?

B – Bibliografia Nacional

Araújo, Fernando – *Introdução à Economia.* Almedina, 2014
Araújo, Fernando – *A Tragédia dos Baldios e dos Anti-Baldios.* Almedina, 2008

C – Bibliografia Estrangeira

Coase, Ronald – «The Problem of Social Cost». *In The Journal of Law and Economics,* vol. III, 1960
Demsetz, Harold – «Toward a Theory of Property Rights». *In American Economic Review,* 57, May, 1967
Olson, Mancur – *The Logic of Collective Action: Public Goods and the Theory of Groups.* Harvard University Press
Ostrom, Elinor – *Governing the Commons, The Political Economy of Institutions and Decisions.* Cambridge University Press, 1990
Stigler, George – *The Theory of Price.* 3rd ed. New York: Macmillan, 1966
Stoianoff, Natalie P., Larry Kreiser, Bill Butcher, Janet E. Milne, Hope Ashiabor (eds.) – *Carbon Pricing,* Edward Elgar Publishing, 2015
Stoianoff, Natalie P., Larry Kreiser, Bill Butcher, Janet E. Milne, Hope Ashiabor (eds.) – *Environmental Pricing,* Edward Elgar Publishing, 2015

PARTE V
A QUESTÃO ENERGÉTICA

Capítulo I
O Tributo Energético

1. Prévio. Dimensão Transversal da Questão Energética

A questão energética é transversal no nosso estudo. Em termos conceptuais, e na estrita dimensão ecológica, as leis da termodinâmica – *maxime* a primeira lei que estabelece o princípio fundamental da conservação universal – colocam a energia num pólo central das preocupações ecológicas. De facto, a questão ambiental nasce da energia e termina na energia.

Na óptica das externalidades, a problemática da poluição adquiriu especial veemência com o advento dos combustíveis fósseis (inicialmente o carvão e depois o petróleo), com as inevitáveis repercussões reflexas (aquecimento global, acidificação do ambiente, e contaminação por via do plástico). Energias alternativas (não renováveis) como a nuclear colocam outros problemas relacionados com a contaminação radiológica.

Por outro lado, do ponto de vista dos recursos comuns, a produção de energia pressupõe o consumo de recursos naturais, de fonte fóssil, de aproveitamentos hídricos (rios) ou de localizações especiais (ou seja, zonas privilegiadas para a geração eólica ou solar). A problemática da eficiente apropriação faz-se sentir com mais intensidade nos consumos inerentes à produção de energia de fontes não renováveis. Porém, também a fruição das localizações primordiais poderá suscitar debates interessantes no que diz respeito à metodologia de atribuição de direitos.

Finalmente, na perspectiva dos bens públicos, o transporte da energia pressupõe a construção de uma base infra-estrutural crucial para o desenvolvimento das sociedades urbanas. A construção das redes energéticas e a qualidade da sua gestão pressupõem uma acção regulatória pública que garanta a cobertura universal, a qualidade e estabilidade do serviço e a sua prestação tomando em consideração especiais garantias de solidariedade e de coesão. Neste quadro abrangente, a tributação da energia adquire especial importância, atenta a dimensão sucessivamente mais energética da nossa sociedade.

Relembremos o quadro:

<table>
<tr><th colspan="2">QUESTÃO AMBIENTAL</th><th>QUESTÃO TERRITORIAL</th></tr>
<tr><th>EXTERIORIDADES</th><th>RECURSOS COMUNS</th><th>BENS PÚBLICOS</th></tr>
<tr><td>Poluição</td><td>Exaustão dos Recursos Naturais</td><td>Sobrepopulação</td></tr>
<tr><td>Aquecimento Global</td><td>Desflorestação</td><td>Expansão Urbana</td></tr>
<tr><td>Alterações Climáticas</td><td>Perda de Biodiversidade</td><td>Subinfra-estruturação</td></tr>
<tr><td>Desaparecimento da Camada de Ozono</td><td>Não Tratamento de Lixos e Resíduos</td><td>Insustentabilidade Territorial</td></tr>
<tr><th colspan="3">QUESTÃO ENERGÉTICA</th></tr>
</table>

Nesta parte do nosso trabalho, testaremos as metodologias de análise e as propostas de política regulatória avançadas a propósito das temáticas concretas as exterioridades, dos recursos comuns e dos bens públicos no campo específico da energia. Tal leva-nos a analisar a estrutura de tributação energética, a questão da relação entre as instalações de produção energética e a lógica de equivalência espacial de imputação de receita tributária e o modelo tributário e tarifário das infra-estruturas em rede do mercado energético, particularmente a rede de transporte e distribuição.

2. Energia, Emissões, Recursos e Redes

As temáticas relacionadas com as exterioridades ambientais são muitas vezes agregadas de forma excessivamente simplificada tomando em consideração a vertente da emissão de dióxido de carbono. Numa intenção meramente informativa, analisemos os sectores de actividade económica com mais emissões de CO_2 em Portugal:

Figura 3: Emissões sectoriais de CO_2 em Portugal em 2014[417]

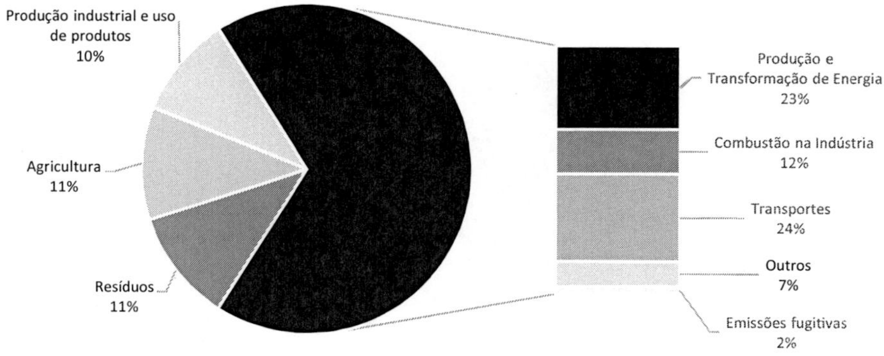

Fonte: Agência Portuguesa do Ambiente, Maio 2016[418].

Desta forma, o sector da energia surge como o principal sector responsável pelas emissões de gases com efeito de estufa, representando 68% das emissões nacionais, e, simultaneamente, um crescimento de cerca de 6% em comparação com 1990. Dentro deste sector, o subsector dos transportes (onde se insere o tráfego rodoviário) e da produção e transformação de energia são as fontes mais poluidoras, representando, respectivamente, cerca de 24% e 23% do total das emissões portuguesas.

O esforço desenvolvimento por Portugal no cumprimento das metas internacionais é notório. Analisemos o panorama geral de evolução das emissões de CO_2 em Portugal:

[417] *Cf.* Agência Portuguesa do Ambiente (2016), *Relatório do Estado do Ambiente Portugal 2016*, p. 57. Disponível para consulta *online* em: https://rea.apambiente.pt/content/ultima-edicao

[418] *Amadeus (Analyse Major Databases from European Sources)* é uma base de dados de análise financeira disponibilizada pela empresa belga *Bureau Van Dijk*. Esta base de dados contém informação financeira e económica, informação oficial sobre a administração da empresa, participações, empresas accionistas, códigos de actividades e uma descrição das empresas (por exemplo: número oficial de identificação, morada, telefone, forma legal, data de inclusão na base de dados e descrição da actividade).

Figura 4: Evolução das emissões de CO_2 em Portugal (1960-2014) em kt[419]

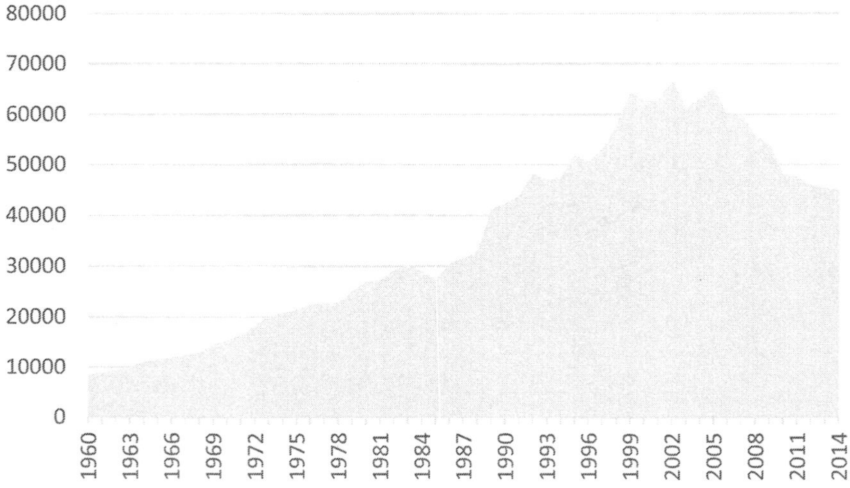

Fonte: *World Bank (2014)*

Desta forma, é possível observar uma diminuição progressiva das emissões de CO_2 em Portugal a partir de 2005, coincidindo com a data em que a política ambiental Europeia se intensificou, materializando-se na entrada em vigor da primeira fase do CELE, conforme veremos com mais detalhe adiante. A variação anual percentual é apresentada no gráfico *infra*.

[419] Informação disponível para consulta *online* em: https://data.worldbank.org/indicator/EN.ATM.CO2E.KT?end=2014&locations=PT&start=1960&view=chart

Figura 5: Evolução das emissões de CO_2 em Portugal (1960-2014) em percentagem (%)[420]

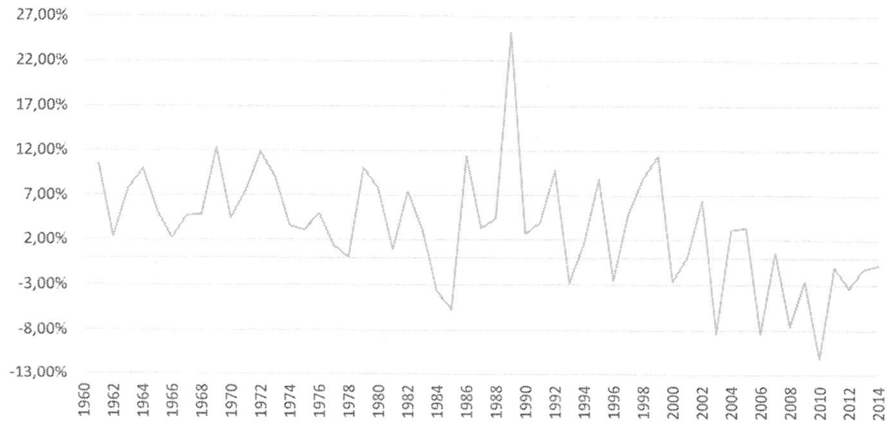

Fonte: *World Bank (2014)*

A observação do gráfico permite-nos verificar um padrão constante de decréscimo das emissões de CO_2, permitindo a Portugal, tal como anteriormente referido, cumprir os seus compromissos internacionais de redução das emissões de CO_2[421].

A perspectiva do CO_2 é demasiado estreita. No limite, serve para fundamentarmos a distinção tradicional entre fontes de energia não renováveis (carvão, petróleo e gás natural) e renováveis (solar, eólica, hídrica, geotérmica e biomassa), mantendo-se permanentemente a energia nuclear num limbo dogmático, que por vezes é acompanhado do correspondente limbo fiscal. Os GEE constituem uma categoria bem mais ampla do que o simples CO_2.

Conforme referimos *supra*, o conceito de «imposto ambiental» para o EUROSTAT integra quatro categorias básicas potenciais. Os impostos sobre a energia integram a primeira categoria, onde se insere o «imposto sobre o dióxido de carbono». Na segunda categoria, inserem-se os impostos

[420] Informação disponível para consulta *online* em: https://data.worldbank.org/indicator/EN.ATM.CO2E.KT?end=2014&locations=PT&start=1960&view=chart

[421] *Cf.* República Portuguesa – Gabinete do Ministro do Ambiente (2017) – *Orçamento do Estado 2018 – Programa Ambiente – Nota Síntese*, pp. 28-30. Disponível para consulta *online* em: https://www.parlamento.pt/Documents/OE2018/NotaExplicativaMAMB2018.pdf

sobre os transportes (também, estes, claro está, materialmente impostos sobre a energia, nomeadamente quando o âmbito de incidência se refere aos combustíveis. Na terceira categoria, encontramos os «impostos sobre a poluição» (como, por exemplo, o imposto sobre o dióxido de enxofre ou outras substâncias ambientalmente nefastas) e, finalmente, na quarta categoria, os impostos sobre os recursos «comuns», com exclusão do imposto sobre a produção de petróleo e gás natural.

Como é fácil de perceber, esta classificação não é minimamente operacional. Decorre claramente do devir histórico, «forçando» a classificação tributária às origens históricas do fito tributário. Ignorando-se, por agora, o facto de a generalidade dos tributos energéticos revestir a qualidade de contribuições e não de impostos, a primeira categoria é «filha» das correntes ambientais dos anos 80 do século passado que tomavam o imposto sobre o CO_2 como o «único e próprio» imposto ambiental. A segunda categoria radica na tributação dos transportes tradicional, agregando tributos tradicionais nos sistemas fiscais (foi, aliás, por essa razão que Portugal nos primeiros anos deste «índice» se apresentava como o país com maior pendor ambiental do seu sistema fiscal, mesmo quando a tributação ambiental nem sequer se focava nas emissões, mas unicamente na cilindrada). A terceira categoria é residual e a quarta integra uma realidade que faltava e que decorria da necessária consideração da problemática referente à sustentabilidade na utilização dos recursos naturais, que se encontrava ausente numa utilização «pura» da perspectiva das exterioridades.

Pelo exposto, propomos uma classificação diferenciada, em termos tripartidos: os tributos energéticos terão sempre uma finalidade regulatória fundada no princípio da equivalência ou do benefício e poderão revestir três categorias fundamentais:

i) Tributos de Optimização de Mercado por via da Interiorização de Exterioridades Geradas no Produção ou Consumo de Energia;
ii) Tributos de Promoção Eficiente na Utilização de Recursos Comuns de Base Energética;
iii) Tributos para a Construção e Manutenção das Redes Infra-estruturais Energéticas.

Estes tributos poderão utilizar uma técnica pura pigouviana, ou seja, de correcção imediata da incapacidade de mercado subjacente, ou, em termos mitigados, a inserção de incentivos/desincentivos na lógica da economia comportamental.

Mais uma vez, a melhor metodologia para a concretização de uma classificação operacional traduz-se na conjugação dos elementos financeiros com os problemas económicos de base. Se a incapacidade de mercado que se visa resolver assenta numa questão de exterioridades[422], o instrumento económico a utilizar deverá ter essa causa e esse fundamento (pigouviano, coaseano, ou incentivo/desincentivo comportamental). Ao invés, se estiver em causa um recurso comum, a causa e o fundamento do tributo energético passarão por garantir a utilização eficiente e sustentável do mesmo. Finalmente, no caso das redes energéticas, enquanto bens públicos, a causa e o fundamento da tributação passarão pelos termos da sua oferta óptima e pelo modelo de financiamento eficiente.

[422] Exterioridades *stricto sensu*, na perspectiva das emissões. De facto, em termos técnicos quer a problemática dos recursos comuns, quer a dos bens públicos, no final, também se reconduzem à matéria das exterioridades.

Capítulo II
Tributação Energética e as Emissões
A Vertente das Exterioridades

1. Tributação da Energia

A tributação da energia em Portugal, além das influências do Direito Fiscal, tem uma estreita ligação com outros ramos de Direito, como é o caso do Direito Europeu e do Direito do Ambiente[423] (e também de uma modalidade deste último, o Direito da Energia[424]). A influência do Direito Europeu – tal como sucede no caso da tributação indirecta e, neste caso, nos Impostos Especiais sobre o Consumo («IEC») – funda-se nas normais decorrências do primado do Direito Europeu. Com efeito, ao longo de uma parte considerável de todo o século XX, o sistema fiscal português encontrava-se estritamente vinculado às finalidades típicas de «fomento económico e redistribuição»[425], o que apenas viria a sofrer alguma inversão a partir dos anos 80, período em que começaram a lançar-se as bases de uma fiscalidade ambiental consolidada.

Nessa medida, entende Sérgio Vasques que «até ao final do Século XX, os impostos especiais sobre o álcool, tabaco, produtos petrolíferos ou automóveis não tinham outro objectivo senão o da angariação de receitas, mostrando os contornos unilaterais típicos de qualquer imposto»[426].

[423] *Cf.* NABAIS, José Casalta – *Direito Fiscal*. 7ª Edição. Coimbra: Almedina, 2014, p. 117 e ss..

[424] *Cf.* SILVA, Suzana Tavares da – *Direito da Energia*. Coimbra: Coimbra Editora, 2011; FREITAS, Lourenço Vilhena de – *Direito Administrativo da Energia – Introdução*. Associação Académica da Faculdade de Direito de Lisboa, Lisboa, 2013.

[425] *Cf.* VASQUES, Sérgio; MARTINS, Guilherme Waldemar d'Oliveira (2007), ob. cit., p. 251 e ss..

[426] *Cf.* VASQUES, Sérgio – *Manual de Direito Fiscal*. Coimbra: Almedina, 2012, p. 227.

Esta realidade inverteu-se radicalmente com o advento da extrafiscalidade, que inclui «tanto a tributação (impostos extrafiscais ou agravamentos extrafiscais de impostos) como a não tributação ou a menor tributação (benefícios fiscais) cuja função ou objectivo principal é, não a obtenção de receitas ou uma política financeira, mas a prossecução de objectivos económicos e sociais»[427].

A aquisição de uma nova função para estes tributos, que assim permite qualificá-los como um verdadeiro instrumento de política económica, conjuntural ou até mesmo estrutural, tem como objectivo a modelação de comportamentos dos agentes económicos que, de forma mais consequente, exerçam comportamentos aptos a lesar o ambiente.

Neste momento, haverá que efectuar uma distinção no respeitante ao que se entende como «extrafiscalidade». Efectivamente, o desenvolvimento de uma tributação reguladora tendo em vista a elevação dos níveis de eficiência no sistema económico não poderá ser considerada como integrando o conceito de «extrafiscalidade». Nada existirá de mais interno à fiscalidade do que a perfeição dos termos fundamentais do tributo. Assim, um tributo energético que prossiga uma finalidade de interiorização de uma exterioridade não terá qualquer finalidade extrafiscal. O que existe é uma actividade de regulação fiscal, que utiliza um tributo, *in casu*, uma contribuição especial, para a elevação dos níveis de perfeição do mercado.

Ao invés, se o instrumento tributário corporizar um incentivo ao desenvolvimento de uma qualquer política económica, por exemplo, o incentivo à criação de emprego, já teremos uma finalidade extrafiscal. O mesmo acontece sempre que estiverem em causa a outorga de incentivos ou a criação de desincentivos a determinados comportamentos dos agentes económicos.

Teremos, assim, três situações distintas, que interessará nunca confundir:

i) o interesse tributário, que se traduz na angariação de receita pública, e que é comum a todos os tributos;

ii) o interesse causal, que se traduz, no caso dos impostos, essencialmente na redistribuição da riqueza, e no caso das contribuições, das taxas e das tarifas, essencialmente no aumento da eficiência do mercado (embora, obviamente, ambos os desígnios se cruzem em intensidades diferenciadas como analisamos *supra*), e que é funda-

[427] *Cf.* Nabais, José Casalta – *Direito Fiscal*, cit..

mental para a perfeição dogmática do tributo (lógica da arquitectura interna) e, decorrentemente, para a sua legitimidade (efeito da tributação em sede de bem-estar geral);

iii) o interesse extrafiscal, que se traduz na utilização dos tributos para a prossecução de outras políticas de âmbito extrafinanceiro, tais como a moderação do consumo de bebidas alcoólicas, do consumo de tabaco, de promoção de emprego, ou seja, para o desenvolvimento de políticas públicas que superem a eliminação ou atenuação de incapacidades de mercado.

No contexto de introdução, em Portugal, da tributação da energia salienta-se a Lei do Orçamento do Estado para 1999 (Lei nº 87-B/98, de 31 de Dezembro), a qual criou o Imposto sobre os Produtos Petrolíferos e Energéticos (ISPE) no âmbito do Código dos Impostos Especiais sobre o Consumo («CIEC»)[428], sendo manifesta a influência do direito europeu. A mencionada Directiva 2003/96/CE veio definir os produtos energéticos tributáveis, as utilizações que os tornam tributáveis e os níveis mínimos de tributação aplicáveis a cada produto consoante seja utilizado como carburante, para determinadas finalidades industriais ou comerciais, ou como combustível para aquecimento.

Com efeito, esta predominância dos IEC é, desde logo, explicável em função da sua sistematização num Código que conta já com um período de vigência suficientemente sólido. É nessa medida que surgiu o novo Código dos IEC, aprovado pelo Decreto-Lei nº 73/2010, de 21 de Junho, onde é feita uma alusão expressa aos custos provocados no domínio do ambiente e à sua relação com uma regra geral de igualdade tributária[429].

[428] A propósito, importa referir que os IEC continuam a ter um relevo preponderante naquela que é a face causal do sistema fiscal português especialmente dedicada à resolução de problemas ambientais. A título de exemplo, veja-se que foi a Lei do Orçamento do Estado para 2004 (Lei nº 107-B/2003, de 31 de Dezembro) que introduziu um adicional ao Imposto sobre os Produtos Petrolíferos e Energéticos destinado a financiar o Fundo Florestal Permanente. Esta medida resultou na imputação aos automobilistas de uma parte dos custos de manutenção do parque florestal nacional, numa expressão inequívoca de incidência grupal e presuntiva de um tributo, na medida em que são seus destinatários apenas aqueles que detiverem um automóvel e pela circunstância de se presumir a sua conexão ao aumento dos níveis de CO_2 e demais compostos associados.

[429] *Cf.* Vasques, Sérgio (2012), ob. cit., p. 227.

Como anteriormente referido, a tributação da energia foi fundamentalmente introduzida pelo Código dos IEC, nomeadamente através do ISPE. Este imposto incide sobre a comercialização de produtos sob a forma de carburante ou combustível, assim como outros produtos com destino ao consumo ou venda. Desde 2012, a electricidade encontra-se abrangida pelo âmbito de incidência do ISPE, na sequência da transposição da referida Directiva nº 2003/96/CE para o ordenamento jurídico português. As respectivas taxas revestem-se de carácter específico e são determinadas dentro de limites mínimos e máximos constantes no número 1 do artigo 92º do Código dos IEC.

Os IEC sofreram uma alteração muito significativa nos últimos anos, a qual nos leva a reconsiderar a sua própria natureza jurídico-tributária. De facto, de uma base unilateral, os IEC passaram a revestir-se de uma estrutura bilateral e comutativa, na medida em que procuram agora estabelecer uma relação prestacional entre o Estado e grupos de sujeitos determinados, relativamente homogéneos que, em função da adopção de determinados parâmetros normativos, se presumem causadores de determinados custos, também na óptica grupal. Esta alteração da natureza dos IEC teve impacto no domínio de outros tributos ambientais, entretanto introduzidos no sistema fiscal português.

Vejamos alguns dos exemplos mais pertinentes de tributos ambientais que, seguindo a lógica bilateral e comutativa dos IEC – *i. e.*, a lógica de equivalência de grupo – se revestem de total autonomia sistemática ante o respectivo Código, somando-se à importância daqueles na conformação actual da tributação ambiental em Portugal.

Vejamos alguns dos mais relevantes:

i) Imposto Único de Circulação – a Lei nº 22-A/2007, que aprovou o Código do Imposto Único de Circulação (IUC), entrou em vigor em 1 de Julho de 2007, tendo consagrado um tributo a que estão sujeitos os proprietários de veículos em Portugal, considerando-se como tais as pessoas singulares ou colectivas, de direito público ou privado, em nome das quais os mesmos se encontrem registados. Nos veículos com matrícula a partir de 1 de Julho de 2007, o valor do IUC é acrescido de um valor obtido a partir das emissões de CO_2. Aplica-se ao IUC o princípio da equivalência, uma vez que se onera o proprietário na medida do custo provocado ao ambiente, isto é, das externalidades negativas dos veículos motorizados, e não na medida da sua riqueza, afastando assim o princípio da capacidade contributiva;

ii) A Taxa de Gestão de Resíduos[430] vigora em Portugal desde 2007[431] e foi criada pelo Regime Geral da Gestão de Resíduos, tendo sofrido alterações com a Lei nº 64-A/2008, de 31 de Dezembro, com o Decreto-Lei nº 73/2011, de 17 de Junho e mais recentemente com a publicação Lei nº 82-D/2014, de 31 de Dezembro. Esta taxa destina-se à prevenção e redução da produção de resíduos, nomeadamente do seu carácter nocivo e dos impactos adversos decorrentes da sua produção, gestão e utilização. Ou seja, a finalidade primordial é a compensação dos custos ambientais gerados pelas diversas operações como a de gestão de resíduos, com particular relevo para as deposições em aterro[432];

iii) A Taxa de Recursos Hídricos[433], criada em 2008 pelo Regime Económico e Financeiro dos Recursos Hídricos, concretiza os princípios constantes da Lei da Água e nos quais assenta a gestão dos recursos hídricos nacionais, onerando os seus utilizadores pelos custos e benefícios inerentes à gestão dos recursos hídricos, numa lógica de comutatividade;

iv) A Contribuição de Serviço Rodoviário[434] foi criada em 2007 com o objectivo de financiar a rede rodoviária nacional, a cargo da EP Estradas de Portugal, S.A., sendo esta aferida e cobrada de acordo com o consumo de combustível, uma vez que incide sobre a gasolina e o gasóleo rodoviário sujeitos ao ISP e dele não isentos. Assim, as externalidades decorrentes da utilização da rede rodoviária nacional são compensadas por esta contribuição.

Não pretendendo entrar na qualificação jurídico-tributária dos tributos referidos (nomeadamente no caso das duas «taxas») referidas, gostaríamos de salientar um caso controverso.

[430] Decreto-Lei nº 178/2006, de 5 de Setembro.

[431] Transposição para a ordem jurídica interna da Directiva nº 2006/12/CE, do Parlamento Europeu e do Conselho, de 5 de Abril, e da Directiva nº 91/689/CEE, do Conselho, de 12 de Dezembro.

[432] *Cf.* Vasques, Sérgio; Martins, Guilherme Waldemar d'Oliveira (2007), ob. cit., p. 263.

[433] Decreto-Lei nº 97/2008, de 11 de Junho.

[434] Lei nº 55/2007, de 31 de Agosto.

2. Uma Questão Controversa: ISPE/Adicionamento/CELE

O ISPE incide sobre a comercialização de produtos sob a forma de carburante ou combustível, assim como outros produtos com destino ao consumo ou venda. Assim, de um modo geral, o ISP aplica-se a toda a gasolina e gasóleo, bem como ao gás propano e butano, petróleo e GPL, que se destinem a venda ou consumo[435].

Enquanto contribuição especial, a figura tributária em apreço apresenta uma estruturação distinta das demais categorias tributárias pelo facto de o sujeito passivo, devedor do imposto, poder repercuti-lo junto dos consumidores finais que, enquanto tal, os devem suportar. Em derrogação ao princípio da capacidade contributiva, presente nos impostos sobre o rendimento ou o património, a justificação para a existência destes impostos especiais de consumo reside nos custos sociais ou ambientais imputáveis ao consumo – precisamente a vertente da equivalência.

No que respeita às respectivas taxas[436], estas são actualizadas semestralmente (*e.g.*, Portaria nº 345-C/2016, de 30 de Dezembro[437] sendo nela definido o valor das taxas unitárias do ISPE, conforme resulta do quadro abaixo). Sobre este tema, note-se ainda que o princípio subjacente à aplicação de taxas diferenciadas a cada um dos produtos petrolíferos e energéticos distintos segue um corolário de cariz ambiental que se alavanca no princípio do poluidor pagador[438].

[435] A incidência objectiva do imposto é dada pelo artigo 88º do CIEC.

[436] *Cf.* Artigo 92º do CIEC, no qual são previstas as taxas aplicáveis.

[437] Os valores das taxas unitárias do imposto sobre os produtos petrolíferos e energéticos aplicáveis às gasolinas, aos gasóleos, aos petróleos, aos fuelóleos e à electricidade são fixados, para o continente, por portaria dos membros do Governo responsáveis pelas áreas das finanças e da economia.

[438] *Cf.* Agência Portuguesa do Ambiente. Disponível para consulta *online* em: https://www.apambiente.pt/index.php?ref=17&subref=157

Tabela 1: Taxas do ISPE (2017)

Produto	Código NC	Taxa do imposto (€)	
		Mínima	Máxima
Gasolina com chumbo	2710 1 51 - 2710 11 59	650	650
Gasolina sem chumbo	2710 11 41 - 2710 11 49	359	650
Petróleo	2710 19 21 - 2710 19 25	302	400
Petróleo colorido e marcado	2710 19 25	0	149,64
Gasóleo	2710 19 41 - 2710 19 49	278	400
Gasóleo colorido e marcado	2710 19 41 - 2710 19 49	21	199,52
Fuelóleo com teor de enxofre superior a 1%	2710 19 63 - 2710 19 69	15	44,92
Fuelóleo com teor de enxofre inferior ou igual a 1%	2710 19 61	15	39,93
Electricidade	2716	1	1,10

Paralelamente à aplicação da contribuição acima referida aos produtos petrolíferos e energéticos, a Reforma da Fiscalidade Verde, consagrada na Lei nº 82-D/2014, de 31 de Dezembro (artigo 92º -A), introduziu ainda um «Adicionamento de tributação aos produtos sujeitos ao ISP»[439]. A lógica conceptual é aparentemente diversa. O ISPE incide sobre o teor energético (?); o adicionamento sobre a vertente da intensidade de emissões de CO_2. Porém, e como é óbvio, o fundamento da legitimidade para tributar a intensidade energética passa precisamente pelo seu efeito nas emissões (tirando o caso da electricidade cujo fito é a promoção da eficiência na sua utilização[440]).

O desafio essencial para um tributo que taxa directamente as emissões passa precisamente pela mensuração da taxa eficiente corresponde ao custo social decorrente da emissão da tonelada de CO_2. E aqui o legislador esteve bem ao utilizar o referencial mais operacional de todos: o custo da tonelada de CO2 em CELE. Teoricamente, será nesse mercado que se determina o custo social da emissão, transpondo-se essa vantagem coaseana para um instrumento de base pigouviana. Assim, a aplicação das taxas

[439] *Cf.* Artigo 92º-A do CIEC.

[440] *Cf.*, CABRAL, Ana Inês – *Tributação da Electricidade num contexto ambiental*. UCP, 2012 [disponível em https://repositorio.ucp.pt/bitstream/10400.14/11977/1/Tributa%C3%A7%C3%A3o%20da%20Electricidade%20-%20Num%20Contexto%20Ambiental.pdf]

correspondente a vigorar em cada ano é feita com referência à média aritmética do preço resultante dos leilões de licenças de emissão de gases de efeito de estufa no âmbito do CELE realizados no ano anterior[441] ao qual é aplicado um factor de Adicionamento (próprio a cada tipo de produtos petrolífero e energético).

A tabela abaixo apresenta os factores de adicionamento em vigor em 2017:

Tabela 2: Factores do Adicionamento sobre as emissões de CO_2

Tipo	Factor de Adicionamento
Gasolina	2,271654
Petróleo	2,453658
Gasóleo (abrange gasóleo rodoviário, gasóleo colorido e marcado e gasóleo de aquecimento)	2,474862
GPL	2,902600
Gás natural	0,056100
Fuelóleo	3,096000
Coque	2,696100
Carvão	2,265670

Ainda neste domínio, cabe referir que uma parte das receitas adquiridas no âmbito da tributação do sector petrolífero e energético nos termos acima referidos é atribuída ao fundo ambiental[442] que foi instituído tendo como fim garantir uma gestão mais eficiente e eficaz dos diversos fundos[443] existentes sujeitos à tutela do Ministério do Ambiente, permitindo desta forma a garantia da execução de uma boa política ambiental. Assim, com a agregação destas políticas num único fundo, seria possível apresentar um instrumento com mais capacidade financeira e uma maior adaptabilidade aos desafios que em cada momento se colocarão, para actuar na preserva-

[441] Entende-se por ano anterior o período compreendido entre o dia 1 de Julho do ano prévio ao anterior e o dia 30 de Junho do ano anterior.

[442] O fundo ambiental foi criado pelo Decreto-Lei nº 42-A/2016, de 12 de Agosto.

[443] Tais como o Fundo Português do Carbono, o Fundo de Intervenção Ambiental e o Fundo de Protecção dos Recursos Hídricos e o Fundo para a Conservação da Natureza e a Biodiversidade.

ção dos recursos naturais, na prevenção de riscos e na reparação. Assim, a equação financeira efectuada na Reforma da Fiscalidade Verde assentou na verificação da cotação da tonelada de CO_2 em mercado CELE e na transposição desse custo para o adicionamento pigouviano.

Efectivamente, o modelo nacional é complexo. Integra instrumentos pigouvianos (o ISPE), coaseanos (o CELE) e híbridos (o adicionamento), que resultam de uma conjugação engenhosa de instrumentos pigouvianos – o conceito de tributo – e coaseanos – a metodologia de definição da taxa do adicionamento.

A título ilustrativo, o gráfico *infra* apresenta os projectos nacionais de protecção ambiental e de promoção de utilização eficiente de energias aos quais os fundos provenientes da venda de licenças serão destinados:

Figura 6 – Utilização das receitas provenientes dos leilões em projectos nacionais (%)

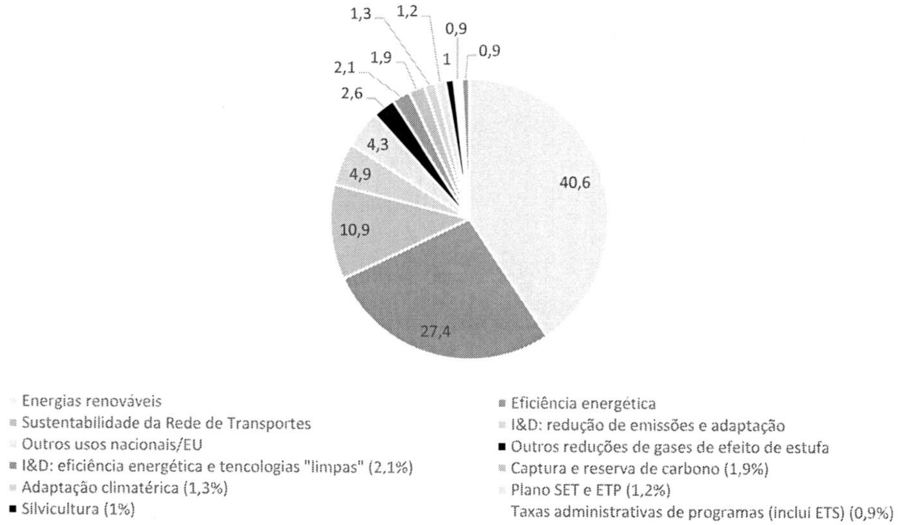

Em Portugal, as receitas provenientes da venda de licenças de carbono são reconduzidas e administradas pelo Fundo Português de Carbono[444]. Tal como referido anteriormente, a constituição deste Fundo teve como fim último garantir o cumprimento dos compromissos estabelecidos tanto no

[444] *Cf.* Portaria nº 3-A/2014, de 7 de Janeiro.

Protocolo de Quioto como noutros instrumentos internacionais aos quais o Estado Português se encontra vinculado no que diz respeito à limitação de emissões de GEE[445].

Assim sendo, as receitas provenientes da venda das licenças são na sua totalidade receita deste Fundo[446], constituindo, em média, 70% a 85% do seu orçamento anual. O gráfico *infra* apresenta as receitas totais originadas a partir das vendas de licenças e a sua respectiva alocação pelos vários países da União Europeia.

Tabela 3: Distribuição da receita gerada a partir da venda de licenças (2013-2015)

(valores em milhares de euros)

Ano	Receita da venda de licenças	Das receitas dirigidas a fins de protecção ambiental e de promoção de utilização eficiente de energias (%)	Receitas dirigidas a fins de protecção ambiental	Das quais: de uso nacional	Das quais: de uso internacional	Receitas não dirigidas a fins de protecção ambiental	Receitas cujo uso não foi reportado
2013	72 782	98%	71 402	68 981	2.421	0	1 380
2014	67 095	97%	65 010	61 989	3.021	0	2 085
2015	99 210	84%	83 699	80 324	4.483	0	14 403
Total	239 087	92,1%	220 111	211 294	9.925	0	17 868

Existe, portanto, uma identidade causal entre os diversos instrumentos em presença: ISPE, CELE e Adicionamento, que importa gerir de forma bastante cuidadosa, sob pena de criação de «fardos excessivos».

Cabe notar que, os produtos petrolíferos e energéticos classificados pelos códigos NC 2701, 2702 e 2704 estão até à data isentos de ISPE e do respectivo adicionamento, ao abrigo do artigo 89º do CIEC, caso se encontrem sujeitos a CELE.

[445] *Cf.* Agência Portuguesa do Ambiente – *Relatório de aplicação da Portaria nº 3-A/2014, de 7 de janeiro, e do Decreto-Lei nº 195/2015, de 14 de setembro, relativo a receitas de leilões no âmbito do regime de Comércio Europeu de Licenças de Emissão.*

[446] *Cf.* Comissão Europeia – *Analysis of the use of Auction Revenues by the Member States – Final Report*, 2017, p. 55. Disponível para consulta *online* em: https://ec.europa.eu/clima/sites/clima/files/ets/auctioning/docs/auction_revenues_report_2017_en.pdf

Porém, esta solução foi alterada na entrada em vigor do artigo 252º da Lei do Orçamento do Estado para 2018, com efeito a partir de 1 de Janeiro de 2018.

Neste sentido, e embora se entenda que os impostos ambientais funcionam como mecanismos eficazes e eficientes de protecção ambiental, tendo em vista o cumprimento das funções do Estado na garantia do direito, constitucionalmente previsto, não poderão ser admitidas situações de dupla imposição de penalização, considerando mecanismos tributários pigouvianos e não tributários, ou seja, coaseanos. É nestes termos que se entende que a entrada em vigor da alteração normativa em apreço não poderia deixar de ter em conta o quadro normativo e regulatório em que actua, em particular, não poderá ser admitida qualquer situação de cumulação tributária com um sistema de interiorização de exterioridades do tipo CELE. Note-se que a própria taxa de tributação depende da correcta nivelação dos efeitos externos causados (nem mais nem menos), o que já acontece através da mensuração do valor das licenças, através do mecanismo de mercado instituído para o efeito – o sistema CELE.

Perante a pré-existência de um quadro contratual de base negocial, pelo qual Portugal acordou um mecanismo de internalização dos impactos ambientais provocados pelas entidades abrangidas, em respeito pelo quadro normativo comunitário e pelo próprio Acordo de Paris, não se antevê qualquer justificação jurídico-para a revisão do quadro de isenções para as entidades abrangidas pelo sistema CELE.

Vejamos com mais detalhe. Aprovado pelo Decreto-Lei nº 73/2010, de 21/06, o Código dos IEC estabelece na alínea *d)* do nº 1 do seu artigo 89º um conjunto de isenções ao ISPE, entre as quais as referentes aos produtos que «Sejam utilizados na produção de eletricidade, de eletricidade e calor (cogeração), ou de gás de cidade, por entidades que desenvolvam tais atividades como sua atividade principal, no que se refere aos produtos classificados pelos códigos NC 2701, 2702 e 2704, pelos códigos NC 2710 19 61 a 2710 19 69, pelo código NC 2711, bem como os produtos classificados pelos códigos NC 2710 19 41 a 2710 19 49, consumidos nas Regiões Autónomas dos Açores e da Madeira»[447].

[447] Redacção dada pela Lei nº 66-B/2012, de 31 de Dezembro. Atendendo à Nomenclatura Combinada da União Europeia, estabelecida no Regulamento CEE nº 2658/87 do Conselho de 23 de Julho de 1987, e alterada pelo Regulamento de Execução (UE) 2016/1821 da Comissão, de 6 de Outubro de 2016, referem-se os respectivos descritivos associados aos códigos acima iden-

Deste modo, e de forma sintética, produtos como o carvão, coques, gasóleo e fuelóleos destinados a outros usos mediante o cumprimento de determinados requisitos, bem como gás de petróleo e outros hidrocarbonetos gasosos, encontram-se originalmente isentos de ISPE e de adicionamento, ao abrigo da alínea *d)* do nº 1 do artigo 89º do Código do IEC, quando utilizados para produção de electricidade, de electricidade e calor (cogeração), ou de gás de cidade.

Não obstante, o artigo 252º da Lei do Orçamento do Estado para 2018 veio estabelecer que, a partir de 2018, os produtos classificados pelos códigos NC 2701, 2702 e 2704 passam a ser tributados a uma taxa de 10% da taxa de ISP e Adicionamento previstas nos termos do Código do IEC, passando estes produtos progressivamente a ser tributados em 25%, 50%, 75% e 100% até 2022. Através desta medida, o carvão e o coque passam, assim, progressivamente a deixar de estar isentos de ISPE e Adicionamento, passando a ser tributados ao abrigo do artigo 88º mesmo quando utilizados em actividades de produção de electricidade, de electricidade e calor (cogeração), ou de gás de cidade. Ora, o quadro jurídico-tributário oportunamente descrito suscita, compreensivelmente, um conjunto de questões no que diz respeito à coexistência de dois mecanismos cuja principal finalidade é a penalização pelas externalidades negativas decorrentes do exercício de actividades que recorrem à utilização de produtos perolíferos e energéticos como são o ISPE (e Adicionamento) e o sistema de CELE.

A este respeito cumpre salientar a posição da Comissão para a Reforma da Fiscalidade Verde constante do Anteprojecto de Reforma da Fiscalidade Verde em matéria de tributação do carbono[448], pela qual se admite a «Dife-

tificados: «NC 2701: Hulhas; briquetes, bolas em aglomerados e combustíveis sólidos semelhantes, obtidos a partir da hulha; NC 2702: Linhites, mesmo aglomeradas, excepto azeviche; NC 2704: Coques e semicoques, de hulha, de linhite ou de turfa, mesmo aglomerados, carvão de retorta; NC 2710 19 61-69: Fuelóleos destinado a outros usos que não impliquem sofrer um tratamento definido ou uma transformação química: De teor de enxofre inferior ou igual a 0,1 %, em peso; De teor de enxofre superior a 0,1%, mas não superior a 1%, em peso; De teor de enxofre superior a 1%, em peso. NC 2711: Gás de petróleo e outros hidrocarbonetos gasosos; NC 2710 19 41-49: Gasóleo destinado a outros usos que não impliquem sofrer um tratamento definido ou uma transformação química: De teor de enxofre inferior ou igual a 0,001%, em peso; De teor de enxofre superior a 0,001%, mas não superior a 0,002%, em peso; De teor de enxofre superior a 0,002%, mas não superior a 0,1%, em peso 3,5; De teor de enxofre superior a 0,1 %, em peso.»

[448] *Cf.* Comissão para a Reforma da Fiscalidade Verde – *Projeto de Reforma da Fiscalidade Verde*, 2014 Disponível para consulta *online* em: https://www.portugal.gov.pt/media/1541780/Anteprojecto%20Reforma%20Fiscalidade%20Verde%20Final.pdf

renciação da tributação das emissões de CO_2 entre instalações Comércio Europeu de Licenças de Emissão (CELE) e não-CELE, sendo tributadas apenas estas últimas; [...]» Neste sentido, a «Comissão apoia a criação da tributação do carbono no sector não CELE, sob a forma de um adicionamento, com uma taxa indexada ao preço do carbono no sector CELE, com a mesma incidência e regimes mais favoráveis que vigoram atualmente para ISP».[449]

Refere ainda a Comissão que «a tributação das emissões de CO_2 nos sectores não abrangidos pelo Comércio Europeu de Licenças de Emissão trata-se de uma medida justificável. [...] uma tal medida poderá justificar-se pela necessidade de sinalizar comportamentos a nível das opções energéticas e de investimento num sector onde uma intervenção regulatória inequívoca desse tipo está ausente, i. e. nos sectores fora do CELE, porquanto as instalações/atividades económicas não abrangidas pelo CELE não estão sujeitas a um sinal de "preço do carbono" que lhes imponha especificamente e de forma visível custos sempre que as mesmas procedam à emissão de CO_2, internalizando os custos que essas emissões geram para a sociedade, ao contrário do que já acontece no caso das instalações abrangidas pelo CELE, que suportam um custo de oportunidade e, nalguns casos, também um custo económico pela emissão de dióxido de carbono. Com base neste argumento, pode justificar-se, em sede de tributação do carbono, um tratamento diferenciado entre sectores CELE e sectores não-CELE [...]»[450].

O ponto de discussão reside assim na necessidade de impedir a cumulação de penalizações, tributárias e/ou não tributárias, como ferramenta para diminuição de emissões de CO_2 na atmosfera e compensação pelos respectivos impactos negativos por elas causados. Tal como seria expresso pela própria Comissão para a Reforma da Fiscalidade Verde «[...] convém salientar que o aumento da tributação de energia tem efeitos muito sig-

[449] Neste sentido, referem-se ainda exemplos de outros Estados: «O imposto sobre o CO_2 introduzido na Irlanda em Dezembro de 2009 foi sujeito a uma aplicação faseada ao longo do período 2009–2013. Este imposto aplica-se apenas às emissões de dióxido de carbono dos sectores não abrangidos pelo CELE (cobrindo cerca de 60,4% das emissões nacionais de dióxido de carbono) e é baseado no teor de carbono dos combustíveis.» *Cf.* Comissão para a Reforma da Fiscalidade Verde – Projeto de Reforma da Fiscalidade Verde, 2014, p. 79.

[450] *Cf.* Comissão para a Reforma da Fiscalidade Verde – Projeto de Reforma da Fiscalidade Verde, 2014, pp. 81–82.

nificativos na atividade económica, pelo que, a introdução de uma carga fiscal adicional sobre as emissões de CO_2, deverá ser precedida de uma rigorosa análise das repercussões de tal medida na atividade económica».

Neste sentido, a referida cumulação compromete os próprios esforços de investimento no sentido de implementar medidas que contribuam directamente para a redução de emissões de CO_2. Foi exactamente no sentido de desenvolver um mecanismo de base europeia pelo qual se concretizem os esforços de cada Estado na prossecução dos objectivos ambientais aos quais Portugal se encontra adstrito, que foi definido o sistema de CELE. Este modelo tem como principal premissa económica a ideia de que as externalidades são causadoras de «falhas de mercado» e que as mesmas envolvem necessariamente duas partes: o Estado, em representação da sociedade em defesa dos seus interesses de bem-estar, e as entidades poluidoras, cuja actividade é causadora de efeitos nocivos para o ambiente e, consequentemente, afectam o bem-estar geral comum.

Por outras palavras, a opção política de eliminação da isenção do ISP sobre a utilização de carvão e coque quando utilizados na produção e cogeração de energia choca com a pré-existência de um instrumento de base negocial, habilitado à resolução do problema ambiental em causa (o sistema de CELE no que respeita às emissões de CO_2, pelo qual se tem em conta a base do custo social marginal que se pretende internalizar).

A referida solução não se compreende na medida em que o Adicionamento sobre as emissões de CO_2 é calculado de acordo com a «[...] média aritmética do preço resultante dos leilões de licença de emissão de gases de efeito de estufa, realizados no âmbito do Comércio Europeu de Licenças de Emissão [...]»[451]. O sistema de CELE assenta assim num modelo coaseano, colocado desta forma em confronto com um modelo tributário decorrente numa base de resolução pigouviana. Poderá afirmar-se que a sobreposição entre instrumentos gerará sempre uma dupla imposição económica, a qual será inevitavelmente excessiva e injustificada.

[451] *Cf.* Nº 2, do artigo 92º-A do CIEC.

Capítulo III
Tributação Energética e as Fontes Endógenas de Produção Hídrica e Eólica

1. Correcção das Falhas de Mercado na Geração de Energia e Descentralização Financeira

A análise dos modelos tributários referentes à geração de energia renovável tendo como fonte a exploração de recursos comuns constitui um exemplo potencial de boa prática financeira. Conforme referimos, a eliminação das exterioridades (positivas e negativas) depende da perfeição da política regulatória desenvolvida pela acção pública.

Mesmo uma aproximação *de minimis* traduzida numa simples criação de um mercado secundário por via do estabelecimento de «direitos de apropriação» depende de uma correcta apreciação das falhas subjacentes e de um discernimento eficiente das melhores metodologias de correcção. Assim, não revestirá particular surpresa a acentuação da importância do princípio da descentralização enquanto manifestação territorial do princípio da subsidiariedade. Quanto mais próximo do mercado se situar o agente regulador, mais provável será a perfeição da sua medida regulatória correctiva. O mesmo juízo poderá ser efectuado relativamente ao modelo financeiro de equivalência que suporta a interiorização/socialização da exterioridade negativa/positiva. Assim, se a exterioridade causar os seus efeitos externos (negativos ou positivos) num determinado grupo, o instrumento de correcção deverá ter o alcance desse mesmo grupo. Se o recurso comum utilizado se situar num âmbito regional ou local determinado, o instrumento financeiro de correcção deverá operar numa esfera coincidente com o alcance do grupo correspondentemente afectado (no caso das exterioridades negativas) ou beneficiado (no caso das exterioridades positivas). No caso da geração de energias renováveis, de fonte eólica ou hídrica, assistimos precisamente a uma situação prototípica que corporiza esta ocorrência. Mas, mais uma vez, assistimos a uma total falência do nosso sistema tributário em acomodar de forma eficiente e justa uma qualquer solução a este respeito.

A administração tributária tende a analisar os instrumentos fiscais disponíveis tomando em consideração os padrões de valores de base nacional (ou seja, modelos puros de capacidade contributiva) ignorando totalmente os mandamentos decorrentes do princípio da equivalência ou do benefício que, nesta sede, deveriam merecer uma aplicação predominante. Para iniciar a nossa exposição, teremos de desenvolver um pouco mais a problemática de derrama, já anteriormente aflorada, agora num modelo mais relacionado com o quadro actual das finanças locais.

2. A Descentralização Financeira e o Novo Quadro das Finanças Locais

Neste enquadramento, a Lei das Finanças Locais (Lei nº 73/2013, de 3 de Setembro) aprofundou o regime da Lei nº 2/2007, de 15 de Janeiro, que havia alterado substancialmente os termos e os fundamentos de legitimação a este propósito. Desenvolvendo o edifício que vinha a ser construído nos termos dos regimes legais anteriores[452], o legislador adopta um conceito de autonomia financeira e tributária municipal muito mais ampla. Este movimento de desenvolvimento da autonomia tributária local é totalmente coerente com a tradição recente do ordenamento jurídico português. De facto, no Estado Novo, os poderes tributários das autarquias encontravam-se bastante limitados.

A Constituição de 1976 alterou radicalmente o enquadramento global de distribuição de poderes entre os diversos subsectores institucionais, criando um verdadeiro poder local, e instituindo, de forma definitiva, os corolários da anterior tradição municipalista.

De acordo com António de Sousa Franco, o regime constitucional das autarquias locais abarca dois princípios fundamentais:

[452] Note-se que as competências tributárias dos municípios são bastante antigas, remontando à colonização romana, tendo sido erodidas na fase da centralização do poder real. *Cf.*, FRANCO, António de Sousa – *Finanças do Sector Público, Introdução aos Subsectores Institucionais*, Aditamento de Actualização, 2003, AAFDL, p. 276.

- O princípio da independência orçamental das autarquias locais, na óptica da descentralização financeira previsto no artigo 238º da Constituição, consagra uma «independência financeira complexiva e global, que abrange tanto o domínio patrimonial como a independência de receitas e despesas»[453]. Este princípio (de base produtiva em sede de Bem-Estar Social) é essencial por absorver toda a tradição financeira ancestral dos municípios, acomodando-a à nova legitimidade democrática destas entidades de base territorial, institucionaliza-a definitivamente, conformando, *ab initio*, todo o edifício legislativo subsequente. Assim, e na óptica da descentralização financeira, o legislador constituinte considera que as autarquias locais se constituem como os entes mais capazes de proceder a juízos financeiros na óptica da receita (criação de desutilidade privada) e na óptica da despesa (criação de utilidade pública) sintetizando de forma menos distorcida, dada a sua proximidade, as necessidades públicas essenciais dos seus cidadãos a seu cargo, o que lhes permite efectuar um juízo decisório mais eficiente entre aquilo que cobram e aquilo que despendem a seu favor.
- O princípio da solidariedade e da igualdade activa consagra um modelo redistributivo amplo, em dois planos diferenciados. Em primeiro lugar, e na óptica da solidariedade, a distribuição de recursos entre o Estado e as autarquias locais deverá ser equilibrado tomando em consideração as competências e atribuições cometidas aos diversos subsectores institucionais – a justa repartição dos recursos públicos pelo Estado e as autarquias locais prevista no nº 2 do artigo 240º da Constituição. Porém, mais relevante para o caso concreto é a óptica da igualdade activa, que impõe, por um lado, a compensação das desigualdades entre as autarquias pobres e as autarquias mais ricas, cada vez mais necessária, tendo em conta a desertificação do interior e, por outro, «a necessária correcção de desigualdades entre autarquias do mesmo grau»[454].

Estes dois princípios determinam integralmente todo o enquadramento legal ordinário, constituindo traves mestras na definição descentralizadora

[453] *Cf.* FRANCO, António de Sousa – *Finanças do Sector Público*, cit., p. 281.

[454] *Cf.* FRANCO, António de Sousa – *Finanças do Sector Público*, cit., p. 282.

de competências e atribuições e das respectivas fontes de financiamento e na redistribuição dos recursos públicos, na perspectiva da coesão económica e territorial.

Nos termos da Constituição, as autarquias locais fazem parte da «organização democrática do Estado» (nº 1 do artigo 235º, da CRP). A democracia local é, pois, um elemento integrante da organização democrática do Estado, como forma de autogoverno das populações dentro de cada circunscrição territorial. Para que esse poder seja real e efectivo, importa não só que as autarquias disponham de instrumentos para a satisfação das necessidades dos cidadãos, mas igualmente de meios financeiros próprios, não podendo tais meios limitar-se aos fluxos financeiros resultantes de transferências do orçamento do Estado. Neste último caso, a dependência total e absoluta das autarquias desses fluxos de transferências geraria, inevitavelmente, uma situação de autonomia meramente formal, violadora da própria Constituição.

Em matéria de finanças locais, o princípio constitucional de que «as autarquias locais têm património e finanças próprias» (art. 238.º, n.º 1, da CRP; *cf.* artigo 243º, da CRP) importa a consagração de uma independência financeira global, que abrange tanto o domínio patrimonial como a independência orçamental. Vigora, pois, no nosso ordenamento constitucional um princípio de independência orçamental e patrimonial das autarquias locais com refracção nos artigos 105.º, nº 2 e 106º, nº 3, alínea *e)*, da Constituição, assim como do artigo 5º, n.º 2, da Lei nº 91/2001, de 20 de Agosto (Lei de Enquadramento Orçamental).

Não oferece dúvidas que as autarquias dispõem de um poder dominial intrínseco, bem como de uma estrutura financeira totalmente autónoma, nas três componentes essenciais: despesa, gestão orçamental e receita. Esta autonomia, que decorre directamente da Constituição, conformando positivamente as opções do legislador ordinário, garantindo um «âmbito mínimo de poderes financeiros» que o legislador deve concretizar de forma eficiente e compreensiva, condiciona, decisivamente os termos de interpretação da legislação emitida a esse respeito, num sentido do alargamento sucessivo dos seus poderes nessa matéria[455].

[455] *Cf.* FRANCO, António de Sousa – *Finanças do Sector Público – Introdução aos Subsectores Institucionais*. Lisboa, AAFDL, reimpressão, 2003, pp. 275–377. Houve aqui, de facto, um salto altamente descentralizador (porventura de forma demasiado brusca e com escassez de

Note-se, igualmente, que a independência orçamental e patrimonial das autarquias locais decorre naturalmente do princípio da descentralização territorial consagrado no artigo 235º da Constituição.

Mais do que um mandamento político, o princípio da descentralização territorial representa o primado da eficiência (sem esquecer que decorre ainda da dignidade da pessoa humana, que prevalece sobre o poder, que está ao serviço dela – e não o contrário). De facto, a decisão económica é tanto mais eficiente quanto mais próxima for tomada relativamente ao seu responsável e/ou destinatário. A proximidade elimina distorções na percepção por parte do órgão decisor político das necessidades dos cidadãos administrados, em cujo nome por representação é tomada e aos quais visa prestar utilidade.

Por outro lado, e de harmonia com os objectivos de desenvolvimento harmonioso das regiões (expressos, por exemplo, no artigo 90.° da CRP), o n.° 2 do art. 238º estabelece que «o regime das finanças locais será estabelecido por lei e visará a justa repartição dos recursos públicos pelo Estado e pelas autarquias locais e a necessária correcção de desigualdades entre autarquias do mesmo grau». Pretende-se, pois, atingir uma redistribuição nova e correctiva dos recursos [456]. A Constituição optou, assim, por fixar

controlos rigorosos). Todavia, e no momento histórico vivido em 1976, era talvez essa a única forma de sair da anterior estrutura centralista – não foi criada uma verdadeira fiscalidade local (salvo, talvez, nos «impostos próprios») e não foi permitida uma política local de despesas discricionárias, mas ficou garantida a participação automática nas receitas tributárias do Estado. Esta tem variado, procurando arranjar alguma estabilidade conjuntural. Com efeito, e até 1997, vinha faltando uma tendência descentralizadora sustentável, como a Constituição parecia apontar.

[456] Encontramos neste princípio da perequação correctiva um corolário do princípio da solidariedade, que não é mais do que a realização jurídica do mandamento da redistribuição económica. Note-se que também neste aspecto o direito comunitário é relevante: relembre-se que o Tratado da União tem como um dos princípios essenciais – se não mesmo o essencial – o princípio da coesão económica e social. O regime das finanças locais deve, segundo a Constituição, obedecer aos princípios da solidariedade e da igualdade activa (isto é, da compensação de desigualdades, que entre as autarquias têm aumentado à medida que cresce o dualismo entre o País litoral e o País interior, o País urbano e o País rural, o País industrializado e o País de agricultura atrasada e, à medida que não surgem acções de ordenamento do território, de regionalização e de desenvolvimento regional). Diz-nos o n.° 2 do art. 238.° da Constituição da República [*cf.* artigo 165.°, n.° 1, alínea q), da CRP] que o regime das finanças locais será estabelecido por lei e visará a justa repartição dos recursos públicos pelo Estado e pelas autarquias locais (solidariedade) e a necessária correcção de desigualdades entre autarquias do mesmo grau (igualdade activa). Implícita nesta ideia de correcção de desigualdades poderá estar uma

apenas algumas grandes directivas, remetendo para a lei ordinária a definição *ex novo* do regime de autonomia financeira local.

As opções descentralizadoras não são alvo de uma opção política de um determinado Governo ou Regime, mas constituem um substrato estruturante da organização política portuguesa, imposto pela Lei Fundamental as Estado, aos seus órgãos, aos cidadãos e às demais instituições públicas ou privadas[457].

interpretação que necessariamente temos de fazer, se pensarmos numa óptica de crescimento ou de desenvolvimento: assim, poderá achar-se a noção de que as finanças locais apontam para um processo de desenvolvimento regional descentralizado, mas necessariamente inserido e subordinado aos objectivos da política geral, que a CRP identificava aos objectivos do Plano até à revisão de 1989; hoje, tratar-se-á do primado da lei e dos objectivos políticos nacionais.

[457] A Lei nº 1/79, de 2 de Janeiro, revogou praticamente a totalidade da Parte III do Código Administrativo de 1940, e criou um regime totalmente inovador para as finanças das autarquias locais. O Código Administrativo de 1940 era fortemente centralizador e autoritário, decorrente directamente das convicções do seu autor científico, o Prof. Doutor Marcello Caetano. Nessa óptica, existia uma subordinação da actividade financeira autárquica à actividade financeira central. Neste enquadramento, as receitas tributárias municipais resumiam-se a adicionais aos impostos directos do Estado (contribuição predial, imposto de capitais, contribuição industrial, imposto sobre a industria agrícola) cuja banda de variação da taxa era fixada pelo Governo, competindo unicamente ao Conselho Municipal uma banda de escolha reduzida. As suas designações (nos termos do artigo 704º do Código Administrativo: imposto sobre prestação de trabalho; imposto para serviço de incêndios; imposto sobre espectáculos, imposto de comércio e indústria; imposto de turismo) pareciam indicar alguma área de autonomia que, na realidade, não existia. Assim, a primeira Lei das Finanças Locais atribui directamente aos municípios a receita de quatro impostos (constituindo, pelo menos, um gérmen de poder tributário activo em seu favor): a contribuição predial rústica e urbana, o imposto sobre veículos, o imposto de turismo e o imposto para o serviço de incêndios, além, claro está, das derramas, que constituíam impostos extraordinários que poderiam ser «lançados» por deliberação municipal. Estas competências acrescidas a nível dos impostos locais foram precisamente os expoentes, à data, da instituição do princípio da independência orçamental. No respeitante ao princípio da solidariedade e da igualdade activa, somente a primeira vertente mereceu um acolhimento através da criação do Fundo de Equilíbrio Financeiro (FEF), que se traduzia numa garantia de transferência financeira perequativa de uma percentagem das receitas do impostos estaduais sobre o rendimento (no mínimo 18%) a favor dos municípios atendendo a indicadores representativos da população, da área e da capitação dos impostos directos cobrados na respectiva área. Tal transferência passou a ser um direito dos municípios e não uma faculdade discricionária da administração central. Subsequentemente, o Decreto-Lei nº 98/84, de 29 de Março, autorizado pela Lei nº 19/83, de 6 de Setembro, introduziu poucas alterações estruturais ao regime anterior. Foi alargado o âmbito dos impostos relativamente aos quais o município assumia a personalidade tributária activa (imposto sobre mais-valias e taxa municipal de transportes), porém nunca suficientemente regulamentada. É de salien-

Nestes termos, a autodeterminação financeira das autarquias[458], que obriga à existência de um substrato financeiro mínimo que possibilite a estas entidades o desenvolvimento das suas atribuições de uma forma não dependente perante o poder central contempla no seu âmbito um elenco de receitas próprias obrigatórias, insusceptíveis de derrogação legal, dado que se situam fora do âmbito da opção política ordinária.

Esta garantia constante na CRP não faz mais do que transpor para o ordenamento jurídico actual toda uma tradição municipalista nacional. De facto, mesmo nos momentos mais centralistas da nossa história, o

tar, igualmente, a preocupação de inserção de um factor de repartição entre os municípios com a previsão de uma verba correspondente a 5% das transferências totais a distribuir de forma igualitária por todos. A terceira Lei das Finanças Locais (Lei nº 1/87, de 6 de Janeiro) aumentou ainda mais o elenco dos impostos locais, transferindo para a esfera dos municípios um imposto anteriormente estadual: a sisa. A primeira grande inovação respeitante às transferências resultou de o valor global do FEF passar a ser definido segundo uma fórmula fixa e pré-determinada. Mais concretamente, o seu valor em cada ano deveria corresponder a um aumento/diminuição em relação ao seu valor no ano anterior. E esta evolução deveria acompanhar o aumento/diminuição do IVA no mesmo período. No que diz respeito à repartição pelos municípios, foram introduzidas alterações de pormenor, mas que indiciam uma orientação contínua. A mais importante foi a duplicação da percentagem do valor global que passou a ser distribuído igualmente pelos 305 municípios, de 5% para 10%. Isto implica que se assumiu mais fortemente a intenção de dotar os municípios com um financiamento mínimo que lhes permita desenvolver as suas actividades mínimas.
O sistema de 1987 foi, no entanto, sujeito a uma alteração em 1992 com a lei que aprovou o Orçamento de Estado (Lei nº 2 /92 de 9 de Março) desse ano. Em primeiro lugar, os critérios de repartição pelos municípios foram mais uma vez alterados. A componente a distribuir igualitariamente foi aumentada para 15%. A quarta Lei das Finanças Locais (Lei nº 42/98, de 6 de Agosto) manteve muitos dos princípios orientadores das leis anteriores. Porém, a sua implementação foi radicalmente alterada. O valor global das transferências calcula-se agora não em função do IVA, mas sim em função da média do IRS, IRC e IVA efectivamente cobrado (e não previsto) tendo em vista o nivelamento das variações de receita. Assim, 33% da média da cobrança desses impostos são transferidos para as autarquias locais. Outra alteração deu-se com a substituição do FEF por três fundos distintos e com objectivos diferentes: Fundo Geral Municipal (FGM); Fundo de Coesão Municipal (FCM) e Fundo de Financiamento das Freguesias (FFF). Cada um destes fundos cumpre um propósito diferente e tem, por isso, critérios de repartição diferente. Este sistema foi alterado pela Lei nº 94/2001 de 20 de Agosto com a criação do Fundo de Base Municipal a distribuir igualmente por todos os municípios, ao qual correspondem 4,5% da média aritmética da cobrança de IRS, IRC e IVA e que visou dotar os municípios de capacidade mínima para o seu financiamento, desenvolvendo os princípios redistributivos que advinham das leis de 1984 e 1987.

[458] Expressão de CANOTILHO, Gomes; MOREIRA, Vital – *Constituição da República Portuguesa Anotada*. Coimbra Editora, 1993, p. 889.

produto destas taxas sempre reverteu exclusivamente para o orçamento das autarquias.

Tomando em consideração a evolução legislativa, são de salientar os seguintes princípios fundamentais:

i) princípio da titularidade e gestão de património e finanças próprios, na óptica de uma independência orçamental, garantida constitucionalmente e desenvolvida pela legislação ordinária de forma progressiva, com a atribuição sucessivamente mais desenvolvida de fontes de financiamento próprias, numa perspectiva de igualdade vertical na redistribuição das receitas públicas entre o Estado e as autarquias;

ii) princípio da adequação das fontes de financiamento às competências descentralizadas, concretizando os mandamentos do princípio da igualdade vertical, porém com uma esmagadora centralização destas ao nível do município, em desfavor das freguesias;

iii) princípio da descentralização das receitas municipais, com o desenvolvimento das competências tributárias autónomas dos municípios, superando-se, de forma definitiva, qualquer dúvida relativamente à possibilidade de assunção de capacidade tributária activa nas relações jurídicas tributárias, quer em sede de taxas quer em sede de impostos;

iv) princípio da coesão nacional com correcção das assimetrias locais, estabelecendo-se sucessivamente critérios redistributivos mais intensos a favor dos municípios com menor grau de desenvolvimento (igualdade horizontal), quer por via do mecanismos das transferências quer por via da alocação das receitas dos impostos próprios e, conforme demonstraremos *infra*, da derrama municipal.

De facto, os termos e a exigência na eficiência da gestão municipal trespassaram todos os instrumentos jurídicos que consubstanciaram a recente reforma das Finanças Locais, tanto na perspectiva da receita quanto na da despesa.

Ainda que outras ideias se possam sobrepor a este fundamento genérico do tributo, como sejam os seus eventuais fins extrafinanceiros (de política económica e social) – que não excluem os financeiros – há que sublinhar que, em primeira mão, as receitas tributárias representam uma forma de organizar a participação dos cidadãos na cobertura das necessidades públicas, garantindo a aplicação do princípio da igualdade tributária, essencial para a função financeira de redistribuição que compete ao

Estado. No entanto, encontramo-nos hoje numa encruzilhada relativamente ao sistema clássico de financiamento do Estado.

É desde já claro que a mundialização ou globalização, associada à sociedade de informação, significa uma radical transformação da vida socioeconómica e em especial da sua articulação com o território e com o poder, que são os três nexos fundamentais de toda a política de tributação. A enorme e acrescida, embora desigual, mobilidade dos meios de produção e das operações, tanto de consumo, como de poupança e sua aplicação, como ainda de produção, corresponde a uma grande e aumentada liberdade de escolha dos agentes sociais e económicos em função dos regimes fiscais mais favoráveis, exercitando para actividades concretas a «votação com os pés» que exprime o argumento básico da competição fiscal.

Assim sendo, os sistemas fiscais tradicionais, assentes nos impostos sobre o rendimento e na tributação do valor acrescentado, vão ver cada mais fugir as respectivas matérias tributáveis e vão tender a excluir, de modo tanto mais injusto e insistente quanto mais fácil é a evasão dos outros factores, o trabalho menos qualificado

3. A «Derrama Energética»

Estabelece-se no nº 3 do artigo 18º da LFL 2013 que quando «o volume de negócios de um sujeito passivo resulte em mais de 50/prct. da exploração de recursos naturais ou do tratamento de resíduos, podem os municípios interessados propor fundamentadamente à AT a fixação de uma fórmula de repartição de derrama». Esta formulação constitui uma primeira aproximação ao mundo da equivalência grupal, tomando como base de incidência uma situação de exploração de recursos comuns e uma outra relativa a resíduos, ou seja, e potencialmente, um caso de exterioridades negativas. A legislação contém uma definição operativa. Assim, refere nas alíneas *b)* e *c)* do último número do artigo 18º que entende como «exploração de recursos naturais [...] qualquer atividade industrial ou produtiva, designadamente exploração de recursos geológicos, centros eletroprodutores e exploração agroflorestal e de tratamento de resíduos».

Centremos a nossa atenção na vertente energética. E, neste caso, nos termos do nº 7 do artigo 18º, «a fórmula de repartição [...] resulta de uma ponderação dos seguintes fatores: *a)* Massa salarial, incluindo prestações de serviços para a operação e manutenção das unidades afetas às atividades [...] – 30/prct.; *b)* Margem bruta correspondente à exploração de recursos naturais ou do tratamento de resíduos, nos termos da normalização contabilística – 70/prct».

Por sua vez, a margem bruta é aferida em função da área de exploração, excepto nas seguintes situações, em que a margem bruta é apurada nos seguintes termos:

i) Na proporção de 50/prct. em função da área de instalação ou exploração e de 50/prct. em função do valor da produção à boca da mina, dos produtos mineiros ou concentrados expedidos ou utilizados, no caso das minas;

ii) Na proporção de 50/prct. em função da área de instalação ou exploração, de 25/prct. em função da potência instalada e de 25/prct. em função da electricidade produzida, designadamente no caso dos centros electroprodutores hídricos, eólicos, térmicos e fotovoltaicos.

3.1. Um Exemplo: as Albufeiras das Barragens Enquanto Elementos Constitutivos do Estabelecimento Estável

Os centros electroprodutores integram claramente o conceito de estabelecimento estável para efeitos da aplicação da derrama, mesmo nos termos mais exigentes do conceito: os do direito fiscal internacional. Porém, atenta a tradição interpretativa administrativa a este propósito, somos obrigados a analisar com mais detalhe a situação dos aproveitamentos hidroeléctricos.

No caso das barragens, estas integram precisamente o conteúdo mais indiscutível do conceito de estabelecimento estável. De facto, nos termos do nº 1 do artigo 5º do CIRC, «considera-se estabelecimento estável qualquer instalação fixa através da qual seja exercida uma actividade de natureza comercial, industrial ou agrícola». Este conceito geral, que é semelhante ao presente na Convenção-Modelo da OCDE, integra duas componentes cumulativas básicas: a existência de uma instalação fixa, o elemento de conexão espacial que opera, nos termos das diferentes ordens jurídicas, após a sua estabilização num determinado país num determinado período de tempo (180 ou 360 dias, em termos gerais)[459]; e, claro, a existência de uma actividade efectiva geradora de rendimentos comerciais, industriais ou agrícolas. Ora, em tese, não existe nada mais fixo do que uma barragem; e a actividade de produção hidroeléctrica é, indiscutivelmente,

[459] Embora não necessariamente no mesmo local: *e. g.*, um estaleiro móvel de obras.

uma actividade económica tributada. Não vale a pena alongar a análise a este respeito devido às evidências, aliás, nunca colocadas em causa.

A grande especificidade deste estabelecimento estável é a sua extensão que, no caso concreto, pode abranger, em termos de área, dois ou mais concelhos distintos. Esta realidade tem similitudes com uma outra relativa a uma mina. Assim, a DDF de Beja, em 2003, afirmou que o município de Almodôvar tinha direito a uma parcela da derrama «porque o filão cuja concessão de exploração [...] se situa no subsolo dos dois concelhos». A verdade é que esta realidade é evidente pela simples análise das coordenadas geográficas que constam do contrato de concessão.

Não existindo dúvidas quanto à natureza de estabelecimento estável do centro electroprodutor, o que dizer da área integral inundada pela albufeira? Pois bem, a albufeira é um dos elementos essenciais à produção eléctrica e integra a área total do estabelecimento estável electroprodutor. Sem esta instalação, a produção torna-se impossível, ou seja, esta instalação faz parte integrante de um estabelecimento estável complexo e abrangente, sendo um dos elos essenciais da cadeia de produção.

Nesta perspectiva, é totalmente aplicável às barragens o entendimento constante no ponto 5.2 dos Comentários à Convenção Modelo da OCDE, relativamente às minas: «*a mine clearly constitutes a single place of business even though business activities may move from one location to another in what may be a very large mine as it constitutes a single geographical and commercial unit as concern the mining business.*»[460]

Neste ponto, salientamos três aspectos. O primeiro diz respeito à importância crescente da albufeira por via do desenvolvimento tecnológico, o que possibilitou que a própria barragem passasse a ser um local efectivo de operação através das tecnologias de «bombagem». Assim, e aproveitando o que o Director-Geral dos Impostos referiu em despacho de 2003: «para se considerar estabelecimento estável para a repartição da derrama, a unidade em causa não tem necessariamente que produzir rendimento, terá apenas que contribuir para o rendimento da riqueza». Ora, no modelo de exploração actual, a própria albufeira passou a produzir rendimento, o que supera de forma indiscutível os «mínimos» necessários para a concretização do estabelecimento estável de *per se,* e ainda mais se tivermos em consideração a simples necessidade de representação local. Porém, dada

[460] *Cf. Comentários da OCDE à Convenção Modelo,* 2008, p. 82.

a sua posição na cadeia de transformação, faz parte integrante de todo o complexo electroprodutor, caracterizando-se inequivocamente por um grande e abrangente estabelecimento estável.

O segundo ponto diz respeito à constatação da coincidência do conceito integrado de estabelecimento que enunciámos com o que consta dos próprios *Comentários da OCDE à Convenção Modelo.* Assim, o parágrafo 18 do Comentário da OCDE ao artigo 5º da Convenção Modelo refere que a interpretação do que se entende como local do estabelecimento deve assentar numa perspectiva funcional coerente, nas perspectivas comercial e geográfica. Assim, refere no parágrafo 14 do Comentário da OCDE ao artigo 5º da Convenção Modelo que *«the term "any other place of extraction of natural resources" should be interpreted broadly»*[461].

O terceiro ponto que gostaríamos de salientar diz respeito à justificação acrescida para a existência de uma distribuição da derrama para os municípios abrangidos pela área da albufeira decorrente da indisponibilidade do uso do solo e do seu impacto ambiental. Conforme demonstrámos *supra*, a justificação para a atribuição da derrama a um determinado município assenta em larga medida no princípio do benefício, ou seja, na compensação dos cidadãos locais relativamente aos custos reflexos decorrentes da geração de uma actividade económica. Situando-se a albufeira num determinado município, nada mais justo do que os cidadãos desse município poderem ser ressarcidos desse facto. E, note-se, esta afirmação não decorre de qualquer juízo ambientalista radical; pelo contrário, decorre do princípio da eficiência constante do artigo 9º da Constituição, na óptica da promoção do Estado Bem-Estar e é inerente à própria justificação dogmática inerente à existência da derrama.

3.2. Relevância da Qualificação da Albufeira Enquanto Bem do Domínio Público Hídrico

A Lei da Água (Lei nº 58/2005, de 29 de Dezembro) e, em especial, a Lei sobre a Titularidade dos Recursos Hídricos (Lei nº 54/2005, de 15 de Novembro) incluem no domínio público lacustre e fluvial as «albufeiras criadas para fins de utilidade pública, nomeadamente produção de energia eléctrica» (alínea *f)* do artigo 5º da Lei nº 54/2005, de 15 de Novembro).

[461] *Cf. Comentários da OCDE à Convenção Modelo,* 2008, p. 86.

A este respeito, poder-se-ia entender que actividades de produção de riqueza assentes em bens do domínio público do Estado e não do domínio público municipal não podem ser utilizadas para a afectação da derrama.

Ora, com o devido respeito, não concordamos com esta interpretação. Efectivamente, o que está em causa para a determinação do elemento de conexão territorial não é o bem do domínio público em si mesmo. Não se trata, portanto, de uma questão de titularidade – esta inequivocamente estatal – mas sim de afectação privada, *in casu*, por via de uma concessão a um privado.

Note-se, aliás, que, caso se seguisse a concepção centralizadora, nunca existiria derrama com a utilização de recursos naturais, ao contrário do que se encontra expressamente previsto no nº 3 do artigo 14º da LFL 2007: estes são sintomaticamente bens do domínio público, e nunca suportariam a existência *ipso facto* de critérios de imputação territorial específicos.[462]

A tarefa de delimitação é cometida pela Constituição ao legislador ordinário. Especialmente relevante nessa matéria é a delimitação dos bens do domínio público marítimo e aéreo, questão regulada por inúmeras convenções internacionais. Igualmente relevante é a sua delimitação em relação à propriedade particular confinante, tarefa que cabe à lei, estabelecendo os limites abstractos do domínio público. Porém, para o caso concreto, o que releva não é o limite do domínio público, mas sim os termos espaciais para a sua utilização privativa.

A utilização da albufeira é permitida através da emissão de um título constitutivo, neste caso, o contrato de concessão. Este título terá natureza eminentemente formal, corporizando um direito de acesso ao mesmo. Porém, além desse direito de acesso, existe toda uma complexidade de poderes e deveres que conformam a situação jurídica criada a favor do particular e decorrente da emissão desse título individual. De facto, o que é relevante é o exercício da actividade económica, pressuposto igualmente da concessão desse exclusivo.

Note-se que nos encontramos perante bens do domínio público, pelo que a sua utilização privativa terá como finalidade exclusiva uma optimização da situação económica e social da colectividade. O bem-estar social

[462] *Cf.* Lobo, Carlos Baptista, "Finanças e Fiscalidade do Ordenamento do Território e do Urbanismo", Almedina, 2019.

deverá ser maximizado, sendo esse o elemento central na conformação dos poderes de uso exclusivo da fracção dominial cedida.

O que o particular pretende é manifestamente o poder de usar determinada «parcela da coisa dominial considerada, de se servir dela extraindo certo número de utilidades económicas de que, como bem, é susceptível»[463].

No que diz respeito às albufeiras, estas são infra-estrutura de suporte à actividade de criação de riqueza. No caso concreto, a albufeira constitui um elemento essencial de suporte à implantação das infra-estruturas de produção hidroeléctrica, o que é realizado através da construção da barragem.

Nestes termos, os aproveitamentos hidroeléctricos compostos pelas instalações físicas e equipamentos essenciais para fruição eficiente da utilização privativa da albufeira constituem um estabelecimento complexo relevante para efeitos de afectação da derrama.

É evidente o benefício económico que é usufruído pelo agente económico que implanta as suas infra-estruturas. Ora, as consequências desta verificação são claras e inequívocas. Essa vantagem económica gera, precisamente, um «facto tributário», se existir, obviamente, o elemento normativo necessário – a norma de incidência. E ela existe, em sede tanto de IRC quanto de derrama.

Além de todos os constrangimentos administrativos existentes e que enformam a actividade do particular, também este se encontra submetido a uma tributação bivalente. Numa primeira vertente, o sujeito deverá sustentar os encargos da gestão pública necessária à organização eficiente do domínio público – renda da concessão – numa segunda vertente, o particular terá a obrigação de contribuir para os gastos comuns da colectividade. Essa obrigação é corporizada na criação da norma de incidência – decisão financeira no sentido do estabelecimento de uma receita pública – assente na contrapartida pela utilização do bem do domínio público – a uma vantagem económica recebida corresponderá uma contraprestação tributária, estabelecida em função dessa vantagem, a favor da entidade em que se situa o bem. A titularidade do bem é, a este respeito, despicienda. O que releva é o local para a imputação do tributo em compensação da vantagem económica extraída.

Dissemos já que uma correcta apreensão da situação em análise exige que se proceda à distinção entre o acesso ao bem dominial para aí realizar

[463] *Cf.* AMARAL, Freitas do – *A Utilização do Domínio Público pelos Particulares*. Lisboa: Coimbra Editora, 1965, cit., p. 206.

obras (baseado na concessão) com a extracção de vantagens económicas específicas advenientes da utilização e fruição do bem dominial (assente numa compensação). Ora, a derrama visa precisamente garantir que essa compensação seja *derramada* pelos municípios em que exista um estabelecimento ou representação local de onde, no caso concreto, sejam extraídas vantagens económicas específicas advenientes da utilização e fruição do bem dominial.

O estabelecimento não é portanto o espaço da albufeira; esse espaço é o suporte do estabelecimento enquanto infra-estrutura de produção hidroeléctrica. O que importa para efeitos de imputação espacial do produto da derrama é a extensão do estabelecimento suportado por esse aproveitamento hidroeléctrico e que é essencial para desenvolver a actividade económica subjacente à sua afectação privativa. E se essa infra-estrutura se estende pela área de diversos concelhos, tendo impacto directo na qualidade de vida dos seus munícipes e originando custos de indisponibilidade de solos, então existe fundamentação para a afectação da derrama.

Esta conclusão é reforçada se: *i)* relembrarmos que o próprio artigo 18º da LFL 2013 exige unicamente uma representação local, critério este inegavelmente menos exigente do que o de estabelecimento estável; e *ii)* a albufeira for claramente o local de depósito dos recursos naturais em causa (a água), processada sequencialmente no grupo gerador presente do centro electroprodutor.

4. Delimitação Negativa: as Barragens Enquanto Activos fora do Âmbito de Incidência do IMI

Ora, são precisamente as razões que determinam a incidência em sede de derrama que excluem as barragens do âmbito de sujeição a IMI. No contexto de análise quanto à potencial incidência de IMI sobre as infra-estruturas hidráulicas (incluindo as barragens), cabe desde logo o devido enquadramento quanto aos principais caracteres do referido imposto. Relembre-se que, em termos gerais, o IMI, enquanto imposto sobre o património, tem por objectivo proceder a uma compensação da acção pública autárquica (fundamentalmente municipal) no domínio urbanístico.

Nos termos da Lei de Bases do Solo e do Ordenamento do Território (Lei nº 31/2014 de 30 de Maio) estabelece-se claramente no nº 1 do artigo 63º que «a tributação do património imobiliário urbano respeita o princípio da equivalência ou do benefício, atendendo ao investimento realizado em habitação com fins sociais, infraestruturas territoriais, equipamentos de utilização colectiva, acções de regeneração e reabilitação urbana, preservação e qualificação ambientais, que beneficiem o desenvolvimento socioeconómico das populações [...]».

A referida norma de valor reforçado é extremamente útil para clarificar duas questões. Por um lado, a legitimidade da tributação em sede de IMI depende da potencialidade de contraprestações públicas que valorizem o imóvel em particular. Por outro lado, as infra-estruturas não correspondem a um âmbito próprio de tributação, encerrando antes um fundamento da mesma.

Será pelo facto de os imóveis serem servidos por determinadas infra-estruturas que decorre a potencialidade de tributação e não o inverso, por aqui se antevendo uma razão estrutural pela qual as barragens, enquanto infra-estrutura, não poderão ser objecto de tributação em sede de IMI.

Em função das características da actividade urbanística sobre a qual se projecta, o IMI alicerça-se numa lógica de equivalência ampla, constituindo-se como um verdadeiro «Imposto de Condomínio», tendo em vista a repartição dos custos sustentados com utilidades indivisíveis, a beneficiários determináveis (em regra, os proprietários).

Somente assim se justifica que os proprietários dos imóveis se possam constituir como sujeitos passivos de IMI, sustentando todos os custos com a manutenção e amortização de infra-estruturas existentes ou com a criação de novas utilidades indivisíveis.

Feito o enquadramento, cabe concretizar o nosso entendimento por referência à incidência de IMI sobre as infra-estruturas hidráulicas, incluindo as barragens. Desde logo, o IMI encontra-se inevitavelmente condicionado por imperativos constitucionais de promoção de eficiência, sendo a sua legitimidade condicionada pelas suas funções prototípicas em sede de regulação do mercado imobiliário. Se da actividade prestativa pública de utilidades indivisíveis resultarem benefícios reflexos na contabilidade de sujeitos unicamente determináveis na óptica de um grupo, justificar-se-á a imposição de uma Contribuição Especial, na formulação da derrama.

Ora, é precisamente nesta óptica abrangente e global que deverá ser entendido o sistema tributário urbanístico municipal, em que se insere o IMI. O IMI tem de ser entendido numa lógica de equivalência ampla, constituindo-se como um verdadeiro «Imposto de Condomínio»[464], ou

[464] Só assim se justificam os poderes de determinação das taxas do imposto pelas Assembleias Municipais. Um município que pretenda fornecer e manter infra-estruturas gerais de

seja, tendo em vista a repartição dos custos sustentados com utilidades indivisíveis a beneficiários indeterminados. Somente assim se justifica que os proprietários dos imóveis se possam constituir como sujeitos passivos, sustentando a este título todos os custos com a manutenção e amortização de infra-estruturas existentes ou com a criação de novas utilidades indivisíveis individualmente, mas com destinatário grupal determinado ou determinável[465].

De acordo com o exposto e caso se recorresse a uma tributação em sede de IMI relativamente a barragens, esta deveria adequar-se à estrutura de base daquele imposto, designadamente no benefício imputável a cada infra-estrutura. O que, ainda assim, se revela contrário à lógica do IMI e, mais especificamente, do Princípio da Equivalência. Na realidade, o IMI apenas poderá incidir sobre factos ou comportamentos geradores de custos públicos, o que não se verifica relativamente a qualquer uma das infra-estruturas em causa, na medida em que não usufruem de prestações ou benefícios públicos divisíveis. Pelo contrário, constituem-se como infra-estruturas de base para tributação em sede de IMI. A este respeito, e conforme adiante se refere, acresce notar nesta fase que, contrariamente ao que se verifica com qualquer outra realidade facilmente transaccionável, decorre da natureza dos próprios bens do domínio público a sua exclusão do comércio jurídico. O valor económico dos aproveitamentos hidroeléctricos resulta de um processo de interacção complexo entre as várias infra-estruturas existentes que, numa óptica integrada, permitem a produção de energia, e cuja base de mensuração assenta na respectiva base de contratação (contrato de concessão).

Nestes termos, prevalece indubitavelmente um conceito/princípio de unidade funcional quanto ao próprio conceito de «prédio» em sede de IMI, entendendo-se para efeitos da presente análise o complexo das centrais hidroeléctricas, enquanto macroestruturas integradas de produção de energia eléctrica, no qual se integram barragens.

boa qualidade deverá aplicar uma taxa superior. Pelo contrário, um município que pretenda manter a taxa mais reduzida não poderá prestar o mesmo tipo de utilidades.

[465] Por sua vez, os Impostos sobre o Rendimento (IRS e IRC) tributarão as mais-valias imobiliárias realizadas e os rendimentos prediais, de acordo com o princípio da capacidade contributiva.

5. A Unidade Funcional da Produção Hidroeléctrica: a Integração das Barragens no Domínio Público Hídrico e o Conceito de «Propriedade Económica» Subjacente

Para efeitos da presente análise, importa igualmente considerar a base contratual subjacente ao modelo de exploração das infra-estruturas em apreço. Com efeito, nos termos dos respectivos contratos de concessão celebrados, atribui-se o direito de utilização privativa relativamente a vários aproveitamentos hidroeléctricos. Pelos referidos contratos, encontra-se assim estabelecida a concessão de todos os bens que, fazendo parte do domínio público, designadamente do domínio público hídrico do Estado, se encontram funcionalmente afectos à actividade electroprodutora do respectivo aproveitamento hidroeléctrico (recursos hídricos e infra-estruturas hidráulicas).

Em respeito por um princípio de unidade funcional subjacente à produção hidroeléctrica, atribui-se à entidade concessionária a utilização privativa de bens do domínio público, designadamente do domínio público hídrico, o que inclui toda a realidade física que resulta da construção da barragem (identificação em anexo aos contratos).

Em conformidade, deverá salientar-se o disposto no artigo 3º nº 1 do Decreto-Lei nº 226-A/2007, de 30 de Maio (Regime da Utilização dos Recursos Hídricos) no qual se dispõe expressamente que as «concessões de uso privativo, enquanto se mantiverem, conferem aos seus titulares o direito de utilização exclusiva, para os fins e com os limites consignados no respectivo título constitutivo, das parcelas do domínio público hídrico a que respeitam».

De igual modo, estabelece o nº 1 do artigo 67º da Lei nº 58/2005, de 29 de Dezembro, na redacção dada pelo Decreto-lei nº 130/2012, de 22 de Junho (doravante abreviadamente designada «Lei da Água»), que a licença confere ao seu titular o direito de exercer as actividades nas condições estabelecidas por lei ou regulamento, para os fins, nos prazos e com os limites estabelecidos no respectivo[466].

A utilização privativa tem assim de ser titulada, definindo-se os termos em que assenta o aproveitamento dos recursos em questão. Isso mesmo

[466] *Cf.* GUERREIRO, Sandra C.P. – *A Natureza Jurídica do Direito de Utilização Privativa no Domínio Público Hídrico: entre o Direito Obrigacional e o Direito Real Administrativo*. Instituto de Ciências Jurídico-Políticas, Faculdade de Direito da Universidade de Lisboa, 2012, p. 8.

resulta do nº 1 do artigo 59º da Lei da Água quando estabelece que se considera «utilização privativa» aquela em que «alguém obtiver para si a reserva de um maior aproveitamento desses recursos do que a generalidade dos utentes ou aquela que implicar alteração no estado dos mesmos recursos ou colocar esse estado em perigo».

Efectivamente, pelos referidos contratos, encontra-se estabelecida a concessão de todos os bens funcionalmente afectos à actividade electroprodutora do aproveitamento hidroeléctrico, atribuindo-se à entidade concessionária a utilização privativa de bens do Domínio Público, designadamente do Domínio Público Hídrico, o que inclui toda a realidade física que resulta da construção da barragem.

A utilização privativa de recursos hídricos dominiais encontra-se dependente da obtenção de um título individual de natureza jurídico-administrativa que pode assumir a forma de licença ou de concessão, «não podendo ser adquirido por usucapião ou por qualquer outro título», tal como disposto nos termos do nº 2 do artigo 59º da Lei da Água.

Decorrem do exposto duas assunções centrais para efeitos da presente análise. Desde logo, e tendo em conta o teor dos próprios contratos de concessão, podemos referir-nos à prevalência de um princípio de imaterialidade subjacente aos mesmos, concedendo-se uma utilização privativa dos bens identificados, titulada por um contrato com natureza temporária.

Neste contexto, em relação à titularidade associada aos bens em questão, encontra-se expressamente prevista a reversão para o Estado, aquando do termo da concessão. Tal reversão decorre, aliás, da Lei da Água, pelo artigo 69º («Cessação dos títulos de utilização»), nos termos do qual «1 – O título de utilização extingue-se com o termo do prazo nele fixado e nas demais condições previstas nas normas a aprovar nos termos do artigo 56º; 2 – Findo o prazo fixado no título: *a)* No caso de concessão, as obras executadas e as instalações construídas no estrito âmbito da concessão de utilização de recursos hídricos revertem gratuitamente para o Estado; [...]» [sublinhado nosso].

Por seu turno, decorre igualmente do nº 2 do artigo 59º da Lei da Água uma expressa impossibilidade evolutiva quanto ao próprio título jurídico, determinando-se o respectivo afastamento quanto a uma situação futura de propriedade.

Note-se que tão-pouco está em causa a realidade a que se refere o artigo 1345º do Código Civil, em cujos termos «As coisas imóveis sem dono conhecido consideram-se do património do Estado». Pelo contrário, existe a concessão de um conjunto diferenciado de benefícios de exploração temporalmente delimitada, que não legitimaria, de modo alguma, a incidência de IMI.

Ante o exposto, não se poderá concordar com a sujeição a IMI sobre a globalidade das infra-estruturas hidráulicas, incluindo as barragens, porquanto estamos perante bens do domínio público, designadamente do domínio público hídrico. Em conformidade, o título jurídico existente (contratos de concessão) não constitui as respectivas entidades concessionárias, em sujeitos passivos em sede de IMI.

Efectivamente, no caso das barragens, não está em causa um direito de propriedade, entendido à luz da sua natureza enquanto «direito [real] que atribui todo o aproveitamento possível de uma coisa corpórea»[467] ou ainda como «direito real, que permite ao seu titular, dentro dos limites da lei, o aproveitamento pleno e exclusivo de todas e quaisquer utilidades proporcionadas por uma coisa corpórea»[468].

Tendo em conta que, de uma perspectiva civilística, «a delimitação positiva do direito real propriedade não tem de ser feita através da enumeração concreta dos poderes de aproveitamento da coisa, uma vez que tudo o que seja aproveitamento não restringido legalmente cabe ao proprietário»[469], a verdade é que, no caso das barragens, a sua conexão à celebração de contratos de concessão prévios exige mesmo que não se possa considerar as referidas infra-estruturas como parte integrante de um direito de propriedade. Não só porque não é o concessionário o respectivo titular como também porque não está em causa uma «coisa corpórea» da qual se retire um aproveitamento pleno (a ser assim, não ocorreria o pagamento de rendas) e exclusivo (que não existe, perante a possibilidade de reversão, em benefício do Estado).

As considerações que tecemos neste ponto de análise pretendem evidenciar que, subjacente à integração no domínio público e, por maioria de razão, no domínio público hídrico, se encontra um princípio de indivisibilidade ou de unidade, que exige uma consideração da noção de propriedade

[467] *Cf.* VIEIRA, José Alberto Coelho – *Direitos Reais*. Coimbra: Coimbra Editora, 2008, ob. cit., p. 669.

[468] *Cf.* LEITÃO, Luís Manuel Teles de Menezes – *Direitos Reais*. Almedina, 2009, p. 305.

[469] *Cf.* VIEIRA, José Alberto Coelho (2008), ob. cit., p. 669.

em sentido distinto daquele que é operado pelo Direito Civil. Exige-se, efectivamente, o recurso a um conceito de «propriedade económica», sedimentada nos contributos da moderna Análise Económica do Direito.

Nas palavras de Alchian/Demsetz, os autores que definiram as bases da moderna Teoria da Firma, «o que é detido são direitos à utilização de recursos [...] e esses direitos são sempre circunscritos, muitas vezes pela proibição de certas ações»[470]. De tal forma que, aquilo de que se é verdadeiro proprietário corresponde a um conjunto de «direitos de ação socialmente reconhecidos»[471].

Por seu turno, Demsetz afirmou ainda que «a primeira função dos direitos de propriedade é o fornecimento de incentivos para alcançar uma maior internalização de externalidades»[472], de onde resulta que «se a principal função de alocação dos direitos de propriedade é a internalização dos efeitos positivos e negativos, então o surgimento dos direitos de propriedade pode ser melhor compreendido pela sua associação com o surgimento de novos efeitos benéficos ou prejudiciais»[473].

Resulta das referidas concepções que «a propriedade privada [...] vai internalizar muitos dos custos externos associados à propriedade comunal, porque agora um proprietário, em virtude de seu poder de excluir outros. Esta concentração de benefícios e custos em proprietários cria incentivos para utilizar os recursos de forma mais eficiente»[474]. Ou seja, está em causa o entendimento do título que decorre do contrato de concessão como um direito de exclusão relativamente aos demais potenciais utilizadores. Tão-pouco está em causa uma situação de propriedade resolúvel, para efeitos do disposto nos termos do nº 3 do artigo 8º do Código do IMI. A jurisprudência já definiu aquela modalidade de propriedade da seguinte forma: «O que caracteriza e diferencia o direito de propriedade resolúvel é a sua natureza revogável. Trata-se de um direito sujeito a condição resolutiva, na pendência da qual produz todos os seus efeitos. Caso se verifique a

[470] *Cf.* Alchian, Armen A.; Demsetz, Harold – «The Property Right Paradigm». *In The Journal of Economic History*, Vol. 33, No. 1, The Tasks of Economic History, 1973, p. 17.

[471] *Cf.* Alchian, Armen A.; Demsetz, Harold, (1973), ob. cit., p. 17.

[472] *Cf.* Demsetz, Harold – «Toward a Theory of Property Rights». *In The American Economic Review*, Vol. 57, No. 2, Papers and Proceedings of the Seventy-Ninth Annual Meeting of the American Economic Association, 1967, p. 348.

[473] *Cf.* Demsetz, Harold (1967), ob. cit, p. 350.

[474] *Cf.* Demsetz, Harold (1967), ob. cit., p. 356.

condição, tais efeitos desaparecem como se não se houvessem produzido, porque a mesma opera retroactivamente. Caso não se verifique, o direito consolida-se na sua plenitude.»[475]

Para que tal ocorresse, seria necessário considerar previamente a existência de um direito de propriedade, para os efeitos definidos no Código Civil. Todavia, como verificámos, não é o que sucede no caso das barragens que, na decorrência dos contratos de concessão, têm subjacente uma «propriedade económica», ou seja, aquilo a que Calabresi/Melamed se referem como «um [mero] direito que é protegido por uma regra de propriedade»[476].

Estamos, isso sim, no campo explícito da derrama, enquanto tipo tributário que pretende onerar a exploração económica de um recurso natural. Esse é o âmbito tributário correcto, não o IMI.

6. Um Argumento Adicional: a Inscrição Matricial como Meio de Inventariação Fiscal

O exemplo das barragens constitui, igualmente, um bom exemplo para explicar a interacção entre a inscrição matricial e o mundo da tributação. Dispõe o artigo 12º nº 1 do Código do IMI que «As matrizes prediais são registos de que constam, designadamente, a caracterização dos prédios, a localização e o seu valor patrimonial tributário, a identidade dos proprietários e, sendo caso disso, dos usufrutuários e superficiários».

Como explica Sarmento de Beires, as matrizes têm como função «o inventário fiscal de todos os prédios rústicos e urbanos de cada freguesia e concelho, a que se tem de comunicar, antecipada ou posteriormente, quaisquer actos de alteração das características, mudança de utilização ou titular»[477]. Cabe, por seu turno, ao registo predial o registo e a confirmação de «todos os direitos de propriedade e outros direitos e ónus sobre os imóveis, sem conhecimento actualizado do qual nenhum acto jurídico (compra, venda, hipoteca, etc.) pode ser realizado sobre um prédio rústico ou urbano, ou sobre uma parte ou fracção destes»[478].

475 *Cf.* Acórdão do Tribunal da Relação de Coimbra de 07-02-2012, Processo nº 358/06.8TBSRE.C2 [Carlos Querido].

476 *Cf.* Calabresi, Guido; Melamed, A. Douglas – «Property Rules, Liability Rules, and Inalienability: One View of the Cathedral». *In Harvard Law Review*, Vol. 85, No. 6, 1972, p. 1105.

477 *Cf.* Beires, Rodrigo Sarmento de – *O Cadastro e a Propriedade Rústica em Portugal*. Fundação Francisco Manuel dos Santos, 2013, p. 39.

478 *Cf.* Beires, Rodrigo Sarmento de (2013), ob. cit., p. 39.

O próprio Código do IMI assumiu que a inscrição matricial revela apenas uma mera presunção de propriedade, ou direito real de natureza análoga, dispondo no respectivo nº 4 do artigo 8º que «Presume-se proprietário, usufrutuário ou superficiário, para efeitos fiscais, quem como tal figure ou deva figurar na matriz, na data referida no nº 1 ou, na falta de inscrição, quem em tal data tenha a posse do prédio» [nosso sublinhado].

Por intermédio da inscrição matricial está em causa, apenas, uma lícita presunção de que o prédio materialmente existe, com a fisionomia com que nessa sede se oferece. É pois a preocupação com a acreditação da existência e identidade do prédio o que está na base da inscrição matricial, reconduzindo-se assim aos fins próprios da instituição registal (o da promoção da segurança do comércio jurídico imobiliário) e apenas lateralmente a uma racionalidade de natureza fiscal (como uma eventual cobrança de tributo). Do exposto decorre que, para que a inscrição matricial das infra-estruturas em apreço pudesse alicerçar-se a uma incidência de IMI, deveria igualmente verificar-se uma conexão ao conceito de prédio, sobre o qual radica a incidência daquele imposto. De facto, não obstante a inscrição matricial, qualquer realidade que não se subsuma ao conceito de prédio para efeitos de IMI, não poderá ser integrada no respectivo âmbito de incidência.

No artigo 1º do respectivo Código, o IMI incide sobre «o valor patrimonial tributário dos prédios rústicos e urbanos situados no território português», assentando a respectiva estrutura de incidência no conceito de «prédio». Nos termos do artigo 2º do mesmo Código, estabelece-se que «1 – (....) prédio é toda a fracção de território, abrangendo as águas, plantações, edifícios e construções de qualquer natureza nela incorporados ou assentes, com carácter de permanência, desde que faça parte do património de uma pessoa singular ou colectiva e, em circunstâncias normais, tenha valor económico, bem como as águas, plantações, edifícios ou construções, nas circunstâncias anteriores, dotados de autonomia económica em relação ao terreno onde se encontrem implantados, embora situados numa fracção de território que constitua parte integrante de um património diverso ou não tenha natureza patrimonial» [sublinhado nosso].

Trata-se de um conceito que diverge quer do conceito de prédio constante do nº 3 do artigo 8º do Código do IRS[479], quer do constante do nº 2 do artigo 204º do Código Civil. Como tal, a sua interpretação deverá sal-

[479] *Cf.* MORAIS, Rui Duarte – *Sobre o IRS*. 2ª Edição. Almedina, 2008, p. 116.

vaguardar a possibilidade de adaptação legal necessária à sua aplicação no domínio fiscal, não podendo significar, de modo algum, a legitimidade para uma interpretação desconforme a um pressuposto geral de conformidade constitucional.

De acordo com a jurisprudência do STA[480], resulta do disposto no artigo 2º do CIMI que o conceito de «prédio» em sede de IMI assenta em três elementos de diferente natureza: 1) natureza física, nos termos do qual qualquer fracção de território, abrangendo as águas, plantações, edifícios e construções de qualquer natureza incorporados ou assentes, deverá ter carácter de permanência; 2) natureza jurídica, do qual decorre a exigência de que a coisa – móvel ou imóvel – faça parte do património de uma pessoa singular ou colectiva; e 3) natureza económica, do qual decorre a exigência de que se trata de uma realidade com valor económico, em circunstâncias normais de mercado.

Acresce que, «[...] a determinação do valor de mercado depende, em última análise, do funcionamento do próprio mercado e, no caso dos imóveis, só se pode determinar com rigor, caso a caso, quando um determinado bem é transacionado»[481], por conseguinte, «o preço de um bem transacionado num mercado aberto corresponde ao seu valor de mercado»[482].

Com a adopção do conceito de valor patrimonial tributário, nos termos geralmente previstos no artigo 38º do CIMI, o legislador português seguiu fundamentalmente o designado Método do Valor de Mercado, «por se considerar que é o que melhor reflecte o valor de riqueza dos bens imóveis»[483]. Com efeito, o actual sistema de avaliação de imóveis «assenta num conjunto de seis coeficientes de avaliação que são idênticos aos que relevam na actividade económica para a formação do preço dos bens imóveis urbanos, tentando assim o legislador aproximar o valor patrimonial tributário do valor de mercado dos imóveis urbanos»[484].

A fórmula de cálculo que preside ao apuramento do valor de cada «prédio» para efeitos de IMI visa a atenuação da dimensão genérica do valor da propriedade, necessariamente abstracto, através da utilização de indica-

[480] *Cf.* Acórdão do STA de 25/11/2015, Processo nº 01338/15; Acórdão do STA de 27-06-2012, Processo nº 01004/11, 2ª Secção [Francisco Rothes].

[481] *Cf.* Acórdão do STA de 25-05-2012, Processo nº 0301/12, 2ª Secção [Fernanda Maçãs].

[482] *Cf. Idem, ibidem.*

[483] *Cf.* PIRES, José Maria F. – *Lições de Impostos sobre o Património e do Selo.* Almedina, 2010, p. 39 e ss..

[484] *Cf. Idem, Ibidem.*

dores concretos que permitam a simulação de um valor de mercado para dada propriedade. Ora, contrariamente a qualquer outra realidade facilmente transaccionável, decorre da natureza dos bens do domínio público a circunstância de estarem «fora do comércio jurídico privado, o que significa serem insusceptíveis de redução à propriedade particular, inalienáveis, imprescritíveis, impenhoráveis e não oneráveis pelos modos do direito privado, enquanto coisas públicas»[485].

Pensemos assim num eventual exercício de classificação dos prédios sujeitos a IMI enquanto prédios rústicos ou urbanos. De forma sucinta, poderá referir-se que a tributação dos prédios urbanos é baseada nos benefícios reflexamente proporcionados pela actividade pública e que determinam, em larga medida, o valor da propriedade urbana, enquanto a tributação dos prédios rústicos é assente exclusivamente na óptica do rendimento agrícola, sendo o seu valor determinado em função do rendimento gerado pelo terreno. Relativamente a esta última tipologia, salienta-se a opção do legislador pela conexão aos terrenos localizados fora dos aglomerados urbanos (considerando-se, como tal, os núcleos com um mínimo de 10 fogos servidos por «arruamentos de utilização pública»).

Relativamente a ambas as tipologias de infra-estruturas, não existe qualquer potencialidade, real ou virtual, de fruição de utilidades urbanísticas prestadas pelo município (ou eventualmente freguesia), pelo que o seu respectivo valor não depende das mesmas.

O valor económico dos aproveitamentos hidroeléctricos resulta de um processo de interacção complexo entre as várias infra-estruturas existentes que, numa óptica integrada, permitem a produção de energia, e cuja base de mensuração assenta no respectivo contrato de concessão. Como tal, no caso das barragens, não só a própria estrutura de retenção de águas como todas as demais infra-estruturas que integram o centro de produção hidroeléctrica correspondem a realidades dotadas de autonomia física e estrutural, sem que qualquer uma beneficie de quaisquer utilidades públicas divisíveis imputáveis à acção pública municipal, o que impossibilita, necessariamente, o seu enquadramento no âmbito de incidência do IMI. Leia-se ainda a recente anotação ao artigo 2º do Código do IMI[486] no qual

[485] *Cf.* Acórdão do STA de 09-09-2011, Processo nº 0267/11, 1ª Secção [Costa Reis].

[486] *Cf.* ROCHA, António Santos; BRÁS, Eduardo José Martins – *Tributação do Património IMI-IMT e Imposto do Selo (Anotados e Comentados)*. Almedina, 2015, p. 26.

se refere que «Em todo o caso, é imperativo que o prédio a tributar em IMI faça parte do património de uma pessoa, singular ou coletiva, o que afasta da tributação os bens que não possam ser alvo de direitos privados, tais como as que se encontram no domínio público e as que são, por sua natureza, insuscetíveis de apropriação individual.»

De forma coerente, o enquadramento contabilístico aplicável, presente fundamentalmente na IFRIC nº 12 *(International Financial Reporting Interpretations Committee)*, datada de 30 de Novembro de 2006 e adoptada pela UE em 25 de Março de 2009, estabelece que «11. [...] as infra-estruturas não devem ser reconhecidas como activos fixos tangíveis do concessionário, dado que o acordo de prestação contratual de serviços não confere ao concessionário o direito de controlar o uso das infra-estruturas de serviço público. O concessionário tem acesso às infra-estruturas, a fim de prestar o serviço público por conta da entidade concedente, de acordo com as condições especificadas no contrato. [...] 27- De acordo com o parágrafo 11, os itens de infra-estruturas aos quais a entidade concedente deu acesso ao concessionário, para efeitos do acordo de prestação de serviços, não são reconhecidos como activos fixos tangíveis do concessionário. A entidade concedente pode disponibilizar igualmente outros itens ao concessionário, que este pode manter ou conferir-lhes o uso que pretender. Caso esses activos façam parte da retribuição a prestar pela entidade concedente a título da prestação dos serviços, não constituirão subsídios do governo de acordo com a definição que lhes é dada na IAS 20. São reconhecidos como activos do concessionário e mensurados pelo justo valor no reconhecimento inicial. O concessionário deve reconhecer um passivo em relação a obrigações não cumpridas que assumiu em troca dos activos».

Recorde-se que, já no caso dos parques eólicos, decorre da Circular nº 8/2013 que, subjacente à sua tributação em sede de IMI se encontra uma obrigação de inscrição matricial sob pena de, em caso de incumprimento, caber «ao chefe de finanças competente proceder oficiosamente à inscrição do prédio na matriz, em conformidade com o disposto na alínea *a)* do nº 3 do artigo 13.° do CIMI, devendo carrear para o procedimento todos os elementos necessários á avaliação dos prédios, em obediência ao principio do inquisitório plasmado no artigo 58.° da Lei Geral Tributária» [sublinhado nosso]. Trata-se de uma realidade manifestamente desadequada à natureza e ao perfil das barragens enquanto infra-estrutura.

A existência de inscrições matriciais não determina assim a respectiva imposição tributária, porquanto inexiste um direito de propriedade ou direito real de natureza análoga subjacente. De resto, há muito que a inscrição matricial é apenas um elemento de identificação para o recenseamento fiscal dos imóveis, o qual pode até nem existir, sem que, por isso, aqueles deixem de ter existência real.

7. Dos Riscos de Sobreposição Tributária por Desconexão Dogmática

Feito o enquadramento, cabe considerar o impacto da possibilidade de incidência de IMI em apreço, ao nível da própria coerência para com o restante enquadramento fiscal a que actualmente se encontram sujeitos os operadores do sector energético, no que em concreto diz respeito aos centros electroprodutores. Neste sentido, cabe assim salientar a relação entre o âmbito de incidência proposto, conjuntamente com a determinação dos vários âmbitos de incidência tributária, dos quais decorre uma inadmissível sobreposição tributária. A referida sobreposição nos termos que de seguida se explicitam implica compreensivelmente uma desvirtuação ao nível da coerência do próprio sistema fiscal, entendida enquanto «elemento interpretativo e [...] critério norteador do legislador, e que há-de tolher a sua liberdade de conformação no momento da criação jurídica dos tributos»[487] e, por maioria de razão, na sucessiva redefinição da sua base de incidência.

Ora, tal como oportunamente se referiu, contrariamente ao que se verifica com qualquer outra realidade facilmente transaccionável, decorre da natureza dos próprios bens do domínio público a sua exclusão do comércio jurídico. O valor económico dos aproveitamentos hidroeléctricos resulta de um processo de interacção complexo entre as várias infra-estruturas existentes que, numa óptica integrada, permitem a produção de energia, e cuja base de mensuração assenta na respectiva base de contratação (contrato de concessão).

Ante o exposto, e não sendo possível aferir da norma de incidência específica para o caso das infra-estruturas em apreço, traduz o facto de a sujeição a IMI ter subjacente um entendimento quanto aos limites da tipicidade inerentes àquele dispositivo legal. Está em causa, na realidade,

[487] *Cf.* SILVA, Susana Tavares da – *As Taxas e a Coerência do Sistema Tributário*. CEJUR, Coimbra Editora, 2013, p. 24.

o recurso aos tipos fiscais, entendidos como expressão de contacto entre a incidência fiscal e as «relações da vida real»[488].

Subjacente ao recurso aos tipos encontra-se, nas palavras de Engisch, uma estrutura de incidência «conforme ao sentido típico do facto e não conforme à situação e vontade específicas dos interessados»[489]. O reconhecimento da importância dos «tipos» no moderno Direito Fiscal é inequívoca, encontrando-se na actual doutrina e jurisprudência um conjunto reiterado de alusões ao facto de as normas fiscais deverem adequar-se a uma suficiente determinação, «de modo que os particulares possam entender e prever as atuações da Administração (Acórdão nº 233/94)»[490].

A utilização de tipos requer que a actuação dos vários intervenientes na concretização da lei fiscal respeite o conteúdo essencial das respectivas leis habilitantes, geralmente Lei da Assembleia da República ou Decreto-Lei Autorizado, cumprindo um princípio de reserva de lei fiscal, nos termos do artigo 165º, nº 1, alínea [*i)*] da CRP. Trata-se de uma matéria que, pela sua relação com a intervenção da lei parlamentar, se encontra directamente relacionada com o próprio Princípio Democrático, entendido como «princípio medular da Constituição»[491]. É por seu intermédio que, como já reconheceu o TC, o quadro de actuação pública repousa «em estruturas do poder que o princípio democrático, na sua pluridimensionalidade, "afeiçoa", materialmente, quanto aos valores constitucionalmente proclamados, e organizativamente, quanto à titularidade e ao exercício do poder, acolhendo os mais importantes postulados da teoria democrática representativa-órgãos representativos, eleições periódicas, pluralismo partidário, separação de poderes»[492].

Neste sentido, o «Princípio Democrático» pode ser invocado a fim de reforçar a legitimidade de quaisquer normas impugnadas ou cuja legalidade ou constitucionalidade é questionada. Cumpre, assim, analisar a sua relevância a respeito das ilegalidades ou inconstitucionalidades em

[488] *Cf.* ENGISCH, Karl – *Die Idee der Konkretisierung in Recht und Rechtwissenschaft unserer Zeit.* Carl Winter, Heidelberg, 1968, p. 407.

[489] *Cf.* ENGISCH, Karl (1968), b. cit., p. 407.

[490] *Cf.* DOURADO, Ana Paula – *O Princípio da Legalidade Fiscal – Tipicidade, conceitos jurídicos indeterminados e margem de livre apreciação.* Almedina, 2015, ob. cit., p. 158.

[491] *Cf.* Acórdão do Tribunal Constitucional nº 364/91, Processo nº 367/91 [Maria da Assunção Esteves].

[492] *Cf. Idem, ibidem.*

causa, designadamente quanto ao princípio da legalidade fiscal, na sua vertente material, enquanto princípio da tipicidade. Daqui decorre que quaisquer especiais motivos de interesse público que se possam considerar para espoletar uma nova incidência de imposto, assim como para uma alteração do âmbito de incidência de imposto, não têm autonomia isolada no âmbito da constituição fiscal. Também aqui a lei, como expressão do «princípio democrático», só pode fazer aquilo que a Constituição, como um todo, não proíba, devendo, ao mesmo tempo, fazer aquilo que a Constituição imponha.

É precisamente nesse sentido que importa salientar a legalidade fiscal, na sua expressão material enquanto princípio da tipicidade. Em sua decorrência, tem a doutrina entendido que se exige «que todas as leis em sentido formal (leis parlamentares ou decretos-leis autorizados) sejam suficientemente determinadas»[493] e, como tal, «a indeterminação da lei fiscal raramente aconselha o juízo discricionário»[494].

De igual forma, a «determinabilidade mínima das normas jurídicas, impondo a utilização de uma linguagem clara, perceptível e congruente, veda também, em nome da segurança jurídica, uma densificação insuficiente das normas susceptíveis de lesar posições jurídicas subjectivas»[495].

Ante o exposto, não pode a Administração Tributária estender o âmbito de incidência tributária a ponto de, em termos práticos, resultar um âmbito de incidência delimitado *ex novo*. É o que sucede no caso em análise, tendo em conta a desadequação do conceito de «prédio» de que se serve relativamente ao caso das barragens. Decorre do exposto um risco de desconformidade constitucional, com base no disposto no nº 2 do artigo 103º da CRP.

O entendimento de incidência de IMI sobre as infra-estruturas hidráulicas (incluindo as barragens) acentua o fenómeno crescente de tributação sectorial a que já nos referimos, e o qual Casalta Nabais denomina de «IRC Paralelo»[496].

A determinação de novas realidades tributárias ou, no caso, novas imposições mediante impostos existentes, coloca precisamente em causa a tributação pelo lucro real. Trata-se de tributação desconforme àquele que

[493] *Cf.* Dourado, Ana Paula (2015), ob. cit., p. 158 e ss..

[494] *Cf.* Dourado, Ana Paula (2015), ob. cit., p. 159.

[495] *Cf.* Otero, Paulo – *Direito Constitucional Português*. 2 vols. Coimbra: Almedina, 2010, ob. cit., p. 89.

[496] *Cf.* Nabais, José Casalta (2015), ob. cit., p. 236.

foi o lucro real efectivo, entendido enquanto proibição de «uma tributação insuportável por, ao menos sistematicamente, conduzi[r] a valores que superam a capacidade contributiva dos contribuintes a que se aplicam»[497].

Embora se reconheça que no artigo 104º nº 2 da CRP se afirma que a tributação das empresas incide fundamentalmente sobre o seu rendimento real, isso não significa que os poderes públicos se possam abster de criar as condições de realização de uma tributação plena, em obediência aos critérios e objectivos de justiça fiscal a que se encontra subordinado o sistema fiscal nacional.

8. Tributação e Direito de Propriedade: a sua Manifestação Enquanto Propriedade Líquida e Base de Determinação de Inconstitucionalidade por «Confisco»

Por último, cabe ainda estabelecer os termos da desconformidade constitucional suscitada pela incidência de IMI sobre barragens, relativamente ao direito de propriedade. Comece-se por referir, a este respeito, como se encontra consagrado nos termos do actual nº 1 do artigo 62º da CRP: «A todos é garantido o direito à propriedade privada e à sua transmissão em vida ou por morte, nos termos da Constituição.»

Note-se que o âmbito de protecção do direito de propriedade é extensível às pessoas colectivas, por força do estatuto de universalidade de que gozam os direitos fundamentais e os demais direitos, liberdades e garantias de natureza análoga. É o que resulta do disposto nos termos do nº 2 do artigo 12º da CRP, em cujos termos «As pessoas colectivas gozam dos direitos e estão sujeitas aos deveres compatíveis com a sua natureza».

A incidência de IMI sobre barragens coloca em causa direitos patrimoniais conexos com o direito de propriedade privada, na sua modalidade enquanto propriedade societária que, como o TC teve oportunidade de recordar recentemente[498], beneficia – ainda que com algumas adaptações – do regime garantístico dos Direitos, Liberdades e Garantias contido no Artigo 18º da mesma CRP[499]. Efectivamente, o TC pronunciou-se relati-

[497] *Cf.* Morais, Rui Duarte – *apontamentos ao IRC*. 2ª Edição, Coimbra: Almedina, 2007, pp. 60-61.

[498] *Cf.* Acórdão do Tribunal Constitucional nº 187/2013, Processo nº 2/2013, 5/2013, 8/2013 e 11/2013 [Carlos Fernandes Cadilha].

[499] *Cf.* Acórdão do Tribunal Constitucional nº 187/2013, Processo nº 2/2013, 5/2013, 8/2013 e 11/2013 [Carlos Fernandes Cadilha].

vamente à natureza análoga a Direitos, Liberdades e Garantias do Direito de Propriedade, extensão que abrange, de igual forma, as partes sociais.

No Acórdão nº 491/02 assim se pronunciou o referido Tribunal «Resulta, assim, claro que o direito de propriedade a que se refere aquele artigo da Constituição não abrange apenas a *proprietas rerum*, os direitos reais menores, a propriedade intelectual e a propriedade industrial, mas também outros direitos que normalmente não são incluídos sob a designação de "propriedade", tais como, designadamente, os direitos de crédito e os "direitos sociais" – incluindo, portanto, partes sociais como as acções ou as quotas de sociedades»[500].

Para que se compreenda, em termos concretos, esta primeira dimensão de análise, clarifique-se que a existência de entes dotados de personalidade jurídica colectiva, como é o caso das sociedades comerciais, revela uma dimensão ficcional. Na realidade, a personalidade jurídica colectiva, ficção jurídica que é, não é um valor absoluto, mas encontra-se teleologicamente vinculada aos interesses dos detentores de participações sociais, o que nos permite referir Coutinho de Abreu, de acordo com o qual «a sociedade não vive por si e para si, antes existe por e para os sócios; destes é ela instrumento [...]. Por outro lado, o património da sociedade não está ao serviço de interesses da pessoa jurídica "em si", mas sim dos sócios»[501].

Uma vez que a incidência de IMI comprime o próprio lucro da empresa, é à tutela das respectivas participações sociais que, no limite, devem reconduzir-se os efeitos da sua desconformidade constitucional. Por seu turno, encontra-se igualmente em causa uma restrição dos valores patrimoniais adquiridos, no contexto daquilo a que a doutrina alemã se refere como «exploração produtiva edificada e exercida»[502], actualmente reconduzindo ao âmbito do artigo 14º da Lei Fundamental de Bona (Direito de Propriedade).

No referido local, a exploração produtiva é definida como «a reunião de meios pessoais e materiais para uma empresa orientada à produção»[503],

[500] *Cf.* Acórdão do Tribunal Constitucional nº 491/02, Processo nº 310/99 [Conselheiro Paulo Mota Pinto].

[501] *Cf.* ABREU, Jorge Manuel Coutinho – *Curso de Direito Comercial.* Volume II, 5ª Edição (Reimpressão). Almedina, 2016, p. 176 e ss..

[502] *Cf.* STOBER, Rolf – *Allgemeines Wirtschaftsverwaltungsrecht.* 15., Aufl. Stuttgart, Kohlhammer, 2006, p. 207.

[503] *Cf.* STOBER, Rolf (2006), ob. cit., p. 208 e ss..

encontrando-se protegida não só na sua própria existência, como também nas suas diferentes formas de manifestação. Para a delimitação do direito à exploração industrial constituída e exercida contribui a sua protecção em sentido amplo, integrando «todo o círculo da atividade industrial que capacita a exploração a produzir efeitos na economia e perfaz o valor económico da empresa»[504]. Ora, é precisamente o que entendemos verificar-se no caso das barragens. Uma tributação incisiva, em sede de IMI, sobre o referido tipo de infra-estruturas comportará uma subtracção ilegítima de parte do valor da própria exploração hidroeléctrica que, enquanto organismo global, a funcionar, deve ser de uma perspectiva económica, objecto de protecção, devido «ao efeito das sinergias e à utilização de potenciais endógenos, evidentemente uma outra realidade que está para além da soma das suas diferentes coisas e direitos»[505].

A importância desta concepção para os termos da presente análise não é prejudicada pela sua conceptualização no direito alemão, muito pelo contrário. Desde logo, o ordenamento jurídico alemão acaba por reconduzir-se a uma leitura ampla do Direito de Propriedade, que não se encontra muito distante do entendimento da doutrina e jurisprudência em Portugal, que tende a considerar uma verdadeira «tutela diferenciada da propriedade privada»[506].

Note-se que já Sousa Franco se pronunciara, no contexto da tributação do património, sobre a necessidade de isentar «os bens produtivos como instrumentos do trabalho»[507]. Afinal, ao incidir sobre barragens, o IMI repercute-se sobre activos relativamente aos quais um sujeito passivo não revela qualquer tipo de capacidade de remoção tributária, ou seja, de «desenvolver uma actividade económica que lhe permita aumentar a matéria colectável, elevar o rendimento agora disponível a um nível igual ou inferior ao do rendimento bruto anterior»[508].

Nessa medida, e uma vez que, nos termos do respectivo nº 2, «A requisição e a expropriação por utilidade pública só podem ser efectuadas com

504 *Cf.* Stober, Rolf (2006), ob. cit., p. 208.

505 *Cf.* Stober, Rolf (2006), ob. cit., p. 209.

506 *Cf.* Moncada, Cabral de – *Direito Económico.* 6ª Edição. Coimbra Editora, 2012, p. 170 e ss..

507 *Cf.* Franco, António de Sousa – *Finanças Públicas e Direito Financeiro.* Volume II, 4ª Edição, 15ª reimpressão, Almedina, 2015.

508 *Cf.* Franco, António de Sousa, (2008), ob. cit., p. 212.

base na lei e mediante o pagamento de justa indemnização», entendemos verificar-se uma desconformidade perante o disposto nos termos do nº 1 do artigo 62º da CRP.

Ao acima exposto acresce ainda considerar que decorre do princípio da tributação pelo rendimento real uma exigência fundamental de proporcionalidade, segundo a qual as obrigações tributárias imputáveis a cada contribuinte devem ser determinadas de acordo com a respectiva capacidade contributiva, em respeito pelo competente quadro jurídico-tributário. A definição de referenciais de proporcionalidade é assim de fundamental importância, mesmo no caso de tributos com uma finalidade de estrita angariação de receita pública.

O princípio da proporcionalidade consubstancia-se e desdobra-se em várias vertentes: adequação, necessidade e proporcionalidade em sentido estrito. Ante a situação em apreço, será imediata a conclusão de que a vertente da necessidade e a da proporcionalidade em sentido estrito não se encontram preenchidas. Com efeito, a vertente da necessidade obriga a que se utilize o meio menos gravoso possível com vista a atingir determinado fim, sendo que a proporcionalidade em sentido estrito reclama pela existência de um equilíbrio entre o prejuízo provocado e a contrapartida obtida. Ora, tendo isto em conta, deverá evidenciar-se o risco de determinação inconstitucionalidade por «confisco».

9. Os Parques Eólicos e o Conceito de Prédio em IMI

Como é fácil de antever, a classificação dos parques eólicos é também bastante problemática. E é de tal forma complexa que, de 2003 até 2018, ainda não foi desenvolvida de forma linear.

Em primeiro lugar, a constituição do parque eólico é complexa e diferenciada. Assim, integra elementos de equipamento tendo em vista a transformação da energia eólica em energia eléctrica. Nesta conformidade, é composta por três elementos essenciais: *i)* os aerogeradores; *ii)* os edifícios de comando e subestação; *iii)* as estruturas de ligação.

Por sua vez, atenta a independência predial de cada um dos elementos referidos, não se poderá considerar o parque eólico como prédio unificado para efeitos de tributação em IMI, na sua concepção mais clássica. De facto, a sua formação é atomizada, sendo as suas diversas componentes prediais distintas e autónomas entre si, apesar, claro está, de terem uma finalidade comum, ou seja, a produção e transporte de energia eléctrica.

Assim, e se tomarmos a concepção clássica de prédio em termos de IMI, e dada a inexistência de complementaridade espacial, cada um dos seus componentes deverá ser visto de forma individualizada, tendo em consideração a sua eventual caracterização predial. Efectivamente, os aerogeradores têm uma posição individualizada, estando colocados em locais separados entre si. A lógica predial inerente ao IMI não compreende a existência de prédios unitários quando os elementos físicos se encontram espacialmente separados, indo muitas vezes ao fraccional mais puro (por exemplo, a árvore).

As estruturas de ligação não podem, conceptualmente, ser consideradas como prédio dada a sua evidente função económica; por sua vez, os edifícios de comando e a subestação poderiam integrar, a nosso ver, o conceito de prédio, dada a sua configuração típica. Porém, conforme demonstraremos *infra*, a sua função integrada implica uma conclusão diversa. Porém, a função económica do parque eólico só pode ser cumprida se todas estas utilidades se encontrarem reunidas, o que, como veremos, poderá ter consequências relevantes na tributação dos edifícios de comando e da subestação que só têm uma vocação funcional relevante se integrados na lógica produtiva integrada do parque eólico.

A questão essencial é, portanto, a referente à qualificação dos aerogeradores. Ora, tomando em consideração o conceito de prédio referido, os aerogeradores nunca poderão integrar o conceito de prédio para efeitos de IMI, mesmo na concepção clássica de tributação, pois:

i) constituem uma forma complexa de equipamento de produção eléctrica assumindo a forma de «rede virtual»

Os aerogeradores não podem ser considerados construções. De facto, não integram nenhuma qualificação de edifício potencialmente identificável. O aerogerador é composto por três peças essenciais: o rotor, o gerador e a torre de suporte. Todas estas componentes são essenciais para o desenvolvimento do mecanismo de geração de energia eléctrica.

Pelo exposto, a torre não se pode ser entendida como construção ou edificação. Não tem essa característica funcional, nem um valor económico intrínseco distinto daquele que decorre da sua função, a produção de energia eólica. Se não existisse rotor ou gerador, a torre seria totalmente inútil: a sua existência depende da sua compatibilização com os restantes componentes.

Por sua vez, quer a torre quer a sapata nunca poderão integrar o conceito de prédio dada a ausência de valor económico autónomo. A sapata não tem valor económico por definição. A torre de nada serve desintegrada da sua rede virtual integrada que constitui o aerogerador. Assim, o critério do valor económico exigido no nº 1 do artigo 2º do CIMI não se encontra verificado.

ii) os aerogeradores não podem ser considerados prédios urbanos

A tributação do prédio urbano depende da relação de equivalência e do benefício que se estabeleça entre o sujeito passivo e o sujeito activo enquanto prestador de utilidades urbanísticas. Assim, a qualificação de um prédio como urbano decorre da necessária repartição dos custos de suporte urbanístico essenciais para o valor económico da propriedade. No caso dos parques eólicos em geral, e dos aerogeradores em particular, não existe qualquer potencialidade, real ou virtual, de fruição de utilidades urbanísticas prestadas pelo município. Por outro lado, o seu valor não depende das utilidades urbanísticas prestadas considerando a sua função económica: a produção de energia eléctrica. Assim, os parques eólicos não se integram na categoria de «outros» em sede de prédios urbanos dada a sua inexistente vocação urbana, ou seja, a sua existência e valor económico não dependem nem pressupõem qualquer relação com o prestador de utilidades urbanísticas, *in casu*, o município.

Assim, não é de estranhar as perplexidades e as hesitações na imposição de uma incidência tributária em sede de IMI aos parques eólicos. Essa tributação é irrazoável dada a inexistência clara de uma norma de incidência que a contemple. É por essa razão que a própria AT não tem, ainda hoje, uma doutrina firmada a este respeito. De facto, e o documento do departamento de avaliações é disso paradigmático, não existe qualquer elemento de conexão operacional que permita a recondução dos elementos constitutivos dos parques eólicos a um qualquer tipo tributário firme em sede de IMI, sendo irrazoavelmente forçado reconduzir os aerogeradores ou, numa perspectiva mais restrita, as torres dos aerogeradores ou, numa configuração ainda mais restrita, as sapatas das torres dos aerogeradores, ao conceito de prédio urbano.

Essa qualificação, a efectuar-se, transcende, além do bom senso, as margens da interpretação extensiva e da própria analogia, já que em nenhuma circunstância se poderá entender estes equipamentos organizados numa rede virtual coesa enquanto prédios urbanos para efeitos de IMI.

10. O Valor do Prédio para Efeitos de IMI

Relativamente aos prédios rústicos ou outros «imóveis de rendimento», a definição do seu valor depende da capitalização das rendas futuras, decorrente de uma simples avaliação económica. É esta precisamente a base do conceito de rendimento fundiário constante do artigo 18º do CIMI[509].

Esta tentativa de objectivação absoluta do valor da propriedade tem de ser apreendida de forma ponderada. Nunca se poderá ter a pretensão de prossecução do real valor de mercado de um imóvel por via de uma fórmula, necessariamente genérica e abstracta, ainda mais quando:

- o valor de base dos prédios edificados é de aplicação nacional e a todo o tipo de edificações, esquecendo a diferente qualidade construtiva bem como as inevitáveis diferenças entre obras novas ou reabilitação, construção urbana ou em zonas rurais, etc., só se justificando como factor objectivo de repartição de encargos;
- os critérios de áreas dos prédios não correspondem à tipologia arquitectónica ou de engenharia, e ignora os critérios de microlocalização do edifício, só se justificando como factor equitativo de repartição de encargos;
- o coeficiente de afectação não distingue os vários ramos de actividade económica susceptíveis de desenvolvimento dentro dos grandes tipos aí previstos, só se justificando como factor económico de repartição de encargos;
- o coeficiente de localização, que deveria ter uma lógica nacional, passou a ter uma lógica municipal, o que o torna totalmente desrazoável se pretendesse imputar um valor de mercado, mas que se justifica se se considerar como, só se justificando como factor locativo de repartição de encargos intramunicipal;

[509] Para os prédios rústicos, poderão ser desenvolvidos os seguintes métodos de avaliação: *i)* método sintético ou directo, que assenta na determinação por analogia do valor considerado significativo e representativo de um bem fundiário no mercado, e que depende da recolha sistemática dos valores das transacções efectuadas e na identificação de valores estatísticos correspondentes aos grandes grupos de casos representativos; *ii)* o método analítico ou indirecto, que consiste num método de rendimento ou de capitalização, decorrente dos rendimentos líquidos que se estima poderem vir a ser gerados no futuro. *Cf.* PARDAL, Sidónio; OLIVEIRA Vítor – «O Mercado e os Valores do Imobiliário». *In Normas Urbanísticas,* IV, UTL-DGOTDU, 2000, p. 69.

- o coeficiente de qualidade e conforto justifica-se de forma a integrar uma componente adicional ao nível do factor económico de repartição de encargos, tal como;
- o coeficiente de vetustez que assenta numa base de antiguidade, favorecendo os imóveis mais antigos.

Assim, podemos concluir que o legislador português, com a adopção do conceito de Valor Patrimonial Tributário no artigo 38º do CIMI, seguiu o segundo modelo de determinação do valor fundiário, assumindo o referencial de mercado, tendo como objectivo a concretização da repartição de equivalência ou benefício sobre todos os proprietários que usufruem das prestações públicas urbanísticas.

11. Metodologias de Avaliação dos Parques Eólicos

Ora, como é do mais óbvio bom senso, nunca se poderia submeter um qualquer juízo de avaliação de um parque eólico à óptica do valor de mercado. Este método, na configuração do IMI, é totalmente desadequado quer do ponto de vista funcional, quer do ponto de vista dogmático. É por essa razão que não é sequer colocada em causa a possibilidade de determinação de um valor patrimonial tributários aos diversos componentes do parque eólico. De facto, esta metodologia aplica-se ao prédios urbanos típicos, onde o valor económico pode ser encontrado facilmente numa lógica de mercado, sendo legítimo o legislador fiscal ter a pretensão de o poder determinar indirectamente.

Subsidiariamente, e para situações em que o conceito de Valor Patrimonial Tributário se mostre desadequado, prevê-se o método de avaliação pelo custo previsto no nº 2 do artigo 46º do CIMI. Ora, este método não é mais do que o enunciado na alínea *i)* do ponto anterior, ou seja, o método do valor intrínseco ou do valor de reposição ou de substituição. De facto, ao considerar a área de terreno x valor m^2 e a área de construção x custo/m^2, este método assenta, como a própria designação o indicia, na avaliação do imóvel segundo o seu custo actualizado, determinado através da orçamentação de uma fictícia reposição ou da construção de imóvel semelhante (custo de construção actual reduzido de um coeficiente de depreciação natural tendo em vista simular a degradação física e funcional do imóvel), acrescido do valor do terreno fundiário.

E é esta, claro está, a nossa posição: os parques eólicos, enquanto prédios não urbanos, devem ser avaliados na óptica do rendimento, tal como os prédios rústicos. São ambos «imóveis de rendimento», ou seja, o seu valor depende única e exclusivamente do rendimento gerado.

O valor dos parques eólicos não depende de qualquer valor de mercado das edificações, muito menos do seu custo de construção; o valor do parque eólico depende da actualização (capitalização) do rendimento gerado ou a gerar por esse imóvel, tomando em consideração o custo de oportunidade do capital e o risco do investimento. Assim, a única forma de se proceder à avaliação de um Parque Eólico passará precisamente por criar um mecanismo de avaliação de acordo com o método do rendimento. Qualquer outro método que não o do rendimento capitulará inevitavelmente por desadequação formal e material, impossibilitando-se qualquer tributação efectiva das edificações em causa.

Neste quadro, poderemos concluir que os parques eólicos, em todas as suas componentes, não podem ser considerados prédios urbanos, dado que não beneficiam de qualquer contrapartida pública de suporte infra-estrutural.

Falece, portanto, qualquer pretensão de tributação em sede de IMI, já que os requisitos mínimos para a aplicação do princípio da equivalência não se encontram preenchidos. De facto, a categoria «outros» não pode integrar qualquer componente do parque eólico, dado que a sua abertura tipológica não pode contemplar realidades não urbanas por natureza. Se tal ocorrer, existirá uma situação de clara violação do princípio da legalidade na vertente da tipicidade.

Por sua vez, não existe no IMI qualquer regra de avaliação aplicável aos parques eólicos. O critério de mercado previsto no artigo 38º do CIMI e o critério do valor intrínseco previsto no artigo 46º do CIMI são totalmente desadequados para a determinação do valor tributável dos parques eólicos. Neste quadro, conclui-se que, além da inexistência de norma de incidência aplicável à tributação dos parques eólicos em sede de IMI, também não existirá qualquer norma de liquidação aplicável.

12. «Renda» de 2,5% Prevista no Anexo II do Decreto-Lei nº 189/88 Enquanto Tributação em Sede de Contribuição de Melhoria (uma Para-derrama)

Poder-se-ia entender, pela leitura das nossas conclusões, que o ordenamento jurídico português seria lacunar em sede de tributação predial dos parques eólicos. Efectivamente, a nossa ordem jurídica contém já uma previsão expressa a este respeito. Assim, o nº 33 do anexo II do Decreto-Lei nº 189/88, de 27 de Maio, com a redacção que lhe foi dada pelo Decreto--lei nº 168/99 de 18 de Maio introduzido pelo Decreto-Lei nº 339-C/2001, de 29 de Dezembro refere o seguinte: «33 – Para centrais eólicas, tendo presente a conveniência de reflectir uma repartição dos benefícios globais que lhe são inerentes a nível nacional e local, é devida aos municípios, pelas empresas detentoras das licenças de exploração de parques eólicos, uma renda de 2,5% sobre o pagamento mensal feito pela entidade receptora da energia eléctrica produzida, em cada instalação.» Este preceito, do ponto de vista predial, contempla claramente a adopção do método do rendimento enquanto referencial de determinação da contrapartida a pagar ao município pela instalação do parque eólico. Assim, este tributo, simplisticamente criado, visa precisamente garantir ao município aquilo que o IMI, por desadequação clara, não consegue. Esta «renda» de 2,5% sobre o volume de negócios não visa mais do que estabelecer uma compensação com finalidade equivalente à que o IMI pretenderia se viesse a incluir no seu âmbito um método de avaliação pelo rendimento.

Neste quadro, e assumindo esta «renda» claramente a natureza de contribuição especial, a sua imposição prejudica claramente qualquer pretensão de aplicação do IMI com o mesmo fundamento, o que confirma as nossas conclusões referidas no ponto anterior. Podemos, portanto, concluir com segurança que esta contribuição especial – que não se constitui como renda em sentido próprio, dado que os parques eólicos não se encontram localizados em bens do domínio municipal – tem precisamente como finalidade garantir um fluxo reditício para os municípios que o IMI, pelas razões expostas, não consegue efectuar.

Assumindo claramente o método do rendimento como critério de cálculo, aparece como um claro sucedâneo do IMI, já que este método, aplicado à tributação dos prédios rústicos, é claramente o mais indicado para tributar prédios com a configuração dos parques eólicos, não implicando qualquer desvirtuamento das lógicas próprias do imposto, tal como ocorreria inevitavelmente ao «forçar-se» o IMI a abranger estas realidades.

Neste quadro, relembra-se a letra do nº 33 do anexo II do Decreto-Lei nº 189/88, de 27 de Maio, com a redacção que lhe foi dada pelo Decreto-Lei nº 168/99 de 18 de Maio introduzido pelo Decreto-Lei nº 339-C/2001, de 29 de Dezembro que refere o seguinte: «33 – Para centrais eólicas, tendo presente a conveniência de reflectir uma repartição dos benefícios globais que lhe são inerentes a nível nacional e local, é devida aos municípios, pelas empresas detentoras das licenças de exploração de parques eólicos, uma renda de 2,5% sobre o pagamento mensal feito pela entidade receptora da energia eléctrica produzida, em cada instalação.»

Capítulo IV
Tributação Energética e as Redes

1. A Rede Eléctrica Enquanto Protótipo de Infra-estrutura Territorial e Urbanística

Desde a produção ao utilizador final, a rede eléctrica é uma infra-estrutura territorial essencial. O ramal de ligação é uma forma indispensável de transmitir a electricidade produzida pelas produtoras de energia à adquirente, sem a qual não seria possível o seu acesso.

O modelo de organização do sector eléctrico distingue o segmento da produção, do transporte e da distribuição, tendo em vista o «isolamento regulatório» do segmento de mercado que, pelas suas características económicas, tende para o monopólio natural: o transporte.

A actividade de produção de energia eléctrica é regida, essencialmente, pelo disposto no Decreto-Lei nº 189/88, de 27 de Maio[510] e no Decreto-Lei nº 172/2006, de 23 de Agosto [511]. Nos termos do disposto na alínea *tt)* do

[510] Este diploma regula a actividade de produção de energia eléctrica que se integra, nos termos do Decreto-Lei nº 182/95, de 27 de Julho, no Sistema Eléctrico Independente, mediante utilização de recursos renováveis ou resíduos industriais, agrícolas ou urbanos. Note-se que a figura de pequeno produtor de energia eléctrica está há muito consagrada no ordenamento jurídico português. Com efeito, a Lei nº 2002, de 26 de Dezembro de 1944, que promulgou a electrificação do país, a ela se refere na sua base XXX.

[511] O Decreto-Lei nº 29/2006, de 15 de Fevereiro, que estabeleceu as bases da organização e do funcionamento do sector da electricidade, remeteu para legislação complementar um conjunto de matérias concretizadoras dessas bases, nomeadamente os regimes jurídicos procedimentais do exercício das actividades de produção, transporte, distribuição e comercialização de electricidade, bem como o regime do exercício da actividade de operação logística de mudança de comercializador de electricidade. O Decreto-Lei nº 172/2006 estabelece, em especial, os

artigo 2º do Decreto-Lei nº 172/2006, estas empresas dedicam-se à «produção distribuída», a saber, a produção de electricidade oriunda de centros electroprodutores ligados à rede de distribuição. Os parques eólicos, as barragens, as centrais fotovoltaicas ou as centrais termoeléctricas são centros electroprodutores que, para efeitos de ligação aos consumidores da electricidade produzida, têm necessariamente de se ligar à rede eléctrica nacional.

Para a prossecução dos respectivos fins as empresas têm, necessariamente, de proceder à construção dos ramais de ligação à rede pública de electricidade. Por sua vez, a rede pública desenvolve as actividades de transporte e distribuição até ao consumidor final, numa abrangência nacional.

A construção dos ramais de ligação entre o centro produtor de energia e as infra-estruturas das entidades receptoras, que adquirem a electricidade às empresas produtoras, é essencial para a prossecução da respectiva actividade, dado que sem a construção dos ramais não existe qualquer ligação entre a entidade produtora e a adquirente, isto é, a electricidade não poderia ser comercializada.

Conforme o disposto no artigo 3º, nº 1, do *Regulamento para Autorização das Instalações de Produção de Energia Eléctrica Integradas no Sistema Eléctrico Independente e Baseadas na Utilização de Recursos Renováveis,* Anexo I ao Decreto – Lei nº 189/88 (de ora em diante por nós abreviadamente designado «Regulamento»), «A ligação da instalação de produção à rede receptora é feita por um ramal construído por iniciativa da entidade proprietária da instalação de produção, o qual fica a fazer parte da rede receptora»[512].

Com o estabelecimento cada vez mais usual de centros electroprodutores assentes na exploração de recursos renováveis, o alcance da rede eléctrica expandiu-se para regiões exteriores à orla dos aglomerados urbanos. Efectivamente, se num momento anterior as redes territoriais de transporte limitavam-se a transportar a energia dos grandes centros electroprodutores, aumentando a sua capilaridade à medida que se aproximavam de

procedimentos para a atribuição das licenças para produção em regime ordinário e para a comercialização de electricidade, bem como para a atribuição da concessão da Rede Nacional de Transporte de Electricidade (RNT) e das concessões de distribuição de electricidade em alta e média tensões e em baixa tensão.

[512] De acordo com o disposto no nº 2 da aludida norma, por *rede receptora* entende-se a rede preexistente à qual se liga a instalação de produção, designando-se por ponto de interligação o ponto da rede receptora onde se liga a extremidade do ramal.

zonas urbanas, actualmente, ao invés, a dispersão geográfica dos centros produtores, mormente de base eólica obrigou ao estabelecimento de uma rede mais complexa nas zonas rurais tendo em vista a realização das ligações essenciais ao desempenho de uma rede eléctrica nacional.

E aqui temos um primeiro desafio em sede de equivalência. Situando-se os parques eólicos em locais em que não há acesso directo à rede eléctrica, obrigatoriamente e nos termos do disposto no aludido normativo, as empresas têm fisicamente de se ligar às infra-estruturas de transporte ou distribuição de electricidade da rede pública, isto é, têm de proceder à construção e à ligação de ramais de electricidade à rede pública eléctrica[513], ficando os custos inteiramente a seu cargo[514]. As operações descritas só podem ser correctamente apreendidas se tomarmos em consideração a organização própria do sector eléctrico enquanto sector em rede. O sector eléctrico insere-se nos denominados «sectores em rede» que, no nosso ordenamento jurídico, correspondem às *network industries* anglo-saxónicas, e constituiu a base fundamental da economia moderna. Inserindo-se nos sectores em rede de base física, assenta a sua prestação de serviços na existência de uma infra-estrutura material, previamente erigida, de capa-

[513] O processo de licenciamento/construção dos ramais é iniciado com a obtenção da licença de estabelecimento junto da *DGEG – Direcção-Geral de Energia e Geologia* (sendo, em alguns casos, exigido um prévio processo de Avaliação de Impacto Ambiental), exigindo alguns municípios um licenciamento municipal para a construção da linha. Uma vez obtida a licença de estabelecimento, é contratada a respectiva construção, finda a qual é emitido pelo promotor o respectivo auto de recepção, sendo liquidado IVA, nos termos gerais, por esta operação. Seguidamente, é emitida a respectiva licença de exploração pela DGEG e segue-se a ligação à Rede Eléctrica Nacional, sendo tal acto formalizado através dos respectivos autos de entrega e recepção, sendo num destes autos indicado o valor da linha. Os autos de entrega têm unicamente por função atestar que as empresas cumpriram a obrigação legal de construção do ramal de ligação, de forma a certificar, de acordo com o estatuído nos nºs 3 e 4 do artigo 9º do Regulamento, que foi executado de acordo com as normas de projecto e de construção aplicáveis. Por norma, o documento de atribuição do ponto de interligação estabelece quem, após a construção, fica a explorar a linha.

[514] Ao nível contabilístico, todos os gastos incorridos com o licenciamento da linha são, até à entrada em funcionamento do parque, registados em «activos fixos em curso», sendo efectuada a dedução do IVA suportado. Com a entrada em funcionamento do parque e início do reconhecimento das correspondentes amortizações, o valor relativo à linha é transferido de «activos fixos em curso» para «activos intangíveis» e iniciada a respectiva amortização. No distribuidor, a linha é registada como «activos fixos tangíveis», por contrapartida de um «rendimento a reconhecer». Estes «rendimentos a reconhecer» são reduzidos, periodicamente, pela amortização da linha que vai sendo reconhecida.

cidade limitada e que suporta a actividade complementar, na ausência da qual a prestação de serviços se torna impossível.

Com a sofisticação sucessiva do tecido económico e com o aumento sucessivo de dimensão (e simultaneamente de importância) das redes, verifica-se uma tendência inexorável no sentido da concentração dos elementos essenciais do tecido económico no âmbito da denominada «convergência tecnológica».

A definição de «rede», essencial para a compreensão da questão substantiva em análise, assume uma clara dimensão organicista, sugerindo a existência de organizações flexíveis e adaptáveis que visam a conformação de ambientes caracterizados por condições instáveis, que não são regidas por hierarquias rígidas omniscientes, mas sim por uma interacção entre todos os agentes – especializados – baseada em trocas de informação sucessivas e contínuas. Essa dimensão horizontal da «rede» é substancialmente distinta do sistema tradicional de integração vertical regente das estruturas económicas ancestrais. Efectivamente, no caso da rede eléctrica, a sua extensão ou configuração é determinada pelas necessidades efectivas dos consumidores e pelas propostas dos produtores tendo em vista a criação de um mercado sucessivamente mais abrangente e eficiente.

São múltiplas as configurações possíveis dos sectores em rede. Importa, no entanto, discernir os elementos comuns essenciais que os tornam especiais em comparação com os restantes. A componente estrutural da rede eléctrica – até pela própria especialidade terminológica – adquire uma importância fundamental. Curiosamente, existe uma relação directa entre a configuração da rede e os seus efeitos económicos específicos[515]. A rede é composta necessariamente por ramais e nós de ligação. Para a sua configuração típica, é de excepcional importância o estabelecimento de relações de complementaridade entre os componentes. Todos os componentes segmentares só adquirem relevância por serem complementares uns dos outros. A prestação de serviços relevante só pode ser exercida quando pelo menos dois dos segmentos se combinarem, formando um bem composto. Esta complementaridade – imprescindível – existe independentemente da similitude entre os bens em presença. Essencial será a definição de especi-

[515] *Cf.* Lobo, Carlos Baptista – *Sectores em Rede: Regulação para a Concorrência, Enquadramento Jurídico-Económico das Redes Físicas (Telecomunicações, Energia e Transportes) e das Redes Virtuais*. Almedina, 2010.

ficações comuns e de normas de compatibilidade. Esta constitui-se como a característica estrutural da base da «rede». Neste âmbito, a rede pode ser definida como um conjunto coerente e integrado de componentes (ramais, *nodes*, e nós de ligação, *switches*) tendo em vista a prestação de um determinado serviço (em sentido amplo). No entanto, a existência de uma rede não se confunde com a existência desarticulada de diversos ramais e nós de ligação. Para que a complementaridade seja efectiva, é necessário que os diversos componentes interajam mutuamente numa relação de intrínseca compatibilidade[516].

Esta primeira característica reveste uma dimensão eminentemente estrutural: os sectores em rede são compostos por segmentos e nós de ligação. A sua existência depende da complementaridade entre os vários segmentos e os diversos nós de ligação; o exercício de qualquer actividade económica nos sectores em rede implica a utilização de pelo menos dois componentes da rede[517].

Estas normas de índole técnica poderão revestir uma natureza física ou tecnológica. A normalização física é necessariamente evidente: só se poderá ligar à rede eléctrica um produtor que produza energia com uma configuração compatível; os comboios só poderão circular em linhas compatíveis ou em túneis normalizados; os aeroportos deverão estar dotados de pistas de aterragem com dimensões suficientes para que os diversos aviões possam operar em segurança. Por seu lado, as normas de compatibilidade tecnológica tornaram-se, com o decorrer dos tempos, um elemento fundamental: os equipamentos telefónicos deverão ser compatíveis para

[516] *Cf.* Lobo, Carlos Baptista, ob. cit., p. 42.

[517] A importância da complementaridade é extrema. Uma locomotiva não tem qualquer utilidade sem uma infra-estrutura ferroviária que a suporte e vice-versa. A interdependência intrínseca entre os diversos componentes é facilmente demonstrável mesmo nas situações mais básicas. Por exemplo, um computador é inútil se não for complementado com um monitor e um teclado. O mesmo acontece com o monitor ou com o teclado sem a existência de um computador que os suporte. Nestes termos, estes componentes (monitor, computador e monitor) constituem-se como complementos perfeitos, no sentido de que qualquer um se torna inútil se não se encontrar complementado com os restantes. Os primeiros modelos económicos relativos à complementaridade dos componentes foram desenvolvidos por Matutes e Regibeau (Matutes, C.; Rebibeau, P. – «Mix and match: product compatibility without network externalities». *In Rand Journal of Economics*, 19, 1988, pp. 221-234) e por Economides (Economides, N. – «Desirability of compatibility in the absence of network externalities». *In American Economic Review*, 79, 1989, pp. 1165–1181).

o tratamento dos sinais processados pelas centrais telefónicas; os equipamentos eléctricos deverão ser compatíveis com a voltagem da rede eléctrica; os equipamentos de recepção de sinais radioeléctricos deverão ser capazes de descodificar as frequências utilizadas.

Estas características são comuns aos diversos sectores em rede (tais como as telecomunicações, transportes ferroviários, transportes rodoviários, energia – gás e electricidade, *etc.*), que se constituem, claro está, como as típicas infra-estruturas territoriais.

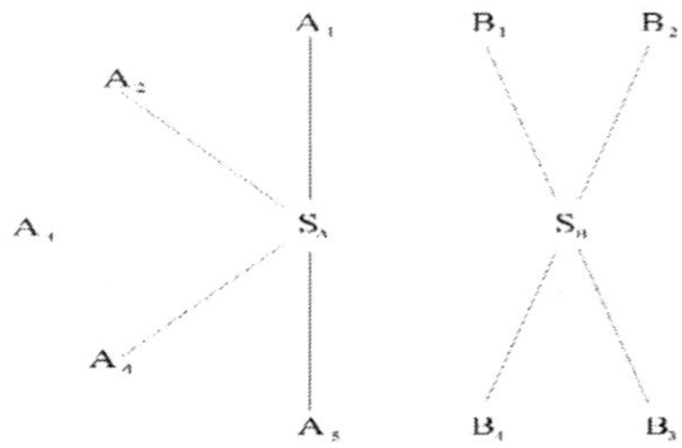

Esta figura retrata uma rede eléctrica na sua configuração tradicional. Nesta situação, existe um portal (*gateway*) ou (*trunk*) – S_AS_B, – que interliga dois lacetes («*switches*») – (S_A e S_B) – que, constituindo-se como rede de transporte, por sua vez, constituem os nós centrais de duas redes em estrela distintas. Todos os componentes integrantes da rede são ainda reciprocamente complementares. Porém, só os componentes que se encontram directamente interligados a um nó central comum são susceptíveis de se qualificar como bens directamente complementares (A_1S_A, A_2S_A, A_3S_A, B_1S_B, B_2S_B, *etc.*), dado que se poderão relacionar directamente a fim de criar um bem composto (por exemplo, $A_1S_AA_2$). Por sua vez, os componentes relacionados com os diferentes nós, A_1S_A e B_1S_B são igualmente complementares, ainda que de forma indirecta, pois necessitam do portal S_AS_B para criarem o bem composto pretendido, $A_1S_AS_BB_1$.

Nas redes eléctricas, esta configuração é efectivamente a mais usual. As estações produtoras de energia (A_1 a A_5) produzem energia para a rede eléctrica (coordenada por S_A), transportada em alta tensão pela ligação S_AS_B, sendo transformada pelo posto de transformação (S_B) e distribuída em baixa voltagem aos consumidores finais (B_1 a B_4)[518].

[518] *Cf.* LOBO, Carlos Baptista, ob. cit., p. 45.

Nesta configuração existem condições para a criação de um monopólio natural. Efectivamente, o efeito «engarrafamento monopolista» verifica-se na ligação entre S_A e S_B. Esse efeito é bilateral, pois que os utilizadores da rede que se situam num dos extremos da mesma só poderão aceder aos restantes utilizadores situados no extremo oposto se o seu nó central local se encontrar ligado ao nó central da rede de destino.

Nestas condições, a única forma de evitar a utilização de segmentos por terceiros será o estabelecimento de ligações directas entre todos os participantes da rede.

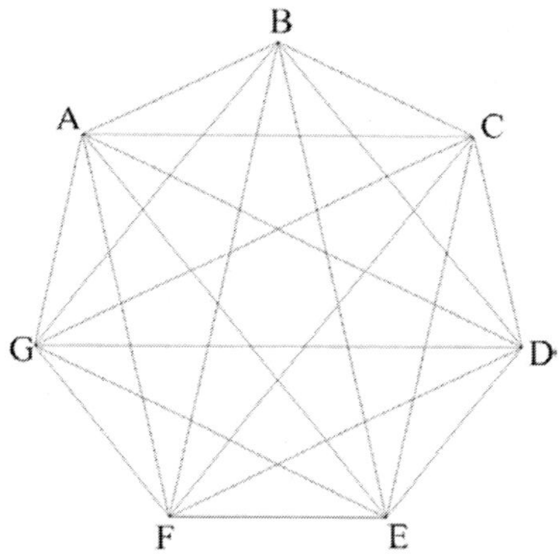

Esta será a configuração futura do sector eléctrico, mas, até lá, dada a permanente tendência monopolista ao nível dos elementos de ligação, haverá que tomar precauções regulatórias.

Assim, os sectores em rede de base física assentam a sua prestação de serviços na existência de uma infra-estrutura de suporte que sustenta a actividade prestacional complementar, na ausência da qual a prestação de serviços relevante se tornaria impossível. Em conformidade, analisaremos sinteticamente as características essenciais dos sectores em rede físicos:

i) **Existência de barreiras à entrada significativas – elevado investimento inicial**

Uma característica específica das redes físicas é o elevado investimento de capital necessário para a criação da rede infra-estrutural. Na Europa, e ao contrário do que acontece nos Estados Unidos, estas redes foram implantadas directamente pelo Estado ou através de empresas públicas. Se, num momento inicial, simplesmente o Estado ou empresas em parceria com o Estado conseguiriam mobilizar os recursos financeiros necessários para a sua construção, num segundo momento, a propriedade pública destas infra-estruturas garantiu o exercício de um estrito controlo público da sua gestão.

ii) **Necessidade de existência de títulos de propriedade relativamente à totalidade dos componentes da rede**

Cada componente da rede deverá ser propriedade de alguém. A possibilidade de determinação do direito de propriedade de cada componente da rede – cuja manifestação física é evidente – constitui igualmente um facto característico das redes físicas materiais. Porém, os termos dessa apropriação não assentam na figura da propriedade privada, mas sim da propriedade pública. Tomando o caso português como exemplo, quer o espectro radioeléctrico, quer o subsolo (indistintamente considerado) são qualificados, por lei, como bens do domínio público, constituindo utilidades divisíveis e finitas, relativamente às quais os diversos concorrentes entram em disputa. O mesmo acontece, como veremos, com a rede eléctrica nacional.

O elevado investimento inicial em activos tangíveis cria, inevitavelmente, uma enorme tensão ao nível do exercício do direito de propriedade. Nenhum agente corre um elevado risco de investimento sem a garantia futura de um retorno financeiro significativo. Esse retorno é, por vezes, contestado, quer pelos concorrentes, que prestam serviços baseados na estrutura do incumbente, tentando aumentar os seus resultados líquidos, quer pelo Estado, que tenta minimizar as «tarifas» cobradas nessa função de «transporte» (a questão dos «défices tarifários»), tendo em vista a redução dos encargos dos consumidores. Note-se que, dada a essencialidade dos serviços prestados, a elasticidade da procura é quase inexistente. Efectivamente, um aumento de preços nestes serviços tem, inevitavelmente, um carácter regressivo, afectando de forma mais negativa os sujeitos com menores recursos económicos.

iii) **Estrutura de mercado estável e existência de barreiras à saída**

Os elevados custos de investimento na construção da rede originam inevitáveis barreiras à entrada no mercado das infra-estruturas.

Por outro lado, o reduzido valor de cada componente, se extraído da rede, torna a saída do mercado bastante onerosa (o valor de sincronização excede em vários múltiplos o valor autárcico[519]). Nestas condições, os denominados «custos irrecuperáveis» (*sunk costs*) adquirem uma expressão avultada.

A infra-estrutura tem, como a própria denominação o indica, um carácter estrutural. Essa perenidade implica necessariamente uma estabilidade qualitativa. Só assim os diversos prestadores de serviço poderão desenvolver aplicações diversas, de acordo com os *standards*/normas da infra-estrutura, no sentido da sucessiva melhoria dos índices de satisfação dos consumidores. Por outro lado, se os diversos componentes da rede forem detidos por sujeitos diversos, a interligação entre os diversos componentes torna-se essencial. Essa interligação só é possível se ocorrer a adopção de uma norma comum.

iv) **Prestação de serviços de relevante interesse público**

As redes físicas servem de suporte à prestação de serviços de relevante interesse público. As telecomunicações, o fornecimento de energia, a distribuição de água e os diversos sistemas de transporte constituem o instrumento de suporte vital à vida em sociedade. Se um destes sistemas não funcionar apropriadamente, a essência do bem-estar individual de cada cidadão é irremediavelmente afectada. Tendo em consideração a posição central destes sectores nas economias modernas, e a sua relevância para a definição dos níveis de bem-estar social, os organismos públicos têm, em geral, uma tendência irresistível para a definição dos termos de prestação destes

[519] É possível efectuar uma distinção a este respeito entre «valor autárcico» e «valor de sincronização». O valor autárcico corresponderá ao valor do produto na ausência de outros utilizadores ou de ligação à rede. Por seu lado, o valor de sincronização corresponderá ao valor adicional decorrente da possibilidade de interacção desse bem com outros bens detidos por outros utilizadores, no âmbito de uma ligação em rede. (*Cf.* Liebowitz, S. J.; Margolis, S. – «Network Effects and Externalities». *In The New Palgrave Dictionary of Economics and the Law, II*, Macmillan, 1998, p. 671). Roberto Pardolesi e Andrea Renda distinguem a este respeito o valor intrínseco (*intrinsic value*) do valor em rede (*network value*) (Pardolesi, R.; Renda, A. – «How safe is the King's Throne? Network Externalities on Trial». In *Post Chicago Developments*, in Cucinotta, Antonio; Pardolesi, Roberto; Bergh Roger Van Den; Elgar, Edward (eds.), *Antitrust Law*, Cheltenham, UK, 2002, p. 215).

serviços, na óptica da regulação qualitativa e de prestação de serviços de interesse geral.

Nesta configuração, foi opção do legislador português (e da generalidade dos legisladores mundiais) a consideração da rede de distribuição eléctrica enquanto bem do domínio público, garantindo a liberdade de acesso a todos os agentes tendo em consideração normas de qualidade que garantam a integridade da mesma. Assim, qualquer ramal que seja integrado na rede, após a sua consolidação, será inevitavelmente considerado um componente da mesma, transformando-se, *ipso facto*, em bem do domínio público.

2. A Rede Eléctrica como Bem do Domínio Público

A rede eléctrica é um bem do domínio público. O legislador constitucional individualizou bens que necessariamente integram o domínio público (artigo 84º, nº 1, als. *a)* a *e)*, da CRP), pese embora a remissão, com considerável liberdade de conformação, para a concretização pelo legislador ordinário dos demais bens que caiam na esfera da dominialidade pública (artigo 84º, nº 1, al. *f)*) – o que permite à maioria da doutrina inferir que aos bens qualificados como públicos, *ex constitutione* ou por obra do legislador ordinário, é inerente «um estatuto jurídico de dominialidade diferente dos demais bens» [520].

Para o caso em apreço importa assinalar o disposto na alínea l) do nº 4 do Decreto-Lei nº 477/80, de 15 de Outubro, que, integrando a norma constitucional acima referida, determina que «integram o domínio público do Estado as redes de distribuição pública de energia». Assim, todos os componentes da rede física de distribuição de energia são considerados, *ope legis*, bens do domínio público.

Assim, independentemente de estarmos perante bens expressa e constitucionalmente qualificados ou bens de domínio público, ou como tal qualificados por lei, toda a categoria «bens de domínio público» beneficia, desde 1989, de base jurídico-constitucional, que, na essência, a delimita e caracteriza.

A razão de ser do estatuto especial a que se encontram sujeitos os bens do domínio público reside na sua absoluta imbricação com a prossecução

[520] *Cf.* Canotilho, Gomes; Moreira, Vital – *Constituição da República Portuguesa Anotada*, ob. cit., p. 411.

dos fins públicos postos a cargo do seu titular. Por outras palavras, a importância para a colectividade da existência de certos bens no domínio público e a justificação da sua exclusão de apropriação privada encontram-se no facto de tais bens constituírem meios de que os entes públicos titulares do domínio se servem para prosseguirem as suas atribuições. Por isso, de há muito que se vem associando ao domínio público uma ideia de subtracção ao comércio jurídico privado, ou seja, nos termos do artigo 202º, nº 2, do Código Civil, «[...] as coisas que não podem ser objecto de direitos privados [...]» e que, como tal, estão sujeitas a um regime jurídico especial definido pelo direito administrativo. Daí que Freitas do Amaral entenda o domínio público como «o conjunto das coisas públicas, também chamadas bens do domínio público, as quais consistem em coisas imóveis pertencentes por lei a uma pessoa colectiva de direito público e subtraídas ao comércio jurídico privado, em razão da sua primacial utilidade pública»[521] e José Pedro Fernandes o defina como o «conjunto das coisas que, pertencendo a uma pessoa colectiva de direito público de população e território, são submetidas por lei, dado o fim de utilidade pública a que se encontram afectadas, a um regime jurídico especial caracterizado fundamentalmente pela sua incomerciabilidade, em ordem a preservar a produção dessa utilidade pública (acepção objectiva)»[522].

Consequência da dominialidade pública é a sujeição dos bens integrados no domínio público a um regime especial de propriedade pública, a que a doutrina nacional vem associando os seguintes elementos:

- a utilização da coisa por todos ou em benefício de todos;
- a sua incomerciabilidade de direito privado e a sua comerciabilidade de direito público;
- o exercício em relação a terceiros do *jus excluendi alios* através de actos administrativos definitivos e executórios ou de medidas de polícia; e
- a sujeição do uso desses bens ao princípio da legalidade administrativa[523].

[521] *Cf. Domínio Público*, Enciclopédia Luso-Brasileira de Cultura, Vol. VI, p. 1675.

[522] *Cf. Domínio Público*, Dicionário Jurídico da Administração Pública, Vol. IV, p. 166.

[523] *Cf.* TAVARES, José – *Os Princípios Fundamentais do Direito Civil*, Vol. II. Coimbra, 1929, p. 362; MONCADA, Cabral de – *Lições de Direito Civil*, Vol. 2. Coimbra, 1958, p. 106 e CAETANO, Marcello – *Manual de Direito Administrativo*, Tomo II, ob. cit., pp. 870-872.

O artigo 1304º do Código Civil, na leitura de Pires de Lima e Antunes Varela [524] e de Marcello Caetano, confirma esta perspectiva: as coisas integradas no domínio público são objecto de propriedade pública, aplicando-se neste campo o direito administrativo e, a título subsidiário, o direito privado. Salienta, no entanto, Marcello Caetano, que, na ausência de regulamentação especial, as lacunas deverão ser integradas pelo recurso aos casos análogos regulados em leis administrativas, ou aos princípios gerais do Direito Administrativo ou do Direito público. Na ausência destes, poderão, eventualmente, operar os princípios gerais do Direito que, porventura, estejam contidos no Código Civil [525].

São várias as classificações dos bens integrados no domínio público. A mais importante e tradicional distingue o «domínio público natural» do «domínio público artificial». O primeiro será composto pelos bens «cuja existência e estado resultam de fenómenos naturais»[526] ou pelas coisas existentes na natureza. O segundo é composto pelos bens criados por intervenção do homem[527]. É evidente a possibilidade de bens mistos, em proporções diversas, gerando problemas que aqui não cumpre resolver.

As alíneas *a)*, *b)* e *c)*, do nº 1, do artigo 84º da Constituição, integram o domínio público natural: falamos do domínio hídrico, do domínio aéreo e do domínio mineiro. Já no domínio público artificial, e à luz do referido preceito constitucional e demais disposições legais pertinentes, distingue-se o domínio da circulação (artigo 84º, nº 1, alíneas *d)* e *e)*), o domínio das redes – incluindo claro está a rede eléctrica – o domínio monumental, cultural e artístico, e o domínio militar.

Porém, o facto de as coisas integradas no domínio público não poderem ser objecto de direitos privados não significa que estas não possam ser utilizadas pelos particulares. Pelo contrário, esta é uma das principais finalidades do domínio público: garantir a sua utilização pelos particu-

[524] *Cf. Código Civil Anotado*, Vol. III, 2ª edição, 1987, pp. 89-92.

[525] *Cf. Manual de Direito Administrativo*, Tomo II, cit., p. 869.

[526] *Cf.* Canotilho, Gomes; Moreira, Vital – *Constituição da República Portuguesa Anotada*, ob. cit., p. 411.

[527] Como salientam Gomes Canotilho e Vital Moreira (*Constituição da República Portuguesa Anotada*, ob. cit., p. 412), não se deve confundir esta classificação com a que distingue entre «domínio público necessário» e «domínio público acidental». Àquele pertencem os bens «que não podem pertencer senão ao Estado, e o seu estatuto jurídico não pode ser outro senão o da dominialidade (domínio marítimo, domínio hídrico, domínio aéreo, domínio militar)».

lares, tendo em vista a maximização do bem-estar social, através da sua subtracção ao comércio jurídico privado – a um consumo não egoísta – visando a maximização das suas potencialidades na satisfação das necessidades colectivas [528]. É este, claro está, o fundamento da opção legislativa adoptada em Portugal para a rede eléctrica.

Neste contexto, e em busca de um critério que presida à classificação jurídico-administrativa das formas de utilização do domínio público pelos particulares, Freitas do Amaral propõe como critério a inexistência ou existência de título jurídico individual, conjugado com o da generalidade ou singularidade de pessoas admitidas àquela utilização[529]. Desta forma, e segundo o autor, uso comum será «o modo de utilização do domínio que, sendo conforme ao destino principal da coisa pública sobre que se exerce, é declarado lícito pela lei para todos, ou para uma categoria genericamente delimitada de particulares», enquanto o uso privativo será «o modo de utilização do domínio público que é consentido a uma ou a algumas pessoas determinadas, com base num título jurídico ou individual»[530].

De forma geral, pode elaborar-se o seguinte quadro sistemático quanto às formas de utilização do domínio público pelos particulares[531]:

- uso geral: permitido a todos os cidadãos e autorizado implicitamente no próprio destino do bem dominial – p. ex., vias públicas, praias, *etc.*;
- uso particular: tem na sua base um acto de admissão com eventual sujeição ao pagamento de um preço de acesso – p. ex., visita a grutas;
- uso especial: necessita de um acto de autorização por parte das entidades competentes, que avaliam os requisitos objectivos e subjectivos reclamados por lei para tal uso – p. ex., consulta de certas bibliotecas;
- uso excepcional: vive de um acto de concessão que subtraí o bem ao uso geral, atribuindo-se o gozo exclusivamente a um determinado(s) sujeito(s) – p. ex., concessão mineira ou de exploração de barragens, utilização da rede eléctrica.

[528] Existem, no entanto, algumas excepções, como por exemplo o domínio público militar.

[529] *A Utilização do Domínio Público pelos Particulares*, Lisboa, 1965, p. 45.

[530] *A Utilização do Domínio Público pelos Particulares*, ob. cit., p. 46.

[531] *Cf.* Canotilho, Gomes; Moreira Vital – *Constituição da República Portuguesa Anotada*, ob. cit., p. 414.

Neste caso, importa não confundir o acesso ao bem (baseado numa autorização ou licença) com a extracção de vantagens económicas da sua utilização (assente numa compensação devida pela fruição do bem dominial em termos individuais e exclusivos).

Note-se que nos encontramos perante bens do domínio público, pelo que a sua utilização privativa terá como finalidade exclusiva uma optimização da situação económica e social da colectividade. O bem-estar social deverá ser maximizado, sendo esse o elemento central na conformação dos poderes de uso exclusivo da fracção dominial cedida.

Por conseguinte, importa efectuar uma interpretação dos conceitos jurídico-públicos próprios da dominialidade pública com os mandamentos jurídico-económicos inerente ao processo de regulação activa dos recursos comuns e dos bens públicos tendo em vista a sua utilização eficiente.

O que o particular pretende é manifestamente o poder de usar determinada «parcela da coisa dominial considerada, de se servir dela extraindo certo número de utilidades económicas de que, como bem, é susceptível»[532]. Essa utilização, de acordo com o princípio da eficiência, deverá ser realizada em termos óptimos numa lógica totalmente coordenada com o princípio da igualdade, na vertente da sustentabilidade, inclusão, coesão e solidariedade.

No que diz respeito aos ramais, o que se pretende é a sua utilização enquanto componentes de uma infra-estrutura de suporte à actividade de criação de riqueza. No caso concreto, o ramal constitui um elemento essencial de suporte à implantação das infra-estruturas de produção eléctrica por aerogeradores.

É evidente o benefício económico de que usufrui o agente económico que implanta as suas infra-estruturas. Ora, as consequências desta verificação são claras e inequívocas. Nas palavras de Jèze, «seria injusto que de uma utilização privativa de certa coisa pública, construída e conservada com o dinheiro de todos os contribuintes, uma pessoa só extraísse gratuitamente vantagens exclusivas»[533]. Iria contra todos os ditames da justiça, na sua vertente da igualdade material, que os agentes económicos utilizassem um bem do domínio público, dele extraiam vantagens, e não sejam obrigados a contribuir para as necessidades financeiras da colectividade em alguma

532 *Cf.* AMARAL, Freitas do – *A Utilização do Domínio Público pelos Particulares*, ob. cit., p. 206.

533 JÈZE, Gaston – *Les Principes Généraux du Droit Administratif*, Vol. III, 3. ª ed., Paris, 1925-1930, p. 240.

medida (haveria aí, financeiramente, uma mera «boleia» ou apropriação gratuita de uma exterioridade). A lógica será, portanto, a correspondente aos mandamentos da equivalência de grupo, mitigada pelas preocupações de coesão territorial tendo em vista a compensação de custos excessivos decorrentes do fornecimento de energia em zonas de baixa densidade.

Assim, além das obrigações directamente decorrentes da função gestionária do Estado central, ao nível da organização do espaço e da fiscalização da actividade – baseada numa lógica de prestação de serviços – existe uma outra vertente que decorre directamente das vantagens económicas recebidas pelo agente utilizador do recurso natural. Essa vantagem económica fundamenta, precisamente, a exigência ao operador do centro electroprodutor pela construção do ramal de acesso. Efectivamente, não seria justo que se exigisse a todos nós o encargo da construção do ramal de acesso, quando este só é construído para que o produtor possa canalizar a sua energia.

Esta é uma lógica totalmente coincidente com a que defendemos relativamente ao promotor de novos empreendimentos urbanos e que consta da Lei de Bases das Políticas Públicas de Solo, do Ordenamento do Território e do Urbanismo. Quem se propõe a uma extensão da área urbana deverá suportar a integralidade dos custos correspondentes à expansão, excepto aqueles que beneficiarem directa ou reflexamente outros (e que devem contribuir na medida do seu benefício), numa lógica claramente ponderada com o princípio da coesão nacional.

O ramal integra portanto a rede eléctrica nacional e, por isso, é automaticamente considerado um bem do domínio público. A imposição da sua construção não é mais do que a decorrência de uma redistribuição dos custos na construção e desenvolvimento da rede, considerando o legislador que o modelo mais justo de retribuição passaria por exigir a sua construção a quem o vai utilizar, naquele momento, numa relação de exclusivo – princípio utilizador pagador e, claro está, princípio da equivalência ou do benefício.

Assim, dada a importância da rede eléctrica enquanto infra-estrutura territorial estruturante, o modelo regulatório português assenta na figura da dominialidade pública da mesma, tendo em vista a garantia de um livre acesso à mesma. A concessão (actual) à EDP Distribuição (e à REN, no caso da rede de transporte) não visa atribuir a propriedade da mesma a estas empresas[534],

[534] Assim, o auto de entrega não é senão um acto formal que visa certificar a absorção pela rede eléctrica daquele novo ramal. Por outras palavras, constitui-se como o acto solene através

mas unicamente garantir que a mesma rede se desenvolva de forma coerente e de acordo com normas técnicas de qualidade.

3. O Modelo de Agregação da Rede Eléctrica e seus Corolários em Sede de IVA

O IVA tem estado ausente da nossa reflexão. A razão é clara. Da sua mecânica inerente, mormente da sua neutralidade económica, decorre uma reduzida aplicabilidade numa área que depende intrinsecamente do desenvolvimento de uma política regulatória correctora. Assim, o seu campo de aplicabilidade ambiental é extraordinariamente reduzido, tal como o é na vertente urbanística.

No caso da energia, a aplicabilidade da taxa normal de IVA à electricidade, por exemplo, constitui uma mera decisão de política tributária recaudatória, tomada num enquadramento de mero interesse de angariação de receita pública. As suas consequências, notadamente os efeitos regressivos que decorrem dessa opção, devem ser lidados na óptica do princípio da igualdade, estando o princípio da equivalência ou do benefício ausente desse juízo.

Posto isto, o IVA deve assumir uma postura de neutralidade. No CELE, na tributação ambiental ou na construção de redes, o IVA não se pode constituir enquanto factor de oneração ou de incentivo, mas unicamente

do qual aquela nova parcela se integra em pleno na rede eléctrica nacional, cumprindo todos os requisitos técnicos de acesso à mesma. Neste quadro, o auto de entrega não tem qualquer implicação dominial que não a do acto formal que consubstancia que aquele novo segmento faz parte do bem do domínio público, absorvendo-o nessa qualidade. Não há qualquer negócio jurídico entre o promotor do parque (e do ramal) e o concessionário da rede. Não há qualquer transmissão nem prestação de serviços. Tais figuras são insustentáveis perante a natureza dominial da rede eléctrica. Efectivamente, constitui um erro grave e grosseiro considerar que a transmissão do ramal é efectuada pelo valor da sua construção. Não é isso que se passa, nem é isso que a lei pretende. Como se referiu, não existe qualquer acto translativo a este respeito; o ramal, ao integrar-se na rede de pleno direito, é incorporado naturalmente na rede, integrando a qualidade de bem do domínio público: não existe expropriação, nem nacionalização nem qualquer figura afim; o que existe é uma extensão da rede existente. O encargo da construção foi cometido ao operador já que é este que o solicita. De facto, qualquer outra solução seria injusta do ponto de vista redistributivo. Se foi o operador que solicitou a sua utilização, então é justo que seja ele a sustentar o encargo da sua construção. Aliás, quando o ramal integra a rede, não existe qualquer direito de utilização exclusiva do mesmo; qualquer outro interessado terá o direito de utilização do mesmo. Assim, não existe qualquer liberalidade neste campo; o que existe é uma solução de redistribuição dos encargos inerentes à extensão da rede, sendo que o custo é incorrido por aquele que o solicita.

cumprir a função para a qual foi criado: a angariação de receita pública no modelo menos distorcido possível.

Vejamos, então, o seu impacto no momento da criação de segmentos da rede eléctrica. De facto, importa apurar se as empresas quando subcontratam a obra de construção das linhas o fazem na qualidade de sujeitos passivos de IVA, no exercício de uma actividade económica, tendo direito à dedução do imposto que lhe é liquidado. Numa segunda situação, importa analisar se a entrega gratuita das linhas se configura como uma actividade económica tributável em IVA, concretamente como uma transmissão de bens, questionando-se da respectiva assimilação a transmissão de bens a título oneroso, nos termos do estatuído na alínea *f)* do nº 3 do artigo 3º do Código do Imposto sobre o Valor Acrescentado (CIVA), devendo ser emitida factura com liquidação de IVA.

Como vimos, o legislador teve o cuidado de expressamente deixar claro que o ramal faz parte da rede receptora, limitando-se as empresas produtoras de energia eléctrica proprietárias da instalação de produção a proceder à sua construção, de forma a procederem à ligação da instalação de produção à rede receptora. É, pois, inquestionável que as empresas não têm um direito de propriedade sobre o ramal de ligação, tendo o legislador regulado essa questão de forma clara. Qual será então o direito que estas empresas têm ante a linha que constroem? Não se nos afigura que as empresas produtoras de energia eléctrica tenham posse sobre o ramal, entendida esta figura, nos termos do disposto no artigo 1251º do Código Civil, como «[...] o poder que se manifesta quando alguém actua por forma correspondente ao exercício do direito de propriedade ou de outro direito real». Com efeito, não se nos afigura que reúnam os dois elementos que habitualmente, de acordo com a doutrina, caracterizam este instituto: o *corpus* possessório e o *animus*. Isto é, não têm a detenção da coisa, existindo a sujeição da coisa à pessoa, a actuação material sobre a coisa, e a vontade de actuar enquanto titulares de um direito real de gozo em relação à coisa.

O que estas empresas têm é um direito real de gozo menor que lhes confere o direito à utilização da coisa, um direito de acesso ao mesmo, que se traduz num uso privativo de bens do domínio público feito com base num título jurídico especial a que o concessionário está obrigado[535]. Existe,

[535] Sobre esta questão veja-se, nomeadamente, Cordeiro, A. Menezes – *Direitos Reais*. Lex, Reprint 1979, pp. 133–135. Como o autor afirma na página 356, o critério a acolher quanto à

na situação concreta, um direito limitado, uma afectação jurídica de uma coisa corpórea dirigida ao aproveitamento das qualidades naturais de uma coisa. O acesso ao mesmo é um direito de origem regulatória tendo em vista o funcionamento eficiente do mercado energético, impedindo que o incumbente, *in casu*, o concessionário da rede possa bloquear o acesso ao mesmo por parte de concorrentes produtores, evitando-se, desta forma, o *leverage*, ou projecção da posição dominante para mercados adjacentes[536].

distinção dos direitos reais em direitos reais de gozo, de garantia ou de aquisição, deverá ser o da destinação global. Assim, «[...] um direito real será de gozo, de garantia ou de aquisição quando vise, no seu conjunto, proporcionar ao seu titular um disfruto de uma coisa, a garantia de um crédito ou a aquisição de um direito».

536 Afirmámos noutra sede que «[...] os sectores em rede assentam numa componente infra-estrutural constituída por diversos segmentos que, independentemente da sua configuração (natureza física ou virtual), são da titularidade de um sujeito (*in limine* do Estado) que, de forma directa ou indirecta, os constrói ou os explora economicamente. E, nesta perspectiva, os agentes detentores dos segmentos são, em princípio, livres em negociar com os restantes operadores que desejem aceder ao segmento por si detido. Porém, e conforme já foi explicitado, existem determinados segmentos que, por razões diversas, são considerados fundamentais para o desenvolvimento da actividade económica na integralidade da rede. Acresce que, tendencialmente, quer por razões económicas, quer por razões históricas, o agente detentor desse segmento detém, tendencialmente, uma posição dominante nesse mercado. Ora, neste enquadramento, torna-se essencial definir os termos que poderão obrigar estes agentes a negociar o acesso a esse segmento fundamental por parte de terceiros quando essa não seja a vontade expressa do seu titular. Como se pode facilmente antever, esta questão assume vestes de enorme controvérsia, uma vez que poderá colidir com o núcleo mais fundamental da liberdade contratual e do direito de propriedade e atinge quer os segmentos físicos (*maxime* aqueles onde a duplicação física seja de todo impossível ou que se encontrem organizados segundo o modelo de monopólio natural), quer os segmentos virtuais titulados por direitos de propriedade intelectual (*lato sensu*). De facto, existem diversos exemplos para ilustrar esta situação limite. Conforme referimos, uma ponte ou um porto poderão não ser replicados devido a constrangimentos de ordem física. Por seu lado, os carris ferroviários, os sistemas de transporte de energia de alta tensão, os gasodutos e as condutas de água de alta pressão, bem como os lacetes locais das telecomunicações poderão constituir-se como verdadeiros monopólios naturais, o que torna a sua duplicação ineficiente em sede de bem-estar social. Finalmente, os direitos de propriedade intelectual poderão fornecer uma protecção jurídica ao seu titular que lhe permite o exercício de um poder monopolístico sobre os mesmos que, no limite, permite equiparar os efeitos deste monopólio jurídico em sede de bem-estar aos efeitos económicos decorrentes das restantes situações referidas. Ora, ao não permitir-se o acesso de terceiros (entendendo-se estes terceiros num sentido amplo, abrangendo não só prestadores de serviços concorrentes nesse mesmo segmento como os agentes que detenham segmentos a montante ou a jusante), o detentor deste segmento essencial pode facilmente estender a sua área de domínio, que se situa originariamente num estrato naturalmente não concorrencial do

A entrega da linha de ligação à rede pública de electricidade não se configura como um acto de doação, verificando-se sim que as empresas produtoras de energia eléctrica têm um mero direito de utilização sobre uma linha que não é e nunca foi propriedade sua, não tendo um direito real de posse sobre as mesmas. O ramal faz parte da rede receptora *ope legis* por via do regime legal aplicável *ex vi* do disposto no artigo 3º, nº 1, do Regulamento Anexo ao Decreto-Lei nº 189/88. Não existe na situação concreta sequer qualquer extinção de um direito real de propriedade ou de posse das empresas produtoras de energia eléctrica, porque, pura e simplesmente, tal direito nunca existiu. Consequentemente, não existe qualquer semelhança entre a situação controvertida e a figura da expropriação, que se trata de um evento jurídico pelo qual se extinguem direitos reais sobre bens imóveis, constituindo-se, concomitantemente, novos direitos na titularidade de pessoas que se entende prosseguirem o interesse público, mediante o pagamento de justa indemnização[537].

Como é sabido, os direitos reais extinguem-se por expropriação nos termos da lei, sendo um facto extintivo de todos os direitos reais sem excepção, não obstante o Código Civil apenas dispor genericamente a propósito da propriedade (artigo 1308º). Contudo, neste caso concreto, distintamente do que sucede relativamente ao acto de expropriação, não se verifica a extinção de um direito real e as empresas não têm direito a qualquer tipo de indemnização pelo facto de terem procedido à respectiva construção totalmente a suas expensas. A construção da linha representa para estas empresas um custo imprescindível decorrente do exercício da sua actividade, não existindo qualquer tipo de ressarcimento pelos gastos em que incorrem, não obstante a linha passar a ser um bem do domínio público. A responsabilidade pelos encargos da ligação da instalação de produção à rede receptora, isto é, a feitura da obra, ocorre de acordo com o disposto no nº 1 do artigo 4º do Regulamento, inteiramente a expensas das empresas. O regime em causa é de origem estritamente regulatória e tem em vista a concretização de uma solução eficiente de redistribuição dos encargos na expansão da rede quando o interessado no seu acesso é meramente singular. Aliás, refira-se que o concessionário da rede nem sequer tem o direito

mercado, para outros segmentos onde a concorrência pode ser potencialmente desenvolvida», *in* ob. cit., pp. 340 e 341.

[537] CORDEIRO, A. Menezes – *Direitos Reais*, ob. cit., p. 555.

de recusar efectuar a ligação: existe um direito a favor do operador do parque eólico; as únicas limitações serão as normas técnicas de compatibilidade. Significa isto que, nos termos do disposto na alínea gg) do artigo 2º do Decreto-Lei nº 172/2006, as empresas têm de proceder à construção de uma «linha directa», definida como «[...] a linha eléctrica que liga um local de produção isolado a um cliente isolado ou linha eléctrica que liga um produtor de electricidade e uma empresa de comercialização de electricidade para abastecer directamente os seus próprios estabelecimentos, filiais e clientes elegíveis».

A linha não é um bem que fique na titularidade do direito de propriedade das empresas. Na realidade, como vimos, estas limitam-se a proceder à respectiva construção no decorrer do exercício da sua actividade económica, contratando para o efeito terceiros que lhes liquidam IVA pela realização da obra. As empresas detêm, apenas e tão-somente, o direito de utilização do ramal que consubstancia do direito de acesso à rede.

Posteriormente à realização da ligação, estamos perante uma incorporação da linha no domínio público ficando o ramal a fazer parte da rede receptora, dado o disposto no artigo 3º, nº 1, do referido Regulamento. A passagem do ramal para o concessionário é, conforme o descrito, uma concretização do modelo de organização regulatória do mercado eléctrico.

Nos termos do disposto no artigo 3º, nº 1, do Regulamento Anexo ao Decreto-Lei nº 189/88, feita a ligação à rede pública eléctrica, a linha torna-se um bem do domínio público. O proprietário do centro electroprodutor tem o direito de utilizar o ramal, amortizando esse direito, não tendo nunca o poder de dispor do bem como proprietário ou como possuidor. Conforme referimos, os autos de entrega têm unicamente por função atestar que as empresas cumpriram a obrigação legal de construção do ramal de ligação, não podendo ser vistos como um documento que titula a transmissão de um bem.

Este exemplo permite-nos extrair algumas conclusões:

- o regime de dominialidade pública deve ser totalmente coerente com os mandamentos jurídico-económicos que estabelecem os modelos de utilização eficiente dos recursos comuns e dos bens públicos;
- os custos de expansão da rede devem ser suportados em regra pelo agente que irá beneficiar da mesma – equivalência concreta, se benefício individualizado; equivalência de grupo, se benefício

colectivo – salvaguardados os mandamentos decorrentes do princípio da igualdade: sustentabilidade, inclusão, coesão e solidariedade;

- os modelos de eficiência próprios dos sectores em rede aplicam-se integralmente às redes territoriais e urbana, sendo a rede eléctrica um dos exemplos paradigmáticos. Por vezes, por insuficiência normativa, o sistema legal não contempla previsões legais expressas no respeitante aos modelos de organização económica das redes territoriais e urbanas, porém tal não impede que o intérprete recorra aos princípios constitucionais da eficiência e da igualdade tendo em vista a concretização da melhor interpretação (ou seja, aquela que melhor concretiza um modelo de óptimo social, num ambiente de igualdade, sustentabilidade, inclusão, coesão e solidariedade.)
- o IVA não se constitui como tributo de excelência para o desenvolvimento de uma política regulatória activa no plano ambiental e territorial; porém, pela sua omnipresença, deverá ser sempre interpretado de forma a assumir um papel de agente neutro nas decisões de optimização social (CELE, redes, tributação ambiental).

4. Tributação das Actividades Reguladas em Portugal: o Caso Particular do Sector Eléctrico e do Gás Natural

Da rede, passemos aos serviços. No que respeita ao âmbito de determinação das actividades reguladas, referimo-nos expressamente ao conjunto de actividades cuja inserção em contexto de mercado encontra correspondência com uma disciplina normativa específica[538] justificada em função da importância da determinação, controlo ou influência do seu comportamento, tendo em vista evitar eventuais efeitos lesivos de interesses socialmente legítimos, orientando-os em direcções socialmente desejáveis[539]. Trata-se, portanto, de uma expressão particularmente activa das normas jurídicas na conformação da vida económica de um grupo circunscrito de agentes, procurando delimitar os seus percursos de acção, na medida da respectiva pertença aos sectores objecto de regulação. Deste modo, começaremos por traçar um breve enquadramento quanto à regulação

[538] *Cf.* SANCHES, José Saldanha – «A Regulação: História Breve de um Conceito». *In Revista da Ordem dos Advogados*, Ano 60, 2000, p. 5.

[539] *Cf.* SANTOS, António Carlos dos; GONÇALVES, Maria Eduarda; MARQUES, Maria Manuel Leitão – «Direito Económico». 6ª Edição. *In Revista e Atualizada*, Coimbra: Almedina, p. 181.

sectorial[540], destacando o aparecimento de novas modalidades de tributação que, em função da sua estreita conexão com o exercício de funções regulatórias por parte de entidades reguladoras dotadas de capacidade e receitas tributárias próprias, geralmente reconduz ao reduto da parafiscalidade[541], um domínio de crescente relevo na actual configuração dos modernos sistemas fiscais.

Na realidade, é de acordo com os termos supramencionados que se pode «fixar a premissa de que as pessoas titulares da parafiscalidade hão-de ser públicas ou, quando privadas, dotadas de escopos de interesse público, assim qualificados idoneamente pela ordem jurídica»[542]. Trata-se, portanto, de um fenómeno em que se verifica a cobrança de tributos para cobertura de despesas de pessoas colectivas públicas não territoriais[543], a qual encontra correspondência numa consignação subjectiva de receitas, mas sem que deixe de ocorrer uma necessária subordinação aos objectivos gerais de política económica e financeira.

Relativamente a este fenómeno de consignação subjectiva de receitas, como parte integrante da consignação geral de receitas, cabe referir que se trata de uma excepção ao que actualmente é consagrado no artigo 7º da Lei de Enquadramento Orçamental[544] (doravante abreviadamente designada «LEO»), cujo número 1 expõe que «Não pode afectar-se o produto de quaisquer receitas à cobertura de determinadas despesas». No entanto, entre as várias excepções ao referido caso, encontram-se as situações de autonomia financeira consagrada por lei, em que as receitas de determi-

[540] *Cf.* VASQUES, Sérgio – *As Taxas de Regulação Económica em Portugal: uma Introdução in* VASQUES, Sérgio (Coord.) – *As Taxas de Regulação Económica em Portugal.* Coimbra: Almedina, 2008, p. 15 e ss..

[541] *Cf.* ATALIBA, Geraldo – «Regime Constitucional da Parafiscalidade». *In Revista de Direito Administrativo,* Volume 86, 1966, p. 25.

[542] *Cf.* ATALIBA, Geraldo (1966), ob. cit., p. 25.

[543] Que, em todo o caso, é um fenómeno distinto da denominada «intervenção indireta do Estado». De facto, enquanto a regulação corresponde ao «controlo estatal sobre a actividade económica privada (e pública) levada a cabo por entidades dotadas de acentuado grau de independência ante o Governo e visando corrigir as deficiências do mercado», a intervenção indirecta corresponde sempre a «um instrumento de política económica». Sobre a referida dicotomia, *Cf.* MONCADA, Cabral de – *Direito Económico.* 6ª Edição. Coimbra: Coimbra Editora, 2012, p. 55 e ss..

[544] Lei nº 91/2001, de 20 de Agosto (com as alterações propiciadas pela Lei nº 41/2014, de 10 de Julho).

nadas entidades são afectas a despesas próprias, nomeadamente por intermédio do acto normativo que subjaz à criação da própria entidade.

Deste modo, a atribuição de uma capacidade tributária autónoma às entidades reguladoras é uma decorrência de um processo de alteração estrutural das funções do Estado, sobretudo se perspectivada de acordo com um modelo centralizado de recorte clássico, tal como aquele que se verificou até ao surgimento dos grandes movimentos de intervenção económica e social ocorridos durante o século XX[545], que não deixaram de se reflectir num crescimento considerável das despesas públicas ante o Produto Nacional.

O surgimento das entidades reguladoras, enquanto entidades dotadas de autonomia administrativa e financeira, além da sua interconexão com a parafiscalidade, decorre do início do denominado Estado Social[546]. A evolução do moderno Estado de Direito e a sua transformação num Estado Redistribuidor de larga escala e, com isso, num Estado Social de grande eficácia implicaram mudanças. Exemplo disso foi a modificação territorial provocada pela referida Sociedade Industrial, na decorrência da qual a grande acumulação de massas humanas nos centros de produção industrial exigiu a progressiva criação de Sistemas de Canalização, Abastecimento de Água, Gás, Energia Eléctrica e Meios de Comunicação[547], em suma, as infra-estruturas territoriais e urbanísticas.

É neste contexto de crescente especialização dos vários segmentos de mercado que surge a necessidade de implementar a regulação sectorial da economia, enquanto expressão de uma «normal operação de legislação ou regulamentação de uma qualquer realidade social, mas apenas num pequeno fragmento desta actividade juridificante»[548].

Não se trata, portanto, de uma intervenção normativa que pretenda absorver toda a liberdade de actuação dos agentes económicos regulados, mas sim corresponder a uma intervenção estritamente vinculada à prossecução do interesse público. Como tal, será sempre justificada de acordo com as particularidades económicas, sociais e institucionais dos redutos nos quais tal se exerce, contando com os normais limites legais e constitu-

[545] *Cf.* MOREIRA, Vital – *Auto-Regulação Profissional e Administração Pública*. Coimbra: Almedina, 1997, p. 23 e ss..

[546] *Cf.* FORSTHOFF, Ernst – «La Prevision Existencial en la Edad Tecnica». *In Revista de Documentación Administrativa*, Número 100, 1966, p. 17.

[547] *Cf.* FORSTHOFF, Ernst (1966), ob. cit., p. 21.

[548] *Cf.* SANCHES, José Saldanha (2000), ob. cit., p. 5.

cionais com que toda a actividade pública depara. Vejamos agora o enquadramento económico de que a regulação tem sido objecto, na medida em que a sua expressão nesse domínio se revela igualmente inequívoca, além da sua importância no domínio estritamente jurídico.

Desde logo, assiste-se a uma tendencial substituição da designação «regulação sectorial» da economia para uma referência contínua à designação «regulação económica». Perante a sua especificidade nesse domínio, apresenta-se como a resposta a um incremento de procura pública para a correcção de ineficiências e desigualdades, típicas de um contexto de economia de mercado[549].

Sem dúvida que esse é o pressuposto assumido pela generalidade dos regimes jurídicos nacionais, incluindo a CRP. Nos termos da alínea *f)* do artigo 81º da CRP, prescreve-se expressamente que «Incumbe prioritariamente ao Estado no âmbito económico e social: [...] *f)* Assegurar o funcionamento eficiente dos mercados, de modo a garantir a equilibrada concorrência entre as empresas, a contrariar as formas de organização monopolistas e a reprimir os abusos de posição dominante e outras práticas lesivas do interesse geral». Existe, portanto, uma clara vocação constitucional para a prescrição de uma actuação do Estado num domínio a que alguns autores já se referem como a «regulação do risco»[550], que se vem expandindo em estreita relação com o processo de desenvolvimento económico e industrial e é tida como um dos motores de crescimento do já apelidado «Estado Regulador»[551].

No que em concreto respeita aos domínios em análise, importa referir que o processo de liberalização dos sectores eléctricos da maior parte dos países europeus foi efectuado de forma faseada, tendo começado por incluir os clientes de maiores consumos e níveis de tensão mais elevados. Em Portugal, foi seguida uma metodologia idêntica, tendo a abertura de mercado sido efectuada de forma progressiva entre 1995 e 2006. Desde 4 de Setembro de 2006, todos os consumidores em Portugal continental podem escolher o seu fornecedor de energia eléctrica, o que decorre do cumprimento da Directiva nº 2003/54/CE, que estabelecia que a partir de 1 de Julho de 2007 todos os clientes de energia eléctrica poderiam escolher livremente o

[549] *Cf.* POSNER, Richard – «Theories of Economic Regulation». *In The Bell Journal of Economics and Management Science*, Vol. 5, No. 2 (Autumn.), 1974, p. 226 e ss..

[550] *Cf.* SANTOS, António Carlos dos; GONÇALVES, Maria Eduarda; MARQUES, Maria Manuel Leitão (2013), ob. cit., p. 186.

[551] *Cf. Idem, ibidem.*

seu fornecedor de energia eléctrica. Em termos de fontes normativas relevantes deve atentar-se na Directiva nº 2009/72/CE do Parlamento Europeu e do Conselho, de 13 de Julho de 2009, que, respectivamente, estabelece regras comuns para o Mercado Interno da Electricidade e revoga a Directiva 2003/54/CE, igualmente do Parlamento Europeu e do Conselho.

4.1. O Enquadramento Tarifário

Ao nível do enquadramento institucional regulatório, tal como no caso do Gás Natural, é à Entidade Reguladora dos Serviços Energéticos (ERSE) que compete a Regulação Sectorial da Electricidade. É nesse sentido que se justifica que «os seus custos globais de funcionamento são financiados pelas receitas das Taxas de Regulação da Eletricidade e das Taxas de Regulação do Gás Natural, na proporção da relevância e impacto relativo de cada um dos sectores no funcionamento da entidade, não possuindo qualquer *plafond* mínimo ou máximo»[552].

A acção da ERSE no domínio das suas atribuições relativas ao sector eléctrico desenvolve-se nas seguintes áreas: liberalização do sector eléctrico; aprofundamento do mercado ibérico de electricidade; acompanhamento das actividades e dos agentes do sector; definição de tarifas e preços para as actividades reguladas; promoção de níveis adequados de qualidade de serviço; elaboração de regulamentos; definição e monitorização das ligações às redes; disponibilização de um suporte gráfico e numérico através de factos e números; e realização de inspecções e auditorias.

Este conjunto de Tarifas é composto, por seu turno, pelos seguintes elementos: em primeiro lugar, uma Tarifa de Acesso à Rede de Transporte, cobrada pelo Transportador ao Distribuidor, que a repercute; em segundo lugar, uma Tarifa de Uso Global do Sistema, igualmente cobrada pelo Transportador ao Distribuidor, que a repercute; em terceiro lugar, uma Tarifa de Acesso à Rede de Distribuição, cobrada pelos Distribuidores aos Comercializadores; em quarto e último lugar, uma Tarifa de Comercialização das Redes, cobrada pelos Distribuidores aos Comercializadores[553].

[552] *Cf.* ANASTÁCIO, Gonçalo; PACHECO, Joana – *As Taxas de Regulação Económica no Sector do Gás Natural in* VASQUES, Sérgio (Coord.) – *As Taxas de Regulação Económica em Portugal.* Coimbra: Almedina, p. 376.

[553] *Cf.* GARCIA, Nuno de Oliveira; SALEMA, Inês – *As Taxas de Regulação Económica no Sector da Electricidade in* VASQUES, Sérgio (Coord.) – *As Taxas de Regulação Económica em Portugal.* Coimbra: Almedina, p. 283.

De entre as várias tarifas objecto de menção, aquela que ocupa um peso mais significativo para o suporte dos custos da actividade regulatória é a denominada Tarifa de Uso Global do Sistema. Esta última é responsável pela «recuperação dos custos com a gestão do sistema, dos custos decorrentes de medidas de política energética, ambiental ou de interesse económico geral, bem como da manutenção do equilíbrio contratual dos produtores com Contratos de Aquisição de Energia [...] bem como custos incorridos com o mecanismo de garantia de potência»[554].

Uma vez que o preço de aquisição de electricidade pelo comercializador ao produtor pode não ser livremente negociado por se encontrar regulado, verifica-se ainda a existência de uma Tarifa de Energia que acresce, no final, à Tarifa de Acesso às Redes. A esta última acresce ainda a existência de uma Tarifa de Comercialização, destinada a dar cobertura aos Custos de Distribuição e aos Custos Comerciais do Retalho.

Na hipótese contrária à descrita, na qual o Preço da Energia e o Preço da Comercialização não são regulados, a referida Tarifa de Venda a Clientes Finais inclui, além da Tarifa de Acesso às Redes, apenas o Preço da Energia e o Preço de Comercialização Não Regulado.

Por seu turno, a decisão política e económica de introdução do gás natural no mercado nacional teve como objectivo dotar o país de uma nova fonte energética, adequada ao aumento da competitividade industrial e ao progressivo alargamento dos ciclos de actividade das empresas, constituindo-se como alternativa aos hidrocarbonetos, menos poluente e mais segura[555].

No que concerne ao enquadramento regulatório a nível institucional, exerce actividade a ERSE, cujas funções se podem essencialmente resumir aos seguintes quatro vectores: *a)* a protecção dos direitos e os interesses dos consumidores, em particular dos clientes finais economicamente vulneráveis, em relação a preços, à forma e qualidade da prestação de serviços, promovendo a sua informação, esclarecimento e formação; *b)* assegurar a existência de condições que permitam a obtenção do equilíbrio económico e financeiro por parte das actividades dos sectores regulados exercidos em regime de serviço público, quando geridas de forma adequada e eficiente; *c)* zelar pelo cumprimento, por parte dos agentes do sector, das

[554] *Cf.* GARCIA, Nuno de Oliveira; SALEMA, Inês (2008), ob. cit., p. 283.

[555] *Cf.* ANASTÁCIO, Gonçalo; PACHECO, Joana (2008), ob. cit., p. 358.

obrigações de serviço público e demais obrigações estabelecidas na lei e nos regulamentos aplicáveis e ainda *d)* exercer as competências sancionatórias junto das entidades intervenientes no Sistema Eléctrico Nacional e no Sistema Nacional de Gás Natural, cujas actividades estejam sujeitas à respectiva regulação.

Centrando-nos na regulação da ERSE, esta abrange «não só o controlo dos monopólios, mas também o fomento da concorrência entre os vários operadores e intervenientes e a garantia de acesso não discriminatório aos mercados e infra-estruturas, tendo por fim a protecção dos consumidores e a manutenção do equilíbrio económico-financeiro das empresas reguladas»[556].

Tudo isto sem prejuízo das demais competências regulatórias atribuídas legalmente a entidades como a Direcção-Geral de Energia e Geologia, a Autoridade da Concorrência ou a Comissão do Mercado de Valores Mobiliários. Tal como referido, a autonomia administrativa e financeira das entidades reguladoras requer a possibilidade de estas poderem obter receitas próprias, assente numa das excepções ao princípio da não-consignação de receitas, o que encontra expressa consagração no artigo 50º, número 1, dos Estatutos da ERSE («A ERSE dispõe de receitas próprias, segundo o princípio da autossuficiência»).

Nos termos prescritos pela alínea *a)* do nº 2 do artigo 50º dos Estatutos da ERSE[557], «As contribuições cobradas na tarifa de acesso aos clientes de electricidade e de gás natural, que sejam necessárias para financiar o orçamento da ERSE, na proporção que anualmente vier a ser estabelecida no mesmo, atendendo à relevância e ao impacto de cada um dos sectores regulados no funcionamento da ERSE».

As taxas de regulação são referenciadas como «Contribuições», com a particularidade de que este tipo de realidades não corresponde às Contribuições para as quais a LGT oferece um tratamento análogo ao dos Impostos, antes correspondendo à realidade a que a CRP se refere como «demais contribuições financeiras a favor das entidades públicas» (alínea *i)* do nº 1 do artigo 165º). Sem prejuízo da problemática constitucional que lhes está subjacente, perante a ausência de um Regime Geral das Taxas e demais Contribuições Financeiras a favor das Entidades Públicas, tende

[556] *Cf.* Anastácio, Gonçalo; Pacheco, Joana (2008), ob. cit., p. 371.
[557] Decreto-Lei nº 84/2013, de 25 de Junho.

a admitir-se que «as contribuições a que os Estatutos da ERSE se referem têm [...] por finalidade a compensação de prestações [...] de que se presumem beneficiários os operadores económicos do sector da eletricidade. São, assim, genuínas contribuições, figura "a meio caminho" entre a taxa e o imposto» na óptica dos modelos de equivalência intermédia[558]. Ao invés, as taxas de regulação inerentes ao pagamento dos custos efectivos da actividade reguladora devem ser remetidas para o regime efectivo das «taxas» *stricto sensu*. Os termos de equivalência restrita devem ser respeitados, pois não poderão existir custos administrativos injustificados que insiram ineficiências adicionais no sistema. Ou seja, teremos contribuições regulatórias quanto ao modelo de funcionamento do mercado e taxas regulatórias quanto ao modelo de funcionamento do regulador.

Importa aflorar o processo de liberalização de que o sector foi objecto, começando por traçar uma distinção entre os denominados Mercado Livre e Mercado Regulado.

Os Decretos-Lei nº 74/2012 e nº 75/2012, ambos de 26 de Março, determinam a extinção gradual das tarifas reguladas de venda de Gás e Electricidade, definindo um período transitório máximo de 3 anos, para incentivar os consumidores a mudar de comercializador. Assim, a partir de 1 de Janeiro de 2013, todos os novos Contratos de Consumo de Gás passaram a realizar-se no Mercado Livre.

No entanto, a ERSE continuará a fixar Tarifas de Acesso às Redes, de tal forma que, na óptica do consumidor final, o custo revestir-se-á de duas componentes principais: por um lado, o Preço da Energia, ou seja, correspondente ao Volume de Gás consumido em comparação com os valores unitários de referência praticados pelo respectivo operador de mercado; por outro, o Custo de Acesso às Redes, concretizado na existência das já mencionadas Tarifas de Acesso às Redes, nas quais se incluem todos os serviços necessários para que a energia chegue ao consumidor final, em condições de pleno acesso, aí se incluindo as Redes de Transporte e Distribuição[559].

A este propósito, justifica-se uma referência à figura da tarifa, não só por força da sua importância no Sector do Gás Natural, mas sobretudo

[558] *Cf.* GARCIA, Nuno de Oliveira; SALEMA, Inês (2008), ob. cit., p. 278.

[559] De acordo com referências da própria ERSE, *Cf.* http://www.erse.pt/consumidor/Documents/Extin%C3%A7%C3%A3o%20Tarifas/FAQ-%20extin%C3%A7%C3%A3o%20das%20tarifas.pdf

perante a alusão que a jurisprudência lhe dedica, já que muitas vezes surge por oposição à figura da taxa. Efectivamente, não obstante uma manifesta diferença de natureza económica, para efeitos legais e constitucionais, as tarifas são consideradas taxas. Noutros termos, para aquela que é a concepção dominante, as tarifas não passam de taxas que têm as seguintes particularidades: não dizem respeito a serviços públicos que sejam por essência da titularidade do Estado, uma vez que não correspondem às funções institucionais fundamentais próprias da Administração Pública, nem visam, por conseguinte, a realização dos fins estaduais primários; ao invés, propõem o estabelecimento de um «preço eficiente» em bens ou utilidades fornecidos por via de infra-estruturas organizadas em monopólio natural.

Podendo tais serviços ser objecto de oferta e procura e, assim, de uma avaliação em termos de mercado, o seu montante não deve, em princípio, ser inferior ao custo do serviço correspondente[560], porquanto o fundamento regulatório da sua fixação é a ultrapassagem de uma qualquer incapacidade de mercado que levaria a que este, de forma livre, não fixasse o valor eficiente pela prestação do serviço ou da utilidade em presença (notadamente quando estão em causa monopólios naturais).

Em particular, no caso dos sectores regulados, são várias as figuras tributárias directamente associadas ao cumprimento das funções regulatórias e prestacionais das entidades reguladores de cada um dos sectores, como Taxas de Regulação – ERSE (Electricidade e Gás Natural) – ou ainda tendo como finalidade a compensação pelos custos associados ao acesso às redes (Tarifas de Acesso).

[560] *Cf.* MAGALHÃES, António Malheiros de – *O Regime Jurídico dos Preços Municipais*. Coimbra: Almedina, 2012 pp. 55; RIBEIRO, José Joaquim Teixeira – «Noção Jurídica de Taxa». *In Revista de Legislação e Jurisprudência*, Ano 117, 1985, pp. 292-293; XAVIER, Alberto – *Manual de Direito Fiscal – Volume* I. Livraria Petrony, 1974, pp. 55-56.

Capítulo V
O Elemento Anómalo: a CESE*

1. Da Qualificação Jurídico-tributária Atípica da Contribuição Extraordinária sobre o Sector Energético

Esta é uma boa oportunidade para testar os ensinamentos outorgados ao longo do curso: o teste da natureza jurídica da CESE.

O artigo 228º da Lei do Orçamento do Estado para 2014[561] aprovou o regime jurídico que cria a Contribuição Extraordinária sobre o Sector Energético (CESE), tendo por objectivo financiar mecanismos que promovam a sustentabilidade sistémica do sector energético, através da constituição de um fundo que visa contribuir para a redução da dívida tarifária e para o financiamento de políticas sociais e ambientais do sector energético.

A CESE é devida pelas pessoas singulares ou colectivas que integrem o sector energético nacional, com domicílio fiscal ou sede, direcção efectiva ou estabelecimento estável, em território português, que revistam as seguintes qualidades:

i) titulares de licenças de exploração de centros electroprodutores, com excepção dos localizados nas Regiões Autónomas dos Açores ou da Madeira;

ii) titulares de licenças de produção e que tenham sido considerados em condições de ser autorizada a entrada em exploração, exceptuando os localizados nas Regiões Autónomas dos Açores ou da Madeira;

* Este capítulo foi redigido em colaboração com o Mestre Filipe de Vasconcelos Fernandes.

[561] Lei nº 83-C/2013 de 31 de Dezembro.

iii) concessionárias das actividades de transporte ou de distribuição de electricidade;
iv) concessionárias das actividades de transporte, de distribuição ou de armazenamento subterrâneo de gás natural;
v) titulares de licenças de distribuição local de gás natural;
vi) operadores de refinação de petróleo bruto e de tratamento de produtos de petróleo;
vii) operadores de armazenamento de petróleo bruto e de produtos de petróleo;
viii) operadores de distribuição de produtos de petróleo;
ix) comercializadores grossistas de gás natural;
x) comercializadores grossistas de petróleo bruto e de produtos de petróleo;
xi) comercializadores grossistas de electricidade.

A contribuição extraordinária incide sobre o valor dos elementos do activo dos sujeitos passivos (*i. e.*, o valor dos activos líquidos conforme reconhecidos na contabilidade, com referência a 1 de Janeiro de 2014 ou posterior) que respeitem a: *a)* Activos fixos tangíveis; *b)* Activos intangíveis, com excepção dos elementos da propriedade industrial; *c)* Activos financeiros afectos a concessões ou a actividades licenciadas.

No caso das actividades reguladas, a contribuição extraordinária sobre o sector energético incide sobre o valor dos activos regulados (*i. e.*, o valor reconhecido pela Entidade Reguladora dos Serviços Energéticos para efeitos de apuramento dos proveitos permitidos) reconhecido, caso este seja superior ao valor contabilístico dos activos.

No que respeita ao normativo relevante ao nível do regime da CESE, destaca-se o nº 2 do artigo 1º, no qual se delimitam as finalidades e o objectivo da «Contribuição», bem como o artigo 5º no qual se prescreve uma regra geral de «não repercussão» das «importâncias pagas pelos sujeitos passivos a título de contribuição sobre o sector energético [...] nas tarifas de uso das redes de transporte, de distribuição ou de outros activos regulados de energia eléctrica e de gás natural, previstas nos regulamentos tarifários dos respectivos sectores, não devendo ser considerada, designadamente, para efeitos de determinação do respectivo custo de capital».

Nesta sede, refere-se ainda o artigo 11º, relativo à delimitação do âmbito de «consignação» das receitas provenientes da CESE, o qual reveste particular relevo jurídico-financeiro. Estabelece o preceito que «a receita obtida [...] é consignada ao Fundo para a Sustentabilidade Sistémica do Sector Energético (FSSSE) a criar por Decreto-Lei[562], [...] com o objectivo de estabelecer mecanismos que contribuam para a sustentabilidade sistémica do sector energético, designadamente através da contribuição para a redução da dívida tarifária e do financiamento de políticas do sector energético de cariz social e ambiental, de medidas relacionadas com a eficiência energética, de medidas de apoio às empresas e da minimização de encargos financeiros para o Sistema Eléctrico Nacional decorrentes de custos de interesse económico geral (CIEG), designadamente resultantes dos sobrecustos com a convergência tarifária com as Regiões Autónomas dos Açores e da Madeira».

Em complemento ao normativo acima referido, associado à definição dos pressupostos técnico-jurídicos de enquadramento, acresce a impossibilidade de considerar a «Contribuição» como um gasto dedutível, nos termos do artigo 12º, bem como a impossibilidade simultânea de não se poder repercuti-la, directa ou indirectamente, nas Tarifas de Uso das Redes de Transporte, de distribuição ou de outros activos regulados de Energia Eléctrica e Gás Natural (Artigo 5º). Perante este enquadramento normativo, constitui um exercício interessante a determinação da natureza jurídica da CESE.

1.1. A CESE Enquanto Imposto?

Numa análise preliminar, a CESE poderia efectivamente reconduzir-se à figura jurídico-tributária «Imposto». De um modo geral, o imposto consiste numa prestação pecuniária, coactiva e unilateral, exigida com o propósito de angariação de receita, assentando essencialmente no princípio da capacidade contributiva, revelada nos termos da lei através do rendimento ou da sua utilização (consumo) e do património.

Porém, da análise do âmbito de incidência não se retira qualquer pista que permita reconduzir a CESE a qualquer modalidade de tributação do lucro. Efectivamente, o que está em causa é uma tributação do valor dos elementos do activo dos sujeitos passivos.

Assim, inexiste qualquer valoração de um índice revelador da capacidade contributiva dos sujeitos passivos traduzido no referencial constitu-

[562] O referido Decreto-Lei surgiria em Abril de 2009 – Decreto-Lei nº 55/2014, de 9 de Abril.

cional vinculativo: o lucro real (nem que seja tendencial). Como tal, nem tão-pouco o tratamento desta figura enquanto «imposto de classe» permitiria dispensar a aplicação desta vinculação constitucional, mesmo que num registo «de mínimos».

Relativamente à possível categorização enquanto imposto sobre o património, também aqui se suscitam diversos problemas que o inquinam de uma eventual inconstitucionalidade material. Desde logo, o facto de se repercutir sobre índices que não se relacionam em qualquer medida com a existência de liquidez, acabando por distorcer as opções económicas (*Excess Burden of Taxation*) e podendo significar, numa situação limite, a alienação de património para pagamento do imposto (*Deadweight Loss*). Esta perda absoluta de bem-estar poderia mesmo revelar-se num modo triplo, uma vez que muitos destes activos existem por obrigação regulatória[563].

Lê-se no Relatório do Orçamento do Estado para 2014, ou seja, no ano da sua criação: «prevê-se que a contribuição gere uma receita de 150 milhões de euros, dos quais 50 milhões de euros serão destinados à redução da divida tarifária do sector elétrico e a medidas de eficiência energética»[564]. Refere-se ainda que «também num esforço de cumprimento equitativo das metas orçamentais para 2014, será introduzida uma contribuição extraordinária sobre o sector energético e aumentada a contribuição sobre o sistema bancário. Estas medidas destinam-se não só a contribuir para a sustentabilidade sistémica destes sectores mas também a repartir o esforço de ajustamento orçamental com as empresas de maior capacidade contributiva». Não surpreende que o Relatório do Orçamento do Estado para 2015 venha referir que «Nas "Outras receitas correntes", [...] assinala-se também o impacto negativo (150,0 milhões de euros) devido à reclassificação da Contribuição Extraordinária sobre o Sector Energético (CESE), que em 2015 será classificada nos impostos diretos [...]»[565].

Salienta-se a total desconsideração do princípio da capacidade contributiva enquanto fundamento causal da CESE. Ora, a partir do momento em que não assenta em qualquer índice revelador da capacidade econó-

[563] Teríamos, portanto, as seguintes perdas: *i)* privada, por ausência de acção privada; *ii)* pública, por ausência de receita fiscal; *iii)* privada e pública, por incumprimento da vinculação da concessão.

[564] *Cf.* pp. 71 e 47

[565] *Cf.* p. 83.

mica das sociedades, afasta-se fatalmente da categoria de imposto, independentemente das suas configurações possíveis.

Ainda assim, uma última hipótese seria a consideração da CESE enquanto imposto extrafiscal. Esta figura encontra eco em alguma doutrina nacional, de entre a qual avulta Casalta Nabais[566]. Não obstante admitir a raridade da figura em causa, o autor revela uma boa vontade integrativa e caracteriza-a como um tributo totalmente assente na «Constituição Económica», ou seja, em preceitos constitucionais que apenas vinculariam determinado tributo a prosseguir funções distintas da mera arrecadação de receita.

Conforme demonstrámos *supra*, nomeadamente no momento da qualificação da concretização dos modelos de equivalência, simpatizamos com as posições doutrinárias que olham para os tributos de forma não asséptica, ou seja, que os enquadram no âmbito constitucional tendo em vista a concretização de objectivos de política pública.

Porém, ainda assim, a vertente extrafiscal não pode superar as falhas inerentes ao arquétipo do tributo (sobretudo o seu «modelo» funcional) e que, no caso dos impostos, residem no princípio fundamental da capacidade contributiva. Ora, uma qualquer figura que vise a prossecução de finalidades de política económica ou social e que ignore totalmente a vertente da capacidade contributiva poderá ser tudo o resto, mas não um imposto. O mesmo se diga no caso das contribuições. A mesma figura poderá prosseguir finalidades políticas diversas, mas se ignorar a vertente da equivalência ou do benefício também poderá ser tudo o resto, mas não uma taxa, tarifa ou contribuição. Assim, a extrafiscalidade poderá ser um «*plus*» relativamente ao fundamento causal dos tributos, mas não será uma condição suficiente para a sua legitimação constitucional *per se*.

Ora, não tendo qualquer relação com a capacidade contributiva das sociedades na vertente do lucro e não revestindo os elementos patrimoniais tributados qualquer demonstração de acumulação material de riqueza uma vez que a sua existência se encontra totalmente funcionalizada à concretização do objecto social e, no limite, ao cumprimento das obrigações da concessão, também não se revela procedente reconduzir a CESE à qualidade de imposto sobre o património. Aliás, o legislador isso parece entender uma vez que, numa primeira manifestação, denomina o tributo enquanto

[566] *Cf.* NABAIS, José Casalta – *Direito Fiscal*. 2ª edição. Almedina (Março de 2003).

«contribuição» e, num segundo momento, constrói um modelo de aparente «equivalência de grupo» pela instituição do mecanismo de consignação de receitas.

1.2. A CESE Enquanto Taxa?

Atenta a preocupação legislativa demonstrada, e que assenta num modelo de equivalência, analisemos a possibilidade de recondução da CESE à figura das taxas, ou seja, ao mundo da equivalência concreta.

Ora, conforme demonstrámos *supra*, o mundo da equivalência concreta revela-se de múltiplas formas, atento o modelo que mais se adequar ao pressuposto de eficiência e de redistribuição subjacente.

O primeiro tipo corresponde a uma «Equivalência Funcional». Mesmo se adoptarmos o modelo «agravado», ou seja, aquele que maior liberdade concede ao sujeito activo no desenvolvimento de políticas activas, continua a ser necessária a adequação funcional ao princípio da eficiência e a subsistência de uma qualquer sinalagmática que fundamente a essencial equivalência jurídica. Caso estes elementos se encontrem ausentes, estaremos perante uma qualquer figura do tipo unilateral e sancionatório e não perante uma taxa (e nem mesmo um imposto). Ora, analisando o regime regulador da CESE depressa se depreende que o mesmo não oferece resposta a qualquer espécie de contraprestação.

Isso é ainda mais evidente se tomarmos como referência a «Equivalência Eficiente». Não existe qualquer falha de mercado que a CESE vise suprir[567]. Assim, se não existem problemas de eficiência no mercado, não poderão os tributos em causa contribuir para o que não falta...

Neste quadro, a configuração de «Equivalência Estrita» é insusceptível de aplicação ao caso da CESE. Este tipo de equivalência caracteriza-se por uma estrutura de taxas próxima do princípio da repartição dos custos de

[567] Relembremos os seus termos. Este tipo de equivalência tem como fundamento o objectivo extrafiscal de correcção de incapacidades de mercado, na óptica do princípio da eficiência, previsto na alínea *d)* do artigo 9º e no artigo 81º da Constituição. O montante a fixar corresponderá assim à clonagem de uma situação eficiente em sede de mercado (a situação de Concorrência Perfeita), ou seja, o referencial do Custo Marginal ou, na inexistência de custos, a Utilidade Média. Também desta perspectiva se conclui pela inexistência de qualquer tipo de Equivalência correctora dado não ser pressuposto da CESE proceder à inserção por via correctiva de padrões de eficiência e/ou regulatórios, antes pelo contrário, dado existir uma deslocalização da correlação entre os gastos do sector e o agente pagador que deixa de ser o consumidor final.

determinada actividade prestacional pública, caso em que o montante a fixar não pode afastar-se dos custos dos serviços prestados pelas entidades públicas e/ou da utilidade ou benefício gerado para o sujeito passivo. Pois bem, inexistindo qualquer elemento de divisibilidade prestacional e de determinabilidade de beneficiário, será impossível a realização de qualquer juízo de imputação de custo que permita sequer uma aproximação ao regime substantivo das taxas

A análise ao regime jurídico que cria a CESE permite concluir pela total ausência de uma estrutura sinalagmática (contrapartida) capaz de satisfazer o princípio da equivalência na sua vertente estrita, ou seja, enquanto critério material de equivalência aplicado às taxas. É este, aliás, o sentido acolhido pelo próprio CAAD[568].

1.3. A CESE Enquanto Contribuição?

Nos termos da LGT, as contribuições especiais «assentam na obtenção pelo sujeito passivo de benefícios ou aumentos de valor dos seus bens em resultado de obras públicas ou da criação ou ampliação de serviços públicos» – as denominadas Contribuições de Melhoria – ou no «especial desgaste de bens públicos ocasionados pelo exercício de uma atividade» – as denominadas «Contribuições por Maior Despesa».

A análise do regime da contribuição permite-nos concluir que o objectivo de internalização/compensação das exterioridades negativas presumivelmente provocadas pelo sector energético nunca esteve na génese desta contribuição, na medida em que a mera detenção de activos não se poderá considerar enquanto actividade geradora de uma exterioridade negativa. Em termos concretos, através da análise do regime jurídico desta figura, conclui-se pela não verificação das características conformadoras e legitimadoras das contribuições especiais, dado que o princípio da equivalência subjacente não concede fundamentação causal a uma prestação com a tipologia da CESE.

Pela fundamentação da criação da CESE não se depreende que lhe esteja subjacente a correcção de uma qualquer falha de mercado, ou que

[568] «(A qualificação de *taxa* é logo de afastar por manifesta inexistência de uma contraprestação individualizável, que é um dos pressupostos desses tributos)» *Cf.* Acórdão nº 312/2015T [disponível em https://caadºrg.pt/tributario/decisoes/decisao.php?s_processo=312%2F2015&s_data_ini=&s_data_fim=&s_resumo=&s_artigos=&s_texto=&id=1479]

pelo menos se reconduza ao quadro típico de falhas de mercado aceites pelo pensamento económico dominante, nomeadamente exterioridades, poder de mercado ou eventuais assimetrias informativas[569]. Quando muito – mas ainda assim toda a estrutura de incidência subjectiva estaria incorrecta – a existência dos activos em causa gerará exterioridades positivas na colectividade atenta a sua natureza de «bem público» inerente à infra-estrutura em rede. Neste quadro, seriam legítimos os tributos que visassem a socialização da exterioridade positiva outorgada em termos sociais. Porém, aí o sujeito passivo seriam os membros da colectividade e não os detentores dos activos.

Na sequência do acima exposto, resta-nos analisar esta figura tributária à luz das denominadas «Contribuições Financeiras», que encontram hoje uma expressa menção na CRP, mormente na alínea *i)* do nº 1 do Artigo 165º, na sequência da Revisão Constitucional de 1997. Note-se, desde logo, que a constitucionalização deste *tertium genius* veio dar guarida a uma figura que, por falta de reconhecimento constitucional, era anteriormente equiparada pela doutrina e pela jurisprudência aos impostos.

No que respeita à qualificação da CESE como contribuição financeira, impõe-se que à mesma esteja subjacente uma equivalência de grupo que fundamente o vislumbre de uma estrutura comutativa que vise remunerar uma concreta prestação presumivelmente provocada ou aproveitada pelo grupo onerado, o que tão-pouco sucede. Conforme demonstrámos *supra*, as contribuições financeiras são, nessa medida, muito utilizadas em contexto regulatório, sendo bastante usual a sua presença em vários sectores da actividade económica em que se manifesta a intervenção do Estado no estabelecimento de regras de conduta aplicáveis a determinados sectores da actividade económica.

Em nenhum momento se constata que a CESE se relaciona, de algum modo, com qualquer tipo de política regulatória. Bem pelo contrário, já que lhe está subjacente a prossecução de meras finalidades reditícias, associadas ao combate ao défice e dívida tarifária associada.

Neste seguimento, salienta-se o facto de a existência da CESE não visar a prossecução de objectivos de compensação de trabalho e/ou estruturação da regulação do sector económico em questão. Efectivamente, a CESE não repousa em qualquer relação comutativa de carácter difuso, de que

[569] *Cf.* Araújo, Fernando (2014), ob. cit., p. 232 e ss..

seriam exemplo os tributos regulatórios ou os tributos associativos, tal como esclarece Sérgio Vasques[570].

Como exemplo de contraste aponte-se a Contribuição sobre o Sector Bancário[571], que claramente implica uma remuneração pelo serviço de prestação de último recurso. A tal acresce o facto de a estrutura tarifária em vigor já se encontrar actualmente estruturada de modo a satisfazer este tipo de função de remuneratória ao nível da regulação do sector energético.

2. Quais as Consequências da Desadequação Funcional da CESE?

Sempre criticámos a tendência doutrinária (e jurisprudencial) de recondução qualificativa de tributos anómalos à figura do imposto. Ora, o imposto é um tributo com uma causa e uma legitimidade próprias e não um «albergue espanhol» tributário que acomoda tudo o que não tem lugar específico. A razão é clara – o princípio da legalidade fiscal, ou seja, a autorização parlamentar, não branqueia tipos tributários materialmente constitucionais. E dentro dessa materialidade constitucional consta em toda a sua relevância o princípio da eficiência e o princípio da igualdade.

2.1. A Óptica da Proporcionalidade

A primeira linha de análise traduz-se precisamente no princípio da proporcionalidade ou da proibição do excesso. O entendimento sobre este princípio tem sido suficientemente tratado pela jurisprudência do Tribunal Constitucional. Com efeito, e como se refere, por exemplo, nos Acórdãos

570 *Cf.* VASQUES, Sérgio (2011), ob. cit., p. 251.

571 A propósito da Contribuição sobre o Sector Bancário justifica-se uma referência ao Fundo de Resolução do respectivo sector. O Fundo de Resolução foi criado pelo Decreto-Lei nº 31-A/2012, de 10 de Fevereiro, que veio introduzir um regime de resolução no RGICSF. Trata-se de uma pessoa colectiva de direito público, dotada de autonomia administrativa e financeira, sendo que a sua principal missão consiste em prestar apoio financeiro à aplicação de medidas de resolução adoptadas pelo Banco de Portugal. A lógica subjacente à criação deste mecanismo de financiamento é a de que o sistema bancário deve ser capaz de ultrapassar situações de dificuldade pelos seus próprios meios, evitando-se a transferência de perdas para os contribuintes e, assim, promovendo-se a separação entre o risco soberano e risco bancário. O Fundo de Resolução dispõe de receitas próprias, provenientes, no essencial, do sector bancário. Mais concretamente, os recursos financeiros do Fundo de Resolução provêm, sobretudo, das contribuições – iniciais e periódicas – pagas directamente pelas instituições participantes, bem como das receitas provenientes da contribuição sobre o sector bancário, a qual, nos termos do quadro legal, constitui, desde 2013, receita do Fundo de Resolução, não podendo o respectivo produto ser usado para outra finalidade.

nºs 634/93 e 187/2001, o mesmo centra-se na ideia de proporção que vincula as acções de todos os poderes públicos, referindo-se fundamentalmente a necessidade de uma relação equilibrada entre meios e fins. Em conformidade, as acções estaduais não devem, para realizar os seus fins, empregar meios que se cifrem, pelo seu peso, em encargos excessivos (e, portanto, não equilibrados) para os respectivos destinatários, sejam eles indivíduos ou empresas. Como se escreveu no Acórdão nº 187/2001: «O princípio da proporcionalidade desdobra-se em três subprincípios: Princípio da adequação (as medidas restritivas de direitos, liberdades e garantias devem revelar-se como um meio para a prossecução dos fins visados, com salvaguarda de outros direitos ou bens constitucionalmente protegidos); Princípio da exigibilidade (essas medidas restritivas têm de ser exigidas para alcançar os fins em vista, por o legislador não dispor de outros meios menos restritivos para alcançar o mesmo desiderato); Princípio da justa medida ou proporcionalidade em sentido estrito (não poderão adotar-se medidas excessivas, desproporcionadas para alcançar os fins pretendidos).»[572]

O primeiro subprincípio diz respeito ao conteúdo exacto a conferir ao teste de proporcionalidade em sentido estrito ou critério da justa medida. O que aqui se mede, na verdade, é a relação concretamente existente entre a carga coactiva decorrente da medida adoptada e o peso específico do ganho de interesse público que com tal medida se visa alcançar. Como referido igualmente no Acórdão nº 187/2001, «trata-se [...] de exigir que a intervenção, nos seus efeitos restritivos ou lesivos, se encontre numa relação "calibrada" – de justa medida – com os fins prosseguidos, o que exige uma ponderação, graduação e correspondência dos efeitos e das medidas possíveis»[573].

A segunda precisão respeita ao teste da adequação, através do qual se afere se um certo meio é, em abstracto e enquanto meio típico, idóneo ou apto para a realização de um certo fim. A formulação de um juízo negativo acerca da adequação prejudica logicamente a necessidade de aplicação dos outros testes.

No entanto, se não se concluir pela inadequação típica do meio ao fim, haverá em seguida que recorrer ao exame da exigibilidade, também conhecido por necessidade de escolha do meio mais benigno ou menos oneroso.

572 *Cf.* Acórdão do Tribunal Constitucional nº 187/2001.

573 *Cf. Idem.*

Este é um exame mais fino ou mais próximo das especificidades do caso concreto. Através dele se avalia a existência – ou inexistência – de várias possibilidades (igualmente idóneas) para a realização do fim pretendido, para que se saiba se foi escolhida, como devia, a possibilidade menos onerosa para os particulares.

A terceira precisão a acrescentar relaciona-se com a particular dimensão que não pode deixar de ter o juízo de proporcionalidade (na sua acepção ampla), quando aplicado às decisões do legislador. Afirmou-se atrás que o princípio em causa vale, num Estado de direito, para as acções de todos os poderes públicos. Quer isto dizer que ele se aplicará tanto aos actos da função administrativa quanto aos actos da função legislativa, pois que, em qualquer caso, não pode o Estado (actuando através dos seus diferentes poderes) empregar meios que se revelem inadequados, desnecessários ou não «proporcionais» considerando os fins que pretende prosseguir.

Feita a exposição, conclui-se que o Princípio da Proporcionalidade tem uma dimensão inequivocamente normativa. Em termos gerais, o seu domínio lógico de aplicação tem como objecto os conflitos de bens jurídicos de qualquer espécie, aplicando-se a todas as espécies de actores dos poderes públicos[574]. De igual forma, como nota Gomes Canotilho, este princípio «vincula o Legislador, a Administração e a Jurisdição. Observar-se-á apenas que o controlo judicial baseado no princípio da proporcionalidade não tem extensão e intensidade semelhantes consoante se trate de atos legislativos, de atos da administração ou de atos de jurisdição.»[575]

A este espeito, não se poderá deixar de questionar a posição já assumida pelo Tribunal Arbitral (Processo nº 312/2015-T), perante a eventual violação do Princípio da Proporcionalidade, tendo em conta o elenco de isenções subjectivas definidas no regime jurídico da CESE. Refere o Tribunal, entre outros aspectos, que «[...] importa destacar que a maior parte desses operadores económicos foram chamados a "contribuir" por outra via para a eliminação do défice tarifário do Sistema Eléctrico Nacional, ou seja, para impedir que o mesmo subsista e continue a avolumar-se sob a forma de dívida tarifária. [....] [P]ode dizer-se que tendo sido chamados a contribuir financeiramente por outra via para o fim do *deficit* tarifário existe uma razão que sustenta a sua exclusão do âmbito da contribuição

[574] *Cf.* Canotilho, José Joaquim Gomes (2015), ob. cit., pág. 272.

[575] *Cf Idem, ibidem.*

para a redução do *stock* da dívida tarifária acumulada em anos anteriores, mesmo que as contribuições não sejam financeiramente equivalentes nos respetivos montantes. E vale lembrar também que esta comparação do esforço financeiro exigido a cada operador há-de limitar-se apenas, no caso dos sujeitos passivos da CESE, ao valor de um terço da mesma, por ser apenas essa a parcela afeta àquela finalidade.»

O Tribunal denuncia uma posição aparentemente incoerente, defendendo pontualmente as diferentes características da CESE consoante lhe fazem sentido para o argumento em causa. Se no início da sua análise justifica a ausência de quaisquer problemas de qualificação jurídico-tributária, entendendo que a CESE constitui uma contribuição financeira, pelo facto de a respectiva receita se encontrar validamente consignada ao Fundo para a Sustentabilidade Sistémica do Sector Energético (FSSSE), no decurso da sua análise acaba por salientar várias vezes o facto de apenas 1/3 estar afecto àquele fundo, o que salvaguarda em parte o conjunto de isenções definidas, bem como o carácter extraordinário da medida. Tal confusão revela fraqueza quanto ao principal argumento de defesa do Tribunal no que concerne a qualificação tributária em causa. Entendeu o Tribunal que a qualificação de um tributo como contribuição financeira exige «[...] uma clara conexão entre a origem das receitas [o pressuposto do tributo] e o destino [finalidade] que a lei lhes assinala; conexão que possa ser reconduzida a uma "relação de troca" ou a uma "relação causal" entre o Estado e o sujeito passivo». Deste modo, considerou que estamos perante uma pura contribuição financeira, enquanto instrumento de regulação social, cuja legitimidade decorre da função do Estado «[...] na qualidade de garantidor do funcionamento eficiente e socialmente equitativo do sistema (neste caso do sector energético), e o sujeito passivo». Perante o referido nexo de causalidade, «[...] o "destino" ou "função" da receita, normativamente definidos, é que hão-de contar para a sua qualificação, sendo irrelevantes, face a eles, quaisquer considerações, de enquadramento mais geral da medida no contexto de necessidade de consolidação orçamental, que constem de textos oficiais [....].»

A decisão do Tribunal assenta num pressuposto formal que não corresponde ao que efectivamente se verificou. Em termos formais e materiais, não houve uma afectação de verbas a um Fundo na sua totalidade, mas sim a instituição de uma medida tributária com características genéricas de imposto, ou que, pelo menos de um ponto de vista conceptual, a ele se deve equiparar. Por um lado, reside no nexo causal a salvaguarda necessária à qualificação jurídico-tributária da CESE, sendo que, por outro lado, a atenuação a 1/3 da receita (ou seja, 50M € do total de 150M €) não se afigura suficiente para determinar uma interrupção no referido nexo causal, justificando inclusivamente a concessão de isenções subjectivas.

2.2. Violação do Princípio da Protecção da Confiança, em Função da Ausência de Delimitação Temporal Real do seu «Carácter Extraordinário»

Sendo esta uma medida de natureza tributária inicialmente constante da Lei do Orçamento do Estado para 2014, posteriormente prorrogada pela Proposta de Lei do Orçamento do Estado para 2015, e actualmente pela Lei nº 159-C/2015, de 30 de Dezembro, a mesma tem sido definida com base numa regra de anualidade, defendendo um carácter apenas aparentemente extraordinário.

Ora, enquanto tributo justificado por objectivos de promoção da sustentabilidade sistémica do sector, designadamente através do financiamento de políticas do sector energético de cariz social e ambiental, de medidas relacionadas com a eficiência energética, de minimização dos encargos financeiros para o Sistema Eléctrico Nacional, bem como a redução da dívida tarifária do Sector Eléctrico, foi desde início evidente a necessidade da sua continuidade. Aliás, aquando da apresentação das medidas para o cumprimento do défice de 2,5% do PIB em 2015, constava da Lei do Orçamento do Estado para 2015 a manutenção da aludida Contribuição.

Evidencia-se, deste modo, o carácter não temporário/extraordinário da medida em apreço, contrariando-se todo o argumento de defesa recentemente utilizado pelo próprio CAAD[576]. Recorde-se, a este respeito, que o Decreto-Lei nº 55/2014, de 9 de Abril, que criou o FSSSE, veio consagrar como principal receita do Fundo «o produto da contribuição extraordinária sobre o sector energético prevista no artigo 228º da Lei nº 83 -C/2013, de 31 de Dezembro», nos termos da alínea *a)* do nº 1 do artigo 3º. Desta forma, e atendendo ao objectivo enunciado no artigo 2º do referido diploma, nomeadamente «contribuir para a promoção do equilíbrio e sustentabilidade sistémica do sector energético e da política energética nacional», a temporalidade da medida parece ser contrária à razão da sua criação.

[576] *Cf.* Processo CAAD nº 312/2015-T.

Esta interpretação decorre, aliás, da jurisprudência do Tribunal Constitucional em matéria de Protecção da Confiança. Tem entendido o referido Tribunal que «para que haja lugar à tutela jurídico-constitucional da "confiança" é necessário, em primeiro lugar, que o Estado (mormente o legislador) tenha encetado comportamentos capazes de gerar nos privados "expectativas" de continuidade; depois, devem tais expectativas ser legítimas, justificadas e fundadas em boas razões; em terceiro lugar, devem os privados ter feito planos de vida tendo em conta a perspetiva de continuidade do "comportamento" estadual; por último, é ainda necessário que não ocorram razões de interesse público que justifiquem, em ponderação, a não continuidade do comportamento que gerou a situação de expetativa»[577].

Entende a jurisprudência do Tribunal Constitucional que o carácter temporário de uma determinada medida – no caso, jurídico-tributária – seria um factor determinante para que se não convocasse a sua natureza confiscatória[578]. É, assim de resto, a temporalidade de uma determinada medida um dos elementos fundamentais para aferir da sua conformidade constitucional.

Embora referente a uma diferente temática (reduções remuneratórias), não poderemos deixar de remeter para o entendimento já exposto pelo TC no Acórdão nº 413/2014, onde se pode ler, a respeito de medidas inscritas na Lei do Orçamento do Estado para 2014 que «[...] só por mero artifício se pode considerar em 2014 que tais medidas têm carácter temporário. Mesmo admitindo que a plurianualidade das medidas inscritas na LOE não lhes confere a natureza de cavaleiros orçamentais, dado que a sua renovação fica sempre dependente da LOE para cada ano subsequente, há que aferir se as normas em causa, na medida em que ferem direitos fundamentais, são excepcionais e transitórias ou se pretendem assumir um carácter definitivo. Esta questão é decisiva, na medida em que dela pode depender o juízo quanto à conformidade constitucional dessas normas»[579].

Acrescenta então o TC que «Apesar de no Relatório que acompanhou a proposta de lei do orçamento para 2014 se reafirmar literalmente o "carácter transitório" das reduções remuneratórias em causa, essa afirmação é puramente retórica, visando ostensivamente uma aparência de conforma-

[577] *Cf.* Acórdão nº 128/2009 do Tribunal Constitucional.

[578] *Cf.* Acórdão nº 187/2013 do Tribunal Constitucional.

[579] *Cf.* Acórdão nº 413/2014 do Tribunal Constitucional.

ção aos limites jurídicos traçados pelo Tribunal Constitucional, na medida em que, tanto no texto da proposta de orçamento quanto nas afirmações públicas dos responsáveis governamentais foi claramente abandonada toda e qualquer delimitação temporal do respectivo alcance»[580].

É precisamente em função de uma tal ordem de considerações que se verifica a ausência de conformidade da CESE relativamente ao Princípio da Protecção da Confiança, na medida em que, respectivamente, o legislador se serviu de uma delimitação temporal enganosa e totalmente contrária a um imperativo de previsibilidade mínima nas leis, ao qual as normas fiscais devem uma particular proximidade. Afinal, está em causa uma quebra insustentável entre a variabilidade estrutural do ordenamento jurídico (expresso na designada faculdade de «auto-revisibilidade» das leis) e a sua perspectiva de continuidade[581], que exige a protecção contra resultados inesperados e imprevisíveis da lei, que não foram devidamente ponderados aquando da formulação da previsão normativa e antes da sua publicação formal[582].

Com efeito, e não incidindo a CESE em qualquer base tributável que evidencie o rendimento ou capacidade contributiva dos sujeitos passivos a que se dirige, a mesma determina uma redução do respectivo património líquido sem que tal ablação seja especialmente legitimada pelo princípio da capacidade contributiva, ou qualquer outro que lhe conferisse a natureza de tributo. Acresce, tal como já referenciámos, a consagração de uma regra de «não-dedutibilidade» ao lucro tributável (para efeitos de IRC) e, como tal, acarretando uma manifesta afectação das expectativas dos accionistas[583].

580 *Cf. Idem.*

581 *Cf.* Sanches, José Saldanha (2007), ob. cit., p. 171.

582 *Cf. Idem, ibidem,* ob. cit., p. 172.

583 No contexto europeu, salienta-se o exemplo italiano a propósito do designado *Robin Hood Tax*. Nos termos da referida medida, previa-se um adicional de 5,5 pontos percentuais (aumentado para 10,5% para o período entre 2011 e 2013, aplicando-se posteriormente uma taxa de 6,5%) para os sujeitos passivos que atingissem, durante os exercícios fiscais anteriores, lucros superiores a 25 milhões Euros e que operassem nas seguintes áreas: exploração e produção de petróleo e gás; refinação de petróleo, produção e venda de petróleo, óleo, *diesel* para várias utilizações, óleos, restos de lubrificantes, gás liquefeito de petróleo e gás natural; produção ou a comercialização de energia eléctrica. A Sentença nº 10/2015 da *Corte Costituzionale* Italiana, de 9 de Fevereiro, incidindo em particular sobre alguns parágrafos do Decreto-Lei nº 112, de 25 de Junho de 2008, veio considerar que, não obstante a justificação alicerçada numa situação

2.3. Da Desconformidade com o Princípio da Tributação pelo Lucro Real e a Vinculação a uma Liberdade de Gestão Condicional

Para efeitos da presente análise, acresce ainda a impossibilidade de repercussão das importâncias suportadas pelos sujeitos passivos a título de «CESE», não se permitindo a ocorrência de qualquer remoção fiscal. Tal facto corresponde a uma compressão da Liberdade de Gestão Empresarial. Com efeito, o regime em apreço prescreve uma regra geral de «não repercussão», nos termos previstos no artigo 5º («Não repercussão»): «As importâncias suportadas pelos sujeitos passivos a título de contribuição extraordinária sobre o sector energético não são repercutíveis, direta ou indiretamente, nas tarifas de uso das redes de transporte, de distribuição, ou de outros ativos regulados de energia elétrica e de gás natural, previstas nos regulamentos tarifários dos respetivos sectores, não devendo a contribuição ser considerada, designadamente, para efeito de determinação do respetivo custo de capital».

A possibilidade de «repercussão» corresponde a um efeito económico típico dos impostos e que ocupa particular relevância em matéria de tributação empresarial, no âmbito da consideração do princípio constitucional de tributação de acordo com o Lucro Real.

Ao incidir a respectiva «Contribuição» sobre «activos fixos tangíveis», «activos intangíveis» (com excepção dos elementos de Propriedade Industrial) e «activos financeiros», o seu património líquido ficará irremediavelmente afectado, sem que essa ablação seja especialmente legitimada pelo princípio da capacidade contributiva, ou qualquer outro que lhe conferisse a natureza de tributo. Acresce que a impossibilidade de repercussão das importâncias suportadas pelos sujeitos passivos a título de CESE não permite a ocorrência de qualquer remoção tributária, tendo em conta a não aceitação do respectivo gasto para efeitos fiscais.

Por este intermédio, poder-se-á salientar a afectação das expectativas dos accionistas, em sentido desfavorável, constituindo uma mutação da ordem jurídica com que, razoavelmente, os destinatários imediatos e mediatos das normas constantes do respectivo regime jurídico não podiam contar.

de excecionalidade, esta última teve uma circunscrição temporal delimitável. De tal forma que, após a sua cessação, o referido adicional de imposto deixou de poder justificar-se com base na circunstância de ordem conjuntural anteriormente referida, passando a constituir uma desconformidade constitucional perante os princípios da igualdade e da capacidade contributiva, expressamente consagrados nos artigos 3º e 53º da Constituição Italiana.

Na sua essência, deparamos com um tratamento mais gravoso, no sentido de admitir uma desapropriação ímpar de meios financeiros, sem que se demonstrem justificados ou até mesmo legitimados os factores que potencialmente poderiam impor tal tratamento. Feita esta referência, sucede e só pode constatar-se que quaisquer argumentos apresentados para recusar a dedução dos gastos incorridos através do pagamento da própria CESE não são admissíveis à luz do princípio da tributação das empresas de acordo com o seu lucro real.

Mais especificamente, num dos seus corolários, o da tributação conforme ao resultado líquido (*Nettoeinkünfte*), do qual decorre a necessária consideração de todas as despesas necessárias à aquisição ou manutenção de cada fonte de rendimento, delimitando um tipo constitutivo da estrutura de toda a tributação do rendimento, sem prejuízo da normal margem de liberdade do legislador para tipificar limites típicos, de natureza quantitativa, à dedutibilidade de certos gastos ou ainda a sua própria desconsideração.

A vinculação da tributação das empresas ao respectivo resultado líquido (*Nettoeinkünfte*) encontra correspondência na capacidade económica actual de cada contribuinte (*Realprinzip*) e não na sua capacidade económica nominal ou potencial (*Nominalprinzip*), o que sucederia num modelo de tributação pelo lucro normal, precisamente o oposto do pretendido pelo actual enquadramento constitucional. Sem a consideração dos gastos incorridos em cada exercício, numa óptica de realização, o que se acabaria por tributar era, no limite, o volume de negócios e não o rendimento.

Nestes termos, os gastos fiscais deverão, pelo menos, poder ser deduzidos excepto nos casos expressamente previstos na lei, o que reforça o nosso parecer quanto ao sentido de desconformidade constitucional da alínea q) do nº 1 do artigo 23º-Aº do Código do IRC (anterior artigo 45º) e, em igual medida, do artigo 12º da Lei nº 83-C/2013, de 31 de Dezembro (Lei do Orçamento do Estado para 2014 que cria a CESE).

2.4. Direito de Propriedade: a sua Manifestação Enquanto Propriedade Líquida e Base de Determinação de Inconstitucionalidade por Confisco pela Sobreposição Tributária

A incidência da CESE comporta, inequivocamente, uma sobrecarga contributiva para os respectivos sujeitos passivos. Naturalmente que sempre se poderia dizer que essa é uma regra que decorre da própria natureza dos impostos, a de configurarem uma subtracção de parte da liquidez patrimonial disponível, transferindo-a do domínio privado para os cofres do Estado ou demais entidades públicas. Todavia, a particular expressão da sua estrutura de incidência coloca em causa o Direito de Propriedade dos sujeitos passivos, estando em causa a sua incompatibilidade com um dos pressupostos da moderna justiça fiscal, a que cedo se referiu Klaus Tipke.

Referimo-nos ao facto de «todos os impostos apenas se poderem obter a partir do rendimento (acumulado)»[584]. E uma vez que «todo o rendimento auferido que não é objeto de consumo passa a ser rendimento acumulado ou – por outras palavras – património»[585], os impostos apenas poderão ser pagos com «o património ou rendimento acumulado»[586].

Assim, existindo apenas uma fonte impositiva geral – o rendimento acumulado ou património – o legislador é obrigado a servir-se dela, sempre que pretenda criar novas figuras tributárias. No entanto, de forma a preservar a coerência do sistema fiscal, na criação de novas figuras ou na ampliação de âmbitos de incidência, o Estado encontra-se vinculado pelos princípios estruturantes das figuras tributárias já existentes. Caso se entenda que o resultado consolidado da actividade daquela se projecta no respectivo lucro, facilmente se depreendem todas as onerações que o antecedem e que tenham correspondência com um custo efectivo para o sujeito passivo.

Vejamos, de seguida, quais as principais onerações que, já existindo no sistema fiscal português, comprometem a legitimidade constitucional da CESE perante o Direito de Propriedade, tal como decorre do disposto no artigo 62º da CRP.

Por seu turno, deverá ter-se em conta a própria coerência para com o restante enquadramento fiscal. Neste sentido, importa assim salientar a relação entre o âmbito de incidência proposto, conjuntamente com a determinação dos vários âmbitos de incidência tributária, dos quais decorre uma inadmissível sobreposição tributária. A referida sobreposição, nos termos que de seguida se explicitam, implica compreensivelmente uma desvirtuação ao nível da coerência do próprio sistema fiscal, entendida enquanto «elemento interpretativo e [...] critério norteador do legislador,

[584] *Cf.* TIPKE, Klaus – *Besteuerungsmoral und Steuermoral*. Nordrhein-Westfälische Akademie der Wissenschaften, Verlag, 1999, p. 31.

[585] *Cf.* TIPKE, Klaus (1999), ob.cit, p.32.

[586] *Cf. Idem, Ibidem.*

e que há-de tolher a sua liberdade de conformação no momento da criação jurídica dos tributos»[587] e, por maioria de razão, na sucessiva redefinição da sua base de incidência

Desde logo, para efeitos da determinação do âmbito de sobreposição gerado pela incidência da CESE, cabe sublinhar a incidência de Imposto Municipal sobre Imóveis (IMI) sobre parte das infra-estruturas sujeitas à CESE. Considerando a natureza do IMI, enquanto imposto incidente sobre activos, cujo facto tributário é, precisamente, a titularidade destes bens (artigo 8º, nº 1, do Código do IMI), ocorre a violação de princípios e regras subjacentes ao sistema fiscal português, nomeadamente por dupla tributação de uma mesma realidade jurídica. Afinal, em causa está a tributação do mesmo activo e a detenção da propriedade pelo mesmo sujeito passivo, durante o mesmo intervalo de tempo, o ano fiscal, concretizando uma compressão efectiva da liquidez patrimonial disponível, ao incidir sobre activos de natureza «irremovível».

No contexto de remuneração municipal pela via tributária, pela óptica do rendimento, deverá igualmente considerar-se a previsão legal, existente desde 2007, relativamente à distribuição da Derrama pelos Municípios onde se desenvolva uma actividade dependente da exploração de recursos naturais. Referimo-nos aqui, em particular, às infra-estruturas hidráulicas, as quais assumem particular relevância no seio dos activos sujeitos a CESE.

Deste modo, estabelece actualmente o número 3 do artigo 18º da actual Lei nº 73/2013, de 3 de Setembro, na redacção dada pela Lei nº 82-D/2014, de 31 de Dezembro[588], que: «Quando o volume de negócios de um sujeito passivo resulte em mais de 50 /prct. da exploração de recursos naturais ou do tratamento de resíduos, podem os municípios interessados propor fundamentadamente à AT a fixação de uma fórmula de repartição de derrama.»

Recorde-se que a referida norma legal sofreria uma alteração em comparação com a anterior redacção, pela qual se previa um critério alternativo de derrama: «Quando o volume de negócios de um sujeito passivo resulte em mais de 50 % da exploração de recursos naturais que tornem inadequados

[587] *Cf.* SILVA, Suzana Tavares da – *As Taxas e a Coerência do Sistema Tributário.* CEJUR, Coimbra Editora, 2013, p. 24.

[588] Procede à alteração das normas fiscais ambientais nos sectores da energia e emissões, transportes, água, resíduos, ordenamento do território, florestas e biodiversidade, introduzindo ainda um regime de tributação dos sacos de plástico e um regime de incentivo ao abate de veículos em fim de vida, no quadro de uma reforma da fiscalidade ambiental.

os critérios estabelecidos nos números anteriores, podem os municípios interessados propor, fundamentadamente, a fixação de um critério específico de repartição da derrama, o qual, após audição do sujeito passivo e dos restantes municípios interessados, é fixado por despacho dos membros do Governo responsáveis pelas áreas das finanças e das autarquias locais».

Não obstante, importa salientar que se encontra aqui subjacente o estabelecimento de uma remuneração municipal pela exploração efectuada no espaço territorial concelhio, relativamente aos recursos naturais ali existentes, funcionando como um puro mecanismo redistributivo em sede de IRC, para compensação pela externalidade negativa causada, e que, nessa medida, se deve à compensação de um verdadeiro custo social. Mas aqui estamos no campo da derrama municipal.

Numa diferente perspectiva, não poderá igualmente deixar de se considerar o impacto relativamente à preservação da coerência do próprio IRC, entendido enquanto modalidade «clássica» da tributação do rendimento das empresas. O IRC sucedeu ao anterior sistema misto de tributação, essencialmente cedular, consistindo a principal inovação na tributação unitária do rendimento e na autonomização da tributação das pessoas colectivas[589].

Neste contexto, o IRC opera, em princípio, como um limite imanente à tributação de componentes do activo de entidades que operam no sector energético, na qualidade de sujeito passivo de IRC. Ou seja, se o legislador pretendesse agravar de forma permanente o rendimento, como indício de capacidade contributiva, não o poderia esgotar[590], sob pena de estar em causa um puro confisco, entendido como subtracção onerosa e perpétua de uma parcela da liquidez patrimonial da empresa.

A esse respeito, Casalta Nabais já se referiu mesmo a um «IRC paralelo»[591], como relação entre o sucessivo desagravamento deste imposto e as «diversas tributações avulsas que se têm multiplicado nos últimos anos»[592].

Efectivamente, «ao lado deste indiscutível desagravamento da tributação do lucro das empresas, vimos assistindo à crescente criação de diversas tributações avulsas incidentes sobre as empresas que, a seu modo, <u>põem</u>

[589] Aprovado pelo Decreto-Lei nº 442-B/88, de 30 de Novembro, tendo entrado em vigor a 1 de Janeiro de 1989, no âmbito da Reforma Fiscal de 1988-1989.

[590] *Cf.* Tipke, Klaus (1999), ob. cit., p. 35.

[591] *Cf.* Nabais, José Casalta – *Direito Fiscal,* ob. cit., p. 236.

[592] *Cf. Idem, Ibidem.*

em causa a referida evolução»[593] [sublinhado nosso]. Ainda nas palavras de Casalta Nabais, a tributação das empresas é composta agora por «três círculos concêntricos: o mais pequeno que integra as assim designadas "taxas de tributação autónomas", que mais não são do que tributações autónomas sobre certas despesas; o círculo intermédio que é composto pelas sobretaxas de IRC, como são a derrama municipal e a derrama estadual; e o círculo maior que é constituído pelas tributações de natureza sectorial»[594].

Apesar de não se integrar formalmente nos «círculos concêntricos» a que se refere Casalta Nabais, pois é um imposto que não incide directamente sobre o lucro empresarial, numa perspectiva dos efeitos económicos dos impostos, a CESE não pode deixar de ser considerada. Assim, existindo apenas uma fonte impositiva geral – o rendimento acumulado ou património –, o legislador é obrigado a servir-se dela, sempre que pretenda criar novas figuras tributárias. No entanto, de forma a preservar a coerência do sistema fiscal, na criação de novas figuras ou na ampliação de âmbitos de incidência, o Estado encontra-se vinculado pelos princípios estruturantes das figuras tributárias já existentes.

Caso se entenda que o resultado consolidado da actividade daquela se projecta no respectivo lucro, facilmente se depreende que todas as onerações que o antecedem e que tenham correspondência com um custo efectivo para o sujeito passivo condicionarão a respectiva medida. É esta a decorrência directa da sobreposição da CESE relativamente ao IRC, que se repercute directamente na condição de sujeito passivo deste último imposto.

2.5. A CESE e a sua Influência em Sede de Concessões da Rede Eléctrica Nacional

Conforme referimos, encontra-se estabelecida a concessão de todos os bens que, fazendo parte do Domínio Público, designadamente do Domínio Público Hídrico do Estado, se encontram funcionalmente afectos à actividade electroprodutora do respectivo aproveitamento hidroeléctrico (recursos hídricos e infra-estruturas hidráulicas).

593 *Cf. Idem, Ibidem.*

594 *Cf.Idem, Ibidem.*

Nos termos oportunamente expostos, a CESE tem como base de incidência objectiva, de entre outras realidades, os elementos do activo do sujeito passivo que respeitem a «c) Ativos financeiros afetos a concessões ou a atividades licenciadas nos termos do artigo anterior». Recorde-se que, para efeitos do nº 4 do artigo 3º do mesmo regime, entende-se por «valor dos elementos do ativo» os activos líquidos reconhecidos na contabilidade dos sujeitos passivos.

Neste sentido, deverá considerar-se o disposto nos respectivos contratos de concessão, e bem assim, no enquadramento legal associado. Dispõe o artigo 6º nº 1 *a)* do Decreto-Lei nº 111/2012, de 23 de Maio (regula a intervenção do Estado na definição, concepção, preparação, concurso, adjudicação, alteração, fiscalização e acompanhamento global das parcerias público-privadas e cria a Unidade Técnica de Acompanhamento de Projectos), que o lançamento e adjudicação dos contrato de parceria, nomeadamente concessões, pressupõem «[...] para os parceiros privados uma expectativa de obtenção de remuneração adequada aos montantes investidos e ao tipo e grau de riscos em que incorrem».

Com efeito, decorre da natureza dos contratos de concessão a definição de um modelo económico-financeiro, que garanta um equilíbrio contratual através da recuperação das amortizações e remuneração dos investimentos feitos em activos afectos à concessão, bem como a recuperação de custos operacionais elegíveis.

O designado «caso-base», tradutor do referido equilíbrio contratual, assenta num conjunto de pressupostos de natureza económica, financeira e fiscal, com base nos quais foi definida a renda a pagar pela concessão da exploração, assumindo assim contornos regulatórios imanentes àquele modelo contratual.

Saliente-se que resulta do disposto no nº 1 do artigo 21º do Decreto-Lei nº 111/2012, de 23 de Maio, a possibilidade de ocorrer a solicitação quanto à reposição de equilíbrio económico-financeiro subjacente aos contratos de concessão. A este respeito sublinhou o Tribunal de Contas, no Acórdão nº 29/2013, de 18 de Novembro, que «Os artigos 20º a 23º do Decreto-Lei nº 111/2012 [...] versam, nos seus aspetos essenciais, questões relacionadas com o acréscimo ou redução de encargos envolvidos em operações de reposição do equilíbrio financeiro das parcerias, <u>ora favorecendo o parceiro público, ora o privado</u>. Trata-se de uma eventualidade que pode ocorrer no decorrer da execução de um concreto contrato de PPP, dentro do quadro legal e contratual estabelecido e como este foi desenhado no procedimento da sua formação»[595]. [sublinhado nosso]

Ora, a esta forma de remuneração não poderá acrescer uma sobrecarga tributária como a CESE, a qual tenha igualmente o referido activo como objecto de incidência, sob pena de tal promover um desequilíbrio financeiro totalmente injustificado. Assim, considerando que decorre da natureza dos contratos de concessão a definição de um modelo económico-financeiro, que garanta um equilíbrio contratual através da recuperação das amortizações e remuneração dos investimentos feitos em activos afectos à concessão, bem como a recuperação de custos operacionais elegíveis e que o designado «caso-base» assenta num conjunto de pressupostos de natureza económica, financeira e fiscal, com base nos quais foi definida a renda a pagar pela concessão da exploração, entende-se que, a esta forma de remuneração não poderá acrescer uma sobrecarga tributária como a CESE, a qual tenha igualmente o referido activo como objecto de incidência, sob pena de tal promover um desequilíbrio financeiro totalmente injustificado.

Advém do exposto uma configuração inconstitucional e ilegal da CESE, agravada pela consequente e incompreensível carga fiscal adicional proporcionada pelas sobreposições tributárias associadas à mesma (IMI, Derrama, Acordo com os Municípios, TRH, IRC), sem qualquer correlação com um índice de valorização fiscal adequado.

É por este conjunto de razões que entendemos que a CESE manifesta a ausência de legitimidade legal e constitucional, justificando-se assim o recurso aos demais meios de tutela e reacção disponíveis, no sentido de contestar a respectiva vigência.

A – Questões para o Futuro

i. Será a questão energética estruturante e transversal em termos de eliminação da poluição e utilização eficiente dos recursos?

ii. Não será a centralização da discussão em torno das emissões de CO_2 uma excessiva redução conceptual relativamente à problemática de base?

iii. Estará a tributação energética no campo da «extrafiscalidade»?

iv. Estará a formatação dos actuais Impostos Especiais sobre o Consumo incidentes sobre a energia totalmente dependente da vertente de receita proveniente dos mesmos?

595 Disponível em: http://www.tcontas.pt/pt/actos/acordaos/2013/1sss/ac029-2013-1sss.pdf

v. Como conjugar mobilidade eléctrica com as necessidades de receita provenientes do Imposto sobre Produtos Petrolíferos?
vi. Como conjugar tributação pela utilização das infra-estruturas rodoviárias e ferroviárias com modelos óptimos de eficiência fiscal?
vii. Poderá conjugar-se o CELE com instrumentos tributários de base pigouviana? Não estaremos no campo da dupla imposição económica?
viii. Como conciliar a tributação energética com a o princípio da descentralização financeira?
ix. Qual a metodologia eficiente para a formatação de uma «derrama energética»?
x. Constituirão as barragens infra-estruturas territoriais que fundamentam a cobrança de IMI, ou serão edifícios sujeitos a IMI?
xi. Constituirão os parques eólicos infra-estruturas territoriais que fundamentam a cobrança de IMI, ou serão edifícios sujeitos a IMI?
xii. Como articular a rede eléctrica enquanto bem de domínio público com o regime tributário geral, nomeadamente em sede de IVA?
xiii. Como proceder à definição tributária óptima das tarifas energéticas?
xiv. Como proceder à definição tributária óptima das taxas de regulação no sector energético?
xv. O que é a CESE?

B – Bibliografia Nacional

FRANCO, António de Sousa – *Finanças do Sector Público – Introdução aos Subsectores Institucionais*. Lisboa, AAFDL, reimpressão, 2003

FREITAS, Lourenço Vilhena de – *Direito Administrativo da Energia – Introdução*. Associação Académica da Faculdade de Direito de Lisboa, Lisboa, 2013

NABAIS, José Casalta – *Direito Fiscal*. 7ª Edição. Coimbra: Almedina, 2014, p. 117 e ss.

SILVA, Suzana Tavares da – *Direito da Energia*. Coimbra: Coimbra Editora, 2011

C – Bibliografia Estrangeira

A OCDE tem desenvolvido diversos estudos nesta área. Salienta-se o seguinte:

OECD – Taxing Energy Use 2018: Companion to the Taxing Energy Use Database, OECD Publishing, Paris disponível em http://dx.doiºrg/10.1787/9789264289635-en

ELEMENTOS DE ESTUDO E BIBLIOGRAFIA

Atenta a vastidão das matérias, o desafio traduz-se na selecção dos elementos de estudo e da respectiva bibliografia. Optámos por, ao longo da exposição de conteúdos, por indicar alguma bibliografia básica, assente nos elementos mais clássicos disponíveis.

Relembramos, no entanto, que as temáticas são abertas: daí as questões para o futuro.

Num curso de Mestrado, mais relevante que a resposta será a pergunta. Esse é o desafio que cada um dos alunos deverá superar, usando os instrumentos disponíveis. As questões enunciadas são meras sugestões de desenvolvimento que poderão ser utilizadas no desenvolvimento das temáticas.

A OCDE, as Nações Unidas e a Comissão Europeia dispõem de amplos repositórios de informação que foram atempadamente identificados e colectados adiante.

Porém, e sem prejuízo da bibliografia básica referida no final de cada capítulo, salientamos de seguida da bibliografia mais relevante, conjuntamente com outros elementos de consulta, incluindo, obviamente, a legislação mais importante.

BIBLIOGRAFIA

Obras

Abreu, D. – «External Equilibra of Oligopolistis Supergames». *In Journal of Economic Theory*, 39, 1986, pp. 191–225

Abreu, Jorge Manuel Coutinho – *Curso de Direito Comercial.* Volume II, 5ª Edição (Reimpressão). Almedina, 2016

Aigner, R. – *Environmental Taxation and Redistribution Concerns, Finanzarchiv/ Public Finance Analysis.* 2014, (Preprint 2011/17)

Alchian, Armen A.; Demsetz, Harold – «The Property Right Paradigm». *In The Journal of Economic History*, Vol. 33, No. 1, The Tasks of Economic History, 1973, p. 17

Aligica, Paul – «Julian Simon and the "Limits to Growth" Neo-Malthusianism». *In The Electronic Journal of Sustainable Development*, I, 3, 2009, pp. 74–86

Almeida, Aníbal – *Estudos de Direito Tributário.* Almedina, 1996

Almeida, V. – «O Terceiro Setor na Economia do Conhecimento». *In* Revista Interacções, v. 11, Instituto Superior Miguel Torga, outubro de 2006, pp. 53-83 [disponível em: <http://interacoes-ismt.com/index.php/revista/article/viewFile/195/2022010>, acedido em 15 de janeiro de 2018]

Alonso, W. – *Location and Land Use.* Cambridge: Harvard University Press, 1964

Amaral, Diogo Freitas do – «Apreciação da Dissertação de Doutoramento do Licenciado Fernando Alves Correia». *In Revista da Faculdade de Direito da Universidade de Lisboa* Vol. XXXII, 1991

Amaral, Diogo Freitas do – *A Utilização do Domínio Público pelos Particulares.* Lisboa: Coimbra Editora, 1965

Anastácio, Gonçalo; Pacheco, Joana – *As Taxas de Regulação Económica no Sector do Gás Natural in* Vasques, Sérgio (Coord.) – *As Taxas de Regulação Económica em Portugal.* Coimbra: Almedina

Andersen, Torben; Maibom, Jonas – *The big tradeoff between efficiency and equity – is it there?.* CEPR Discussion Paper 11189, 2016

Andrade, José Robin de – *A Revogação dos Actos Administrativos.* 2.ª edição. Coimbra: Coimbra Editora, 1985

Angel, Shlomo – *Planet of Cities*, Lincoln Institute of Land Policy, Cambridge, 2012

Aragão, Alexandra – *O Princípio do Poluidor Pagador. Pedra Angular da Política Comunitária do Ambiente.* Série Direito Ambiental para o Século XXI, vol. I, coordenadores [da série] Antonio Herman Benjamin, José Rubens Morato Leite. – São Paulo: Inst. O Direito por um Planeta Verde, 2014

Araújo, Fernando – *A Tragédia dos Baldios e dos Anti-Baldios. O Problema Económico do Nível Óptimo de Apropriação.* Almedina, 2008

Araújo, Fernando – *Adam Smith. O Conceito Mecanicista de Liberdade.* Coimbra: Almedina, 2001

Araújo, Fernando – *Introdução à Economia.* 3.ª edição. Almedina, 2014

Araújo, Fernando – *Teoria Económica do Contrato.* Almedina, 2007

Areeda, P.; Turner, D. – «Predatory Pricing and Related Practices under Section 2 of the Sherman Act». *In Harvard Law Review,* 88, 1975, pp. 697–733

Aristóteles – *Política.* Nova Vega, 2016

Arrow, Kenneth – *Social Choice and Individual Values.* New York: John Wiley & Sons, 1951

Arthur, B. – «Silicon Valley locational clusters: when do increasing returns imply monopoly». *In Mathematical Social Sciences*

Ascensão, José de Oliveira – «O Urbanismo e o Direito de Propriedade». *In Direito do Urbanismo,* INA, 1989

Ascensão, José de Oliveira – «Subarrendamento e Direitos de Preferência no Novo Regime de Arrendamento Urbano». *In Revista da Ordem dos Advogados,* ano 51.º, I, 1991

Aswal, N.; Chatterji, S; Sen, A. – «Dictatorial domains». *In Economic Theory* 22 (1), 2003, pp. 45–62

Ataliba, Geraldo – «Regime Constitucional da Parafiscalidade». *In Revista de Direito Administrativo,* Volume 86, 1966, p. 25

Atkinson, Anthony B.; Stiglitz, Joseph E. – *Lectures on Public Economics.* McGraw-Hill, 1987

Attari, S. [*et al.*] – «Preferences do Change: Do Individuals Prefer Voluntary Actions, Soft Regulations, or Hard Regulations to Decrease Fossil Fuel Consumption?». *In Ecological Economy,* 68, 2009, pp. 1701–1710

Aumann, R.; Shapely L. – *Long Term Competition: A Game Theoretic Analysis.* Mimeo, 1976

avinash, K.; Stiglitz, Joseph E. – «Monopolistic competition and optimum product diversity». *In The American Economic Review,* American Economic Association, 1977, via JSTOR. 67 (3): 297–308. JSTOR 1831401

Ayres, U. – «The Second Law, The Fourth Law, Recycling and Limits to Growth». *In Ecological Economics,* 29, 1999, pp. 473–484

Babcock, Richard, Charles Siemon – *The Zoning Game Revisited,* Lincoln Institute of Land Policy, Cambridge, 1985

Barlowe, R. – *Land Resource Economics: The Economics of Real Property.* Eaglewood Cliffs, New Jersey: Prentice Hall, Inc. (1958) 1986

Barnett, William; Walter Block – «Coase and Van Zandt on Lightouses». *In Public Finance Review,* 35, 2007

Barnett, Jonathan, Brian Blaesser – *Reinventing Development Regulations,* Lincoln Institute of Land Policy, Cambridge, 2017

Barry, Brian – *Circumstances of justice and future generations. In* SIKORA, R; BARRY, B. (eds.) – *Obligations to Future Generations,* Philadelphia: Temple University Press, 1978

Bator, Francis – The Anatomy of Market Failure. *The Quartely Journal of Economics,* vol. 72, no. 3, August 1958, pp. 351–379 [disponível em <http://opim.wharton.upenn.edu/~sok/papers/b/Bator-market-failure.pdf>, acedido em 15 de janeiro de 2018]

BAUMOL, William J. – *Welfare Economics and the Theory of the State.* Cambridge, Mass.: Harvard University Press, 1965

BECK, Ülrich – *Risk society: towards a new modernity.* Londres: Sage, 1992

BECKENBACH, F. – *Innovative Behavioral Approaches to Analyze the Incentives of Environmental Instruments. In* BECKENBACH, F.; KAHLENBORN, W. – *New Perspectives for Environmental Policies Through Behavioral Economics.* Springer, 2016

BECKER, G. – *Pressure Groups and political behaviour. In* COE, Richard; WILBER, Charles (eds.) – *Capitalism and Democracy: Schumpeter Revisited.* Notre Dame UP, 1985

BEIRES, Rodrigo Sarmento de – *O Cadastro e a Propriedade Rústica em Portugal.* Lisboa, Fundação Francisco Manuel dos Santos, 2013

BERKE, Philip, *et.al* – *Urban Land Use Planning*, Chicago. University of Illinois Press, 2006

BERLIRI, Antonio – *Corso Instituzionale di Diritto Tributario*, I. Milão: Giuffré, 1965

BERLIRI, Antonio – *Principi di Diritto Tributario* I. Milão: Giuffré, 1952

BERLIRI, Antonio – *Principi di Diritto Tributario* II. Milão: Giuffré, 1972

BERTRAND, Elodie – «The Coasean Analysis of Lighthouse Financing: Myths and Realities». *In Cambridge Journal of Economics,* 30, 2005

BHARADWAJ, Krishna – «Marshall on Pigou's Wealth and Welfare». *In Economica,* Fevereiro 1972, pp. 32–46

BLACK, Duncan – *The Theory of Committees and Elections.* 1958

BLAU, Julian – «Liberal Values and Independence». *In The Review of Economic Studies,* 42, 1975, pp. 395–401

BLAUG, M. – *Economic Theory in Retrospect.* Cambridge: Cambridge University Press, 1997

BLEEKER, Arne – «Does the Polluter Pay? The Polluters-Pays Principle in the Case Law of the European Court of Justice». *In European Energy and Environmental Law Review,* December, 2009, pp. 289 e ss.

BORTS, G. H.; STEIN, J. L. – *Economic Growth in a Free Market.* New York: Columbia University Press, 1964

BOUCHARD, C. – *Contribution à une politique de l'immatériel. Recherche en sciences humaines et sociales et innovations sociales.* Conseil Québécois de la Recherche Sociale. Groupe de Travail sur l'Innovation Sociale, Quebec, 1999

BOULDING, Kenneth – *The Economics of the Coming Spaceship Earth.* 1966 [disponível em <http://dieoff.org/page160.htm>, acedido em 15 de janeiro de 2018]

BOWERS, Deborah – *Holding Our Ground: Protecting American Farms and Farmland.* Washington, D.C.: Island Press, 1997

BRAESS, Diethrich Von – *Uber ein Paradoxon aus der Verkehsplanung.* Unternehmensforschung, 12, 1968

BRAKMAN, Steven; HEIJDRA, Ben – *The Monopolistic Competition Revolution in Retrospect.* Cambridge University Press, 2004

BRANDT, F.; GEIST, C. – «Finding Strategyproof Social Choice Functions via SAT Solving». *In Journal of Artificial Intelligence Research,* 55, 2016, pp. 565–602

BROCK, W. A.; SCHEIKMAN, J. A. – «Price-setting Supergames with Capacity Constraints». *In Review of Economic Studies,* 52, 1985, pp. 146–152

BROWN, H. James – «Henry George's Contributions to Contemporary Studies of Land Use and Taxation». *In Land Use and Taxation,* Lincoln Institute of Land Policy, 1997, pp. 1 a 5

BUCHANAN, James – «An Economic Theory of Clubs». *In Economica,* 32(125), 1965a

Buchanan, James – «Ethical rules, expected values, and large numbers». *In Ethics*, 76 (1), 1965b

Buchanan, James – *The Demand And Supply of Public Goods*. Indianapolis: Liberty Fund. 1999. The Collected Works of James M. Buchanan, Vol. 5. 1968

Buchanan, James; Tullock, Gordon – *The Calculus of Consent: Logical Foundations of Constitutional Democracy*. 1968, Liberty Fund, 1999, *in* The Collected Works of James M. Buchanan, Vol. 3

Butler, Eamon – *Public Choice, a Primer*. Institute of Economic Affairs, 2012

Cabral, Ana Inês – *Tributação da Electricidade num contexto ambiental*. UCP, 2012 [disponível em <https://repositorio.ucp.pt/bitstream/10400.14/11977/1/Tributa%C3%A7%C3%A3o%20da%20Electricidade%20-%20Num%20Contexto%20Ambiental.pdf>, acedido em 15 de janeiro de 2018]

Cabral, L. – «Conjectural variations as a reduced form». *Economic Letters*, 49, 1995, pp. 397–402

Cabral, Nazaré – *A Redistribuição Económica*. AAFDL, 2002

Caetano, Marcello – *Manual de Direito Administrativo*. Tomo II

Calabresi, Guido; Melamed, A. Douglas – «Property Rules, Liability Rules, and Inalienability: One View of the Cathedral». *In Harvard Law Review*, Vol. 85, No. 6, 1972, p. 1105

Calabresi, Guido; Melamed, A. Douglas – *Property Rules, Liability Rules, and Inalienability: One View of the Cathedral*. Faculty Scholarship Series, Paper 1983, (1972) [disponível em <http://digitalcommons.law.yale.edu/fss_papers/1983>, acedido em 15 de janeiro de 2018]

Canotilho, Gomes – *A Responsabilidade por Danos Ambientais – Aproximação Juspublicística*. Direito do Ambiente, Instituto Nacional da Administração, 1994

Canotilho, Gomes – *Direito Constitucional e Teoria da Constituição*. 7.ª Edição, 5.ª Reimpressão, Almedina

Canotilho, Gomes; Moreira, Vital – *Constituição da República Portuguesa Anotada*. 3.ª edição revista. Coimbra: Coimbra Editora

Canotilho, Gomes; Moreira, Vital – *Constituição Portuguesa Anotada*. Coimbra: Almedina, 2007

Cantilon, Richard – *Essai sur la Nature du Commerce en Générale*. Institut Coppet, 2011 [disponível em <https://www.institutcoppet.org/wp-content/uploads/2011/12/Essai-sur-la-nature-du-commerce-en-gener-Richard-Cantillon.pdf>, acedido em 15 de janeiro de 2018]

Capello, Roberta – «Location, Regional Growth and Local Development Theories». *In AESTIMUM* 58, Giugno, 2011 [disponível em <http://fupress.net/index.php/ceset/article/viewFile/9559/8912>, acedido em 15 de janeiro de 2018]

Carrara, Ângelo – *A Real Fazenda das Minas Gerais*. Vol. II, Universidade de Ouro Preto, 2005

Carruther, Peter – *The Animal Issue: Moral Theory in Practice*. Cambridge University Press, 1992

Carson, Rachel – *Silent Spring*. Hougthon Milfin, 1962

Carvalho, João Manuel – *Planeamento Urbano e Valor Imobiliário*. Principia, 2005

Carvalho, Jorge – «Os custos do urbanismo». *In O Sistema Financeiro e Fiscal do Urbanismo*, Almedina, 2002

Caupers, João – «Estado de Direito, Ordenamento do Território e Direito de Propriedade». *In Revista Jurídica do Urbanismo e do Ambiente* 3, Almedina, 1995

CAZENAVE, Philippe; MORRISON, Christian – *Justice et Redistribution*, Paris: Economica, 1978

CEEP, *Europa – Concorrência e Serviço Público.* IPE, Lisboa, 1996

CHAMIE, J. – *World Population to 2300.* United Nations Population Division, Department of Economic and Social Affairs, 2004

CIRIACY-WANTRUP, S. – *«Natural Resources in Economic Growth: The Role of Institutions and Policies». In American Journal of Agricultural Economics, 51 (5), 1969*

CLADERA, Josep – «Ser o devenir? La valoración del suelo en la Ley 8/2007». *In Ciudad y Território*, XXIX (152-153), 2007, p. 419

CLARK, John Bates – «Marshall's Principles of Economics». *In Political Science Quarterly*, 6. 1, 1891

CLARK, John Bates – *The Distribution of Wealth.* Macmillan, 1899

COASE, Ronald – «The Lighthouse in Economics». *In Journal of Law and Economics*, 17, 1974

COASE, Ronald – «The Nature of the Firm, 1. Origin, 2. Meaning, 3. Influence, 4». *In Journal of Law, Economics, and Organization*, 3-47 (1988). Reprinted in *The Nature of the Firm: Origins, Evolution, and Development* (Oliver E.Williamson and Sidney G.Winter, eds, Oxford University Press, 1991)

COASE, Ronald – «The Problem of Social Cost». *In The Journal of Law and Economics*, Volume III, 1960

COHEN, Avi; HARCOURT, Geoffrey – «Retrospectives: Whatever Happened to the Cambridge Capital Theory Controversies?». *In The Journal of Economic Perspectives*, 17, 1, 2003

COLE, Daniel, Elinor Ostrom (eds.) – *Property in Land and Other Resources*, Lincoln Institute of Land Policy, Cambridge, 2011

COMBY, Joseph; RENARD Vincent – *Les Politiques Foncières.* Paris: Presses Universitaires de France, Collection Que sais-je, 1996

COOTER, Robert; ULEN, Thomas – *Law and Economics.* 6th Edition. Berkeley Law Books, 2016

CORDATO, Roy – «The Austrian Theory of Efficiency and the Role of Government». *In The Journal of Libertarian Studies*, Vol. IV, no. 4, Fall, 1980, pp. 393–404

CORDEIRO, António Menezes – «Evolução Juscientífica e Direitos Reais». *In Revista da Ordem dos Advogados* 45 (I), 1985

CORDEIRO, António Menezes – *Direito Bancário*, Relatório, 1996

CORDEIRO, António Menezes – *Direito da Economia*, AAFDL, 3.ª reimp., 1994

CORDEIRO, António Menezes – *Direitos Reais.* Lex, Reprint 1979

CORDEIRO, António Menezes; CADETE, José Pedro Carneiro (coord.) – *Leis do Arrendamento Urbano Anotadas.* Coordenação: António Menezes Cordeiro – *Da Preferência do Arrendatário Habitacional.* Almedina, 2014

CORNES, Richard; SANDLER, Todd – «Are Public Goods Myths?» *In Journal of Theoretical Politics*, 6(3), 1994

CORREIA, Fernando Alves – *O Plano Urbanístico e o Princípio da Igualdade.* 2.ª reimpressão. Coimbra: Almedina, 2001

CRÉMER, J.; MCLEAN, R. – «Full Extraction of the Surplus in Bayesian and Dominant Strategy Auctions». *In Econometrica* 56, 1988

CRISS, Jeremy V. – *Farmland Preservation Programs in Montgomery County.* Maryland, Department of Economic Development: Rockville, MD, 1997

DANIELS, Tom; BOWERS, Deborah – *Holding Our Ground: Protecting American*

Farms and Farmland. Washington, D.C.: Island Press, 1997

Dasgupta, P.; Heal, M. – «The Optimal Depletion of Exhaustible Resources». *In Review of Economic Studies*, 41, 1974

Dasgupta, S. – «Discounting Climate Change». *In Review of Environmental Economics and Policy*, 2008, pp. 141–169

Dasgupta, S.; Laplante, B.; Wang, H.; Wheeler, D. – «Confronting the Environmental Kuznets Curve». *In Journal of Economic Perspectives*, 16, 2002, pp. 147–168

Degrove, John – *Planning Policy and Politics. Smart Growth and the States*, Lincoln Institute of Land Policy, Cambridge, 2005

De Sadeleer, N. – *Les Principes du pollueur--payeur, de prévention et de précaution: essai sur la genèse et la portée juridique de quelques príncipes du droit de l'environnment*. Bruxelles: Bruylant, 1999

Demsetz, Harold – «Toward a Theory of Property Rights». *In The American Economic Review*, Vol. 57, No. 2, Papers and Proceedings of the Seventy-Ninth Annual Meeting of the American Economic Association, 1967, pp. 347–359

Derk, Bodde – *Chinese Ideas in the West*. Columbia University, 2005

Desmarais-Tremblay, Maxime – *On the Definition of Public Goods. Assessing Richard A. Musgrave's contribution*. CES Working Papers, 2014 [disponível em <https://halshs.archives-ouvertes.fr/halshs-00951577/file/14004.pdf>, acedido em 15 de janeiro de 2018]

DiPasquale, Denise; Wheaton, William – *Urban Economics and Real Estate Markets*. Prentice Hall, 1996

Dockner, E. – «A Dynamic Theory of Conjectural Variations». *In Journal of Industrial Economics*, 40, 1992, pp. 377–395

Dollar, D.; Kleineberg, T.; Kraay, A. – *Growth, Inequality and Social Welfare: Cross Country Evidence*. World Bank Policy Research Department Working Paper no. 6842, 2014

Domar, E.D. – *Essays in the Theory of Economic Growth*. London: Oxford University Press, 1957

Dourado, Ana Paula – *O Princípio da Legalidade Fiscal – Tipicidade, conceitos jurídicos indeterminados e margem de livre apreciação*. Almedina, 2015

Downs, Anthony – *An Economic Theory of Democracy*. New York: Harper, 1957

Duarte, Rui Pinto – *Curso de Direitos Reais*. Cascais: Principia, 2002

Dufour, Jean-Marie – «Market Failure, Inequality and Redistribution». *In Éthique et Economique/Ethics and Economics*, 6 (1), 2008, pp. 1–9

Economides, N. – «Desirability of compatibility in the absence of network externalities». *In American Economic Review*, 79, 1989, pp. 1165–1181

Economides, N. – *Public Policy in Network Industries*. Working paper #06-01, Net Institute, 2006

Edgeworth, F. – *Mathematical Psychics*. Reimpressão, Nova Iorque: Augustus M. Kelley, 1967

Ehrlich, Paul – *The Population Bomb*, New York: Sierra Club and Ballantine Books, 1968

Ellig, J.; Lin D. – *A Taxonomy of Dynamic Competition Theories, in* ELLIG J. (ed.) – *Dynamic Competition and Public Policy*. Cambridge University Press, 2001

Ellis, H. S.; Metzler, L. S. (eds.)– *Readings on the Theory of International Trade*. London: Allen&Unwin, 1950

Ellis, H.; Fellner, W. – «External Economies and Diseconomies». *In American Economic Review*, 33, Setembro 1943, pp. 493–511

Engisch, Karl – *Die Idee der Konkretisierung in Recht und Rechtwissenschaft Unserer Zeit*. Carl Winter, Heidelberg, 1968

EVELYN, John – *Sylva, or a Discourse on Forest--Trees and the Propagation of Timber*. 1664

FALUDI, Andreas (ed.) – *European Spatial Planning*, Lincoln Institute of Land Policy, Cambridge, 2002

FANTOZZI, Augusto – *Diritto Tributario*. Torino: UTET, 1994

FAUSTINO, Horácio – «O modelo de base de Heckscher-Olhin e os principais teoremas: uma análise em termos de elasticidades». *In Estudos de Economia*, 10, 1, 1989 [disponível em <https://pascal.iseg.ulisboa.pt/~faustino/textos/modho.pdf>, acedido em 15 de janeiro de 2018]

FEDENBERG, D.; TIROLE J. – *Game Theory*. MIT Press, 1991

FEHR, E.; FALK A. – «Psychological Foundations of Incentives». *In European Economic Review*, 46, 2002, pp. 687–724

FELDMAN, Allan – «Pareto Optimality». *In The New Palgrave Dictionary of Economics and the Law*, 3, Londres: Macmillan, 1998, pp. 5–10

FELLNER, W. – *Competition Among Few*. Knopf, 1949

FERNANDEZ, F. Javier Martin – *Tasas Y Precios Publicos en el Decrecho Español*. Madrid: Marcial Pons, 1995

FERNÁNDEZ, Gerardo – «El régimen de valoraciones en la nueva Ley de Suelo». *In Ciudad y Territorio*, cit., p. 401 e ss.

FERREIRA, Eduardo Paz– "*Ainda a propósito da distinção entre Impostos e Taxas: o Caso da Taxa Municipal devida pela realização de infra-estruturas urbanísticas*", Ciência e Técnica Fiscal, n.º 380, 1995

FERREIRA, Eduardo Paz – *Direito da Economia*. AAFDL, 2001

FERREIRA, Eduardo Paz – *Ensinar Finanças Públicas numa Faculdade de Direito*. Almedina, 2005

FERRONI, Marco [editor] [*et al.*] – *International Public Goods: Incentives, Measurement, and Financing (English)*. Washington DC, World Bank, 2002 [disponível em <http://documents.worldbank.org/curated/en/138101468327354525/International-public-goods-incentives--measurement-and-financing>, acedido em 15 de janeiro de 2018]

FIELDING, Karl – «Nonexcludability and Government Financing of Public Goods». *In The Journal of Libertarian Studies*, 3, no. 3, 1979

FISCHEL, William – *Zoning Rules! The Economics of Land Use Regulation*, Lincoln Institute of Land Policy, Cambridge, 2015

FLORIO, Massimo – *Applied Welfare Economics, Cost Benefit Analysis of Projects and Policies*. New York: Routledge, 2014

FORSTHOFF, Ernst – «La Prevision Existencial en la Edad Tecnica». *In Revista de Documentación Administrativa*, Número 100, 1966, p. 17

FRANCO, António de Sousa – «Ambiente e Desenvolvimento – Enquadramento e Fundamento do Direito do Ambiente». *In INA, Direito do Ambiente*, Lisboa, 1994, pp. 35–81

FRANCO, António de Sousa – «Direito Económico/Direito da Economia». *In Dicionário Jurídico da Administração Pública*, Vol. IV, p. 46

FRANCO, António de Sousa – *Direito Económico – Súmulas*, vol. II. Lisboa: AAFDL, 1983

FRANCO, António de Sousa – *Finanças do Sector Público – Introdução aos Subsectores Institucionais*. Lisboa: AAFDL, reimpressão, 2003

FRANCO, António de Sousa – *Finanças Públicas e Direito Financeiro*, vols. I e II. 4.ª edição. 15.ª reimp., Almedina, 2015

FRANCO, António de Sousa – *Manual de Finanças Públicas e Direito Financeiro*, II vol. Coimbra: Almedina, 2015

FRANCO, António de Sousa – *Noções de Direito da Economia*, I vol. Lisboa, AAFDL, 2000

FRANCO, António de Sousa – *Nota sobre o princípio da liberdade económica*. BMJ, 355, 1986

FRANCO, António de Sousa – *Os Poderes Financeiros do Estado e do Município: sobre o caso das Derramas Municipais*. Lisboa: Cadernos CTF, 171, 1995

FRANCO, António de Sousa e LOBO, Carlos Baptista – «Concorrência». *In Enciclopédia Luso-Brasileira de Cultura*, 5.º Volume. Lisboa: Editorial Verbo

FRANCO, António de Sousa; CABO, Sérgio Gonçalves – «O Financiamento da Regulação e Supervisão do Mercado de Valores Mobiliário». *In Estudos de Homenagem ao Professor Doutor Inocêncio Galvão Telles*, vol. V, Almedina, 2003, pp. 425 e ss

FRANCO, António de Sousa; MARTINS, Guilherme D'Oliveira – *A Constituição Económica Portuguesa – Ensaio Interpretativo*. Coimbra: Almedina, 1993

FREITAS, Lourenço Vilhena de – *Direito Administrativo da Energia – Introdução*. Associação Académica da Faculdade de Direito de Lisboa, Lisboa, 2013

FREY, B. – *Inspiring Economics – Human Motivation in Political Economy*. Cheltenham: Edward Elgar, 2001

FREY, B. – *The Relevance of Psychological Aspects for Policy Design*. *In* MOHR. E. (ed. – *The Transfer of Economic Knowledge*. Edward Elgar, 1999

FRIEDMAN, J. – «A Non-Cooperative Equilibrium for Supergames». *In Review of Economic Studies*, vol. 38, 1971, pp. 1–12

FRIEDMAN, J. – *Oligopoly Theory*. Cambridge University Press, 1983

FRIEDMAN, Milton – *The Relation Between Economic Freedom and Political Freedom*, 2002 [disponível em <http://businessethics.qwriting.qc.cuny.edu/files/2012/01/FriedmanCap>, acedido em 15 de janeiro de 2018]

FUJITA, M.; OGAWA, H. – «Multiple equilibria and structural transition of non-monocentric urban configuration». *In Regional Science and Urban Economics*, 12, 1982

FUJITA, Masahista; KRUGMAN, Paul; VENABLES, Anthony – *The Spatial Economy*. Cambridge: MIT Press, 2001

FURTADO, Jorge Pinto – *Manual do Arrendamento Urbano*. 3.ª edição, Almedina

GAFFNEY, Mason – «Land as a Distinctive Factor of Production». *In Land and Taxation*, ed. Nicholas Tideman, Georgist Paradigm Series, London, 1994

GAFFNEY, Mason – «Neo-Classical Economics as a Stratagem against Henry George». *In The Corruption of Economics*, ed. Mason Gaffney and Fred Harrison, London, 1994

GALBRAITH, John K. – *Affluent Society*. Houghton Mifflin, 1958

GALE Dennis E. – *Zoning For Sale: A Critical Analysis of Transfer Development Rights Programs*. Urban Institute, Land Use Series, Washington, D.C., 1997

GARCIA, Maria da Glória – *Estudos sobre o Princípio da Igualdade*. Almedina, 2005

GARCIA, Nuno de Oliveira; SALEMA, Inês – *As Taxas de Regulação Económica no Sector da Electricidade in* VASQUES, Sérgio (Coord.) – *As Taxas de Regulação Económica em Portugal*. Coimbra: Almedina

GARNSEY, Peter – *Thinking about Property*. Cambridge University Press, 2007

GEMAS, Laurinda; PEDROSO Albertina; JORGE, João Caldeira – *Arrendamento Urbano, Novo Regime Anotado*. 3.ª edição, *Quid Juris*, 2009

GEORGE, Henry – *Progress and Poverty*. Robert Schalkenbach Foundation, 1935 [disponível em <https://mises.org/sites/default/files/Progress%20and%20Poverty_3.pdf>, acedido em 15 de janeiro de 2018]

GEORGESCU-ROEGEN, N. – *Comments on Stiglitz and Daly*. *In* SMITH, Vincent

Kerry – *Scarcity and Growth Reconsidered*. John Hopkins University Press, 1979

Georgescu-Roegen, N. – *The Entropy Law and the Economic Process*. Cambridge: Harvard University Press, 1971

Giannini, A.D. – *Istituzioni di Diritto Tributario*. 5.ª edição. Milão, 1951

Gibbard, Allan – «A Pareto Consistent Libertarian Claim». *In Journal of Economic Theory*, 7, 1970, pp. 388–410

Gigerenzer, Gerd; Gaissmaier, Wolfgang – «Heuristic Decision Making». *In Annual Review of Psychology*, vol. 62, 2011, pp. 451–482

Godard, O.; Beaumais, O. – «Économie, Croissance et Environment. De Nouvelles Stratégies pour de Nouvelles Relations». *In Revue Économique*. Numéro Hors Série: «Perspectives et réflexions Stratégiques à Moyen Terme», 1993

Gomes, Carla Amado – «Direito Administrativo do Ambiente». *In Tratado de Direito Administrativo Especial*, volume I, coord. de Paulo Otero e Pedro Gonçalves, 2.ª reedição, Almedina, 2017

Gomes, Manuel Januário – *Arrendamentos Comerciais*. 2.ª edição. Almedina, 1996

Gomes, Nuno Sá – *Manual de Direito Fiscal*, Vol. II. Reis dos Livros, 2003

Gómez-Ibáñez, J. – *Regulating Infrastructure, Monopoly, Contracts and Discretion*. Harvard University Press, 2003

Gordon, H. Scott – «The Economic Theory of a Common-Property Resource: The Fishery». *In Journal of Political Economy*, vol. 62, no. 2, April 1954, pp. 124–142

Gouveia, Jorge Bacelar de – «Parecer». *In Direito do Ordenamento do Território e Constituição (A Inconstitucionalidade do Decreto-Lei n.º 351/93, de 7 de Outubro)*. Lisboa: Associação Portuguesa de Promotores e Investidores Imobiliários, 1998

Gowdy, John – «The Revolution in Welfare Economics and its Implications for Environmental Valuation and Policy». *In Land Economics*, 80 (2), May, 2004, pp. 239–257

Goyanes, Enrique Sánchez (dir.) –*Ley de Suelo. Comentario Sistemático del Texto Refundido de 2008*. Madrid: Edições La Ley, 2009

Gray, Lewis – «The Economic Possibilities of Conservation». *In The Quarterly Journal of Economics*, Volume 27, Issue 3, 1 May 1913, p. 514

Green, E.; Porter R. – «Noncooperative Collusion under Imperfect Price Information». *In Econometrica*, 52, 1984, pp. 87–100

Green, T.H. – *Lectures on the Principles of Political Obligation* [1895]. London: Longmans Green & Co, 1941

Greenstein, Rosalind, Yesim Sungu-Eryilmaz (ed.s) – *Recycling the City. The Use and Reuse of Urban Land*, Lincoln Institute of Land Policy, Cambridge, 2004

Grey, T. – *The Disintegration of Property*. *In* Pennock, J.R.; Chapman, J.W. (eds.), Nomos XXII: Property, New York University Press, 1980

Groom, Ben; Hepburn, Cameron – «Looking Back at Social Discounting Policy». *In Review of Environmental Economics and Policy*, vol. 11, 2, 1 July 2017, pp. 336–356

Grossman, Gene; Krueger, Alan – *Environmental Impact of a North American Free Trade Agreement*. National Bureau of Public Research Working Paper 3914, NBER, Cambridge, 1991

Guedes, Agostinho Cardoso – *O Exercício do Direito de Preferência*. Universidade Católica, 2006

Guerreiro, Sandra C.P. – *A Natureza Jurídica do Direito de Utilização Privativa no Domínio Público Hídrico: entre o Direito Obrigacional e o Direito Real Administrativo*. Instituto de Ciências Jurídico-Políticas,

Faculdade de Direito da Universidade de Lisboa, 2012

GUHA, Ramachandra – «Radical American Environmentalism and Wilderness Preservation: a Third World Critique». *Environmental Ethics*, 11, 1989, pp. 71–83

HANLEY, N.; SHOGREN, J. – «Is Cost-Benefit Analysis Anomaly Proof?» *In Environment Resource Economics*, 32, 1, 2005, pp. 13–34

HARARI, Yuval – *Homo Deus, História Breve do Amanhã*. Elsinore, 2017

HARDIN, Garrett – «The Tragedy of the Commons». *In Science*, 13, vol. 162, December 1968, p. 1244

HARRIS, C. – «The Market as a Factor in the Localization of Industry in the United States». *In Annals of the Association of American Geographers*, 64, 1954

HARROD, R. F. – «An Essay in Dynamic Theory». *In The Economic Journal*, vol. 49, no. 193, 1939

HEADY, Earl – *Economics of Agriculture and Resource Use*. Englewood Cliffs, 1952

HECKSCHER, E. F. – «The Effects of Foreign Trade on the Distribution of Income». *In Economik Tidskrift*, 1919

HEGEL, G.W. F. – *The Philosophy of Right* [1821]. T.M. Knox (trans.), Cambridge: Cambridge University Press, 1967

HEIFETZ, A.; NEEMAN, Z. – «On the Generic (Im-)Possibility of Full Surplus Extraction in Mechanism Design». *In Econometrica* 74, 2006

HEILBRONER, R. – *An Inquiry Into Human Prospect*. New York: Norton, 1974

HELLER, Michael – «The Boundaries of Private Property». *In Yale Law Journal*, 108, 1989

HELLER, Michael – «The Tragedy of the Anticommons: Property in Transition from Marx to Markets». *In Harvard Law Review*, 111, 1998

HENDERSON, J. – «The sizes and types of cities». *In American Economic Review*, 64, 1974

HENSELER, Peter – *Begriffsmerkmale und Legitimation von Sonderabgaben*. Baden-Baden, 1984

HICKS, John – «The Rehabilitations of Consumers Surplus». *In Review of Economic Studies*, 1941, pp. 108–116

HILSON, C. – *Regulating Polution: an UK and EC Perspective*. Oxford: Hart Publishing, 2000

HIRSCHMAN A. – *The Strategy of Economic Development*. Yale University Press, 1958

HIRSH, Fred – *Social Limits to Growth*. London: Routledge, 2005

HIRSHLEIFER J.; GLAZEL A.; HIRSHLEIFER D. – *Price Theory and Applications – Decisions, Markets and Information*. Cambridge University Press, 7.ª edição, 2005

HOBBES, Thomas – *De Cive: The English Version*. [1647] Howard Warrender (ed.), Oxford: Clarendon Press, 1983

HOFFLER, Felix – *Monopoly Prices versus Ramsey-Boiteux Prices: Are they "similar", and: Does it matter?*. Max Planck Institute for Research on Collective Goods, Agosto, 2005

HORKHEIMER, Max; ADORNO, Theodore – *Dialectic of Enlightenment*. New York: Seabury Press, 1969

HOTELLING, Harold – «The Economics of Exhaustible Resources». *In The Journal of Political Economy*, volume 39, issue 2, April, 1931, pp. 137 a 175 [disponível em <http://msl1.mit.edu/classes/esd123/2003/bottles/Hotelling.pdf>, acedido em 15 de janeiro de 2018]

HOTTELING, Harold – «Stability in Competition». *In The Economic Journal*, Vol. 39, 1929, p. 153

HUBACEK, Klaus; BERGH, Jeroen van den – *The Role of Land in Economic Theory*. Interim Report, International Institute for Applied Systems Analysis, Áustria, May 2002

HUME, David – *A Treatise of Human Nature*. 1739, Oxford: Clarendon Press, 1896 [disponível em <http://lf-oll.s3.amazonaws.com/titles/342/Hume_0213_EBk_v6.0.pdf>, acedido em 15 de janeiro de 2018]

HUNTER, Tina (2011) – «Equality for the Earth – The Role of Intergenerational Equity and Customary International Law». *In The National Legal Eagle*: Vol. 17: Iss. 1, Article 6 [disponível em <http://epublications.bond.edu.au/nle/vol17/iss1/6>, acedido em 15 de janeiro de 2018]

INGRAM, Gregory e Karin Brandt – *Infrastructure and Land Policies*, Lincoln Institute of Land Policy, Cambridge, 2013

INGRAM, Gregory e Yu-Hung Hong (eds.) – *Value Capture and Land Policies*, Lincoln Institute of Land Policy, Cambridge, 2012

INGRAM, Gregory e Yu-Hung Hong (eds.) – *Municipal Revenues and Land Policies*, Lincoln Institute of Land Policy, Cambridge, 2010

JAMES, Franklin J.; GALE, Dennis E. – *Zoning For Sale: A Critical Analysis of Transfer Development Rights Programs*. Washington, D.C., Urban Institute, Land Use Series, 1997

JAMIESON, D. – *Morality's Progress: Essays on Humans, Other Animals, and the Rest of the Nature*. Oxford: Clarendon Press, 2002

JEN, K. – *Background and History: Michigan's Single Business Tax*. House Fiscal Agency Governing Committee, 2003

JENKINS, Jesse; NORDHAUS, Ted; SHELLENBERGER, Michael – *Energy Emergence. Rebound & Backfire as Emergent Phenomena*. Breakthrough Institute, February 2011 [disponível em <https://thebreakthrough.org/blog/Energy_Emergence.pdf>, acedido em 15 de janeiro de 2018]

JEROEN, V.; VAN DEN BERGH, M. – «Ecological Economics: Themes, Approaches, and Differences with Environmental Economics». *In Regional Environmental Change*, 2(1), 2001, pp. 13–23

JEVONS, Willam Stanley – *The Coal Question*, London: Macmillan and Co., 1866

JÈZE, Gaston – *Les Principes Généraux du Droit Administratif*, Vol. III, 3.ª ed., Paris, 1925-1930, p. 240.

JOHANSSON, O. – «Optimal Pigouvian Taxes Under Altruism». *In Land Economics*, 73, 1997, pp. 297–308

JONES, Gareth, Peter Ward (eds.) – *Methodology for Land & Housing Market Analysis*, Lincoln Institute of Land Policy, Cambridge, 1994

JOVANOVIC, Miroslav N. – «Spatial Location of Firms and Industries: An Overview of Theory.» *In Economia Internazionale*, Vol. 56, No. 1, February 2003 [disponível em <https://ssrn.com/abstract=451800 ou http://dx.doi.org/10.2139/ssrn.451800>, acedido em 15 de janeiro de 2018]

KAHNEMAN, D. – *Thinking, fast and slow*. New York: Farrar, Straus and Giroux, 2011

KAHNEMAN, D.; TVERSKY, A. – *Choices, values and frames*. New York: Russel Sage, 2000

KALDOR, Nicholas – «The Role of Increasing Returns, Technical Progress and Cumulative Causation in the Theory of International Trade and Economic Growth». *In Économie Appliquée*, n.º 4, 1981

KALDOR, Nicholas – «Welfare propositions of economics and interpersonal comparisons of utility». *In Economic Journal*, 49, Setembro, 1939, pp. 549–552

KANT, Immanuel – *Lectures on Ethics*, traduzido para inglês e editado por HEATH, P.; SCHNEEWIND, J., Cambridge University Press, 1997

KANT, Immanuel – *The Metaphysics of Morals* [1797]. Mary Gregor (trans.) Cambridge: Cambridge University Press, 1991

KELLY, Paul – Jeremy Bentham. *The New Palgrave Dictionary of Economics and the Law*, Peter Newman ed., Stockton Press, 1998

KELSEN, Hans – *Teoria Pura do Direito*. Almedina, 2008

KING, Ynestra – *Healing the Wounds: Feminism, Ecology, and Nature/Culture Dualism*. *In* JAGGAR, A.; BORDO S. (eds.), *Gender/Body/Knowledge: Feminist Reconstruction of Being and Knowing*. Rutgers University Press

KNIGHT, F. – «Some Fallacies in the Interpretation of Social Cost». *In Quartely Journal of Economics*, 38, Agosto, 1924, pp. 582–606

KOLASKY, W. J. – «Network Effects: a Contrarian View». *In George Mason Law Review*, 577 1998–1999, p. 577 e ss.

KREPS, D. – *A Course in Microeconomic Theory*. Cambridge University Press, 1990

KRUSE, Heinrich Wilhelm – *Lehrbuch des Steuerrechts*, I, München: Beck, 1991

KUZNETS, Simon – «Economic Growth and Income Inequality». *In American Economic Review*, 45, March, 1955, pp. 1–28

LAPHAM B.; e WARE R. – «Markov puppy dogs and related animals». *In International Journal of Industrial Organization*, 12, 4, 1994, pp. 585 e 586

LAWRENCE, Timothy J. – *Transfer of Development Rights*. CDFS-1264-98, Land Use Series, Ohio University, 2003

LAYARD, Richard – *Happiness: Lessons from a New Science*. 2nd edition. Penguin Books, 2011

LEITÃO, Luís Manuel Teles de Menezes – *Direitos Reais*. Almedina, 2009

LEONARD, R. – «Reading Cournot, Reading Nash: the Creation and Stabilisation of the Nash Equilibrium». *In Economic Journal*, 104, 1994, p. 505

LEOPOLD, Aldo – *A Sand County Almanac*. Oxford University Press, 1949

LIEBOWITZ, S. J.; MARGOLIS, S. – «Are Network Externalities a New Source of Market Failure». *In Research in Law and Economics*, Vol. 17, 1995, pp. 1–22.

LIEBOWITZ, S. J.; MARGOLIS, S. – «Network Effects and Externalities». *In The New Palgrave Dictionary of Economics and the Law*, *II*, Macmillan, 1998, p. 671

LIMA, Pires de; VARELA, Antunes – *Código Civil Anotado*, Vol. III, 2.ª edição, 1987, pp. 89–92

LIMA, Pires de; VARELA, Antunes – *Código Civil – Anotado – II*. Anot. 8 ao art. 47.º RAU, Almedina, 2010

LINDBERG, Erik – *The Market and the Lighthouse, Public Goods in Historical Perspective*. *In* Economic History Society Annual Conference, April, University of Warwick, 2009

LINDHOUT, Petra; BOERCK, Berthy Den – «The Polluter Pays Principle: Guidelines for Cost Recovery and Burden Sharing in the Case Law of the European Court of Justice». *In Utrecht Law Review*, Volume 10, Issue 2 (May), 2014, pp. 46–59

LITTLE, I; MIRRLEES, J. – *Project Appraisal and Planning for Developing Countries (The OECD Manual)*. Oxford University Press, 1974

LITTLECHILD, Stephen (ed.) – *Austrian Economics, Schools of Thought in Economic Series*, vols. I, II e III, Aldershot, UK, 1990

LLOYD, W. – *Two Lectures on the Checks to Population*. Oxford: Oxford University Press, 1833

LOBO, Carlos Baptista – «Contributo para uma Nova Teoria Geral das Taxas». *In Estudos de Homenagem ao Professor Doutor António de Sousa Franco*, Almedina, 2006

LOBO, Carlos Baptista – «Imposto Ambiental – Análise Jurídico-Financeira», 1.ª Parte. *In Revista Jurídica do Ambiente e Urbanismo*, n.º 2, Coimbra: Almedina. (Dezembro de 1994), pp. 11–50

LOBO, Carlos Baptista – «Imposto Ambiental – Análise Jurídico-Financeira», 2.ª Parte. *In Revista Jurídica do Ambiente e Urbanismo*, n.º 3, Coimbra: Almedina. (Junho de 1995), pp. 4–67

LOBO, Carlos Baptista – «Imposto Ambiental – Análise Jurídico-Financeira». *In Revista Jurídica do Urbanismo e do Ambiente*, n.º 4, Almedina, Dezembro 1995, pp. 5 e ss.

LOBO, Carlos Baptista – «Imposto Ecológico». *In Revista de Direito Público*, n.º 16. (1995) Ano VIII, pp. 51–111

LOBO, Carlos Baptista – «Instrumentos Económico-Financeiros de Protecção Ambiental». *In Anuário de Direito do Ambiente*, Ambifórum, 1995, pp. 187–236

LOBO, Carlos Baptista – «Lei do Solo, Enquadramento Jurídico-Financeiro». *In* DGOTDU, 2011

LOBO, Carlos Baptista – «Princípio Poluidor Pagador». *In Anuário de Direito do Ambiente*, Ambifórum, 1996

LOBO, Carlos Baptista – «Reflexões sobre a (necessária) Equivalência Económica das Taxas». *In Estudos Jurídicos e Económicos em Homenagem ao Prof. Doutor António de Sousa Franco*, vol. 1, 2006, p. 423

LOBO, Carlos Baptista – «Subvenções Ambientais – Análise Jurídico-Financeira», 1.ª Parte. *In Revista Jurídica do Ambiente e Urbanismo*, n.º 4, Coimbra: Almedina. (Dezembro de 1995), pp. 4–67, p. 59 e ss.

LOBO, Carlos Baptista – «Subvenções Ambientais – Análise Jurídico-Financeira, 2.ª Parte». *In Revista Jurídica do Ambiente e Urbanismo*, n.º 5 e 6, Coimbra: Almedina. (Junho/Dezembro de 1996), pp. 59–141

LOBO, Carlos Baptista – *Concorrência Bancária?* Almedina, 2001

LOBO, Carlos Baptista – *Ecological Taxation: A Southern European Country Perspective*. *In* Conferência *The New Trends on Ecological Taxation*, Pavilhão de Portugal, Hannover, 28 de Julho de 2000, com a participação de António de Sousa Franco

LOBO, Carlos Baptista – *Lei do Solo, Vertente Financeira e Fiscal*. Documento Técnico DGOTDU 4/2011

LOBO, Carlos Baptista – *Sectores em Rede: Regulação para a Concorrência, Enquadramento Jurídico-Económico das Redes Físicas (Telecomunicações, Energia e Transportes) e das Redes Virtuais*. Almedina, 2010

LOBO, Carlos Baptista; PARDAL, Sidónio – *Património Imobiliário – Referências para Avaliação*. Almedina, 2011

LOCKE, John – *Two Treatises of Government* [1689] Peter Laslett (ed.), Cambridge: Cambridge University Press, 1988, livro II

LÖFGREN, A. – *The Effect of Addiction on Environment Taxation in a First and Second Best World*. Mimeo, University of Gothenburg, 2003

LUDWIG, D.; HILBORN, R.; WALTERS, C. – *Uncertainty, Resource Exploitation, and Conservation: Lessons from History*. Science, 260, 1993

LUMBRALES, João – *História do Pensamento Económico*. Coimbra: Coimbra Editora, 1988

MACHETE, Rui Chancerelle de – «Constitucionalidade do Regime de Caducidade Previsto no Decreto-Lei n.º 351/93, de 7 de Outubro (Parecer)». *In Revista Jurídica do Ambiente e Urbanismo* 3, Almedina, 1995

MAGALHÃES, António Malheiros de –*O Regime Jurídico dos Preços Municipais*. Coimbra: Almedina, 2012

MAGGIO, G. F., – «Inter/intragenerational Equity: Current Applications under International Law for Promoting the Sustainable Development of Natural Resources». *In Buffalo Environmental Law Journal*, 4, 1997, pp. 181–189

MAILATH, G.; POSTLEWAITE, A. – «Assymetric Information Bargaining Procedures with Many Agents». *In Review of Economic Studies*, 57, 1990

MALTHUS, Thomas – *Essai sur le Principe de Population or A View Of Its Past and Present Effects on Human Happiness*. 6.ª edição. Londres: John Murray, 1826

MALTHUS, Thomas – *Essay on the Principle of Population as It Affects the Future Improvement of Societies*. Londres: J. Johnson, 1798

MARSHALL, Alfred – *Principles of Economics*. 8th ed. London: Macmillan, 1890 [disponível em <https://campus.fsu.edu/bbcswebdav/users/jcalhoun/Courses/History_of_Economic_Ideas/Readings/Marshall-Principles_of_Economics.pdf>, acedido em 15 de janeiro de 2018]

MARTIN, S. – *Advanced Industrial Economics*. 2.ª edição. Oxford, John Wiley and Sons Ltd, 2001

MARTINEZ, Pedro Romano – *Direito das Obrigações, Parte Especial, Contratos*. Almedina, 2000

MARTINEZ, Soares Pedro – *Direito Fiscal*. 10.ª edição. Coimbra, 2003

MARTINHO, Vitor – *O Processo de Aglomeração nas Regiões Portuguesas*. Documento de trabalho n.º 13, CEUP, FEUC, Coimbra, 2002 [disponível em <http://www4.fe.uc.pt/ceue/working_papers/iecogeovitor.pdf>, acedido em 15 de janeiro de 2018]

MARX, Karl – *O Capital*. Vol. 1, 1867, trad. J. Teixeira Martins e Vital Moreira Centelha – Promoção do Livro, SARL, Coimbra, 1974 [disponível em https://www.marxists.org/portugues/marx/1867/ocapital-v1/index.html]

MARX, Karl – *The Abolition of Landed Property, Memorandum for Robert Applegarth*. 1869 [disponível em <https://www.marxists.org/archive/marx/works/1869/12/03.htm>, acedido em 15 de janeiro de 2018]

MARX, Karl – *The Nationalisation of the Land*. 1872 [disponível em <https://www.marxists.org/archive/marx/works/1872/04/nationalisation-land.htm>, acedido em 15 de janeiro de 2018]

MARX, Karl – *Theories of Surplus Value* [1862], London: Lawrence and Wishart, 1972

MARTINEZ-GIRALT, Xavier e Pedro Pitta Barros – *Health Economics. An Industrial Organization Perspective*, Routledge, 2012

MATHIS, Klaus – *Sustainable Development, Economic Growth and Environmental Regulation*. *In* MATHIS, Klaus; HUBER, Buce (eds.) – *Environmental Law and Economics*. Springer, 2017

MATUTES, C.; REBIBEAU, P. – «Mix and match: product compatibility without network externalities». *In Rand Journal of Economics*, 19, 1988, pp. 221–234

MCCARTHY, George, Gregory Ingram e Samuel Moody (eds.) – *Land and the City* Lincoln Institute of Land Policy, Cambridge, 2016

MCCLOSKEY, Deidre – «Other Things Equal, The So-Called Coase Theorem». *In Eastern Economic Journal*, vol. 24, no. 3, Summer, 1998, pp. 367–373

MCDONALD John; MCMILLEN Daniel – *Urban Economics and Real Estate, Theory and Practice*. Blackwell, 2008

MEADOWS, Donella [*et al.*] – *The Limits to Growth: A Report for the Club of Rome's Project on the Predicament of Mankind*, New York: Universe Books, 1972

MEDEIROS, Rui – «O Ambiente na Constituição». *In Revista de Direito e Estudos Sociais*. Ano XXXV, Números 1–4, Janeiro/Dezembro, 1993, p. 377 e ss.

MENGER, C. – *Principles of Economics*. 1871, tradução de DINGWALL, J.; HOSELITZ B., New York University Press, 1981

MENGER, Carl – *Principles of Economics*. 1871, Ludwig von Mises Institute, ed.

2007 [disponível em <https://mises.org/system/tdf/Principles%20of%20Economics_5.pdf?file=1&type=document>, acedido em 15 de janeiro de 2018]

MILL, John Stuart – *On Liberty*. New York: Classics of Liberty, 1992

MILL, John Stuart – *Principles of Political Economy, with some of their Applications to Social Philosophy*, Book V, chapter 2, London: Longmans, Green and Co., 1848, 7th ed. 1909 [disponível em <http://www.econlib.org/library/Mill/mlPCover.html>, acedido em 15 de janeiro de 2018]

MILL, John Stuart – *Principles of Political Economy*. Collected Works from John Stuart Mill, vols. II e III, J. Robson e V. Bladen eds., University of Toronto, 1965

MILLS, E., «An aggregative model of resource allocation in a metropolitan área». *In American Economic Review*, 57, 1967

MILLS, Edwin e Bruce Hamilton – *Urban Economics*, Harper Collins, 5.th ed, 1994

MIRANDA, João – A Dinâmica Jurídica do Planeamento Territorial [A Alteração, a Revisão e a Suspensão dos Planos], Coimbra Editora, 2002

MIRANDA, Jorge – *As Constituições Portuguesas – De 1822 ao Texto Actual da Constituição*. 4.ª edição. Livraria Petrony, Lda., 1997

MIRRLES, James – «An Exploration in the Theory of Optimal Income Taxation». *In Review of Economic Studies*, 38, 1971

MOHR, J. C. B. (Paul Siebeck) – *Grundsatz Gerechter und Okonomisch Rationaler Steuerpolitik*. Tübirgen, 1970 (edição espanhola pelo Instituto de Estudios Fiscales, Madrid, 1994)

MOLINA, Pedro Herrera – *Capacidad económica y sistema fiscal: análisis del* ordenamiento *español a la luz del Derecho alemán*. Madrid-Barcelona: Marcial Pons, 1998

MONCADA, Cabral de – *Direito Económico*. 6.ª Edição. Coimbra: Coimbra Editora, 2012

MONCADA, Cabral de – *Lições de Direito Civil*, Vol. 2. Coimbra, 1958

MONTEIRO, Claudio – *O Domínio da Cidade. A propriedade à prova no Direito do Urbanismo*. Lisboa, AAFDL, 2013

MONTEIRO, Luís Miguel – *Direito e Obrigações Legais de Preferência no Novo Regime Jurídico do Arrendamento Urbano*. AAFDL, Lisboa, 1992

MORAIS, Rui – *Apontamento ao IRC*. 2.ª Edição, Coimbra: Almedina, 2007

MORAIS, Rui – *Sobre o IRS*. 2.ª Edição. Almedina, 2008

MORAIS, Rui – *A Tributação e a Avaliação Prediais: situação e perspectivas em Portugal*, CCRC/OCDE, 1987;

MORAIS, Rui – *Do Código da Contribuição Predial ao Código do Imposto Municipal sobre Imóveis*, in 15 anos da Reforma Fiscal de 1988/1898 – Jornadas de Homenagem ao Professor Doutor Pitta e Cunha, Coimbra, Almedina, 2006

MORAIS, Rui – «Passado, Presente e Futuro da Derrama», *Fiscalidade*, 38, 2009

MOREIRA, Vital – *Auto-Regulação Profissional e Administração Pública*. Coimbra: Almedina, 1997

MORGENSTERN, O – «Demand Theory Reconsidered». *In Quartely Journal of Economics*, 1948, p. 196

MUIR, John – *A Thousand Mile Walk to the Gulf*. Boston: Houghton Mifflin, 1916

MUMFORD, Lewis – *The City in History*. New York: Harcourt, 1961

MUSGRAVE, Richard A. – *Approaches to A Fiscal Theory of Political Federalism. In* James M. Buchanan and Universities-NBER (eds.), *Public Finances: Needs, Sources, and Utilization*. Princeton University Press. 1961, pp. 97 a 134

MUSGRAVE, Richard; MUSGRAVE, Peggy – *Public Finance in Theory and Practice*. 5th edition. McGraw-Hill, 1989

MUTH, John – «Rational Expectations and the Theory of Price Movements». *In Econometrica*, 29 (3), 1961, pp. 315–335

NABAIS, Casalta – «A Fiscalidade do Urbanismo: Impostos e Taxas». *In O Sistema Financeiro e Fiscal do Urbanismo*, pp. 50 a 52, p. 55

NABAIS, José Casalta – *Direito Fiscal*. 10.ª ed. Coimbra: Almedina, 2017

NABAIS, José Casalta – *Direito Fiscal*. 2.ª edição. Almedina, 2003

NAESS, Arne – «The Shallow and the Deep, Long Range Ecology Movement». *In Inquiry*, 16, 1973, pp. 151–155

NANNEN, V.; VAN DEN BERGH, J. – «Policy Instruments for Evolution of Bounded Rationality: application to climate--energy problems». *In Technological Forecast Society Change*, 77, 2010, pp. 76–93

NAPOLEONI, Claudio – *Fisiocracia, Smith, Ricardo, Marx*. Barcelona: Oikos, 1974

NASH, J. – *Framing Effects and Regulatory Choice: the Case of Environmental Regulation*. American Law & Economics Association, paper 53, 2004

NEBREDA, Pere, Julio Padura e Eulalia Sanchez – *La Valoración Inmobiliaria. Teoria y Práctica*, La Ley, Wolters Kluwer, 2006

NEEMAN, Z. – «The Relevance of Private Information in Mechanism Design». *In Journal of Economic Theory* 117, 2004

NEWMANN, J. von; MORGENSTERN, O. – *Theory of Games and Economic Behaviour*. New Jersey: Priceton University Press, 1964

NISKANEN, William – *Bureaucracy and Representative Government*. Chicago: Aldine-Atherton, 1971

NORDHAUS, W. – *Managing the Global Commons: The Economics of Climate Change*. Cambridge: MIT Press, 1994

NORTH, D. – «Location Theory and Regional Economic Growth». *In Journal of Political Economy*, vol. 63, 1955

NORTON, B.G. – «Environmental Ethics and Weak Anthropocentrism». *In Environmental Ethics*, 6, 1984, pp. 131–141, p. 145

NUNES, António Avelãs – «A Fisiocracia ou o Início da Ciência Económica». *In Volume Comemorativo dos 75 anos do Boletim da Faculdade de Direito da Universidade de Coimbra*, 2000, p. 35 [disponível em <http://www.fd.uc.pt/~anunes/pdfs/plh_3.pdf>, acedido em 15 de janeiro de 2018]

O'NEILL, J. – *The Varieties of Intrinsic Value*. Monist, 75, 1992

O'DONNEL, Margaret – «Pigou: An Extension of Sidgwickian Thought». *In History of Political Economy*, vol. 11–4, 1979, p. 588

OAKLAND, W.; TESTA, W. – «The Benefit Principle as a Preferred Approach to Taxing Business in the Midwest». *In Economic Development Quartely*, Maio, 2000, p. 508

OKUN, Arthur – *Equality and Efficiency, the big tradeoff*. Washington DC: Brookings Institution Press, 1975

OLIVEIRA, Fernanda Paula [*et al.*] – *Regime Jurídico da Urbanização e da Edificação Comentado*. 3.ª edição. Almedina, 2012

OLIVEIRA, Fernanda Paula – *Regime Jurídico do Instrumentos de Gestão Territorial Comentado*, Almedina, 2016

OLIVEIRA, Fernanda Paula, Jorge Carvalho – *A Classificação do Solo no Novo Quadro Legal*, Almedina, 2016

OLIVEIRA, Fernanda Paula – *Escritos Práticos de Direito do Urbanismo*, Almedina, 2017

OLIVEIRA, Mário Esteves de – «O Direito de Propriedade e o *Jus Aedificandi* no Direito Português». *In Revista Jurídica do Urbanismo e do Ambiente* 3, Almedina, 1995

OLSON, Mancur – *The Logic of Collective Action: Public Goods and the Theory of Groups*. Harvard University Press, 1965. Tradução: *A Lógica da Acção Colectiva: os Benefícios Públicos e Uma Teoria dos Grupos Sociais*, Cultura Brasil

OPHULS, W. – *Leviathan or Oblivion, in Towards a Steady State Economy*. Ed. H.E. Daly, San Francisco: Freeman, 1973

OSTROM, Elinor – *Governing the Commons, The Political Economy of Institutions and Decisions*. Cambridge University Press, 1990

OSTROM, Vincent; TIEBOUT, Charles M.; WARREN Robert – «The Organization of Government in Metropolitan Areas: A Theoretical Inquiry». *In The American Political Science Review*, 55(4), 1961, pp. 832 a 835

OSTRY, J.; BERG, A; TSANGARIDES, G – *Redistribution, Inequality and Growth*. IMF Staff Discussion Note no.º SDN/14/02, February, 2014

OTERO, Paulo – *Direito Constitucional Português*. 2 vols. Coimbra: Almedina, 2010

PADILLA, Emilio – «Intergerational Equity and Sustainability». *In Ecological Economics*, 41, April, 2002, p. 71

PALMA, Clotilde Celorico – «Da Evolução do Conceito de Capacidade Contributiva». *In Revista Ciência Técnica e Fiscal*, n.º 402, 2001, pp. 111–145

PANTINKIN, Don – «Frank Knight as Teacher». *In The American Economic Review*, LXIII:5, 1973

PARDAL, Sidónio; OLIVEIRA Vítor – «O Mercado e os Valores do Imobiliário». *In Normas Urbanísticas*, IV, UTL-DGO-TDU, 2000, p. 69

PARDOLESI, R.; RENDA, A. – «How safe is the King's Throne? Network Externalities on Trial». In *Post Chicago Developments*, in CUCINOTTA, Antonio; PARDOLESI, Roberto; BERGH Roger Van Den; ELGAR, Edward (eds.), *Antitrust Law*, Cheltenham, UK, 2002, p. 215

PARETO, V. – *Manuel D' Économie Politique*, 1906, tradução por A.S. Schwier, *Manual of Political Economy*, Nova Iorque: Augustus M. Kelley, 1971

PARISI, Francesco; SCHULZ, Norbert; DEPOORTER, Ben – «Simultaneous and Sequential Anticommons». *In European Journal of Law and Economics*, 17, 2004

PEARCE, D.; TURNER, K.R. – *Economics of Natural Resources and the Environment*. New York: Harvester Wheatsheaf, 1990

PERMAN, Roger [*et al.*]– *Natural Resources and Environmental Economics*. 3rd ed., Pearson, 2003

PERROUX, François – «Note sur la notion de pôle de croissance». *In Économie Appliqué*, 1955

PERROUX, François – *Le problème du profit*. Presses universitaires de Grenoble, 1926

PETERS, Dominik – *Condorcet's Principle and the Preference Reversal Paradox*. EPTCS 251, 2017

PIGOU, A. C. – *The Economics of Welfare*. 4.ª edição. Londres: Macmillan, 1932

PIGOU, Arthur – *The Economics of Welfare*. 4.ª edição. Londres: MacMillan and Co., 1932

PIGOU, Arthur – *Wealth and Welfare*. Londres: Macmillan, 1912

PIKETTY, Thomas – *Capital in the Twenty-First Century*. Cambridge: Harvard University Press, 2014

PIRES, José Maria – *Lições de Impostos sobre o Património e do Selo*. Almedina, 2010

PIRES, Manuel; PIRES, Rita Calçada – *Manual de Direito Fiscal*. Coimbra: Almedina, 2017

PLATÃO – *República*. 12.ª edição. Fundação Calouste Gulbenkian, 2010

PLATT, Rutherford H. – *Land Use and Society: Geography, Law, and Public Policy*. Washington, D.C.: Island Press, 1996

POLLIT, M.; KATSIKOPOULOS, K. – «Green Defaults, Information Presentation and Pro-Environmental Behaviour». *In Journal of Environmental Psychology*, 28, 2008, pp. 63–73

POLLIT, M.; SHAORSHADZE, I. – *The Role of Behavioural Economics in Energy Climate Policy*. University of Cambridge, 2011

PORTER, M. – *On Competition, Updated and Expanded Edition*. Harvard Business Press Books, 2008

POSNER, Richard – «Theories of Economic Regulation». *In The Bell Journal of Economics and Management Science*, Vol. 5, No. 2 (Autumn.), 1974, p. 226 e ss.

POSNER, Richard – *Economic Analysis of Law*. 5.ª edição. Nova Iorque: Aspen Law and Business, 1998

PRED, A. – *The Spatial Dynamics of U.S. Urban-Industrial Growth*. Cambridge: MIT Press, 1966

PROUDHON, Pierre Joseph – *O Que é a Propriedade?* 2.ª edição. Lisboa: Editorial Estampa, 1975

QUESNAY, François – *Quadro Económico*. Lisboa: Fundação Calouste Gulbenkian (tradução e notas da Dr.ª Teodora Cardoso, prefácio do Professor Bento Moreira), 1969

QUINTANA, F. – *Hacienda Pública. Principios y estructura de la imposición*. Madrid, 1986

RAMSEY, Frank – «A Contribution to the Theory of Taxation». *In Economic Journal*, 37, 1927

RANDALL A.; CASTLE, E. – «Land Resources and Land Markets». *In Handbook of Natural Resources and Energy Economics*, vol. II, Elsevier Science Publishers, 1985

RAWLS, John – *A Theory of Justice*. Revised Edition, Cambridge, 1999

RAWLS, John – *O Liberalismo Político*. Editorial Presença, 1997

REESON, A.; DUNSTALL, S. – *Behavioral Economics and Complex Decision Making. Implications for the Australian tax and transfer system*. CSIRO, 2009

RIBEIRO, José Teixeira – «Noção Jurídica de Taxa». *In Revista de Legislação e Jurisprudência*, Ano 117, 1985, pp. 291–293

RIBEIRO, José Teixeira – *Lições de Finanças Públicas*. 5.ª edição, Coimbra: Coimbra Editora, 2010

RICARDO, David – *On the Principles of Political Economy and Taxation* [1817]. Cambridge University Press, 1962

RICHTER, Wolfgang – *Zur Verfassungsmässigkeit von Sonderabgaben*. Baden-Baden, 1977

RIKER, William – *The Theory of Political Coalitions*, New Haven, Yale UP, 1962

RIVIÈRE, Le Mercier de la – *L'Ordre Naturel et Essentiel des Sociétés Politiques*. Paris, 1767, ed. 1910. [disponível em <https://archive.org/details/lordrenaturelete00mercuoft>, acedido em 15 de janeiro de 2018]

ROBINSON, L.; HAMMIT, J. – «Behavioral Economics and the Conduct of Benefit-Cost Analysis: Towards Principles and Standards». *In Journal of Benefit-Cost Analysis*, 2, 2, 2010, pp. 2–48

ROCHA, António Santos; BRÁS, Eduardo José Martins – *Tributação do Património IMI-IMT e Imposto do Selo (Anotados e Comentados)*. Almedina, 2015

RODRIGUES, Benjamim – «Para uma Reforma do Sistema Financeiro e Fiscal do Urbanismo em Portugal». *In O Sistema Financeiro e Fiscal do Urbanismo*, p. 195

RODRIGUEZ, Andrés; DIEGO Javier de – *Sintesis General de Los Estudios Comparados de Las Legislaciones Urbanísticas en Algunos Países Occidentales*. Ministério de Fomento, CyTET, XXXIII, 127, 2001

RONCAGLIA, A. – *Petty: The Origins of Political Economy*. Armonk, New York: M. E. Sharpe, Inc., 1986

ROSSEAU, Jean Jacques – *Discurso sobre a Origem da Desigualdade*. 1775 [disponível em <http://www.dominiopublico.gov.br/download/texto/cv000053.pdf>, acedido em 15 de janeiro de 2018]

ROTEMBERG, J.; SALONER, G. – «A Supergame-Theoretic Model of Business Cycles and Price Wars During Booms». *In American Economic Review*, 76, 1986, pp. 390–407

ROTHBARD, Murray – «Toward a Reconstruction of Utility and Welfare Economics». *In Occasional Papers Series*, #3, New York, 1977, p. 29

ROWLEY, Charles – *Public Choice from the Perspective of History of Thought*. The Encyclopaedia of Public Choice, vol. 1, 2004

RUBINSTEIN, A. – «Equilibrium in Supergames with Overtaking Criterion». *In Journal of Economic Theory*, vol. 21, 1979, pp. 1–9

RYAN-COLLINS, Josh; LLOYD, Tobey; MACFARLANE, Laurie – *Rethinking the Economics of Land and Housing*. New Economics Foundation, 2017

SABOURIAN, H. – *Rational conjectural equilibrium and repeated games. In* DASGUPTA, P.; GALE D.; HART O.; MASKIN E. (eds.) – *Economic Analysis of Markets and Games: Essays in Honor of Frank Hahn*. MIT Press, 1992

SAMUELSON, Paul A. – «Aspects of Public Expenditure Theories». *In The Review of Economics and Statistics*, 40(4), 1958

SAMUELSON, Paul A. – «Diagrammatic Exposition of a Theory of Public Expenditure». *In The Review of Economics and Statistics*, 37, 4, 1955

SAMUELSON, Paul A. – «The Pure Theory of Public Expenditure». *In The Review of Economics and Statistics*, 36(4), 1954

SAMUELSON, Paul A. – «Pure Theory of Public Expenditure and Taxation». *In* MARGOLIS, Julius; GUITTON, Henri (eds.) – *Public Economics: An analysis of Public Production and Consumption and their Relations to the Private Sectors*. London: Macmillan, 1969

SAMUELSON, Paul; NORDHAUS, William D. – *Economics*. 19th Edition. McGraw-Hill, 2010

SANCHES, José Saldanha – «A Regulação: História Breve de um Conceito». *In Revista da Ordem dos Advogados*, Ano 60, 2000, p. 5

SANCHES, Saldanha – «A Derrama, os Recursos Naturais e o Problema da distribuição da receita entre os municípios». *In Fiscalidade* 38, 2010, pp. 136, 138, 141

SANTOS, António Carlos dos *[et al.]* – *Direito Económico*, Almedina, 2004

SANTOS, António Carlos dos; GONÇALVES, Maria Eduarda; MARQUES, Maria Manuel Leitão – «Direito Económico». 6.ª Edição. *In Revista e Atualizada*, Coimbra: Almedina, p. 181

SANTOS, J. Albano – *Economia Pública*. 2.ª edição, ISCSP, 2012.

SANTOS, Jorge Costa – *Bem-Estar Social e Decisão Financeira*. Coimbra: Almedina, 1993

SANTOS, Jorge Costa – *Decisão Financeira e Bem-Estar Social*. Almedina, 1994

SARAIVA, Rute – *Behavioural and Evolutionary Approach to the Law and Economics of Cap-and-Trade. In* MATHIS, K.; HUBER, B.R. (eds.) – *Environmental Law and Economics, Economic Analysis of Law in European Legal Scholarship*. 4, Springer, 2017

SAUNDERS, Harry – «The Khazzoom-Brookes postulate and neoclassical growth». *In The Energy Journal*, 13, 4, 1992, pp. 131–148

SCANLON, Thomas – *Contractualism and Utilitarism. In* SEN A.; WILLIAMS, B. eds. – *Utilitarism and Beyond*, Cambridge University Press, 1982

SCHLAGER, Eddela; OSTROM, Elinor – «Property-Rights Regimes and Natural Resources: a Conceptual Analysis». *In Land Economics*, 68 (3), 1992

SCHRAMME, Thomas – «Is Rawlsian Justice Bad for the Environment?» *In Analyse & Kritik*, 28/2006, Stuttgart: Lucius & Lucius, pp. 146-157

SCHULZ, Norbert; PARISI, Francesco; DEPOORTER, Ben – «Fragmentation in Property: Towards a General Model». *In Journal of Institutional and Theoretic Economics*, 159, 2003

SCHUMPETER, Joseph – *Capitalism, Socialism and Democracy*. New York: Harpers & Brothers, 1942

SCHUMPETER, Joseph – *History of Economic Analysis*. London: George Allen & Unwin, 1954

SCITOVSKY, Tibor – *A note on welfare propositions in economics*. RES, 1941

SCITOVSKY, Tibor – *The Joyless Economy, Psychology of Human Satisfaction*. Rev. Ed., Oxford University Press, 1992

SCOTT, A. – «The Fishery: The objectives of sole ownership». *In Journal of Political Economy*, vol. 63, no. 2, April 1955, pp. 116–124

SEIA, Jorge Aragão – *Arrendamento Urbano*. 6.ª Edição, Almedina, 2002

SELMER, Peter – *Steuerinterventionismus und Verfassungsrecht*. Frankfurt a.M., 1971

SELTEN, R. – «The Chain Store Paradox». *In Theory and Decision*, vol. 9, 1973, pp. 127–159

SEN, Amartya – «On optimizing the rate of saving». *In Economic Journal*, 71, 1961, pp. 479–496

SEN, Amartya – «Rational behaviour». *In The New Palgrave Dictionary of Economics*, 2nd ed. Eds. Steven N. Durlauf and Lawrence E. Blume. Palgrave Macmillan, 2008. *The New Palgrave Dictionary of Economics Online*. Palgrave Macmillan. 06 February 2018 [disponível em <http://www.dictionaryofeconomics.com/article?id=pde2008_R000022> doi:10.1057/9780230226203.1385]

SEN, Amartya – «The Impossibility of a Paretian Liberal». *In Journal of Political Economy*, 78, 1970, pp. 152–157

SEN, Amartya – *A Ideia de Justiça*. Coimbra: Almedina, 2010

SENIOR, Nassau William – *An Outline of the Science of Political Economy*, 1836 [disponível em <https://mises.org/library/outline-science-political-economy>, acedido em 15 de janeiro de 2018]

SHAPIRO, C. – «Theories of Oligopoly Behaviour». *In Handbook of Industrial Organization*, 1989, Vol. 1, pp. 329–414

SHOGREN, J.; TAYLOR, L. – «On Behavioral-Environmental Economics». *In Revue Environmental Economic Policy*, 2, 2008, pp. 26–44

SIDGWICK, Henry – *The Principles of Political Economy*. 3rd ed. London: Macmillan, 1901

SIDÓNIO, Pardal – *Apontamentos para uma Lei dos Solos*, 2009

SILVA, Suzana Tavares da – *As Taxas e a Coerência do Sistema Tributário*. CEJUR, Coimbra Editora, 2013

SILVA, Suzana Tavares da – *Direito da Energia*. Coimbra: Coimbra Editora, 2011

SIMON, Herbert – «Alternative Visions of Rationality, Judgment and Decision Making». *In Interdisciplinary Reader*, 1986, pp. 97–113

SIMON, Julian – *The Ultimate Resource*. NJ: Princeton University Press, 1981 [disponível em <http://www.juliansimon.com/writings/Ultimate_Resource/>, acedido em 15 de janeiro de 2018]

SIMON, Julian; MOORE, Stephen – *It's getting better all the time: 110 greatest trends of the last 100 years*. Cato Institute, 2001

SIMPSON, Brian – *Markets Don't Fail*. Lexington Books, 2005

SINGER, Peter – *Practical Ethics.* 2nd ed. Cambridge University Press, 1993

SMALL, Kenneth; DENDER, Kurt Van – *The Effect of Improved Fuel Economy on Vehicle Miles Traveled. Estimating the Rebound Effect Using US State Data, 1966–2001.* Berkeley: Policy and Economics, 2005 [disponível em <http://escholarship.org/uc/item/1h6141nj>, acedido em 15 de janeiro de 2018]

SMITH, Adam – *An Inquiry Into the Nature and Causes of the Wealth of Nations* (1789). 5.ª edição. Nova Iorque: Random House/ The Modern Library, 1937

SMITH, Robert – «Resolving the Tragedy of the Commons by Creating Private Property Rights in Wildlife». *In CATO Journal* 1, 1981, pp. 39–68

SMITH, Vernon – *Rationality in Economics, Constructivist and Ecological Forms.* Chapman University, 2008

SOARES, Cláudia – *O Imposto Ecológico – Contributo para o Estudo dos Instrumentos Económicos de Defesa do Ambiente.* Coimbra Editores, 2001

SOLOW, Robert – «A Contribution to the Theory of Economic Growth». *In The Quartely Journal of Economics*, 70, 1, 1956

SOLOW, Robert – *An Almost Practical Step Toward Sustainability*, 1993 [disponível em <https://haskayne.ucalgary.ca/files/haskayne/RobertSolow_AnAlmostPracticalStepTowardSustainability_Sep93.pdf>, acedido em 15 de janeiro de 2018]

SOUSA, António Francisco de – *Código do Procedimento Administrativo Anotado e Comentado.* Quid Juris, 2009

SOUSA, Marcelo Rebelo de – «Parecer sobre a Constitucionalidade das Normas Constantes do Decreto-Lei n.º 351/93, de 7 de Outubro (Regime de Caducidade dos Actos de Licenciamento de Obras, Loteamentos e Empreendimentos Turísticos)». *In Revista Jurídica do Urbanismo e do Ambiente* 1, Almedina, 1994

STACKELBERG, H. – «Marktform und Gleichgewicht». *In Journal of Economic Studies*, Vol. 23, Issue 5/6, pp. 58–70

STEG, L.; DREIJERINK, L.; ABRAHAMSE, W. – «Why are Energy Policies Acceptable and Effective?» *In Environmental Behaviour*, 38, 2006, pp. 92–111

STERN, David – «The Rise and Fall of the Environmental Kuznets Curve». *In World Development*, 32, 8, 2004, pp. 1419–1439

STERN, David – *Economic Growth and Energy.* Encyclopedia of Energy, 2, 2004

STERN, Nicholas – *The Stern Review of the Economics of Climate Change.* Cambridge University Press, 2007

STIGLER, George – «The Theory of Economic Regulation». *In The Bell Journal of Economics and Management Science*, vol. 2, issue 1, Spring, 1971, pp. 3–21

STIGLER, George – *The Theory of Price.* 3rd ed. New York: Macmillan, 1966

STIGLITZ, Joseph – «New Theoretical Perspectives on the Distribution of Income and Wealth among Individuals: Part IV: Land and Credit». *In NBER Working Paper Series*, no. 21192, May, 2015

STINSON, Joseph D. – «Transferring Development Rights: Purpose, Problems, and Prospects in New York», *In Pace Law Review*, 17, 1996

STOBER, Rolf – *Allgemeines Wirtschaftsverwaltungsrecht.* 15., Aufl. Stuttgart, Kohlhammer, 2006

STOIANOFF, Natalie P., Larry Kreiser, Bill Butcher, Janet E. Milne, Hope Ashiabor (eds.) – *Environmental Pricing*, Edward Elgar Publishing, 2015

STOIANOFF, Natalie P., Larry Kreiser, Bill Butcher, Janet E. Milne, Hope Ashiabor (eds.) – *Carbon Pricing*, Edward Elgar Publishing, 2015

STOIANOFF, Natalie P., Larry Kreiser, Bill Butcher, Janet E. Milne, Hope Ashiabor (eds.) – *Market Instruments and the Protection of Natural Resources*, Edward Elgar Publishing, 2016

STOIANOFF , Natalie P., Larry Kreiser, Bill Butcher, Janet E. Milne, Hope Ashiabor (eds.) – Green Fiscal Reform for a Sustainable Future, Edward Elgar Publishing, 2016

STONE, Christopher – «Should Trees Have Standing?» *In Southern California Law Review*, 45, 1972, pp. 450–501

STROUX, Sigrid – *US and EC Oligopoly Control*, Kluwer, 2004

SUPANICH, G.P. – «The Legal Basis of Intergenerational Responsibility: an Alternative View – The Sense of Intergenerational Identity». *In Yearbook of International Environmental Law*, 94 at 96, 1992, p. 96

TAVARES, José – *Os Princípios Fundamentais do Direito Civil*, Vol. II. Coimbra, 1929

THALER, R.; SUNSTEIN, C. – *Nudge: improving decisions about health, wealth, and happiness*. London: Penguin, 2009

THOMAS, Piketty – *Capital in the Twenty-First Century*. Cambridge: Harvard University Press, 2014

THÜNEN, J. H. von – *Der Isolierte Staat in Beziehung auf Landwirtschaft und Nationalökonomie*. Hamburg, 1826 [disponível em <https://archive.org/details/derisoliertestaa00thuoft>, acedido em 15 de janeiro de 2018]

TIEBOUT, Charles M. – «A pure theory of local expenditures.» *In The Journal of Political Economy*», 64(5), 1956

TIEBOUT, Charles M. – *An Economic Theory of Fiscal Decentralization*. *In* James M. Buchanan and Universities-NBER (eds.), Public Finances: *Needs, Sources, and Utilization*. Princeton University Press, 1961, pp. 79 a 96

TIPKE, K.; LANG, J. – *Steuerrecht*. 15 Aufl., Köln: O. Schmidt, 1996

TIPKE, K.; LANG, J. – *Steuerrecht*. Koln: Otto Schimdt, 2002

TIPKE, Klaus – *Besteuerungsmoral und Steuermoral*. Nordrhein-Westfälische Akademie der Wissenschaften, Verlag, 1999

TIROLE, Jean – *The Theory of Industrial Organization*. Cambridge: MIT Press, 1998

TOMÁS DE AQUINO (Santo) – *Summa Contra Gentiles*, Livro 3, Parte 2, Capítulo 112

TROTABAS Louis; COTTERET, Jean-Marie – *Droit Fiscal*. 7e éd.. Paris: Dalloz, 1992

TULLOCK, Gordon; SELDON, Arthur; BRADY, Gordon – *Government Failure: A Primer in Public Choice*. Washington: CATO Institute, 2002

VASQUES, Sérgio – *As Taxas de Regulação Económica em Portugal: uma Introdução in* VASQUES, Sérgio (Coord.) – *As Taxas de Regulação Económica em Portugal*. Coimbra: Almedina, 2008

VASQUES, Sérgio – *Manual de Direito Fiscal*. Coimbra: Almedina, 2011

VASQUES, Sérgio – *O Princípio da Equivalência como Critério de Igualdade Tributária*. Dissertação de Doutoramento em Ciências Jurídico-Económicas na Faculdade de Direito da Universidade de Lisboa, Almedina, 2008

VASQUES, Sérgio; MARTINS, Guilherme Waldemar d'Oliveira – «A Evolução da Tributação Ambiental em Portugal». *In Revista Fórum de Direito Tributário*, Ano 5, n.º 28, Jul./Ago. de 2007, p. 251 e ss.

VATN, Arild; BROMLEY, W. Daniel – «Externalities – A Market Model Failure». *In Environmental and Resource Economics* 9, Kluwer Academic Publishers, 1997, pp. 135–151

VENKATACHALAM, L. – «Behavioral Economics for Environmental Policy». *In Ecological Economy*, 67, 2008, pp. 640–645

VIANA, Cláudia – A Actividade Administrativa de Formação dos Planos Directores Municipais, Braga, Oficinas de S. José, 2002

Victor, P.A. – «Indicators of Sustainable Development: Some Lessons from Capital Theory». *In Ecological Economics*, 4, 1991

Vieira, José Alberto Coelho – *Direitos Reais*. Coimbra: Coimbra Editora, 2008

Viterbo, Joaquim de Santa Rosa de – *Elucidário das palavras, termos e frases que em Portugal antigamente se usaram e que hoje regularmente se ignoram*. 2 vols. Lisboa, 1798–1799, reimp. Porto, 1965

Walras, Léon – *Théorie Mathématique du Prix des Terres et de Leur Achat par L' État*. Mémoire à la Société Vaudoise des Sciences Naturelles, Lausanne, 1880

Weber, Alfred – *Über den Standort der Industrie*. Tübingen: J.C.B. Mohr., 1909

Weeden, Kim; Grusky, David – «Inequality and Market Failure». *In American Behavioral Scientist*, 57 (11), 2013, pp. 1–19

Weibull, J. – *Evolutionary Game Theory*. MIT, 1995

Weishaar, Stefan E., Larry Kreiser, Janet E. Milne, Hope Ashiabor, Michael Mehling – The Green Market Transition, Edward Elgar Publishing, 2017

Weiss, Edith Brown – «Our Rights and Obligations to Future Generations for the Environment». *In The American Journal of International Law*, 198 e 199, 1990, p. 199 [disponível em <http://scholarship.law.georgetown.edu/cgi/viewcontent.cgi?article=2639&context=facpub>, acedido em 15 de janeiro de 2018]

Welch, W. – «The Political Feasibility of Full Ownership Property Rights: The cases of Pollution and Fisheries». *In Policy Sciences*, 16, 1983, pp. 165–180

White, Lynn – *The Historical Roots of Our Ecological Crisis*. Science, 155, 1967

Wicksteed, Philip – «The Scope and the Method of Political Economy in the Light of the "Marginal" Theory of Value and Distribution». *In The Economic Journal*, 24, 93, 1914

Williams, Chris – «Marxism and the Environment». *In International Socialist Review*, 74, November 2010

Woerdman E.; Bolderdijk, J. – *Emissions Trading for Households? A Behavioral Law and Economics Perspective*. Working Paper, University of Groningen, 2010

Wolff, Brian – «Environmental Studies and Utilitarian Ethics. Environmental Studies». *In Bioscene*, Dezembro de 2008, p. 9

Wu, Tung-Chieh Jansen – *Intergenerational and Intragenerational Equity and Transboundary Movements of Radioactive Wastes*. Institute of Comparative Law, McGill University, 2002

Wuyts, Marc – *Deprivation and Public Need*. *In* Macintosh, M.; Wuyts, M.; Hewitt, T. – *Development Policy and Public Action*, 1992

Xavier, Alberto – *Manual de Direito Fiscal – Volume* I. Livraria Petrony, 1974

Xavier, Alberto – *Subsídios para uma Lei de Defesa da Concorrência*. Cadernos de Ciência e Técnica Fiscal, 95, Lisboa, 1970

Xepapadeas, Anastasios – «Ecological Economics». *In The New Palgrave Dictionary of Economics*. 2nd Edition. Eds. Steven N. Durlauf and Lawrence E. Blume. Palgrave Macmillan, 2008. The New Palgrave Dictionary of Economics Online. Palgrave Macmillan. 06 February 2018 [disponível em <http://www.dictionaryofeconomics.com/article?id=pde2008_E000221>, acedido em 15 de janeiro de 2018] doi:10.1057/9780230226203.0423

Yoram, Barzel – *Economic Analysis of Property Rights*. 2nd ed. Cambridge University Press, 1997

Yoshino, Yutaca – *An Essay on Pigouvian Externality*. University of Virginia, Janeiro de 2001

Zandt; Van; David, E. – «The Lessons from the Lighthouse: "Government" or "Private" provision of Goods». *In Journal of Legal Studies*, 22, 1993

Outros documentos

«In China, Breathing Becomes a Childhood Risk». *In New York Times*; April 22, 2013

7.º Plano Plurianual para 2020 – *Viver bem, dentro dos limites do nosso planeta*

A Utilização do Domínio Público pelos Particulares, Lisboa, 1965

Acordo de Paris, 12 de Dezembro de 2015

Agência Portuguesa do Ambiente – *Relatório de aplicação da Portaria n.º 3-A/2014, de 7 de janeiro, e do Decreto-Lei n.º 195/2015, de 14 de setembro, relativo a receitas de leilões no âmbito do regime de Comércio Europeu de Licenças de Emissão*

Agência Portuguesa do Ambiente (2016) – *Relatório do Estado do Ambiente Portugal 2016*, p. 57 [disponível em https://rea.apambiente.pt/content/ultima-edicao]

Amadeus (Analyse Major Databases from European Sources)

Artigo *Municípios com empresas de tratamento de resíduos vão receber parte dos lucros*, Ana Santiago, 2014 [disponível em <http://www.ambienteonline.pt/canal/detalhe/municipios-com-empresas-de-tratamento-de-residuos-vao-receber-parte-dos-lucros>, acedido em 15 de janeiro de 2018]

Base de dados da OCDE [disponível em <https://pinedatabase.oecd.org/Query_3.aspx>, acedido em 15 de janeiro de 2018]

Carta de Aalborg, 1994 [disponível em <http://www.sustainablecities.eu/fileadmin/repository/Aalborg_Charter/Aalborg_Charter_English.pdf>, acedido em 15 de janeiro de 2018]

Carta de Leipzig, 2007 [disponível em <https://5cidade.files.wordpress.com/2008/01/leipzig-charta-adr-pt.pdf>, acedido em 15 de janeiro de 2018]

Carta de Marx para Frederick Engels, 1851 [disponível em <http://www.cooperative-individualism.org/marx-karl_theory-of-rent-1851.htm>, acedido em 15 de janeiro de 2018]

Cimeira de Bali [disponível em <http://unfccc.int/documentation/documents/advanced_search/items/6911.php?priref=600004670>, acedido em 15 de janeiro de 2018]

União Europeia (2005) – *Orientações adicionais para os planos de atribuição de licenças do regime de comércio de licenças de emissão da UE no período de comércio de 2008 a 2012* [disponível em: <http://eur-lex.europa.eu/legal-content/PT/TXT/PDF/?uri=CELEX:52005DC0703&from=PT>, acedido em 15 de janeiro de 2018]

Comentários da OCDE à Convenção Modelo OCDE, 2008, p. 82

Comissão Europeia – *Analysis of the use of Auction Revenues by the Member States – Final Report*, 2017, p. 55 [disponível em <https://ec.europa.eu/clima/sites/clima/files/ets/auctioning/docs/auction_revenues_report_2017_en.pdf>, acedido em 15 de janeiro de 2018]

Comissão Europeia – *EU ETS Handbook*, 2015 [disponível em <https://ec.europa.eu/clima/sites/clima/files/docs/ets_handbook_en.pdf>, acedido em 15 de janeiro de 2018]]

Comissão para a Reforma da Fiscalidade Verde – *Projeto de Reforma da Fiscalidade Verde*, 2014. [disponível em <https://www.portugal.gov.pt/media/1541780/Anteprojecto%20Reforma%20Fiscalidade%20Verde%20Final.pdf>, acedido em 15 de janeiro de 2018]

Commission de Reforme de la Taxe Professionnele – *Rapport au Premier Ministre*, 21 de Dezembro de 2004

Comunicação da Comissão 2014/C 200/01 [disponível em <http://eur-lex.europa.eu/legal-content/PT/TXT/HTML/?uri=CELEX:52014XC0628(01)&from=PT>, acedido em 15 de janeiro de 2018]

Comunicação da Comissão ao Parlamento Europeu, ao Conselho, ao Comité Económico e Social Europeu e ao Comité das Regiões, *Um quadro político para o clima e a energia no período de 2020 a 2030*, COM(2014) 15 final de 22/01/2014

Comunicação de *Enquadramento Comunitário dos Auxílios Estatais a Favor do Ambiente*, de 2008/C 82/01 [disponível em <http://eur-lex.europa.eu/LexUriServ/LexUriServ.do?uri=OJ:C:2008:082:0001:0033:PT>, acedido em 15 de janeiro de 2018]

Declaração do Milénio [disponível em <http://www.un.org/millennium/declaration/ares552e.htm>, acedido em 15 de janeiro de 2018]

Declaração do Rio sobre o Ambiente e Desenvolvimento, 1992

Declaração dos Direitos do Homem e do Cidadão

Diagnóstico de apoio às jornadas de reflexão estratégica, Documento de trabalho n.º 2, Eixo Temático, 4, Recursos Naturais e Ambiente, Floresta, Estratégia Nacional de Investigação e Inovação para uma Especialização Inteligente 2014–2020

Domínio Público, Dicionário Jurídico da Administração Pública, Vol. IV, p. 166

Domínio Público, Enciclopédia Luso-Brasileira de Cultura, Vol. VI, p. 1675

EEX – *Integrating Carbon and Energy Markets – Guidance for bidders – Auctioning of Emission Allowances in EU ETS Phase III*, 2015 [disponível em <https://www.eex.com/blob/9128/587cf1f1f91be0d67607d9c3f54bd459/eex-piiiauctions-guidance-pdf-data.pdf>, acedido em 15 de janeiro de 2018]

Environmental Ethics, Stanford Encyclopedia of Philosophy. Rev. Jul, 21, 2015 [disponível em <https://plato.stanford.edu/entries/ethics-environmental/>, acedido em 15 de janeiro de 2018]

Estratégia Europa 2020, COM(2010) 2020 final de 3.3.2010

European Comission – *The EU Emission Trading System (EU ETS)*, 2016

EDP – *Declaração ambiental 2016 da central termoelétrica de Sines*, 2016 [disponível em: <http://www.a-nossa-energia.edp.pt/centros_produtores/desempenho_ambiental.php?item_id=76&cp_type=te&section_type=desempenho_ambiental>, acedido em 15 de janeiro de 2018]

Grupo EDP (2016) – Relatório e Contas 2016 [disponível em <https://www.edp.com/sites/default/files/portal.com/documents/relatorio_pt_com_extrato_ata.pdf>, acedido em 15 de janeiro de 2018]

EUROSTAT (2013), *Environmental taxes – a statistical guide*, Eurostat Manuals and Guidelines – European Commission [disponível em <http://ec.europa.eu/eurostat/web/environment/environmental-taxes>, acedido em 15 de janeiro de 2018]

Foster, Vivien; Bedrosyan, Daron – *Understanding CO2 emissions from the global energy sector*. Live wire knowledge note series; no. 2014/5. Washington DC, World Bank Group, 2014 [disponível em <http://documents.worldbank.org/curated/en/873091468155720710/Understanding-CO2-emissions-from-the-global-energy-sector>, acedido em 15 de janeiro de 2018]

Grundsatz Gerechter und Okonomisch Rationaler Steuerpolitik, J.C.B., Mohr (Paul Siebeck), Tübirgen, 1970 (edição espanhola pelo Instituto de Estudios Fiscales, Madrid, 1994).

ICNF – *6.º Inventário Florestal Nacional – Áreas dos usos do solo e das espécies florestais de Portugal continental*. 2013

IFRIC n.º 12 *(International Financial Reporting Interpretations Committee)*, datada de 30 de Novembro de 2006

International Union for the Conservation of Nature, *World Conservation Strategy, Living Resource Preservation for Sustainable Development*, 1980 [disponível em <http://www.a21italy.it/medias/31C2D26FD81B0D40.pdf>, acedido em 15 de janeiro de 2018]

Les Principes Généraux du Droit Administratif, Vol. III, 3. ª ed., Paris, 1925–1930, p. 240

Livro Branco sobre Serviços de Interesse Geral, COM (2004) 374 final, de 12 de Maio de 2004

Livro Verde sobre a Coesão Territorial Europeia. Tirar Partido da Diversidade Territorial. SEC (2008) 2550 [disponível em <http://ec.europa.eu/regional_policy/archive/consultation/terco/paper_terco_pt.pdf>, acedido em 15 de janeiro de 2018]

Livro Verde sobre Reparação de Danos no Ambiente, Com CE COM (93) 47 final

Livro Verde sobre Serviços de Interesse Geral, COM (2003) 270 final, de 21 de Maio de 2003

MAMOT – *Relatório de Reforma da Fiscalidade Verde, Relatório do Grupo de Trabalho*, 2014 [disponível em <http://www.portugal.gov.pt/media/1539636/3%20-%20Projeto%20de%20Reforma.pdf>, acedido em 15 de janeiro de 2018]

Manual de Direito Administrativo, Tomo II

Ministério das Finanças – *Competitividade, Eficiência e Justiça do Sistema Fiscal, Relatório do Grupo para o Estudo da Política Fiscal*, coordenado por António Carlos dos Santos e António Martins, 2009 [disponível em <http://info.portaldasfinancas.gov.pt/nr/rdonlyres/8afaa047-5ab4-4295-aa08- e09731f29b0a/0/gpfrelatorio global_vfinal.pdf>, acedido em 15 de janeiro de 2018]

Ministério das Finanças – *Estruturar o Sistema Fiscal do Portugal Desenvolvido – Textos Fundamentais da Reforma Fiscal do Século XXI.* Almedina, 1998

Ministério das Finanças – *Relatório do Grupo Para o Estudo da Política Fiscal – Competitividade, Eficiência e Justiça do Sistema Fiscal*, 2009 [disponível em <http://info.portaldasfinancas.gov.pt/NR/rdonlyres/8AFAA047-5AB4-4295-AA08-E09731F29B0A/ 0/GPFRelatorioGlobal_VFinal.pdf>, acedido em 15 de janeiro de 2018]

Ministry of Finance – *An outline of japanese taxes*, 2004

OCDE – *Access Pricing in Telecommunications*, 2004, cit., p. 264

OCDE – Relatório *Better Policies for Sustainable Development 2016: A New Framework for Policy Coherence* [disponível em <http://www.keepeek.com/Digital-Asset-Management/oecd/development/better-policies-for-sustainable-development-2016_9789264256996-en#.WZv-1mE0kvIU>, acedido em 15 de janeiro de 2018]

OCDE (1972), *Recommandation du Conseil sur les principes directeurs relatifs aux aspects économiques des politiques de l'environnement sur le plan international*, Document n.° C(72)128, Paris

OECD – *Cost-Benefit Analysis and the Environment, Recent Developments*, 2006

OECD – *Polluters Pays Principle*, 1975 [disponível em <https://play.google.com/books/reader?id=_OzVAgAAQBAJ&printsec=frontcover&output=reader&hl=en&pg=GBS.PA11>, acedido em 15 de janeiro de 2018]

OECD – Taxing Energy Use 2018: Companion to the Taxing Energy Use Database, OECD Publishing, Paris disponível em http://dx.doi.org/10.1787/9789264289635-en

Plano de Acção no Domínio dos Auxílios Estatais – menos auxílios estatais e mais orientados: um roteiro para a reforma dos auxílios

estatais. 2005–2009. COM (2005) 107 final.

Plano Nacional da Política de Ordenamento do Território (PNPOT)

Princípios Orientadores da Reforma da Fiscalidade Verde. Relatório Preliminar.

Protocolo de Quioto [disponível em <http://unfccc.int/resource/docs/convkp/kpeng.pdf>, acedido em 15 de janeiro de 2018]

Recomendação do Conselho 75/436, de 3 de Março

Regime da Utilização dos Recursos Hídricos

Relatório da Comissão de Estudo para a Tributação da Terra e dos seus Rendimentos

República Portuguesa – Gabinete do Ministro do Ambiente (2017) – *Orçamento do Estado 2018 – Programa Ambiente – Nota Síntese*, pp. 28–30 [disponível em https://www.parlamento.pt/Documents/OE2018/NotaExplicativaMAMB2018.pdf, acedido em 15 de janeiro de 2018]

Revisão dos Impostos sobre o Património, Coordenação de Sidónio Pardal

Tratado de Funcionamento da União Europeia

Tributação do Património, Relatório Final, Grupo de Trabalho para o Estudo da Política Fiscal, Competitividade, Eficiência e Justiça do Sistema Fiscal, Setembro 2009, p. 7 [disponível em <http://www.sidoniopardal.com/0_rel atoriofinalsubgrupo3.pdf>, acedido em 15 de janeiro de 2018]

UNEP – *Global Environmental Outlook 5, Environment for the Future We Want*. 2012

United Nations World Commission on Environment and Development – *Our Common Future* [disponível em <http://www.un-documents.net/ocf-ov.htm#1.2>, acedido em 15 de janeiro de 2018]

United Nations, Department of Economic and Social Affairs, Population Division (2017) World Population Prospects: The 2017 Revision [disponível em <www.esa.un.org>, acedido em 15 de janeiro de 2018]

United Nations, Department of Economic and Social Affairs, Population Division (2017) *World Urbanization Prospects: The 2014 Revision* [disponível em <https://esa.un.org/unpd/wup/Publications/Files/WUP2014-Highlights.pdf>, acedido em 15 de janeiro de 2018]

World Commission for Environment and Development, Our Common Future, Oxford, University Press, 1987 (Tradução: Comissão Mundial sobre o Meio Ambiente e Desenvolvimento, Nosso Futuro Comum, 2.ª edição, Rio de Janeiro: Editora Getúlio Vargas, 1991.

Jurisprudência

Acórdão C-1/03, *Criminal proceedings against Paul Van de Walle, Daniel Laurent, Thierry Mersch and Texaco Belgium SA*, 2004, ECR I-7613

Acórdão C-172/08, 2010, ECR I-1175, paras. 35–38

Acórdão C-188/07, *Commune de Mesquer v. Total France SA and Total International Ltd*, 2008, ECR I-4501

Acórdão C-293/97, *Futura Immobilare* 2009, ECR I-0000, paras. 52–56

Acórdão C-293/97, *Standley*, 1999, ECR I-2603, paras. 51–53. Parecer do Advogado Geral, n.º 61997C0293

Acórdão C-378/08, *ERG e outros*, 2010, ECR I-0000

Acórdão *Connect Austria*, 22 de Maio de 2003, processo n.º C-462/99 [disponível em <www.curia.eu>, acedido em 15 de janeiro de 2018]

Acórdão de 02/06/1999, Co. Ac. STJ, VII, 2.º, 129

Acórdão de 06/07/2004, proc. 07B1554
Acórdão de 08/10/1992, BMJ 420.º
Acórdão de 10/12/1997, BMJ – 472.º-454
Acórdão de 12/01/2012, revista n.º 72/2001.L1.S1
Acórdão de 12/11/2009, revista n.º 1842/04.3TVPRT.S1
Acórdão de 13/01/2000, revista n.º 991/99 – 2.ª secção
Acórdão de 13/02/1997, CJ, STJ, T.V, ano I, p. 104
Acórdão de 19/02/1991, *Trinova Corp. v. Michigan Department of Treasury*, n.º 89-1106, 489 US 358 (1991).
Acórdão de 20/10/2009, revista n.º 563/2001.S1
Acórdão de 22/10/1999, BMJ, 490-270
Acórdão de 22/10/2009, revista n.º 446/09.9YFLSB
Acórdão de 25/03/2010, revista n.º 5541/03.5TBVFR.P1.S1
Acórdão de 26/09/1991, BMJ 409.º, p. 779,
Acórdão de 28/01/1997, CJ, STJ. T.V, ano I, p. 77
Acórdão de 29/04/2003, revista n.º 706/2003 – 6.ª secção
Acórdão de 30/04/1997, processo n.º 885/96, 2.ª secção, Cons. Pereira da Graça
Acórdão de 31/05/2007, processo n.º 07B1554, *in* www.dgsi.pt;
Acórdão do STA de 09/09/2011, Processo n.º 0267/11, 1.ª Secção [Costa Reis]
Acórdão do STA de 19/05/2004, processo n.º 026384 [disponível em <http://www.dgsi.pt/jsta.nsf/>, acedido em 15 de janeiro de 2018]
Acórdão do STA de 25/05/2012, processo n.º 0301/12, 2.ª Secção [Fernanda Maçãs]
Acórdão do STA de 25/11/2015, processo n.º 01338/15
Acórdão do STA de 27/06/2012, processo n.º 01004/11, 2.ª Secção [Francisco Rothes]
Acórdão do STJ de 30/04/1997, BMJ 466.º – 501
Acórdão do STJ referente ao Processo 9065/12.1TCLRS.L1.S1 [disponível em <http://www.dgsi.pt≥, acedido em 15 de janeiro de 2018]
Acórdão do Supremo Tribunal Administrativo, de 7 de junho de 2006, Processo nº 01257/05
Acórdão do Supremo Tribunal de Justiça, de 31 de março de 2016, Processo n.º 128/15.2YFLSB
Acórdão n.º 187/2001 do Tribunal Constitucional, de 2 de maio
Acórdão n.º 287/1990 do Tribunal Constitucional, de 30 de outubro
Acórdão n.º 634/1993 do Tribunal Constitucional, de 4 de novembro
Acórdão n.º 187/2013 do Tribunal Constitucional de 5 de abril
Acórdão do Tribunal Constitucional publicado no Diário da República, 1.ª Série A, de 26 de Janeiro de 2003
Acórdão n.º 353/2012 do Tribunal Constitucional, de 5 de julho
Acórdão n.º 84/2003 do Tribunal Constitucional, de 12 de fevereiro
Acórdão do Tribunal Constitucional, processo n.º 602/12, 2013, disponível em: <http://www.pgdlisboa.pt/jurel/cst_busca_palavras.php?buscajur=ac%F3rd%E3o&ficha=639&pagina=24&exacta=&nid=11103>, acedido em 15 de janeiro de 2018
Acórdão do Tribunal da Relação de Coimbra de 07-02-2012, Processo n.º 358/06.8TBSRE.C2 [Carlos Querido]
Acórdão do Tribunal de Justiça, de 17 de Julho de 1963, Processo n.º 13/63, Itália/Comissão
Acórdão do Tribunal de Justiça, processo C-188/07, de 24 de Junho de 2008, *Commune de Mesqueur*
Acórdão n.º 418/2017 (DRE n.º 190/2017, Série II de 2 de Outubro de 2017)

Acórdão n.º 421/2009 do Tribunal Constitucional

Acórdão n.º 128/2009 do Tribunal Constitucional [disponível em <http://www.tribunalconstitucional.pt>, acedido em 15 de janeiro de 2018]

Acórdão n.º 153/2016 do Tribunal Constitucional, pontos VI, VII e VIII [disponível em <https://dre.pt/home/-/dre/105335913/details/maximized?serie=II&parte_filter=32&day=2016-12-09&date=2016-12-01&d>]

Acórdão n.º 187/2001 do Tribunal Constitucional [disponível em <http://www.tribunalconstitucional.pt>, acedido em 15 de janeiro de 2018]

Acórdão n.º 187/2013 do Tribunal Constitucional, Processo n.º 2/2013, 5/2013, 8/2013 e 11/2013 [Carlos Fernandes Cadilha]

Acórdão n.º 287/1990 do Tribunal Constitucional, de 30 de outubro

Acórdão n.º 29/2013, de 18 de Novembro [disponível em <http://www.tcontas.pt/pt/actos/acordaos/2013/1sss/ac029-2013-1sss.pdf>, acedido em 15 de janeiro de 2018]

Acórdão n.º 312/2015-T do Tribunal Constitucional [disponível em <http://www.tribunalconstitucional.pt>, acedido em 15 de janeiro de 2018]

Acórdão n.º 413/2014 do Tribunal Constitucional [disponível em <http://www.tribunalconstitucional.pt>, acedido em 15 de janeiro de 2018]

Acórdão n.º 418/2017 (DRE n.º 190/2017, Série II de 2 de Outubro de 2017)

Acórdão n.º 491/02 do Tribunal Constitucional, Processo n.º 310/99 [Conselheiro Paulo Mota Pinto]

Acórdão n.° 634/93 do Tribunal Constitucional [disponível em <http://www.tribunalconstitucional.pt>, acedido em 15 de janeiro de 2018]

Agência Portuguesa do Ambiente (2015) – *Relatório de aplicação da Portaria n.º 3-A/2014, de 7 de Janeiro, e do Decreto-Lei n.º 195/2015, de 14 de Setembro, relativo a receitas de leilões no âmbito do regime de Comércio Europeu de Licenças de Emissão*

Circular n.º 8/2013

Code de l'Urbanisme

Código Administrativo

Código Civil de 1889

Código Civil Francês de 1804

Código da Contribuição Autárquica

Código do IMI

Código do Imposto sobre o Valor Acrescentado (CIVA)

Código do IRS

Código dos IEC, aprovado pelo Decreto-Lei n.º 73/2010, de 21 de Junho

Constituição da República Portuguesa

Constituição espanhola

Constituição italiana

Decisão n.° 406/2009/CE de 23 de Abril

Decreto-Lei n.° 334/95, de 28 de Dezembro

Decreto-Lei n.° 448/91, de 29 de Novembro

Decreto-Lei n.º 111/2012, de 23 de Maio

Decreto-Lei n.º 172/2006, de 23 de Agosto

Decreto-Lei n.º 178/2006, de 5 de Setembro

Decreto-Lei n.º 189/88, de 27 de Maio

Decreto-Lei n.º 29/2006, de 15 de Fevereiro

Decreto-Lei n.º 321-B/90, de 15 de Outubro

Decreto-Lei n.º 37/93, de 13 de Fevereiro

Decreto-Lei n.º 42-A/2016, de 12 de Agosto

Decreto-Lei n.º 448/91, de 29 de Novembro

Decreto-Lei n.º 45104, de 1 de Julho de 1963

Decreto-Lei n.º 470-B/88, de 19 de Dezembro

Decreto-Lei n.º 477/80, de 15 de Outubro

Decreto-Lei n.º 55/2014, de 9 de Abril

Decreto-Lei n.º 74/2012, de 26 de Março

Decreto-Lei n.º 75/2012, de 26 de Março

Decreto-Lei n.º 80/2015, de 14 de Maio

Decreto-Lei n.º 97/2008, de 11 de Junho

Decreto-Lei n.º 98/84, de 29 de Março

Directiva 2003/87/CE, do Parlamento Europeu e do Conselho, de 13 de outubro

Directiva 2004/101/CE, de 27 de Outubro

Directiva 2004/35/CE, de 21 de Abril de 2004 [disponível em <https://apambiente.pt/_zdata/Instrumentos/Responsabilidade%20Ambiental/2004-04-21_Diretiva_2004_35_CE.pdf>, acedido em 15 de janeiro de 2018]

Directiva 2009/29/CE, do Parlamento Europeu e do Conselho, de 23 de Abril de 2009 [disponível em <http://eur-lex.europa.eu/legal-content/PT/NIM/?uri=CELEX:32009L0029>, acedido em 15 de janeiro de 2018]

Directiva n.º 2003/54/CE, do Parlamento Europeu e do Conselho, de 26 de Junho de 2003

Directiva n.º 2006/12/CE, do Parlamento Europeu e do Conselho, de 5 de Abril

Directiva n.º 2009/72/CE do Parlamento Europeu e do Conselho, de 13 de Julho de 2009

Directiva n.º 91/689/CEE do Conselho, de 12 de Dezembro

Directiva relativa à Matéria Colectável Comum Consolidada do Imposto sobre as Sociedade (MCCCIS) (*Common Consolidated Corporation Tax Base* [CCCTB]), COM(2016) 685 final

DRE n.º 235/2016, Série II de 9 de Dezembro de 2016

Exposição de Motivos, da Proposta de Lei n.º 257/XII

Lei da Água (Lei n.º 58/2005, de 29 de Dezembro)

Lei das Finanças Locais (Lei n.º 73/2013, de 3 de Setembro)

Lei de Bases da Política de Solos, do Ordenamento do Território e do Urbanismo – n.º 31/2014, de 30 de Maio

Lei de Bases do Ambiente, n.º 19/2014, de 14 de Abril

Lei de Bases Gerais da Política de Solos, n.º 31/2014, de 30 de Maio

Lei francesa n.º 75-678, de 29 de Julho de 1975

Lei Fundamental de Bona

Lei n.º 90/95, de 1 de Setembro

Lei n.º 1/79, de 2 de Janeiro

Lei n.º 1/87, de 6 de Janeiro

Lei n.º 107-B/2003, de 31 de Dezembro

Lei n.º 159-C/2015, de 30 de Dezembro

Lei n.º 2/2007, de 15 de Janeiro

Lei n.º 42/98, de 6 de Agosto

Lei n.º 53-E/2006, de 29 de Dezembro

Lei n.º 53-F/2006, de 29 de Dezembro

Lei n.º 55/2007, de 31 de Agosto

Lei n.º 60/2007, de 4 de Setembro

Lei n.º 63/2012, de 10 de Dezembro [disponível em <https://dre.pt/web/guest/pesquisa/-/search/190576/details/normal?q=Lei+n.%C2%BA%2063%2F2012%2C%20de+10+de+ dezembro>, acedido em 15 de janeiro de 2018]

Lei n.º 66-B/2012, de 31 de Dezembro

Lei n.º 73/2013, de 3 de Setembro

Lei n.º 82-D/2014, de 31 de Dezembro

Lei n.º 83-C/2013 de 31 de Dezembro

Lei n.º 91/2001, de 20 de Agosto (Lei de Enquadramento Orçamental)

Lei sobre a Titularidade dos Recursos Hídricos (Lei n.º 54/2005, de 15 de Novembro)

Ley de Suelo (8/2007)

Loi d'Orientation Fonciere [disponível em: <https://www.legifrance.gouv.fr/affichTexte.do?cidTexte=JORFTEXT000000501076&categorieLien=id>, acedido em 15 de janeiro de 2018]

Nomenclatura Combinada da União Europeia, estabelecida no Regulamento CEE nº 2658/87 do Conselho de 23 de Julho de 1987, e alterada pelo Regulamento de Execução (UE) 2016/1821 da Comissão, de 6 de Outubro de 2016

Parecer da Comissão Constitucional n.º 30/81, *in Pareceres da Comissão Constitucional*

Portaria n.º 216-B/2008, de 3 de Março

Portaria n.º 345-C/2016, de 30 de Dezembro

Portaria n.º 3-A/2014, de 7 de Janeiro

Processo CAAD n.º 312/2015-T

Processo n.º 312/2015-T do Tribunal Arbitral

Proposta de Directiva do Parlamento Europeu e do Conselho com a designação COM (2015) 337 final, 2015/148 (COD), que pretende alterar a Directiva 2003/87/CE, de 13 de Outubro [disponível em <http://eur-lex.europa.eu/legal-content/PT/TXT/HTML/?uri=CELEX:52015PC0337&from=EN>, acedido em 15 de janeiro de 2018]

Proposta de Lei n.º 66/XIII

Proposta de Lei rejeitada na votação realizada na Reunião Plenária n.º 109 [disponível em: <https://www.parlamento.pt/ActividadeParlamentar/Paginas/DetalheIniciativa.aspx?BID=41250>, acedido em 15 de janeiro de 2018]

Reforma da Fiscalidade Verde, p. 4 [disponível em <http://www.crescimentoverde.gov.pt/wp. content/uploads/2014/10/ReformaFiscalidadeVerde_GreenTaxReform_emagazine.pdf>, acedido em 15 de janeiro de 2018]

Regime Geral das Taxas Locais (Lei n.º 53-E/2006, de 29 de Dezembro)

Regime Jurídico do Sector Empresarial Local (Lei n.º 53-F/2006, de 29 de Dezembro)

Regime Jurídico dos Instrumentos de Gestão Territorial

Resolução do Conselho de Ministros n.º 56/2012, de 5 de Julho

Revised Statutes Annotates de New Hampshire

Sentença n.º 10/2015 da *Corte Costituzionale* Italiana, de 9 de Fevereiro

Tratado de Funcionamento da União Europeia

Sites

<http://ec.europa.eu/regional_policy/sources/docgener/studies/pdf/citiesoftomorrow/citiesoftomorrow_summary_pt.pdf> [acedido em 15 de janeiro de 2018]

<http://ec.europa.eu/regional_policy/sources/policy/what/territorial-cohesion/territorial_agenda_2020 .pdf> [acedido em 15 de janeiro de 2018]

<http://eur-lex.europa.eu/legal-content/PT/TXT/PDF/?uri=CELEX:32013D1386&from=EN> [acedido em 15 de janeiro de 2018]

<http://unfccc.int/paris_agreement/items/9444.php> [acedido em 15 de janeiro de 2018]

<http://www.erse.pt/consumidor/Documents/Extin%C3%A7%C3%A3o%20Tarifas/FAQ-%20extin%C3%A7%C3%A3o%20das%20tarifas.pdf> [acedido em 15 de janeiro de 2018]

<http://www.ey.com/Publication/vwLUAssets/EY_-_Value_of_sustainability_reporting/$FILE/EY-Value-of-Sustainability-Reporting.pdf> [acedido em 15 de janeiro de 2018]

<http://www.icnf.pt/portal/florestas/ifn/resource/ficheiros/ifn/ifn6-res-prelimv1-1> [acedido em 15 de janeiro de 2018]

<http://www.iisd.org/sites/default/files/publications/sustainable-development-goals-iisd-prespectives.pdf> [acedido em 15 de janeiro de 2018]

<http://www.oecd.org/env/tools-evaluation/environmentaltaxation.htm> [acedido em 15 de janeiro de 2018]

<http://www.un.org/geninfo/bp/enviro.html> [acedido em 15 de janeiro de 2018]

<https://data.worldbank.org/indicator/EN.ATM.CO2E.KT?end=2014&locations=PT&start=1960&view=chart> [acedido em 15 de janeiro de 2018]

<https://ec.europa.eu/clima/consultations/articles/0028_en> [acedido em 15 de janeiro de 2018]

<https://ec.europa.eu/clima/policies/ets/pre2013_en> [acedido em 15 de janeiro de 2018]

<https://iea.uoregon.edu/base-agreement-list> [acedido em 15 de janeiro de 2018]

<https://sustainabledevelopment.un.org/content/documents/21252030%20Agenda%20for%20Sustainable%20Development%20web.pdf> [acedido em 15 de janeiro de 2018]

<https://sustainabledevelopment.un.org/content/documents/Agenda21.pdf> [acedido em 15 de janeiro de 2018]

<https://www.occ.pt/pt/noticias/novo-calculo-da-derrama/> [acedido em 15 de janeiro de 2018]

<https://www.portugal.gov.pt/media/1539636/3%20-%20projeto%20de%20reforma.pdf> [acedido em 15 de janeiro de 2018]

ÍNDICE

INTRODUÇÃO 7
1. Considerações Prévias 7
2. Da Adopção da Terminologia «Finanças e Fiscalidade do Ambiente e da Energia» 9
3. Das Razões da Escolha das Finanças e Fiscalidade do Ambiente e da Energia 13

PARTE I
PARTE GERAL

CAPÍTULO I – QUESTÃO AMBIENTAL 23
1. Introdução 23
 1.1. Ambiente e Economia 23
 1.2. Ambiente e Utilidade 24
  1.2.1. Economia Ecológica 30
 1.3. Ambiente e Igualdade 32
2. Os Desafios Ambientais Futuros e a Questão do Ordenamento do Território e do Urbanismo 34
 2.1. Os Desafios Ambientais 34
 2.2. O Ordenamento do Território e o Urbanismo em Especial 36
3. O Crescimento Sustentável 38
 3.1. Ambiente e Sistemas Económicos 38
 3.2. A Superação do Dilema Economia/Ambiente. A Curva de Kuznets Ambiental e o Paradoxo de Jevons 40
 3.3. O Alvor do Crescimento Sustentável. O Estado Bem-Estar 45
 3.4. O Conceito de Desenvolvimento Sustentável. O Relatório Brundtland 55
 3.5. Dimensão Espacial do Desenvolvimento Sustentável. De Quioto a Paris 60
 3.6. A Dimensão Temporal do Crescimento Sustentável. A Equidade Intergeracional 67
 3.7. A Agenda 2030 para o Desenvolvimento Sustentável 74

PARTE II
A REGULAÇÃO ECONÓMICA NA RESOLUÇÃO DA QUESTÃO AMBIENTAL

CAPÍTULO I – CONDIÇÕES ESTRUTURAIS DO MERCADO AMBIENTAL 81
1. O Desenvolvimento Sustentável e as Condições de Mercado 81
2. O Caminho para a Identificação das Falhas de Mercado. De Mill a Sidgwick. 84
3. Falhas de Mercado: Conceito 86

CAPÍTULO II – O DIREITO ECONÓMICO NO AMBIENTE E NO TERRITÓRIO 93
1. As Falhas de Mercado e a Redistribuição 93
2. A Função Reguladora do Estado no Ambiente e Território 98
3. Falhas de Mercado e Falhas de Governo: Princípio da Prevalência do Direito Económico na Questão Ambiental e Territorial 99
4. A Função Reguladora do Estado no Ambiente e no Território 100
   4.1. O Direito Económico e a Eficiência Produtiva 100
   4.2. O Direito Económico e a Redistribuição 102
5. A Questão Ambiental e a Escolha Pública 107
   5.1. A Tragédia Revelada na Escolha Pública 112
   5.2. A Catarse da Escolha Pública 119
6. A Constituição Económica Portuguesa Enquanto Elemento Conformador Fundamental da Decisão Ambiental, Territorial e Urbanística 121
7. A Intervenção Pública como Elemento Essencial na Resolução da Questão Ambiental e Territorial 123
8. Políticas Públicas e o Advento da Economia Comportamental em Sede Ambiental 128
   8.1. Uma Ressalva: as Realidades em Mudança: o Fim da Acção Pública? 135

PARTE III
A QUESTÃO AMBIENTAL

1. Prévio. Modelo de Exposição 143

CAPÍTULO I – EXTERIORIDADES AMBIENTAIS 145
1. Exterioridade. Delimitação Conceptual 145
2. As Exterioridades e o Ambiente 152
3. Exterioridades Ambientais. Metodologias de Resolução Tradicionais 153

CAPÍTULO II – OS RECURSOS COMUNS 159
1. Recursos Comuns. Delimitação Conceptual 159
2. A Insustentável Leveza dos Recursos Comuns: o Planeta Finito 161
3. Corolário da Não Exclusão com Rivalidade: A Tragédia dos Baldios 168
3.1. A Apropriação «Eficiente» como Elemento Crucial para o Desenvolvimento Sustentável 172
3.2. A Teoria dos Jogos Não Cooperativos e a Formação da Decisão nos Baldios 175
3.3. A Tensão Liberdade/Realidade na Definição dos Modelos de Apropriação Óptima 186

PARTE IV
INSTRUMENTOS FINANCEIROS E FISCAIS NA RESOLUÇÃO DA QUESTÃO AMBIENTAL

CAPÍTULO I – ENQUADRAMENTO INSTRUMENTAL 193
1. Autonomia Privada, Direito de Propriedade e Responsabilidade Civil 193
2. Os Instrumentos Administrativos 200
3. Conclusão: da Fundamental Importância dos Instrumentos Económico-Financeiros 202

CAPÍTULO II – OS INSTRUMENTOS ECONÓMICO-FINANCEIROS PARA A CORRECÇÃO DO MERCADO 205
1. Introdução 205
2. As Subvenções Ambientais 208
2.1. O Princípio Poluidor Pagador 209
2.2. A Posição do Tribunal de Justiça da União Europeia 215
2.3. O Enquadramento Comunitário dos Auxílios Estatais a Favor do Ambiente 217
3. Os Tributos Ambientais 225
3.1. Prévio: dos Tributos em Geral. Capacidade Contributiva *vs.* Equivalência ou Benefício 228
3.2. Os Impostos 232
3.3. As Taxas 238
3.4. As Contribuições 243
3.4.1. Contribuições Especiais 244
3.4.2. Contribuições Financeiras 247
3.5. Tarifas 250
4. O Conceito de Tributo Ambiental 251
5. Política Tributária Ambiental e Territorial. Disfunções Dogmáticas 253

6. (Des)Evolução Teórica da Tributação Ambiental 256
7. A Reforma da Fiscalidade Verde 262
8. Conclusão: uma Política Tributária Ambiental Eficiente e Justa 263

CAPÍTULO III – OS INSTRUMENTOS ECONÓMICO-FINANCEIROS PARA A CRIAÇÃO DO MERCADO 271
1. Prévio. A Perspectiva de Coase 271
2. O Teorema de Coase e a Formação de Mercados Secundários 273
3. Os Direitos de Emissão Negociáveis («Sistemas *Cap and Trade*») 278
4. Os Sistemas Internacionais de Direitos de Emissão Negociáveis. O CELE em Especial 282
   4.1. Fases de Implementação do CELE 286
   4.2. O Mecanismo de Leilão do CELE 291
   4.3. O Futuro do CELE: 4ª Fase 294
5. Conclusão: uma Política de Direitos Negociáveis Eficiente e Justa 295

CAPÍTULO IV – EM ESPECIAL: COMO EVITAR A TRAGÉDIA NOS RECURSOS COMUNS 299
1. Os Protagonistas Possíveis na Resolução da Tragédia dos Baldios 299
   1.1. O Leviatão Redentor 300
   1.2. O Privatizador Implacável 302
   1.3. O Coordenador Benévolo 304
   1.4. O Jogador Insaciável 307
   1.5. O Tributário Eficiente 312
      1.5.1. Um Exemplo: o Espectro Radioeléctrico como Recurso Comum 319

PARTE VII
A QUESTÃO ENERGÉTICA

CAPÍTULO I – O TRIBUTO ENERGÉTICO 329
1. Prévio. Dimensão Transversal da Questão Energética 329
2. Energia, Emissões, Recursos e Redes 330

CAPÍTULO II – TRIBUTAÇÃO ENERGÉTICA E AS EMISSÕES A VERTENTE DAS EXTERIORIDADES 337
1. Tributação da Energia 337
2. Uma Questão Controversa: ISP/Adicionamento/CELE 342

CAPÍTULO III TRIBUTAÇÃO ENERGÉTICA E AS FONTES ENDÓGENAS DE PRODUÇÃO HÍDRICA E EÓLICA 351
1. Correcção das Falhas de Mercado na Geração de Energia e Descentralização Financeira 351
2. A Descentralização Financeira e o Novo Quadro das Finanças Locais 352
3. A «Derrama Energética» 359
3.1. Um Exemplo: as Albufeiras das Barragens Enquanto Elementos Constitutivos do Estabelecimento Estável 360
3.2. Relevância da Qualificação da Albufeira Enquanto Bem do Domínio Público Hídrico 362
4. Delimitação Negativa: as Barragens Enquanto Activos fora do Âmbito de Incidência do IMI 365
5. A Unidade Funcional da Produção Hidroeléctrica: a Integração das Barragens no Domínio Público Hídrico e o Conceito de «Propriedade Económica» Subjacente 368
6. Um Argumento Adicional: a Inscrição Matricial como Meio de Inventariação Fiscal 372
7. Dos Riscos de Sobreposição Tributária por Desconexão Dogmática 377
8. Tributação e Direito de Propriedade: a sua Manifestação Enquanto Propriedade Líquida e Base de Determinação de Inconstitucionalidade por «Confisco» 380
9. Os Parques Eólicos e o Conceito de Prédio em IMI 383
10. O Valor do Prédio para Efeitos de IMI 386
11. Metodologias de Avaliação dos Parques Eólicos 387
12. Proposta: Incorporar a «Renda» de 2,5% Prevista no Anexo II do Decreto-Lei nº 189/88 Enquanto Tributação em Sede de Contribuição de Melhoria (uma Para-derrama) 388

CAPÍTULO IV – TRIBUTAÇÃO ENERGÉTICA E AS REDES 391
1. A Rede Eléctrica Enquanto Protótipo de Infra-estrutura Territorial e Urbanística 391
2. A Rede Eléctrica como Bem do Domínio Público 400
3. O Modelo de Agregação da Rede Eléctrica e seus Corolários em Sede de IVA 406
4. Tributação das Actividades Reguladas em Portugal: o Caso Particular do Sector Eléctrico e do Gás Natural 411
4.1. O Enquadramento Tarifário 415

CAPÍTULO V – O ELEMENTO ANÓMALO: A CESE 421
1. Da Qualificação Jurídico-tributária Atípica da Contribuição Extraordinária sobre o Sector Energético 421
   1.1. A CESE Enquanto Imposto? 423
   1.2. A CESE Enquanto Taxa? 426
   1.3. A CESE Enquanto Contribuição? 427
2. Quais as Consequências da Desadequação Funcional da CESE? 429
   2.1. A Óptica da Proporcionalidade 429
   2.2. Violação do Princípio da Protecção da Confiança, em Função da Ausência de Delimitação Temporal Real do seu «Carácter Extraordinário» 433
   2.3. Da Desconformidade com o Princípio da Tributação pelo Lucro Real e a Vinculação a uma Liberdade de Gestão Condicional 436
   2.4. Direito de Propriedade: a sua Manifestação Enquanto Propriedade Líquida e Base de Determinação de Inconstitucionalidade por Confisco pela Sobreposição Tributária 437
   2.5. A CESE e a sua Influência em Sede de Concessões da Rede Eléctrica Nacional 441

ELEMENTOS DE ESTUDO E BIBLIOGRAFIA 445
BIBLIOGRAFIA 447